丛书主编：汪泓

21世纪物流管理系列教材

第三方物流

DI-SAN FANG WULIU（第二版）

陈雅萍　朱国俊　刘娜◎编著

清华大学出版社
北　京

内容简介

本书是高等院校物流专业主要课程教材之一。全书共11章，内容包括第三方物流概述、第三方物流理论、第三方物流服务开发与方案设计、第三方物流经营管理、第三方物流项目管理、第三方物流客户服务管理、物流成本管理、第三方物流增值服务、第三方物流与电子商务、第三方物流信息系统、第三方物流企业发展战略。

本书体系完整，内容全面，注重实践，既可作为高等院校相关专业本专科学生的教材，也可作为各类成人教育、企业人员的培训教材。

图书在版编目(CIP)数据

第三方物流/陈雅萍，朱国俊，刘娜编著.--2版.--北京：清华大学出版社，2013(2023.1重印)
(21世纪物流管理系列教材)
ISBN 978-7-302-33975-5

Ⅰ.①第… Ⅱ.①陈… ②朱… ③刘… Ⅲ.①物流－物资管理－高等学校－教材 Ⅳ.①F252

中国版本图书馆CIP数据核字(2013)第227640号

责任编辑：刘志彬
封面设计：汉风唐韵
责任校对：宋玉莲
责任印制：宋 林

出版发行：清华大学出版社
网 址：http://www.tup.com.cn，http://www.wqbook.com
地 址：北京清华大学学研大厦A座 **邮 编**：100084
社 总 机：010-83470000 **邮 购**：010-62786544
投稿与读者服务：010-62776969，c-service@tup.tsinghua.edu.cn
质量反馈：010-62772015，zhiliang@tup.tsinghua.edu.cn
印 装 者：天津鑫丰华印务有限公司
经 销：全国新华书店
开 本：185mm×260mm **印 张**：27.25 **字 数**：605千字
版 次：2008年11月第1版 2013年10月第2版 **印 次**：2023年1月第11次印刷
定 价：60.00元

产品编号：055888-02

“上海高等学校本科教育高地建设”项目

《21世纪物流管理系列教材》

编委会名单

总　　序

随着经济全球化进程的日益加速和科学技术的迅猛发展，物流的效率对经济运行的质量和效益的影响日益凸显，物流管理这个“第三利润源泉”正在中国改革的热土上喷涌而出，现代物流已成为国民经济中一个新兴产业而正在迅速发展。

现代物流是指原材料、产成品从起点至终点及相关信息有效流动的全过程，它将包装、运输、仓储、装卸、流通加工、配送、物流信息等方面有机结合，形成完整的供应链，为用户提供多功能、一体化的综合性服务。物流活动的总体目标是实现高顾客满意度或者可感知的产品价值。“物流”这一概念在20世纪50年代开始形成。物流一词起源于美国，当时被称作“physical distribution”(PD)，意为“实物分配”或“货物配送”，现在，物流通常被称为“logistics”。物流一词从“physical distribution”发展到“logistics”，是现代物流的一个重要变革，它意味着现代物流已将物流活动从被动、从属的职能系统提升到整体的管理和运行，也就是说物流本身的概念已经从对活动的概述和总结上升到管理学的层次。

在20世纪60年代，当西方管理科学的重心开始从生产领域转到非生产领域时，管理大师彼得·德鲁克(Peter Drucker)把物流管理称之为经济增长的“黑暗大陆”，是“降低成本的最后边界”，是降低资源消耗、提高劳动生产率之后的“第三利润源泉”。

所谓物流管理(logistics management)就是指以最低的物流成本达到用户所满意的服务水平，对物流活动进行的计划、组织、协调与控制。现代物流管理已成为当今企业获得竞争优势的必要手段之一。因为：现代物流管理可以促进企业的专业分工，降低交易成本，提高企业效益；现代物流管理可以优化供应链的价值创造过程，提高企业核心竞争力；现代物流管理可以使企业真正围绕顾客的需求为顾客提供“理想的”服务。

我国从20世纪80年代初开始系统引进现代物流理论。随着我国改革开放的进一步深化，特别是我国加入世界贸易组织以后，我国的物流业得到了快速发展，政府和企业都认识到发展现代物流对优化资源配置，促进经济结构调整的重大作用和意义。现代物流作为推动经济发展的新的利润源泉和竞争资源，其所蕴藏的巨大潜力得到了政府、企业和学术研究领域越来越多的重视。物流业已成为我国经济中发展最快、最具活力的一个行业。物流管理也成为当前学术研究、企业实践的热点和高校的热门专业。

但是，我国物流业在快速发展的过程中，还存在许多问题。目前，我国传统的物流活动在管理理念、组织方式、业务流程等方面已不能适应现代物流业发展的要求，我国的物流教育与现代物流发展的需求仍有较大距离。现代物流综合性人才、企业所需的物流管理人才严重匮乏，成为制约物流业发展的“瓶颈”。因此，加速启动现代物流业的人才教育工程，加快、加紧培养适合物流行业发展需要的专门人才，已成为我国21世纪物流业大发展中提高物流管理水平的当务之急和提高企业经济效益的一个决定性因素。

上海工程技术大学在物流管理学科和专业建设中，秉承服务国家和地区经济建设的宗旨，坚持教学与研究相结合，理论与实践相结合，在我校多年物流管理的专业建设中，尤其是通过近三年的“上海高等学校本科教育高地建设”物流管理的项目建设，已取得了一系列的教学与研究成果。该《21世纪物流管理系列教材》也可以说是“上海工程技术大学物流管理本科教育高地建设项目”的一个成果缩影。

为满足对现代物流人才培养的需要，上海工程技术大学从事物流管理教学和研究的骨干教师在认真总结物流管理专业教学的基础上，精心编写了21世纪物流管理系列教材，现交由清华大学出版社付梓。

本次出版的《21世纪物流管理系列教材》包括：《供应链管理》、《第三方物流》、《物流系统规划与设计》、《物流信息技术》、《集装箱运输与国际多式联运管理》、《国际货物运输实务与案例》、《机场运营管理》和《航空货运代理实务》。该系列教材既可作为高等院校物流相关专业的本专科学生的教材，也可作为物流管理从业人员的参考书籍。

该系列教材以理论与实践相结合作为编写的理念和原则，并具有基础性、系统性、应用性等特点。

(1) 重视理论知识的基础性

该系列教材在充分借鉴国外先进物流知识和紧密结合我国物流实际的基础上，对有关现代物流管理的相关基本概念、基本知识和基本技能都做了详细的阐述。该系列教材既包含物流管理的基本理论，也包含物流管理现代化手段和方法等基础内容。因此，该系列教材能很好地满足物流管理专业的教学目标和要求。

(2) 注重知识结构的系统性

该系列教材由四个层次模块的八本教材组成，四个层次的各模块既有各自的核心知识内容；各模块间的层次又紧密联系，形成了知识结构系统性的特点。

① 物流管理的基础理论模块：如《供应链管理》、《第三方物流》；

② 物流管理的方法技术模块：如《物流系统规划与设计》、《物流信息技术》；

③ 物流管理的应用模块：如《集装箱运输与国际多式联运管理》、《国际货物运输实务与案例》；

④ 物流管理的特色模块：如《机场运营管理》、《航空货运代理实务》。

(3) 体现知识内容的应用性

该系列教材强调理论联系实际，充分结合我国物流发展的实践和我国物流企业的实际，注重理论的实际运用。在教材编写过程中，还结合我校多年产学合作的办学经验和与物流企业的合作基础，强调物流企业的操作实践。教材案例编排的逻辑关系清晰，应用广泛，针对性强，实用价值较高。该系列教材在注重理论与实务相结合的同时，也十分注意定性研究和定量分析的紧密结合，从而提高了可操作性。

本系列教材在编写过程中参阅了大量的中外参考书和文献资料，也参考了目前物流企业相关的内部材料，并且吸收和借鉴了当前物流书籍的优点，在此对国内外有关作者和企业一并表示衷心的感谢。

由于编者水平和时间所限，书中难免有错误和缺漏之处，敬请读者提出宝贵意见，不足之处还请同行和广大读者不吝赐教。

汪　泓
2008年6月
于上海工程技术大学

第二版前言

本书自初版发行四年多以来，先后共加印7次，累计发行近1.6万册，并被国内多所高校选择作为教材或参考书，这使得我们感到十分欣慰。

为更好地满足教学及广大读者的需要，我们决定对《第三方物流》进行修订。修订版进一步突出第三方物流的服务特色和发展趋势。

本次再版，主要修改了以下内容：

1. 更新了有关数据；

2. 整体内容从原有的9章增加到11章，增加了第三方物流增值服务和第三方物流与电子商务两章；

3. 部分章节内容根据需要进行了调整、增减。

4. 对第一版书中的一些错误之处进行了修改，并斟酌了书中的一些文字。

各章编写人员分工为：第5章、第7章、第9章、第11章由陈雅萍编写；第3章、第4章、第6章由朱国俊编写，第1章、第2章、第8章、第10章由刘娜编写。

感谢为本次修订提出宝贵意见的教师和读者。由于作者水平所限，书中的错误和疏漏之处在所难免，敬请读者提出宝贵意见，以便进一步修订和改进。

编　者

2013年6月

第一版前言

随着世界经济的发展，全球化竞争加剧，企业面临的生存和发展环境更趋复杂化，为了获得竞争优势，企业越来越重视集中自己的核心资源和业务，而把其他资源和业务外包化，外包便成为工商企业的重要发展方向，第三方物流因其在专业技术和综合管理的显著优势也得到了迅速发展。

所谓第三方物流是指制造业、工商企业为集中精力搞好主业，把原来由自己处理的企业内部或外延的物流活动，以合同的方式委托给专业物流服务企业，同时通过信息系统与物流服务企业保持密切联系，从而对物流进行全程管理和控制的一种物流运作管理方式。全球经济的一体化，促使社会分工更加专业化，也使企业的竞争焦点发生了变化，降低成本与提升服务越来越受到关注，因此，第三方物流应运而生。第三方物流作为一个新兴产业，在我国正处于从无到有、从起步到快速发展的阶段，对整个物流产业起着至关重要的作用。与此同时，国内第三方物流服务不仅在理论研究和生产实践方面落后于发达国家，而且在基础设施、人才培养和信息网络等方面也和发达国家有着较大差距。

物流专业人才的严重缺乏是制约我国物流产业发展的最突出问题之一。构建多层次、多样化、系统合理的物流教育和培训体系，可以为物流行业输送各类各层次的现代物流专业人才。教材建设则是各种物流教育和培训的基础。为了适应我国经济社会发展对物流专业人才的迫切需要，我们编写了这本教科书，希望将第三方物流的理论知识、发展现状、操作内容比较全面、系统地介绍给读者。

本书主要面向实践型本科和高等职业技术教育的物流管理专业的学生。本书内容全面系统，论述详细透彻，既有理论性，又有可操作性。同时，在教材编写的体例上附有大量习题和案例分析，以满足实践型本科和高等职业技术教育学生的需要。

在本书编写过程中，借鉴了国内外一些专家学者的学术观点和最新研究成果，同时参阅了许多媒体和网站的报道和资料，在此向他们表示我们深深的谢意和敬意。

由于时间仓促，编者水平有限，第三方物流在国内外仍是一个新兴与快速发展的新领域，对它的认识与研究还不够深入，因此书中错误在所难免，恳请广大读者和专家给予批评指正。

编　者

2008 年 6 月

目　录

第 1 章　第三方物流概述

本章关键词

- √ 第一方物流(First Party Logistics，1PL)
- √ 第二方物流(Second Party Logistics，2PL)
- √ 第三方物流(Third Party Logistics，3PL)
- √ 外包(Outsourcing)
- √ 物流联盟 (Logistics Alliance)
- √ 全方位物流服务公司(Full-service Distribution Company，FS-DC)
- √ 整合服务提供商(Integrated Service Providers)

互联网资料

http://www.56.com.cn/

http://www.amteam.org/

http://www.jctrans.com/

在经济全球化的环境下，企业建立竞争优势的关键，已由最初节约原材料的“第一利润源”和提高劳动生产率的“第二利润源”，转向建立高效的物流系统的“第三利润源”。然而面对日趋激烈的竞争，企业既搞生产经营又搞物流，已渐渐力不从心。于是企业不得不考虑将主要精力放在核心业务上，而将运输、仓储等物流的部分或全部交由更专业的物流企业进行操作，以确保企业竞争优势。于是，第三方物流(Third Party Logistics，3PL)便出现且迅速发展起来。第三方物流不仅提高了各企业在新经济条件下的竞争力，而且对提高国民经济总体品质和抵抗危机的能力也有举足轻重的作用和意义。

1.1　第三方物流的基本概念

1.1.1　第三方物流的定义

第三方物流(Third Party Logistics，3PL)的概念是 20 世纪 80 年代中后期才在欧美发达国家出现的。“第三方”一词源自管理学中的“外包”(Outsourcing)理念。外包是指企业动态地配置自身和其他企业的功能和服务，并利用企业外部的资源为企业内部的生产和经营服务。将外包引入物流管理领域，就产生了第三方物流的概念。第三方物流的主要含义是指物流服务提供者从事着发货人(甲方)和收货人(乙方)之间的第三方角色。由于企业越来越重视自己的核心资源和业务,而把其他资源和业务外包化,外包便成为工商企业的重要发展方向,第三方物流因其在专业技术和综合管理的显著优势也得到了迅速发展。经过二十几年的迅速发展,"第三方物流"的概念在国内外已广泛地被使用,但至今还没有一个明确的、权威的、被普遍接受和认可的定义。

欧美研究者通常这样定义第三方物流:第三方物流是指传统的组织内部履行的物流职能现由外部公司履行。第三方物流公司所履行的物流职能,包含了整个物流过程或物流过程中的部分活动。Robert C. Lieb(1993)从服务提供者的角度将第三方物流定义为"拥有一定技术和专业知识,并提供如交通、运输管理、承运人管理、仓储、配送等物流活动中部分或全部环节的服务,以满足客户需求的第三方公司"。B. J. Lalonde 和 M. C. Cooper (1989)认为第三方物流是一种关系,认为第三方物流是"货主和第三方公司之间的一种关系,与传统的基础服务相比,第三方物流提供了更加广泛的、为客户定制的服务,其特点表现为一种长期的、互利的关系"。

美国供应链管理专业协会对第三方物流的解释是:第三方物流是指将企业的全部或部分物流运作业务外包给专业公司管理经营,而这些能为顾客提供多元化物流服务的专业公司称之为第三方物流提供商。它们的存在加速了原材料和零部件从供应商转向制造商的顺畅流动,更为产品从制造商向零售商的转移搭建了良好的平台。第三方物流提供商所提供的集成服务涵盖了包括运输、仓储、码头装卸、库存管理、包装以及货运代理在内的诸多业务。

在日本的物流书籍中,第三方物流有两种解释。一种解释是,第三方物流是指为第一方生产企业和第二方消费企业提供物流服务的中间服务商组织的物流运作。另一种解释是,第一方物流是指生产企业和流通企业自己运作的物流业务;第二方物流是指那些提供诸如运输、仓储等单一物流功能服务的物流企业所运作的物流业务;第三方物流则是指为客户提供包括物流系统设计规划、解决方案以及具体物流业务运作等全部物流服务的专业物流企业所运作的物流业务。

我国国家标准《物流术语》(修订版)中,将第三方物流定义为:独立于供需双方为客户提供专项或全面的物流系统设计或系统运营的物流服务模式。第三方物流特指在物流渠道中,由中间商以合同的形式在一定期限内向供需企业提供所需要的全部或部分物流服务。第三方物流企业在货物的实际供应链中并不是一个独立的参与者,而是代表发货人或收货人,通过提供一整套物流活动来服务于供应链。第三方物流企业本身不拥有货物,而是为其外部客户的物流作业提供管理、控制和专业化服务的企业。

虽然国内外对第三方物流的定义不尽相同,但总的来说可以将第三方物流的定义分为广义的第三方物流和狭义的第三方物流。

1. 广义的第三方物流

我们以商品交易为参照对象,来定义广义的第一方、第二方、第三方物流。

(1) 第一方物流(First Party Logistics,1PL)

第一方物流是指由商品提供者自己承担向商品需求者的物流问题,以实现物资空间位移的过程。传统上,多数制造企业自己都配备有规模较大的运输工具(如车辆、船舶等)

和储存自己产品所需要的仓库等物流设施，来实现自己产品的流通，特别是在产品输送量较大的情况下，企业比较愿意由自己来承担物流的任务。但是，当人们从第一利润源泉(原材料、设施等物质资源的节约)和第二利润源泉(劳动力资源的节约)中越来越难以取得利润的时候，却发现在物资的流通、流转过程中存在大量的获取利润的机会，或者叫作降低成本的空间，即第三利润源泉。加之随着市场竞争日趋激烈，企业越来越注重从物流过程中追求“第三利润”。

(2) 第二方物流(Second Party Logistics,2PL)

第二方物流是指由商品需求者自己解决所需商品的物流问题，以实现商品的空间位移的过程。传统上的一些较大规模的商业部门都备有自己的运输工具和储存商品的仓库等物流设施，以解决从供应站到商场的物流问题。

(3) 第三方物流(Third Party Logistics,3PL)

第三方物流，指商品买卖双方之外的第三方提供物流服务的形式。按照这种理解，无论是买方承担的物流还是卖方承担的物流都不是第三方物流，而除此之外的任何一方承担的物流都是第三方物流。实际上，广义的第三方物流是相对于自营物流而言的。

2. 狭义的第三方物流

狭义的第三方物流，是以物流服务或物流交易为参照对象。

狭义的第三方物流是指物流的实际需求方(假定为第一方)和实际供给方(假定为第二方)之外的第三方部分或全部利用第二方的资源通过合约向第一方提供的物流服务。

第三方物流的定义见图1.1。在这个第三方物流的定义中，第一方是物流服务的需求方，即客户，可以是生产商、零售商等。第二方是物流服务的提供方，即运输、仓储、流通加工等基础物流服务的提供者，第三方物流通过整合第二方的资源和能力为第一方提供服务。

由图1.1不难看出，供需之外的第三方具有管理特性，此概念明确了第三方物流的地位和作用。按照这个定义，可以认为现代物流企业，本质职能是管理和运作低层的物流资源，并为客户完成特定的物流服务。因此，第三方物流本质上是管理型的。

图1.1也容易使我们从物流发展的角度来看第三方物流。其实在第三方物流出现之前，第一方物流和第二方物流的直接服务关系就存在很长的历史了，如陆运、铁路、空运、海运、公共仓储等体现了这种第一方物流和第二方物流的直接服务关系。而第三方物流的出现，是物流复杂性进一步增强后又一次专业化分工的结果。

对第三方物流的一个更详细的描述如下：

① 从客户关系上看，第三方物流的采购不是货主向物流服务商偶然的、一次性的物流服务采购活动，而是采取委托承包形式的业务外包的长期合作关系。物流服务提供商与客户之间体现为一种战略性的合作伙伴关系，这有别于一般的仓储或货运服务。实际上，第三方物流公司在西方一直是作为客户企业的战略联盟。

② 从拥有的运作资产看，管理型的第三方物流企业一般不掌握物流运作的核心资源，或自身拥有的资源在整个服务所使用的资源中占很小的比例。

③ 从服务内容看，第三方物流侧重为客户提供一体化的综合物流服务。从纵向连接上，第三方物流可以完成从供应物流、生产物流到销售物流的完整过程的组织和管理；从

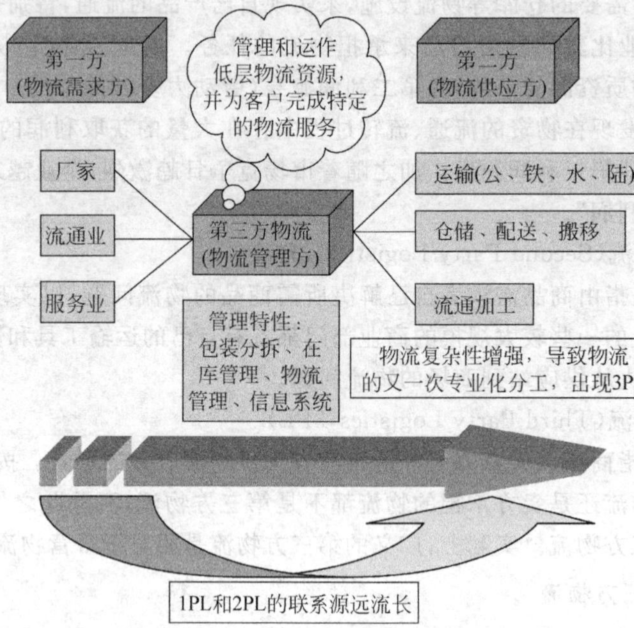

图 1.1 狭义的第三方物流

横向整合上,可以对物流服务资源进行整合和优化(运输车队、仓储资源的选择)。

④ 从业务运作看,第三方物流具有明确的整合和管理内涵。第三方物流是整合低层的物流资源,为客户提供一站式物流服务。

1.1.2 第三方物流的其他称谓

第三方物流概念像许多流行的术语一样,其表达运用常因人因地的不同而使其含义有所不同。在物流实践中,人们根据第三方物流的不同特点,对其还有不同的称谓。这些称谓都从某个侧面反映了第三方物流的实质,也基本能表达与第三方物流相同的概念。

由于第三方物流的服务方式一般是与企业签订一定期限的物流服务合同。所以第三方物流又被称为“合同物流”或“契约物流”(Contract Logistics)。第三方物流与第一方物流、第二方物流的合同关系如图 1.2 所示。

图 1.2 第三方物流与第一方物流、第二方物流的合同关系

为了区别于企业自身提供的物流作业(Private Logistics),第三方物流又被称为“外协物流”(Outsourcing Logistics)、“外包物流”或“外部物流”。

由于第三方物流公司一般是比较专业化的物流企业,能够承担客户全部的物流服务,所以第三方物流又被称为"全方位物流服务公司"(Full-service Distribution Company, FS-DC)或"整合服务提供商"(Integrated Service Providers)。

由于第三方物流公司对物流各环节如仓储、运输等的严格管理,再加之拥有一大批具有专业知识的物流人才,使得他们可以有效地运转整个物流系统。当企业不再拥有自己的车队和仓储、库存,而是全部依赖于第三方物流为它和它的客户提供部分或全部的物流服务时,企业和第三方物流便形成了"一荣俱荣,一损俱损"的利害关系。因此第三方物流又被称为"物流联盟"(Logistics Alliance)或"物流伙伴"。

1.1.3 第三方物流的特征

第三方物流的出现和发展对物流资源的合理配置、物流成本的降低、物流效率的提高具有极为重要的意义,在发展过程中第三方物流的特征也越来越明显。

1. 以合同为导向的物流服务

第三方物流企业可以管理整个物流过程或者可以同时选择几项物流服务项目,如订单管理、库存管理、运价谈判、选择承运人等。而传统的外协只限于一项或几项分散的物流功能,如运输公司提供运输服务、仓储公司提供仓储服务。另外,工商企业在选择第三方物流服务时一般要签订专门的合同,规定服务项目和目标,并且包括一定的惩罚措施。一部分企业还制定了一些激励条款。

2. 新型客户关系的物流服务

企业选择第三方物流服务的动机有降低成本、提高核心竞争力、寻找增值服务等,各类企业与第三方物流企业合作的方式有整体外包物流业务、聘请物流公司来管理运作企业自有的物流资产设备等多种形式。虽然形式各异,但是本质上是合作双方为了共同的战略目标,在信息共享的条件下,共同制订物流解决方案,第三方物流企业的业务深深地触及客户企业的销售计划、库存管理、订货计划、生产计划等整个生产经营过程,远远超越了与客户一般意义上的买卖关系,而是紧密地结合成一体,形成了一种战略伙伴关系。

3. 个性化的物流服务

由于第三方物流服务需求方的企业性质、产品特点、业务流程、市场状态等各不相同。传统的物流企业所提供的运输、仓储等基础性服务已远远不能满足目前工商企业的需要,这就促使当今的第三方物流企业的经营理念从供给推动模式向需求拉动模式转变,第三方物流企业正在努力采用"一企业一策略"的方式为工商企业提供特殊的、个性化的专属服务。

4. 以现代电子信息技术为基础

信息技术的迅猛发展是第三方物流出现的必要条件,信息技术实现了数据的快速、准确传递,提高了仓库管理、装卸运输、采购、订货、配送发运、订单处理的自动化水平,使订货、包装、保管、运输、流通加工实现一体化;借助信息平台,企业可以更方便地与物流企业进行交流沟通。同时,电脑软件的层出不穷,使混合在其他业务中的物流成本能被精确计算出来,还能有效管理物流渠道中的商流,这就使企业把原来在内部完成的作业交由物流企业来运作。常用于支撑第三方物流的信息技术有：实现信息快速交换的EDI(电子数据交换)，实现资金快速支付的EFT(电子资金支付)，实现网上交易的EC(电子商务)等。

1.1.4 第三方物流与物流一体化

1. 物流一体化的概念

随着市场竞争的不断深化和加剧，企业建立竞争优势的关键已由节约原材料的“第一利润源泉”和提高劳动生产率的“第二利润源泉”，转向建立高效的物流系统的“第三利润源泉”。20世纪80年代，西方发达国家，如美国、法国和德国等就提出了一体化的现代理论，应用和指导其物流发展取得了明显的效果，使它们的生产商、供应商和销售商均获得了显著的经济效益。美国十几年的经济繁荣与该国重视物流一体化的理论研究与实践、加强供应链管理、提高社会生产的物流效率和物流水平是分不开的。

物流一体化是物流业发展的成熟阶段。所谓物流一体化，就是以物流系统为核心，对由生产企业，再到物流企业、销售企业，直至消费者的供应链的整合化和系统化。如图1.3所示，物流一体化中，物流业高度发达，物流系统完善，物流业成为社会生产链中的领导者和协调者，能够为社会提供全方位的物流服务。“物流一体化就是利用物流管理，使产品在有效的供应链内迅速移动，使参与各方的企业都能获益，使整个社会获得明显的经济效益。”

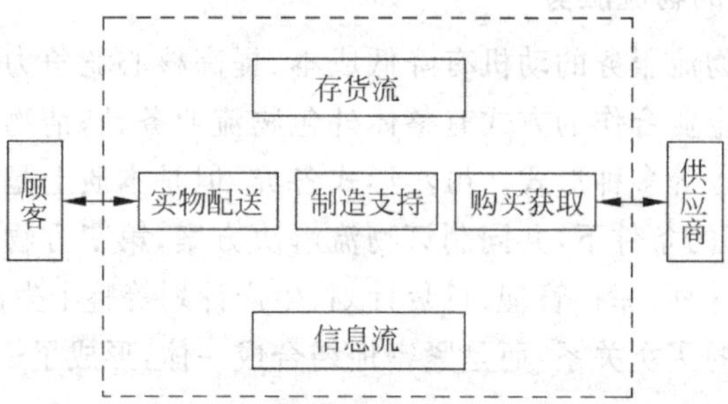

图1.3 物流一体化

物流一体化的发展可进一步分为三个层次：物流自身一体化，微观物流一体化和宏观物流一体化。物流自身一体化是指物流系统的观念逐渐确立，运输、仓储和其他物流要素趋向完备，子系统协调运作，系统化发展。微观物流一体化是指市场主体企业将物流作为企业战略联盟的纽带。宏观物流一体化是指物流业发展到这样的水平：物流业占到一国国民总产值的一定比例，处于社会经济生活的主导地位，它使跨国公司从内部职能专业化和国际分工程度的提高中获得规模经济效益。

物流一体化是物流产业的发展形式，它必须以第三方物流充分发育和完善为基础。物流一体化的实质是一个物流管理的问题，即专业化物流管理人员和技术人员，充分利用专业化物流设备、设施，发挥专业化物流运作的管理经验，以求取得整体最优的效果。同时，物流一体化的趋势为第三方物流的发展提供了良好的发展环境和巨大的市场需求。从物流业的发展看，第三方物流是在物流一体化的第一个层次——物流自身一体化上出现萌芽的，但此时只是数量有限的功能性物流企业。第三方物流在物流一体化的第二个层次——微观物流一体化得到迅速发展，如专业化的功能性物流企业和综合性物流企业的出现并快速发展。这些企业发展到一定水平，物流一体化就进入到了第三个层次——宏观物流一体化。

发达国家在发展第三方物流，实现物流一体化方面积累了较为丰富的经验。德国、美国、日本等国家认为：实现物流一体化，发展第三方物流，关键是具备一支优秀的物流管理队伍。这就要求管理者必须具备较高的经济学和物流学专业知识和技能，精通物流供应链中的每一门学科，整体规划水平和现代管理能力都很强。第三方物流和物流一体化的理论也为我国国有大中型企业带来一次难得的发展机遇和契机，即如何探索出这样一种适合中国国情的第三方物流运作模式：降低生产成本，提高效益，增强竞争力。

2. 第三方物流在物流一体化中的地位

第三方物流在物流一体化中的地位非常重要，其原因如下。

(1) 利益一体化是第三方物流企业的利润基础

第三方物流企业的利润从哪里来？从本质上讲，来源于现代物流管理科学的推广所产生的新价值，也就是新的利润源泉。如库存成本的节约，就是现代物流管理科学创造的新价值。这种新价值是第三方物流与客户共同分享的，这就是利益一体化。所以，与传统的运输服务相比，第三方物流公司的利润来源与客户的利益是一致的，而不是矛盾的，并不是一方多赚一分钱，另一方就少赚一分钱的传统交易方式。第三方物流服务的利润来源，不是来自运费、仓储费用等直接收入，不是以客户的成本性支出为代价的，而是来源于与客户一起在物流领域创造的新价值。为客户节约的物流成本越多，利润就越高，这与传统的经营方式有本质的不同。

(2) 第三方物流企业是客户的战略投资者，也是风险承担者

第三方物流公司追求的不是短期的经济效益，更确切地说，它是以一种投资者的身份为客户服务的，这是它身为战略同盟者的一个典型特点。比如，为了适应客户的需要，第三方物流公司往往自行投资或合资，为客户建造现代化的专用仓库、个性化的信息系统，以及特种运输设备等。这种投资少则几百万元，多则上亿元，直接为客户节省了大量的建设费用，而这种投资的风险，必然也由自身承担。所以，第三方物流服务本身就是一种长期投资。这种投资的收益，很大程度上取决于客户业务量的增长，这就形成了双方利益一体化的基础。

同时，随着各国资本市场的发展，法人企业作为战略投资人，已经成为一类重要的资本市场投资主体，为第三方物流企业与客户在资本市场上的合作创造了条件。双方在股权、资本上的融合将更加紧密，第三方物流战略投资者的性质将更加明显。

(3) 第三方物流企业是客户的战略同盟者

第三方物流企业不是一般的货运公司，也不是单纯的速递公司，在物流领域扮演的是客户的战略同盟者的角色。在服务内容上，它为客户提供的不仅仅是一次性的运输或配送服务，而是一种有长期契约性质的综合物流服务，最终职能是保证客户物流体系的高效运行和不断优化供应链管理。从这个角度来看，第三方物流企业与其说是一个专业物流公司，不如说是客户的一个专职物流部门，只是这个“物流部门”更具有专业优势和管理经

验。与传统运输企业相比，第三方物流企业的服务范围不仅仅限于运输、仓储业务，它更加注重客户物流体系的整体运作效率与效益。供应链的管理与不断优化，是它的核心服务内容。它的业务深深地触及客户企业的销售计划、库存管理、订货计划、生产计划等整个生产经营过程中，远远超越了与客户一般意义上的买卖关系，紧密地结合成一体，形成了一种战略合作伙伴关系。从长远来看，第三方物流的服务领域还将进一步扩展，甚至会成为客户销售体系的一部分。它的生存与发展，必将与客户企业的命运联系在一起。在西方的物流理论中，非常强调"关系营销"，也就是说，一个企业的迅速发展，光靠自身的资源、力量是远远不够的，必须寻找战略合作伙伴，通过同盟者的力量获得竞争优势。而第三方物流扮演的就是这种同盟者的角色，与客户形成的是相互依赖的市场共生关系。

第三方物流的用户与提供者之间的战略联盟、物流伙伴关系，均要求彼此更多的信息公开，打破传统的业务关系束缚，从基于交易上的"业务关系"，向更为一体的、长期的"伙伴关系"转变。

依靠现代电子信息技术的支撑，第三方物流企业与客户之间充分共享信息，这就要求双方能够相互信任，才能达到比单独从事物流活动所取得的更好的效果。从物流服务提供者的收费原则来看，它们之间是共担风险、共享利益的。因此，第三方物流企业与客户之间是物流联盟的关系。

1.1.5 物流外部化的方法

在发达国家，许多企业采取很多方式来外协物流，当然最彻底的方式是关闭自己的物流部门，将全部物流业务交由外部物流服务提供商完成，但是这样一下子把自己的物流资源都处理掉，全部依靠外包物流，对企业来说具有一定的风险，过渡阶段容易产生物流作业中断的现象。所以大部分企业更愿意采取逐步外协的方式，以实现平稳的移交。

1. 系统接管

大型物流服务公司供应商全盘买进客户公司的物流系统。由第三方物流接管并拥有客户的车辆、仓库、车站、员工等。

2. 合资

有些客户更愿意保留配送设施的部分产权，并参与物流作业。与物流企业的合资，带来了新资本的投入和专业的物流知识。如中远与小天鹅、科龙合资共建了安泰达物流。

3. 系统剥离

自理物流作业的公司把物流部门剥离成一个独立的利润中心，允许它们承接第三方物流业务。最初，大部分业务由母公司提供，逐步拓展外部客户。如海尔物流，海尔物流能够结合自身的优势特点以及每个行业不同的特性，为客户量身定制个性化的物流解决方案，目前已经在汽车行业、快速消费品行业、家具行业、IT 行业、电子电器行业、石化行业等多个领域开展个性化物流方案设计，为宜家家居、伊利、张裕等国内外知名企业提供物流供应链服务。

4. 管理型合同

对希望自己拥有物流设施的公司可以把管理外协。大型零售商常采用这种方式，如宝马汽车就采用了此种物流外部化方法。和通用、福特等汽车巨头主打大众型汽车不同，宝马以生产豪华汽车为主。宝马出产的汽车中绝大多数都是根据顾客个性化要求进行订制的，例如新车型 X5 SUV(运动型多功能车)给车主提供了 8 种车体结构、12 种颜色、19 个发动机型号和其他 60 多个个性化要求可供选择。因此，宝马在全球各地的经销商处只保留少数车辆，它把销售工作的重心放在汽车展厅上，在那里顾客可以进行观摩，并综合个性需求进行下单。要及时满足客户的个性需求，高效的零配件配送中心和物流管理是必不可少的。宝马在北美南卡罗来纳州兴建了一个大型零件配送中心，主要功能是对零件进行排序，依次送上生产线，一共有 86 名作业工人，两班倒作业，每天完成 12 000 次拣选，处理 2 200 托盘的货物。虽然宝马拥有排序中心和配送中心里面的存货，但是库房里的作业管理是通过第三方物流提供商——天地物流实现的。

1.2 第三方物流的分类

1.2.1 第三方物流的服务类型

第三方物流服务有很多类型。比较典型的分类是 Rao 等(1993)的分类，他们将第三方物流分为以下五个类别：

1. 单一服务(Single Services)：仅提供搬运、运输或仓储一种服务；
2. 独立服务(Separated Services)：提供运输与仓储二选一的服务；
3. 集成服务(Integrated Services)：提供运输与仓储集成的服务；
4. 综合服务(Combined Services)：在供给、仓储、运输功能以外还提供额外的服务，如商业经营和策划服务；
5. 组合服务(Complex Combined Services)：提供由不同服务所构成的服务集合，如计划、供给、装卸、仓库管理、仓储、经营、信息及运输等功能。

1.2.2 第三方物流公司的类型细分

我国的物流企业，由于对第三方物流本身没有正确的认识，对国外的第三方物流企业的发展规律也没有深入地分析，造成市场定位和业务模型雷同，形成盲目竞争的局面。实际上，在成熟的物流市场中，第三方物流企业根据其核心优势、资金投入能力等不同，可以分为很多种类型。研究第三方物流的分类，对于认识第三方物流的发展和运营规律，正确定位自己的业务范围和客户群体，具有重要的意义。

第三方物流公司有不同的划分方法。我们这里根据服务客户的数量和服务内容，可以将第三方物流公司分为四类，见图 1.4。

就服务客户的多寡而言，从一个到几百个不等。

就服务内容的集成度而言，从低到高的顺序，见图 1.5。

实践表明，服务集成度的高低同服务对象的多寡有反向的相关关系。假定企业的基本模式和能力相同，其提供服务的集成度越高，则其能够服务的对象将呈现减少的趋势，而提供服务的集成度越低，其能够服务的对象将增多。这主要是因为集成度越高，物流活

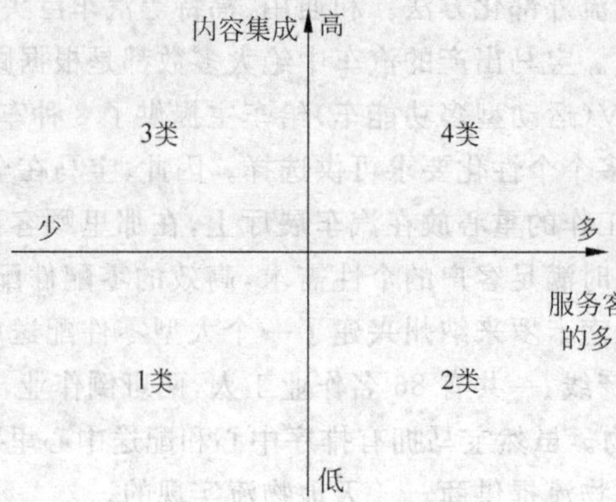

图 1.4　第三方物流分类

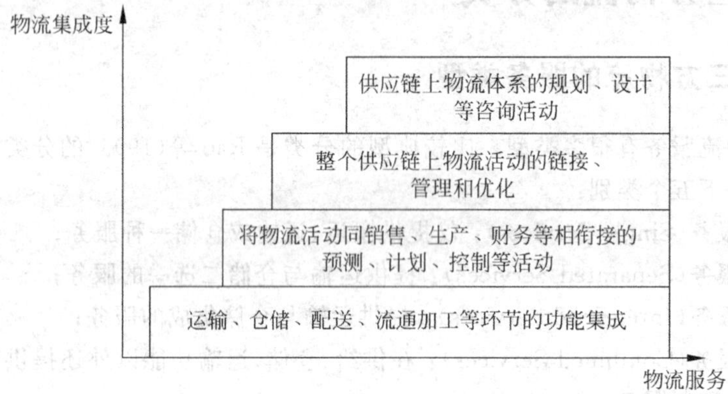

图 1.5　物流服务集成内容阶梯

动的个性化越强，物流活动中可以共享的资源越少，这种资源的不可共享性限制了其发展新客户的能力。

例如，比较高集成度的物流服务活动可能涉及客户对象现场物流资源的调度和管理，如工厂内原材料仓库的管理，工厂现场的成品包装和管理。作业地点一般在客户端，这些资源是无法在不同的客户之间共享的，这必然限制物流公司拓展新的服务对象的能力。

图 1.5 中的四类第三方物流公司，其基本情况如下。

(1) 针对少数客户提供低集成度的物流服务

针对少数客户提供的低集成度的物流服务，存在两种情况：一种是作为成长的阶段性存在的，即物流公司在发展初期，其客户资源有限，且服务能力还处于不完善阶段，能够提供的物流服务集成度有限。目前在国内有些大型的投资商涉足物流，尽管他们有为更多客户提供一体化物流的潜力，但由于发展的历史较短，且中国的物流市场需求还没有完全启动，基本上属于第一类企业。

同有些第一类的物流公司发展过程中阶段性的表现不同，另一些物流服务商的市场定位就是第一类企业的第三方物流公司。这些物流服务商因为自身的规模和能力限制，不具备提供高集成度物流的能力，同时，由于投入能力的限制，只能为很有限的客户提供服务。从中国的物流市场的发展现状看，对高集成度的物流需求是非常有限的，大多数物流需求还是低集成度的。因此，定位在低集成度上，仍然有很大的空间。同时，针对极有限的几个客户提供物流服务，应该是中国大多数中小型的物流企业比较可行的定位。比较极端的情况是，有些物流企业只有一个客户，相当于客户的一个物流管理部门。其实这种情况在西方，也是普遍存在的，就是大型的物流公司，其在从事第三方物流业务的时候，也往往成立专门的项目公司，针对个别客户提供个性化物流服务。

(2) 同时为较多的客户提供低集成度的物流服务

这也是目前存在比较多的一种第三方物流公司。比如虹鑫物流虽然有上百个客户，但大部分客户为原来的传统货代业务，真正可以称得上是物流服务的客户，大约有10多家。

从国内物流业的发展和国外的实践来看，第二类物流公司将是未来物流市场的主流模式。

(3) 针对较少的客户提供的高集成度的物流服务

这也是西方物流服务的一种典型形式。值得注意的是，很多大型的物流集团，在操作具体客户的时候，采用同客户共同投资新的物流公司的方式，全面管理客户的物流业务，就这个新公司而言，就是专门为特定客户提供高集成度的物流服务的典型。如联邦快递在欧洲，就同某家具公司联合成立了一家物流公司，专门负责该家具公司全球物流业务的管理和运作。

TNT国际快递在澳大利亚也有这样的物流公司。如TNT的电信物流，就是专门为澳大利亚电信公司(TELSTRA)提供物流服务而成立的一家物流公司。

在我国，这种针对特定客户成立物流公司的情况也已经出现。如上海的莲雄物流，在天津就同某化工厂集团成立物流公司，专门负责该化工集团物流业务的管理。

高集成度的物流服务由于个性化很强，物流企业参与客户的运营程度很深，一般不适合大规模运作，即一家公司为很多家企业同时提供高集成度的物流服务是很困难的。

(4) 同时为较多的客户提供高集成度的物流服务

在介绍第三类公司的时候我们已经提到，为很多家企业同时提供高集成度的物流服务是很困难的。即便在西方发达国家，能够同时为很多家企业提供高集成度的物流服务的公司，目前还没出现。这种现象有以下几个可能的原因。

① 高集成度的物流服务不适合大规模运作。高集成度的物流服务需要个性化订制，资源无法在不同的客户中共享，运作成本比较高，不适合大规模运作。

② 高集成度的物流服务具有强烈的排他性。高集成度的物流服务深入客户内部的战略、计划和管理，同客户是亲密无间的战略性合作伙伴关系，这种合作具有排他性，降低了物流服务提供商为同类客户提供服务的可能性。

③ 高集成度的物流服务需求市场不旺。高集成度的物流服务是物流业务的完全外包，客户企业面临的风险巨大。因此，大多数客户对高集成度物流持审慎的态度。

④ 高集成度的物流服务的供应能力还不足。物流在全球范围内，还处在发展的初期，物流公司还不具备同时为多家客户提供高集成度的物流服务的能力。

1.3 第三方物流的利益来源及价值分析

1.3.1 第三方物流的利益来源

第三方物流的推动力，已成为物流研究人员非常感兴趣的领域。为此，一些研究人员认为有必要对第三方物流使用者可能获益的方方面面进行研究。第三方物流服务供应商必须以有吸引力的服务来满足顾客，而且服务必须符合客户对于第三方物流的期望。这些期望就是要使客户在作业利益、经济利益、管理利益和战略利益等方面都能获益。

1. 作业利益

第三方物流服务能为顾客提供的第一类利益是“作业改进”的利益。这类利益基本包括两种因作业改进而产生的利益。

第一种，通过第三方物流服务，顾客可以获得自己组织物流活动所不能提供的服务或物流服务所需要的生产要素，这就是产生外协物流服务并获得发展的重要原因。在企业自行组织物流活动的情况下，或者限于组织物流活动所需要的特别的专业知识，或者限于技术条件，企业内部的物流系统可能并不能满足完成物流活动的需要，而要求企业自行解决所有的问题显然是不经济的。更何况技术，尤其是信息技术，虽然正以极快的步伐飞速发展，但终究不是每一个企业而且也没有必要要求每一个企业都能掌握，这也正是要第三方物流服务为顾客提供利益的必要要求。

第二种，改善前述企业内部管理的运作表现。这种作业改进的表现形式可能是增加作业的灵活性，提高质量、速度和服务的一致性及效率。

2. 经济利益

经济利益可以定义为与经济或财务相关的利益。一般低成本是由于低要素成本和规模经营、范围的经济性，其中包括劳动力要素成本。因此，通过外协，既可将不变成本转变成可变成本，又可避免盲目投资，将资金用于其他方面而降低成本。

稳定的和可见的成本也是影响外协的积极因素。稳定的成本使得规划和预算手续更为简便。一个环节的成本一般来讲难以清晰地与其他环节区分开来，但是因为外协后，供应商要申明成本或费用、成本的明晰性就增加了。

3. 管理利益

管理利益是与管理相关的利益。正如在作业改进部分所说的那样，外协可以被用作为本公司获得还未曾有的管理技能，也可以用于旨在要求内部管理资源用于其他更有利可图的用途中去、并与战略核心概念相一致。外协可使得公司的人力资源集中于公司的核心活动中去，而同时获益于其他公司的核心经营能力。此外，如单一资源和减少供应商的数目所带来的利益也是外协的潜在原因。单一资源减少了转移费用（公关费用）并减轻了公司在几个物流服务供应商间协调的压力。其他与管理相关的利益与上述相似。

4. 战略利益

物流外协还能产生战略性利益，即灵活性，包括地理范围跨度的灵活性（设点及撤销）

及根据环境变化进行其他调整的灵活性。集中主业在战略层次与管理层次一样也具有重要性，共担风险的利益也能通过使用拥有多种类型客户的服务供应商来获得。

虽然物流学界对于第三方物流的概念持肯定的态度，但是，仍提出了几个与第三方物流相关的顾虑或问题。顾虑之一是第三方的运作成本太高或与其所提供的相关服务不相适应。不难发现，在生产产品的过程中，外协带来额外的组织单位，这些组织不仅要求不亏损，还要求产生效益，这种效益是整个经营链的额外利润。

从费用的角度看，物流外协将增加所谓“交易”留用，并且企业对于外部供应商的依赖程度将会增加。如果物流外协所提供的服务不能满足期望或要求，这将会是一个很大的问题。还有一些其他管理层次的或战略层次的疑虑，如减少与消费者的直接接触，可能失去控制权，接受联盟也可能会丧失企业内部的专业特长。

1.3.2　第三方物流的价值分析

第三方物流之所以成为世界范围的物流发展必然趋势，根本原因在于第三方物流发展具有其独特的价值和作用。只有充分了解到这一点，才能更加促进第三方物流的发展壮大。

1. 第三方物流的成本价值

降低成本、提高利润率往往是企业在竞争中所追求的首选目标。这也是物流作为“第三利润源”受到普遍重视的根本原因。完整的企业物流成本，应该包括对物流设施、设备等固定资产的投资，仓储、运输、配送等物流费用，以及为管理、协调物流活动所需的管理费用、人工费用和伴随而来的信息传递、处理的信息费用等。如果将物流业务外包给第三方物流公司，企业对仓库、运输车辆等物流设施和物流信息系统的投资都可以转嫁给第三方物流企业来承担，从而减少投资物流的成本，还可以减少直接从事物流的人员，从而削减工资支出；由于库存控制管理的加强可降低存货水平，削减存货成本；通过第三方物流企业广泛的节点网络实施共同配送，可以大大提高运输效率，降低空载率，减少单位商品的运输费用等。所有这些都是第三方物流所体现的成本价值。

2. 第三方物流的服务价值

随着社会化大生产的日益扩大和专业化分工的愈加细化，服务成为企业竞争的关键因素。以最小的总成本帮助企业提高顾客服务水平是第三方物流所追求的根本目标。服务水平的提高会提高顾客满意度，增强企业信誉，促进企业的销售，提高利润率，进而提高企业的市场占有率。企业利用第三方物流企业的信息网络，可以加快对顾客订货的反应能力，提高订单处理效率，缩短从订货到交货的时间，实现货物的快递交付，提高顾客满意度。此外，通过其先进的信息和通信技术还可以实现对在途货物的监控，及时发现、分析和处理配送过程中的意外事件，保证订货及时、安全地到达目的地。当然，一流的物流服务，也要耗费一定的成本，从理论上来讲，只要企业顾客服务水平的提高所带来的效益大于其成本的支出就是可行的。

3. 第三方物流的风险分散价值

企业自营物流，要面临投资和存货的两大风险。从投资风险方面来看，企业自营物流所需设施、设备等固定资产往往占用较大份额资金，再加上非物流企业的物流管理能力和运作效率较低，物流设备闲置，那么企业就面临投资无法收回的风险。从存货风险方面来看，物流通常不是非物流企业的核心业务，由于自身运作和配送能力、管理水平有限，往往采用提高库存策略来降低缺货的风险，从而及时响应顾客订货需求，这样导致存货增加，占用流动资金。如果存货不能在短期内实现交易，也面临贬值的风险。企业通过第三方物流企业进行专业化配送，由于其高水平的配送能力，存货流动速度的加快，既可以加速资金周转，又可以减少内部的安全库存量，从而降低企业的资金风险。

4. 第三方物流的竞争力提升价值

企业通过物流外包给第三方物流公司，可以专注于核心业务提高自身核心竞争力。采用第三方物流后，由原来的直接面对多个客户的一对多关系变成了直接面对第三方物流的一对一关系，便于将更多精力投入到自身的生产经营中。作为第三方物流企业，通过其具有的物流系统再设计能力、信息技术能力，将原材料供应商、制造商、批发商、零售商等处于供应链上下游的相关企业的物流活动有机协调起来，使企业能够形成一种更为强大的供应链竞争优势，这是个别企业无法实现的工作。

5. 第三方物流的社会价值

首先，第三方物流可将社会上的闲散物流资源有效利用和整合起来。非物流企业由于物流资源的限制，很难依靠自身的力量来完善物流运作和强化物流管理。此外，我国很多企业都自营物流并建有自己的仓库、车队等，有的企业仓库规模小，需扩建，而有的企业仓储不足，造成大量闲置和浪费，使得社会物流资源不能充分利用起来，达到合理配置。同时非物流企业自行组织运输，没能优化运输路线，车辆空驶现象普遍，使得运输效率低下成本高，社会运力得不到有效利用。通过第三方物流企业专业化的管理控制能力和强大的物流信息系统，对多个企业原有的仓库、车队等物流资源进行统一管理、运营、组织共同存储和配送，实现信息和资源的共享，将企业物流系统社会化，可以极大地促进社会物流资源的合理配置和综合利用，提高物流整体运作效率。

其次，第三方物流有助于缓解城市交通压力。通过第三方物流的专业技能，通过制定合理的运输路线和运输方式，组织共同配送等，可以有效实施运输控制，减少城市车辆运行数量和车辆空驶、迂回运输等现象，缓解城市交通压力，从而减少能源消耗，降低废气排放量和噪声污染等，有利于环境的保护与改善，促进经济的可持续发展。

最后，第三方物流的成长和壮大可带动中国物流业的快速发展，对中国产业结构的调整和优化有着重要的意义。

1.4 第三方物流发展的历史沿革及推动因素

1.4.1 第三方物流发展的历史沿革

物流最早开始于“二战”的运输后勤体系，战后的经济萧条，促进了新物流观念的产生。1950 年以来，美国管理界、企业界开始重视商业物流。1973 年的石油危机使成本问题成为全球企业经营的重要课题，前段时间所形成的物流原则和观念，此时得以发挥实质性功效，物流也由此发展成为全球性话题。1975 年左右，美国出现了“第三方物流”企业，专门为企业负责其内部物流功能。作为物流业的新兴领域，第三方物流逐渐发展成为现代物流业的主体，在全球物流市场上已占据很大份额，成为现代物流业发展水平的标志。

第三方物流的演进并没有很清晰的界限。Chrisoula 和 Douglas(1998)按照第三方物流所提供的服务类型、所实施控制的水平以及在企业战略重要性方面所扮演的水平，将第三方物流的演进分为导入期、知晓期、需求期、整合期和差别化期五个阶段(如表 1.1 所示)。

表 1.1 第三方物流的发展阶段

时　　期	阶　　段	特　　征
20 世纪初—20 世纪 50 年代晚期	导入期 (Introductory Period)	单一服务
20 世纪 50 年代晚期—20 世纪 60 年代中期	知晓期 (Awareness Period)	独立服务
20 世纪 60 年代中期—20 世纪 70 年代晚期	需求期 (Necessity Period)	集成服务
20 世纪 70 年代晚期—20 世纪 80 年代晚期	整合期 (Integration Period)	综合服务
20 世纪 80 年代晚期—20 世纪 90 年代晚期	差别化期 (Differentiation Period)	组合服务

在导入期，第三方物流观念处于萌芽状态，仅当第三方物流公司具有显著成本优势或运输紧张时，企业才会予以考虑。在知晓期，第三方物流观念得以流行，企业开始考虑采用第三方物流公司作为存货控制和成本削减的替代选择，以强化企业竞争力，增加利润。然而，第三方物流仍引起企业界对缺乏物流控制权的担忧。在需求期，重要市场和法律的变更增加了配销的复杂程度，导致有配销专长的第三方物流公司的协助成为企业的必需，第三方物流的观念开始得到企业界的认可和采纳。在整合期，第三方物流的观念吸引了越来越多的公司，国际化以及分销渠道复杂性增加等因素迫使企业转向第三方物流。在差别化期，第三方物流的观念被认为是企业核心竞争力方向的一个区分器，国际化的趋势以及日益重要的伙伴和联盟关系，使得企业将第三方物流作为增加竞争力的必需功能，以支持企业使命。

1.4.2 第三方物流发展的推动因素

可以通过以下两个方面来考察第三方物流发展的推动因素。

1. 物流服务的需求动因

(1) 维持核心竞争能力

随着成本节约、组织扁平化、全球营销和外取战略日益受到重视，企业经营者开始考虑放弃一些内部物流职能，转而通过与第三方物流服务商建立物流联盟或合作伙伴关系，实现物流活动的外取。许多企业通过重组将资源和精力集中在核心业务上，维持核心竞争优势，从而降低运营成本，促进了自身能力的迅速积累和成长。

(2) 减少作业成本

开展第三方物流的一个重要因素是可以减少对物流设施的投资。减少作业成本，加速资金的周转，这是第三方物流的主要利益所在之一。企业的经营管理者越来越关注资产对利润的贡献因素，这种观念的转变最终导致企业把资本集中在能产生高效益并取得竞争力的主要业务，从而将自营物流逐渐转向第三方物流。这不仅能减少对物流设施的新投资，也大大减少了在仓库与车队上占用的资金，提高资金的使用效率。

(3) 改进服务水平

维持核心竞争力，减少作业成本和改进服务水平是企业需求第三方物流服务最大的利益所在。近年来，随着需求客户对物流服务期望的提高，车辆运作法规的日趋完善，技术的迅速发展以及经济与环境变动的不确定性的日益增多，人们对物流管理需求越来越有所扩大。一般而言，自营物流经常会沿袭已经取得的经验和习惯做法，缺乏主动的创新性和迎合顾客需求的服务意识。而第三方物流不仅能提供更加专业的物流服务，而且效率高。另外，获取更多的专业物流知识，灵活性和信息技术等方面的利益，零库存概念的提出，流通渠道的脆弱性和产品生命周期的缩短等也是推动第三方物流迅速发展的重要原因。

2. 物流服务的供给动因

公路运输行业日益成为越来越具有竞争性的行业，资金回报下滑，利润率降低，这驱使着一些公路运输企业逐渐向综合物流公司转型，向承运人提供增值物流服务，进入门槛较高的细分市场，并与客户订立的长期物流服务合同的履行获得新的利润增长点。近20年来欧美许多运输与仓储公司已演变成为广泛的物流服务供应商，并为客户的需求订制各类新型服务，作业效率也已大大提高。

1.5 第三方物流的发展经验及趋势

1.5.1 欧洲第三方物流发展概况

1. 欧洲第三方物流市场规模

当经济全球化打破了欧洲的传统核心，跨国公司在欧洲迅速扩大市场，带来了物流的需求，刺激了欧洲物流服务市场的快速增长。另外，企业也通过第三方物流的物流服务和增值服务，降低分销成本，改善服务，获得“第三种利润”。从欧洲第三方物流的发展可以发现：欧洲第三方物流的快速发展，一方面在于企业对于物流服务的需要；另一方面，在于欧洲目前较高的物流管理水平与成本的优势。内外因的综合作用，推动了欧洲第三方物流的发展。第三方物流发展的另一个特殊因素是：在欧洲运作一个配送中心成本极其高昂，管理要求十分苛刻。这包括高昂的人力成本、苛捐杂税、繁文缛节及经营限制措施。欧洲这方面的成本要比美国高两倍以上。所以，那么多的公司在欧洲开店都要把物流管理和运作外包出去也就不足为奇了。

在欧洲现有的955个配送中心中，56%集中在荷兰，另有12%分布在比利时。如此分布，是因为比利时、荷兰、卢森堡三国经济联盟位于欧洲的中心地带，通往欧洲各地非常方便。地区配送中心的建立有利于物流公司业务的发展。与以往相比，新型的物流能更广泛地覆盖整个地区，地区配送操作一体化也得以实现，这些特点无疑将有利于全球性的物流供应商，比如TNT、EXEL、HAYS和Tibbett & Britten。这些公司支付的费用仅仅相当于小型国内物流公司的费用，但收效却能遍及整个欧洲(如表 1.2 所示)。

表 1.2　欧洲第三方物流市场概况　　单位：百万欧元

国家	国内物流费用	3PL 收入	物流总支出	3PL 占物流总支出比例(%)
德国	26 582	8 074	34 602	23.33
法国	18 784	6 911	25 695	26.90
英国	15 485	8 150	23 635	34.48
意大利	12 102	1 771	13 873	12.77
西班牙	5 655	1 241	6 896	18.00
荷兰	4 848	1 620	6 468	25.05
比利时	2 914	971	3 885	24.99
奥地利	2 746	637	3 383	18.83
瑞典	2 610	737	3 347	22.02
丹麦	2 175	543	2 718	19.98
芬兰	1 662	415	2 077	19.98
爱尔兰	734	238	972	24.49
葡萄牙	674	137	811	16.89
希腊	690	85	775	10.97
卢森堡	119	40	159	25.16
总和	97 726	31 570	129 296	24.42

表 1.2 表示了欧洲各国家第三方物流的市场状况。从表 1.2 可看出，在欧洲市场上第三方物流的物流收入占物流总收入的比重平均达到 24.4%，其中英、法、德三国第三方物流收入份额最大，第三方物流收入占物流总收入的比重也最高。

2. 欧洲的第三方物流公司分类

在物流服务市场上，欧洲的第三方物流公司分为不同的层次，面向不同的目标市场，提供不同层次的服务，但基本可分为四类。

(1) 服务广泛的大型物流企业

处于最高层次的是那些超大型的第三方物流服务商。这些物流服务商为制造厂家提供广泛的增值服务等，如为其产品提供优化配置服务，促进其产品在欧洲范围内不同市场的销售业务快速发展，包括对销售到不同语言国家的产品提供条形码、包装和产品安装的服务。

这个层次上的第三方物流商包括以美国为基地提供服务的 Ryder 综合物流公司、UPS 全球物流公司、Schneider 物流公司及其他物流公司。

虽然在欧洲的第三方物流商中还没有谁能独占鳌头，但欧洲人经营的第三方物流企业还是有主次之分的。比如德国辛克国际集团属下的辛克国际物流服务公司就渗入欧洲的各个主要物流市场，从事货运代理、仓储及运输服务。辛克在荷兰鹿特丹开设了一个新的综合物流中心，这个面积为 32.3 万平方英尺的物流中心将作为欧洲的分拨配送中心，开展欧洲地区的集装箱接箱、海空货运的集柜、出库货物集拼等服务以及存货服务、存货管理，它还将成为进行诸如安装、包装和产品优化等增值服务的中心。

以美国为基地的 Ryder 综合物流公司则提供另一种类型的综合、多元化第三方物流服务，并已在欧洲获得相当大的成功。Ryder 在欧洲主要以非资产型企业方式运作，包括运输、物流管理、包装、简易安装、订单履行、货物展示及许多其他顾客优化服务。Ryder 在 12 个国家开展业务，拥有 2 000 名雇员，年营业额达 1.4 亿美元，最近还积极向东欧地区开拓。

来自美国的第三方物流商要想与欧洲实力强大、运作规范的竞争对手相抗衡，就必须有点新意。一个典型的范例就是 UPS 国际物流公司与 Fender 国际公司(一个欧洲的吉他生产厂家)的合作。Fender 委托 UPS 对其配送系统进行集约化和条理化组合，以帮助自己实现在欧洲的营业额翻一番的目标。而 UPS 负责管理 Fender 国际公司从世界各地厂家通过海、陆运来的货物，并利用荷兰的物流中心掌握 Fender 的存货，物流中心雇员检验产品质量、监视库存、履行分拨商和零售商的订单及管理多式联运。Fender 利用 UPS 的集约化物流中心，可以减少运送时间，更有效地监控产品的质量，发送不同品种的订单货物。

UPS 为 Fender 供应链提供增值服务的奇特之处就在于 UPS 作为物流商，在把吉他运到零售商那里之前，就已经把吉他调好音。包装完毕，当客户从包装箱里拿出吉他时，这把吉他就可以马上用于弹奏，过去在美国能够提供的服务，现在到了欧洲也同样能够达到这种服务水平。

(2) 从事传统物流的欧洲公司

从第三方物流的低层次来讲，有一种欧洲独特的行业——国际货运代理，这个行业是以资产投入为基础的，从事基本的运输、仓储、通关及包装服务，通常是以特定产品和特定地域为核心。许多欧洲大型第三方物流服务商若干年前是以这种服务起家的。数以千计的国际货运代理公司中的多数还仍然维持在提供基本的物流服务。它们中的大多数是从过去欧洲国家的通关服务行业中分离出来的，一般技术落后、资源匮乏。

(3) 新兴的第三方物流企业

除了那些大型的跨国和地区性的第三方物流商之外，还出现了一批从其他货运行业发展起来的欧洲第三方物流企业。比如经营德国汉堡港集装箱码头并同时在意大利、法国、捷克、奥地利和葡萄牙经营集装箱码头的德国 Eurokai 的第三方物流公司。Ocean gate 为在中欧、南欧和东欧国家从事电子产品的生命企业和食品、服装、鞋类的零售业提供合同物流服务。Ocean gate 以其位于汉堡港的集装箱码头为据点，提供拥有 36.5 万平方英尺面积的仓储服务。Ocean gate 在欧洲的 42 个城市拥有仓储和配送设施。此外，Ocean gate 还为零售和制造企业提供综合物流服务。

Ocean gate 向零售消费者(每年从亚洲进口大批货物)提供的最普遍的增值服务是加速进口运输的速度以缩短库存周转期，从亚洲通过苏伊士运河运往欧洲的集装箱停靠到意大利南部港口，在那里从船上卸下一部分集装箱货物并通过卡车迅速运送到消费者指定的地点。其他船上货物继续通过海运送往北欧港口，然后由 Ocean gate 通过传统的运输方式运往消费地。在意大利卸下的货物运转速度快，用来满足火急订单，而通过低成本，全水路运输的货物在前批火急订单卖完之后也就能到了消费地，通过这种方式，可以使客户的库存效率提高 10%。

(4) 大型国有机构的第三方物流

欧洲另一个快速增长的第三方物流企业层次是大型的国有机构，如国家铁路公司和港务局。

德国邮政用了约10年的时间由效率低下的国有邮政机构逐步转变为一家营业收入达到430亿欧元的跨国企业。德国邮政先后收购了DHL、丹莎物流、空运企业AEI和安邦快递等企业，迅速扩张自己的实力，向大型第三方物流企业转型。

3. 欧洲第三方物流企业的趋势

大量的物流弄潮儿纷纷涌入欧洲第三方物流行业，表明了对欧洲物流市场潜力的信心。随着贸易全球化趋势打破欧洲的传统壁垒，将产生对物流业务的巨大需求，此外欧盟的建立及其对欧洲贸易格局的影响将迫使当地和地区性的生产企业参与到多元化市场竞争，它们也需要有成熟的第三方物流服务商的鼎力相助来管理变幻莫测的分拨配送网络。这些发展势头引发了物流服务商在欧洲的迅猛发展，从老式的货运代理(它们已开始重新认识物流)到美国模式的第三方物流服务商，再到私营货运企业。货主们将看到，今后欧洲将得到大批有创新意识的物流服务。第三方物流公司下一步发展将是覆盖全球，因为生产型公司更多的是着眼于海外制造，物流需求也随之变得更为复杂。货物将在国际间穿梭而时间限制则会更加严格。本地化的物流公司不得不打破地区界限，向区域化的物流公司转化，以适应国际供应链发展的需要。供应链的全球化将导致越来越多的跨国公司减少物流供应商的数量，并对业务流程进行整合。

近期出现的第四方物流，是指对一个公司的整个供应链进行经营和集成化管理，是当前所谓的最前沿物流供应商，提供从运输到仓储再到售后服务的全套综合性服务，利用他们的技术将各分离的供应链单元(如果有必要，可以使用不同的物流供应商)集成起来，如TNT、HAYS和UPS就是很好的例子。

1.5.2 美国第三方物流发展概况

多年来，美国《输入物流》杂志，一直通过专项调查，来评选第三方物流百强企业。他们的调查涉及企业的市场范围、资产结构、服务领域以及第三方物流服务的具体业务。齐言(2011)通过对比2009年与2010年美国《输入物流》杂志评选出的第三方物流百强企业的有关数据变化，分析出百强企业在市场范围、服务领域、资产结构以及客户数量与利润方面的具体变化，如表1.3—表1.6所示。

表1.3 2009—2010年美国100强3PL企业市场范围变化比较(单位：个)

	2009年企业数(1)	2010年企业数(2)	对比(2)－(1)
美国境内	12	6	－6
北美地区	41	34	－7
全球其他地区	47	60	13
合计	100	100	0

表 1.4 2009—2010 年美国 100 强 3PL 企业服务领域变化比较(单位：个)

	2009 年企业数(1)	2010 年企业数(2)	对比(2)－(1)
制造业	98	99	1
批发与分销	93	96	3
电子商务零售	90	91	1
政府与服务业	72	78	6

表 1.5 2009—2010 年美国 100 强 3PL 企业资产结构变化比较(单位：个)

	2009 年企业数(1)	2010 年企业数(2)	对比(2)－(1)
重资产	13	6	－7
轻资产	41	49	8
重、轻资产兼具	46	45	－1
合计	100	100	0

表 1.6 2009—2010 年美国 100 强 3PL 企业客户数量与利润变化

	2009 年(1)	2010 年(2)	对比(2)－(1)
客户数增加平均数(%)	6.7	7	0.3
利润平均增长(%)	5.3	5.9	0.6

1. 美国 100 强第三方物流企业的发展趋势

(1) 服务市场扩张趋势明显

齐言(2011)指出服务市场扩张，是美国 3PL 百强企业发展的一个显著特征。服务市场扩张的趋势，在企业市场的地理范围、行业分布以及顾客数量的变化三个方面均有所体现。

首先，地理分布数据的比较。资料显示，与 2009 年相比，2010 年，百强企业在区域市场上的扩张趋势非常明显。在北美地区之外，开拓其他国际市场的企业数由 2009 年的 47% 猛增到 2010 年的 60%。这说明，2010 年美国第三方物流百强企业在积极地开拓国际市场，如表 1.3 所示。

其次，企业客户范围的扩大是服务市场拓展的另一表现。数据显示，2010 年制造业依然是第三方物流企业最主要的目标市场，100 家企业中有 99 家企业为制造业提供服务，与 2009 年相比上升了 1%；批发和分销业的服务增加了 3%；电子商务与零售同样上升了 1%；服务业和政府市场增长了 6%，如表 1.4 所示。

(2) 资产结构轻型化

对比 2009 年与 2010 年的调查资料，可以发现，美国第三方物流百强企业的轻资产化趋势明显。从进入百强企业的资产类型结构如表 1.5 所示。2010 年重资产型企业对比 2009 年下降幅度超过了 50%。而轻资产型的企业上涨幅度接近 20%。轻重兼具资产类型的企业下降了 1%。这表明，在重资产型企业大幅减少的同时，轻资产型企业数量显著增加。

(3) 客户数量增加和利润小幅增长

根据《输入物流》杂志的数据显示，2010 年美国第三方物流百强企业的客户数量增加的平均数和利润平均增长都有了小幅的增长，涨幅分别为 0.3%和 0.6%，如表 1.6 所示。

2. 美国第三方物流发展趋势

(1) 国际化与信息化

美国波士顿东北大学供应链管理学系与埃森哲咨询公司的相关调查发现，“财富 500 强”中的企业有 65%都使用了第三方物流服务。其中，关税经纪、货物付款和货运代理等服务最常用，许多第三方物流的买家依靠供应商获取信息技术方面的支持。调查指出，顾客对第三方物流供应商的信息科技能力要求主要有三项：实施新软件系统的能力、操作客户软件的系统能力和整合客户的供应链伙伴的软件系统能力，分别有 40%、43%和 47%的被访者认为“一定要有”。调查又发现，顾客对第三方物流供应商的服务质量要求越来越严格，而需求范围也进一步拓阔，要求他们要努力加大国际覆盖率及信息技术支持。

(2) 国际化与供应链管理

随着贸易的增长和跨国公司加强其国际化物流动作，各公司将加快开拓国际市场的步伐，以管理遍布世界各地的货物流动。预计将有 1 000 左右家公司从事分拨和集拼业务，并产生供应商和软件公司之间的联手。只有少数大型、资金雄厚的公司才能拥有技术能力和创造力来操作非常复杂并高度集成化的供应链过程。

1.5.3　日本第三方物流发展概况

日本物流业的发展已有较长的历史，在世界居领先水平。自 1956 年从美国全面引进现代物流管理理念后，日本大力进行本国物流现代化建设，将物流运输业改革为国民经济中最为重要的核心课题予以研究和发展。其特点主要表现在以下几方面。

1. 全面完善各项物流基础设施的建设

日本政府在全国范围内开展了包括高速公路网、新干线铁路运输网、沿海港湾设施、航空枢纽港、流通聚集地在内的各种基础设施建设，投资物流运输体系的建设，既拉动了本国生产的内需，又为日本扩大物流市场提供了充实的物流硬件保证。

2. 不断提高生产物流管理水平

汽车制造工业的发展为日本生产物流管理手段的发展提供了用武之地。“零库存”管理，“准时制生产管理(Just in Time)”等新的物流管理方式不断涌现；物流中心、中央物流中心等各种物流管理系统不断增加；物流联网系统、物流配车系统等物流软件不断运用。日本可以堪称是世界上物流管理手段与工业化生产结合最为成功的国家之一。

3. 确立海运立国战略

作为传统的海运国家，日本政府把航运作为本国经济发展的生命线。近年来，日本政府又调整了部分物流发展战略，积极倡导高附加值物流，并将物流信息技术作为重点发展方向，力争在物流国际化、系统化、标准化、协作化方面取得进展。

1.5.4 发达国家第三方物流发展的经验启示

根据发达国家第三方物流的发展经验，可以得到以下启示。

1. 积极发挥政府部门的作用

据调查，第三方物流的供给方普遍希望改善物流发展环境。中方的供应商认为缺乏物流人才是它们面临的最大挑战，外国供应商认为政府限制是首要挑战。比如，为了向顾客提供一个整合全国范围的物流服务解决方案，物流供给商必须取得按省份和按运输方式的多个运营许可证。政策环境涉及运营许可、跨省运输、登记注册、税收政策、行业标准等，希望政府出台产业政策。

由于发达国家企业以私有制为主，产权关系较为明晰，且企业制度较为规范，这从根本上决定了发达国家企业对成本控制、改善产品或服务质量有更强的原动力。德、美两国的企业都认识到了物流在新的全球竞争环境中的重要战略意义，71%的德国企业和53%的美国企业都把物流环节放在企业生产过程中对成本控制的第一或第二的重要位置。此外，发达国家对物流业的重视程度高还体现在政府对物流业的统筹规划上。日本政府十分注意物流配送基地的建设，在大中城市、港口、主要公路枢纽，政府都对物流设施用地进行了规划，形成了大大小小的物流基地，如横滨港货物中心就集中了42家物流配送企业。美国、日本政府发展物流业坚持政府规划、企业经营的原则，明确物流业的社会地位，放宽市场准入，相应调整税收政策，形成有效的地方行政经营管理体系，并建立全面的物流业的游戏规则。

2. 提高物流业社会化、组织化水平

社会化程度高表现在许多商业企业、生产企业自己不设仓库、车队等流通设施，而是通过签订长期的合作协议将物流业务交给第三方物流公司去做，以达到减少非核心业务投资、降低成本的目的。如日本的Seven-Eleven仓库和配送中心，通过重组分销渠道，由批发商兴建配送中心。生产企业和流通企业根据自己的情况来选择物流服务。规模比较小的企业通常依赖于大型物流批发企业的供货，以达到减少非生产性投资、降低成本的目的；有实力的大型企业往往会建立自己的物流配送中心。物流企业还注重网络的发展，拥有比较完善的物流配送网络，在发展和承揽业务、满足顾客需要、降低物流成本等方面具有较大优势。所以，物流企业能产生规模效益，物流的社会化、组织化程度高，能将生产、流通、消费很好地衔接起来。

3. 注重研究企业的物流战略和实用物流技术

为了不断提高服务质量，降低物流成本，增强在市场上的竞争力，发达国家物流企业大多比较注意研究物流配送的新技术、新方法。例如为适应现代社会已从“生产者引导型经济”转向“消费者引导型经济”，目前国外物流企业开始研究新的“效率型消费者反应”(Efficient Consumer Response)战略。为了提高物流效率，一些日本物流企业对现有物流设备进行了改进，发明了更实用的可拆卸式货架、移动式商品条形码扫描设备等。

4. 采用发达的信息系统及先进的物流技术和设备

发达国家企业对现代物流业重视程度高、起步早，较为普遍地采用了先进的信息系统和物流设备。利用发达的信息技术(尤其是电子商务)，实现网络化、自动化、智能化运作和管理，使物流企业供应链范围内的通信和信息整合更快捷，使客户关系更密切。例如，英国怡和物流集团为客户设计的电子跟踪系统 Smart Track，以互联网为平台，不仅大大节省客户的通信费用，还可按客户的需要订制货物或订单跟踪。怡和物流为我国台湾分店设计的电子仓储系统则可以随时查阅货物存量及货物送递情况。

通过对发达国家第三方物流企业的分析可以看出，良好的政策、法规环境，高水平的社会化、组织化程度，现代化、标准化的高效物流设施，完善的信息处理和交换系统是发展现代物流业的几大要素。

1.5.5　我国第三方物流的发展概况

1. 我国第三方物流企业分类

从第三方物流企业的形成结构看，我国的第三方物流企业大体分有四种类型。

第一种是占据较大市场份额的，由传统仓储、运输企业经过改造转型而来的物流企业。如中远国际货运公司、中国对外贸易运输(集团)总公司(简称中外运)、中国储运总公司、中国邮政、中铁快运等，凭借原有的物流业务基础和在市场、经营网络、设施、企业规模等方面的优势，不断拓展和延伸其他物流服务，向现代物流企业逐步转化。这类公司的地方子公司都是独立核算，各地网点间缺乏信息沟通，作业不能配合与协调，资源得不到有效利用。除非是很大的客户，多数普通客户难以享受到较为全面的物流服务，各网点实际处于分散的节点状态，网络并未真正形成。这类企业一般都能提供运输、仓储服务，但由于规模大，要负担庞大的人力成本，价格要稍高于区域性的中小物流企业。此外，企业在观念上还较落后，对客户需求不够重视，服务意识不强，服务质量较差。部分企业还残留着行业老大的痕迹，灵活性差，运作效率不是很高。

第二种是新创办的国有或国有控股的新型物流企业，它们是现代企业改革的产物，管理机制比较完善，发展比较快。如 1993 年 11 月成立的中海物流公司，从仓储开始发展物流业务，现发展成为为国际大型知名跨国公司提供包括仓储、运输、配送、报关等多功能物流服务的第三方物流企业。这类公司一般依托原来的仓储系统，并拥有自己的车队，可在本地区提供运输、仓储等基本服务，服务价格较低。随着市场竞争的加剧，它们也开始不断提高自身的能力，以适应客户的需求。个别企业随着各项资本的不断积累，也能做得比较出色，但尚不能成为全国性企业。这些企业的仓库结构和设施比较陈旧；由于历史遗留的体制问题，多数企业负担沉重；在管理方法和对物流服务的认识上，多数企业还局限于传统、分离、单一的基本业务。

第三种是外资和港资物流企业。它们一方面为原有客户进入中国市场提供延伸服务；另一方面用它们的经营理念、经营模式和优质服务吸引中国企业，逐渐向中国物流市场渗透，如丹麦有利物流公司主要为马士基船运公司及其货主企业提供物流服务，深圳的日本近铁物流公司主要为日本在华的企业服务。这类公司在资金、人才、理念、管理方法、服务及技术等方面都具有优势。凭借着这些优势，它们占据了外资企业物流供给的大部分市场。

第四种是民营物流企业。它们由于机制灵活、管理成本低等特点，发展迅速，是我国物流行业中最具朝气的第三方物流企业，如广州的宝供物流集团。这类企业作为后进入市场者，定位一般都是成为专业化的第三方物流服务提供者，要在短期内打入市场，规避物流设施投资大、回收期长的风险。很多民营物流企业都采取了非资产型的第三方物流代理模式，它们的服务水平与外资物流企业相近，但服务地域要广些，不仅仅限于大城市和沿海地区。与外资企业相比，民营物流企业在当地市场的运作上更具有适应性和灵活性，在服务、管理方法以及现代信息技术的应用方面要高于一般国内物流企业。但它们资金实力有限，业务拓展、规模扩张和网点铺设都受到限制，属于新型企业，在基本业务操作上经验积累不够。

综上所述，从提供的服务范围和功能来看，我国的第三方物流企业仍以运输、仓储等基本物流业务为主，加工、配送、订制服务等增值服务功能处在发展完善阶段。像宝供、中海这样功能完善的第三方物流企业目前为数不多，规模也不是很大。中远集团、中外运集团、中国储运总公司这样大型的运输、仓储企业虽已向第三方物流企业转化，但它们的传统运输、仓储业务仍占主要部分，第三方物流的功能还不完善。

2. 我国第三方物流的发展趋势

社会物流成本与国内生产总值(GDP)的比率是衡量一个国家物流效率的标志，比率越低，表明物流效率越高。近20年来，发达国家物流成本与GDP的比率一直处于下降状态，而且这种趋势还在继续。发展中国家的物流水平相对落后，物流费用大约占到其国民经济总值的20%～30%。

2010年，我国社会物流总额达到125.4万亿元，同比增长15%，增幅比2009年提高3.7个百分比，社会物流总费用与GDP的比率约为18%左右；2011年，我国物流运行形势总体良好，全国社会物流总额158.4万亿元，按可比价格计算，同比增长12.3%，社会物流总费用与GDP的比率为17.8%，同比持平，物流运行效率有所提高；2012年1—7月，我国社会物流总额为98.3万亿元，按可比价格计算，同比增长9.8%，总的看来，社会物流需求仍然保持适度高度增长，为国民经济平稳运行提供了有力支持。另外，根据中投顾问产业研究中心发布的《2012—2016年中国物流行业投资分析及前景预测报告》，预测2013年中国社会物流总额将达到215万亿元，未来五年(2013—2017年)将以16.1%的年复合增长率增长，2017年社会物流总额将突破390万亿元，约为391万亿元。从各方面的数据都显示出，我国物流业增加值正以飞快的速度增长，必会带来第三方物流产业的兴旺和发展。

3. 我国第三方物流发展中存在的问题

(1) 物流企业规模偏小

根据中国物流与采购联合会2011年公布的我国物流50强排序中，规模超过100亿元的有12家，超过50亿元的有9家，超过10亿元的有29家，第50位的为15.37亿元，比2005年的第50位增加了10倍，这充分说明近些年来我国的物流在突飞猛进的发展。但是我国大部分物流企业规模偏小，仍以中小物流企业为主。

(2) 物流基础设施建设和技术设备落后

我国物流企业大多是由传统的仓储、运输企业转型而来，在物流装备、管理水平、技术力量上都比较落后。大部分物流公司都拥有普通平房库、普通楼房库、简易仓库和货场，但冷藏库、冷冻库、保温库等仓储设施保有量却较低，只有部分大型物流企业拥有全自动立体仓库。例如，大多数仓库设计水平低，主要采用手工操作。较低的天花板导致自动化机械不能使用，并常常毁坏商品。利用现代化物流设备，降低物流成本，快速响应客户需求，是第三方物流的优势所在。

(3) 信息化、标准化水平较低

信息技术是现代物流体系的重要组成部分，更是第三方物流发展的重要技术保障，因为正是信息技术将原先割裂的供应链上的各个物流环节有机整合在一起。但我国物流企业整体来说信息化起步较晚，总体水平不高，程度参差不齐，物流企业普遍存在对信息的获取、处理、运用能力不强的问题，绝大多数物流企业尚不具备运用现代信息的能力。

再有射频技、智能运输等物流信息技术应用十分有限，网络技术应用还停留在初级水平。虽然已有90%的第三方物流企业拥有了自己的网站，但70%的公司在网上只是进行信息发布、E-Mail等简单功能，没有利用现代信息网络技术对企业内外部信息进行有效集成和整合，利用互联网开展电子商务和电子物流等仅在少数企业中开始探索。

总而言之，由于物流专业化和物流信息化的掣肘，我国物流企业所提供的服务在及时性、准确性、可靠性、多样性等特征上都处在初级水平，难以满足客户需求，制约了我国第三方物流的发展。

我国在物流标准化水平上也很低，存在很多的问题：如物流标准化意识淡薄，很多国有企业仍然依赖自己的仓库和车队自营物流，标准化程度低且破损率高；在货物的仓储、装卸和运输等过程中缺乏基础设备的统一规范，使得各环节难以实现有效衔接；信息标准化落后，许多部门和单位都建有自己的商品信息数据库，但数据库的字段、类型和长度都不一致，形成一个个“信息孤岛”，严重影响了物流管理基础的信息交换和电子商务的运作；物流标准化人才匮乏，目前物流行业的从业人员，绝大部分是从相关行业转过来的，真正具有扎实的现代物流理论基础与实践经验的人很少。特别是对于物流标准化而言，人才匮乏现象更为严重。

(4) 增值服务创新不够，服务范围狭窄

现代意义的第三方物流企业不只是提供运输、仓储等基本功能，更重要的是能提供给客户专业化个性化的物流解决方案，改善整个供应链的物流服务。目前我国第三方物流企业的收益85%来自基础性服务，如运输(占53%)和仓储(占32%)，增值服务及物流信息服务只占一小部分，物流系统设计、物流总代理等高附加值、综合性服务则更少。

(5) 绩效管理体系不健全

一个完善的物流绩效管理体系，可以在物流经营运作中及时发现问题，分析问题，解决问题。我国目前一直大力提倡要进行信息化管理，但真正的实效有多大，取得实效究竟集中在哪个环节等问题其评价体系的合理性和科学性仍很欠缺。有的物流企业即使建立了绩效管理体系，主要也是通过若干固定的财务、技术等指标进行全过程评价，并且各部门评价指标设置呈现单一性特征，缺乏一套建立在严密数据分析基础上的科学、统一、完备的指标体系，不能满足从不同层面、不同支出性质等方面所进行的综合、立体评价的要求。因此，如何科学、全面地分析和评价物流企业的绩效，已成为物流企业迫切需要解决的课题。主要问题存在于以下几个方面。

① 物流企业绩效管理与战略实施相脱节。各部门只是按照本部门的想法，提出本部门可以做到的和当前无须做到的，而没有关注企业整体的经营绩效。这样导致年终部门绩效目标完成得很好，而物流企业整体绩效却不是很好，即"战略稀释"现象的发生。

② 绩效管理的核心目的不明确。企业往往也规定考核指标，但却没有关注考核结果的运用，也没有具体分析绩效不佳的原因。只知道绩效考核有问题，却不知道问题究竟出现在哪里。

③ 绩效考核制度形式单一，追求短期绩效，忽视长期绩效。考核制度和考核指标往往只按固有的思路，设计一种评价办法和指标体系去适应企业所有岗位，考核指标也主要是财务指标，而不管员工在实现财务指标过程中的行为是否符合企业的规范要求，很少考虑长期的市场培育。

④ 绩效管理忽视员工的参与。许多员工不知道企业考核是怎么进行的，考核结果如何，有什么用处，以至于员工自己在工作中存在什么问题，如何改进更无从知晓了。

(6) 高级物流人才匮乏

发展第三方物流，关键是具备一支优秀的物流管理队伍。缺乏人才，行业也就缺少了创新的能力和发展的动力。由于物流活动涉及的范围非常广泛，涉及贸易、运输、金融、商检、海关等部门和行业，特别是第三方物流专业化程度高，迫切需要懂信息、会管理、知法律、通金融、晓外语的综合型人才。但物流人才十分短缺，尤其是缺乏实用型物流人才，缺乏物流管理师和工程师。据相关资料分析，2010 年我国的高级物流人才需求量达到 3 万到 4 万之间。欧、美、日等发达国家物流企业之所以发展较快，一个重要的原因是这些国家都十分重视人才的教育，很多学校都开设有物流管理专业，并在全社会开展了物流职业教育，物流教育培训体系非常发达，形成了比较合理的专业人才的教育培训系统；并且物流从业人员必须接受职业教育获得从业资格后，才能从事物流方面的工作。而目前我国，虽然物流从业人员已初具规模，但大多数是从管理专业、工程专业、交通运输专业等转行过来，真正懂得物流科学的高层次管理人才屈指可数，原因就是我国物流教育落后，职业教育更加贫乏，通过委托培训方式培训员工的企业也不多见。

1.5.6 第三方物流的发展趋势

根据美国、欧洲、日本的发展经验来看，第三方物流发展具有以下趋势。

1. 外包已成为商业领域中的一大趋势

自 20 世纪 80 年代以来，在发达国家，外包(outsourcing)已成为商业领域中的一大趋势。企业越来越重视集中自己的主要资源与核心业务，而把辅助性功能外包给其他企业。因为物流一般被工商企业视为支持与辅助功能，所以它是一个外部化业务的候选功能。多年来，欧美发达国家的物流已不再作为工商企业直接管理的活动，而常常从外部物流专业公司中采购物流服务。有些公司虽然还保留着物流作业功能，但越来越多地开始由外部合同服务来补充。

2. 物流技术高速发展，物流管理水平不断提高

国外物流企业的技术装备已达到相当高的水平。目前已经形成以信息技术为核心，以信息技术、运输技术、配送技术、装卸搬运技术、自动化仓储技术、库存控制技术、包装技术等专业技术为支撑的现代化物流装备技术格局。其发展趋势表现为以下几个方面。

① 信息化——广泛采用无线互联网技术，卫星定位技术(GPS)，地理信息系统(GIS)和射频标识技术(RF)，条形码技术等。

② 自动化——自动引导小车(AGV)技术，搬运机器人(Robot System)技术等。

③ 智能化——电子识别和电子跟踪技术，智能交通与运输系统(ITS)。

④ 集成化——信息化、机械化、自动化和智能化于一体。

其中，高新技术在物流运输业的应用与发展表现尤为突出。

3. 专业物流形成规模，共同配送成为主导

国外专业物流企业是伴随制造商经营取向的变革应运而生的。由于制造厂商为迎合消费者日益精化、个性化的产品需求，而采取多样、少量的生产方式，因而高频度、小批量的配送需求也随之产生。目前，在美国、日本和欧洲等经济发达国家和地区，专业物流服务已形成规模，它有利于制造商降低流通成本，提高运营效率，并将有限的资源和精力集中于自身的核心业务上。

共同配送是经长期的发展和探索优化出的一种追求合理化配送的配送形式，也是美国、日本等一些发达国家采用较广泛、影响面较大的一种先进的物流方式。它对提高物流动作效率、降低物流成本具有重要意义。从整个社会的角度来讲，实现共同配送主要有以下几个好处：减少社会车流总量，减少闹市卸货妨碍交通的现象，改善交通运输状况；通过集中化处理，有效提高车辆的装载率，节省物流处理空间和人力资源，提升商业物流环境进而改善整体社会生活品质。总而言之，共同配送可以最大限度地提高人员、物资、金钱、时间等物流资源的使用效率(降低成本)，取得最大效益(提高服务)，还可以去除多余的交错运输，并取得缓解交通、保护环境等社会效益。

共同配送是物流配送发展的总体趋势。当然，共同配送涉及很多具体的细节问题，在实施过程中难免会出现一些困难点。首先，各业种经营的商品不同，有日用百货、食品、酒类饮料、药品、服装乃至厨房用品、卫生洁具等，林林总总，不一而足。不同的商品特点不同，对配送的要求也不一样，共同配送存在一定的难度。其次，各企业的规模、商圈、客户、经营意识等方面也存在差距，往往很难协调一致。还有费用的分摊、泄露商业机密的担忧，等等。

4. 物流企业向集约化、协同化、全球化方向发展

国外物流企业向集约化方向、协同化发展主要表现在两个方面，一是大力建设物流园区；二是物流企业兼并与合作。

物流园区是多种物流设施和不同类型的物流企业在空间上集中布局的场所，是具有一定规模和综合服务功能的物流集节点。日本是最早建立物流园区的国家，至今已建立20个大规模的物流园区，平均占地面积约74万平方米；荷兰统计的14个物流园区，平均占地面积4.5平方千米；德国不来梅的货运中心占地在100万平方米以上，纽伦堡物流园区占地已达 7 平方千米。物流园区的建设有利于实现物流企业的专业化和规模化，发挥它们的整体优势和互补优势。

由于世界上各行业大型企业之间的并购浪潮和网上贸易的迅速发展，使国际贸易的货物流动加速向全球化方向前进。为适应这一发展趋势，欧美的一些大型物流企业跨越国境，展开连横合纵式的并购，大力拓展国际物流市场，以争取更大的市场份额。

美国的 UPS 则并购了总部设在迈阿密的航空货运公司——挑战航空公司。该公司与南美 18 个国家签订了领空自由通航协议，它与这 18 个国家的空运物流量在美国同行中居第一。UPS 计划将自己在美国的最大物流运输网与挑战航空公司在南美洲的物流运输网相结合，从而实现南北美洲两个大陆一体化的整体物流网络。

美国联邦快递公司投资 2 亿美元，在法国的戴高乐机场建设小件货物仓储运输设施，目的是将欧洲 38 个城市的空中物流和陆地物流连为一体，发展 38 个城市间的空中和陆地一体化快递服务，使欧洲主要城市间的邮递物流业面貌一新，因为欧洲整个邮政市场将分阶段地逐步实现完全自由化。

国际物流市场专家们认为，世界上各行业企业间的国际联合与并购，必然带动国际物流业加速向全球化方向发展，而物流业全球化的发展走势，又必然推动和促进各国物流企业的联合和并购活动。新组成的物流联合企业、跨国公司将充分发挥互联网的优势，及时准确地掌握全球的物流动态信息，调动自己在世界各地的物流网点，构筑起本公司全球一体化的物流网络，节省时间和费用，将空载率压缩到最低限度，战胜竞争对手，为货主提供优质物价服务。

除了并购之外，另一种集约化方式是物流企业之间的合作并建立战略联盟。

5. 电子物流需求强劲，快递业"冲锋陷阵"

基于互联网络(如：World Wide Web，WWW)的电子商务的迅速发展，促使了电子物流(E-Logistics)的兴起。企业通过互联网加强了企业内部、企业与供应商、企业与消费者、企业与政府部门的联系沟通、相互协调、相互合作。消费者可以直接在网上获取有关产品或服务信息，实现网上购物。这种网上的"直通方式"是企业能迅速、准确、全面地了解需求信息，实现基于客户订货的生产模式(Build to Order，BTO)和物流服务。此外，电子物流可以在线跟踪发出的货物，联机地实现投递路线的规划、物流调度以及货品检查等。可以说电子物流已成为 21 世纪国外物流发展的大趋势。一方面，电子物流的兴起，刺激了传统邮政快递业的需求和发展；另一方面，新兴的快递业发展迅猛，触角已伸向全球各地。

长期以来，由于世界许多大的经济发达国家的经济萧条，使全球传统邮政业都不景气。而在电子商务快速发展的背景下，有专家预测，短期内邮政业的一些传统功能可能会很快消失。但作为互联网时代的一个必不可少的通信工具，邮政业的功能将以其他的方式很快重现出来。因为通过互联网所进行的电子商务通常都是交易双方的距离比较遥远，比如通过电话销售、电视直销等方式促成的交易，这就为包裹邮寄和快递业务提供了巨大的发展机遇。正如在经过彩页促销、电话营销、直销以及电视直销和互联网展示后，产品最终要以邮寄方式送到用户手中。因此，电子商务刺激了传统邮政业向电子物流方向发展。

除了传统邮政业将自己的业务向电子物流方向拓展外，一些国际著名的快递企业在电子物流中充当着前锋。如：美国联邦快递、UPS等已将自己的触角延伸到世界各国，大有抢占电子物流市场先机之势。一些新兴的物流企业也将视角瞄准电子商务这一新的物流需求市场而迅速崛起。

6. 绿色物流将成为新增长点

物流虽然促进了经济的发展，但是物流的发展同时也会给城市环境带来负面的影响，如运输工具的噪声、污染物排放、对交通的阻塞等，以及生产和生活中的废弃物的不当处理所造成的对环境的影响。为此，21世纪对物流提出了新的要求，即绿色物流。

绿色物流主要包含两个方面，一是对物流系统污染进行控制，即在物流系统和物流活动的规划与决策中尽量采用对环境污染小的方案，如采用排污量小的货车车型，近距离配送，夜间运货（以减少交通阻塞，节省燃料和降低排放）等。发达国家政府倡导绿色物流的对策是在污染发生源、交通量、交通流三个方面制定了相关政策。绿色物流的另一方面就是建立工业和生活废料处理的物流系统。

7. 物流专业人才需求增长，教育培训体系日趋完善

在物流人才需求的推动下，一些经济发达国家已经形成了较为合理的物流人才教育培训体系。如在美国，已建立了多层次的物流专业教育，包括研究生、本科生和职业教育等。许多著名的高等院校中都设置物流管理专业，并为工商管理及相关专业的学生开设物流课程，像美国的西北大学、奥尔良州立大学、威斯康星州立大学等，或设立了独立的物流管理专业，或附属于运输、营销和生产制造等其他专业。其中部分高等院校设置了物流方向的研究生课程和学位教育，形成了一定规模的研究生教育系统。乔治亚技术学院广泛开展物流职业教育，培养物流管理专业的专科生。此外，美国商船学院的全球物流与运输中心和乔治亚技术学院的物流所也开展物流方面的科学研究。

除去正规教育外，在美国供应链管理专业协会的组织和倡导下，美国还建立了美国物流业的职业资格认证制度，如设计仓储工程师、配送工程师等若干职位。所有物流从业人员必须接受职业教育，经过考试获得上述工程师资格后，才能从事有关的物流工作。

本章小结

第三方物流的概念是20世纪80年代中后期才在欧美发达国家出现的。“第三方”一词源自管理学中的“外包”理念。广义的第三方物流，指商品买卖双方之外的第三方提供物流服务的形式。狭义的第三方物流是指物流的实际需求方（假定为第一方）和实际供给方（假定为第二方）之外的第三方部分或全部利用第二方的资源通过合约向第一方提供的物流服务。第三方物流又被称为“合同物流”或“契约物流”。

第三方物流的推动力，已成为物流研究人员非常感兴趣的领域。第三方物流服务供应商必须以有吸引力的服务来满足顾客，而且服务必须符合客户对于第三方物流的期望。这些期望就是要使客户在作业利益、经济利益、管理利益和战略利益等方面都能获益。第三方物流发展具有其独特的价值和作用，包括第三方物流的成本价值、服务价值、风险分散价值、竞争力提升价值和社会价值。

第三方物流的演进并没有很清晰的界限。按照第三方物流所提供的服务类型、所实施控制的水平以及在企业战略重要性方面所扮演的水平，将第三方物流的演进分为导入期、知晓期、需求期、整合期和差别化期五个阶段。第三方物流在欧美日这些发达国家发展得比较成熟，其先进经验值得我国借鉴。

复习与思考

1. 何谓广义第一方物流？广义第二方物流？广义第三方物流？
2. 什么是狭义第三方物流？
3. 何谓物流一体化？
4. 第三方物流的特征是什么？
5. 第三方物流公司可以分为哪几个类型？
6. 第三方物流的利益来源有哪些？
7. 试分析欧美日第三方物流的发展概况。其经验可以给我国哪些启示？

案例分析

华润物流："1+3"模式的典范

1. 华润物流的"1"

"华润物流"不仅仅是一个提供第三方物流服务的物流公司，同时还是一个提供"第一方物流"服务的物流公司。它是"华润集团"整体发展战略中的一部分，是与集团其他产业同步发展，共同推进，协同作战的一个公司。

零售业是"华润集团"的主业，而零售业又是一个对运输、仓储、配送等物流服务需求量很大的行业。华润超级市场在香港和内地共经营 333 家超级市场，是香港和内地最大超级市场连锁店经营商之一。

华润创业近年在中国与世界著名品牌经销商积极合作开拓中国内地市场，本集团亦迅速成为主要的品牌时装经销商之一，经销网络遍布全中国，现已发展成为一个拥有超过 520 家的连销专卖店网络。如此大的规模，需要一个大的物流体系来支撑，"华润物流"将帮助集团解决这方面的问题。

解决了集团"第一方物流"问题，"华润物流"在"第三方物流"市场上并没有停下脚步。

2. 华润物流的"3"

"华润物流"在香港和内地建立了多家合资船公司、货运公司等大型货运仓储企业，并在主要城市建立了一批全资货运公司、业务代表处，形成一张覆盖广泛的运输服务网络。其业务范围包括码头与集装箱管理、仓储管理、配送、货运代理、速递、供应链管理、船舶修理等。

"华润物流"经过长达半年的准备，在美国通用电气公司(GE)塑料、有机硅两大部门网上招标和审核中，成功获得 GE 塑料和半导体产品在中国区域 7 个城市，包括香港、上海、深圳、广东南沙、厦门、天津、大连的全面物流服务合约。此次中标，是“华润物流”第一次为跨国公司提供全方位一站式的物流服务，是其由传统的货运仓储企业向现代物流企业转型的可贵尝试。

“华润物流”还与 TCL 集团海外销售公司在香港特区签订了物流服务合约，“华润物流”将与 TCL 彩电外销俄罗斯提供陆运、海运、海外保税仓储管理及配送的一体化物流服务。此次签约是华润集团与 TCL 集团高层领导探讨物流及分销领域合作的成果，是一个全程一站式物流合约。

在物流信息管理方面，“华润物流”实施了位居世界先进水平的 MK 物流信息系统，满足第一方和第三方物流服务的应用要求，将第一方物流服务与第三方物流服务统一到一个信息平台上。此系统是对“华润物流”现有软件系统的全面升级，不仅使其信息平台有了飞跃性的进步，而且在中国物流市场也获得技术领先优势。

思考题：

1. 什么叫“1＋3”模式？
2. 为什么华润物流要采取“1＋3”模式？
3. 华润采取了哪些成功的物流措施？

第2章　第三方物流理论

本章关键词

√ 交易费用(Transaction Cost)
√ 社会分工(Social Division)
√ 逆向选择(Adverse Select)
√ 沉没成本(Sunk Costs)
√ 核心能力(Core Competence)
√ 业务外包(Outsourcing)

互联网资料

http://www.chinawuliu.com.cn/
http://www.amteam.org/
http://www.jctrans.com/

2.1　交易费用理论

2.1.1　交易费用的概念

国外经济学家罗纳德·科斯在1937年提出了"交易费用"理论,认为市场运行中广泛地存在着交易费用,交易费用至少包括2项费用:一是企业为搜集有关交易对象和市场价格的信息而付出的相应费用,称之为获取准确市场信息的费用;二是为避免冲突进行的谈判、缔约并付诸法律支付的有关费用,称之为谈判和监督履行的费用。34年后,奥利弗·威廉姆森在科斯理论的基础上重新检视并界定了交易费用,将交易费用形象地比喻为"经济世界中的摩擦力",并把交易费用分为事前交易费用和事后交易费用。

- 事前交易费用包括协议的起草、谈判费用以及为保障协议顺利执行而发生的费用。
- 事后交易费用包括交易偏离所引起的错误应变费用、交易双方校正事后的错误所引起的争吵费用、纠正偏差的发生而建立和运转的诉诸某种规制结构所需的费用以及为使承诺完全兑现而引起的约束费用。

2.1.2　影响交易费用的决定因素

威廉姆森认为影响交易费用的决定因素包括两个方面。

1. 交易主体行为

人们在收集、加工和处理大量市场信息时，其能力往往受到自身诸多方面的制约，所以交易主体在经济活动中的感知和认识能力是有限的，交易主体的行为不可能是绝对理性的，各种交易活动的理性只能有限地达到。

由于人们理性的有限性，使得有些交易者可以利用信息不对称环境或某种有利的地位来欺诈对方，称之为机会主义行为。例如，签订物流服务外购合同后，对物流公司来说，它们对非物流企业有依赖，但不强烈；对非物流公司而言，服务质量与效率将对企业的正常生产经营活动产生严重影响。因此，物流公司往往利用这种有利的地位欺诈对方，在必要时会提高价格，并转向能满足他们利益的客户，产生种种机会主义行为。

2. 交易特征

① 交易双方具有很强的依赖性，一方违约将使另一方产生巨大的交易风险。也表现为资产的专用性，当一项长久性投资被用于支持某些特定的交易时，所投入的资产具有专用性，这些资产有场地资产、物质资产、人力资源资产等。如果这些专用性的资产已经投入而交易却被终止，所投入的资产就会全部或部分的因无法改变它的专用性而损失。

② 交易具有不确定性。由于市场环境复杂多变，交易双方主体的稳定性都会受到影响，因而导致交易具有不确定性。同时，交易双方的信息不对称，相互依赖程度不同，增加了交易的不确定性，也增加了履约的风险。

③ 交易频率的高低与交易费用密切相关，频繁的交易行为意味着签约行为也要反复地进行，必然会导致平均成本和交易费用的提高。

2.1.3 节约交易费用的制度安排

从交易的全过程看，企业将其物流业务外包给第三方物流企业后，第三方物流企业与物流服务需求企业之间一般是一种长期合作的战略伙伴关系，从而有助于在交易过程中减少相关交易费用。这表现在以下几个方面。

① 完善的第三方物流要求提供全部的物流服务，使物流服务需求企业的物流环节和渠道减至最少。因此，一个企业只针对几个甚至是一个物流服务商，同时，第三方物流企业服务的对象一般也较少，往往只有一家或数家。这样，第三方物流就使得物流交易双方因为搜寻范围小、信息交流多而使搜寻交易对象信息方面的费用大为降低。

② 第三方物流要求物流服务商提供多样化、个性化服务，向物流服务需求企业提供一种适合企业自身业务流程的物流解决方案，与客户保持密切的沟通和协作，从而建立起双方相互信任和承诺的关系。这样，可以减少各种履约风险、谈判费用和监督费用。

③ 第三方物流企业与物流服务需求企业之间一般是一种长期合作的关系。这样，即使双方发生冲突，也由于双方物流合约签约较长而可通过协商加以解决，从而避免无休止修正的讨价还价甚至提出法律诉讼而产业费用，减少保证合同执行的交易费用。

从交易主体行为看，第三方物流企业和物流服务需求企业之间战略联盟的建立将促使伙伴之间的“组织学习”，从而提高双方对不确定性环境的认知能力，减少因交易主体的有限理性而产生的交易费用；联盟企业之间的长期合作将在很大程度上抑制交易双方之间的机会主义行为，因为一次性的背叛和欺诈在长期合作中会导致“针锋相对”（tit-for-tit）的报复和惩罚，面临着逆向选择（adverse select）的高昂代价，这使得交易双方机会主义行为带来的交易费用控制在最低限度。

从交易特性的3个方面看，第三方物流企业和物流服务需求企业之间战略合作伙伴关系的建立，促使交易费用降低。资产专用性是其中最为重要的方面。资产专用性越高意味着投资所带来的固定成本和可变成本包含了相当部分的“不可收回的成本”或“沉没成本”（sunk costs），因此交易双方契约关系保持连续性具有特别重要的意义，伙伴关系的建立以及对专用性资产的“共同占有”成为解决这一矛盾的有效选择。例如，美国加州一家年销售收入15亿美元的电子产品生产厂商的物流系统非常完善，在全美各地有9个工厂、8个仓储配送基地。为了降低物流成本，该公司考虑与其他企业共同使用配送系统。正好一家在美国有两个工厂、年销售收入2.5亿美元的欧洲同行企业欲开拓加州市场，于是两家结成联盟。这样一来，美国企业既能降低仓储固定成本，提高在加州的运输设备利用率；欧洲企业也容易打入加州市场，而且与其他各种方案相比，采用美国企业的配送系统花费更少。

交易的不确定性与交易主体的有限理性、机会主义行为以及市场的不确定性密切相关。交易的不确定性越高，交易双方达成交易合约的交易费用就越高。交易主体通过建立战略合作伙伴关系代替市场交易，显然有助于克服交易主体的有限理性和机会主义行为，降低市场上的不确定性，进而减少交易主体的交易费用。这主要表现在：战略合作伙伴关系强调的是合作，交易主体的行为倾向于以一种约束竞争的方式进行，交易条件的限定阻止了战略合作伙伴关系中交易主体谋求垄断地位的动机，其结果是交易主体倾向于合作，争议发生的频率较小；同时，一般的物流服务由于交易主体合作的短期性和交易主体间的信息不对称而很难避免一方产生机会主义行为，但第三方物流服务中的长期合作则削弱了交易主体利用信息压缩来谋取自身利益的动机，削弱了交易主体的机会主义倾向。此外，在战略合作伙伴关系等非正式组织中存在的准道德气氛，也有助于降低交易费用。

交易频率高意味着交易量大且交易经常不断地进行，从而产生较高交易费用。通过寻求一种有效的制度安排而消除交易频率高带来的负面影响，战略合作伙伴关系不失为一种可供考虑的安排。因为战略合作伙伴关系作为一种长期的契约安排，单位交易所承担的交易费用有下降趋势。就第三方物流服务的企业来说，它们的物流交易就属于交易频率高的一类交易。在现代第三方物流诞生以前，它们只能通过第一方物流或与若干个传统第三方物流签订一系列短期契约来满足其物流需求，达成物流交易的交易费用通常较高。现代第三方物流诞生后，它们通过与其建立一种长期合作的战略伙伴关系，用一个长期契约代替原先一系列短期契约来满足其物流需求，既可以规避风险，又可以因契约数量减少而节约一些耗费在契约上的交易费用，还可以将交易费用分摊到大量不断进行的交易中，而使相对交易费用下降。

综观以上分析，从交易的全过程、交易主体行为和交易特性等领域和环节中所产生的种种交易费用，增加了行为主体在经济运行中的总费用，为节约其中的交易费用，第三方物流作为一项有效的制度安排而产生。

2.1.4 第三方物流与组织竞争

1. “市场失灵”与“组织失灵”

一般而言,市场这只“看不见的手”依靠价格机制发挥作用,能不断地提高交易效率。但现实中的市场运行总是面临着高昂的交易费用,如前文分析的包括获取有关交易信息、进行讨价还价、签约和实施交易协调等方面的费用。另外,由于各交易主体的行为是一个相互博弈过程,因而产生种种交易风险,如不按合同规定的时间配送、装卸搬运过程中故意要挟,或因一方违约而使服务中断,等等,由此而导致所谓的“市场失灵”。

为矫正“市场失灵”,降低交易费用,常常通过一体化(设立物流子公司)的方式来解决,但一体化的过程又将促使企业组织规模的扩大。为强化企业内部管理职能,企业必须增设管理机构,由此产生较高的管理费用;同时因管理层级增加,管理链条拉长,极易滋生官僚主义作风,使管理效率下降;由于管理幅度过宽而难以了解和评价各部门员工的相对贡献,并且各种“搭便车”和偷懒行为也得不到有效的监督,使企业内部激励机制失效。由此都会导致所谓的“组织失灵”。

2. 物流战略伙伴关系

威廉姆森根据交易过程中的特性把交易协调方式分为 4 种类型(见表 2.1):

表 2.1 交易类型和规制结构的匹配

		投资特点(资产专用性)		
		非专用性	混合性	专用性
交易频率	数次	多边规制(市场)	三方规制	
	经常		双边规制	

第一种是“多边规制”方式,也称市场治理、古典合同治理。交易双方通过多次讨价还价达成交易条件,适用于资产专用性程度很低的非专用性交易(如公共物流服务)。

第二种是“三方规制”方式(如采用共同物流)。在这一结构下交易的特征是资产具有混合性和专用性且交易频率较高,通常是双方事先约定一个共同接受的第三者,授予这个第三者以相机决策的权力。

第三种是“双边规制”的方式(如建立物流联盟)。交易双方仍然保持各自的独立地位,但相互之间出现了某些旨在维持双方长期合作关系的机制。第三方物流企业与物流服务需求企业建立的战略伙伴关系,采用的就是这种规制方式。

第四种是“单边规制”的方式(如设立物流子公司),也称一体化治理。交易一方拥有另一方的资产,从而使交易内部化,将外部治理变为内部治理,适用于资产专用性程度和交易的不确定性非常高的交易。

市场交易和企业内部管理协调构成了两种最基本的交易协调方式,“三方规制”和“双方规制”则属中间组织形式。

第三方物流企业与物流服务需求企业之间建立的战略伙伴关系,显然类似于威廉姆森所提出的“双边规制”的方式,而且与威廉姆森认为的双边规制是双方在自由交易市场为稳定交易关系而进行的一种被动的调整相比，物流战略伙伴关系是企业双方在物流领域的战略性合作中进行的有组织的市场交易，从而能节约纯粹市场交易中的各种相关费用，包括：

① 避免交易中的盲目性，减少搜寻信息的成本；

② 伙伴企业通过建立一定的程序和惯例，更顺利地达成交易，降低交易中讨价还价的成本；

③ 伙伴企业间的组织协调可有效地节约交易中监督执行成本，交易双方也将自觉地抑制各自的机会主义行为；

④ 伙伴关系的建立还有利于提高双方对不确定性环境的应变能力，降低由此带来的交易风险。

由此可见，物流战略伙伴关系可利用组织化的优势，降低市场交易中各类费用。同时，物流战略伙伴关系双方在相互合作组织协调交易的同时，仍保持各自的相对独立性，组织成员之间仍存在着竞争(围绕自营、外购)，维持较高的市场效率，从而避免一体化组织中的僵化失灵而产生的组织费用。

综上所述，第三方物流不仅仅是为了克服市场和组织失灵而进行的被动的制度安排，也是为了有效利用市场和组织双重优势的一种组织创新。

2.2 社会分工理论

社会分工是伴随着人类诞生而出现的，从基于生理差别以及基于不同区域、不同民族、不同生活方式、不同生产方式和产品的自然分工，到基于商品交换的现代专业化分工，社会分工经历了漫长的人类实践活动。分工是指人类根据自身生存和发展的需要，不断扩展其特有的劳动行为的外在形式，并对劳动行为按种类的不同进行细化的过程，在这个过程中，形成了社会的不同部门和各部门内部不同的单位。专业化是与社会分工共生的经济社会现象，它是指个人或人的群体按照分工的要求，专门从事某一类或某一环节的劳动，以提高劳动效率的过程。专业化与分工是同一事物的两个方面，分工离不开专业化，专业化离不开分工。

2.2.1 社会分工理论的演进

社会分工最早出现在原始社会末期，从农业与畜牧业的分工开始的。然后手工业又从农业中分离出来。手工业的发展为其自身积累了大量的资本，为了谋求新的发展形式，于是有了工商业的出现。在工业革命期间，工商业加速发展促使社会分工发生了根本性的变化，出现了专门从事流通领域的商人。在激烈的市场竞争中，工业和商业为了谋求生存，不断扩展自己的领域，更多的行业就由此产生，从而社会分工就更加完善。

社会分工的主要功能是提高劳动生产率，使资源达到有效利用。社会分工的发展具有两种不同的形式和结果：一种是从集中化的生产中产生社会分工，即企业内部的分工转化为社会分工、企业之间的分工；另一种是在现有生产的基础上创造新的分工关系，即创造原来没有的分工关系。在社会生产发展中，生产的集中化和社会分工的发展不矛盾，都是生产力发展的表现形式。通过生产集中化提高社会生产力和达到规模效益，通过社会分工提高个别生产力和达到专业化水平。

古今众多的专家学者都对社会分工理论进行了研究。以亚当·斯密为代表的古典经济学研究的重心是社会分工对经济发展的影响，亚当·斯密认为社会分工和专业化是财富增长的原因，而市场这只看不见的手是协调和促进分工的有效手段。

马歇尔在其著作《经济学原理》第四篇中关于工业组织的论述里谈到了分工以及大规模生产。他认为“熟能生巧”，分工的发展会导致机械的发明，而机械的改良会使分工更精密。分工越来越精细，行业之间的界线会缩小，且变得越来越模糊。马歇尔认为大规模生产的主要优势是技术经济、机械经济和原料经济。

自马歇尔之后，新古典经济学的研究重点转向了资源配置问题，以边际分析来研究供给和需求成为经济学的主流。以杨小凯为代表的新兴古典经济学运用超边际分析复活了古典经济学关于分工和专业化的高深思想，使分工和专业化问题重新成为经济学的研究重心。

新兴古典经济学的关于分工和专业化的核心命题是以下四方面：分工是交换的产物，分工和专业化能够加速知识的积累，带来收益递增；但协调分工又需要成本（即交易费用），分工的深化会引起交易费用的增加，交易费用取决于交易机制的效率；分工的好处和交易费用增加之间形成两难冲突，构成分工演进的基本约束；在这个两难冲突中，分工的深化取决于交易费用与分工收益的相对比较，呈现出一个自发演进的过程。

这种自发演进过程可以粗略地描述如下：在经济发展的初始阶段，人们对生产活动没有经验，生产效率很低，人们没有富余的产品也没有时间和精力去进行交换，只能选择自给自足。随着人们劳动经验的逐渐积累，生产效率慢慢提高，经济开始初步增长，相对可以承担起一些交易费用，通过互相交换产品，开始产生初步的分工和专业化生产。由于专业化生产加速了经验积累和技能改进，使生产效率进一步上升，经济发展开始逐步加速，从而使人们在权衡专业化将带来的报酬和将要增加的交易费用后，认为可以支付更多的交易费用，实验新的分工组织，进一步增加分工的水平。这样，就形成了一个良性循环的过程，使分工演进越来越快。

2.2.2 社会分工的均衡理论

交易费用对社会分工和专业化水平起着决定性作用。通过对专业化经济与专业化不经济的比较，可以得出有交易费用时分工的一般均衡。一般认为，只有达到均衡分工水平的专业化才是有效率的。

1. 专业化经济系数 a 和交易费用系数 K 保持不变情况下的一般均衡

新兴古典经济学认为，分工的两难选择主要体现在：一方面专业化生产减少了产品数目的范围和生产过程的职能环节，专业化生产的边际和平均劳动成本随着专业化水平的提高而递减，劳动生产率逐步提高，生产成本不断下降，因而专业化生产获得内在的经济性；另一方面，随着专业化程度的提高，交易频率会不断增加，交易中的内生和外生交易费用会随之增加，因此导致了专业化不经济，增加了分工成本。在专业化经济系数 a 和交易费用系数K保持不变的情况下，即在科技水平、制度环境、城市化水平、交易技术条件等处于相对稳定状态下，当劳动生产率提高、生产成本节约所带来的专业化经济大于交易费用增加所带来的专业化不经济，则分工将不断深化；当劳动生产率提高、生产成本节约所带来的专业化经济小于交易费用增加所带来的专业化不经济，则分工水平不断降低；当劳动生产率提高、生产成本节约所带来的专业化经济等于交易费用增加所带来的专业化不经济，即当专业化水平提高所带来的边际生产成本的节约或减少量等于专业化程度提高所带来的边际交易费用的增加量时，则达到了最佳分工水平，也就是达到了均衡分工水平，见图2.1。

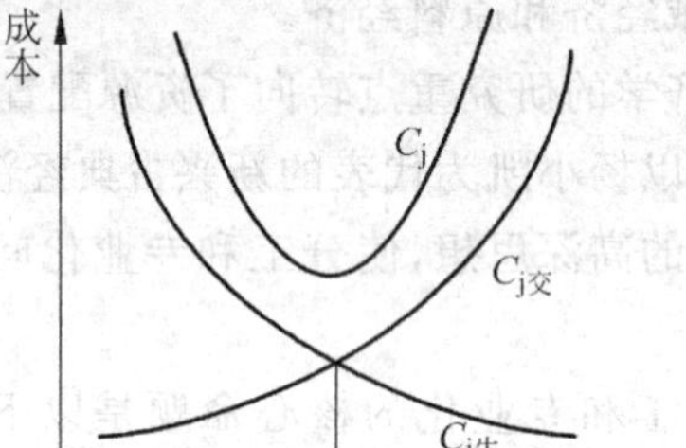

图2.1 社会分工的一般均衡（一）

在图2.1中，我们用$C_{j生}$表示生产一定量产品j的生产成本，用$C_{j交}$表示在一定量产品j的生产中由于社会分工而带来的交易费用，用C_j表示一定量产品j的总成本。可以看出，随着专业化水平不断提高，生产成本将沿着$C_{j生}$曲线不断向下移动，而交易费用则沿着$C_{j交}$曲线向上移动。在专业化水平L_j点的左边，提高专业化水平所带来的生产成本节约大于由此增加的交易费用，因此边际总成本呈下降趋势，市场机制将推动专业化水平不断提高；在L_j点的右边，降低专业化水平所带来的交易费用节约大于由此增加的生产成本，边际总成本下降，市场机制将不断降低分工和专业化水平；在L_j点，$C_{j生}$和$C_{j交}$相交，单位总成本在这一点达到最小值，生产者、消费者没有积极性偏离该点，生产处于最佳分工即均衡分工状态。因此，L_j点就是达到均衡分工时的专业化水平，在此均衡点，生产者、消费者将会通过扩大生产规模而不是加深专业化程度来取得规模经济效应。

2. 专业化经济系数a和交易费用系数K变化情况下的一般均衡

在图2.1中我们假设专业化经济系数a和交易费用系数K为常数，因此生产成本和交易费用随着专业化水平的变化而分别沿着$C_{j生}$和$C_{j交}$曲线移动，曲线本身并不移动，均衡点也保持不变。现在我们分别考虑当专业化经济系数a和交易费用系数K变化时曲线本身移动的情况。

(1) 考察K变化时的情况。

从一个较长时期来看，影响交易费用系数的三因素（交易技术、制度安排、城市化）都要发生变化，交易技术会得到明显的改进，制度体系更加完善，城市化水平也将会大大提高，因此交易效率将明显改善，交易费用系数K将不再保持常数，而是逐渐变小。反映在图2.1上，就是$C_{j交}$曲线的向右下方平移至$C'_{j交}$，如图2.2所示，均衡点右移至L_j^*处，它

表明在专业化系数 a 不变的情况下，随着影响交易费用系数的三因素的不断改善，均衡将在更高的专业化水平上实现。因此，降低交易费用系数将会促进均衡分工水平的提高。

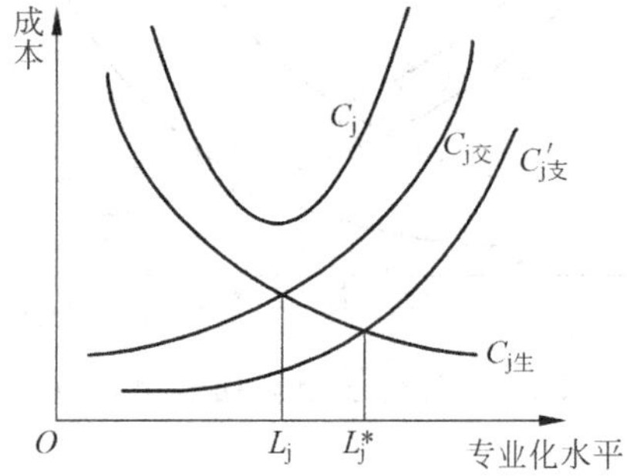

图 2.2　社会分工的一般均衡(二)

(2) 考察 a 变化时的情况

在同等专业化水平条件下，随着科技进步和基础设施等条件的改善，专业化经济将更加明显，专业化经济系数 a 将不断增大。而专业化经济系数 a 的增大，意味着在较小的专业化水平上能取得同样的专业化经济(其他条件不变)，反映在图 2.1 上就是 $C_{j生}$ 曲线向左下方平移至 $C'_{j生}$，均衡点左移至 L_j^{**} 处，如图 2.3 所示。它表明，在交易费用系数不变的情况下，随着专业化经济系数的增大，均衡将在较低的专业化水平上实现。

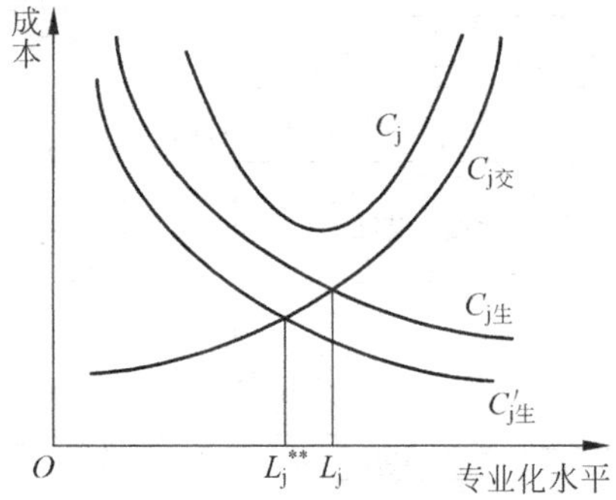

图 2.3　社会分工的一般均衡(三)

(3) 考察 K 和 a 同时变化时的情况

由于交易费用系数和专业化经济系数之间，交易费用系数是决定均衡分工水平的主要因素，交易频率提高所带来的均衡分工水平的提高大大超过了专业化经济系数增加对均衡分工水平的影响。因此，在一个较长时期内，随着交易费用系数和专业化经济系数的改善，均衡分工水平是不断提高的，如图 2.4 所示。由图 2.4 可以看出，尽管专业化经济系数增大使得生产成本曲线 $C_{j生}$ 左下移动至 $C'_{j生}$(即均衡点左移至 L_j^{**} 处)，但交易费用系数的减小使交易费用曲线 Cj 交向右下方大幅度平移至 $C'_{j交}$，均衡点最终右移至 L_j^{***} 处，均衡分工水平明显提高。

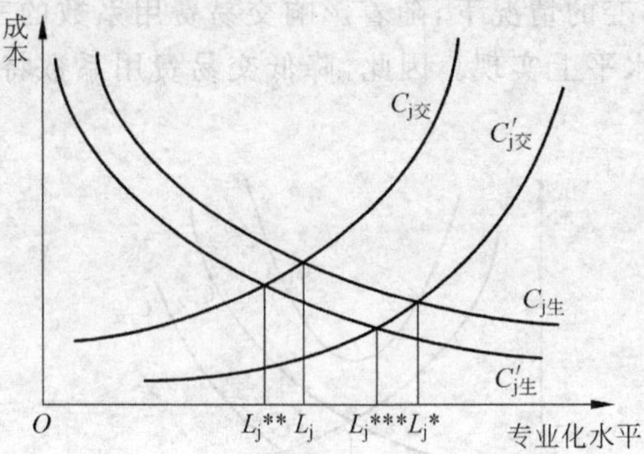

图 2.4 社会分工的一般均衡(四)

2.2.3 第三方物流与社会分工

第三方物流是企业内部物流向社会物流发展的结果，第三方物流的发展也是社会物流进一步深化分工的结果，由此可见第三方物流的产生与发展是与物流发展的分工演进过程紧密联系在一起的，如图 2.5 所示。

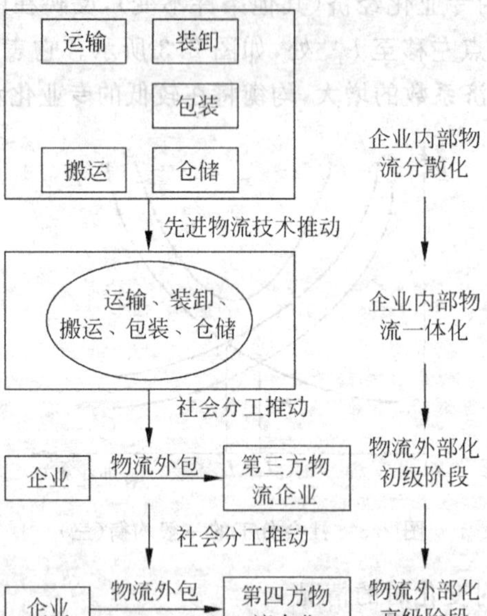

图 2.5 物流分工演进示意

1. 社会分工理论对第三方物流产生的影响

第三方物流是企业内部物流向社会物流发展的结果，是物流分工形成的标志。在物流发展的初期阶段，物流活动以运输、仓储、包装、装卸、搬运等分割的形式分散在企业生产的各个环节，各个企业也基本以自给自足的方式，独立完成企业自身的各项物流活动。随着生产力的发展、管理水平和管理技术的提高，再加上是军事后勤的经验，企业逐步发现运输、仓储、包装、装卸、搬运等功能是紧密相关的，可以形成内部一体化物流，降低总体物流成本。因此，从20世纪50年代开始，在企业内部开始出现物流管理一体化，通过对运输、仓储、包装、装卸、搬运等物流活动的集成化管理，企业提高了生产率，降低了成本和风险，提高了顾客服务水平。

但是当企业规模达到一定水平后，企业内部物流管理成本会增加，当管理成本大于企业内部物流一体化的边际效益时，要进一步提高分工水平和专业化报酬，就需要通过组织创新，将企业内部的分工向外部市场化，以通过社会物流规模的扩大，进一步深化分工，实现更高的生产效率。因此，从20世纪80年代开始，随着企业对自身核心竞争能力的重视，以及信息技术的发展和应用改变了传统的管理方式和交易方式，一种新的市场化分工组织——第三方物流企业迅速发展起来。企业将一些原本由企业自己来实施的物流活动，交给外部的专业第三方物流企业来承担，通过快速沟通的信息技术与第三方物流企业实现高效合作，企业可以专注于自己的核心业务，加速提高自己的核心竞争能力，第三方物流企业也可以通过在内部进行物流设计和物流运作等功能的进一步分工，提高专业化水平，实现物流成本的降低和更高效率的物流运作。

2. 社会分工理论对第三方物流发展的影响

第三方物流的进一步发展形成第三方物流企业的分化，第四方物流企业(也可称之为高端第三方物流企业)出现，这是第三方物流企业将内部的物流设计和物流运作之间分工向外部市场化的结果，是社会物流的进一步分工。

20世纪90年代以后，一方面，随着企业对自身核心竞争能力的认识的进一步提高和管理技术的进一步发展，企业开始重视上下游企业之间的分工与合作，即供应链的管理。通过深化企业所在供应链上的成员企业之间的分工，进一步提高专业化水平，提升整个供应链的效率，从而增强供应链及其成员企业的竞争能力，这就需要物流方案设计和组织协调水平更高的物流服务。另一方面，随着第三方物流企业的发展，物流管理和物流技术的不断提高，第三方物流企业也需要将内部的物流设计和物流运作之间分工向外部市场化，以进一步提升专业化水平，提高自己的核心竞争能力。因此，作为分工进一步深化的结果，第四方物流企业(或者称之为管理、咨询型第三方物流企业)应运而生。第四方物流企业主要是利用管理和设计优势，策划设计综合的供应链解决方案，组织并协调第三方物流企业、第二方物流进行具体实施，从而进一步提高物流运作的效率，提升供应链的竞争能力，为客户创造更大的价值。

2.3　核心能力理论

战略管理理论的发展经历了三个阶段：经典战略理论阶段、产业结构分析阶段(波特阶段)和核心能力理论阶段。核心能力理论代表了战略管理理论研究的最新进展，它是由美国学者普拉哈拉德(Prahalad)和英国学者哈默(Hamel)于1990年首次提出的，他们在《哈佛商业评论》所发表的“公司的核心能力”一文已成为最经典的文章之一。此后，核心能力理论成为管理理论界的前沿问题之一被广为关注，有些学者甚至提出一种新的竞争范式——基于核心能力的竞争战略。应该说，核心能力理论是当今管理学和经济学交叉融合的最新理论成果之一，它源于战略管理理论、经济学理论、知识经济理论、创新理论等对企业持续竞争优势之源的不断探索，体现了各学科的交叉融合。

2.3.1 核心能力的概念

普拉哈拉德(Prahalad)和哈默(Hamel)把企业核心能力(core competence)描述为“组织中的积累性学识，特别是关于如何协调不同的生产技能和有机结合多种技术流派的学识”，并认为企业的核心能力是一种稀缺的、难以模仿的、有价值的、可延展的能力。就短期而言，公司产品的质量和性能决定了公司的竞争力；就长期而言，起决定作用的是企业的核心能力，公司所拥有的核心能力组合与价值创造体系对企业的竞争优势起决定性的作用。

自普拉哈拉德和哈默提出核心能力的概念之后，对核心能力的研究得到迅速的发展。但对于什么是核心竞争力，目前还没有得到完全统一的认识，不同的学者从不同的研究角度做出了不同的界定。例如，麦肯锡咨询公司认为，核心竞争力是“某一组织内部一系列互补的技能和知识的结合，它具有使一项或多项业务达到竞争领域一流水平、具有明显优势的能力”。而国内研究者郭伏认为，核心竞争力应是“企业某一方面的能力，譬如研发能力”。另一些研究者则认为，核心竞争力应是“企业的系统、整合能力”。

波特教授认为，一个企业的竞争优势取决于两个因素：所选择产业的吸引力与既定产业内的战略定位。也就是说，企业要取得竞争优势，一方面要有能够进入具有吸引力的产业的资源和能力，即战略产业要素；另一方面拥有不同于竞争对手且能形成竞争优势的特殊资产，即战略性资产。

据此，可以把核心竞争力定义为：企业独特拥有的，能够为消费者带来特殊效用，使企业在某一市场上长期具有竞争优势，获得稳定超额利润的内在能力资源。这种能力资源能够使企业进入具有吸引力的产业，并具有稀缺的、模仿成本高的战略性资产，使企业能够获得持续的利润和长期的成长能力，保证了企业的可持续发展。

2.3.2 核心能力理论的研究的意义及兴起的原因

1. 核心能力理论的研究意义

(1) 它首次提出核心能力是企业长期竞争优势之源

在今天，随着信息技术的迅猛发展和经济全球化的趋势，竞争日益激烈，产品生命周期日渐缩短。企业的竞争成功不再被看做是转瞬即逝的产品开发或战略经营的结果，而被看做是企业深层次的物质——一种以企业能力形式存在的、能促使企业生产大批量消费者难以想象的、新产品的智力资本的结果。在企业取得和维持竞争优势这一过程中，企业内部核心能力的培养和运用是最关键因素，而经营战略不过是企业充分发挥核心能力，并把其运用到新的开发领域的活动和行为。因而，核心能力对于企业的长远发展具有超乎寻常的战略意义。

(2) 企业之间的竞争体现为核心能力的竞争

核心能力理论超越了企业之间具体的产品和服务，以及企业内部所有的战略单元，将企业之间的竞争直接升华为企业整体实力之间的对抗。所以核心能力的寿命比任何产品和服务的寿命都长，而关注核心能力比局限于具体产品和业务单元的发展战略，能更准确地反映企业长远发展的客观需要，使企业避免目光短浅所导致的战略短视。同时，企业核心能力的建设，更多的是依靠经验和知识的积累，而不是某项重大发明导致的重大跃进。因此，很难“压缩”或“突击”，即使产品周期越来越短，核心能力的建设仍需要数年甚至更长的时间。这一方面使竞争对手很难模仿，因而具有较强的持久性和进入壁垒；另一方面，由于建设核心能力的投资风险和时间超过业务部门的资源和耐心，这个方面的明确追求可以促使公司高层管理人员超越部门利益的局限，更多的是从企业整体战略的角度考虑问题，从而及早把握未来市场的需求，并及早投入企业核心能力的建设中。

(3) 企业的多角化战略应围绕核心能力来进行

多角化战略作为企业寻求快速扩张的一种战略被广为使用，许多企业通过兼并且联合涉足众多行业，但效果不佳。20 世纪 80 年代以来，企业界又兴起“回归主业”的潮流，众多大企业纷纷把与主业不相关的业务剥离出去，而只在自己擅长的领域寻求发展。这一切迫使人们去思考企业经营的边界在哪里？如何决定企业多角化经营的范围？运用核心能力理论则可以对上述问题给出一个较为圆满的解释。

2. 核心能力理论兴起的原因

核心能力理论兴起的主要原因有下面两点。

(1) 对波特产业结构分析理论的不满

波特的产业结构分析理论虽然提供了对企业进行战略分析的完整框架，说明了产业吸引力对企业利润水平的决定作用。但越来越多的事实表明，同一产业内企业间的利润差距并不比产业间的利润差距小。在没有吸引力的产业中可以发现利润水平很高的企业，在吸引力很高的产业，也有经营状况不佳的企业。这些都是波特战略理论不能很好解释的现象。另外，波特的战略理论还往往诱导企业进入一些利润很高、但缺乏经验或与自身优势毫不相关的产业，进行无关联的多角化经营，这方面不少失败的案例。为了弥补上述缺陷，波特后来又提出了以企业内部价值链分析为核心的战略分析模式，但是由于其几乎涉及企业内部所有方面，反而使主要问题得不到反映，不能很好地把握战略重点，因而其局限性仍然非常突出。

(2) 企业重组和再造的挫折

20 世纪 80 年代，日本企业的竞争力在很多产业上都超过了美国企业，取代了美国企业的领先地位。为了赶上日本企业，美国的很多大企业纷纷进行重组和流程再造以谋求提高竞争力。重组虽然有时势在必行，能够使企业“变小”以改善短期绩效。但是，这只是在纠正过去的错误，而不是创立未来的市场。一些精明的企业，在认识到重组企业是条死胡同后，转而进行再造工程。再造尽管能够使企业“变好”，但并无与众不同，只不过是个优秀的模仿者而已。因而，如何重建企业的竞争战略，使企业不仅在现有产业内领先，而且能够在未来产业继续领先，保持企业的持续竞争优势，就成为一个亟待解决的问题。核心能力理论就是基于上述背景而提出的，一经提出，就受到理论界和企业界的广泛关注，并成为研究的热点。

2.3.3 核心能力理论的研究范畴

1. 关于核心能力的特征

尽管对于核心能力的界定有各种不同的说法，但它们无一例外的都认为核心能力是企业获取竞争优势的源泉，是在企业资源积累的发展过程中建立起来的企业特有的能力，是企业的最重要的战略资产。归结起来，核心能力具有以下特性。

（1）有价值性

核心能力对于提高最终产品的用户价值起着至关重要的作用，是用户价值的来源。

（2）独特性

这种能力是企业所特有的，是“独一无二”的。

（3）难以模仿性

由于核心能力是企业特定发展过程的产物，具有路径依赖性和不可还原性，因而原因模糊，其他企业很难模仿。

（4）延伸性

核心能力可以给企业衍生出一系列新的产品服务，使企业得以扩展到相关的新的业务领域。

（5）动态性

企业的核心能力虽是其资源长期积累的结果，但它并非一成不变的，随着时间与环境的演变和市场需求的变化，以及随之而来企业战略目标的转移，企业的核心能力必须予以重建和发展。

（6）综合性

核心能力不是一种单一的能力，而是多种能力和技巧的综合。从知识角度来看，它不是单一学科知识的积累，而是多学科知识在长期交叉作用中所累积而成。正是这一特性决定了核心能力是一种综合性的能力。

2. 关于核心能力的识别准则

如何来判断什么是公司的核心能力，有如下四个准则。

（1）用户价值

核心能力必须特别有助于实现用户看重的价值。那些能够使公司为用户提供根本性利益的技能，才能称得上是核心能力。区分核心能力和非核心能力的标准之一，就是它带给用户的价值是核心的还是非核心的。正是基于这种区别，我们可以把本田公司在发动机方面的技能称为核心能力，而把其处理同经销商关系的能力看做是次要能力。核心能力必须对用户所看重的价值起重要作用，但这并非意味着用户能够看到或很容易就理解到这种核心能力。用户所看到的是享有的好处，如：显著的可靠性（汽车、航天飞机），图像的清晰度（摄像与录像机），使用的方便性（计算机）等，而不是提供这些好处的技术细节。

（2）独特性

可合格地被认定为“核心”的能力，必须具有竞争上的“独一无二”性，即同竞争对手的产品服务相比，具有“独特的”风格效用，而不是在产业范围内普遍存在的。它必须是公司层次的、持续优异于其他竞争对手的。例如，本田汽车公司的汽车发动机，明显地优异于其他汽车公司的同类产品，其独特性的形成是经过几十年的积累和努力，不是在短短的1～2年或几年中所能形成的。在某些情况下，企业人员发现某种能力极其重要，在行业中尚未引起重视和发展，则可以把它定为“潜在”的核心能力，予以规划和开发。

(3) 延展性

核心能力是通过未来市场的大门。有的能力在某一业务部门看来可能是算得上核心能力，经得起用户价值和特殊竞争力的考验。但是，如果无法想象能从该项能力衍生出一系列新产品或服务，那么从公司的角度来看，该能力就够不上核心能力。

(4) 难以模仿和替代性

企业的核心能力是积累起来的，是许多不同单位和个人相互作用产生的，具有特殊性和不可交易性。因而竞争对手很难模仿一个企业的核心能力。

3. 关于核心能力管理

对企业核心能力进行管理的基础在于核心能力具有生命周期。核心能力生命周期的产生，从企业内部而言，是企业知识的生命周期和知识的创新周期的互动关联所引致的；从企业外部而言，是由外部环境的演化所制约的。核心能力的管理工作包括很多方面，这里着重扼要地阐明核心能力管理中的四项关键工作。

(1) 核心能力的选择

核心能力不仅决定了企业现有产品服务的竞争能力，而且还决定着企业创造未来商机的能力，因而选择发展何种核心能力对企业而言至关重要。一方面是这种能力是否能给顾客带来新的利益；另一方面是这种能力是否比现有能力向顾客提供利益来得更加有效。在选择发展何种核心能力时，应关注于在增加客户价值方面赢得领先地位，而不仅仅是某种特殊产品或“经营计划”。例如，索尼提出“口袋型”，导致了随身听、移动式CD放映机和“口袋型”电视的发明和创新。由此可见，为未来建立何种能力，先要考虑公司要提供和控制哪一类的顾客利益。在这里，首要的是为顾客提供哪种特有的利益，然后再考虑其技术上的可行性。

(2) 核心能力的建立

首先，建立核心能力需要知识的积累和综合。为了有效地进行这种综合工作，必须有多学科知识和技能的交流和联系，因而建立和发展联系与沟通的网络，是提高综合能力的重要条件。

其次，需要有掌握多学科知识的“通才”。这种人才在提高综合能力方面，比“专才”更加重要。譬如说一个汽车公司要在技术上取得领先地位，必须把广泛的各个技术领域，包括燃烧工程、材料科学、电子学、流体力学等的有关知识和技术进行综合，研制出具有世界先进水平的传动链。在这里综合的能力和发明与创造同等重要。

最后，建立核心能力同样需要讲求效率与效益。虽说建立核心能力是一项长期的经年累月的工作，但如何更迅速、更经济地把核心能力建立起来，是建立核心能力工作的一个重要原则。这里要把“内外结合”这点牢牢掌握好。一方面要注意调动内部力量作为建立核心能力的主力军，在作“自制”和“外购”的决策选择时，要注意怎样能更有利于本身

“核心能力”的成长与发展。另一方面，又要考虑到“经济、节约和迅速”的原则，不失时机地利用外部资源，包括小规模的有目标的并购；特许证合约；合资经营；建立同盟，等等。不论何种方式，目标在于经济地从外源（包括竞争对手那里）“借用”尽可能多的构成能力所需要的技能和技术。

另外，建立核心能力，需要有长期的战略伙伴（联盟）。当今，技术与人力资源的全球市场已经建立，为更好地利用外部资源建立自身的核心能力创造了良好的外部条件。在运用“外力”方面，建立密切的长期战略伙伴（联盟），是当今世界各大跨国公司普遍采用的战略措施。例如，法国的消费电子公司同日本建立伙伴关系，从那里学习日本的先进制造技术。在快速发展能力方面来说，从别人处学习与提高自身的吸收能力是同发明创新同样重要的。因为，采用“角色”和“榜样”的模式来建立新的能力，既可缩短时间，又可减少风险。

（3）核心能力的部署

为了使公司核心能力得到充分运用，或是在公司所属的各部门或经营单位间共享，或是进入新的市场，常常需要在公司内部重新部署核心能力，将它从一个部门或一个经营单位转入另一个部门或经营单位。在这方面有的公司做得好，有些做得差，从而使它们的竞争能力和效益出现很大差异。有的企业虽然拥有很强的核心能力，具有许多世界一流水平的科技人才，但却不善于依靠和运用他们进入新的市场和机会，使企业发展速度缓慢、效益差；相反，一些企业虽然拥有的核心能力不如上述那些企业强，但是却能充分利用这种能力，把核心能力的载体适时从一个部门或单位转入另一个急需此种人才和能力的单位，获得了更多进入新市场、新领域的机会，使企业的效益大幅度的提高、发展速度成倍增长。因而要充分发挥既有核心能力的作用，就必须从思想上解决问题和在组织管理上建立有效人才应用机制和制度。在思想认识上，要使人们认识到当今企业之间的竞争已不仅是产品之争、市场之争、资源之争、机会之争，而是各企业之间能力的竞争。不仅是拥有能力之争，而且是使用能力之争。竞争对手之间，谁能充分利用好拥有核心能力的人才，谁将是竞争中之胜者。

（4）核心能力的保护

保护核心能力是核心能力管理的一项重要工作，企业最高管理层必须坚持不懈地防止公司核心能力被销蚀和散失。核心能力的积累、形成是需要多年苦心经营、培植的，若不精心管理和保护，核心能力的销蚀和散失是很容易的。造成核心能力领先地位丢失的原因多种多样，主要的有：高层管理对保护企业核心能力健康地成长认识不足，掉以轻心；由于注入资金不足而使核心能力枯竭；由于部门细分时把核心能力分散，以致无人负责对核心能力的统一照顾和管理；在同战略伙伴合作过程中，不经心地将自己的核心能力交给了对方；或是在分出部分机构时，不经心地把核心能力也划给了（或卖给了）对方。为了保护自己的核心能力，公司必须学会区别开不良经营业务和蕴藏在这个业务部门中的潜在的核心能力。正确评价核心科技人才的业绩，并能根据他们的业绩给予应有的报酬和精神激励，也是保护和培植核心能力的重要措施。

2.3.4 第三方物流与核心能力

核心能力理论认为,企业是由不同的能力组成的集合体。没有两个企业是相同的,因为没有两个企业具有同样经验,获取同样的资源和技能,这些资源和能力决定了企业运作的效率和效益。而且,不是所有的能力都成为企业长期竞争优势的源泉,只有核心能力才是企业成功的关键因素。

核心能力理论对外包的解析如图 2.6 所示。可将企业的活动分为:

① 企业核心活动(所有和企业生存相关的必需活动);

② 核心附近的活动(直接和核心活动联系);

③ 远离核心的活动(支持活动)。

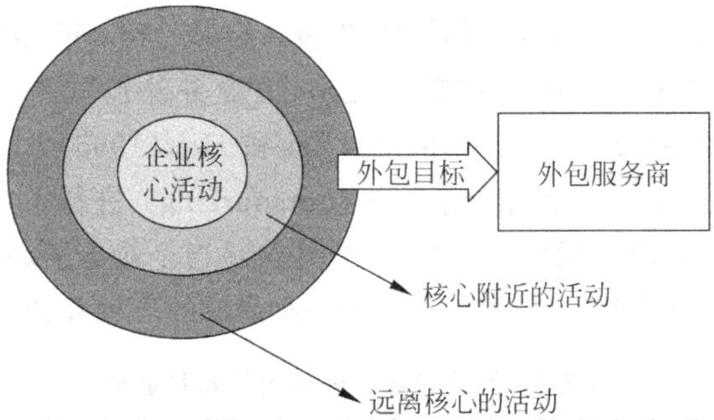

图 2.6 核心能力理论对外包的解析

由于企业核心能力的形成与积累具有路径依赖性,和企业业务活动的经历有关,在企业经营活动多元化的情况下,其业务活动也是多种多样的,其能力的积累也是多方面的。但是由于任何企业所拥有的资源都是有限的,它不可能在所有的业务领域都获得竞争优势,有的企业具有核心技术能力、核心制造能力,却不具备核心营销能力、核心组织协调管理能力或核心战略管理的能力等。在快速多变的市场竞争中,单个企业依靠自己的资源和能力进行自我调整的速度很难赶上市场变化的速度。如果企业突出其核心业务,经营活动围绕核心业务,那么其能力的积累将主要体现在核心能力上。越远离企业核心活动的业务,越容易成为外包的对象。外包的供应商是所有可能的外包提供者,譬如专业的第三方公司。

因而,依据核心能力理论,企业在经济组织中,只有当物流资源可用于多种用途,是企业所具有的稀缺的、难以模仿的、有价值的、可延展的核心能力,而且物流资源在公司范围能够得到保持,才不应该外包,而应该自己运作。如果物流不是企业的核心能力,且企业的物流资源与能力难以满足企业自身的需求与顾客需求,企业就应该实施物流外包,将物流交给第三方物流企业运作。

此外,用核心能力理论分析,正是由于企业的能力有限和企业之间的能力异质,才导致了第三方物流的产生及其与客户之间物流战略伙伴关系的建立。对非物流企业来说,物流能力往往不构成其核心能力。但对物流企业而言,其核心能力必定与物流能力有关。这样,物流企业与非物流企业相比,在物流方面就有了比较优势。为形成更大的合力,聚合彼此的核心能力，就促使双方建立物流战略伙伴关系，由非物流企业把物流业务分化出来，外包给物流企业，专注于自己的核心业务，突出自身的主营；物流企业按照非物流企业的要求定制物流服务，在物流相关领域发展自己的核心业务。

第三方物流诞生后，物流企业与非物流企业的经营活动分别集中于自己的核心业务，有助于各自核心能力的积累、巩固和发展，进而有助于各自保持长期竞争优势。

2.4 业务外包理论

2.4.1 业务外包的概念

1. 业务外包的定义

所谓业务外包(outsourcing)，也称资源外包。自从1990年，美国学者Gary Hamel和Praharad在《企业的核心竞争力》中首次提出了“业务外包”这一概念以来，西方学者Loh和Venkatraman(1992)、Kotabe(1992)、Lei和Hitt(1995)，以及Willcocks(1995)和Johnson(1997)等从不同角度对业务外包(outsourcing)进行了定义(见表2.2)。此外，根据我国《物流术语》国家标准的解释，业务外包是指企业为了获得比单纯利用内部资源更多的竞争优势，将其非核心业务交由合作企业完成的一种经营方法。

表2.2 西方学者对外包的理解和定义

学　者	对外包的理解和定义	时　间
Loh和Venkatraman	外部供应商从事与企业整体或部分生产设施相关的物资或人力资源活动	1992
Kotabe	由来自世界各地独立的供应商为企业提高产品或部件的活动	1992
Lei和Hitt	依赖于外部资源制造部件或从事其他增值活动	1995
Willcocks	为获得预期结果，把组织的部分或全部信息技术和相关服务交给第三方管理	1995
Johnson	一种将部分管理义务或责任向外部组织转移，改变服务传递与组织内部员工管理模式的安排	1997

虽然这些定义不尽相同，但其本质是一致的，即认为业务外包是企业整合利用其外部最优秀的专业化资源，从而达到降低成本、提高效率、充分发挥自身核心竞争力和增强企业对环境的迅速应变能力的一种管理模式。企业自身仅专注于那些核心的、主要的功能或业务，而通过外包，将一些非核心的、次要的或辅助性的功能或业务外包给企业外部的专业服务机构，利用它们的专长和优势来提高企业整体的效率和竞争力。所以从本质上讲，外包是企业的一种经营战略，是企业经营管理的一种新理念。

我们不妨把企业的经营活动比作一个木桶，各项业务活动都是组成木桶的不可或缺的木板，木桶的盛水量即表示整个经营活动的绩效和竞争力。我们不可能企望把哪一块木板做得很长，便能使整个木桶的盛水量增加，恰恰相反，决定木桶的盛水量的大小正是木桶中最短的那一块或两块木板。因此，要增加木桶的盛水量，必须抽取短木板，选取长木板。同样的道理，企业竞争能力的大小往往取决于薄弱的环节，将薄弱的环节外包给在此领域有专长的企业，便能提高经营绩效，增强企业的竞争能力。现在越来越多的企业采用了“业务外包”战略。

业务外包推崇的理念是，如果我们在企业的“价值链”中的某一环节上不是世界上最好的，并且也不是自己的核心竞争优势，同时这种活动不至于把我们与客户分开，那么应该把它外包给世界上具有核心竞争优势的企业去做，这样有利于企业更多地创造价值。由于企业的能力与资源多寡各有不同，如今，没有任何公司可以什么都做，而且都做得很好。所以必须集中资源与力量，选择一个或几个力所能及或专长的领域，并在该领域形成技术优势和规模优势，否则，只有退出该领域，将此业务外包给其他厂商。许多大公司都已经改变传统的做法，将那些能够由供应商完成的事情，尽量由供应商去干。充分利用协作企业已是重要的经营战略。

例如，福特汽车公司是国际领先的轿车和卡车制造商之一。目前福特汽车公司大约有60%的成本是用在采购原材料和零部件上。福特主要在加拿大、日本、墨西哥、德国、巴西和其他一些国家进行原材料和零部件的采购。从20世纪70年代开始，它着重于评价全球范围内的供应商，以获得一流的质量、最低的成本和最先进的技术提供者。最近几年，福特汽车公司致力于将这种策略扩展成为集成化的福特2 000采购战略，建立了日报交货系统应用于它的17个分厂，该系统反映各厂每天生产原材料大致的需求量。它的目标是建立一个适于全球制造的汽车生产环境，零部件的设计、制造、采购以及组装都是在全球范围内进行的。

耐克作为世界上最大的运动鞋制造商，但这家世界运动鞋霸主没有直接的原材料供应商，甚至没有自己的工厂。在很多发展中国家的工厂里，耐克鞋被日夜不停地生产出来，而工厂的主人却不是耐克。这些工厂拥有自己的原材料供应商——布匹、塑料、生产设备等。而这些供应商们也同样拥有自己的上层的供应商。

波音作为世界上最大的飞机制造公司，自己却只生产座舱和翼尖，波音747飞机的450多万个零部件，大都是由世界上几十个国家的有关企业提供。

戴尔，全球最大的计算机供应商，却不生产任何主要部件以及操作系统。

面对激烈的竞争环境，一个企业特别是新成立的企业，很难具有全面的资源优势。企业如果把资源分散到各个环节上，必然会造成资源的浪费，不利于迅速建立自己的竞争优势。而对非核心业务采用外包模式，一方面，企业通过集中资源与力量，选择自己专长的领域，并在该领域形成技术优势和规模优势，既充分利用了资源，又有利于建立自己的核心优势；另一方面，外包企业可以突破企业内部资源约束，减少建设核心竞争力的时间成本。

2. 业务外包的外延

外包是协助企业组织提升效率最有效的管理工具之一，同时，深入实用性是外包的特殊性质。本质上来讲，外包是企业的一种经营战略。它利用外部资源来完成传统上由企业内部人力和资源完成的功能或业务。此工具的力量不在于它能提供企业快速、立即解决问题的方案，而是在于它能够帮助企业组织，重新思考整体商业运营的方式，甚至其存在的目标。最终，外包不只是一种商业工具，它更是一种协助企业思考的新方式。可以说：

- 外包是一种决策，它需要企业对成本与收益进行权衡，在“内部化”还是“外部化”之间做出抉择；
- 外包是一种经营理念，这种经营理念不再追求“大而全”的横向化模式，而强调在某个环节建立核心竞争优势，然后再以协作与战略联盟的方式牢牢确立企业在产业链中的地位；
- 外包是一种企业运作模式，这种运作模式模糊了内外的概念。将企业的边界大大拓展。以企业有限的自身资源撬动丰富的外部资源为我所用；
- 外包更是一种战略高度的创新与突破。在信息技术的高度进步给原有产业和企业的组织形式造成了巨大冲击的情况下，外包作为一种战略创新思路和方式，推动了企业改制，赋予了组织变革的速度与柔性。

同时，外包需要崭新的管理技能——从规律的筛选流程，到影响关系的文化和情感决定性因素，都需通盘了解。

2.4.2 业务外包的动因

在业务外包的定义中，就隐含着业务外包的动因。具体来看，业务外包近年来迅速发展的动因主要有以下几个方面。

(1) 信息网络化时代的信息传输成本和市场交易成本的大幅下降，使得企业搞规模经济的动因相对于工业时代明显减弱，而实行业务外包的动因相对增强

与工业时代相比，信息网络化时代的企业对外联系更加方便、快捷和经济。据美国国际数据公司(IDC)统计：利用互联网，信息传输成本可降低60%～80%，市场交易成本可降低70%～90%。戈得曼—萨克斯咨询公司的调研报告指出，通过互联网，英国电信采购产品和服务的交易成本降低了90%，通用、福特、戴姆勒—克莱斯勒汽车业三巨头联合采购的交易成本下降了70%，从而使它们的汽车制造成本减少了14%。信息网络化时代与工业时代交易成本的巨大差别，驱动着更多的企业走向业务外包的道路。

(2) 企业信息系统的业务外包，可显著减少对信息网络设备和设备维护人员的投资，避免投资风险，提高科技投资效率

企业信息化需要一系列应用软件、网络设备和技术的应用。但是，中小企业资金有限，不可能拿出大笔资金来购买应用软件、服务器和路由器等网络设备。同时，应用软件和设备随着技术进步也在不断升级，企业已购置的设备和软件有逐渐被淘汰的风险。中小企业通过应用软件、网络设备和技术服务的外包(Application-Service Provider，ASP)，既可节省大笔开支，避免上述风险，又可得到ASP提供的不断升级的高效率服务。

哈佛大学经济学教授Jorgeson认为，业务外包可使企业的科技投资效率提高20%，因为用户只需为自己在一定时期内真正用到的部分技术设备付费，结果是节省了庞大的固定资本投入。预计，节省的这部分投资可在未来10年内每年可将GDP提高10%。

(3) 以信息资产共享为手段，实行业务外包，可形成淡化企业边界的虚拟整合组织，有利于建立企业间长期合作、协调发展的伙伴关系

戴尔公司是这方面的典型。为了让电脑零部件供应商与其网上直销的业务发展相协

调，需要加强与供应商的信息交流，让他们分享存货信息和技术计划，了解每日所需零部件的组合与数量、品质标准与成本结构，帮助他们均衡产量，尽力把存货降到最低。为此，戴尔公司让供应商运用网络游览器来分享自己经过多年研发出来的信息资料库的信息。通过这种信息资产共享的虚拟整合，形成了虚拟整合组织，供应商变成了戴尔公司紧密协调的供应链的一个环节，公司之间的界限被淡化了。因此，当戴尔公司三年的业务发展规划要求供应商的"产能"与其同步进行时，得到了供应商的密切配合。有家厂商一开始在爱尔兰与戴尔公司合作，后来知道戴尔公司要到马来西亚建立一个制造中心.使在位于槟榔屿的戴尔工厂旁也建立了一个工厂；接着，又在戴尔公司在厦门的工厂附近开厂；1999 年，戴尔公司要拓展得克萨斯州的业务项目，这家公司又在得克萨斯州增加了一个工厂。

(4) 业务外包适应信息网络时代企业对人力资源的弹性需求

业务外包对企业人力资源管理发挥着以下作用：①应付对人力资源的弹性需求；公司有时急需具有某种技能的人才，有时又不需要他们，为应付这种变化，就特别需要能利用外部人力资源的业务外包；②业务外包可为企业项目迅速组建在线团队，以适应对企业速度和灵活性的需求；③中小公司可利用业务外包改变企业边界，在无须增加固定职工和部门的同时发展壮大自己；④需要外包的业务可很快得到最有竞争力的投标和专家负责。

(5) 通过业务外包，企业可以集中资源，加强核心业务

核心业务是企业具有竞争优势、高成长率和发展前景的业务。思科公司是利用业务外包，集中资源，加强核心业务的典型。思科公司将网络设备和技术的研究开发作为其核心业务，它将大多数制造业务外包给可组织 40 多家工厂生产的供应商。供应商不仅能够制造所有的组件和完成 90%的局部装配工作，还能承担 55%的最后组装任务，并定期将组装好的思科公司的计算机送到其客户手中，而无须思科公司雇员亲自动手。思科公司业务外包的最终目标是，让供应商完成全部产品组装和为顾客送货的任务。目前，思科公司的核心业务已占世界网络设备市场的 80%。

(6) 业务外包可节省成本支出

成本方面的考虑是选择业务外包的主要原因。外包可削减开支，增强成本控制，从而解放一部分资源用于其他目的。目前，美国制造业的业务外包一般可节省 25%～30%的成本支出。思科公司实行业务外包后，与其原来管理的下属工厂的生产相比，每年可节省 5 亿～8 亿美元。IBM 利用业务外包，每年可节省 16 多亿美元的支出。另据美国福里斯特(Forrest)调查公司报道，在美国，企业自己建立并维护一个 Web 网站，第一年的费用是 22 万美元，而将此项工作外包给专门的公司去做，开销仅为 4.2 万美元。

(7) 业务外包是企业再造的有效手段

企业再造(Business Process Reengineering)，也译为"公司再造"、"再造工程"、"企业重构"或者"企业流程再造"，是 1993 年开始在美国流行起来的关于企业经营管理方式的一种新的理论和方法。

所谓"企业再造"，按照迈克·哈默(M. Hammer)与詹姆斯·钱辟(J. Champy)的定义，是从根本上重新思考，对企业作业流程(从原料到产品的各项活动)进行脱胎换骨的重

新设计，在严格的现代衡量标准下，最终使企业的表现如成本、质量、服务和速度等方面达到飞跃的改善和提高。在他们看来，为了能够适应新的世界竞争环境，企业必须摒弃已成惯例的运营模式和工作方法，以工作流程为中心，重新设计企业的经营、管理及运营方式。企业再造的关键是，除了保留和加强能创造高附加值和高市场占有率的核心业务外，一切非核心业务或与直接的价值创造无关的服务都应外包给效率最高或更高的单位来管理。衡量企业再造成功的标准是，供应链周期缩短70%，成本降低40%等指标。

电脑芯片生产商美国国家半导体公司（National Semiconductor，NSC）利用业务外包，成功地进行了企业再造。该公司确认自己的核心业务和竞争优势是半导体开发，而供应链（从芯片生产到交货）环节却麻烦不断。飞机、火车、卡车运输时间表和各大区域市场独特的语言、文化、规则和组织结构带来了报关障碍，NSC供应周期原来平均为60天，过长的供应周期是公司发展的主要障碍。因此，公司决定将原料供应、仓储、货物包装、分拨和运输业务外包给联邦快递公司。由于联邦快递公司的货运和报关效率为世界之最，所以NSC的供应周期从60天缩短为2天，即缩短了96.7%，其仓储运输费用大幅减少，市场竞争力显著提高，企业再造大获成功。

(8) 通过业务外包，实行价值链的虚拟整台，可形成企业间的优势互补

企业价值链由研发、生产和销售等诸多环节组成，其中低效率的劣势环节降低了整个价值链的竞争力。通过业务外包，将本企业价值链的劣势环节用其他企业价值链中高效率的有比较优势的环节来代替，这实际上是价值链之间彼此环节的以长代短、虚拟整合，由此形成价值链间的比较优势组合。

戴尔、思科、惠普、摩托罗拉和康柏等公司纷纷将大部分电子组件和产品总装业务外包给供应商，看中的就是供应商在承包业务上的高效率、低成本、比较优势。因为此类供应商一般都没有自己的品牌而搞“定牌生产”（OEM），他们不需要产品研发、商标注册和广告促销等费用。加上其专业化水平较高，实行规模经营，设备利用率很高，因而其高效率、低成本的比较优势就更加突出。这一突出的比较优势与上述公司的核心业务优势结合在一起，就形成了企业间的优势互补，市场竞争力明显提高。

2.4.3 业务外包的特征与分类

1. 业务外包的特征

首先有必要将业务外包与其他利用外部资源的方式加以辨析。除业务外包外，企业在经营过程中还有可能采取“合同安排”（Contracting）等其他方式对外部资源加以利用。在合同安排的情况下，企业对业务拥有直接的控制权，换句话说，企业向供应商明确所期望的结果并且规定了具体操作方式，供应商必须按照指示和合同规定来提供服务。虽然这些方式与业务外包具有一定的相似性，但与它们相比，业务外包具有两大基本特征。

(1) 业务外包的过程中存在着控制权的转移

企业在将业务外包出去的同时，也把对该业务的控制权移交给了供应商。企业进行业务外包最主要的目的是为了对供应商的专长或规模经济加以利用。因此，企业只需向供应商明确期望得到什么结果，而具体如何操作则由供应商自己决定。这是外包相对其他利用外部资源的方式而言最为显著的特征。

(2) 业务外包涉及企业围绕核心能力的全面再造过程

外包模式在将某些非核心业务从企业中分离出去的同时，还强调对核心业务的建设和投入。因此，首要的也是最关键的步骤就是对企业的核心能力进行分析和定位，并在此基础之上对企业进行全面再造，从而建立起企业突出、鲜明和持久的核心竞争优势。

今天，全球经济中的成功者已经学会把精力集中在经过仔细挑选的少数核心本领上，也就是集中在那些使他们真正区别于竞争对手的技能和知识上。通过非核心业务的外包，即把一些重要但非核心的业务职能交给外面的专家去做，这些领导人能立即把他们的公司的整个运作提高到世界最高水准，而所需的费用则与目前的开支相等或者有所减少。与此同时，他们往往还可以省去一些巨额投资。这种"把最优秀的人才集中起来为我所用"的概念正是业务外包的核心，其结果便使商业发生了历史上不曾有过的深刻变革。业务外包已经发展成为应用最广，最为有效的企业转型工具之一。正确、灵活地使用这一工具，可以帮助企业提高资源的使用效率，增强环境的适应能力，成功实现企业转型，在变幻莫测的市场中立于不败之地。

2. 业务外包的分类

(1) 根据控制能力分类

按照企业对外包业务控制能力，即指企业对已外包业务的具体操作过程可施加的影响力的强弱。可以分为以下几种类型。

① 补充性人力资源引进(Supplemental Staffing)，也可以称为临时服务和临时工。企业用最少的雇用工，最有效地完成规定的日常工作量，而在有辅助性服务需求的时候雇用临时工去处理。因为临时工对失业的恐惧或报酬的重视，使他们对工作认真负责，从而提高工作效率。

② 战略联盟(Strategic Alliance)。与一个或多个商业伙伴结成战略联盟，共同投资，分享收益，但各自的收支保持独立。这样不仅可以使企业分散开发新产品的风险，使得自己的资源投入到共同的任务(诸如共同的开发)中，同时，企业可以获得比单个企业更高的创造性和柔性。

③ 合资企业(Joint Venture)。与一个或多个商业伙伴合资建立企业，共担风险，分享收益，同时合资企业保持财务上的独立。

④ 选择性外包(Selective Outsourcing)。将业务流程的某一个环节外包出去，并以合同的形式明确期望的结果。

⑤ 完全外包(Full Outsourcing)。将整个业务流程都外包出去，并以合同的形式明确期望的结果。

据有关机构调查，目前企业采用最多的外包形式是补充性人力资源引进，最少采用的是合资企业形式。其他几种居于其间。预计在今后两年，企业用于业务外包的开支将有大幅度增长，而且在支出结构上也将有较大调整，用于补充性人力资源引进的开支将有显著降低。而用于其他形式的外包(从战略联盟到完全外包)的部分将会有所增长，见表2.3。

表 2.3 各种业务外包形式对比表

外包形式	外包成本	控制力	外包风险	管理难度
补充性人力资源引进	高	强	低	低
战略联盟	中	中	中	较高
合资企业	中	中	中	较高
选择性外包	低	弱	高	高
完全外包	最低	最弱	最高	最高

(2) 按照外包层次划分

按照外包层次划分，有个人层次、职能层次、流程层次三种。个人层次如工资处理、临时工，职能外包如信息技术、人力资源、物业管理，流程外包如物流。

(3) 按照外包领域划分

按照外包领域划分，主要可分为以下几种。

① 生产外包，是将一些传统上由企业内部人员负责的非核心业务以外的加工方式外包给专业的、高效的服务提供商，以充分利用公司外部最优秀的专业化资源，从而降低成本，提高效率，增强自身的竞争力的一种管理策略。业务外包结束了自给自足的组织模式，把非核心技术工艺的大部分分包给别人，而在核心技术上区别于竞争对手，这已成为全球成功企业的共同做法。

② 销售外包，即将自己的产品销售外包给承包公司去经营。在美国，已经出现了专门从事这项服务的企业——项目资源公司，并成为承包产品销售的先锋。项目资源的创建人、总经理兼首席执行官约迪·贝利说："由我们来承包产品销售的做法，使蓝筹股份公司得以利用机会，增加收入，扩大市场份额，减少成本，实际上也会加快走向市场的速度和灵活性。"该公司目前在世界各国有 12 个市场资源中心。它通过这些中心向客户提供因公司而异的营销服务。不论是现场销售、电视销售还是两者结合，市场部由客户确定，其余事宜均由项目资源公司安排。如贝尔公司的一家地区公司同企业项目公司合作，指定它同一些小公司客户之间的关系。

③ 人力资源管理外包，在这个加速变革的年代，企业录用营销人员培训和人力资源管理方面的竞争十分激烈，这就促使公司将这方面的业务外包出去。英、法等国新近出现的快速人员服务公司，就专为企业人力资源外包服务。它们花费大量的时间去寻拢、保留和培训自己的、特许经营的和合作伙伴的人力。国际盛行、我国目前正在走俏的"猎头"公司也正是为企业提供人力资源管理外包服务的公司。在以知识经济为特色的当代社会，企业间的竞争已经成为高知识含量的人才竞争，人力资源管理的业务外包必将飞速发展。

④ 应收账款外包，应收账款是不少企业比较麻烦和头痛的业务。将此类业务交给承包公司运行，就可使自己能够集中精力开展其他业务，取得更好的营销绩效。这方面，闻名世界的邓百氏公司与美国电信业巨头斯普林顿公司的合作颇能说明问题。斯普林顿公司为将近 1 100 万客户提供服务，它同邓百氏公司应收账款管理服务部的合作，开始仅仅是一种试验，它们想看看招收费业务外包出去是否合算，能否减轻自己在应收账款管理方面的负担。经过一段时间的合作，证明非常成功。

⑤ 网络订制外包。现在越来越多的企业钟情于电子商务，建立自己的营销网络已成

为企业现代商务的必修课程。以前，企业都是自己设计网络和软件，然后再由设备供货商分别提供设备，把这些东西拼凑起来。但由于这项业务专业性强、技术要求高，所以进行起来不但很难达到先进、合理的要求，而且成本也较高。现在，企业已普通将网络订制业务外包。一些发达国家便应运而出现了专门为企业建立一体化全球数字网络服务的公司，它们的核心业务是帮助企业联网和制订专门的营销战略，对难题和机会作理性分析以及设计、实施和管理以网络为基础的解决方案。这种创意从根本上改变了众多企业建立网络的途径，通过把整个网络订制外包给服务公司去做，企业经理们就可以把精力集中在如何更好地利用和创造市场增值机会上，而让他们的伙伴去作技术方面的事。

(4) 按照外包程度划分

按照外包程度划分，一种是划分为自制(In-sourcing)、内部外包(Internal Outsourcing)、外部外包(External Outsourcing)三种(Arnold，2000)。自制是指内部制造，内部外包指中心模式、合作模式、合资企业和投资等，外部外包指正式合作、非正式合作、现货交易等。

另外一种按照外包程度划分的形式是内部生产、长期合同、现货市场交易。长期合同包括标准供应合同、合资企业、租赁合同、特许经营合同、战略联盟等各种形式。从一个连续的维度对外包做出划分是非常有用的分析框架。

2.4.4 业务外包的发展趋势

1. 外包市场的总体规模及发展

在当前技术更新一日千里、市场竞争全球化的情况下，企业不得不更加注重于高附加值的业务内容，更强调速度、专门知识、灵活性和革新。与传统“垂直一体化”的做法相比，实行业务外包的企业更注重那些真正使它们区别于竞争对手的技能和知识，而将一些非核心业务职能外包给世界范围内的“专家”完成，从而使自己企业的整体运作提升到世界级水平，同时还往往可以降低成本，节省一些巨额投资。更重要的是，调查显示实行业务外包的企业出现财务麻烦的可能性仅为没有实行业务外包企业的三分之一，因此，毫不奇怪，业务外包这一经营形式也由此获得了强大的生命力和迅猛的发展。

由于业务外包这种方式的巨大效用，全世界企业业务外包的规模十分巨大。据调查，全球外包市场的发展在过去三年几乎翻了一番，其中亚洲将以50%的速度增长。信息技术(系统)将与人力资源管理、媒体管理、客户管理和市场营销一起，成为亚洲外包市场中增长最快的企业业务领域，中国将成为新型的业务外包最大市场。实际上，外包这种经营方式已经在我国取得了令人惊叹的结果。在改革开放之初，珠江三角洲地区的众多新兴企业就开始为港澳台地区企业和跨国公司提供外包生产，在同外包商的合作中积累了原始资本和先进的技术和管理方法。目前，90%的中国家电企业不同程度的为世界及国内家电巨头提供生产外包服务。

此外，一份最新研究报告认为，印度目前仍然是接受全球资讯工业业务外包最多的国家，但是它这一保持了10多年的地位将很快被中国取代。该份报告指出，中国将在10年之内取代印度，成为全球科技业务外包的最大承接国。美国全球投资风险研究所国际战略顾问梅涅·维奇说，“这是第一份全面而系统地评估业务外包给公司带来的好处以及面临的风险的报告，这份报告集中考察了许多比较项目，考核了20多个经济体，全面比较了目前承接资讯工业业务外包订单的国家的总体经济状况。重点考核项目是包括3个独立评估标准：第一，不同国家的生产成本；第二，包括地缘政治、人口、资讯、工业竞争力、法律、文化和基础设施在内的经营风险因素；第三，每个国家的市场条件。”

2. 国内外业务外包情况以及发展趋势

美国克里夫兰市场咨询公司预计未来10年，全球项目外包市场将以每年约18.6%的速度增长。信息技术外包的兴起是当前外包市场蓬勃发展最主要的推动力。信息技术外包主要包括系统管理、电话中心以及应用程序开发等内容，目前美国该市场规模已达到125亿美元。相比而言，企业在财务方面的业务外包起步较晚，规模也不是很大，在美国该市场规模约为74亿美元，但预计今后五年内会有较大幅度的增长。目前，全球项目外包开支的一半花在了制造业、建筑业、后勤服务、人力资源发展等领域。其中，用于信息技术产业的项目外包开支约占项目外包总开支的10%。

3. 中国目前业务外包情况

令人遗憾的是，虽然外包服务在国外欣欣向荣，但在中国国内业务外包不管是在服务领域和外包层次上依然还波澜不兴。许多人为及客观的因素给外包模式的推广和应用增添了许多困难：

首先，是观念的问题。目前中国内地的许多企业还存在着大而全的思想，还没有意识到应该将有限的资源进行合理的调配，集中在自己的优势领域，“外包”对于它们来说还是一个难以接受的名词；

其次，体制的因素也不容忽视。对于那些有沉重历史包袱的大中型企业来说，采用外包之后已有的人员如何安置是个头疼的问题，而在国外“人员”的问题恰恰是促使企业选择外包的主要因素之一。另外，在某些外包业务中，如IT外包，固定资产的归属也是个“大”问题。所有这一切都与企业的管理体制相关，而体制问题也正是短时间内无法解决的。此外，企业管理者管理思路、企业的行业特性都会在不同程度上影响着企业对外包服务的看法。

历史表明，业务外包的流行领域包括信息系统/技术(40%)、不动产和有形工厂(15%)、后勤(15%)以及管理、人力资源、消费者服务、金融、营销、销售和运输(30%)。据美国一家业务外包研究所的研究，业务外包可以使得公司实现平均约9%的成本节约和15%的能力与质量增长。所以，业务外包正成为世界商业发展的趋势。外包策略也正在成为企业发展的一种重要策略工具。美国管理学家詹姆斯·奎因(James Quinne)指出：“在过去，资源外取被认为是企业的一种劣势，但是现在资源外取却可能是智慧型企业运作的关键。”我国的企业应该抓住目前经济快速发展和世界市场不断融合的大好时机，确立发展思路，改变企业管理模式和经营思路，保持和增强核心竞争能力，不断地加强与企业战略合作伙伴的信任和合作力度，使企业在全球市场环境中确立竞争优势地位。

2.4.5 第三方物流与业务外包

根据上面提到的核心能力理论，企业应该确定自己的核心业务和核心优势，如果某项业务不是自身的核心业务，但它对企业的核心竞争力也很重要，那么可以把该项业务外包给最好的专业公司，从而企业能够把更多的资源投入到核心业务，扩大核心优势，最终提高企业的核心竞争力。也就是说，业务外包是企业强化核心竞争力的重要手段。

业务外包观念的兴起对第三方物流的影响可以从三个方面来认识：

首先，业务外包使原本局限于企业内部的物流转变成了企业外物流，企业外物流的增长为组织社会化物流、开展第三方物流服务提供了广阔的市场空间；

其次，对于绝大多数企业而言，物流业务不能构成其核心竞争力，这些企业具有将物流业务外包的愿望。与此同时，大量的物流企业只能将物流业务当作自身的核心竞争力来加以培养，以吸引客户、扩大市场。如果二者结合，物流需求企业把物流业务外包给物流企业，以第三方物流的形式进行管理，则可发挥各自的优势，在合作中实现双赢。因此，第三方物流策略是厂商业务外包的重要内容；

最后，不同物流企业的核心竞争力也有不同的侧重点。任何一家物流企业都难以在全球范围内、在所有的物流功能要素上都拥有绝对优势，因此它们在经营第三方物流的过程中，也会存在业务外包的问题。物流企业间的业务外包可以使全社会的物流能力得到合理利用，在物流产业内部实现资源的优化配置。

2.5 委托代理理论

2.5.1 委托代理的基本内容

所谓委托代理关系，是一种契约关系。詹森(Jensen)和麦克林(Meckling)(1976)将委托代理关系定义为：契约下，一个人或一些人(委托人)授权另一个人(代理人)为实现委托人的效用目标最大化而从事的某种活动。授予代理人某些决策权力，利用报酬激励吸引代理人，并对代理人进行约束监督等都包含在委托代理关系之内。委托代理关系广泛存在于企业组织中，不仅存在于内部的每一个管理层级上，也存在于跨组织之间。

委托代理理论包括一系列关于人类行为、组织和信息的性质方面的假设：

① 委托人与代理人具有理性行为能力。即它假设，受有限理性和风险回避的影响，人的行为都是自利的(self-interested)换句话说，委托人、代理人都有通过签订契约获得分工效果的动机，并有权衡得失、签订代理契约的能力；

② 委托人与代理人的效用函数的不一致性，即委托人的目标与代理人的目标之间有一定程度的矛盾；

③ 在委托人和代理人之间存在着信息的非对称性，所以很容易引发代理人的机会主义行为。

它假设信息是可以购买的商品，因此委托人可以通过购买来获取代理人行为的更好信息。在这些假定下，委托代理理论的目标则是研究选择最有效的契约来治理委托人与代理人之间的委托代理关系。

然而要获得委托代理的均衡合同，必须满足两个条件，即个人理性约束和激励相容约束。个人理性约束是指有理性的代理人参与接受委托人设计的机制时，代理人在该机制下得到的期望效益不会低于他不接受这个机制时得到的最大期望效用。代理人“不接受合同时能得到的最大期望效用”由他面临的其他市场机会决定，可以称为保留效用。激励相容约束是指代理人由积极性来选择委托人希望他选择的行动，即他这样做所得到的期望效用不小于他那样做所得到的期望效用。只有在满足个人理性约束和激励相容约束的条件下，委托人才能获得期望收益的最大化，才称其为均衡合同。然而由于信息的不对称性，委托人对代理人的能力、努力水平以及决策问题的情况了解不深，使得激励约束代理人的合同安排难以成为最优激励的最佳方案。为了更好地设计出促进双方目标相一致的契约，除了满足上述两个条件外，委托代理理论还引入了激励机制。它特别关注于解释在不确定的环境下委托人规避风险的行为，它强调信息在委托人对代理人行为控制中的重要性。Kumer(1996)认为，有效的信息交流所形成的信任的力量是外包等合作成功的决定因素。这样，委托人在契约的设计中，通常还引入各种显性激励与隐性激励机制以尽可能消除信息的不对称性，促进双方目标相一致。

在具体的代理关系选择中，Eisenhardt 认为，是选择行为契约（如，层级干预、内包）还是结果契约（如，市场干预、外包）取决于代理费用。按照詹森和麦克林（Jesen&Meckling，1976）的说法，代理费用由三部分组成，即：委托人的监控费用、代理人的担保费用以及委托人的剩余损失。

代理费用为企业的组织形式提供了选择基础。Eisenhardt 在其随后的研究中，指出代理费用主要取决于 5 个要素。就外包合同来说，它们是：由于干预策略而带来的结果的不确定性；经济气候、技术变革、竞争对手的行动等；外包需求者（或提供者）对风险的规避性；对外包提供者事先界定其行为的程度；结果的测度或结果可测度的程度以及代理关系的期限。很显然，外包关系越是不确定性，需要规避的风险越高；事先界定代理人行为的程度越低，结果的可测度差和关系越长代理费用（监控、担保和剩余损失）就越高。

2.5.2 第三方物流与委托代理

在物流外包关系中，物流需求企业为委托人，第三方物流公司为代理人。

从物流需求企业的角度看，它追求自身效用的最大化（物流总成本最低，货物交付的及时性以及服务质量），同时知道第三方物流企业也追求自身效用的最大化（利润最大化）。很显然两者的效用最大化目标存在着不一致性。因此，物流需求企业必须设计出第三方物流企业能够接受的契约。这一契约能够使第三方物流企业在追求自身效用最大化的同时，实现物流需求企业的效用最大化。

一般来说，工业企业在设计契约时存在一定的难度：

① 在签约前与第三方物流企业之间的信息是不对称的，无法了解第三方物流企业的真实能力；

② 契约难以完备。因为契约中不可能确切地规定代理人的工作努力程度，即使做了规定，也难以观测；

③ 委托人不可能完全依据企业的利润向代理人支付报酬，因为外部环境的不确定性使委托人无法辨别利润的高低是否是由第三方物流企业的工作努力程度所致的。

对于第三方物流企业而言，因为拥有自己的信息优势，很容易损害到物流需求企业的利益。对于物流外包关系来说，通过逆向选择合同的设计是可以把不符合要求或能力低的物流供应商排除于代理人之外的。而且物流外包关系的建立不仅能满足个人理性约束与激励相容约束，而且长期的合作关系的建立有助于促进物流需求企业与第三方物流公司目标的一致性。

物流外包关系，意味着工业企业等物流需求企业授权第三方物流企业代表它们的利益从事物流服务的运作。

从第三方物流企业的角度看，接受物流需求企业的委托，成为物流需求企业的稳定伙伴，意味着第三方物流企业有了稳定的业务，在日益激烈的市场竞争中，稳定的业务是企业生存和发展的重要因素。也就是说，物流外包关系满足个人理性约束。同时，作为第三方物流企业为了获得持续的物流服务业务，有利于起到提高物流服务质量和降低物流成本的积极性作用，不仅提高自己的获利能力，同时还可以满足物流需求企业的要求，并使工业企业从第三方物流企业的服务中获得“第三利润源泉”。所以，物流外包关系满足激励相容约束。除此之外，物流外包关系的建立还会起到其他激励作用。物流外包，一般合同期限为 1～3 年，与基于单个交易的物流供需关系相比，显然，工业企业给予了第三方物流企业以显性激励。较长期的合作关系能促使第三方物流企业放弃短期行为，着眼于长期利益。同时第三方物流企业为了持续地赢得物流服务业务，会不断地向需求企业提供服务能力和服务水平等相应信息，并不断提高服务水平和服务绩效。与此同时，第三方物流企业也会加强组织学习以不断提高为工业企业提供创新性或增值服务的能力，以赢得物流需求企业的声誉激励(隐性激励)，即合同到期后，双方还继续签署新的合同，保持和发展合作关系。这样，就可以减少因与第三方物流企业的信息不对称性而引发的第三方物流企业的机会主义行为，最大限度地降低第三方物流公司的自利风险，提高第三方物流服务企业在最大限度地赚取利润的同时，提高顾客服务水平，进而使双方的目标趋向一致。这样，对工业企业的物流需求企业来说，可以更好地专注于核心能力业务，并可以以整个供应链的竞争力更好地赢得竞争优势。

从代理费用的角度看，物流需求企业通过与第三方物流企业建立长期的合作关系，也有助于代理费用的降低。因为，外包合同是基于互惠互利、相互信任的基础而达成的，这样，供需的不确定性会得到很好的抑制，各种风险会得到很好的规避，第三方物流企业会为尽力提供更好的服务水平和质量而付诸行动。这样，代理的担保费用就会降低。至于绩效监控问题，第三方物流企业为了获得需求企业的认可，会主动提供测度标准或提供相关的绩效情况或相关信息，这样，监控费用也会降低。至于剩余损失问题，基于相互信任以及第三方物流企业的专业化优势，即使有，也会降到最低程度。

所以从委托代理理论的相关假设以及代理费用的角度看，物流外包有着明显的优势。基于委托代理理论的物流外包的决策因素、目的如图 2.7 所示。

工业企业在实施物流外包时，除了上文所提到的激励措施外，往往还会强化其他激励措施，以实现最优激励和获得费用效率。比如，在确定外包价格时，明确地给予第三方物流企业的获利余地，体现对其的激励。如有可能，尽可能减少第三方物流企业的数目，并与主要的第三方物流企业保持长期稳定的合作关系等。委托人还会开创激励的支付机制，以强化伙伴关系并谋求双赢。在这样的激励机制中，委托人设法将供应商的利益与自

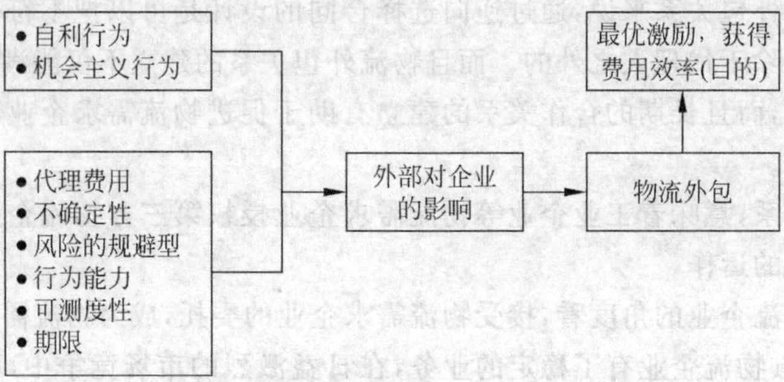

图 2.7　基于委托代理理论的物流外包的决策因素、目的

己的利益结合在一起。也就是说，当供应商给委托人带来了更多价值时，委托人就给予供应商更多的收入。在这一机制下，双方的价值和收入都可以得到提高。尤其是当将来的预期难以确定，环境的动态多变难以估计的情况下，激励的作用显得更为突出。激励的支付机制不仅有助于减少物流供应商的机会主义行为，更为重要的是双方更易于在绩效水平上达成一致，并在合作中取得双赢。

本章小结

经济学家罗纳德·科斯认为交易费用至少包括 2 项费用：一是企业为搜集有关交易对象和市场价格的信息而付出的相应费用，称之为获取准确市场信息的费用；二是为避免冲突进行的谈判、缔约并付诸法律支付的有关费用，称之为谈判和监督履行的费用。奥利弗·威廉姆森在科斯理论的基础上重新检视并界定了交易费用，将交易费用形象地比喻为“经济世界中的摩擦力”，并把交易费用分为事前交易费用和事后交易费用。

社会分工是伴随着人类诞生而出现的，从基于生理差别以及基于不同区域、不同氏族、不同生活方式、不同生产方式和产品的自然分工，到基于商品交换的现代专业化分工，社会分工经历了漫长的人类实践活动。分工是指人类根据自身生存和发展的需要，不断扩展其特有的劳动行为的外在形式，并对劳动行为按种类的不同进行细化的过程，在这个过程中，形成了社会的不同部门和各部门内部不同的单位。

企业的核心能力是一种稀缺的、难以模仿的、有价值的、可延展的能力。就短期而言，公司产品的质量和性能决定了公司的竞争力；就长期而言，起决定作用的是企业的核心能力，公司所拥有的核心能力组合与价值创造体系对企业的竞争优势起决定性的作用。

业务外包是企业整合利用其外部最优秀的专业化资源，从而达到降低成本、提高效率、充分发挥自身核心竞争力和增强企业对环境的迅速应变能力的一种管理模式。企业自身仅专注于那些核心的、主要的功能或业务，而通过外包，将一些非核心的、次要的或辅助性的功能或业务外包给企业外部的专业服务机构，利用它们的专长和优势来提高企业整体的效率和竞争力。所以从本质上讲，外包是企业的一种经营战略，是企业经营管理的一种新理念。

委托代理关系是指在契约下，一个人或一些人（委托人）授权另一个人（代理人）为实现委托人的效用目标最大化而从事的某种活动。在物流外包关系中,物流需求企业为委托人,第三方物流公司为代理人。

复习与思考

1. 影响交易费用的因素有哪些?
2. 简述社会分工理论的演进历程。
3. 简述社会分工理论对第三方物流产生及发展的影响。
4. 什么是核心能力?
5. 如何用核心能力理论来解释外包?
6. 何谓业务外包?
7. 业务外包观念的兴起对第三方物流的影响有哪些?
8. 什么是委托代理关系?

案例分析

福特汽车公司的物流外包

1. 福特汽车公司概况

福特汽车公司总部设在美国密歇根州的迪尔·伯恩,公司创建于1903年,此后迅速成长为一个世界范围内汽车制造及汽车相关产品和服务行业的领导者。到1986年,福特公司成为世界最大的制造企业之一,是世界第二大汽车制造商和美国第三大工业公司。它的创始人亨利·福特一直有一个梦想,就是要成为一个完全自给自足的行业巨头。除了庞大的汽车制造,他还在底特律建造了内陆港口和错综复杂的铁路、公路网络。为了确保原材料供给,福特还投资了煤矿、铁矿、森林、玻璃厂,甚至买地种植制造油漆的大豆。他还在巴西购买了250万英亩的土地,建起了一座橡胶种植园,以满足他的汽车王国对橡胶的大量需求。此外,他还想投资于铁路、运货卡车、内河运输和远洋运输,这样整个原材料供应、制造、运输、销售等都纳入他所控制的范围。这是福特公司要建立世界上第一个垂直一体化公司辛迪加计划的一部分。

但随着政治、经济环境的不断变化和消费市场由卖方市场向买方市场的转变,庞大的垂直一体化集团再也无法适应变化迅速、需求多样化的消费市场,福特公司发现独立于自己控制之外的专业化公司不仅能够完成最基本的工作,有些工作甚至要比福特公司自己的官僚机构干得更好。所以公司管理决定把除了核心业务——制造轿车和卡车外,其他相关的职能进行外包,其中,最重要的是对物流活动的外包。

2. 福特汽车公司物流外包决策过程

(1) 确定公司的核心能力

在没有进行物流外包之前,福特公司为了确保原材料供给,在公司总部及底特律建造了内陆港口和错综复杂的铁路、公路网络并且投资于运货卡车、内河运输和远洋运输,公司拥有庞大的车队用于物料和原材料配送，意图控制整个原材料供应、制造、运输、销售过程。但是，公司在汽车销售市场上却在走下坡路，不仅出口业务强烈受到日本、韩国等新兴汽车生产国的冲击，连国内市场也受到最大的对手通用汽车公司的蚕食。

公司的决策层经过分析发现，物流活动并不构成公司的核心竞争力。福特公司对整个供应链进行控制的做法不仅不能保持高的服务水平，相反却带来了巨大的财务包袱，反而损害了公司汽车业务的发展。而且随着汽车业务的业绩的下滑，庞大的供应链条不能及时反映这种变化。此外，当时美国国内也出现了像联邦快递、UPS等优秀的专业物流提供商。在这种历史背景下，福特公司审时度势，将许多不具有竞争力的子公司剥离出去，它的金融资源部被转移去开发和维持自己的核心业务——汽车制造和汽车租赁等具有竞争优势的业务，而原材料的供应、运输等不具竞争力的工作都交给独立的专业化公司去做。

(2) 物流活动的外包

在决定将公司的物流活动进行外包后，福特公司要做的工作就是选择低成本的供应商及保持对供应商的控制，以确保公司要求的物流服务水平以最低成本完成物流功能。其中，重点评价的是供应商的交货和配送速度。福特公司采取的做法是进行全球资源配置计划及重点供应商进行运输外包委托。

福特汽车公司的全球资源配置计划着重于评价全球范围内的供应商，以获得一流的质量、最低的成本和最先进的技术提供者。它在加拿大、日本、墨西哥、德国、巴西和其他一些国家进行原材料和零部件的采购。后来，福特汽车公司致力于将这种策略扩展成为集团化的“福特2000”采购战略，它的目标是建立一个适于全球制造的汽车生产环境，零部件的设计、制造、采购以及组装都将在全球范围内进行。

为此，福特汽车公司建立了一个“日报交货”系统，应用于它的17个分厂。该系统反映各厂每天对原材料大致的需求量。尽管福特汽车公司不要求它位于世界各地的供应商在美国开设仓库，能否从当地仓库实现实时供货仍然是福特汽车公司评价选择供应商的关键标准。这也是全球资源配置成功与效率的关键所在。

福特汽车公司与供应商保持紧密合作，并在适当的时候为供应商提供一定的技术培训。不少国外供应商都与福特汽车公司在工程、合作设计等方面保持着良好的合作关系。对于很多关键部件，福特汽车公司都有当地供应商相关职员提供的有力技术支持，与全球供应商之间的技术交流困难局面也因此得到缓和。福特汽车公司要求其供应商在生产计划变化的时候能迅速反应。对于大多数零部件的供应商而言，国际供应商比国内供应商更缺乏柔性。福特汽车公司也尽量保持生产计划的稳定性，短期计划调整频率也比以前更低。

这样，福特汽车公司与主要供应商建立了一种长期、相互信赖的关系，把他们当作合作伙伴而不是竞争对手。福特公司与供应商在经营上协调一致并实现了信息的共享与集成。他们以顾客的需求驱动顾客化的生产计划，共同开发产品和工艺流程。实现了相互之间的工艺集成、技术和运作的集成，从而改善了相互之间的交流，增强了矛盾冲突解决能力，进而提高了产品质量，缩短了交货提前期并提高了其可靠性，因此获得了柔性敏捷的市场响应能力。

除了采用全球采购策略，福特汽车公司还将运输业务外包，缩短了零部件和成品的交付时间、降低了运输和库存成本。福特公司与美国联邦快递公司(FEDEX)、美国联合包裹运送服务公司(UPS)签订了合作协议，这两家公司分别为福特卡车零部件和整车的运送提供物流服务。根据协议，对重要零部件的运送，FEDEX将本着优先服务的原则，保证所订货物在第二天到达客户手中。其中，从周一至周六，将以美国东部时间的午夜为接单截止时间，保证绝大多数货物能在第二天付运，在周日和其他节假日则通过无线传呼系统接收重要零部件的订单，从而实现不间断服务。而UPS将对福特整车实行实时运送，以满足客户的需求。该合作使福特整车的运送时间减少4倍，比原来的时间节省26%。同时，福特公司在其分拨中心内的整车库存量减少29%，从而使每年的库存开支减少10亿美元，库存搬运开支减少1.25亿美元。福特公司的物流部副经理乐观地表示，随着公司网络系统日益精确和完善，上述成本开支还将继续降低，运送时间也将进一步缩短。

福特汽车公司的经营模式上的转变表明，在社会分工日益专业化的现代经济中，没有哪一家厂商能够完全做到自给自足，只有将企业有限的资源投入到加强自身核心竞争力上，并与供应链上其他企业通力合作以最有效地利用内、外部资源，才能成为真正的赢家。

思考题：

1. 福特公司的核心能力是什么？
2. 试用核心能力理论和业务外包理论来分析福特公司的决策。

第3章　第三方物流服务开发与方案设计

本章关键词

√ 第三方物流服务（Third-Party Logistics Service）
√ 第三方物流服务内容开发（Third-Party Logistics Development）
√ 第三方物流运作服务（Third-Party Logistics Operation Service）
√ 第三方物流信息服务（Third-Party Logistics Info Service）
√ 供应链整合服务（Integrated-Supply Chain Service）
√ 客户物流服务方案（Logistics Service Solution）

互联网资料

http://www.niwota.com
http://tieba.baidu.com
http://www.shgzw.gov.cn

3.1　第三方物流服务的需求分析

3.1.1　第三方物流服务的需求设定

在进行第三方物流服务开发与制订相关的设计方案之前，需要确定第三方物流服务需求。为此，首先要对第三方物流服务需求进行界定。

1. 物流需求和第三方物流需求

在对第三方物流服务需求进行界定之前，首先要明确物流需求和第三方物流需求的区别。并不是所有的物流需求都可转化为第三方物流需求。第三方物流需求只是物流需求中能够转化为社会化需求的部分，即通过供需方之外的社会化和专业化物流组织来完成的物流活动。目前世界第三方物流市场平均占总体物流市场的5%。即使在物流较发达国家，第三方物流市场占总体物流市场的份额也一般在30%。我国物流市场化程度不高，物流产业还不成熟的情况下，大部分物流需求还是通过企业自身完成的。因此，应该明确的是，不是所有的物流需求都是第三方物流需求。

2. 第三方物流的当前需求和潜在需求

这里所说的第三方物流需求不仅指当前的需求，还包括潜在的需求。需求分析不应只着眼于眼前，应以动态的眼光来看待第三方物流今后的发展。根据中国仓储协会2001年对物流市场的第三次调查显示，在被调查企业中，57%的生产企业和38%的商业企业会选择第三方物流企业来为自己提供第三方物流服务。这表明，尽管我国目前第三方物流的比重还较小，但随着经济的发展，物流供需双方的日益成熟，会有越来越多的企业将目前自营物流的部分剥离出来，通过第三方物流的形式来完成。物流企业将来能够挖掘出来，转化为社会化物流需求的部分，便是第三方物流的潜在需求。潜在的需求越大，第三方物流发展的潜力就越大，前景就越被看好。

3. 第三方物流服务的需求的层次性

第三方物流服务的需求不仅包括对传统的物流基本功能如仓储、运输等的需求，更包括对各种信息物流服务、增值物流服务的需求，对企业供应链物流的规划设计的需求。物流服务的需求具有明显的层次性。

3.1.2 影响第三方物流服务的需求的因素

从第三方物流服务的需求的角度来看，尽管采用第三方物流能为企业带来降低成本、提高顾客服务水平和竞争力等诸多好处，但目前第三方物流的有效需求并不旺盛，许多企业并没有将物流业务外包出去。那么，阻碍企业选择第三方物流服务的原因是什么呢？其实，除经济因素外，企业更多的是受制度和社会习惯观念的影响，主要体现在以下几个方面。

1. 原有物流系统的限制

传统企业在决定自己从事物流还是使用第三方物流时，往往是看自己是否有物流设施、技术，如果有，就自己来处理物流；如果自己处理某项物流功能有困难时才寻找外包。而我国的传统企业受过去“大而全、小而全”作风的影响，绝大部分都拥有自己的仓库、车辆等设施。中国仓储协会的调查显示，企业物流设施设备的保有率很高。这样企业自己从事物流业务，很少考虑物流的效率问题。企业原有的物流体系压制了其考虑使用第三方物流，物流成本与客户服务水平的决策标准自然也被企业放在次要的地位。

2. 企业抵制变化的惰性

许多企业，尤其是那些目前财务状况还令人满意的企业，不愿意通过物流外包的方式来改变现有的业务模式。此外，寻求第三方物流服务的公司有时还会遇到来自企业内部某些部门的抵制。库存管理部门为避免缺货希望拥有仓库；采购部门为方便提货愿意拥有运输设备；财务部门认为频繁的财务手续过于烦琐而偏向于自营物流；更重要的是如果将物流业务外包出去，很多人目前从事的工作很可能会被第三方物流所取代。尤其是一些国有企业，物流外包将意味着大批员工要失业，这对企业的领导来说要面临极大的危险。

3. 对第三方物流服务缺乏认识

众多企业对第三方物流服务企业能力的认识程度普遍还很低。第三方物流行业相对来说也还很年轻，尤其是在我国，一些领先的第三方物流服务企业只有10多年的历史，更多的是只能提供单一服务的储运企业，其服务能力还远达不到要求。更为重要的是，许多企业远远还没有认识到供应链管理的重要性，明显的例子就是还没有哪家企业的高级管理层里有主管物流的人员。管理人员缺乏对物流战略意义的认识，不清楚哪些物流功能的自营或外包会对企业的发展有何战略影响。

4. 企业惧怕丧失控制和商业机密外泄

由于供应链的实施在提高公司竞争力方面具有重要作用，许多公司都宁愿有一个"小而全"的物流部门，也不情愿把对这些功能的控制交给别人。此外，供应链流程的部分功能需要与客户直接打交道，许多公司担心如果失去内部物流能力，会在客户交往和其他方面过度依赖第三方物流企业。这种担心在那些从来没有进行过物流外包业务的企业中更为普遍。其实这种担忧没必要，因为最佳的物流设计方案是寻求自营与外包的平衡点，没有人会建议企业必须将一切业务外包出去。大多数已经进行了物流外包的企业表示，它们通过和第三方物流的合作，实际上改善了信息流动，增强了控制力，改善了企业管理其业务的能力。企业另外一个不愿把自己的物流业务外包出去的重要因素是强烈担心自己商业机密外泄。而第三方物流服务商要为企业提供高质量的供应链物流管理，企业就必须要将自己商业秘密和内部数据和第三方物流服务商分享，这样就产生了商业机密外泄的风险。这要从两方面来加以解决：一方面，要提高第三方物流企业自身的职业道德，形成一种健康的商业社会氛围；另一方面，需要强化法制建设，一旦有企业违规，要给予严厉惩罚，杀一儆百。

5. 物流外包的复杂性以及我国第三方物流服务商服务能力较弱

供应链物流业务通常和企业其他业务，例如财务，营销或制造的大集成。物流业务外包本身就很复杂，对一些实际业务，包括运输和仓储的集成可能会带来组织上、行政上和实施上的一系列问题。此外，企业内部信息系统的集成性特点，使得把物流业务交给第三方物流企业来运作变得很困难。实际上，第三方物流企业在过去的几年里获得的业务经验和信息技术应用方面的发展，都大大降低了物流外包的复杂性。目前我国一些著名企业，比如"格力空调"和"养生堂"等都开始了物流外包的作业。另外从总体上说，我国第三方物流服务发展历史很短，第三方物流服务商的物流服务能力较弱，不能很好地满足客户提出物流服务的要求，也导致了客户不愿、也不敢将重要的物流服务外包。

6. 第三方物流服务的效果评价不确定性

准确地衡量物流成本对信息技术和人力资源的影响比较困难。因为很多公司并没有建设和实施此类的系统，很难确定物流业务外包到底能够带来多少潜在的成本好处。另外，各个公司业务的独特性和公司供应链作业能力使得很多企业并不知道该如何在自营物流和第三方物流中进行选择。幸好，现在许多第三方物流公司已经开发出确定公司物流成本的方法，以帮助客户进行决策。

3.1.3 我国第三方物流服务市场需求

1. 我国第三方物流服务需求的主要来源

据统计，我国需求和使用第三方物流服务的企业主要为国外跨国公司和合资企业，例如中海物流的客户主要有IBM、美能达、诺基亚、三洋、东芝、三星、华为、联想等企业，宝供物流公司服务的对象是宝洁、飞利浦、雀巢、沃尔玛、联想等企业。而国有大中型企业往往很少对物流业务外包，这导致第三方物流市场业务总量增长的滞后。究其原因，中国企业尤其是传统的国有企业，主要是原有运行机制的作用，许多国有企业实行产、供、销一体化，仓储、运输一条龙的运营体制。在这些存量得不到妥善解决的情况下，它们不会将业务委托给第三方物流企业。而“三资”企业特别是进入或者即将进入中国的跨国公司存在着对物流的大量需求，它们不可能将这部分业务纳入自己的业务体系下，一方面是因为它们本身习惯了将许多非核心业务外包出去的做法，将精力集中于核心业务；另一方面，作为在中国的子公司，只为自己而成立一个物流企业，其市场容量是相当小的，因而也不可能实现规模经济，寻找第三方物流企业是它们的必然选择，这样，它们就是目前中国第三方物流市场的重点。但这些企业在外包时也是十分谨慎的。

2. 我国第三方物流服务需求的状况分析

(1) 第三方物流需求严重不足

据中国仓储协会2000年3～4月组织的第一，第二次全国范围物流供求状况调查显示，第三方物流服务在生产企业原材料物流中占18%，在商业企业物流中仅占5.9%。

(2) 客户企业外包物流的缘由

首先是为了降低物流成本；其次是为了强化核心业务；最后是为了改善和提高物流服务的水平和质量。相反，企业也有其不外包物流业务的诸多理由。

3. 客户选择第三方物流服务的标准

首先，注重第三方物流企业的运营经验即服务能力；其次，注重品牌声誉；再次，注重网络覆盖率；最后，注重较低的价格。

4. 客户选择第三方物流服务的内容和方式

目前使用第三方物流多集中于传统项目。生产企业选择第三方物流主要集中在干线运输，其次是市内配送；商业企业的外包物流主要集中在市内配送，其次是仓储，最后是干线运输，说明生产企业和商业企业物流需求的侧重点不同。中国仓储协会的调查也说明生产企业和商业企业的外包物流主要集中在市内配送，单纯仓储和干线运输。其中生产企业的外包物流中，单纯仓储占21%；干线运输占36%；市内配送占43%；包装占14%。而且，生产企业使用第三方物流企业的数量通常有2～10家，商业企业使用第三方物流的数量一般在3～10家以上，可见生产企业和商业企业外包物流主要以“分包”为主，即将不同功能的业务分别委托给不同的物流企业，这从物流供给的角度看，第三方物流企业为用户提供一揽子服务的比重不大。

在采用第三方物流服务的企业中，有54%商业企业和67%的生产企业对第三方物流服务感到满意，有23%的生产企业和7%的商业企业对此不满意。不满意的原因中，首先是因为作业速度慢和物流信息不及时、不准确，其次是作业差错率高，运做成本高。

整个第三方物流市场还相当分散，而市场的地域集中度却很高，企业数量以及服务收入绝大多数集中在东南部地区。据中国物流与采购联合会的调查，珠江三角洲地区集中了24%的第三方物流企业，于此相当，服务收入占23%；以沪宁杭为中心的长江三角洲地区集中了28%的第三方物流企业，收入为27%；京津唐环渤海地区集中企业23%，获得25%的服务收入。

3.1.4 第三方物流服务的风险

大量实践证明，第三方物流的优质服务既可满足复杂多变的物流服务要求，同时又促进了第三方物流的蓬勃发展，从而推进经济和社会的协调发展。利用第三方物流服务，企业可获得如下的利益：

① 高效的供应链体系；

② 较低的资金投入或是无须物流基础设施建设；

③ 降低企业物流成本、存货成本，提高库存周转率和资金回笼率；

④ 较高的资本回报率；

⑤ 有利于开拓国际业务；

⑥ 为顾客提供更多的增值服务；

⑦ 及时获得市场信息并有利于新产品的适时推出。

然而，与企业其他的业务外包一样，由于合作双方在企业管理理念、企业文化等方面的差异，以及委托—代理关系中信息不对称和信息不完全等因素的存在，第三方物流服务也存在一定的风险。这里所述的风险是属于商业范畴之内的概念，指一个事件或一个行动对一个组织实现其商业目标或成功实施其战略的能力产生的负面影响。正确认识和评估第三方物流服务风险，加强对第三方物流的风险管理是保证企业第三方物流服务能长期、高效、成功实施的关键。

因此有必要对第三方物流服务中的风险管理问题进行较深入研究。首先根据委托代理理论探讨了第三方物流服务对策与委托实现的理论模型；其次分析了第三方物流服务中的风险来源、表现形式；最后提出了相应的风险防范对策以及如何处理第三方物流服务的纠纷。

1. 第三方物流服务实现理论模型

物流服务购买方(即客户企业，如生产厂家等)与物流服务供应方(即第三方物流服务企业)的第三方物流服务可视为一种典型的针对企业物流业务的委托—代理关系，客户企业是委托方，第三方物流服务企业是代理方。当客户企业探知到自身的物流管理需求时，首先会进行“自营—外包”的决策分析，如果需要外包，委托其他企业代理自身物流业务管理(全部或一部分)时，就必须根据合作伙伴的信誉、业绩等条件，选择一个或几个第三方物流服务企业承担代理活动，并在一定的合作对策理论、战略合作理论、协商机制的指导下，与第三方物流服务企业进行协商，在法律约束条件下，制定出有利于委托—代理各方利益的合同模型，再考虑设定相应的激励条件，达成正式的委托—代理关系，将业务委托给该企业来完成。在合同的执行过程(也就是企业委托—代理关系的实现过程)中,会遇到许多在制定委托—代理决策时所预想不到的实际问题,包括逆向选择、败德行为、信任危机、紧急例外情况等,物流合作各方必须在一定的协商机制的指导下,通过协商解决好冲突和利润分配等问题。为此,必须建立起一定的物流运行绩效评价机制、预警—应急机制、风险防范机制、激励—约束机制等,以更好地控制合同履行过程,更有效地实现客户企业与第三方物流企业之间的委托—代理关系。这就是企业第三方物流管理实施的基本过程,也是客户企业与第三方物流企业合作与委托实现的基本过程。

第三方物流管理的本质是强调物流供应链上企业间的合作,强调客户企业集中资源发展其核心业务和核心竞争力,而将非核心的物流业务通过外包等与专业的物流企业协作的形式完成。为实现企业物流供应链管理的战略目标,在规划物流供应链管理各方的合作行为时,必须从整个供应链合作最优的角度出发,实现供应链的全局最优化,而不仅仅是各单个企业目标的最优。根据这个特征,可以建立物流服务供应链全局最优的评价目标模型。

2. 第三方物流服务风险识别

第三方物流管理的风险来自多方面,简言之,有自然灾害这种不可抗力的因素,如地震、火灾、暴风雨雪等;也有人为因素,主要有这几个方面。

(1) 独家供应商问题

供应链上出现独家物流供应商,由于供应商服务地域和管理能力的有限性,独家物流供应商政策可能在某些地区的物流服务中给客户企业带来物流服务风险。

(2) 委托—代理机制所固有的信息风险

由于信息不对称和信息不完全,委托人(客户企业)往往比代理人(第三方物流企业)处于一个更不利的位置,从而不可避免地给委托人带来一定的信息风险,主要是常见的以下两种代理人问题。

① 逆向选择。即客户企业(委托人)在选择第三方物流供应商(代理人)时,第三方物流供应商掌握了一些客户企业所不知道的信息(例如第三方物流供应商自身内部管理问题、业务专长与缺陷等),而这些信息可能对客户企业是不利的,第三方物流供应商因此与客户企业签订了对自己有利的契约,致使客户企业受到损害。这种信息不对称的决策导致了“逆向选择”——客户企业误选了不适合自身实际情况的第三方物流供应商。

② 败德行为。假定第三方物流供应商与客户企业在签订契约时各自拥有的信息是对称的,但契约签订后,客户企业无法观察到第三方物流供应商的某些行为,或者是由于外部环境的变化仅为第三方物流供应商所观察到。在这种情况下,第三方物流供应商在有契约保证后,可能采取不利于客户企业的一些行为,进而损害客户企业利益。当客户企业集中精力对内部诸如生产管理、销售与服务、产品设计、市场调查控制时,它就会不可能像原先那样全面、细致地了解第三方物流供应商的运作全过程,那么第三方物流供应商就可能给客户企业带来不确定性,表现在第三方物流供应商服务质量的下降和服务水平的降低。这种隐藏行为导致了“败德行为”——第三方物流供应商降低了服务水准、增加了客户企业的潜在费用。

基于“委托—代理”理论,我们发现选择合适的第三方物流供应商作为供应链物流服务的合作伙伴，是加强客户企业供应链物流管理中最重要的一个基础。如果客户企业选择合作伙伴不当，不仅会减少企业的利润，还会使企业失去与其他企业合作的机会，从而无形中抑制了企业竞争力的提高，增加了整条供应链的运行成本。

(3) 企业文化方面的问题

不同的企业一般具有自己的企业文化，就可能导致对相同问题的不同看法，从而存在分歧，影响物流供应链的稳定。

(4) IT 技术的缺陷会制约供应链物流作用的发挥

如网络传输速度慢，服务器的不稳定性和运行速度慢，软件设计中的缺陷、病毒等。

(5) 信息传递方面的问题

当供应链物流规模和服务范围日益扩大，结构日趋繁杂时，供应链上发生信息错误的机会也随之增多。特别是大多数的第三方物流供应商，由于资金和管理能力等的限制，在承担签约制造商的物流服务时，往往还需寻找二级甚至三级供应商(如车队、仓库等)，外购部分物流服务。信息传递延迟会增加企业供应链物流管理的风险。

(6) 经济波动的风险

经济高速增长容易导致市场物流供应出现短缺，影响企业的正常物流服务进行，而经济萧条，也将使产品库存成本上升。另外还有其他不可预见的因素，小的如交通事故、海关堵塞、停水停电等，大的如政治因素、战争等也都影响着供应链物流的正常运作。

(7) 合作管理中的问题

例如：不现实的希望和服务要求；缺乏双方共同的利益和目标；缺乏高层的支持；双方权利上的不平等；成本与定价不合理；缺乏信任，沟通不良；对市场变化不能做出相应的改变，服务水准不确定；承诺高而实施低等都是导致增加第三方物流服务风险与合作失败的原因之一。

3. 第三方物流服务风险的表现形式及其危害性

(1) 合作双方未达成共识

大量实践表明，合作双方不能达成共识是导致第三方物流服务失败最常见的原因。从物流服务的购买方来说，不能达成共识的主要因素是：

① 不能对物流需求进行准确描述；

② 视物流为成本中心而非价值中心；

③ 视第三方物流供应商为卖方而非战略合作伙伴。

从第三方物流服务供应方来说，不能达成共识的主要因素包括：

① 推销过度而倾听不足；

② 缺乏对物流需求的准确把握。

以上情况一般在物流服务供应方不能获得预期利润，或购买方的物流服务无法满足最终客户要求之后才被重视。这时，物流服务供应方往往要求增加服务费用，而物流服务购买方则对供应方不能按要求完成任务产生不满，如果这种状况不能通过主动协商及时得以解决，合作双方即会在陷阱中越陷越深，最后导致合作关系的破裂。

(2) 第三方物流服务供应方承诺过高而无法履行

在双方洽谈物流合作协议时，物流服务供应方为了获得物流业务，可能会夸大其物流能力，导致承诺过高而无法履行，从而给双方的物流合作产生严重的负面影响。首先，双方难以建立和维护信任机制。从而危及双方合作的信任机制。其次，合作双方利益受损。由于第三方物流服务供应方不能履行承诺，购买方的企业形象和市场份额必将受损，而第三方物流服务供应方的利益建立在购买方成功的基础上，这样就会出现一损俱损的局面。

(3) 物流服务购买方管理人员隐藏抵触情绪或不能获得高层支持

第三方物流服务将对物流服务购买方内部的经营管理方式产生重大的影响，公司内部诸如生产、营销、财务、人力资源等部门的运作方式和工作内容必须进行相应变革、调整，这可能直接影响到某些部门、人员的直接利益。因而，这些部门的管理人员可能从合作之初就产生抵触情绪，这种抵触情绪将对第三方物流服务管理的影响不可低估，如一些管理人员会对本职工作采取消极态度，当合作中出现困难或障碍时，就会形成一股很强的反对势力来阻碍合作进程。这时如果不能及时获得公司高层领导的支持或领导层不能及时觉察这种抵触情绪并采取相应措施加以克服时，当这种隐藏的抵触情绪发展成对合作失败的渴望时，就会对第三方物流服务产生致命性的危害，并将可能直接导致第三方物流服务的失败。

(4) 物流服务不能满足最终客户需求

第三方物流服务中，由于物流服务供应方所提供的物流服务不能满足最终客户需求，或物流服务购买方虽然认识到物流服务对自身发展和客户关系管理的重要性，但对第三方物流服务绩效缺乏有效的监督和约束机制，不能直接和适时控制物流服务质量，这种矛盾状况下就会产生物流服务不能满足最终客户需求的合作陷阱。

(5) 协议导致利益损失，缺乏终止条款

第三方物流服务协议中缺乏终止条款也常常导致合作陷阱。由于管理上的变动或外部环境的变化，即使成功的第三方物流服务最终也会终止或进行很大程度的变更。如果协议中缺乏终止条款，双方合作关系在应该终止或变更时，无疑会为终止合作关系产生一系列的纠纷。

4. 第三方物流服务风险防范

针对企业第三方物流服务风险、合作陷阱，我们可以且必须采取相应的措施进行防范控制。

(1) 加强对物流供应商的选择管理

针对企业物流管理业务的需求，物流服务购买方可考虑分片区选择不同的第三方物流服务伙伴，避免独家供应商导致的物流服务风险。

为确保物流供应稳定，供应链物流管理应发展多个物流服务供应渠道，不能单单依靠某一个物流供应商(特别在当前我国宏观和微观物流服务环境还不是很完善的情况下)，否则一旦该供应商出现问题，势必影响整个供应链物流管理的正常运行。实际操作中，为了减少公司的供应商管理成本，可考虑分服务片区选择不同的物流服务商，要求所选择的物流服务商在该片区内具有区域优势，尽量避免地域物流服务风险。同时，严格物流供应商服务标准和甄选程序。

另外，在决定实施第三方物流服务前，物流服务购买方必须首先分析市场竞争环境。目的在于找到针对哪些产品市场、供应链的哪个物流活动环节开发物流外包更有利、更有效，必须知道现在的物流需求是什么，确认是否有建立第三方物流管理的必要。如果已建立第三方物流管理，则根据物流服务需求的变化确认双方合作关系变化的必要性。同时分析现有物流供应商的现状，分析、总结双方合作和物流服务中存在的问题，如可能，还应对物流供应商的业绩、人力资源开发、质量控制、成本控制、用户满意度、企业文化和理念等方面作充分的调查，一旦发现某个供应商出现问题，应及时调整供应链物流管理战略。

(2) 建立基于 Internet、面向电子商务的第三方物流管理信息交换平台，加快和加强对第三方物流服务过程中有关产品库存、物流指令的执行情况、物流费用等信息的实时跟踪管理，提高信息的共享度和透明度。从而有效地降低信息传输错误，降低委托—代理关系中存在的信息风险，并及时对风险进行管理控制。

(3) 建立合作信用机制，加强物流服务合作双方中的信用管理，不断增进合作信用

首先，合作双方要重视共识的达成。必须树立正确的合作观念：①视第三方物流服务为战略合作伙伴关系，而非交易关系。交易关系注重短期利益，战略合作伙伴关系则追求长远发展；②视物流服务为价值中心，而非成本中心。对物流服务购买方而言，第三方物流服务不仅能降低库存持有成本和物流服务管理成本等企业物流综合成本，还能使企业获取集中于核心竞争力、增强客户满意度、提高企业灵活性等诸多利益；③合作双方要明确各自职责范围，共同制订合作计划。在物流服务供应方的客户化订制方案、物流服务购买方的内部工作计划和操作管理流程中，要明确合作中各自的工作任务，以及工作细节和要求，针对存在的问题进行认真协商并达成共识。

其次，要树立共赢(Win-Win)的目标。合作中共赢目标的树立和实践可以避免或克服一些物流合作陷阱。合作双方的共赢，意味着合作中双方共享信息、共御风险，从而双方都获得更多利益，具有更强的竞争力。当合作中由于市场环境变化或其他因素引起某一方的合理利益受损，合作双方应秉着公平与灵活的原则进行适当变更，确保合作共赢目标的实现。例如：协议中根据物流服务购买方的产品数量确定了一定费率，但市场环境变幻莫测，物流服务购买方的产品数量发生了很大变化，远低于协议中费率对应的数量基础，如果双方能够按照共赢目标，根据实际情况对协议进行适当变更，仍然能在市场风险中保证物流服务供应商获取合理的利润；而若物流服务购买方没有考虑合作方的利益，坚持按协议费率履行，物流服务供应方的合理利润就难以实现，甚至会出现亏损。这种情况下，供应方很可能以降低服务质量来确保自身利润的实现，导致双方合作的长远利益受损。

最后，要不断增进合作信用。信任是合作开始的基石，也是合作成功的关键。它不仅要求合作双方保持相互信任态度，更重要的是合作者要从自身做起，用行动来获得对方的信任。对物流服务供应方而言，从公司高层管理者到基层操作人员，必须努力实践对物流服务购买方的各项承诺。用实际行动获得合作对方的信任。对物流服务购买方而言，必须统一思想，努力克服内部管理人员及员工对物流外包的抵触情绪，通过各种工作使合作方理解公司对外包物流工作的重视，认可为维护合作关系所做的努力，从而获得对方的信任。

(4) 明确分工责任，加强绩效评价管理

第三方物流服务是基于分工基础上的合作，因而要求物流服务供应方和购买方在磋

商合作协议时，必须对合作中各自的责任进行明确分工。从总的责任分工来说，物流服务购买方在程序和系统的设计方面起领导作用，而物流服务供应方则在执行这些活动时起领导作用。具体执行物流合作方案时，必须在明确合作各方的工作任务的基础上，根据合作目标制定完成各项任务的规则和要求，并按照相应标准对工作绩效进行适时评估，当合作中出现问题时，就可以及时进行协商改进，避免事态的恶化和造成严重损失。从而防范合作风险。

(5) 建立开放式交流机制

从以上关于合作风险和合作陷阱的论述中不难看出，合作双方陷入合作困境的一个重要原因在于没有及时进行交流沟通，或这种交流的程度不够。因此，建立开放式交流机制，使合作双方在一种制度化而又比较轻松的环境下坦诚交流，对及时发现并有效解决合作中出现的问题、避免第三方物流服务陷阱非常重要。开放式交流的方式可因人、因地而异，例如：作业层每天的电话交谈、双方客户服务代表每月的电话会、双方项目管理人员一年数次的相互拜访、定期的绩效评估交流等。

(6) 制定处理突发事件的应急措施

供应链物流管理是多环节，多通道的一种复杂的系统，很容易发生一些突发事件。供应链物流管理中，对突发事件的发生要有充分的准备。对于一些偶发但破坏性大的事件，可预先制定应变措施，制定应对突发事件的工作流程，成立应变事件的处理小组(合作双方或单方)。

(7) 合作协议中明确合作终止条款

合作协议对合作关系的稳定、合作责任及义务的明确等方面起着重要作用，同时随着环境的变化和市场竞争的加剧，第三方物流服务的终止和变更是常见的现实，在欧洲，第三方物流服务关系的更新速度很快，几乎一半的合作关系通过重新协商后终止(75%终止合作关系的第三方物流服务购买方会与其他的第三方物流供应商重新合作)。因此，在第三方物流协议中应明确合作终止条款，一方面，当终止条款中规定的某些情况出现预兆时，双方可以根据情况进行理性的协商，及时采取措施改进合作，避免当合作双方利益受到很大损失之后，以终止协议来结束合作；另一方面，合作终止条款将有效约束双方合作行为，使合作双方为了获得长远利益，保持长期合作关系，避免损失的出现。

3.2 第三方物流服务内容开发

3.2.1 第三方物流运作服务

1. 采购订货

采购是指企业在一定的条件下从供应市场获取产品或服务作为企业资源，以保证企业生产及经营活动正常开展的一项企业经营活动。

订货是指企业在采购合同的约束下，向供应商发出订单，支付定金以获取产品或服务操作活动。

2. 运输配送

运输就是使货物进行空间的移动。运输克服货物从始发点到终点的空间距离，产生出货物的场所效用。最早的物流活动是从运输开始的，运输是物流的核心。

配送就是根据货物的要求，在配送中心或其他物流节点进行货物配备，把货物在指定的日期和时间以内，安全准确地送达收货人的运输活动。配送是物流体系中由运输派生出来的功能，是短距离的运输，是物流活动的最后一个环节。

3. 仓储保管

仓储是物流供应链中的静态环节。就是在一定的场所内，对货物的暂时存放，实现货物的包装、再加工等增值环节的服务。运输和仓储，构成了物流供应链的基本框架。

货物保管是指仓库根据货物自身的自然属性及货物在储存期间质量变化规律，安排适当的储存场所，采取科学的储存保管方法和积极有效的维护保养措施，以创造适宜的货物保管条件，维护货物在储存期间的安全，保护货物的品质和使用价值，最大限度地降低货物的损耗的工作。

4. 整合分拨

整合就是对货主通过货运站或仓库，将各地运往一地的零担货（即不足一箱的货）或不同发货人向同一收货人交付的零担货进行拼箱或拼车服务，实现运输过程中的规模经济；分拨与整合恰恰相反。

5. 流通加工

流通加工是指在某些产成品从生产领域向消费领域流动的过程中，为了更有效地利用资源、方便用户、提高物流效率和促进销售，在流通领域对产品进行的简单再加工。

6. 客户服务

客户服务是指在售前、售中和售后三个部分，通过和客户联系、收集客户信息，了解客户需求，提供解决方案，解决客户存在的问题，满足客户的需求和喜好，客户在和企业愉快地互动中，认为将从企业获得所需服务并对服务满意，使得客户将继续忠诚地与企业合作。

7. 货代报关

货代就是根据客户的指示，为客户的利益而揽取货物的人，其本人并非承运人。货代与运送合同有关的活动，如储货、报关、验收、收款。

报关是根据我国《海关法》的规定，凡是进出口国境的货物，在其进出口过程中，必须由设有海关的港口、车站、国际航空站进出，并由货物所有人向海关申报，经海关人员检查、放行后能提取货物或装船出口。货物在出口报关时，必须填写出口货物报关单，必要时还需要提供出口合同副本、发票、装箱单、商检证书以及其他的证件。

8. 逆向物流

与正向供应链反向，为价值恢复或合理利用而对原材料、中间库存、最终产品及相关信息从消费地到起始点的有效实际流动所进行的计划、管理和控制过程。

3.2.2 第三方物流信息服务

1. 订单处理

订单处理是仓储配送类业务中最常见的第三方物流服务项目。客户企业负责在取得订单后，通过第三方物流企业完成拣货，配货和送货的工作。

其具体内容包括：

- 销售订单和库存交互过程；
- 订单信息传递方法；
- 订购规则；

2. 货物跟踪

信息跟踪是另一类信息服务。就目前的市场看，信息跟踪服务主要集中在运输过程的跟踪。而在西方发达国家，通过 GPS/GIS 系统等跟踪手段，已经做到了运输过程和订单的实时跟踪。如 FedEx，UPS 等快递公司，都为其客户提供全程跟踪服务。

3. 信息分享(数据交换)

(1) 信息平台服务

客户通过第三方物流的信息平台(EDI，XML)，实现同海关，银行，合作伙伴等的连接，完成物流过程的电子化。我国有些城市目前正在推行电子通关服务，将来大量的第三方物流企业都要实现同海关系统地联结，客户可以借助第三方物流企业的信息系统，实现电子通关。

(2) 物流业务处理系统

有许多客户使用第三方物流企业的物流业务处理系统，如仓库管理系统和订货处理等，完成物流过程的管理。随着物流复杂性的增加和物流业务管理系统的完善，这方面的信息服务还将进一步加强。

4. 库存控制

- 原材料及成品的库存政策。
- 短期销售预测。
- 存货点的货物组合。
- 存货点的数量、规模和位置。
- 及时制，推动和拉动战略。

5. 物流设计规划和操作流程的数据统计和分析

- 库位确定。
- 站台的布置和设计。
- 仓库装备。
- 货物放置。
- 设备选择。
- 设备更新。

- 信息收集，储存和维护。
- 数据分析。
- 控制流程。

3.2.3 第三方物流供应链整合服务

1. 仓库选址和规划

仓库的选址就是根据企业面临的经济因素、自然因素和政策因素，利用数学方法对仓库位置进行量化分析，从而确定仓库的位置。

仓库规划是根据库区场地条件、仓库的作业性质和规模、货物储存数量和要求以及技术设备的性能和使用特点等因素，对仓库的建筑物、站台、货架、通道等设施和库区内运输路线进行合理安排和配置，以最大限度地提高仓库的储存和作业能力，并降低各项仓储作业费用。

2. 运输过程设计和管理

- 运输方式和服务的选择。
- 拼货。
- 运输路径。
- 运输车辆调度。
- 设备选择。
- 索赔处理。
- 运费审计。

3. 物流系统的计划和设计

目前有一种倾向，就是物流体系的总体规划内容作为第四方物流的服务范围，成为一个更加专业的独立领域。但在目前实际运作中，为客户提供物流系统总体规划的服务仍可看作是第三方物流企业一项重要的服务内容。同时，能否具备这种能力也可作为第三方物流公司主动提升自身专业水平的一种重要手段。

一般来讲，物流系统的计划与设计应根据以下框架流程展开，如图 3.1 所示。

其中一些如以下几个方面。

(1) 现状分析

现状分析包括内部、外部、竞争和技术的评估与分析，分析的目的是寻找改进的机会。内部分析要检查供应链所有的物流环节，尤其要注意各环节连接处的合理性与有效性及对现有物流系统存在缺陷做出评价。外部评价与分析是对供应商、客户和消费者的外在关系的分析，分析评价时应考虑市场的趋势、企业现在的能力与竞争对手的能力。技术评价与分析是对物流各个环节的关键技术与能力的评价，需要考虑现行的技术与最先进的技术间的差距，新技术应用的能力。

(2) 成本效益分析

效益包括服务的改进与成本的降低。服务的改进包括货物的可得性，服务质量与服务能力的提高。服务水平的提高有利于增加现有客户忠诚度及吸引新客户等内容。

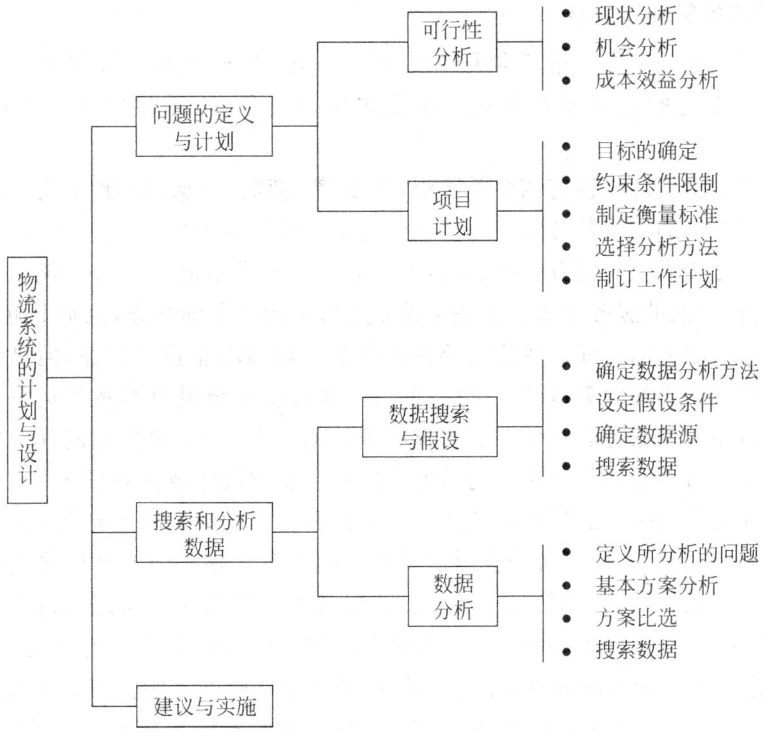

图 3.1　物流系统计划与设计框架流程

(3) 目标的确定

目标包括物流系统改进的成本与服务期望。一方面，目标必须以可度量的方式表示，如货物的可得性：A 类产品 99%，B 类产品 95%，C 类产品 90%，收到订单后 98%的货物 48 小时内发运等。另一方面，目标也可以以总成本为约束条件，然后在物流总成本预算内达到客户服务水平最高的系统。

(4) 建议与实施

第三方物流企业可以向客户企业提交其供应链物流系统计划与设计方案并提出相关建议。这包括以下几个步骤。

① 在可行性最大的几个方案中向管理层推荐两个到三个最佳方案，简要介绍这些方案优于其他方案的地方，并对这几个方案做出一些比较，说明各自侧重点的不同及优劣在什么地方；

② 对推荐的几个方案进行成本评估。这时，要考虑到企业的中长期发展。可能某方案要求的前期投资较大，但在对企业发展一定的估计前提下，该方案可以使企业的供应链物流系统在同行中保持较长时间的技术优势。对于一个正在成长中的企业来说，这一点是十分重要的；

③ 进行风险分析。判断市场可能产生哪些变动，这些变动对所推荐方案的影响有多大。

4. 供应链的策划和整合

英国管理学者马丁·克里斯多夫(Martin Christopher)认为："市场中只有供应链而没有企业，21 世纪的竞争不是企业和企业之间的竞争，而是供应链和供应链之间的竞争。"

供应链整合价值的创造有四个关键流：产品流、商流、信息流和现金流。

如何将供应链的四流整合起来是使供应链成为增值能力最大的供应链的关键。我们认为整合的关键要素就是服务，即供应链上下游合作企业的相互服务的能力和承诺。在供应链中，合作企业的服务尽管主要是上游企业对下游企业的服务，但是下游企业对上游企业也承担一定服务的责任。尽管主要是伙伴企业对核心企业的服务，但是核心企业对伙伴企业也承担一定的服务责任。可以这么说，要使供应链具有基本的竞争力取决于上游企业对下游企业的服务和伙伴企业对核心企业的服务，但要使供应链具有极强的竞争力就要取决于下游企业对上游企业的服务和核心企业对伙伴企业的服务了。

上游企业对下游企业的服务和伙伴企业对核心企业的服务的主要内容是有形的硬件服务，包括产品流、商流，而下游企业对上游企业的服务和核心企业对伙伴企业的服务的主要内容是无形的软件，包括信息流和现金流以及相关的服务。信息流包括市场需求信息，技术要求信息，产品开发信息等，相关的服务包括市场需求信息的收集、分析以及传递；技术信息服务包括供应的物料的技术标准的制定；协助上游伙伴企业技术进步；改进生产工艺、培训工人和技术人员，甚至直接指派己方的技术人员担任驻厂技术指导；协助上游伙伴企业购买关键机器设备和合格的原材料；下游核心企业的业务扩展到外地或者外国的同时，协助上游伙伴企业随己方一起向外地或海外发展。产品开发信息涉及供应商早期卷入概念。下游核心企业要和上游伙伴企业一起共同开发新产品，将采购、零部件设计和生产、产品的设计和功能、生产、销售整合起来进行新产品开发。下游核心企业要和上游伙伴企业在零部件设计、物料采购、生产工艺以及成本控制等方面进行充分合作。

下游企业或核心企业的现金流相关服务包括贸易条件，如来料加工，投资入股，关键设备租赁、借贷和交换等。以帮助上游伙伴企业解决资金短缺的问题，帮助扶植上游伙伴企业发展。

要使一个供应链成为具有强大市场竞争力的增值链，关键就是要使这个供应链中的产品流、商流、信息流和现金流通过优质服务将其整合起来，使上下游合作企业具有相互服务的强大能力和承诺决心的服务链。具体来说如下。

① 物流是一种物的实体流通活动的行为，在流通过程中，透过供应链管理程序有效结合运输、仓储、装卸、包装、流通加工、信息等相关物流机能性活动，以创造价值、满足顾客及社会需求。

② 商流是指直接销售商品或服务给予最终顾客的各种活动。商流提供一个架构以达到销售的服务管理。市场的适应性在供应链计划上也包括信息的转换。举例说明，产品需要，销售点管理系统（POS）的数据、最终顾客的消费数据和仓库的储存数据。这个信息能为供应链部门在供应链中配送渠道和销售环节的安排上提供其所需的时间和产品消耗程度等信息。

③ 信息流是指相互关联之人员、设备与程序的连续结构，用来收集、整理、分析、评核和分配有关的信息，能提供决策者重要、适时且正确的信息，以改善其营销规划、执行与控制，信息流是在供应链和参与者之间，执行数据交换和策略计划的双向交流。这方面最典型的例子是，预测、促销计划、订单的取得、了解订单、运输和库存的信息、发票付款和补充的需要、信息的交流、控制和记录物流。

④ 现金流及其附加价值包括销售和折扣的促进有利于产品和服务。现金流的速度和资源的利用能提高供应链成效。

自然地，甚至当供应链没整合时，这四流必会发生于供应链中。然而，在供应链和参与者之间具有低协调和缺乏整合的情况，会有订单延迟、库存过多和供应链的增值能力不强等不良后果出现。因此，促进有效的和高效率的供应链物流，并整合其能力和职责对提升供应链物流对客户的价值来说具有十分重大意义。

通过供应链整合使其在市场竞争中取得优势必须要使供应链具有以下特征：

- 确定和适应专门顾客的需要；
- 供应链伙伴整体操作配合；
- 信息在供应链伙伴之间有效的分享操作和计划；
- 测量和了解全部供应链的绩效；
- 利益和风险的分享。

3.2.4　第三方物流服务业务开发人员应具备的素质

第三方物流服务开发设计是一个系统的过程，要对客户物流服务内容进行开发设计就需要组成第三方物流服务开发小组。小组成员一般由第三方物流服务供应商的工作人员和客户企业的相关工作人员共同组成。这些相关人员的职业素养对第三方物流服务开发设计的成功起着决定性的作用。因此，有必要探讨第三方物流服务业务开发人员应具备哪些素质。

1. 清晰的目标

高效的团队对于要达到的主要目标有清楚的了解，并坚信这些目标包含着重大的意义和价值，而且目标的重要性激励着团队成员把个人目标升华到群体目标中去。在有效的团队中，成员愿意为实现团队目标做出承诺，清楚地知道他们做些什么以及怎样共同工作完成最后的任务。物流团队奋斗的大目标是：第一，在每一个过程框架中完成的工作有利于综合，综合后的群体目标即以最小的投入取得最大的产出；第二，所有的努力都必须集中于为客户增值。这两个目标短期内可能有冲突，但从长远的眼光看，两个目标应该是一致的。

2. 相关的技能

高效的团队是由一群有能力的成员组成的。他们具备实现理想目标所必需的技术和能力，以及能够良好合作的个性品质。高效的物流团队不仅需要具备丰富的物流专业知识，还特别要注意有关法律、法规的差别，而且物流团队除了必须具备团队及企业内部协调能力外，还应当具备与外部客户协调的能力。有精湛技术能力的人在传统的职能部门可能做得很不错，而高效的物流团队还需要他有处理群体内部关系的高超技术。

3. 团队合作和奉献精神

物流服务的特性表现为一种网状结构，这个网是由多个节点和连线构成的，任何一个节点出现问题又没有得到及时妥善的解决，就有可能造成重大的损失。因此，在作业过程中，团队成员要在做好本职工作的同时为相关岗位多想一点和多做一点，使信息传递、业务交接达到无缝化状态。如果没有这种团队协作和奉献精神，就不可能将整个线上的作业点有机地结合在一起，就不可能达到物流目标系统化和业务操作无缝化的目的，就不可能有效准确地完成繁杂程度较高的物流服务。

4. 一致的承诺

高效的物流团队成员对团队表现出高度的忠诚和承诺，我们可称之为一致承诺。一项物流活动仅对客户价值作出贡献时，其存在才被认为是正当的。所以一项物流承诺必须赋予这样的动机，就是客户需要一种特殊的活动。团队核心成员必须培养这种能对外在因素进行思考的能力。另外，由于物流服务常常会涉及客户商业机密，因而要求物流团队成员不仅要忠诚于团队，还要忠诚于客户。

5. 良好的沟通

物流服务的特征之一是客户参与物流方案设计、实施及评价的全过程。物流团队成员在工作中需要时时与人协调沟通、与上下游环节岗位人员进行协作，这是高效的物流团队必不可少的特点。时间是衡量物流服务水平的要素之一，因而要求团队成员信息交换必须及时，这些信息包括各种语言和非语言信息，另外还需要保证各种渠道的畅通。此外，管理层与团队成员之间健康的信息反馈也是良好沟通的重要特征，有助于管理者指导团队成员的行动，及时消除误解。

6. 恰当的领导

现代物流活动不可预测因素多，应用资源庞杂，流动空间广，质量难以控制，运营风险大。在物流项目的实施过程中，有效的领导能为团队指明前途所在，能够让团队跟随自己共同度过最艰难的时期。他们大多要向成员阐明这些风险，但同时又要鼓舞团队成员的自信心，帮助他们更充分地了解自己的潜力。优秀的领导者不一定非得指示或控制，高效物流团队的领导者往往担任的是教练和后盾的角色，他们告诉团队可能出现的风险和困难，并对他们提供指导和支持，但并不试图去控制它，因为一线工作人员对实际情况更清楚。一些管理者已开始发现这种新型的权力共享方式的好处，但仍然有些习惯于专制方式的管理者无法接受这种新观念，这些人应通过这种方式或领导培训逐渐意识到它的益处，并应用于今后的工作中。

7. 内部支持和外部支持

要成为高效物流团队的最后一个必须条件就是支持环境，不论是企业自身、合作伙伴或客户的管理层，均应给团队提供完成工作所必需的各种资源。外部支持有时难以获得，这要求核心成员与他们沟通协调，有时甚至需要管理层出面协助。

3.2.5　第三方物流服务业务开发人员的培训

要对客户物流服务内容进行开发设计就需要组成物流业务开发小组。小组成员一般由第三方物流服务供应商的工作人员和客户企业的工作人员共同组成。

物流服务业务开发人员(参与人员)的培训与开发是指为提高员工技能和知识、增进员工的工作能力,从而促进员工现在和未来工作业绩所做的努力。有计划地培训,能提高员工的工作能力,减少业务关键人员的流失对工作的影响。

物流服务业务开发人员培训的主要步骤如下。

1. 确定培训目标

一旦物流服务业务开发组织认为有必要的话,就需要设计和确定培训目标,明确要达到什么样的培训目的。如一个物流园区的规划物流服务业务开发,首先需要对物流服务业务开发组织人员普及现代物流的基本理论;其次在统一的理念下,展开各项规划与设计的管理工作,这样就会少走弯路。有些培训目标,是以增加员工的一些特殊技能为目的。如为了在整个物流服务业务开发团队推行物流服务业务开发信息管理计算机化,在物流服务业务开发开始阶段,就需要对负责物流服务业务中的信息处理的人员进行物流服务业务开发管理软件使用的短期培训。培训目标还可以被用来判断培训方案的有效性,即作为评估培训效果的依据。

2. 选择培训对象

根据不同的培训目标和要求,在不同的时间段需要选择不同的员工参与某一种培训,以满足物流服务业务开发对某项特殊、急需人才的需求。

3. 选择培训方法

根据不同的培训要求,可以选择以下适当的培训方法。

(1) 在职培训

在职培训是最普通的培训方式

最大的优点是经济,物流服务业务开发组织不必支付培训费用或专门设立培训机构,而且学员学习时所处的工作环境与他们以后在实际工作中的环境相同,工作上手快。

(2) 工作指导培训

培训者首先讲解并演示任务,然后让受训者一步步地执行任务,必要时给予纠正性反馈。当受访者能够连续两次执行任务而无需提出反馈时,培训结束。比如物流服务业务开发管理软件的使用,采用工作指导培训方式最合适。

(3) 讲授法

讲授法就是课程学习,它最适合于以简单地获取知识为目标的情形。讲授法的优点是效率高,一个培训者同时可以培训很多员工(比如新成员集中进行物流服务业务开发目标的定向描述)。由于它是一种被动的学习方法,不容易双向沟通。有些技能的培训,还需要与其他方式相结合,才能取得良好的效果。

(4) 工作模拟培训

工作模拟培训是能够提供几乎真实的工作环境,同时又不失去对培训过程的有效控制，从而为受训者创造了一种较好的学习条件。这种方法适合于对物流服务业务开发管理人员进行培训，以提高管理人员的认知技能、决策能力和处理人际关系的能力。工作模拟可以运用适当的技术设备（如计算机仿真系统），还可以采取十几个人的群体模拟活动，考察学员在一定范围内对变化环境的应对能力。

4. 评估培训效果

评估培训效果是指在培训过程中受训者所获得的知识、才能、才干和其他特性应用于工作的程度。积极的培训效果表现为其工作绩效得到提高。如果工作绩效没有提高甚至下降的话，则反映培训没有实现原定的目标，带来了培训时间和经费的损失。

3.3 客户物流服务方案设计

3.3.1 客户物流服务方案

订制客户物流服务方案相当于具体的产品设计，是第三方物流服务中最体现管理水平、策划能力和技术含量的环节，也是赢得客户的关键所在。客户物流服务方案简单来说，就是为客户制订一个能够准确及时满足其个性化需要的物流服务计划。

1. 客户物流服务方案界定

为了满足客户的物流需求，为客户制订一个满足其特定物流需求的解决方案。包括需求界定、目标宗旨、作业流程、实施条件、实施指导书等。

2. 客户物流服务方案的特点

准时，准确地为客户提供个性化需要的物流服务

3. 制定客户物流服务方案的要素

（1）理解物流服务的基本特征

物流服务业务开发涵盖："将货物从A地运至B地"的一般、简单业务，以及"重新配置整个供应链网络及其运行"的增值、复杂物流方案业务，其中物流服务业务开发种类繁多，物流服务业务开发组合也具有多样化。现代物流服务可能包括（海/陆/空/内河）运输、装卸、仓储、报关、分拣、集拼、包装、配送等。无论服务多么繁杂，总是可以被拆分成不同的、可计量的子项，供今后报价、合同、方案等调用（或组合调用）。

（2）物流服务业务开发价格管理

从无差异营销，到分块营销进而实现一对一差别化营销，是现代物流服务企业商务活动发展趋势。这就要求CRM(Customer Relation ship Management)，即客户关系管理系统支持多种价格方案及策略，销售人员获得授权后引用最合适的价格编制报价单、合同，把握机会，促成交易，保证企业收益的同时有效应对市场竞争。物流服务业务开发成本一般由多种因素构成。

（3）机会与物流服务业务开发管理

物流服务企业的销售活动兼具物流服务业务开发管理和运营管理特点。物流服务业务开发及运营机会，是物流服务企业利润的源泉和发动机，是财富的管道入口和汇集地。

销售机会的重要特征就是——具有多样性和阶段性。对物流 CRM 的商机与物流服务业务开发管理。

(4) 服务请求与客服管理

客户就其权益,可向客服人员进行咨询,提交问题、建议或意见,或要求补偿或索赔。服务物流服务业务开发在出售前,是物流服务企业待销售的某项或某些服务型产品;一旦出售给客户,就转变为客户权益。客户发出的服务请求通常是客服部门的业务开端,成为推动客服部门运作的起因。企业建立客服中心,或采用专业化客服运作机制,把 CRM 理念引入服务环节,已是大势所趋。针对企业客户或个人客户,提高服务质量,做好客户关怀,提升客户满意度,是物流服务企业整体营销不可缺少的环节,是客户关系生命周期内进一步推动追加销售、交叉销售的延伸。

3.3.2 客户物流服务方案设计和供应链管理

客户物流服务方案设计本着满足客户需求为宗旨,将客户服务理论和供应链管理以及价值链理论结合起来,为求得整个供应链不断增值,为整个供应链取得市场竞争优势为目标,来设计客户物流服务方案。

1. 供应链和供应链管理的界定

(1) 供应链的界定

供应链是围绕核心企业,通过对信息流、物流、资金流的控制,从采购原材料,制成中间产品以及最终产品,最后由销售网络把产品送到消费者手中。将供应商、分销商、零售商直到最终用户连成一个整体的功能网链结构模式。

(2) 供应链管理的界定

所属供应链中的企业进行长期密切合作,充分有效沟通,形成合力,以增加整个供应链的效率,提升整个供应链的价值,增强整个供应链的竞争优势。

2. 明确在供应链管理的基础上,来制订客户物流服务方案

首先要确定客户在所属供应链中的地位;其次确定客户在所属供应链中上下游伙伴的关系,明确客户所需的第三方物流服务对客户的影响以及在所属供应链中的作用;最后以供应链管理的要求作为制订客户物流服务方案的基础和目标,制订客户物流服务方案及确定物流服务的 KPI(Key Performance Indicator),即关键绩效指标。客户物流服务方案中的内容要符合供应链管理的要求和基本原则。

3.3.3 客户物流服务方案的制定流程

1. 调研阶段

问题的界定和规划与数据的收集和分析。在调研阶段,首先要对客户需求进行详尽分析,在此基础上,对所需求的物流服务的流程进行分析,这个阶段的工作如下。

(1) 对现有的物流过程进行描述

用物流环境分析来对现有的物流系统和过程进行描述理解。即是描述目前物流环境的特征以及对物流系统的绩效进行评估的数据收集。这包括内部评估,市场评估,竞争力评估以及技术评估的数据收集和评估框架。

(2) 评价现有物流体系的绩效

内部评估对清晰的理解目前的物流系统和流程是非常必要的。它包含历史绩效评估，数据有效性评估，物流战略评估和物流运作评估，也就是包括了全面的物流流程及其功能的评估。具体来说，一个完整的内部评估就是检验所有企业拥有的资源，包括人力资源、设备设施、公共关系和信息系统，尤其要针对现有系统的功能和缺陷进行全面的评价。物流系统的每个要素都要仔细地加以检验，以确保它们的功能是否达到所规定的目标。例如，物流管理信息系统是否能持续和有效地提供和测量客户服务水平的有关信息。同样，库存管理流程是否能合适地支持生产要求。目前的配送网络能否有效地支持客户服务的目标。最终，各个业务单位和场所的物流绩效和测定如何相互比较和一致化。

(3) 同本行业先进企业的物流时间进行对比

在调研的基础上，通过一系列的指标对现有的物流体系的环境、流程以及绩效进行衡量和评估，同时与行业的标杆企业进行对比分析，就可以发现现有的物流体系存在的问题和不足，找到解决问题的关键所在。

2. 创新阶段

在调研的基础上，发现现有的物流体系中存在的问题，在分析问题的基础上，提出解决问题的思路和方向，同时也就明确了创新的方向。具体的创新手段有以下几种。

- 简化式创新。如省略或合并某些物流活动或环节。
- 优化式创新。采用一些决策支持系统来对物流体系进行重新设计，如配送网络设计，动态运输计划等。
- 模仿式创新。学习国内外相关企业先进的物流实践，结合客户企业特殊的情况进行创新。

3. 实施阶段

(1) 方案实施设计，制定建议书

下面举例说明物流服务计划书提纲。

1. 项目概念

1.1　项目背景

2. 企业基本情况

2.1　概述

2.2　资源及优势

3. 客户方案——资源配置及服务质量保证

3.1　车辆资源

3.2　运作方式

3.3　主要联盟网点概况

3.4　项目管理小组

3.5　保险

3.6　服务指标体系(KPI)

3.7 事故处理程序
4. 客户方案——业务操作流程(SOP)
4.1 运营操作流程
4.2 运营操作流程图
5. 运输费率及在途时间表
6. 合作前景
6.1 在深度上加强合作
6.2 在广度上加强合作
6.3 建立战略伙伴联盟
7. 附录
7.1 企业法人营业执照
7.2 国际认证证书
7.3 企业组织结构图与职能描述
7.4 车辆资源列表
7.5 联盟网点管理
7.6 运营操作指南(表 3.1)
7.7 客户档案(表 3.2)
7.8 项目联系人(表 3.3)

表 3.1 ×××物流有限公司营运操作指南

项目名称：客户物流服务操作指南	编制部门：
作业内容：运输	编号：
编制：	生效日期：
编制日期：2002-02-02	修改次数：
审核：	页数：

受控程度：

表 3.2 客户档案

全称			
地址/邮编			
托运货品			
运输起止点			
货物包装			
联系人 1	通讯 1		
传真	通讯 2		
联系人 2	通讯 1		
传真	通讯 2		
其他信息			

表 3.3　项目联系人

现场主管		电话		传真	
制单文员		电话		传真	
信息跟踪		电话		传真	
突发事件		电话		传真	
总调度员		电话		传真	

（2）物流流程控制的自动化

自动化实际上就是选择或开发合适的信息系统，将物流管理和运作的过程自动化。采用信息系统实际上不只是解决了工作效率问题，还可以规范管理和运作的过程。

（3）人力资源配置

在过程系统化和标准化的基础上，设计组织结构，岗位职责等。

上述三个阶段中，创新阶段是方案订制过程中最具战略色彩的阶段。我国的第三方物流企业由于自身创新能力不足，还很难为客户企业提供创新的物流方案。目前，从事这一块业务的，主要是高校的研究机构和一些咨询类的公司。

3.3.4　客户物流服务方案的内容要点

1. 制订顾客服务水平

第三方物流服务项目的设计首先要为第三方物流服务需求方制定恰当的顾客服务水平。

（1）外部顾客服务审查

包括：

① 识别顾客在作购买决策时认为重要的顾客服务内容；

② 确定第三方物流服务需求方与主要的竞争对手为顾客提供服务的差异。

（2）内部顾客服务审查

主要审查第三方物流服务需求方当前的运作状况，目的是检查第三方物流服务需求方的服务现状与顾客需求之间的关系。为此，内部顾客服务审查应回答下列问题：

① 企业内部当前是如何评价顾客服务的；

② 各服务项目（部门）的工作业绩如何考核；

③ 服务的标准或目标是什么；

④ 当前达到什么样的服务水平（与目标值相比较）；

⑤ 如何从企业的信息系统或订货处理系统中导出这些测量；

⑥ 企业内部顾客服务报告体系是什么；

⑦ 各个业务职能部门如何理解顾客服务；

⑧ 各个业务部门之间的沟通与控制关系是什么。

（3）识别潜在的改进方法（p.85）

① 竞争性对比分析方法；

② 绘制两维（重要性与相对业绩）竞争地位矩阵；

③ 业绩评价矩阵；

④ 资源配置调整。

(4) 制定顾客服务水平标准，如订货周期时间、缺货频率、供应比率、订货完成率、订单及时率、单据传递及时率等。

2. 渠道设计和网络结构

此阶段关心的主要是选址问题。它在总体水平上处理有关库存和运输问题。除此之外，对产品流经网络的路径也进行了考虑。它主要回答以下问题：

① 各类产品在各层级和各存储点内应该存放多少？

② 各层级之间最好采用哪种运输服务？

③ 采用哪种库存策略？

④ 各存储点之间使用哪些信息传递方法？

⑤ 采用哪种预测方法？

⑥ 如何选择各储存点？渠道设计和网络结构如图 3.2 所示。

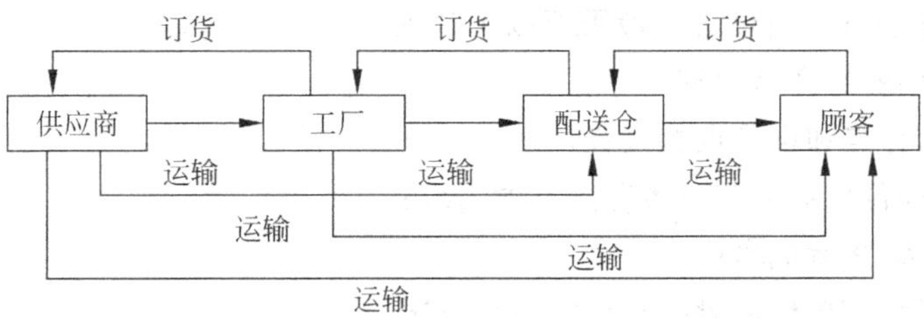

图 3.2 渠道设计和网络结构

3. 仓库内部管理、运输管理

在确定了顾客服务水平、网络总体布局之后，就要考虑仓库内部管理和运输管理问题了，主要考虑仓库内部的布局、仓储设备的选择、仓库的运作管理，以及运输方式的选择、运输的质量控制和运输的优化调度管理等问题。

4. 信息系统建设及组织管理

信息系统建设及组织管理是第三方物流项目成功的基础和保证。对物流服务水平的提高，对企业的高效率运作以及对企业所属的供应链取得竞争优势起着至关重要的作用。在物流领域里，信息系统建设包括数据交换系统、条形码、销售地点信息管理系统(POS)、电子订货系统、数据管理系统、无线射频技术(RFID)、卫星跟踪系统、互联网(Internet)等。

3.3.5 客户物流服务方案的设计工具

1. 第三方物流服务项目的设计工具

(1) 图表技术

① 使用网格把相互邻近的顾客汇集在一起；

② 对产品分组(按配送方式或客户订单)；

③ 因素间关系图。

(2) 优化模型(p.87)

(3) 启发式模型

启发式模型是寻求满意解，而不是最优解简化的推理过程。它包含一种规则或计算程序，可以限制问题的可行解的个数，得出一个可接受的解。如：

① 最适合建仓库的地点是那些需求最大的地区或临近这些地区的地方；

② 应该用供货点直接供货给那些按整车批量购买的顾客，不应再经过仓储系统；

③ 生产线上的最适合采用及时制管理而不是统计库存管理方法的物料是那些需求和提前期波动最小的物料；

④ 下一个进入配送系统的仓库就是那个节约成本最多的仓库。

(4) 计算机模拟技术

可以采用 SIMSSCRIPT 语言、GPSS 语言、DYNAMO 语言等。

2. 第三方物流服务项目设计所需的数据

第三方物流服务项目设计一般需要以下数据：

- 产品线中所有产品的清单；
- 顾客、储存点和供货点的位置；
- 处于不同位置的顾客对各种产品的需求；
- 运输费率、货运成本；
- 送货时间、订单传输时间和订货履行情况；
- 仓储费率或仓储成本；
- 采购生产成本；
- 不同地点、不同产品的库存水平、控制库存的方法；
- 订货的频率、订单的规模、季节性特征；
- 订单处理成本以及产生订单处理成本的环节；
- 现有设备和设施处理能力；
- 资金成本；
- 顾客服务目标。

3.3.6 客户物流服务方案的设计策略

1. 商流和物流相分离

其实质是商流路线与物流线路相分离。一般来说，物流没有被重视以前，企业外部的物流设施和物流活动多数由供应商或销售商所承担，大都在供应商或销售商附近设置仓库或配送点，当接到企业的订单或发货通知后，由供应商各自把货品送往工厂或销售商各自前往工厂提货。在这样的情况下，合同双方的交易关系、资金的流向与物流是合二为一的。这样的做法阻碍了集成物流管理的发展。根据物流系统最优化的思想，应在合理的地点设计确保物流系统最优的物流中心。物流中心不是仅仅处理某个供应商或分销商所承担的企业外部的物流活动，而应处理数个乃至所有供应商或销售商所承担的企业外部的物流活动。即物流网络的设计虽与商流有联系，但应按物流系统最优的原则另行考虑。

例如，通用汽车公司在美国的14个州中，大约有400个供应商负责把各自的产品送到30个装配工厂进行组装，由于卡车满载率低，使得库存和配送成本急剧上升。为了降低成本，改进内部物流管理，提高信息处理能力，通用汽车公司委托美国潘世奇(Penske)专业物流公司为它提供第三方物流服务。

调查了解半成品的配送路线之后，Penske建议通用汽车公司在克利夫兰(Cleveland)使用一家有战略意义的配送中心负责接收、处理、组配半成品，由Penske派员工管理，同时Penske也提供60辆卡车和72辆拖车，除此之外，还通过EDI(Electrodeionization)系统帮助通用汽车公司调度供应商的运输车辆以便实现JIT(Just-in-Time)即准时制送货。为此，Penske设计了一套最优送货路线，增加供应商的送货频率，减少库存水平，改进外部物流活动，并运用全球卫星定位技术使供应商能随时了解行驶中的送货车辆的方位。与此同时，Penske通过在配送中心组配半成品后，对装配工厂实施共同配送的方式，既降低了卡车空载率，也减少了通用汽车公司的运输车辆，只保留了一些对Penske所提供的车队有必要补充作用的车辆，这样也减少了通用汽车公司的运输单据处理费用。

案例中的关键点是在Cleveland设立了配送中心，从而改变了原来直接从供应商到工厂的物流模式，实现了商流和物流的分离。

2. 延迟策略

无法预测远期的情况时推迟某项活动，以保持灵活性和适应能力。它包含：

① 推迟运送，例如在总仓库保持较大的库存水平，当分仓实际缺货时才补货，可以结合DRP(Pistribution reguriements planning)即配送需求计划进行；

② 推迟生产环节，为了减少SKU(Stak Keeping Unit)即库存量单位的数目，将一些生产或装配的环节推迟进行。

例如，惠普台式打印机1988年进入市场后，迅速成为惠普公司的主要成功产品之一。随着销量的节节上升，库存的增长也紧随其后。虽然惠普公司在北美、欧洲和亚太地区都有分销中心，但是台式打印机的总装厂却只设在加拿大温哥华。完成整机生产后，总装厂根据对未来市场需求的预测，用经过大约1个月的时间将整机海运到欧洲和亚太分销中心。这么长的提前期导致惠普公司没有足够的时间去对快捷变化的市场需求做出反应，只能以大量的安全库存来保证对用户需求的满足。由于欧洲和亚太地区对台式打印机电源供应(电压110伏和220伏的区别，以及插件的不同)、语言(操作手册)等有不同的要求，若某一地区产品缺货，为了应急，总装厂不得不将原来为其他地区准备的打印机拆开后，再换上与该地区一致的插座和操作手册，再重新包装。为改变这种局面，惠普公司决定只在温哥华生产通用打印机，运送到欧洲和亚太地区，再由当地分销中心或代理商接到客户订单后加上与当地需求一致的变压器、电源插头和用当地语言写成的说明书，完成整机包装后由当地经销商送到消费者手中。这改变了原来由温哥华总装厂生产不同型号的整机，保持大量的库存以满足不同需求的情况，库存水平从原来的7周库存量降低到只需要5周的库存量，一年大约可以节约3 000万美元。

3. 差异化策略

差异化策略的指导思想是：客户需求不同，产品特征不同，客户服务水平也不同。当企业拥有多种产品线时,不能对所有产品都按同一标准的顾客服务水平来配送,而应按客户需求、产品的特点、销售水平来设置不同的库存、不同的运输方式以及不同的储存地点,忽视产品的差异性会增加不必要的配送成本。例如,一家生产化学产品添加剂的公司,为降低成本,按各种产品的销售量占总销售量比重进行分类:A类产品占总销售量的70%以上,B类产品占20%左右;C类产品则为10%左右。对A类产品,公司在各销售网点都备有库存;B类产品只在RDC(Regional Distribution Center)即区域分发中心中备有库存,而在各销售网点不备有库存;C类产品连RDC都不备有库存,仅在工厂的仓库才有库存。经过一段时间运行,企业总的配送成本下降了20%之多。

4. 简化物流网络结构和流程

可以采取减少变量,减少中间环节,使作业标准化、产品标准化、模块化,摒弃过时的产品种类,削减供应商,减少组织的层次等方法。

总部设在英国的劳拉公司生产妇女和儿童时装、窗帘和室内装潢纤维、墙纸、亚麻制品以及带有花状图案商标的装饰附件。虽然它在产品设计和开发方面始终保持优势,但由于其复杂、昂贵和无效率的物流系统而面临利润下降。在重新组织之前,它有5个大型仓库、8家最重要的承运人和10个互不联系的管理系统,其结果是从顾客订货到向顾客交货之间存在漫长的时间、庞大的存货,以及太多的缺货。UPS物流部门提出的解决方案的关键点就是削减仓库,由原来的5个大型仓库削减为1个仓库,采用统一的信息系统和统一的运输。

3.3.7 客户物流服务方案的设计案例

本节以某第三方物流公司与某汽车制造商洽谈物流服务合同的过程来说明物流服务项目的一般设计过程。

第一步:某汽车制造公司(G)和某第三方物流服务公司(L)达成物流项目的目标

第二步:G公司与L公司共同为设计提供基本信息:

① 制造数据;

② 零部件数据;

③ 包装信息;

④ 生产率数据;

⑤ 成本数据。

第三步:G公司与L公司确认数据,并对用于设计过程的特殊变量达成共识。

第四步:L公司的管理层根据上述数据与信息,用L公司的资源设计出几套方案。

第五步:G公司与L公司审阅设计,并根据要求作出修改,例如:

① 收货路线;

② 收货顺序;

③ 时间计划(起始时间);

④ 按千米计算的运费和运行距离;

⑤ 装货规则;

⑥ 货物堆放规则；
⑦ 现场外的存储需要；
⑧ 排序与计量；
⑨ 货架回收问题。

第六步：L公司作出下列系统报告：
① 挂车图；
② 线路计划；
③ 设备使用表等。

第七步：G公司与L公司对最初可选的物流设计进行评估，在生产控制、物流和采购方面得到认可。

第八步：L公司投入资源进行物流设计：
① 拖挂车；
② 栏杆；
③ 司机安排；
④ 人员安排；
⑤ 购买服务等。

第九步：L公司作出详细的作业计划：
① 每一条线路的计划；
② 交接计划；
③ 原材料物流与销售物流的集运中心，标准工作程序(如果可采用)；
④ 标准转轨工作计划；
⑤ 挂车提供计划。

第十步：L公司提供各种方案的价格比较，包括资金需求。

第十一步：L公司获得G公司最后的认可，作出实施的时间计划。

第十二步：L公司通知所有参与物流系统实施的部门，组成工作组。

3.4 第三方物流服务方案的持续改进

第三方物流服务方案的持续改进目的就是使得整个价值链不断增值，从而使得整个供应链不断增强在市场中的竞争优势。

3.4.1 物流服务持续改进的意义

作为无形产品中的服务和有形产品一样，需要不断地改进，才能适应客户需求的日益变化。物流服务同样存在持续改进的问题。持续改进能力对于第三方物流企业的成功具有重要的意义，具体表现在以下两个方面

(1) 建立长期的合作伙伴关系

第三方物流企业在同客户的合作过程中，不断地利用自己的专业化优势，为客户改进物流服务，以提高服务的质量，降低成本，客户能够不断地感受到第三方物流企业的专业

化水平带来的效益，因此，会强化双边的信任关系。

（2）持续改进能力是企业核心竞争力之一

同有形产品创新可以作为重要的竞争手段一样，物流服务的持续改进，也可以不断提供差异化的服务，以区别于竞争对手，形成竞争优势。

3.4.2 物流服务持续改进的内容

物流服务的持续改进的内容是多种多样的，由局部的完善，也有整体的重组，由设施设备的改进，也有系统的更新。为了叙述的方便，我们以一个既有的项目作为参照系，来说明持续改进的内容，如图 3.3 所示。

<table>
<tr><td>既有服务项目
体系的局部完善
流程重组</td><td>服务项目延伸
深度延伸
广度延伸</td></tr>
<tr><td colspan="2">创新项目
• 开发型持续改进
• 新产品的开发</td></tr>
</table>

图 3.3 持续改进内容

从图 3.3 中不难看出，物流项目的持续改进还表现为全新的物流服务项目的延伸，在特殊情况下，物流项目的持续改进还表现为全新的物流服务项目的开发。对应于以上三种情况，我们将物流项目的持续改进划分为内涵型、外延型和开发型三种重要的类型。

1. 内涵型持续改进

内涵型持续改进是三种形式中最常见的一种。内涵型持续改进是对现有体系的完善。根据改变的程度和产生的影响，一般将内涵持续改进划分为两类。

（1）体系的局部完善

体系的局部完善是指对物流的某些环节进行改进，产生的影响一般也在局部范围内，如包装材料或包装方式的改变，运输跟踪体系的完善，仓库库位管理的科学化，合理化等。

（2）流程重组

流程重组型改进一般会对物流服务的体系进行重新设计，其影响将是全局性的。

2. 外延型持续改进

外延型持续改进是指在原有服务的基础上拓展新的服务内容，根据拓展方式的不同可以将外延型持续改进划分为两类。

（1）广度延伸

广度延伸是指在物流服务环节上进行延伸，如由一般的仓储管理向运输、仓储一体化管理发展，由货代业务向综合物流业务发展等，都体现为物流服务环节的增加。

物流服务环节的增加，意味着第三方物流可以整合的内容更多，优化的空间增大，一般会比原来的服务取得更好的效果。

(2) 深度延伸

深度延伸是指在物流服务的一个项目或环节上进行深化，往往表现为提供一些新的增值服务项目。如在一般仓储管理的基础上，对货物的进出进行统计，提供市场预测和库存计划的依据，就属于深度延伸。

3. 开发型持续改进

开发性持续改进是指开发出全新的物流服务项目。开发型持续改进是所有的持续改进中最难得一种，因为这类改进相当于新产品的开发，一般没有可以借鉴的经验，不过我们可以从一些国外知名的第三方物流公司的案例中得到一些启示。

美国联合包裹最近开发了一种新型的金融服务业务，深得客户的青睐。联合包裹在为客户进行物流服务的过程中发现，在贸易过程中，交易双方存在着很大的风险，如在付款到发货的贸易中，收货人面临风险，而在发货到付款的贸易中，发货人同样存在风险。为了解决这个问题，联合包裹利用其雄厚的资金背景，为交易双方提供金融服务。具体过程是这样的：联合包裹去发货人处提货的过程中，将货款交给发货人，在货物向收货人交付的过程中，向收货人收取货款。这种融合了金融服务的物流服务形式，得到了客户的青睐，增强了联合包裹的竞争能力。

物流服务持续改进需具备以下四个要素。

(1) 树立持续改进的观念

首先要树立持续改进的经营和管理理念，鼓励员工发现问题和解决问题。有一些物流公司，其技术能力和管理水平并不弱，但很少对自己的服务进行持续改进，原因就在于它们还没有形成这样一种意识和氛围。

(2) 建立服务缺陷反馈机制

所谓持续改进，主要是针对物流服务中不完善的环节而言的，因此，如何在工作中发现问题(服务缺陷)就成为持续改进的关键。因此，要实施持续改进的管理模式，必须建立服务缺陷反馈机制。

从华润物流(上海)有限公司的服务缺陷反馈机制中，我们可以看到这种持续改进的动力正是源自这种机制的建立。该公司的服务缺陷反馈任务主要由两个部门承担：一个是客户服务部，它负责收集来自客户的各种投诉，意见和建议，并对其进行分析；另一个是质量审核部，它负责内部作业的审计和分析，从内部发现问题。两个部门发现的问题都将在公司的质量会议上讨论，并商讨解决方案。

(3) 建立持续改进推进技术小组

发现问题只是第一步，接下来的就是解决问题。对于一般性的问题，一般通过部门经理就可以解决，但对于比较复杂的技术性问题，解决的难度就很大，一般需要专门的技术小组来解决。还是以华润物流(上海)有限公司为例，他们从制度上就设置了专门的专家小组，负责物流项目的策划和持续改进工作。

(4) 在绩效考评中考虑持续改进

要彻底地推行持续改进的管理模式，还必须将持续改进纳入对项目经理或部门经理的考评中去，从而激发管理人员推行持续改进的积极性。

本章小结

在我国，以提供第三方物流服务为主的物流企业的出现是最近十几年的事情。总体来说，物流服务不仅在理论研究和生产实践方面远落后于发达国家，而且在基础设施、人才培养和信息网络等方面也和发达国家有很大差距。无论是工商企业还是第三方物流服务企业，迅速掌握有关第三方物流服务的理论知识和操作技术，提高物流服务管理水平和技术能力已成为当务之急。第三方物流服务开发与方案设计能力是提高物流服务管理水平和技术能力的综合体现。第三方物流服务开发与方案设计是为了满足客户的特定需要，降低物流成本，在第三方物流服务企业和客户的通力合作下，按照一定的流程，制定一个物流服务的解决办法。本章分析了我国第三方物流服务需求的主要来源以及影响第三方物流服务需求的主要因素，进而以物流管理和供应链管理为理论基础，为客户制定量体裁衣式的第三方物流服务方案。第三方物流服务方案内容包括第三方物流运作服务，第三方物流信息服务以及第三方物流供应链整合服务。也分析了制订第三方物流服务方案设计的流程。探讨了第三方物流服务方案的不断改进的意义以及第三方物流服务持续改进的内容。

复习与思考

1. 分析影响第三方物流服务的需求的因素。
2. 分析我国第三方物流服务需求的主要来源。
3. 简述第三方物流服务内容。
4. 简述第三方物流服务的风险。
5. 分析物流服务持续改进的种类。
6. 简述客户物流服务方案的制定流程。
7. 如何在制定客户物流服务方案时，和供应链管理结合起来？

案例分析

案例1：江苏扬州邮政物流运作三药公司一体化物流项目

江苏省扬州市邮政物流分局运作三药公司一体化物流项目收入180万元。2007年11月底，已接近300万元。而此前的在2007年10月9日第38届邮政日的这一天，随着江苏省中邮物流公司总经理陈明在与扬州第三制药有限公司一体化物流项目服务协议上签字，扬州邮政物流分局的一体化物流项目跨年度发展战役也打响了。这意味着，扬州邮政物流与第三制药公司之间的全面合作正式拉开了序幕。

扬州三药公司坐落在扬州市东郊宜陵工业园区，占地面积108亩，是扬州市规模较大的制药企业，拥有固定资产1个亿，年销售额度达8 000万元，员工1 100人，具有完善的营销机制和管理制度，销售人员达 310 人，且都训练有素、能征善战，有较强的市场开拓能力和产品促销能力。其遍布全国各地的销售点的正常运营是建立在畅通的药品流通网络上的。这就产生了对高品质物流运输的需求，成为众多物流运输企业垂涎三尺的“大蛋糕”。

扬州市宜陵工业园区日益繁荣的医药市场在为物流产业带来无限商机的同时，也形成了竞争白热化的格局。早在 2006 年 3 月，扬州邮政物流分局就组织营销人员对该地区医药企业进行了大规模全面深入的调查，在分类筛选的基础上了解到三药公司的胶囊、片剂销量很大，且包装牢固、定期发运，最适合一体化物流项目运作。深知家底才能从容面对每一个客户。在进行登门拜访了解后得知，随着该公司近两年生产规模的不断扩大，本公司的物流队伍已很难完成全部药品的配送，有不少产品都是从多家社会物流公司的渠道发运的，但由于其转货成本高、处理缺乏统一性，配送时限又不能及时掌握等原因，合作一直不是很理想。此时，扬州邮政物流分局对该公司药品的生产及销售情况都已了如指掌，便锁定其为市场开发的主攻目标。

一种新业务的推广及得到客户的认可，首先要从双方的角度认真做好分析研究，要充分考虑合作双方的利益，才能在项目公关时赢得客户的认可。三药公司项目确定的同时，扬州邮政物流分局迅速成立了以分局一把手为负责人的一体化项目小组，负责人则亲自和营销经理上门公关，介绍中邮物流一体化业务的优点以及完善健全“三流合一”的网络资源。因当时三药公司已与华宇物流、中铁快运等社会公司建立了合作关系，加之对中邮一体化业务的不了解，企业老总不是很认可，业务公关陷入困境。但项目组并没有气馁，而是积极地向该公司老总推介了中邮物流一体化服务的网络优势、服务优势、信誉优势和保险优势，并帮助客户核算总体物流费用成本以及对客户的影响度、诚信度等，同时承诺无论货物多少，只要一个电话，就立即派人、派车上门服务。老总有些心动，答应先把部分到县城的货物试走邮政物流。在先期有限的合作过程中，扬州邮政物流分局信守承诺，安排专人专车随时上门服务，货到后立即赶发最快有效班次，尽快将货物发运出去。同时通过网络查询系统及时将签收信息反馈给客户。在近两个月的试运期间，扬州邮政物流分局将邮政物流的优势毫无保留地充分展示给对方，在加深三药公司对中邮一体化物流认识的同时，也使其逐渐认同中邮一体化物流项目是专为大型企业量身订制的全方位物流服务方案。与此同时，项目组不失时机地将一份酝酿多时的《扬州第三制药有限公司一体化物流服务方案》摆放在公司老总案头。服务方案全面解决了三药公司货物的安全、时效等关键性问题，取得了该公司以老总为首的管理高层的充分认可，为正式签订一体化物流合作协议扫清了最后障碍。

牢牢吸引客户最有效的法宝一是个性化服务。道理很简单：“你让客户满意，客户就会和你合作。”对于三药公司一体化物流项目来说，邮政的服务质量是最为关键的，直接影响到合作的规模和深度。根据三药公司具体实际情况，项目组为其创新地实施了客户经理一站式负责制，将市场部主任定为项目组经理，全权负责三药公司货物发运管理及突发情况、异常问题的处理，客户只需和他一人联系即可。二是推行了派驻服务制，选派了优秀营销员长期驻点其公司内，实行面对面与客户进行沟通交流。做到出现问题及时处理，新的变化及时调整，新的需求及时满足。此举既方便了客户又便于扬州邮政物流分局对项目运行情况的掌握。三是重视项目运行监控和信息反馈。自三药公司一体化运作以来，项目组每天将其发货量、目的地、货物的交接运输动态情况以及配送签收信息等都一一记录在案，并于次日及时反馈给客户，实现了项目运作情况的动态跟踪。由此受到了客户的高度赞誉。四是有破损邮件时，不论是内部哪个环节的责任，都及时进行赔付。此举进一步提高了邮政物流的可信度。五是定期主动回访客户。分局负责人在每月的第二个星期一上午必然会出现在三药公司，现场查看项目组驻点服务情况，亲自协调解决出现的新问题，同时和公司高层进行面对面的交流，征询意见，增加了该公司对邮政物流的信任感和依赖性。在精心维护的日常工作中，正是靠细心周到，全方位的服务赢得了客户，赢得了市场，赢得了竞争的胜利。

合作中，只有达到了互惠互利，实现邮企双赢，双方才能得以持续全面的合作，这样才能达到邮企双方共同发展，利益共营。通过与三药公司近2年的精诚合作，有效地促进了双方业务的全方位拓展。三药公司方面由于邮政的品牌信誉和安全迅速地寄达等优点，在其客户面前树立了规模企业的形象，保证了产品的及时发出。客户收得及时，促进了三药公司业务的快速发展，而且通过与邮政物流的合作，综合评估企业年降低物流成本近50万元。在该企业快速发展的同时，也为邮政创造了可观的业务收入。邮政物流从初步合作时的每月几千元，到2006年的180万元，再到2007年的近300万元，年年递增。扬州邮政物流分局提高了企业的收益，同时也锻炼了自身的营销队伍，为下一步拓宽市场、开发市场，积累了宝贵的实战经验。邮政和三药公司同属企业，均以加快发展、创造效益为目的。

三药公司一体化物流项目最大成功之处就在于“创新”。从节约对方整体物流费用开始，慢慢吸引客户的兴趣，然后循序渐进地推介中邮一体化物流运作的优势，到关键的深度洽谈、提交方案以及最后的项目运行等一系列的开发过程中，都做到了服务创新、策划创新、运作创新。扬州邮政物流分局及时了解和把握客户信息和需求，且迅速与其自身业务结合起来。此项目在正常运行过程中，做到宣传了邮政业务、展示了邮政实力、提升了邮政形象，同时也体现了“客为上、诚为本”的现代企业经营理念。

思考题：

1. 扬州第三制药有限公司一体化物流服务方案的主要服务项目是什么？
2. 扬州第三制药有限公司对物流服务的关注点是什么？
3. 江苏省扬州市邮政物流分局采取什么措施赢得客户信任？
4. 江苏省扬州市邮政物流分局物流服务的优势是什么？

案例2：访问冯国纶博士（利丰集团董事总经理）供应链服务方案——利丰的经营及管理经验

问：利丰如何利用供应链管理经验，在平的世界中竞争？此外，你可否谈谈您在《在平的世界中竞争》（*Competing in a Flat World*）一书中所提及网络整合（network orchestration)的概念?

答:这要从利丰的供应链发展过程开始说起。利丰在成立初期是一个采购代理,作为担当买卖的中介人,充当着厂家及海外买家桥梁的角色。其后再逐渐把简单的采购代理业务扩展到跨区域采购代理,于中国大陆、中国台湾、韩国和新加坡等国家或地区开设办事处,为买家采购合适的零部件及产品。

随后,利丰因为累积了多年在各地贸易的经验,对发展中国家,尤其是亚洲各国的生产力、原材料及零部件价格、质量有一定认识,于是,利丰便按照客户的初步产品概念去制订一个完整的生产计划,于世界各地采购合适的零部件,及寻找合适的制造商,并在产品生产过程中进行严谨的规划和监控以确保质量和及时交货,这是一种无边界的生产模式。

在这个无边界生产的模式当中,利丰将生产、库存、物流等任务外包,自己负责统筹整个生产流程,包括一切设计、采购、生产管理、物流、融资及其他支持性的工作,成为一个全面的供应链管理者。

步入全球一体化的时代,消费者对商品的要求越来越复杂,对商品的生产效率要求也不断提升。以往只要能顺利将来自世界各地不同的原材料及零部件组合起来,成为一件最终产品,便可以算是成功的供应链管理者,但现在要协调的却是不同的生产工序,我们要将每件产品的生产过程分拆,将不同部分的工序分配给最合适的一家或几家供应商,然后在某地方将不同部分组合完工后,再运往到世界各地,就如一个乐团指挥要挑选不同乐器的演奏者,把他们人尽其才地调配及组织在不同岗位上,才可协奏出美妙的乐曲。

目前,利丰贸易每天面对着逾千张顾客订单,每张订单的要求各有不同,这就需要为每张订单量身订制一条供应链。为满足不同的订单需求,利丰需要寻找成千上万的供应商,在这过程中,创造了庞大的供应商网络群体,而利丰就在这复杂的生产网络中进行协调指挥,为每张订单度身订造不同的供应链。正如《在平的世界中竞争》一书中所提出的,21世纪的供应链管理者要有能力指挥及协调不同的网络。

问:利丰是一家规模庞大的公司,业务遍布40个国家,如何保持企业的弹性以及灵活协调供应链的流程?

答:国际市场环境快速多变,竞争激烈,要在国际市场占据一定份额,企业必须既具备竞争规模,又要保持灵活有效的运作,才能不断发展。利丰从多年国际商贸的经验,体会到一个成功的企业必须要"像大公司一样思考,像小公司一样行动"。利丰在公司组织架构方面,以规模细小的部门为基础,并重视部门主管发挥他们的创业精神。每位部门主管都有很大的自主权,集中精力为一个或几个客户服务,他们像管理自己的公司一样管理部门。我们习惯形容这些部门经理为"小尊荣"(Little John Waynes)。"尊荣"是美国好莱坞演员,扮演勇敢及正义的西部牛仔,常挺身而出,为理想及原则而抱打不平。这些部门主管不会只坐在办公室处理档案,他们会积极地外出找生意或为客户完成订单。现在利丰有近200个部门,每一个部门都由一个"小尊荣"负责,利丰要求他们像管理自己公司般来运作这些部门。各部门有充分的自主权,所有涉及为客户进行生产的决定,如使用哪家工厂、招聘员工、产品定价、制定不同的供应链、管理整个生产流程以满足客户需要、停止发货还是继续发货等,都由部门经理决定。部门经理还可以根据工作性质设置不同的专门小组(如:原材料采购、质量控制、运输物流、跟进订单及信息支持等),而利丰总部则提供后勤服务，如财务资源和信息技术，令每个“小尊荣”都可以专注自己的生意。

从管理学的角度看，这种横向综合的“小团体”组织结构，具有高度的灵活性及竞争力，可以快速组合、解散或更换，迅速响应市场的变化。利丰将大公司和小公司的优点结合起来，它没有大公司趋向官僚主义的缺点，并享有小公司能做到专业化的长处，而且小公司的背后，有了大公司的雄厚后勤资源。

“轻资产”亦是维持企业高度弹性的核心。传统的企业一般都信奉“重资产营运”，过去许多管理学家和企业家都认为透过大量投资兴建工厂和生产设备，可以提高它们的竞争力。但现在很多例子证明，由于投资基础不断增加，投资收益率出现下降的趋势。在现代的市场环境，“重资产营运”战略的缺失在于过分强调规模效应、忽视灵活多变的营运模式、忽视市场和客户有可能发生重大改变和缺乏创新的驱动力。故此，虽然资产庞大，但企业效率反而下降。

哈佛商学院曾对利丰的供应链体系进行研究，认为利丰的“轻资产的营运”模式是它成功的因素之一。利丰用最少的资本，生产最多的产品，以提高资金的回报率。策略是将资产性的投资减至最低，将有限的资金用作营运，着眼于创造利润，以改善投资回报。利丰贸易的营运体现了轻资产的策略。这营运模式的好处是不用花巨额资金投资在厂房、机器等固定资产上，而把资金用作扩大营业规模所需的营运资金，务求以最少的资源，做最多的生意及放在最佳的投资上。例如，把投资放于发展可以为客户创造更高价值的信息科技应用及把投资放于员工培训，使员工具备集团业务增长所需的技能和知识。

我们从事贸易，前线的采购员代表着利丰的眼和手，是我们的业务支柱。而且现代采购员知识要广博，除了要处理与客户及供应商的关系外，亦要熟悉产品的成分、特质、价值、各国的贸易规则与环保及产品检测措施等。为了令我们的采购员有足够的知识、技能及信心去处理日常工作，我们很注重培养人才，每年都举办不少培训活动，近年更与香港理工大学专业进修学院合作，提供认可的持续进修教育文凭采购课程，令利丰的采购员得到专业的培训。

此外，利丰亦支持香港中文大学成立“利丰供应链管理及物流研究所”，再次显示集团对推动教育及研究的使命。长久以来，中国香港都扮演着服务中国内地和亚太地区的国际物流中心角色。近期全球性白热化的竞争，迫使内地供应商和厂商加强与中国香港物流中心的整合和合作。能够教育出世界级物流专业人才，并创造和实践有创意的供应链管理模式，是维持区内经济繁荣的关键因素。我希望这个研究所可以提供一个卓越的平台，给学术人才及企业家讨论问题、交换研究成果和找出实际解决问题的方案。

问：利丰至今已有百年基业，很多同期成立的贸易公司已经不存在了。你能告诉我们在这百年的经济与政治变化中，利丰的生存之道吗？

答：我祖父于1906年在广州创办了利丰集团。它是中国现时历史最悠久的华资贸易企业。那是103年前，还是清朝统治时期，当时中国所有的贸易都被英国贸易公司所控制。我祖父有幸学了英语，可以直接与海外的客户沟通，当时客户大部分是外国人。从那以后，我们家族就一直经商，主要出口中国商品。祖父的英语知识及灵活变通的能力，使利丰能成功地立足广州，与外资贸易商行一起竞争。其后因为战争而把业务迁到香港，业务基础亦随着香港20世纪50年代至70年代的工业发展及出口转口贸易优势而渐趋稳固。但当1972年我加入利丰时，香港的劳工成本开始不断增加，于是利丰转到中国台湾生产。后来中国台湾的成本也增加了，我们便转到韩国，跟着到泰国、印度尼西亚和菲律宾。中国内地对外开放以后，我们也到了中国内地，现在甚至孟加拉国和巴基斯坦也有我们的供应商。

我们经营利丰已三代，其中每一代都经历过很多冲击、改变。可能我们能善于运用香港人的灵活性，每次有很大的世界经济和贸易改变、中国内地的政策改变、香港的地位改变，所有这些大改变，我们都可以将公司的生意跟着改变直至适应情况。其实，说直白一点，我们只是跟着制造业全球化的大趋势走。总之，哪里的成本最低，效率最高，又或是对市场反应最快的生产地方，我们便到哪儿发展生意。若用学术的术语来包装，我们是体贴顾客的需要，为顾客找最有价值而又符合要求的生产商。后来，我们发现这叫供应链管理！

经过一百年的经营，现在的利丰集团已是一个多元化的贸易集团，从事出口、经销及零售三个主要业务。在去年(2008)，单是利丰贸易公司的营业额已达到142亿美元。我们能做到今天的规模，主要是我们与时并进，灵活地回应市场的挑战。

思考题：

1. 简述利丰的发展历程。
2. 利丰如何整合大小公司的各自优势于一身？
3. 利丰如何保持企业的灵活性？

第4章　第三方物流经营管理

本章关键词

√ 第三方物流经营管理(Third-Party Logistics Business Management)

√ 服务成本定价策略(Cost-of-Service Pricing)

√ 服务价值定价策略(Value-of-Service Pricing)

√ 仓储的集约化法则(Warehousing Integration Rule)

√ 供应链金融(Supply Chain Finance)

√ 库存控制(Inventory Control)

√ 服务水平(Service Level)

√ 准时制(Just in Time)

互联网资料

http://info.jctrans.com

http://www.du8.com

http://www.interscm.com

由于货物的流动是伴随着工作流程而发生的,而工作流程是由企业的服务性质和方式所决定的。不同的企业有不同的业务流程,即使是同类企业,也是不一样的,有的企业侧重于运输环节,有的企业侧重于仓储配送环节,对于物流功能需求的重点当然也不同。但总体来说,一个成功的第三方物流经营人,必须对货物流动的所有环节进行控制,并确定物流企业的经营模式,只有确定了经营模式,才能理清主要环节,进行详细的分析,通过共享动态信息,协调物流和工作流的同步进行,达到采用第三方物流服务的效益。

4.1　第三方物流订单管理

4.1.1　订单管理

第三方物流企业首先对需求方的货物需求进行较为准确的预测,并以此为依据,进行需求管理。具体来说,需求管理包括两方面内容:一是在需求方的“订单”发出之前,进行市场调研，搜集需求客户企业的历史数据及相关信息，利用各种预测工具和方法，对需求方的客户需求进行较为准确的预测，以做到“心中有数”；二是在需求方的“订单”发出之后，综合三方面（需求方、供货方及本企业资源条件）的信息数据资料，确定订单数量，进行决策，并结合供货方的供货情况及本企业的库存条件，做好接货的各项准备工作。

订单管理是第三方物流管理的初始环节。需求预测是对未来形式的估计，试图指出特定条件下预期活动水平。进行准确的需求预测不仅是实现订单管理的必要条件，也是实现优质高效全过程管理的基础和前提。

4.1.2　订单作业流程

在第三方物流企业的整个客户服务过程中，订单处理既是业务的开始，也是服务质量得以保证的根本。订单流程的合理规划设计与有效管理是第三方物流企业高效运营和使客户满意的关键。订单的处理也就是客户企业整个物流链中各环节的单证处理，订单像一条主线将物流链的各个环节有机地联系在一起，因此，订单的业务流程是整个物流过程业务流程的综合反映。

托运人以书面或网络的形式向第三方物流企业进行货物托运，这时的托运人既可能是发货人或收货人，也可能是其各自的代理商或代表，但不论是哪一方，第三方物流对接到的任何一方的订单信息所进行的处理流程大体上是一致的，不同的是从发货人处接到的订单信息是发货人的“销售订单信息”，从收货人处接到的订单信息是收货人的“采购订单信息”。第三方物流企业根据托运人所提供的货物信息描述及要求，合理安排服务计划。

订单处理系统的当事人包括：托运第三方物流企业、第三方物流企业的分供方（分包商）和收货人。

第三方物流企业接到客户订单后，其做如下处理。

(1) 检查订单是否有效，确认订单信息是否完全有效。

(2) 提请公司信用部门审核客户的资信，明确该单业务是否存在风险。

(3) 根据客户信用情况，提请营销人员（即市场开发部门）进行营销分析。

(4) 提请财务部门的会计人员记录有关往来账目。

(5) 根据货物描述及要求，操作部门（即运营部门）人员进行物流服务策划与设计。

(6) 与物流企业的分供方（分包商）联系，讲明货物情况及要求，并下达操作指令。如图 4.1 所示。

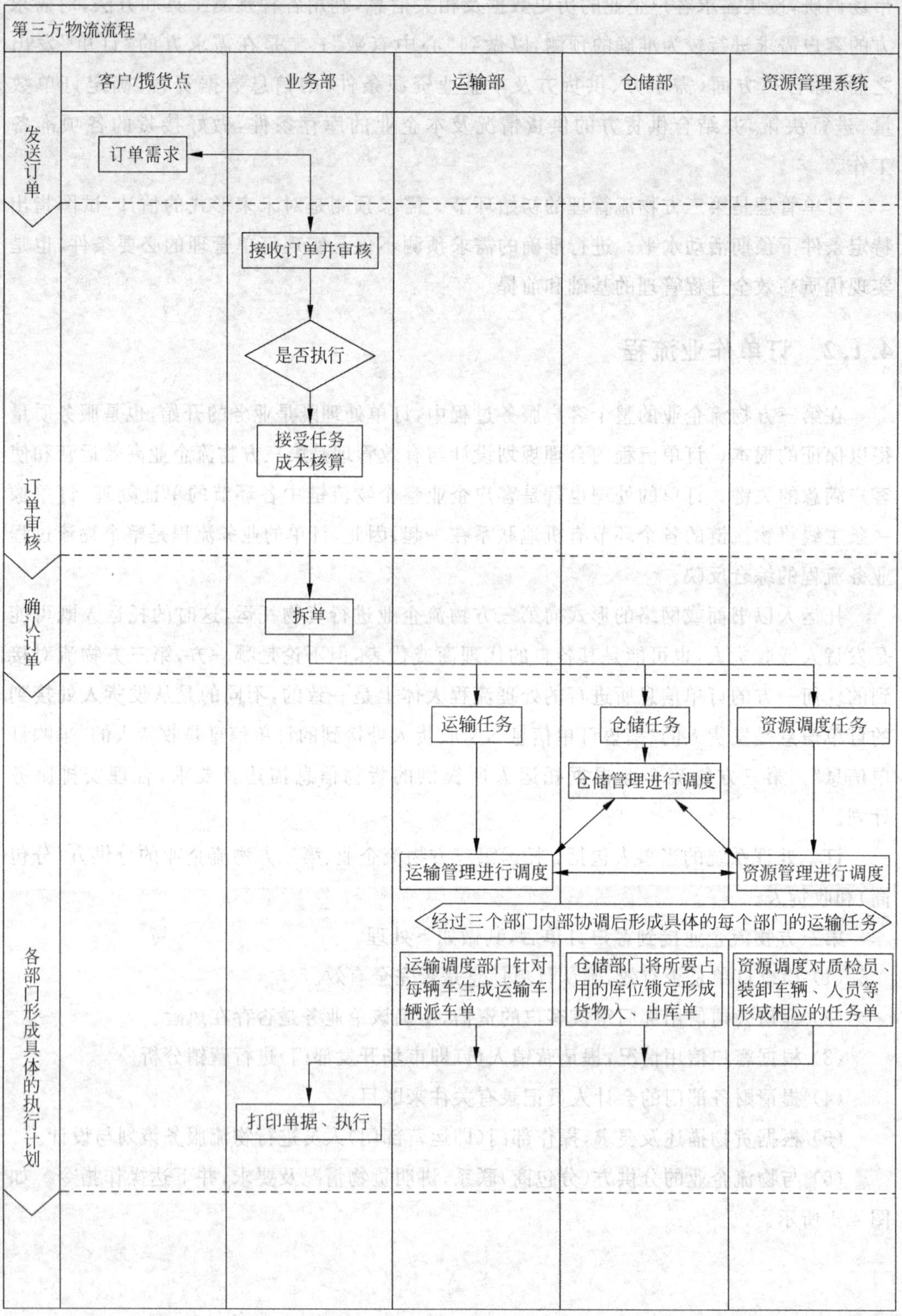

图 4.1 第三方物流订单流程

4.2 第三方物流运输管理

运输是物流的主要功能之一，它改变了物品的时间状态和空间状态，将空间上相隔的供应商和需求者联系起来，并使供应商能在合理时间内将物品提供给需求者。运输提供了物品位移和短期库存的职能。

运输条件是企业选择工厂、仓库、配送中心等地点需要考虑的主要因素之一。按照运输工具及运输设备的不同，运输主要包括铁路运输、公路运输、水路运输、航空运输和管道运输五种主要方式。各种运输方式有其自身的特点，并且分别适合于运输不同的距离，不同形式，不同运费负担能力和不同时间需求的产品。

运输管理的内容如下。

现代企业运输管理主要包括运输决策，运输过程管理和运输结算管理三个内容。

(1) 运输决策

运输决策是指在运输作业前所作出的有关运输方式，运输工具，运输路线，运输时间的选择，运输成本的预算，运输人员的配置和运输投保等多种方案及最佳方案的选择过程。它还包括决策所必须进行的客户资源、服务项目及运输源的管理。

(2) 运输过程管理

运输过程管理是整个运输管理的核心部分。它包括对发运，接运，中转和运输安全的管理以及对伴随商品流动而进行的人员流动、资金流动的管理。发运管理包括落实货源，检查包装标记，安排短途搬运，办理托运手续等工作。接运管理包括对交接手续，接卸商品，仓位准备，直拨等的管理。中转管理应注意中转的衔接，还应在加固包装，清理更换破损等方面加强工作，以提高运输质量。运输安全管理包括建立各项运输安全制度，防止运输事故发生；当事故发生后应及时进行处理，避免积压扯皮，长期悬而不决等。

(3) 运输结算管理

运输结算管理包括运输费用的结算和账务处理，还可以包括索赔处理、他人索赔，运输设备的维修与过库等。

4.2.1 运输管理的基本原理

1. 规模原理

规模经济的特点是指随着装运规模的增长，每单位重量的运输成本下降，但包括接受运输订单的行政管理费用，定位运输工具装卸的时间，开票，以及设备费用等与商品转移有关的固定费用不随装运的数量而变化。

2. 距离原理

距离经济的特点是指每单位距离的运输成本随距离的增加而减少。运输工具装卸所发生的相对固定的费用必须分摊每单位距离的变动费用。距离越长，可以使固定费用分摊给更多的各单位距离，导致每单位距离支付的总费用更低。

3. 服务原理

任何运输经营活动都是为有空间效应需求的消费者提供服务的。运输经营的目标，不仅在于提高装运规模和实现距离最大化，而且更重要的在于满足客户的服务期望。提供怎样的服务，怎样提供服务和为谁提供服务就成了运输经营的核心要求。

4. 成本原理

企业开展运输经营，必须树立经营成本管理意识，加强运输成本控制，实现运输服务与运输成本的合理统一。

4.2.2 第三方物流运输业务流程分析

运输的作用是将货物进行空间移动，物流系统依靠运输作业，克服货物从发货地的空间距离，创造货物的空间效益。物流系统中的运输环节，是传统多式联运内涵的扩展。对于国际间货物来说，具有路线长、环节多、涉及面广、手续复杂、风险性大、时间性强等特点。运输有五种基本的运输方式：铁路、公路、海运、管道和航空。运输服务是由各种运输服务经营者单独或者结合提供的，提供运输服务的经营者有以下几种类型。

1. 运输经营人

(1) 单一方式经营人

最基本的承运人是仅利用一种运输方式提供单一方式的经营人，这种方式具有专业化、高效率的特点。

(2) 专门化经营人

专门化经营人的方式主要是指包裹递送服务。

(3) 多式联运经营人

传统运输方式下的多式联运经营人是指本人或其代表与发货人订立多式联运合同的任何人，他是事主，而不是发货人的代理人或代表，也不是参加多式联运经营人。如果本身作为第三方物流经营人而存在，那么，就直接从货主那里接受订单，对货主负责；如果本身作为其他第三方物流公司的分包商而存在，那么，他是受物流经营人的委派完成运输任务，并直接对物流经营人负责。比较各种方式，对将目标定为全球物流的经营人来讲，多式联运通常是他们最常选择的跨国运输方式。

2. 运输的一般业务流程

运输的一般业务流程包括接单、发运、到站和签收四个环节，以及在发运和到站中可能存在的短程或中转。

(1) 接单管理

物流业务中一个重要服务内容就是配送、拆装等增值服务，为了保证在进行货物配送时不混乱、不丢失，就必须知道货物的明细信息。因此，在物流的接单环节，除了一般的货运信息外，还应提供货物明细信息的维护功能。

(2) 发运管理

在发运环节中，除了货物本身的发运信息之外(例如发运地、到达地等)，还需要记录运输工具、集装箱箱号和承运人信息。有了这些信息，当货物在运输过程中出现货差等意外情况时，可以很容易进行责任管理。

(3) 到站管理

除了正常的到站信息外，还应记录异常到站的信息以及原因、造成的经济损失等。

(4) 签收管理

提供正常签收管理以及运输过程中的单证管理，运输过程中的单证管理应包括装箱单、报关单、联运提单和海运提单等。

如图 4.2 和图 4.3 所示。

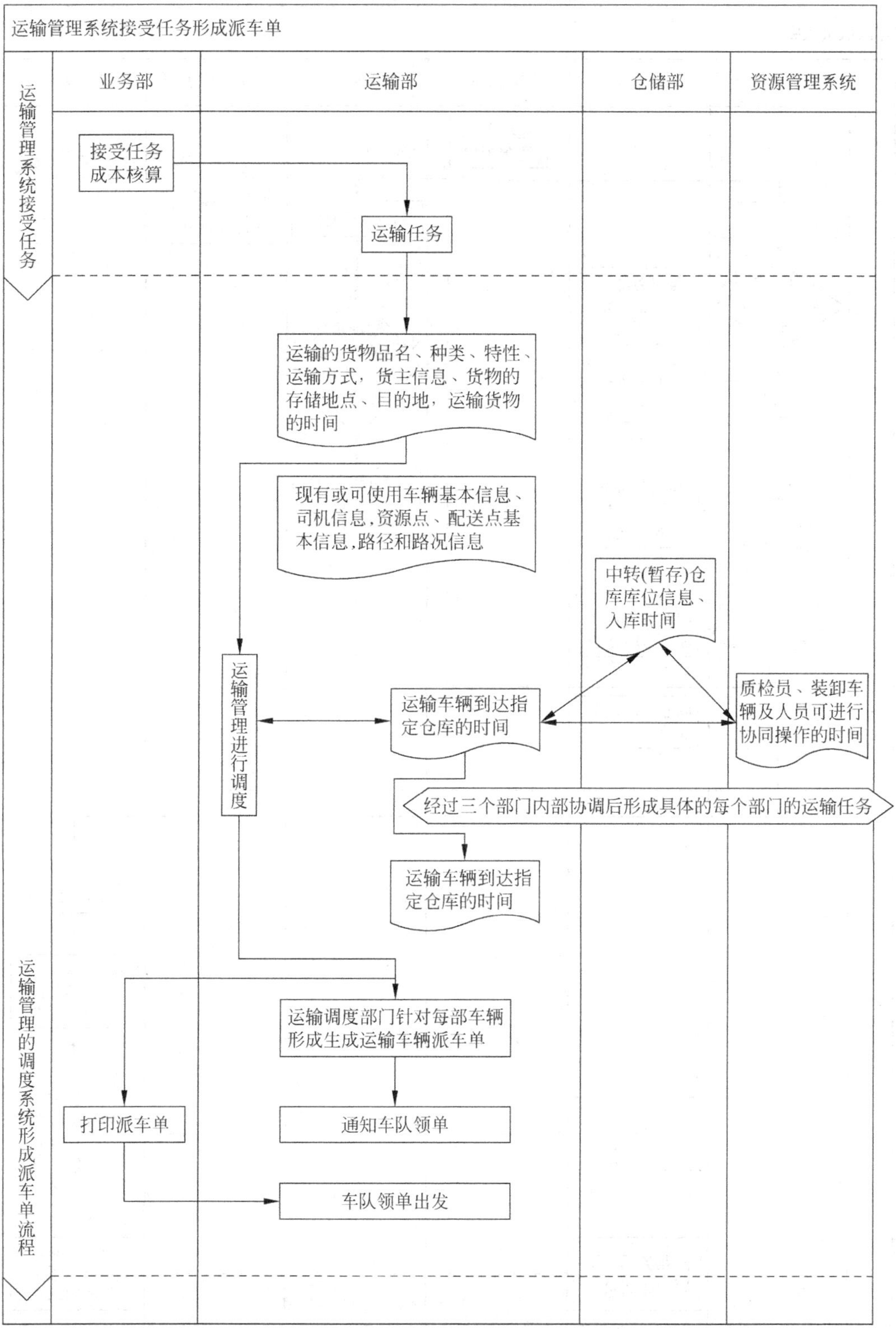
运输管理系统接受任务形成派车单
运输管理系统接受任务
运输管理的调度系统形成派车单流程
业务部
运输部
仓储部
资源管理系统
接受任务
成本核算
运输任务
运输的货物品名、种类、特性、运输方式，货主信息、货物的存储地点、目的地，运输货物的时间
现有或可使用车辆基本信息、司机信息，资源点、配送点基本信息，路径和路况信息
中转(暂存)仓库库位信息、入库时间
运输管理进行调度
运输车辆到达指定仓库的时间
质检员、装卸车辆及人员可进行协同操作的时间
经过三个部门内部协调后形成具体的每个部门的运输任务
运输车辆到达指定仓库的时间
运输调度部门针对每部车辆形成生成运输车辆派车单
打印派车单
通知车队领单
车队领单出发

图 4.2　派车单流程

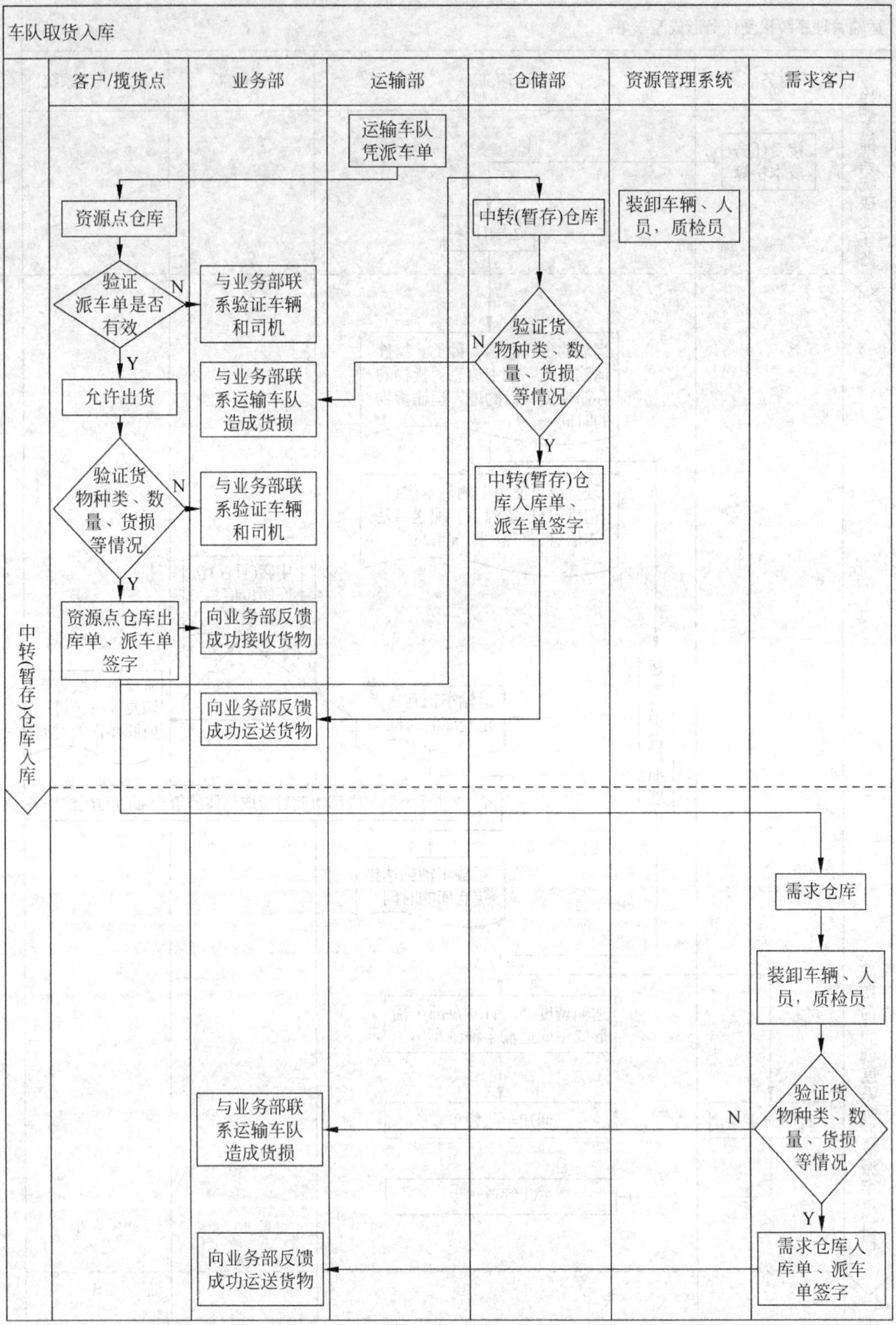
车队取货入库
客户/揽货点
业务部
运输部
仓储部
资源管理系统
需求客户
运输车队凭派车单
资源点仓库
中转(暂存)仓库
装卸车辆、人员，质检员
验证派车单是否有效
N
与业务部联系验证车辆和司机
Y
允许出货
验证货物种类、数量、货损等情况
N
与业务部联系运输车队造成货损
Y
验证货物种类、数量、货损等情况
N
与业务部联系验证车辆和司机
中转(暂存)仓库入库单、派车单签字
Y
资源点仓库出库单、派车单签字
向业务部反馈成功接收货物
向业务部反馈成功运送货物
中转(暂存)仓库入库
需求仓库
装卸车辆、人员，质检员
验证货物种类、数量、货损等情况
N
与业务部联系运输车队造成货损
Y
需求仓库入库单、派车单签字
向业务部反馈成功运送货物

图 4.3　取货入库流程

3. 运输业务管理内容

(1) 运输网络设计和规划

从物流服务技术含量看,应该首推运输网络的设计。对于覆盖全球的跨国公司而言,其采购、生产、销售和售后服务网络非常复杂,要设计一个高效并在一定程度上协作的运输网络非常困难。在更复杂的运输网络设计中,要考虑工厂和仓库(配送)等的选点问题,复杂性会进一步增加。在技术比较领先的物流企业中,一般都有专门的专家队伍,通过计算机模型完成运输网络设计工作。

我国的物流企业,基本上都不具备运输网络的设计能力,即使有这方面的业务,一般也是依靠经验来完成,很少通过计算机模型来设计。就我国物流发展的阶段性而言,物流公司依靠自身的力量培养网络规划能力是很困难的,最好同一些高校或物流研究机构合作,共同开发一些适合中国特点的运输决策模型。

(2) "一站式"全方位运输服务

"一站式"运输服务是物流企业提供多个运输环节的整合,为客户提供门到门的服务,如国外非常流行的多式联运业务,在世界范围内,已经出现了海运公司上岸的热潮,这些海运公司可以提供国际海运、进出口代理、陆上配送等业务,将原来的港到港服务,延伸为门到门服务。

(3) 外包运输能力

在此类服务中,客户在运输需求上不是完全的外包,而是利用物流企业的运输能力,由第三方物流企业为客户提供运输车辆和人员,客户企业自己对运输过程进行控制和管理。

(4) 帮助客户管理运输能力

这也是一类比较新型的物流业务。客户企业自身拥有运输能力,如运输工具和人员,但在物流业务外包时,将这些运输能力转给物流公司,由物流公司负责运输工具的使用和维护及运输人员的工作调配。这类服务在国外比较常见,尤其是很多企业在采用物流外包服务前,一般都拥有自己的运输部门,在采用物流外包服务后,原来的运输部门一般没有必要设置,将这一部分能力交给专业的物流企业管理是一种比较好的做法。在我国,企业"小而全、大而全"现象十分严重,大多数生产制造类企业都有自己的运输部门,这些部门的存在往往成为企业采用物流业务外包的障碍,采用由专门的物流企业管理客户企业运输工具和人员的做法值得推广。

(5) 动态运输计划

根据企业的采购、生产和销售情况,以及车辆和人员情况,保证运输的效率和低成本。如上海虹鑫物流有限公司就通过两个运输调度,为多家客户提供动态运输计划。在国外,动态运输计划一般也是由计算机自动完成的。在我国,大多数企业运输计划仍然是采用人工调度的模式。

(6) 配送

配送严格来讲是仓库作业和运输的综合,是比较复杂的一类运输。在我国,由于整个物流网络还不健全,配送有时候被作为一个独立的物流服务项目提出来。以上海为例,消费类产品进入上海连锁零售系统,一般有几种模式,一种是直接将产品送给各个连锁系统的配送中心，由配送中心完成向各个门店的配送。另一种模式是将产品送往独立的物流配送中心，由物流配送中心完成向各个超市的配送。由于目前上海几大连锁超市的配送中心在规模、管理水平和作业能力上还存在一些问题，还有大批的货物是通过业务外包由专业的配送中心完成。以上海农工商超市为例，目前通过农工商自己的配送中心配送的货物占整个销售量的60%左右，还有40%的货物通过专业物流公司的公共配送中心完成配送。当然，随着各大连锁超市越来越重视自己配送中心的地位和作用，它们有扩大自身配送能力的趋势，但在相当长一段时间内，专业的物流配送中心仍然有很大的市场。

（7）报关等其他配套服务

在我国，目前物流公司本身拥有报关权的并不多，一般都通过和报关公司的合作来为客户提供报关服务。

4. 运输合理化

（1）分区产销平衡合理运输

根据商品产销分布情况和交通运输条件，在产销平衡基础上，按照一定区域和近产近销原则，规划商品基本流向和范围，制定商品合理的流向图，用这种办法把供销关系和合理运输路线固定下来。

（2）按经济流向组织商品运输

由于供求关系和消费习惯自然形成一种经济运行形式，形成一定经济区域，可根据这种流向和范围组织商品运输。必须注意选择工业生产和交通条件发达的城市为中心，同时也要注意打破行政区划的限制。

（3）直达直线运输

直达运输是指越过中间环节，把产品直接运往销售地或主要用户。直线运输是指按商品合理流向，走最短里程。上述两者合称为直达直线运输。

（4）“四就直拨”运输

“四就直拨”运输是指四种直拨形式：一是就工厂直拨；二是就车站（码头）直拨；三是就仓库直拨；四是就车（船）过载。采用“四就直拨”运输既要注意适用范围，也要强调各方配合，重要的是必须贯彻节约费用和“双方收益”的原则。

（5）合理使用运输工具

合理使用运输工具包括通过改装商品包装及改进装载技术，提高技术装载量，提高整车比重；加速车船周转以及组织双程运输，避免空驶。

（6）考虑输送系统的基本特性

对城市之间、地区之间的长距离运输，合理化的着眼点要考虑降低运输成本；对于地区内或城市内的短距离运输，以向顾客配送为主要内容，合理化目标应以提高物流的服务质量为主。

（7）运输网络的合理配置

应该区别储存型仓库和流通型仓库，合理配置各物流基地，基地的设置应有利于商品直送比率的提高。

（8）选择最佳的运输方式

首先要决定使用水运、铁路、汽车还是航空。如果用汽车还要考虑车型（大型、轻小型、专用),用自有车还是委托运输公司。应努力提高车辆的运行率、装载率避免空车行驶,缩短等待时间或装载时间,提高有效的工作时间,降低燃料消耗。

(9) 推进共同运输

提倡部门、集团、行业间的合作和批发、零售、物业中心间的配合,提高运输工作效率,降低运输成本。

(10) 建立有效的信息系统

运输合理化必须考虑包装、装卸等有关环节的配合和制约因素,为此,只有依赖于有效的信息系统,才能实现其目标的改善。

4.2.3 第三方物流运输成本和定价分析

1. 影响运输成本的因素

(1) 距离

距离是影响运输成本的首要因素。它直接影响到可变成本多少,如工资,燃油费以及维修费用。

从图 4.4 可知运输距离和运输成本之间的关系有两个特点。

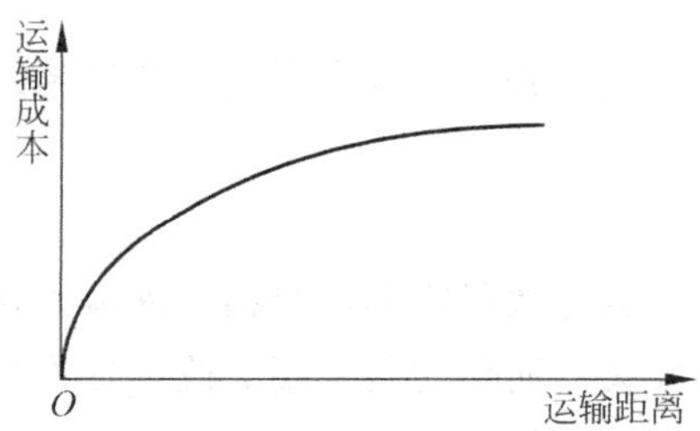

图 4.4 距离经济原则

第一,在运输的最初阶段,运输成本上升得较快,因为运输的固定成本以及装卸费用都附加到总的运输成本。

第二,运输成本上升速率随着距离延伸而减慢。这个特征就是运输中的著名距离经济原则。

(2) 数量

数量是影响运输成本的第二个因素。

如图 4.5 所示,每千克单位运输成本随着载重量的增加而减少。这是因为装卸费和行政费用等固定成本随着载重量增加而被分薄。这里涉及运输管理中的一个重要原则,将小箱货拼箱成整箱货可达到规模经济效益。

(3) 比重

比重是影响运输成本的第三个因素。比重就是将单位体积货物的重量。我们知道,每千克单位运输成本随着载重量的增加而减少。而汽车作为运输工具,受货物体积限制往往要比受货物重量限制还要严重。因此,比重越高的货物,其每千克的单位运输成本就越低。因此,在运输管理中,往往用拖车来增加运载轻泡货物。如图 4.6 所示。

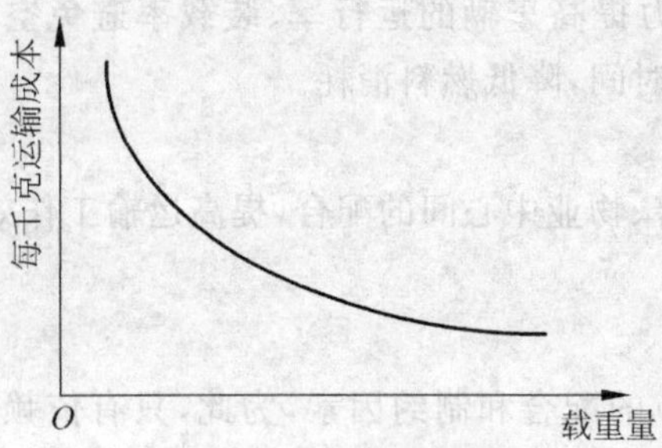

图 4.5 规模经济原则

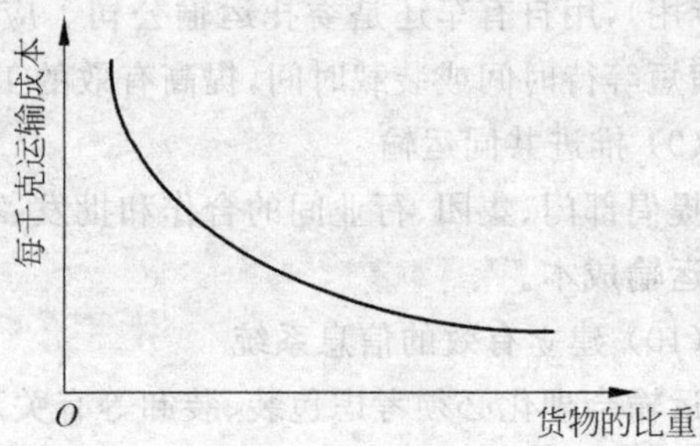

图 4.6 比重经济原则

(4) 可堆码度

堆码度就是货物的尺寸是否适合运输工具的货厢。奇形怪状的货物，或者超重超长货物就不能很好地适合运输工具，结果就是载重空间的浪费。例如，钢锭和钢筋具有相同的比重，但由于钢筋的长度和形状，使其在运输工具上的堆放难度要比钢锭高。可堆码度还受到装运规模的影响，大批量的同种产品往往能够互相嵌套，便于提高装载率，而多品种小批量的产品，因其尺寸比重不同而难以互相嵌套。

(5) 装卸难度

货物的尺寸和重量大小以及是否集装都会影响到货物装卸的难度。同时会影响到货物的运输的破损率。

(6) 责任

责任包括货物的特性是否会导致货物容易受损。承运人要么购买保险以免受到可能的求偿或者承担可能的财务损失。而作为货主要么改进货物包装或者采取其他减少货损的措施，从而减少货损风险，要么增加运费。

(7) 市场因素

① 竞争性：不同运输模式之间的竞争、同一运输模式的线路竞争以及同种运输方式之间的竞争会影响运输费用的波动。铁路、水路、航空以及海运之间长期以来都存在不同程度的竞争，有时为了赢得市场份额，会提供一些不同的价格策略或优惠策略。

② 空载率：最后，运输回程的空载率也会对运输成本有重要影响。空载率往往受市场和季节特征的影响。市场因素或季节因素导致运输通道两端货物流量不均等，从而导致空载现象发生，进而导致在不同地区和不同时间，运输费率的变化。因此，在物流系统的设计和规划时应考虑到这些因素。

2. 运输成本结构

(1) 可变成本

当运输工具开展运输活动时，就有了可变成本。可变成本主要包括劳动力的价格，燃料费用，以及维修费用。

(2) 固定成本

当运输工具没有开展运输活动时，即使在周末或节假日，固定成本也不会改变。对于运输企业来说，固定成本包括运输工具、运输仓库、道路权、信息系统、支持设备。

(3) 连带成本

回程空载也需要耗费人工、燃油及维修费用。这往往使货物运输带来必不可少的附带成本开支,而这些回程空载成本开支也必须打进运输成本里。

(4) 管理成本

货运站投资和营运开支以及管理费用都必须分摊到运输成本里。

3. 第三方物流运输定价策略

(1) 运输价格分类

等级运价:将货物分为若干等级的费率。

优惠运价:因其特定的路线和货物数量而比等级费率低的费率。

产品运价:因其达到最低数量的特定货物在特定路线上运输而制定的费率。

协议运价:货运双方进行货运谈判而达成的费率。

(2) 第三方物流运输定价策略

① 服务成本定价策略:承运人运价策略是基于提供运输服务的成本加上一定比例的利润。服务成本定价是运输定价的基础,它被广泛使用在高度竞争的市场环境下,运输低价值货物。

② 服务价值定价策略:承运人运价策略是基于提供的运输服务被货主认可的价值的基础上。例如,货主认为运输 1 000 千克的电子产品要比运输 1 000 千克煤炭更关键或更有价值,所以,货主愿意为前者支付更多运费。一般来说,在有限市场竞争的环境下,承运人对运输高价值货物采用服务价值定价策略。

③ 综合定价策略:承运人对提供的运输服务的定价是在服务成本定价和服务价值定价之间。大多数运输企业采取这种定价策略。

④ 净价定价策略:是简单化的定价策略。是一种将所有和运输有关的费用都包括在内的运输价格。以回应客户简化定价程序和运输服务流程的要求,为客户提供更加方便的运输服务。

4.2.4 第三方物流运输和供应链管理

运输服务在提升整体供应链价值方面有着举足轻重的影响。运输服务为供应链创造了时间价值和地点价值。时间价值的含义是客户在正确的时间得到了货物。对于客户来说,这意味着客户在多长时间得到货物,在得到货物之前的这段时间客户必须拥有多少库存来维持生产、销售或者使用。地点价值意味着客户在所期望的地方得到货物。

1. 第三方物流运输管理为实现最终市场的最终产品销售奠定基础

在整条供应链中,起决定性作用的关键市场只有一个,即最终产品到达最终客户的这个交易市场。因为所有其他的市场都只是将原材料转变为产成品这个过程中的一部分,而只有成功实现了最终产品的销售,整个供应链才能获取到收益,所以说只有最终市场才是所有收益的来源,其他环节的效益都取决于最终市场上商品销售实现的程度。销售的实质就是将所销售的产品及时、准确、完整地送到客户手里,而只有运输和配送才能实现这一目标。

2. 第三方物流运输管理为供应链创造市场竞争优势奠定基础

一旦运输错误在供应链上发生，对客户就意味着他必须储存更多的安全库存，客户的服务水平就会下降，对最终客户来说，就会导致更高的成本开支和更低的客户满意度，为了弥补失去的时间，加班运输就会被频繁使用，导致运输成本急剧上升。所以，低下的运输管理会导致整个供应链失去市场竞争优势，尽管其产品价廉物美也无济于事。

3. 第三方物流运输和客户之间的关系特征

第三方物流运输服务提供商和客户之间的关系往往被称为伙伴关系。具体表现为以下几种。

(1) 计划

双方从战略到运作的多个层面上要进行联合策划。

(2) 沟通

沟通要在双方所有层面上进行，良好的沟通决定了工作能否顺利展开。

(3) 共担风险和分享利益

共担风险和分享利益的执行难度很高。因为从短期来说，有损于各自的利益。另外一点是，各方承担多少风险和分享多少利益，这些都必须在第三方物流运输服务谈判的早期时加以理清。如伴随着服务水平的提高，其物流服务收费也相应提高。例如：

服务水平/%	物流服务收费/元
96	750 000
98	1 000 000
99	1 250 000

而第三方物流运输服务提供商从客户的业务流程中节约人民币 100 000 元，与此同时没有降低服务水平，第三方物流运输服务提供商也要从中得到相应的奖励，以激励第三方物流运输服务提供商不断降低物流成本，这些都需要在第三方物流运输服务谈判时加以关注和强调的。

4.3 第三方物流仓储管理

4.3.1 仓储管理的基本原理

1. 仓储的集约化法则

仓储的集约化法则就是集中仓储策略。其最大优点就是能够降低总体库存水平，节约仓储运作成本。

所以在满足客户需求及维持一定的服务水平前提下，尽量实行集中仓储。

$$SS_2 = SQ(N_2/N_1) \times SS_1$$

SS_2：所有新仓库累计的安全库存；

SS_1：所有旧仓库累计的安全库存；

N_2：新的仓库数量；

N_1：旧的仓库数量。

2. 仓储管理的差异化原则(20/80 法则)

80%的利润来自于20%的客户。所以，要将有限的最佳服务能力用在最有价值的客户身上。另外，产品的特征不同，客户的服务需求也就不同，所以要针对客户的特殊需求，展开差异化服务，以建立自己的服务品牌和信誉，提高自己的物流服务价值。

3. 物流总成本最低法则

物流系统的规划和设计不是追求某个单一物流环节的成本最低，而是追求物流的总成本最低。也就是不是追求运输成本最低，也不是追求仓储成本最低，而是追求物流总成本最低。或者说，在客户服务水平确定的情况下，追求物流服务成本最低。

4.3.2　第三方物流仓储业务流程分析

仓储管理包括货物的入库管理、在库管理和出库管理三大块。其中在库管理是指对库中作业的管理——特指货物包装、拆卸、库中调配、再加工等典型的物流服务；通过对出入库数量的计算，可以得出准确的库存结存量，另外，还可以根据物流订单信息进行库存的预测。

1. 影响仓储决策的因素

(1) 影响自营仓储或外包仓储的因素

① 产业协同效应。产业协调效应指的是第三方物流企业按产业类别整合并提供服务带来的利益。例如，第三方物流企业可以为同属食品行业的公司租用一个公共仓库，这样可以为其带来可观的经济效益，运费的减少就是其中之一。因为第三方物流企业将来自不同的食品公司的货物整合后运输，可以享受优惠的运费率。从自营仓储、合同仓储到公共仓储，这种产业协同效应是依次增强的。

② 操作灵活性。操作灵活性指的是调节企业内部策略和程序以适应货物和客户的需要的能力。由于自建仓库完全由第三方物流企业自己控制，人们通常认为它的灵活性最强。但从另一个侧面看，为减少操作过程中的混乱，公共仓库也会按照客户的要求制定相应的策略和程序。实际上，许多公共仓库合同仓库在操作灵活性和响应力方面与自建仓库相比毫不逊色。

③ 地理位置灵活性。地理位置的灵活性指的是根据季节性需求的变化快速调节仓库的地点和数量的能力。例如，对于应季的农产品而言，它们需要仓库能靠近市场，这样才能方便顾客挑选。但是在非上市季节，就没有必要选择靠近市场的仓库。最理想的选择就是按季节来开关那些靠近市场的仓库，而采用公共仓储和合同仓储的策略正好具备这种地理位置的灵活性的需要。

④ 规模经济(周转量，需求稳定性，市场密度)。规模经济指的是通过采用先进技术来降低物料搬运和仓储成本的能力。一般来说，大型仓库更有可能获得规模经济的利益，因为它们可以将投资于技术的库定成本分摊。除此之外，对自动化设备和信息技术的投入可以减少直接可变成本(即对劳动力的投入)。一般来说，公共仓库和合同仓库的规模经济优势更明显。

(2) 影响集中仓储或分散仓储的因素

不论集中仓储还是分散仓储都有各自的优势和劣势。对于集中仓储而言,它的优势主要体现在以下几个方面。

① 可以实施更为严密的控制。

② 便于采用更先进的控制方式和技巧。

③ 因为每堆存储货物的数量可以成比例扩大,所以可以更加经济地利用存储空间。例如,一种货物分别存入 5 个仓库,每个仓库只能存储 20 个单位,如果采用集中仓储,那么这 100 个单位的货物可以存在一个仓库内。

④ 能负担得起使用更好的存储、搬运和运输设备的成本。

⑤ 可以采用更先进的收货、检验和检测货物的设备。

⑥ 仓库工作人员的专业化技能更高。

⑦ 可以批量购买仓储设备,从而降低成本。

但是集中仓储也存在不可忽视的劣势,如：采用集中仓储会加大协调工作的难度,并有可能导致效率低下；任何一个管理上的漏洞将会造成更为严重的影响,并增加第三方物流企业的成本。

仓库数量的决策还要与运输方式相协调。例如,空运能快速地使市场由一两个有战略性位置的仓库扩展到全国。尽管空运的成本相对较高,但降低了仓储和存货成本。

(3) 影响仓库的规模和选址的因素

与仓库数量决策(即集中仓储或分散仓储)密切相关的是仓库的规模与限制。如果第三方物流企业采用的是租赁公共仓库仓储,那么仓库规模问题变得相对重要,但通常第三方物流企业可以根据它在不同时期内的需求来及时扩大或缩小所需的存货空间,这样就使得选址决策的重要性相对小一些,因为尽管第三方物流企业需要决定在什么地方租赁公共仓库,但仓库的位置是确定的,而且决策是暂时的,可以根据需要随时改变。如果第三方物流企业采用自营仓储,仓库的规模与选址就会变得极为重要。

仓库选址包括两个层次的问题：一是选位,即选择什么地区(区域)设置仓库设施；二是定址,即在地区选定后,具体选择在该地区的什么位置建立仓库。也就是说,在已经选定的地区选择一片土地作为仓库的具体位置。定址还包括两个问题：一是选择单一的仓库位置；二是选择多个仓库的位置。

第三方物流企业仓库选址时须遵循的一个总的原则是,以最少的物流总成本,达到预期的客户水平。通过对仓库功能的分析,第三方物流企业能大致决定仓库的位置。例如,服务功能强的仓库设在市场附近,而保管功能强的仓库应选用靠近生产地、原材料集中的地方,或者由于其他的原因将两者结合起来考虑。仓库选择必须综合考虑许多因素,如运输条件、市场状况和地区特点等。一旦做出决定,再进行改变的成本是非常高的,特别是采用自营仓储时。因此,适当考虑所有因素是非常重要的。

(4) 仓库布局

仓库布局关系到仓储作业的效率,因此,第三方物流企业还需要决定仓库内部过道宽窄、货架、设备及其他所有占据空间的设施的布局,以及在仓库内部如何最有效地安排存储等问题。如果仓库布局设计得不合理,也就是说各个部分没有形成一个综合的规划,会导致服务水平低下、控制力不足、管理成本上升、重复购买设备或重复建设等问题。

（5）存货种类

这项仓储决策是由第三方物流企业根据客户企业的需求，以及货物的特性在不同仓库中存储货物的数量与种类。

2. 仓储一般业务流程

（1）入库管理

进仓排位。按照优化原则，自动安排每单进仓货物的存放位置，在入库环节，主要是对入库货物的信息进行采集。除一般货物信息外，还应该特别注意异常入库信息，例如入库残损、入库据收等情况。

（2）在库管理

减少库存也就是降低成本、提高其灵活性，这使库存管理尤为重要。针对客户不同需求，进行分拣理货、配货作业，管理对货物的再包装、拆箱拼箱等增值服务，并同时记录每次服务的账目情况；按货主的要求完成物品的搭配出库；管理货物库存水平的实时信息，一旦有订单，马上计划库存交易量，了解所有网点的库存水平。提供各种工具以掌握库存的最新信息，包括分析快、慢项目动态及库存价值，也可根据提供的信息准确判断市场走向并相应做出调整订货点（即订货时机，库存下降到某个值时决定补货，把补货时的库存量称为订货库存量，又称为订货点）、安全库存、订货至交货时间及服务水平等。

（3）出库管理

按先进先出原则拣货出货，对出库货物信息进行收集，除收集货物信息外，还应注意异常出库信息、货物的去向、提货人、承运人等。

（4）预测分析

在公司的库存量减少或订货的前置期缩短的情况下，如何保证高质量、可靠的供应是至关重要的。正确的库存和销售数据的分析和预测，市场走向趋势分析，产品生命周期分析，可以帮助公司预测市场动态并制订正确的库存计划、采购计划和生产计划。

（5）盘点管理

为了有效地掌握货物的在库数量和质量，需要对在库货物进行清点，以保证储存货物的账、货、卡完全相符，能够确保在库货物数量和质量的真实性和完整性。并提供实际仓库图，标明仓库的使用情况，帮助仓库管理和工作人员进行货物的出入库管理。

如图 4.7 所示。

3. 仓储作业内容

（1）配送网络的设计

配送网络的设计包括仓库定位、配送中心能力和系统设计等，是仓储配送类业务中最具备技术含量的领域之一。这一部分服务功能可以作为独立的咨询项目存在，也可以作为物流服务整体方案的一部分。

（2）订单处理

订单处理是仓储配送类业务中最常见的物流服务项目。客户企业在取得订单后通过物流企业完成拣货、配送和送货的工作。

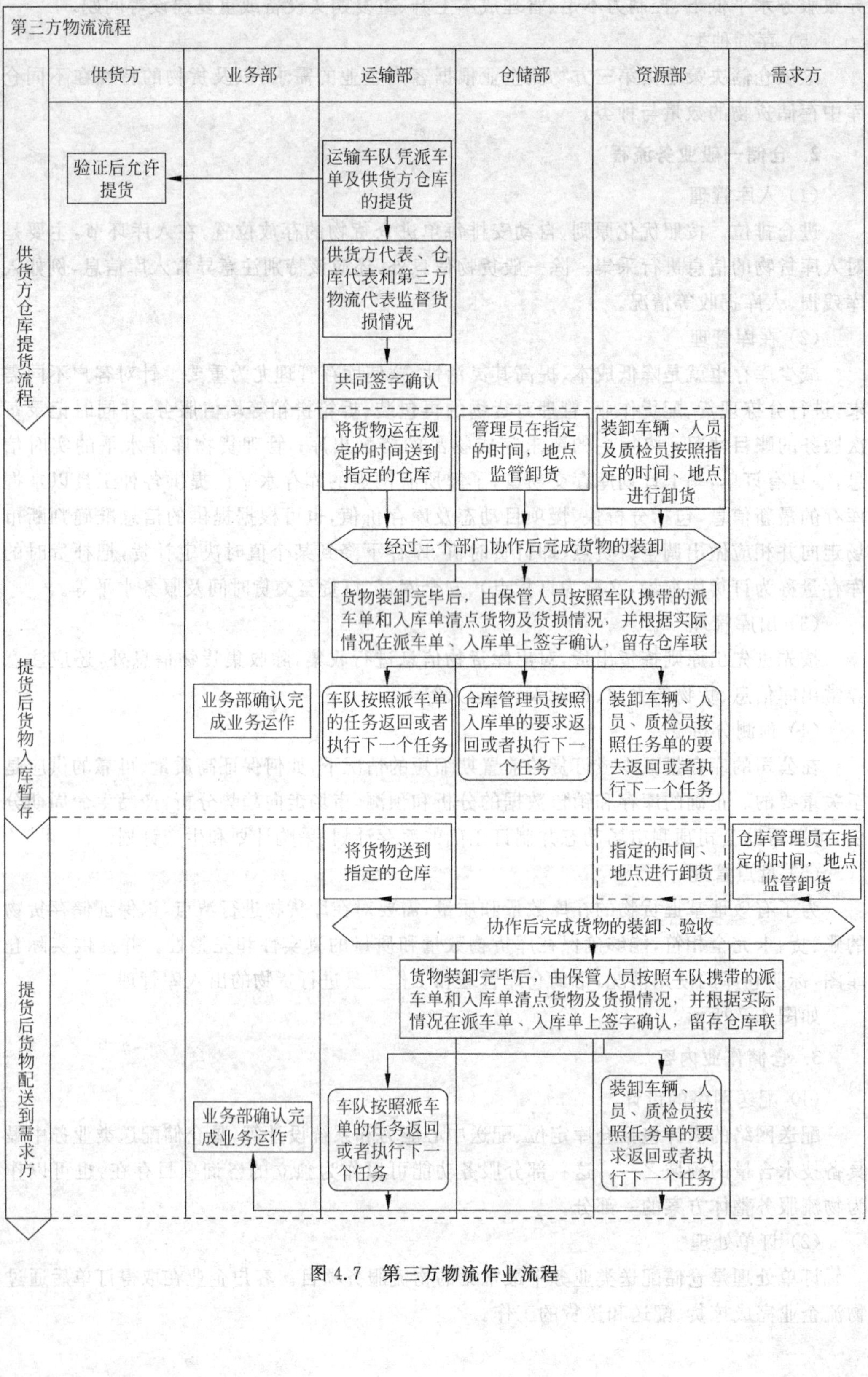

图 4.7 第三方物流作业流程

（3）仓储管理

仓储管理一般包括货物搬移、装卸、存储等活动，是最常见到的传统物流服务项目。

（4）代管仓库

代管仓库也是一种比较常见的合作形式。这种情况一般发生在客户企业自己拥有仓库设施，在寻求物流服务时，将自己仓库的管理权一并交给物流企业管理。

4. 仓储作业的合理化

（1）货物存放的合理化

在货物存放中，为了保证货物的质量和商品流动的有效性，一般会遵循以下原则。

① 先进先出原则。在仓库保管中，先进先出是一项非常重要的原则，尤其是有时间性的产品，如果没有以先进先出的原则处理的话，恐怕会造成过期或变质，以致影响整个仓库的保管效益。当然，这也不是绝对的。有些货物为了满足特殊的需求，按先进后出原则的安排。

② 零数先出原则。在仓库中，时常会有拆箱零星出货的情况发生。因此，在出货时，应优先考虑以零数或者已经拆箱的货物优先考虑出货，除非整箱订货。

③ 重下轻上原则。在储存规划时，如果是多层楼房时，应该考虑较重的货物存放在楼下而较轻的产品存放在楼上。如果是使用选货架或者是直接平放地面时，则应该考虑较重的产品存放在下层容易进出的地方，而较轻的产品则应该存放在上层的位置。如此规划布置，才能避免较轻的产品被较重的产品压坏，同时，也可以提高仓库的作业效率。

④ ABC分类规划原则。在产品规划布置上，首先应该根据产品的出货频率将产品分为A、B、C三类。在作平面规划时，把出货频率高的A类产品规划在靠近门口或者在主干道旁边，把出货最慢的C类规划在角落或者是靠门口较远的地方，而B类产品则堆放在A类与C类产品之间。如果是使用托盘式货架时，则必须考虑将A类产品存放于货架第一层容易存取的地方，而将B类产品存放在第二层，将C类产品则存放于最上层比较不容易存取的地方。如果使用箱式料架，则按照人体工程学原理，将A类产品存放于人站立时两手很容易存取的中层位置，而B类产品则存放于需要蹲下时才能存取的位置，C类产品存放于需要使用梯子或者椅子才能存取得到的上层存储位置。

（2）第三方物流储位管理的合理化

① 储位管理的意义。随着货品流通的快速而复杂，对配送时效及市场少量多样化需求，在储存作业中会因流动频率及品种的增加而难以掌控。有效掌控货品去向及数量方法就是利用储位来使货品处于“被保管状态”，而且能够明确地指示储位的位置，货品在储位上的情况都能准确记录。储位管理就是提供储位的管理法则。

② 储位管理的原则。储位管理与库存管理、商品管理一样，它们的管理方法都是对原则的灵活运用，但储位管理，没有像库存管理、商品管理那样被明确定义。因此，要了解储位管理，首先要了解如下三个基本原则。

a. 储位明确。一般先将储存区域经过详细规划区分，并标示编号，让每一项预备厨房的货品均有位置可以储放。此位置必须是明确的，经过储位编码的，不可是边界含糊不清的位置，如过道、楼上、角落和某货品旁边等。

b. 有效定位。依据货品保管区分方式的限制，寻求合适的储存单位、储存策略、指派法则以及其他储存考虑因素，把货品有效地配属在先前所规划的储位上。所谓“有效的”，就是刻意的、经过安排的，如冷藏货品就该放入冷藏库内，高流通货品就该放在靠近出口处。

c. 记录变动。当货品有效地被配置在规划好的储位上后，剩下的工作就是储位的维护了，也就是说货品不管是因拣货取用或因产品太旧需换新，或是受其他作业之影响，只要货品的位置数量有了变化，就必须确实货品地变动情形加以记录，以使账款与实际数量能够完全吻合，这样才能进行管理。

③ 储位管理的储区分类。在上述三原则下，物流中心所有作业中使用到的保管区域均属于储位管理的范围。按作业方式的不同，可将储区分为四类，即预备储区、保管储区、动管储区和移动储区。

a. 预备储区。预备储区一般是指在进出货作业时所使用的暂存区。其功能在于进出货时，货品被暂时存放到并预备进入下一个储区。虽然货品停留在此区域的时间并不长，但若不严格管制就特别容易导致管理上的困扰。以物流中心的预备储区而言，常因“只是暂放而已”的心态，导致货品因为缺乏整理整顿的作业概念，致使货品置放凌乱，寻找不易，甚至常有损毁的情况发生。正因为如此，预备储区的管理纳入储位管理的范围，并以标示、隔离、定位等方式加以整理，配合目视管理与颜色管理。

b. 保管储区。此区域的货品大多以中长期状态进行保管，一般物流中心均以该区域为最大且最主要的保管区域。货品在此区域均以较大的储存单位进行保管，是整个物流中心的管理重点所在。为了使该区域的储放容量尽可能地大，就要考虑如何将空间充分运用，以提升使用效率。因此，必须采用合适的储位指派方式、储存策略及使用合适的储放设备和搬运设备，提高作业效率。

c. 动管储区。动管储区是指拣货作业时使用的拣货区域。此区域的货品大多即将被拣取出货，其货品在储位上流动频率很高。由于这个区域的功能在于满足拣货的需求，为了使拣货时间缩短及降低拣错率，就必须在拣取时能很方便地找到欲拣取的货品所在位置。因此，储存的标示与位置指示就显得非常重要。而要让拣货顺利进行及拣错率降低，还得靠一些拣货设备来完成。

d. 移动储区。移动储区是指在配送作业时，配送车上的货品放置区域，此区域货品存放在移动中的车上，故称之为移动储区。在配送的过程中并不如想象中那么方便和轻易地依次把货品一一送到顾客手中。由于现在的交通混乱状况，以及大多顾客都有收货时间的限制，因此常会发生当你把货品依配送店顺序由后向前，从配送车上由内到外依次排好后，配送中因塞车而延误了第一家和第二家上午的收货时间的现象，为了争取配送时间就必须把第三家先送，下午再回头送第一家及第二家，在这种情况下就得先把第一家及第二家的货搬下车，才可取得第三家的货，搬下车后再把第一家及第二家货搬回车上，如此搬上搬下浪费时间，这就是货品相对位置布置及配送顺序未能配合好的缘故。假如能预先在车上安排一回转空间，就不需把第一家、第二家货搬上来，只需直接在车上移动第一家、第二家中一家的货品摆放顺序，就可以轻易取得第三家的配送货品。另外，配送车上的货品若没有定好摆放管理规则，在出货配送时只是胡乱地把配送货品往车上塞，以增加出车装载率，其结果将使货品的配送顺序混乱，不得不在配送时花很多时间在车上寻找货品,甚至会有货品遗失情况发生,这些就是移动储区必须加以管理的理由。此外,商品未送达给顾客签收时,仍算是物流中心的存货,故必须有所掌握,库存情况才能与账目相符。因此,对移动储区加以重视及管理,如图 4.8 所示。

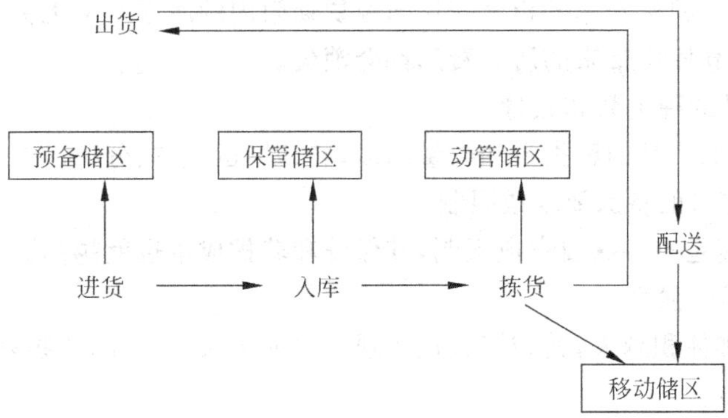

图 4.8 储位管理范围

从物流中心的类型来看,有货运业型物流中心、制造商型物流中心、批发商型物流中心和零售商型物流中心。在实际的操作过程中,不同类型的物流中心,由于其服务对象不同,对储位管理就会有不同的需求方向,因此对保管区分方式也有很大的差异。这些不同类型的物流中心就是因为其保管区分方式的限制,影响其对于储存单位、储存策略、储存指派等储存方法的不同选择。

4.3.3 第三方物流仓储成本分析

仓储成本由以下几个部分构成。

(1) 仓储运作成本

仓储运作成本包括:

① 固定成本:如建造、购买或租赁仓库等设施设备(仓库建筑物、货架等)所带来的成本,固定职工的工资等;

② 变动成本:包括各类仓储作业带来的成本,如流通加工成本、装卸搬运成本、分拣成本等。

(2) 仓储存货成本

仓储存货成本包括订货成本、资金占用成本和存货风险成本。

1. 影响仓储成本的因素

(1) 占用存储空间大小和期限

① 自建仓库:企业自建仓库是属于固定资产,它是为企业经营所需而且能够长期使用的固定设施,其服务潜力会随着其在生产经营中的使用而逐渐降低以至于消逝,它的价值也会随着固定资产的使用而逐步、分次地转移到成本中去,并最终从企业的收入中得到补偿。在会计上,这部分因固定资产使用磨损而逐渐转移的价值称为折旧。此外,自由仓库等设施设备的维修与保养费用也应计入此部分仓储成本。同时,值得注意的是,企业自有仓库一旦建置完成,所花费的成本就不会因为企业没有库存或不使用仓库而消失。

② 租赁仓库：租赁仓库的租金一般是根据企业在一定期间内租用地仓储空间的大小来收取的。租赁仓库的租金合约一般期限都很长(如3～5年),而企业租用的空间大小是基于该期限内的最大储存需求而定的。租金不会因为仓储空间没有被充分利用、存在空余而减小。因此,租赁仓库的租金费用与租赁期限内的库存水平无关。此外,如果企业停止租赁,则租赁仓库所带来的所有费用都会消失。

(2) 存储产品的种类数和数量

一般来说,存储产品的种类数和数量越多,装卸搬运成本、分拣成本等也就越多。

(3) 货物存储时的特殊要求或限制

货物存储时越是有特殊要求或限制,其保管和养护成本也就越高。

(4) 装卸搬运的强度

货物的重量和体积越大,其装卸搬运的强度也就越大。另外,货物是否集装化也会影响装卸搬运的强度。

(5) 订单的平均规模

订单规模越小,订单处理量越大,其订单处理的成本也就越高。

2. 仓储成本结构

- 固定成本：建筑,设备设施成本。
- 作业成本：进出库作业,进出库验货及盘点作业,日常养护保管作业,订单处理作业,信息管理作业,拣货作业,流通加工作业,管理分摊成本。

3. 第三方物流仓储定价构成

第三方物流服务提供商租赁仓库后再向受服务的企业收费一般由四部分组成：存储费、搬运费、信息处理费和附加费。

- 存储费,与企业在仓库中的存货数量与存储时间有密切关系。可按每月每存储单位收费,也可按货物的实际占用的仓储空间收费,以每平方或立方收费。
- 搬运费,反映了货物在仓储作业的数量。可按每存储单位每次收费。
- 信息处理费,可按订单处理次数收费,按每订单或出货单收费。
- 附加费,可包括特殊拣货作业,流通加工作业等。如按产品的物流清单,进行零部件的分类、整理拣货和装箱。

4.3.4 第三方物流仓储和供应链管理

第三方物流企业应从仓储配送环节入手,实现第三方物流信息系统面向客户及合作伙伴的双向沟通和密切合作,从而对供应链的各个环节加以有机整合,实现供应链物流一体化战略。

第三方物流仓储管理在供应链管理中的作用主要体现为以下三个方面。

1. 产品信息中心

一系列研究显示,行业中的先进企业取得竞争优势的关键就是充分利用信息技术来帮助企业降低总的物流成本和提升服务水平,利用信息技术将企业所有系统整合起来,将供应链中的所有企业整合起来,形成一个命运共同体。而在制造业的供应链中,上下游企业的形成命运共同体的纽带就是原材料和产成品，而汇聚这些信息的地方就是仓储部门或者是配送中心。所以我们应该充分认识到仓储部门或者是配送中心不仅是储存和处理货物的中心，也是储存和处理企业信息的中心。

2. 客户服务中心

在整个供应链中，起决定性作用的关键市场只有一个，即最终产品到达最终客户的这个交易市场。因此，整个供应链的所有其他环节都要围绕实现最终产品的销售而努力，尽自身最大努力实现最终产品的升值。第三方物流仓储管理部门是企业最接近客户的部门之一，客户对产品服务的满意程度在很大程度上取决于仓储部门的管理服务质量。

现代物流战略的中心思想就是以最小的物流资本和营运成本来实现客户满意度的最大化。仓储部门作业效率的高低和正确度会直接影响的客户的满意度，从而直接影响最终产品的销售情况。如配送的及时率，库存的缺货率，送货的可追踪性，订货的容易性等。所谓正确的货物，正确的单据，正确的数量，正确的时间，正确的地点，这些服务都需要仓储部门去实现。这些都是使整个供应链实现收益和增值的关键因素。另外，仓储部门作为一个直接为客户服务部门，除了上述客户服务的硬指标外，还有客户服务的软指标，如仓储部门的工作人员是否认识到沟通的重要性以及是否掌握和客户沟通的技巧等。这些软指标也会对最终产品的销售有着重大影响。

3. 绩效评估中心

第三方物流仓储部门在供应链管理中作为绩效评估中心，其具体表现在作业流程的标准化，绩效指标的最佳化，永续改进的自动化。要制定绩效评估工作流程，包括各个部门的绩效指标的确定和回顾，定期评估作业，评估分析比较，改进方案制定和实施以及奖惩措施等。重点从成本管理，客户服务水平，服务质量，生产率和资产管理等几方面入手进行评估作业。

例如，服务水平指标包括：订单实现率、缺货率、配送错误率、订单实现迟缓率，订单实现周期，配送可靠性，对质询的回复速度，回复正确率、订单完成率，客户投诉率，销售部门投诉率，服务的可靠性，总体满意程度等。

4.4 第三方物流库存管理

4.4.1 第三方物流库存控制

库存控制是实现库存策略的管理程序。具体来说，是在一个特定地点，负责控制可使用的一定数量的单位库存，以及跟踪记录它的增减。

从微观经济的角度讲，库存管理对企业的生存和发展起着至关重要的作用。一般来讲，无论是原材料库存、半成品库存还是产成品库存的积压都对企业的生存和发展产生极为不利的后果，因此，根据供应链管理和现代物流管理理论中的根据订单生产以及准时制生产等策略来最大限度地消除库存，以极大地提高企业的资金利用率。

从宏观经济的角度讲，成千上万个企业都根据需求和订单来采购原材料、生产产品加上信息技术的广泛采用，就会在极大程度上减少采购和生产的盲目性，减少社会产品库存的积压，消除了“牛鞭效应”，从而在很大程度上消除了因投资产能过剩而引起的剧烈经济波动，延长经济周期的时间，减少了传统经济危机爆发的次数，缓和了传统经济危机爆发的严重程度。

1. 影响库存控制的因素

(1) 库存策略

一方面是确定时间和数量来进行有关库存的采购和制造，同时包括库存的地理分布决策。另一方面是库存管理方法。一种方法是每个仓库各自进行独立库存管理。另一种方法是对所有仓库的库存进行集中管理和调配。日益完善的信息技术和整合经营计划使得更多的企业能够实施库存的集中化管理。

(2) 服务水平

是一种特定的管理绩效目标。有关库存的服务水平可以被测定、量化为订单完成周期，订单完成率等。库存管理和库存服务水平有密切的关系。一种策略是更高的服务水平需要更高的库存水平来实现。另一种方法是利用快速的运输手段以及同客户和第三方物流服务商的紧密合来降低不确定性，从而使得在相当低的库存水平情况下来实现高的服务水平。

(3) 安全库存

在物流系统中维持的库存，是为了抵御需求和物流系统运作绩效的不确定性。

(4) 库存成本

维持库存的开支。它是由年度库存维持成本的百分比乘以平均库存采购金额。库存成本包括库存的采购金额，以及有关库存的税金，保险，损耗和储存费用。

(5) 产品特征

产品的重量、数量、尺寸、比重、化学性质、有效期等都会直接或间接影响到产品库存的控制。

(6) 需求波动

销售预测是根据在库存补充周期内的库存需求来制定的。由于需求的不确定性，为了防止实际需求超出预测需求而导致缺货现象出现，不得不在基础库存的基础上增加安全库存。所以在需求不确定的条件下，平均库存就等于一次订货量的一半加上安全库存。

(7) 市场营销策略：促销和广告

(8) 采购订单：何时采购，采购多少，订单周期时间的长短

(9) 企业生产运营系统的可靠性

也就是订单周期时间的可靠性，从客户那里收到订单开始一直到实现订单的时间为止，这段时间的确定性。

2. 实现第三方物流库存控制的前提

要使客户将他的库存控制权委托给第三方物流服务提供商并不是一件容易的事情。这首先双方必须建立充分的互信关系；其次，第三方物流服务提供商必须具有强大物流服务能力。在此基础上，双方建立长期合作伙伴关系，建立战略联盟，信息沟通及时、充

分、有效，实现信息共享，第三方物流服务提供商的物流保障支持服务得力，为企业客户所属的供应链的增值同企业客户进行充分密切合作。只有这样，企业客户才能放心地将库存控制权委托给第三方物流服务提供商进行管理。

3. 实现第三方物流库存控制方法

实现第三方物流库存控制方法包括库存量的预测方法、库存水平的确定、库存订货量的确定、JIT 库存管理、供应商管理库存、联合库存管理、CPFR(Collaborative Planning Forecasting and Replenishment)即协同式供应链管理库存、订单生产库存管理等。所有这些库存管理方法目的都是在不影响生产、销售和服务的情况下，或者是将影响生产、销售和服务的情况限制在一定水平的条件下，把库存成本降到最低限度。

4.4.2 准时制管理和供应链管理

1. 准时制管理

准时制就是指按照客户要求的时间、地点、按照其需要的数量，生产或提供其所需的产品或服务。这样就意味着将库存降低到最低限度。并且所有的经营活动都要有益、有效，具有经济性。供应链的两个主要特征，一个是市场需求信息和资金的逆流而上；一个是产品和服务顺流而下，而供应链管理就是对这些流程通过服务链实施一体化运作，包括统筹安排、协同运行和统一协调，目的是使整个供应链价值最大化以及实现供应链整体效率的最优化并保证供应链中的成员取得相应的绩效和利益，来满足客户需求的整个管理过程。准时制要求供应链管理达到很高的水准，要求供应链的合作伙伴互相有很高的承诺度，合作伙伴之间在采购、生产和供应的统筹安排、协同运行和统一协调的深度和广度上，达到很高的水平。

2. 供应链管理

2000 年，美国宾州大学的一位教授马修提出金字塔概念。金字塔有四个边，第一个就是指要有正确的数据。第二个强调所谓的库存管理。第三个是预测，代表你对市场的掌握度有多少。今天很多供应链做得不好，就是因为预测得不好，因为预测是一个源头。最后一个就是所谓的供应链的速度，看接单速度、生产速度、采购速度、物流速度，还有对客户服务的速度。如图 4.9 所示。

供应链管理的实现，是把供应商、生产厂家、分销商、零售商等在一条供应链上的所有节点企业都联系起来进行优化，使生产资料以最快的速度，通过生产、分销环节变成增值的产品，到达有消费需求的消费者手中。这不仅可以降低成本，减少社会库存，而且使社会资源得到优化配置。更重要的是，通过信息网络、组织网络，实现了生产及销售的有效链接和物流、信息流、资金流的合理流动，最终把产品以合理的价格，把合适的产品，及时送到消费者手上。计算机产业的戴尔公司在其供应链管理上采取了极具创新的方法，体现出有效的供应链管理优越性。构造高效供应链可以从四个方面入手。

(1) 以顾客为中心

从某种意义上讲，供应链管理本身就是以顾客为中心的“拉式”营销推动的结果，其出发点和落脚点，都是为顾客创造更多的价值，都是以市场需求的拉动为原动力。顾客价值

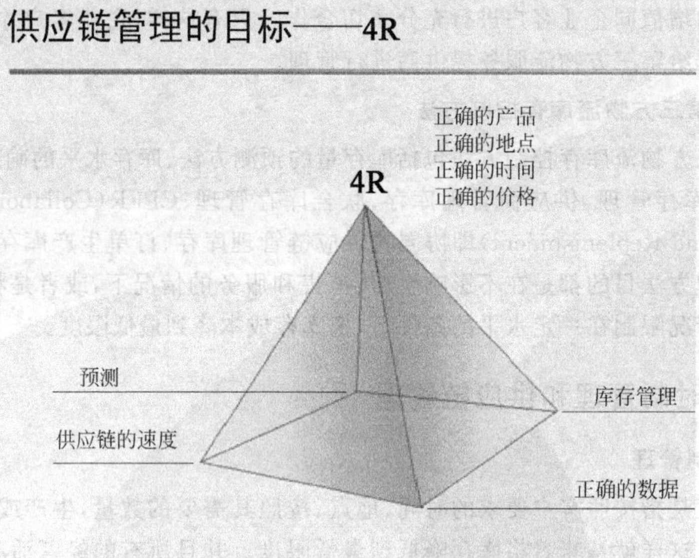

图 4.9 供应链管理的四大支点

是供应链管理的核心，企业是根据顾客的需求来组织生产；以往供应链的起始动力来自制造环节，先生产物品，再推向市场，在消费者购买之前，是不会知道销售效果的。在这种"推式系统"里，存货不足和销售不佳的风险同时存在。现在，产品从设计开始，企业已经让顾客参与，以使产品能真正符合顾客的需求。这种"拉式系统"的供应链是以顾客的需求为原动力的。

供应链管理始于最终用户。其架构包括三个部分：客户服务战略决定企业如何从利润最大化的角度对客户的反馈和期望作出反应；需求传递战略则是企业以何种方式将客户需求与产品服务的提供相联系；采购战略决定企业在何地、怎样生产产品和提供服务。

① 客户服务战略。第一步是对客户服务市场细分，以确定不同细分市场的客户期望的服务水平。第二步应分析服务成本，包括企业现有的客户服务成本结构和为达到不同细分市场服务水平所需的成本。第三步是销售收入管理，这两步非常重要，但常被企业忽视。当企业为不同客户提供新的服务时，客户对此会如何反应？是购买增加而需要增加产能，还是客户忠诚度上升，使得企业可以提高价格？企业必须对客户作出正确反应，以使利润最大化。

② 需求传递战略。企业采取何种销售渠道组合把产品和服务送达客户，这一决策对于客户服务水平和分销成本有直接影响。而需求规划，即企业如何根据预测和分析，制订生产和库存计划来满足客户需求，是大多数企业最为重要的职能之一。良好的需求规划是成功地满足客户需求、使成本最小化的关键。

③ 采购战略。关键决策是自产还是外购，这直接影响企业的成本结构和所承担的劳动力、汇率、运输等风险；此外，企业的产能如何规划布置，以及企业如何平衡客户满意和生产效率之间的关系，都是很重要的内容。

(2) 强调企业的核心竞争力

在供应链管理中,一个重要的理念就是强调企业的核心业务和竞争力,并为其在供应链上定位,将非核心业务外包。由于企业的资源有限,企业要在各式各样的行业和领域都获得竞争优势是十分困难的,因此它必须集中资源在某个自己所专长的领域,即核心业务上。这样在供应链上定位,成为供应链上一个不可替代的角色。

企业核心竞争力具有以下特点:第一点是无法复制,就是别的企业模仿不了,它可能是技术,也可能是企业文化;第二点是买不来,就是说这样的资源没有市场,市场上买不到。所有在市场上能得到的资源都不构成企业的核心竞争力;第三点是拆不开,拆不开强调的是企业的资源和能力具有互补性,有了这个互补性,分开就不值钱,合起来才值钱;第四点是带不走,带不走强调的是资源的组织性,好多资源可能像个人,好比你拿到了MBA学位,这时候你的身价就高了,你可以带走。这样的资源本身不构成企业的核心竞争力,带不走的东西包括互补性,或者它是属于企业的,好比专利权,如果专利权属于个人,这个企业就不具有竞争力。一些优秀企业之所以能够以自己为中心构建起高效的供应链,就在于它们有着不可替代的竞争力,并且凭借这种竞争力把上下游的企业串在一起,形成一个为顾客创造价值的有机链条。

例如,沃尔玛作为一家连锁商业零售企业,高水准的服务以及以此为基础构造的顾客网络是它的核心竞争力。于是,沃尔玛超越自身的"商业零售企业"身份,建立起了高效供应链。首先,沃尔玛不仅仅是一家等待上游厂商供货、组织配送的纯粹的商业企业,而且也直接参与到上游厂商的生产计划中去,与上游厂商共同商讨和制订产品计划、供货周期,甚至帮助上游厂商进行新产品研发和质量控制等方面的工作。这就意味着沃尔玛总是能够最早得到市场上最希望看到的商品,当别的零售商正在等待供货商的产品目录或者商谈合同时,沃尔玛的货架上已经开始热销这款产品了。其次,沃尔玛高水准的客户服务能够做到及时地将消费者的意见反馈给厂商,并帮助厂商对产品进行改进和完善。过去,商业零售企业只是作为中间人,将商品从生产厂商传递到消费者手里,反过来再将消费者的意见通过电话或书面形式反馈到厂商那里。看起来沃尔玛并没有独到之处,但是结果却差异很大。原因就在于,沃尔玛能够参与到上游厂商的生产计划和控制中去,因此能够将消费者的意见迅速反映到生产中,而不是简单地充当"二传手"或者"传声筒"。

沃尔玛的思路并不复杂,但多数商业企业更多的是"充当厂商和消费者的桥梁",缺乏参与和控制生产的能力。也就是说,沃尔玛的模式已经跨越了企业内部管理和与外界"沟通"的范畴,而是形成了以自身为链主,链接生产厂商与顾客的全球供应链。而这一供应链正是通过先进的信息技术来保障的,这就是它的一整套先进的供应链管理系统。离开了统一、集中、实时监控的供应链管理系统,沃尔玛的直接"控制生产"和高水准的"客户服务"将无从谈起。

(3) 相互协作的双赢理念

传统的企业运营中,供销之间互不相干,是一种敌对争利的关系,系统协调性差。企业和各供应商没有协调一致的计划,每个部门各搞一套,只顾安排自己的活动,影响整体最优。与供应商和经销商都缺乏合作的战略伙伴关系,且往往从短期效益出发,挑起供应商之间的价格竞争,失去了供应商的信任与合作基础。市场形势好时对经销商态度傲慢,市场形势不好时又企图将损失转嫁给经销商，因此得不到经销商的信任与合作。而在供应链管理的模式下，所有环节都看作一个整体，链上的企业除了自身的利益外，还应该一同去追求整体的竞争力和盈利能力。因为最终客户选择一件产品，整个供应链上所有成员都会受益；如果最终客户不要这件产品，则整个供应链上的成员都会受损失。可以说，供应链所属成员之间的合作是供应链与供应链之间竞争的一个关键。

在供应链管理中，不但有双赢理念，更重要的是通过技术手段把理念形态落实到操作实务上。关键在于将企业内部供应链与外部的供应商和用户集成起来，形成一个集成化的供应链。而与主要供应商和用户建立良好的合作伙伴关系，即所谓的供应链合作关系，是集成化供应链管理的关键。此阶段企业要特别注重战略伙伴关系管理，管理的重点是以面向供应商和用户取代面向产品，增加与主要供应商和用户的联系，增进相互之间的了解（产品、工艺、组织、企业文化等），相互之间保持一定的一致性，实现信息共享等。企业应通过为用户提供与竞争者不同的产品和服务或增值的信息而获利。供应商管理库存和共同计划、预测与库存补充的应用就是企业转向改善、建立良好的合作伙伴关系的典型例子。通过建立良好的合作伙伴关系，企业就可以更好地与用户、供应商和服务提供商实现集成和合作，共同在预测、产品设计、生产、运输计划和竞争策略等方面设计和控制整个供应链的运作。对于主要用户，企业一般建立以用户为核心的小组，这样的小组具有不同职能领域的功能，从而更好地为主要用户提供有针对性的服务。

(4) 优化信息流程

信息流程是企业内员工、客户和供货商的沟通过程，以前只能以电话、传真，甚至面见达成信息交流的目的。现在能利用电子商务、电子邮件，甚至互联网进行信息交流，虽然手段不同，但内容并没有改变。而计算机信息系统的优势在于其自动化操作和处理大量数据的能力，使信息流通速度加快，同时减少失误。然而，信息系统只是支持业务过程的工具，企业本身的商业模式决定着信息系统的架构模式。

为了适应供应链管理的优化，必须从与生产产品有关的第一层供应商开始，环环相扣，直到货物最终到达用户手中，真正按链的特性改造企业业务流程，使各个节点企业都具有处理物流和信息流的自组织和自适应能力。要形成贯穿供应链的分布数据库的信息集成，从而集中协调不同企业的关键数据。所谓关键数据，是指订货预测、库存状态、缺货情况、生产计划、运输安排、在途物资等数据。

为便于管理人员迅速、准确地获得各种信息，应该充分利用电子数据交换（EDI）、互联等技术手段，实现供应链的分布数据库信息集成，达到共享采购订单的电子接受与发送、多位置库存控制、批量和系列号跟踪、周期盘点等重要信息。

思科公司是运用互联网实现虚拟供应链的典范，超过 90%的公司订单是来自互联网，而思科的工作人员直接过手的订单不超过 50%。思科公司通过公司外部网连接零部件供应商、分销商和合同制造商，以此形成一个虚拟的、适时的供应链。当客户通过思科的网站订购一种典型的思科产品如路由器时，所下的订单将触发一系列的消息给其生产印刷电路板的合同厂商，同时分销商也会被通知提供路由器的通用部件如电源，组装成品的合同制造商通过登录到思科公司的外部网并连接至其生产执行系统，可以事先知道可能发生的订单类型和数量。信息整合也使整个供应链上的企业都能共享有用的信息。例如,沃尔玛与宝洁公司共享宝洁产品在沃尔玛零售网络中的销售信息,使宝洁能够更好地管理这些产品的生产,从而也保障了沃尔玛商场中这些产品的供货。

3. 准时制管理的层次性以及在供应链管理中的作用

准时制管理的第一层次就是5个恰当,即在恰当的时间、恰当的地点、以恰当的数量、恰当的质量提供恰当的物料;第二层次是消除库存和浪费;第三层次是持续性改进,第四层次就是员工对公司、集体的承诺和坚持。

准时制管理的库存管理目标不是管理库存,而是尽量消除库存。准时制管理认为应该根据下游最近客户的需求来拉动库存以满足客户需求,而不是根据客户需求的预测来推动库存以满足客户需求。准时制库存管理并不是零库存管理。准时制库存管理就像大卖场的补货管理。大卖场货架的商品就是大卖场的商品库存,客户将货架上的商品拿掉以后,补货人员就会定期检查货架上的商品库存情况,然后根据情况将货架上的商品补齐。这样,大卖场就可将大卖场的库存控制在很小数量上。就像我们驾车加油一样,你通常不会通过事先计划,或制定一个加油时间表来加油。你通常是,当你的油箱计量表显示油箱里的油即将耗尽时,这会触发你驾车去到某个加油站去加油。

所以说,准时制生产管理是根据需求拉动进行生产,而不是根据生产计划进行生产。由此,可将原材料、中间产品和产成品的库存降低到最低限度。从而最大限度地降低了供应链中的库存成本,极大优化了供应链管理。

4. 如何将准时制库存管理整合到供应链管理中

就像高水位隐藏了水下很多礁石一样,大量库存也隐藏了供应链管理中的很多问题;同样就像降低水位会暴露暗藏的礁石一样,库存降低也会暴露企业以及供应链中的很多问题,问题一旦被暴露,企业就没有退路,只能破釜沉舟,逼使企业想方设法尽快解决,否则企业生产经营就会陷入停顿,所以,JIT如果实施得当,能够快速提升产品的价值和改善企业经营效率以及整个供应链管理的效率,从而提升整个供应链/价值链的价值。同时也对实行JIT的企业及其所属供应链的上下游成员的能力和持之以恒的毅力提出很高的要求。

5. 丰田公司的案例

丰田公司发明了“看板制度”。将下游客户所需的货物的名称和数量,通过“看板制度”来拉动上游库存向下游移动。生产线的上游环节只有在接受到看板信息才会将上游环节生产的货物送到生产线的下游环节,同时才可以重新进行生产以补充被移送走货物,从而将所有库存包括原材料、中间产品和产成品降低到最低限度。同时准时制的采用可以加快货物的流通速度,降低库存水平,使补货时间更加精确,达到降低成本、提高服务水平的目标。高效、灵活的生产体系,离开了高效的准时物流的支持,是根本无法实现的。下面介绍日本丰田公司的实时物流战略,以及影响企业物流战略的主要因素。

(1) 零部件厂商对整车企业的实时物流供应

在实时物流中,取消了仓库的概念,例如丰田公司只设“置场”临时堆料,原材料和零配件只在此堆放几个小时,短的只要几分钟,就被领用。在“看板制度”下,许多零件是等到下一个制造过程需要的几个小时才上线生产。为使物流跟上生产的步伐不造成缺货或生产延误，丰田公司采用了全新的“拉出方式”，即在需要时由后工序的人员去前工序领取加工品的“领取方式”，此种方式存在于整个生产范围(包括企业外部的零部件、原材料的供给)。这种方式使主动权掌握在本企业手中，使得在需要时得到物流的实时服务。

实时生产能发挥作用，除了要求“准时化生产”外，还需要零配件厂商的实时物流做保障。为此，丰田公司采用了CAD(Computer Aided Design)即计算机辅助设计或CAM(Computer Aided Making)即计算机辅助制造技术，从而实现生产设计零电脑分解画面的进行、设计，并根据此资料设计车体的各部分构造，再用CAM生产出样机模型，然后分派给零件厂商，以适应生产需要。零配件厂商大多位于同一个工业园区，这样不仅降低了运输成本，使运送途中的损耗降低到最低程度，而且降低了所需的库存量。

零配件厂商和企业的关系是一种长期的、稳定的合作关系，是一种特殊的契约关系。一个零配件厂商的绝大部分产出都供应给一个或两个主机厂，而主机厂一般会在供应商那里拥有一定的股份和指挥权。由于在长期交易关系中居于支配地位，大企业可以要求协作企业采用“最佳时态”供货制，通过适时适量供应零部件来降低库存，提高有效开工率。准时物流的要求者会提供一定的资金、技术援助以推广准时生产和准时物流的概念和方式。同时供应商多少会建立一定的缓冲库存以备不测，以免失掉长期的合同。不能完全避免，但数量大大降低。

(2) 整车企业对经销商及顾客的准时物流服务

丰田公司将JIT生产体制和销售网络相结合，将日本全国经销商的电脑和丰田总公司的电脑联网，销售人员可以将客户订货的信息实时通知生产线，从而形成一个大规模的信息系统，订货手续大为简化，订单当天就可以传入总公司的电脑中，交货时间就可以减少10天以上，而且经销商的库存也减少70%～80%，大幅度降低了存货成本。由于建立了“灵活销售体系”，将产品分成小批量，以更快的速度销售出去，进一步降低了产品在流通领域的费用。

在运输方面，对于出口海外的产品，丰田公司所在的丰田市距海岸只有50千米，汽车可以一直由生产线开到码头，而远洋轮也实时地等待装船。消除了由于必须凑齐一定数量的汽车才能装船的库存费用。到岸以后，由电脑分配，直接交至各经销商手中，中间不需要存储。

丰田公司实施以人为本的准时物流战略，对全体经销商进行教育培训，根据市场反馈的信息，对经销商的促销政策和经营上的问题给以适当的指导，以提高销售效率，如商品知识指导、推销员培训、经营管理或财务指导、店铺设计、广告发布指导等，并从人员和技术上协助他们进行销售和售后服务。不景气的时期，通过协商，共同承担利润减少带来的负面影响，形成一种风险共担，利益共享的关系。

6. 影响企业物流战略的主要因素

(1) 经济全球化

随着经济全球化的发展，世界大商场概念在今天已成现实。跨国企业从世界各地寻找并控制原材料来源，在不同的国家建立生产基地，并将产出品销往国际市场。全球化使世界市场竞争加剧，同时使发达国家看到发展中国家市场所蕴含的巨大潜力。市场全球化必然要求企业物流功能的全球化。实施全球物流战略，需要建立与保持一个国际物流网络，其中重要的一点就是发展企业的准时物流系统，推进企业的全球化物流战略。

(2) 企业重组与兼并

20世纪80年代以来，在世界范围内兴起了企业兼并与重组的浪潮。许多企业实施企业兼并、资产重组，提高资产利用率和经营效率，发挥企业的核心优势。企业重组使得许多企业开始大幅削减管理人员，剥离不良资产，导致企业越来越多地利用第三方物流服务，即"资源外购"。

(3) 服务的灵活性

对客户需求做出反应的速度是影响企业物流战略的又一重要因素。企业物流在提高经销商与客户的服务水平方面能起很好的作用，同时企业物流服务亦能影响经销商的经营、成本和销售。单一不变的服务水平是建立在相同的客户需求基础上的。但是随着市场的不断成熟与发展，不同的目标市场、不同类型的客户对服务水平提出了不同的要求，企业必须正视这一现实，实施灵活的物流战略以满足不同客户的需求。

4.5 第三方物流流通加工服务

1. 以顾客为核心的流通加工服务

以顾客为核心的增值服务是向买卖双方提供配送产品的各种可供选择的方式，如快餐食品的专门递送、订货登记配送和按仓库、会员顾客、便利店等要求分别配置的"精选—定价—重新包装"服务。这类服务活动构成是：处理顾客向制造商的订货、直接送货到商店或顾客家及按照零售店货架储备所需的明细货品规格持续提供递送服务。这种增值服务可以有效用来支持新产品引入和基于当地市场的季节性配送。休闲食品的"工厂—仓库—门店"的配送，属于此类服务。家具装饰、乐器校音等；也是可以满足客户定制化装配要求为核心的增值服务。

2. 以制造为核心的流通加工服务

以制造为核心的增值服务是通过独特的产品分类和递送来支持制造活动的，如一家仓储公司使用多达6种的不同纸箱重新包装一种普通消费者洗碗用的肥皂，以支持各种促销方案和各种等级的贸易要求；有的厂商将外科手术的成套器具按需要进行装配，以满足特定医师的独特要求；还有家仓储公司切割和安装各种长度和尺寸的软管以适合特别顾客所使用的不同规格的水泵等。这种增值服务在物流渠道中都是由专业人员承担的。这些专业人员能够把产品的最后定型一直推迟到接收顾客定制化订单时止。显然，雇佣专业人员承担这种增值服务，与将这些活动结合进高速度的制造过程成为其中一个组成部分相比，意味着单位成本将提高。但是，由专业人员提供这种增值服务能够大大减少与生产不正确产品有关的预期风险。因此，以制造为核心的增值服务与其说是在预测基础上生产独特的产品，倒不如说是对基本产品进行了修正，以适应特定的顾客需求，其结果是改善了服务。

3. 以时间为核心的流通加工服务

以时间为核心的增值服务涉及使用专业人员在递送以前对存货进行分类、组合和排序，其一种流行形式说是"准时化(JIT)喂给仓库"。在准时化概念下，供应商向位于装配工厂附近JIT喂给仓库进行日常的递送；一旦某时某地产生了需要，喂给仓库就会对多家卖主的零部件进行精确的分类、组合、排序，然后递送到装配线上去，其目的是要在总量上最大限度地减少在装配工厂附近的搬运次数和检验次数。以时间为核心的增值服务的一个主要特征，就是排除不必要的仓库设施和重复劳动，以期最大限度地提高服务速度，提高工作效率和生产柔性化，减少成本，提高竞争力。

4.6 第三方物流的供应链管理

4.6.1 第三方物流供应链管理的整合

1. 供应链管理的框架

分工与制造模式的变化，导致贯穿整个产品价值链的管理变得更加复杂。纵向在一体化的制作模式下，对整个生产过程的管理集中于单个企业的管理层。但是，一旦生产环节分散到多个企业，就需要有一个核心企业来对整个生产过程进行协调。在这种背景下，一种新的生产管理实践在最近20年应运而生，这就是供应链管理（Supply Chain Management，SCM）。

所谓供应链，就是围绕核心企业，通过对信息流、物流、资金流的控制，将供应商、制造商、分销商、零售商直到最终用户连成一个整体的功能网链结构，它是一个结构化的产业组织模式，包含了所有加盟的节点企业，从原材料的供应开始，经过链中不同企业的制造加工、组装、分销等过程直到最终用户。

供应链管理的兴起导致传统的企业管理出现了两个重要的变化：一是资源管理的范畴从单一企业资源扩展到了企业集群的资源，每一个企业都要尽可能地与自己具有共同市场利益的企业形成战略联盟，来解决终端客户的具体要求；二是现代信息技术成为管理过程的基本支持手段。为了实现看板生产和精益生产模式，许多企业在采购、库存、资金管理方面都越来越多地借助于各类管理软件（尤其是ERP软件）和电子网络平台。而为企业之间的交易提供支持的物流公司、金融机构也通过各类电子交易平台提供电子订单、发票、网上支付等电子化服务手段，甚至利用全球卫星定位系统（GPS）来提高物流和财务管理的效率。

总体而言，供应链管理是指在满足一定的客户服务水平的条件下，为了使整个供应链系统成本达到最小而把供应商、制造商、仓库、配送中心和渠道商等有效地组织在一起来进行的产品制造、转运、分销及销售的管理方法。

供应链管理概念的形成初期，供应链的概念局限于与采购、供应管理相关联。用来表示与供应商之间的关系，这种观点得到了研究合作关系、JIT关系、精细供应、供应商行为评估和用户满意度等问题的学者的重视。最近以来，随着供应链概念的范围进一步拓展，即一个通过链中不同企业的制造、组装、分销、零售等过程将原材料转换成产品，再到最终用户的转换过程，供应链管理的内涵也进一步丰富。

2. 供应链管理整合重心的延伸——从物流层面到财务层面

长期以来，供应链管理研究和实践的重心放在了物流层面，而资金流或供应链财务层面的管理普遍被忽视，这一状况导致供应链管理的成本和效率潜力没有得到充分发挥，也已经影响到了供应链制造模式的整体运营绩效。

跨国公司全球性的外包和外采可以降低实物产品的成本，但是有可能损害整个供应链的资本效率，因为在新兴市场中，厂房和设备投资的融资成本更高。同时，跨国多方交易涉及额外的税费、运输延误、生产中断、金融监管，以及汇率风险等一系列问题，无一不对供应链的财务现金流提出挑战。此外，全球化的运作往往会延长数周的价值链周期，由此积压高达30%的流动资金。同样严重的是核心企业基于单独成本和现金流优化的一些反映个体理性的财务策略，往往以损害上下游的财务利益为代价，并导致整个供应链的团体非理性。

因此，针对上述问题的解决方案，无疑将带来整个供应链的成本和效率效应，并取得特别的竞争优势。

(1) 通过财务供应链管理整合降低产品成本

实践中，核心企业往往通过推迟对供应商的付款或加快向分销商转移库存来实现自己的财务经济性。但是，这些做法实际上形成了对上下游的资金挤压，结果往往导致整个供应链的融资成本高增，并且可能迫使供应商延迟原材料的购买，缩减在产品存货，进而推迟对核心企业的交货；或者迫使分销商延迟结算和高成本借款，从而给整个供应链的持续运营带来很大的风险。这样一种简单的成本转移，无疑是把上下游企业置于竞争的对立面，没有真正体现供应链成员直接共同体的原则。

这种状况给"财务供应链管理"(Financial Supply Chain Management，FSCM)的概念提供了理论和实践的空间。所谓财务供应链管理，就是通过实施供应链上下游诸多企业资金筹措和现金流的统筹安排，合理分配各个节点的流动性，从而实现整个供应链财务成本的最小化。因此，财务供应链管理的实施者是核心企业，其最主要的战略伙伴是以商业银行为代表的金融机构，直接的受众是供应链成员，最终获益的则是核心企业本身。

Aberdeen集团在其提供的《供应链融资发展状况报告》(2006)中提供了一个具体的案例：ATJ是一家在英国和爱尔兰拥有90家连锁店的快速时尚零售商。过去，其亚洲的供应商通常凭借ATJ提供的信用证，在当地银行贴现信用证项下的货款，以便获得现金流的支持。但这样做的代价是，贴现可能损失高达20%的货款。现在，ATJ为供应商提供了供应链融资服务。这样，供应商在集装箱装船离开码头时即可从融资提供商那里获得70%的货款，等到货物进入英国仓库时再得到剩余的30%货款。要做到这一点，ATJ必须向融资提供商传递供应商的信息，以便其准确地评估贸易背景的风险。使用供应链融资服务后，供应商可以挽回5%～10%的订单价值，而且ATJ本身也可以通过享有5%～10%的折扣率来分享这笔节约的价值，从而达成了共赢局面。

(2) 供应链融资的市场需求

根据Aberdeen集团的调查(2007)，在发达国家，运用供应链金融来改善财务供应链管理的做法日益受到重视，目前已经采用供应链金融解决方案的企业占被调查企业总数的1 5%，已有明确实施计划的企业占18%，正在调研的企业占40%，剩下的26%还没有任何行动。

根据同一份调查，买家(通常是核心企业)运用供应链金融的手段获得的最大益处包括：降低采购的单位成本(57%)，降低供应源的风险/减少供应中断(48%)，延长对供应商的账期/最佳应付账款平均支付天数(33%)。供应商获得的最大好处是：降低生产成本(52%)，降低应收账款回收天数(43%)，改善经营的连续性(38%)。对于供应商和买家共同的好处还包括获得低成本的贸易融资(43%)。以此可见，通过供应链整合降低整体供应链的融资成本，从而降低最终产品成本，提高市场竞争力的要求，是供应链金融市场需求的主要支撑。

调查还发现，一直以来核心企业在改善自身财务状况方面经常采用"延长支付账期"、"增加使用赊账结算"和"对供应商提前支付的折扣"等方法。但是由于这些方法与供应链管理的整合背道而驰、与供应链整体利益的最佳战略安排相冲突，因此，很多企业开始转向其他更有效的方式。大多数正在积极寻求供应链融资整合可行方案的买家认为，未来最好的融资方式是"对'供应商管理库存'给予融资"，而大部分供应商则认为，未来最好的新融资方式是"保理"、"应收账款贴现"和"存货融资"。

4.6.2 第三方物流的供应链金融管理(财务外包)

1. 自偿性贸易融资评级体系

所谓的"供应链金融"其实并不深奥，对商业票据或贸易货品进行抵押质押贷款，也早已是国际贸易中常见的做法。但国内某家中小银行的创新之处在于，大胆将国际贸易业务"移植"到国内贸易业务之中并且创造性地打破了以贷款企业的资产实力或担保为融资授信标准的限制，转而重点考察该企业的业务流，以及物流、资金控制的模式，从而衍生出一套新的信贷分析及风险控制技术。这可称之为"自偿性贸易融资评级体系"。

所谓"自偿性"'就是指企业通过银行资金支持做成贸易。该交易的销售收入能够为自己还清银行贷款。举例来说，一家自身资金实力不强的贸易公司，想为下游一家大企业采购原料，但仅凭自身实力是无法完成交易的。这时它可以求助于深圳发展银行，先由这家大企业为其开出商业承兑汇票，然后用这张汇票去银行抵押贷款，实现融资。在采购来的原料卖给大企业之后，其收入足以抵偿公司在银行的借款。据介绍.国外银行总收入中有 80%是来自于自偿性贸易融资业务。

自偿性贸易融资评级体系是借鉴《巴塞尔协议》，并在总结自身大量贸易融资实践经验的基础上推出的。正是基于这项创新的风险评审制度，使银行对中小企业的贷款风险大大降低。现在，自偿性贸易融资已确立为国内某些中小银行业务转型的主攻方向。

2. 供应链金融服务——供应链银行

① 供应链银行。自 20 世纪 80 年代以来，由于西方银行业管制的放松，利率的市场化发展，同时为了满足产业界供应链整合以及全球化的需求，银行的业务模式正在发生日益深刻的变化，银行的赢利方式以存贷利差为主转向以交易收费为主，存贷银行转变为交易银行。供应链的核心企业以及主要供应商将一部分财务活动外包给供应链银行，由它来统一筹划、实施整个供应链的合作伙伴企业的交易资金运作，投资融资和资产管理，从而提升整个供应链的资本回报率，降低整个供应链的运作成本。

② 银行业务组织架构变动。目前国内多家银行近期整合银行业务相关部门，提供融

资、结算、资管“一条龙”服务。某国有银行在近期整合原先的贸易融资和现金管理部，成立新的一级部门，与公司业务部配合专事满足对客户的现金结算及资产管理需求。银行与客户之间依赖传统信贷建立起的业务联系正在日趋淡化，银行需要提供一些新服务尽可能满足企业客户的实际需求，以增强客户的黏性。

而对利率市场化以及金融传媒的冲击，在传统信贷业务之外，谁能够成为客户的“交易银行”，为客户提供更多、更周到的服务已经变得前所未有的重要。据上述已完成部门整合的国有银行内部人士称，新设部门主要负责组织项目、管理企业客户的理财资产等，与公司业务部对接。公司业务部着重于客户营销，属于前台，而新设部门属于中台。像资金结算、跨行交易、资产托管等服务，银行一直以来都在做，只是之前分属于不同部门，产品服务都是分裂的，部门与部门之间的协作不多，也不被领导重视，而眼下贷款业务的赢利空间正在被挤压，交易银行是大势所趋。前述人士表示：“在交易银行的概念之下，这些业务被整合到一起，统一为客户提供服务，更理想的状态是直接与企业客户的财务管理系统对接。”

根据一家上市股份制银行提供的数据，其资金业务规模已在2002年首度超过信贷规模，对利润贡献度提升飞快。事实上，不少银行都在今年提出打造“交易银行”的公司业务战略，以对接企业客户境内境外、上下游企业以及跨行的资金划转和现金管理需求。

据了解，广发银行已较早效仿花旗银行完成贸易融资和现金管理两个部门的整合，并将现金管理、贸易融资和资产托管三大产品业务合为一体。已与深圳发展银行整合完成的平安银行也在探索“贸易融资＋现金管理”相融合的财富“1＋N”模式，主要是协助企业提高供应链条各个环节的资金使用状况，最终给企业提供“多个产品，一站式服务”的综合金融服务平台。

此外，民生银行在上海尝试设立产品与业务创新部，融合现金管理、投行、交易融资等功能，为中小企业提供订制化的产品服务。另一家华东地区银行表示，贸易融资部和现金管理部的整合是大势所趋，目前正在评估两个部门整合以后的效能，还没有形成最终决策。

3. 深圳发展银行的“供应链金融”品牌

早在2000年，时任深圳发展银行广州分行行长的胡跃飞就针对广州分行资产负债结构不合理、不良资产率高的情况，开展了专业化的“供应链金融”业务，并获得成功。

2005年，广州分行的“供应链金融”模式得到了深圳发展银行新的股东——美国新桥资本的认可，并酝酿向全行推广。2006年5月18日，深圳发展银行宣布正式整合推出“供应链金融”业务。

现在，深圳发展银行已整合了数十项产品（服务）到“供应链金融”中来。对于任何一个供应链节点的企业，如原料供应商、制造商、分销商、零售商等，都可以通过对其货品或商业票据进行抵押或者保理，选择到合适的融资方式。通过对其业务流和物流的监控来降低、控制交易融资的风险。

“这种融资方式不仅受到中小企业好评，还让它们的贸易伙伴，如中石油、中石化、兖煤、鞍钢、格力电器等知名企业更好地了解这些企业。”深圳发展银行总行产品开发总经理金晓龙向《中国经济周刊》介绍，“因为这种融资方式让上下游企业的资金情况更为透明了”。

截至2006年10月底，深圳发展银行贸易融资授信总额近700亿元，授信客户数千家，而不良贷款率仅为0.4%。“专卖店”式的金融展务，在让深圳发展银行区别于其他银行“百货公司”式金融服务的同时，也带来了非常可观的新增收益。

伴随着深圳发展银行“供应链金融”业务的成功开展，很多业内同行也嗅到了其中的“巨大市场”。据了解，深圳发展银行的该项产品在2005年就引来了民生银行、招商银行等股份制银行以及四大国有商业银行的侧目，并迅速开始了对供应链融资业务的争夺。

据介绍，目前深圳发展银行的货押融资、票据融资在能源领域居于业界领先地位。今后，他们打算将该领域的成功经验向更多领域“复制”推广，医药、有色金属、政府采购、电信经销商和大型厂商的配套厂等都将成为重点考虑的对象。

此外，深圳发展银行已经为数千家中小企业客户提供了贸易融资解决方案，并通过供应链融资，让越来越多的各行业大型企业认识到深圳发展银行的实力，成为其客户。有媒体称之为“农村包围城市”的发展战略。比如，以深圳发展银行的规模要获得一个行业核心企业如宝钢、一汽这样的大企业很困难，但通过给其上下游客户授信，顺着其业务链条，就可以顺理成章再做大企业的业务。

2006年，该行不仅在全行范围内整合建立了以贸易融资为核心的业务管理架构。适时推出“深圳发展银行供应链金融”品牌，还面向产业供应链，提供本行外币、离在岸、内外贸一体化的全链条金融服务。在深圳发展银行分布于全国18个经济中心城市的230多个网点中，供应链各节点的企业均可以享受到该行贸易融资专家提供的一站式“供应链金融”服务。

4. 供应链金融的业务模式

2003年，深圳发展银行在银行同业中率先推出了“1＋N”的供应链融资业务模式。在过去的几年中，这一模式被学者们不断赋予经济学和管理学的丰富内涵，并在各家银行推广供应链金融的实践中被广泛演绎。

“1＋N”中的“1”是指供应链中的核心企业；“N”是指核心企业上下游的供应链成员企业。“1＋N”是金融实践系统论的产物，即着重从整体与部分之间，整体与外部环境之间的相互联系、相互作用、相互制约中综合地、精确地考察对象，并定量地处理它们之间的关系，以达到最优化处理。正如一些学者所指出的，“1＋N”表达了深圳发展银行这样一种见解：即很多小企业是依赖一个大企业而生存的。企业的关系不是厂家间的堆积，而是一个生态群的整合。在供应链金融中，银行不会只是考虑供应链中某个企业的资信情况，而是把供应链企业的贸易关系综合起来考虑，提供的融资会渗透到这个交易链的每一个环节。

(1) 供应链生态系统提供的友好融资界面

供应链的运营与传统的单个企业的管理具有明显的差异性，这些差异主要可以归结为供应链的竞合性、多向链接和信息共享。

① 竞合性。供应链是一种伴生关系的企业集群，而其中的每个成员都有各自的利益函数。在利益最大化的驱动下，供应链成员间存在竞争关系。但另一方面，在整个供应链条上，任何企业要实现利益最大化，必须以整条供应链的价值增值和各合作伙伴共赢为基

础。因此，企业间的竞争将向着有利于供应链整体目标实现的方向发展。

② 多向链接。供应链各节点企业往往分布在不同的行业和领域，且各节点可能归属于多条供应链，部分功能复杂的节点很可能构筑以自己为核心的供应链，从而形成多向链接、网状交错的多维结构。

③ 信息共享。一个高效运行的供应链体系要求建立一个高度集成的信息共享平台，通过这一平台，所有的节点企业能够迅速地掌握上下游各节点的库存状况。生产计划以及市场需求预测等信息，从而及时准确地调整自身的经营计划。信息化样度高的供应链通过电子商务平台，合理分配并调度整个供应链的采购、生产、物流、销售、资金结算等工作。供应链运营的上述特征，显示了供应链成员之间在交易、利益和信息方面的强关联性，这种关联性也为银行提供了对成员企业批发式销售的基础。

首先，供应链生态环境提供的信息汇集(Information Pooling)有效降低了银行对授信企业的信息获取成本。而节点间的交错信息，则提供了信息印证和信息甄别的机制。更为重要的是，核心企业作为信息"集散中心"，其与银行的高度配合，为银行的贷前和贷后提供了关键性的信贷决策依据。

其次，供应链多层次的"树状"结构，为银行的客户开发提供了延展空间。由于某一供应链的成员可能也是另一供应链的成员甚至是核心成员，银行对一个供应链的开发可能触发对其他供应链开发的"开关"，由此带来业务开发的多米诺骨牌效应。对中小企业客户群而言，结合信息采集成本的降低，这种业务营销的规模经济，往往从根本上解决了中小企业信贷市场的成本收益倒挂问题。

此外，核心企业对供应链整体运行效率的关切，为核心企业提供了向银行推荐安全客户的有效激励。而成员在关联利益下构建的合作博弈框架，加大了每个授信企业的信贷违约成本。在这个过程中，原先银行与中小企业之间借贷的直接委托代理关系，通过核心企业的介入，进一步派生出银行与核心企业直接的准委托——代理关系，即银行委托核心企业对中小企业进行监督和约束，以此增加中小企业的违约成本，同时增加一个信贷跟踪的观察窗口。

从核心企业的角度来看，生产工序上的相互衔接使供应链呈现出生物链的特征，即大企业在生产环节上很依赖上下游供应链成员，因为某一外包环节的脱节将会导致供应链运行节奏的停顿。核心企业与中小企业在生产上的紧密联系，使知识通过生产过程传播给中小企业，而信用是属于企业隐性知识的范畴，故在价值链上和供应链上会逐步形成以核心企业信用为主导的信誉链，信誉经过综合、外化、内化和社会化的过程，使信誉链内企业在共享的同时，能与链外企业相互感染，使边际信誉度不断提高，从而形成信誉的"乘数效应"。

这种效应不仅使得供应链全体成员共同超越了银行的评审门槛，同时也为银行提供了沿着链条低成本顺次开发的自然通道。这样，供应链生态系统提供了一个面向融资的亲和界面。

(2) 营销的出发点

供应链本身包括信息流、物流和资金流三个维度。在供应链管理过程中，商业银行可以为供应链管理者——核心企业提供资金流管理解决方案，那么，电子商务企业和物流企业则分别承担着另外两个“流”的解决方案提供者的角色。从供应链金融的角度看，物流和信息流是触发银行向供应链成员企业融资和回收授信的基础变量，因此要实现三流的有序衔接，保证供应链金融业务运行的效率和安全性，应该在商业银行、电子商务公司和物流公司之间建立起合作联盟。

① 核心企业。供应链金融业务开发的最直接和常规的切入点就是核心企业，这也是国际银行业的一般做法。如第1章中所介绍的，全球化导致银行客户将业务环节外包到全球最具成本优势的区位，并逐渐以赊销方式替代信用证和托收作为供应链内部结算的主要方式，这导致银行对客户经营活动的介入日益边缘化。

为了在新的国际分工框架下密切与老客户的关系，并对客户源于供应链成员分散融资带来的财务成本不经济以及离散节点供应链成员的现金流困境作出积极的应对，国际性银行以与核心企业共同提供供应链融资系统解决方案的方式，重新找回了客户关系管理的新模式。不仅如此，供应链金融的实际效应还超越了挽留原有客户的初衷，因为国际性银行因此也寻找到了在新兴市场培育客户和延伸业务的有效手段。

国内的情况恰恰相反，供应链金融业务始于一货押授信业务为代表的中小企业自偿性贸易融资解决方案，从对“N”授信的个案中对“1”的责任捆绑，最终发展到直接找到“1”来批量开发“N”，经历了一个认识过程。当然，这一过程同时也伴随着国内的核心企业对供应链管理认识的深化，以及以此为基础对银行“1＋N”模式的价值发现。

因此，国内银行“1＋N”的开发模式运用可以有两条路径：从“1”到“N”，以及从“N”到“1”。前者仰赖于“1”在财务供应链管理方面的主动意识和经营的前瞻性，这些“1”往往是身处激烈的商业竞争环境中的企业。对于垄断行业、政策倾斜行业的核心企业，以及那些缺乏危机意识的大企业，通过对其“N”的先期批量开发，最后累积“N”对“1”的谈判筹码，实现对“1”的营销达成，也不失为一个有效的切入模式。在国内银行业的既往实践中，后一种模式屡试不爽。

② 第三方物流企业。第三方物流企业是供应链金融最常见的参与者，以UPS资本(UPS capital)为代表的一批金融物流混业经营的企业所获得的商业成功，证明了金融业与物流业在面对供应链贸易背景的视角上，具有天然的利益和价值契合点。简单而言，物流企业作为供应链金融切入点的价值存在于以下几个方面。

第三方物流企业客户与供应链金融客户高度重叠，因为供应链的内部物流，包括从供应商或是从核心企业或是从核心企业到分销商，构成了物流企业业务越来越重要的部分。因此，银行与物流企业的客户共享，实现多窗口的客户导入，是实现多金融营销的重要路径。

供应链融资的产品运用很多都涉及物流的控制，在这类业务中，第三方物流企业往往充当银行代理人的角色，监管信贷的支持性资产，并就企业的经营活动向银行提供预警。这类业务的客户将同时作为银行和第三方物流企业的客户，为第三方物流企业带来新的利润增长点。这方面的利益激励引导第三方物流企业积极发掘存在潜在融资需求的客户。

物流外包已成为现代企业扩张到特定发展阶段的趋势性选择，面对这一趋势，并依托主业项下的物流管理职能，引入金融增值服务来吸引外包业务，完全可以成为一种有效的竞争策略。在这种策略下,第三方物流企业的资源投入并未增加,但可以获得物流和动产监管的双重收益。

深圳发展银行在供应链金融业务的开展中,率先与包括中国对外贸易运输(集团)总公司、中国外运股份有限公司、中国物资储运总公司,中远物流有限公司及中铁现代物流科技股份有限公司在内的国内第三方物流企业签订了供应链金融业务合作协议,与国际物流业巨头 UPSC 建立全球供应链金融合作关系,目前与该行合作的第三方物流公司超过 270 家。每年深圳发展银行从这些渠道引入的新增客户也在 100 家以上,而深圳发展银行多年来也累计为物流行业创造了近 7 000 亿元的货押监管货值或物流运输货值。

③ B2B 电子商务交易平台。从国际经验看,供应链金融大多涉及电子商务平台的运用。Michael Lamoureux(2008)认为,技术提供商是供应链金融的使能者(enabler),它们提供了一个让商品交易和融资交易的各方相互对接的平台,平台将供应链的关键事件透明化,并提供若干交易环节完成标志作为"融资触发器"(financing triggers)。

供应链金融电子商务平台是对供应链内部交易和融资获得渠道的完全整合。当前最为流行的供应链金融电子商务平台主要聚焦于应付账款和应收账款从发生到实现各个环节的自动化,其中包括通过买卖双方的 ERP 与银行系统之间的对接,实现发票传递和结算的电子化解决方案,以及贸易融资中信用证和赊销结算方式的线上化。近来,发票融资、发票贴现和存货融资等功能也逐渐被引入此类电子商务平台中。

图 4.10 的金字塔描述了供应链金融不同层次的电子商务技术实现。最下面一层的基础性技术实现了买卖双方文件和数据的电子交换,即无纸化贸易。往上几层分别是建立在基础性技术之上的未来结算资金流的提前贴现,多环节的供应链融资,以及各种帮助核心企业评估供应链整体融资成本的分析工具。

在这个金字塔中,底层基础性技术至关重要,因为它提供了买方、卖方和金融机构之间的交易信息的可视度,这为金融机构融资发放的时间点和发放量提供了实时的贸易背景依据。

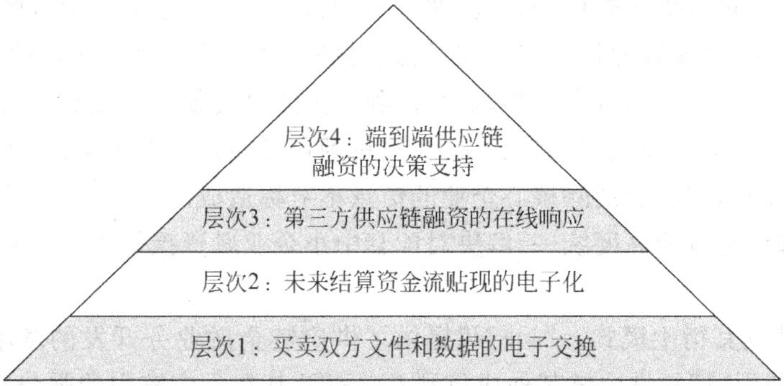

图 4.10 供应链金融电子化技术层次梯度图

5. "1+N"供应链融资设计方案

① "1+N"供应链融资是自偿性贸易融资在产品体系、营销模式与风险控制等方面

的深化。基于核心企业（“1”）组织众多配套企业（“N”）生产的供应链生产关系特点，深圳发展银行将上下游之间的贸易融资业务扩展到整个供应链，开发形成“1＋N”供应链贸易融资，简称“1＋N”供应链融资。这种融资既包括对供应链单个企业的融资，也包括该企业与上游卖家或下游买家的供应链的融资安排，更可覆盖整个“供—产—销”链条提供整体供应链贸易融资解决方案。

以对单个企业的融资安排为例：对核心企业的融资安排。核心企业自身具有较强的实力，对融费的规模、资金价格、服务效率都有较高要求。这部分产品主要包括短期优惠利率贷款、票据业务（开票、贴现）、企业透支额度等产品。

对上游供应商的融资解决方案：上游供应商对核心企业大多采用赊销方式，核心企业普遍对上游供应商采用长账期采购方式。因此上游企业融资方案以应收账款为主，主要配备保理、票据贴现、订单融资、政府采购账户封闭监管融资等产品。

对下游经销商的融资解决方案：核心企业对下游分销商的结算一般采用先款后货，部分预付款或一定额度内的赊销。经销商要扩大销售，超出额度的采购部分也要采用现金（含票据）付款。对下游经销商融资方案主要以动产即货权质押授信中的预付款融资为主、配备的产品主要包括短期流动资金贷款、票据的开票、保贴、国内信用证、保函、附保贴函的商业承兑汇票等。

② 基于供应链上下游物流——资金流连续循环流转的运营特点，深圳发展银行提升沿产业供应链“横到边、竖到底”的营销策略，提出“1＋N”供应链营销模式。深圳发展银行认为，“1”指供应链中的核心企业，一般都是大型高端企业，是供应链生态中的恒星，构成银行信贷风险管理的“安全港”。“N”是围绕恒星运转的行星及卫星，即通过供应链与核心企业相关的众多中小企业。

与若干分行早期贸易融资摸索从配套中小企业“N”入手，间接地服务核心企业“1”不同的是，“1＋N”供应链融资着意从总行与核心企业建立总对总合作、从“1”到“N”批量拓展供应链全链条业务。显然，这种链式营销模式更为高效。

③ 更加重要的是，“l＋N”供应链融资显著地改善了贸易融资风险控制状况。为了规避有关金融管制，银行借表外信贷融资（即“影子银行”），通过数周到数月的理财产品的销售，获得表外资金，企业则通过真实的或者伪造贸易单据从银行套取挪用授信资金及信用证业务跨国套利，获得巨额融资从事风险大、利润高的再贷款或者投资。与供应链的核心企业建立直接授信关系或紧密合作关系，相较货押业务通过第三方协议、票据业务连带责任的约束机制而言，有利于消除核心企业的信息不对称造成的风险，达到业务操作过程中物流、资金流和信息流的高度统一，解决对配套中小企业融资授信中风险判断和风险控制的难题。

④ “1＋N”及其衍生模式。“1＋N”提供了供应链金融业务开发的基本思路，其简单的逻辑在于：利用“1”与供应链其他成员利益关联及其在供应链中的强势谈判地位，引入“1”的信用开展对“N”的金融服务；同时，利用对“N”的面向贸易环节的金融服务，以及“N”与“1”之间的贸易、结算关系，进一步深化“1”对主办银行的依赖，并创造对“1”开发的更多机会。这种模式同样适用于其他“一对多”的贸易网络的开发实践。

4.6.3　利丰集团的供应链管理

1. 供应链的实物流程：运输与储存管理

实物流程包括整个运输过程、仓库管理、包装分配等处理实物交付接收的流程。现代物流将信息系统运用到实物流程的工作上，以提高供应链上各种材料、在半制品及制成品的移动效率。

(1) 实物流程优化的目标

现代物流的目标是缩短供应的前置时间，减少库存和积压产品，增强物流运输的准时性和准确性，同时增加成本的竞争力。利和经销作为第三方物流供应商，配合客户对物流服务的需要，使客户可以专注于产品的生产和销售。此外，利和的物流服务还可以发挥组合多个客户的规模效益，发挥协同作用，进一步减少每单位的物流成本。经过多年的发展，利和已建设了支持业务的软硬件，包括先进的物流中心网络(如 2001 年开始运作的新加坡自动化物流中心)、信息系统和管理知识，形成了它在亚太地区从事物流运输的核心竞争力。

(2) 增值服务

实物流程接触产品本身，故物流服务除了储存和运输外，还包括包装、上卷标、组合销售包等增值服务，将这些工作在物流中心统一完成，然后才把产品放到零售点去。这些增值服务符合客户延迟完成生产的目的，使最终产品更贴近消费者的需要。

(3) 信息系统

信息系统在实物流程上十分重要，例如仓库内的物流作业(入库管理、库存管理、出库管理和检货工序)，通过自动化的信息，配合使用条码技术、无线射频技术，可减少人工操作，提高整个工作的速度即准确度。信息系统是现代物流能大幅提升效率的前提。除利用内部系统外，利和还通过互联网上的货品追踪系统，使供应链的各节点伙伴能实时了解货品仓储、运输和分销的位置和概况，满足客户对信息的要求。

(4) 第四方物流

利和经销集团的国际物流业务，是利用多年实践供应链管理的经验，为不同行业的客户提供一站式的供应链管理服务的第四方物流公司。根据埃森哲咨询公司对“第四方物流”的定义，它是指“一个供应链集成商，结合自己与第三方物流供应商和科技公司的能力，整合及管理客户的资源、能力与科技”。第四方物流企业所指的供应链包括运输、仓储、融资、风险和信息系统等业务内容，而第四方物流公司提供的供应链方案则指运用运筹学的概念和先进的信息系统，配合第三方物流公司设计综合方案，优化以物流运作为中心的各项业务流程。

客户(包括外界企业和集团内的其他部门)将物流方面的工作外包给利和国际物流，后者便会协助重整与物流有关的工作流程和信息流程，并利用先进的信息系统，配合第三方和世界各国的物流公司，为客户执行日常的物流工作。

利和国际物流运用其供应链专业知识和信息技术，把供应链点到点的实物流程和信息流程集成起来，为客户提供更优化的供应链管理方案，务求降低整个供应链的成本和产品流通速度。第四方物流公司的服务不仅可以为企业提供最佳的物流供应链方案，还能使企业整合社会的物流资源，提高设备的利用率，减少重复的投资。

2. 供应链的资金流程：企业财务管理

资金是所有企业都非常重视的。供应链管理里的资金流程的优化，主要是资金取得和运用过程的优化，以及利用资金促进整个供应链的运作，使业务进行得更快。

(1) 财务的严格管理

首先，企业的资金是资产的一部分，尽量减少流动资金的占用，就可以提高赢利率，资金亦可投在回报更高的地方。减少流动资金占用的方法，主要在于减少库存数量，压缩应收款周期，腾出资金用在创造赢利和促进发展的刀口上，利用更完善的流程设计、物流和信息体系，可加快销售收入的实现。企业的财务管理必须有系统地切实推行，并得到管理层的重视和密切监控。利丰贸易将全球业务的财务管理工作集中在总部，信用证均有财务总监核实批准，此举就是为了使资金得到规范的利用，这不但能保障企业和客户的利益，而且可以提高企业的管理效率。

(2) 商誉无价

重视资金流程带来的另外一个重要竞争优势，是资金流程的严谨管理能为企业带来商誉，这是一项无形而宝贵的资产。遵循利丰集团的严谨操作原则利和经销从客户的财务管理到现金收支等各个部分的资金流程都由管理层有系统地监控操作。不少经销商和零售商在其经营的亚太区新兴市场的信用受到怀疑，增加了其建立销售渠道的难度。而利丰集团的商誉就成为争取供应商合作的一大优势。另外，由于在市场上已经营了一段时间，利丰对零售商的经营状况和信用状况亦有较深的了解，在同时实施严谨的财务管理下，能减少零售商坏账的风险。

(3) 利丰的角色

财务管理本身是一项相当烦琐的工作，即需要大量的数据支持，又牵扯到账务上的风险，客户在委托利丰管理实物流程的同时，间接使用了利丰严谨的财务管理系统从而可达到减少资金占用和加速资金流动的效果。

3. 供应链的信息流程

供应链的一切操作，都离不开信息的收集、处理和应用，不论是生产商、贸易商、分销商或零售商都是根据市场信息制定各种商业决策。作为协调供应链上各个单位工作的供应链管理者，利丰的工作就是不断与各环节沟通，了解最新的市场信息，并根据信息迅速作出决定，统筹和组织整个生产链网和销售链网的操作。

(1) 信息即沟通

信息流程是企业内员工、客户和供应商的沟通过程。过去只能通过电话、传真，甚至见面达到信息交流的目的，现在则能利用电子商贸、电子邮件，甚至互联网进行信息交流。虽然手段不同，但内容并没有改变。所以贯穿业务的信息流程，这是每个企业都不可缺少也不容忽视的。

(2) 商业模式决定信息系统

计算机信息系统的优势在于其自动化操作，流通速度快并可减少失误，是一个能带来很大效益的工具。信息系统的建立必须基于业务流程，商业模式决定信息系统模式

(Business Drives IT),同时要根据机构的设置和上下游伙伴的结合来设计信息系统的架构。这样,信息系统才能真正协助企业提高效率。

(3) 利丰的信息管理

利丰根据其业务流程和客户需要来设计各个信息系统,以求工作更具效率、更透明。利丰贸易拥有电子产品管理系统直接进口(Import Direct)和外联网跟客户进行互动,并追踪各项活动;另设有内联网协助进行内部信息的全球分享和迅速发布。利和经销建立了 Trigantic 信息平台,让客户通过互联网取得业务的重要数据,有利于客户判断、分析和作出快速反应。利和经销同时也使用 Road Warrior 和 Tradex 等先进技术来运作,优化销售和理货的管理。利丰零售旗下不同的公司均采用 e-POS 系统,实时提供销售、库存和消费者行为的数据。

供应链的实物流程和资金流程是硬流程,一般都有实体的流程,其效果容易彰显,易于理解和掌握。信息流程属于软流程,一般融入企业的运作,容易受到忽略。可是良好的信息流通过对优化供应链的管理往往是极其重要的一环。

本章小结

本章介绍第三方物流经营管理主要内容包括订单管理、运输管理,仓储管理,库存管理,流通加工以及供应链金融管理。重点分析了影响运输管理和仓储管理的因素以及它们的工作流程。重点阐述了第三方物流服务新的发展方向——供应链金融管理的业务模式。

复习与思考

1. 简述第三方物流经营管理内容。
2. 简述运输管理的基本原理。
3. 简述运输的一般业务流程。
4. 简述运输合理化的措施。
5. 分析影响运输成本的因素。
6. 简述仓储管理的基本原理。
7. 简述仓储作业的合理化。
8. 分析影响库存控制的因素。
9. 分析供应链金融的业务模式。

案例分析

案例1:沃尔沃第三方物流企业开源之道

极度分散而导致的低规模经济,节节攀升的油价,以及运输价格的不断下滑,正在蚕食着物流企业原本并不丰厚的利润。第三方物流企业的出路在何方？对此，业内专家指出，物流企业是时候告别直接降低物流成本的“节流”时代了，它们应该把更多关注的目光投向“开源”。

1. 危机与机遇并存

近期在湖南举行的一次研讨会上，全国政协外事委员会副主任周可仁披露了中国仓储协会的相关调查数据。据不完全统计，目前，我国生产企业原材料物流50%靠供货方提供，另有31%靠自己，第三方物流所占份额仅为19%；成品销售物流方面，27%的执行主体是生产者，18%来自第三方物流，55%是部分自理和与外包相结合；商贸企业物流执行主体27%为第三方物流，11%由供货方承担，62%由公司自理，而在这个领域，美国却有57%的物流量是通过第三方物流来完成的。在社会化配送发展得最好的日本，第三方物流业占整个物流市场的比例更是高达80%。

尽管物流企业近年来如“雨后春笋”般出现，但第三方物流的市场份额却始终难以有效突破。目前，仍然有近90%的货物运输是通过“原生态”的货运场站进行的，甚至有些原本采用第三方物流外包模式的制造企业，也开始琢磨绕过物流服务商，直接指挥货运场站的货车进行运输。

这既是一个危险的信号，更多的又是一种无奈。低水平的利润率使物流企业难以实现服务、信息化和利润的同步增长，而政策层面的一些不合理规定，以及高速公路的高收费比例，也成为制约第三方物流发展的重要政策因素。比如，我国关于半挂车的收费规定，就导致代表先进快速运输方式的甩挂运输难以得到推广。世界上70%的收费高速公路在中国，也反映出我国物流企业的负担沉重。

沃尔沃卡车公司（以下简称沃尔沃公司）作为全球著名的卡车提供商，对于各行各业的运输状况非常关注。该公司对中国和欧洲国家的物流行业所进行的对比研究表明，我国公路运输市场跟20年前的欧洲类似，快速发展的高速公路必然带动运输市场从公路零担网络逐步升级为快递网络，我国的物流企业正面临着一次重新洗牌的考验。随着一些重量级的物流企业不断涌现，物流行业分散混乱的局面将有望得到改善。与此同时，外部环境也在清晰地表达整合前兆：社会的平均流转规模下降，物流企业控制范围由小到大地发展，无关税障碍区域不断出现……随之而来的将是物流行业内部大规模企业并购重组的市场整合，优质的具有区域优势或细分市场优势的中小企业也有望获得丰厚的“价值重估”机会。

全球著名咨询公司IDC关于外资物流企业将进一步加快并购的观点与此不谋而合，而行业内的多起并购案例也印证着这个趋势。2007年3月，TNT完成对华宇的收购后，重资购入260辆卡车投入新公司使用，彰显出其对我国物流市场的信心；2007年6月，美国最大的公路运输商RYC World Inc收购上海佳宇物流有限公司，亦显示出中国物流市场对跨国企业的吸引和价值。

2. 创新的哲学

探究第三方物流困境的根源，沃尔沃公司的物流专家杨光喜告诉记者，第三方物流在承揽物流业务时，普遍存在一些认识上的“误区”。比如，他们认为上游企业在实施物流外包时，只是出于对非核心业务的简单外包，因此在接受外包业务后，只想从事职能业务的管理，而不愿意更深入地了解客户的业务并提供创新性服务方案，由此必然导致物流企业被视为可有可无的“苦力”。问题的实质是，高效供应链已成为决定企业成功的关键因素，企业实行物流外包的原动力，在于希望借助第三方物流提供其自身所缺少或无法及时掌握的物流运营能力，以此提升企业的供应链管理水平。对于第三方物流来说，只有充分认识到这一点，努力做好这一层面的工作，才能成为客户不可或缺的战略伙伴，才有机会分享客户的价值成长成果。

沃尔沃公司业务发展总监朱波用严肃的口吻告诉记者：“卡车是赚钱的工具，只有赚钱的用户才会认为沃尔沃是好的供应商，因此沃尔沃十分乐意帮助客户提高赢利能力。我们非常不愿意看到客户使用沃尔沃卡车后，成本反而提高了。哪怕出现一个这样的客户就是一个负面教材，那对品牌造成的负面影响是难以估量的。任何企业都不敢拿自己的品牌来开玩笑，何况沃尔沃这样一家全球著名的企业。”

据他介绍，作为卡车公司却来探讨和研究物流行业的问题，并为客户提供全面物流解决方案的，在中国只有沃尔沃一家。事实上，沃尔沃公司之所以跨越一步做出“分外之事”，去研究用户的客户，一方面是希望能够引导我国物流行业的消费观念；另一方面也是为了增加自身的话语权；同时，他们也希望能够凭借自己丰富的全球经验，从国外引进一些新的运输方式和先进的物流理念，更好地为中国的客户服务。

对于物流企业如何重塑市场这个问题，朱波根据沃尔沃公司对我国运输状况的了解和经验，提出了应对建议，“抱怨环境糟糕是毫无意义的，只有转变观念，创新服务内容，才是物流企业摆脱困境的唯一出路”。他表示，物流企业“开源”的方法有很多种，目的却只有一个，那就是通过创新去提升客户的经济效益。

云南玉溪的个体户老朱分多次多批购买了接近100辆沃尔沃卡车，并按照沃尔沃公司免费提供的物流解决方案，创新其传统的运输模式。新的高效运输方式单次运力达到2 000箱香烟，比以往整整翻了三番。通过核算，他发现创新后的运输成本几乎与铁路运输价格差不多，而且时效性上比铁路平均快15天左右。由此可见，老朱尽管为进口的沃尔沃卡车支付了比国产卡车更高的成本，但通过运输方式的变革，不仅轻易赢得了客户，同时也分摊了卡车的价差，还在很大程度上提升了企业的经济效益。

事实上，沃尔沃提供的全面物流解决方案能否为客户提升价值，是通过量化的数据进行对比分析而得出结论的，它并非能帮助所有物流公司摆脱困境。“实现企业效益的提升有一个前提条件，就是要保证一定的货运量，比如满载率达到70%～90%。”朱波介绍说，“当然，这个临界比例也不是“一刀切”的，还要取决于具体的运输方式和运输货种。总地来说，长途运输的满载率越高，对时效性要求越高，采用沃尔沃卡车的经济性也就越好。”

3. 从红海驶向蓝海

朱波告诉记者，制造业高效化导致物流外包，高效供应链服务包括企业内部和外包两种供应链关系，这种高效供应链应该具有集成不同操作系统、不同业务流程、不同运营平台以及不同管理方法的能力。能否给客户带来增值，即帮助企业增加利润、提高质量、降低经营成本、提高固定资产利用率和优化全球性成本等，是衡量供应链管理是否有效的标准。

从协同客户形成高效供应链的目标出发，创新物流服务内容和运输方式，是物流企业提高核心竞争力的有效手段。“沃尔沃通过和客户一起变革原有的物流模式，引导他们从关注成本到关注操作，进而关注协调管理和信息服务，真正实现从‘节流’到‘开源’的转变，同时使物流企业从简单的操作竞争上升到管理和创新能力的竞争。”朱波透露说，“在这方面，沃尔沃通过丰富的全球经验和自身努力，已经帮助国内烟草、危险品、冷藏等诸多行业的用户进行运输方式的变革，使他们成功地从红海驶向蓝海。”

他认为，在创新模式的选择上，物流企业现阶段还不能盲目追求第三方物流的运作模式，而要根据自身的特点，为制造企业提供阶段性的有特色的物流服务。为此，沃尔沃提供了两个可供选择的发展模式：一是以大货主为依托，按照货主的物流服务要求和标准来改造现有储运资产的结构和功能，并重整业务流程，为特定的制造企业或特定的货种提供专业化的物流服务；二是作为更大的物流系统的子系统，提供阶段性的延伸服务。

“有的人说，做事越多，越容易犯错误。这话一点都不假，沃尔沃为用户免费提供物流解决方案，每隔一段时间分析客户的用车情况，对车辆的使用情况，车况诊断和预防提出改进建议，表面上出问题的次数显得更多了。”朱波停顿了一会儿，用坚决的语气接下去说，“但是，作为一家有责任感的公司，即使明白多做事可能会导致差错，也决不能因为害怕错误而不做事情。如果害怕出错，那只有什么都不主动去做才是最好的了。”说完，他面露微笑，欣慰告诉记者，“好在大部分客户对沃尔沃的方案表示欢迎，毕竟客户知道什么是能为他们带来价值的，也很清楚事前预防比事后维修的成本低很多。”

在我国物流业急需提升专业化、社会化服务水平的今天，对物流企业而言，一方面，要对行业发展趋势有一定的客观认识，做好应对困难时期的心理和物资准备；另一方面，要加强对客户需求的研究，寻求和引导客户物流革新的机会，加强自身的话语权和竞争力。总之，第三方物流肩负着左右我国物流业发展高度的重要使命，应该与供应链上、下游专业的合作伙伴一起，洋为中用，取长补短，视物流业创新与发展为己任。

思考题：

1. 甩挂运输有什么好处？
2. 为什么我国高速公路收费既多又高？
3. 客户引进第三方物流的原因是什么？
4. 我国难以实现第三方物流服务的原因有哪些？
5. 沃尔沃公司是什么公司？它为什么会介入物流领域？

案例 2：利丰贸易对供应商网络的管理

第 1 节　对供应商网络的良好管理

对利丰贸易来说，采购和生产过程中最大的挑战不是找到供应商或制造商，而是管理供应链中的材料供应商和制造商。由于消费者的口味变化迅速，产品变得越来越对时间敏感，这使得利丰贸易必须缩短生产周期以适应不断变化的顾客需求。此外，现代消费者对产品的材质是否符合标准、生产过程是否环保及工人权益是否受到保障等问题也十分关心。

为了保证能够达到顾客对产品质量的要求，利丰贸易必须严密监测生产过程的每个阶段。但这并不意味着利丰贸易要取得工厂的控制权。如果由染毛线到缝服装的每一个细节都必须详细检查，利丰贸易需要花上比现在多数倍的人力资源。因此，利丰贸易不会在细节上指定工厂应该怎样完成它们的工作，而是集中于规范最后的产品和生产过程，保证制成品可以符合顾客的要求。例如，指示承办染色的供应商达到最终产品的交货规格、将纺织品付运的日子、产品颜色、质量和必须付运到的地点等方面的要求。

利丰贸易不会去影响每个供应商或制造商完成工作的方式，因为它将自身定位为整个供应商网络的指挥者。在整个生产过程中，利丰贸易只需确保每个供应商都达到指标，并且最终产品符合质量标准及准时交付到顾客手中。但是，利丰贸易是一间"无烟工厂"，它没有自己的工厂，没有生产工人，也不用承担经营工厂的责任，那么它如何做到令40多个经济体内的一万多家供应商都诚意为每张订单保证产品的质量及准时交货的呢？

利丰贸易对供应商的管理策略主要有四个方面。

(1) 控制订单，使订单量占供应商产能的30%～70%。这样，一方面可以使利丰贸易成为供应商举足轻重的客户，使之在质量和生产配置上尽力配合利丰贸易客户的快速生产需要；另一方面又不致使供应商完全依赖利丰贸易，因为利丰贸易希望供应商仍有机会去和别的客户合作，在新的工作过程中吸收新的技术与能力，最后回馈到利丰贸易上。

(2) 协助供应商升级。因为利丰贸易的客户群广泛，供应商与利丰贸易合作，有机会从制造低档产品升级到制造高档产品。利丰贸易提供重要的激励给供应商，使它们有机会改进自身的表现和技术标准。利丰贸易的员工为每一类产品供应商建立了详细、可测量的基准，并且严密监测供应商的产能水平和产品的质量。利丰贸易会详细地向供应商反馈它们的表现、优点和不足等信息。供应商能与利丰贸易一道持续改进。这种相互合作创造了一个强有力的平台，令供应商可以不断提高它们的业绩。一些大型零售商，每年都找固定的供应商制造同一款式的商品，但价格一年比一年低，把供应商挤压到没有生存空间，相比之下，利丰贸易则会帮助伙伴升级，一同争取订单，共同分享利润，这正是利丰贸易的供应商网络得以壮大的一个重要原因。

(3) 提供金融及技术支持。利丰贸易愿意与供应商分担责任，协助供应商解决其采购和生产的问题，必要时利丰贸易还会向供应商提供信息技术及融资来推动生产。例如，在1997年亚洲金融危机期间，许多工厂不能获得信贷支持购买需要的原材料，利丰贸易便提供经费给一些有生产实力的工厂，令工厂生产得以延续。在某些情况下制造商购买原材料的数量较少，利丰贸易则通过它庞大的网络整合采购额，为制造商取得一个更好的价格和更加快速的交货日期。

(4) 进行日常监控。利丰贸易的质检员经常直接进出工厂，检查供应商是否严格按照利丰贸易客户的标准进行生产。如发现不按照协议生产，利丰贸易就会与工厂协商改善，若工厂始终不能达标，利丰贸易便会终止与该工厂的合作。利丰贸易要求工厂遵守的守则会在下一节详述。

简言之，利丰贸易为网络中的成员提供知识和技术指导，激励网络中所有供应商和制造商与利丰贸易共同合作。利丰贸易在整个网络中处理信息交流，以及与顾客和供应商的关系，达到缩短生产时间、减少费用和降低风险的目标，与合作伙伴共同创建符合各类顾客需求的供应链。

虽然上述对供应商的管理方法十分有效，但真正令供应商乐意与利丰贸易合作，结成战略联盟的，则是利丰贸易长期一贯的诚信经营及与伙伴共存共荣的精神。

第 2 节 供应商守则

利丰贸易设立了一套供应商守则，其遍布全球的认可供应商均须遵守。该守则是根据相关国家的法律、法规及国际劳工组织的主要公约而制定的一套标准。这些标准包括以下 14 个方面。

1. 童工

供应商不应使用童工。童工是指年纪小于当地应完成义务教育年龄，或小于 15 岁者。供应商必须核实工人的年龄，保留证明工人年龄的记录。供应商必须遵守所有适用于未成年人的有关工作时间和条件的法律、法规。

2. 强迫性劳工

供应商不应使用强迫性劳工。强迫性劳工是指任何在被威胁、不自愿或被惩罚的情况下工作，以及所有受契约约束、被囚禁和被强制劳动的人。

3. 纪律措施

供应商不应对工人使用体罚或任何形式的生理上的或心理上的威逼。

4. 非歧视

供应商应根据工人的工作能力来做聘任的决定，不应将性别、种族特征、怀孕或婚姻状况、国籍或文化、宗教或个人信仰等因素与聘用、薪酬、福利、解雇或退休事宜相联系。

5. 健康与安全

供应商应依从所有适用的法律、法规保持一个干净、安全和健康的工作场所。供应商要保证工人有清洁的饮用水、卫生的洗涤设施、足够多的洗手间，并确保工作场所照明充足、透气、有足够的灭火器和安全出口。供应商还要保证为工人提供的食堂和宿舍也符合上述标准。

6. 环境保护

供应商须依从所有适用于保护环境的法律法规，如有因供应商引起的环境事故发生，必须依程序知会地方政府。

7. 薪酬和福利

供应商应遵照所有适用的法律、法规为工人提供合乎当地水平的薪金和福利。加班费要按法律规定来计算，不论工人的加班补偿是以每小时计算还是以计件工计算。

8. 工作时间

供应商不应要求工人每星期工作超过 60 小时（包括加班时间）或法律规定的每周工时（以较少的为准）。供应商应保证工人七天至少有一个休息日。

9. 工会自由

供应商应尊重工人享有以合法及和平的方式结社、组织及集体谈判的权利。

10. 让工人认识供应商守则

供应商应让工人知悉供应商守则的内容并将守则内容翻译成本地语言，展示于每一处工人容易及经常接触的地方。

11. 法律规定

供应商应遵守所有有关其企业品行的法律规则，包括上述提及的规定。

12. 承包商和供应商

供应商要保证其承包商和供应商遵守此守则。

13. 服从监视

利丰贸易及其委托人有权到供应商的生产设施进行定期和突击的检查，保证供应商遵照此守则规范。在检查期间，利丰贸易及其委托人有权查看供应商保存的雇员记录及采访工人。

14. 惩治行为

当供应商被发现违反此守则，利丰贸易和有关的供应商会及时协商一个更正问题的方案。如果供应商是故意或重复地违反此守则，利丰贸易及其委托人将采取适当的惩治行为，包括考虑取消订单或终止与供应商的生意往来。

第3节 供应商及工厂评估

利丰贸易非常重视产业的社会公信力，并且要求所有的供应商和工厂遵照《利丰有限公司工厂评估指引》(*Li & Fung's Factory Evaluation Guide Book*)列出的各项标准。此评估指引主要让厂商了解利丰对客户的承诺以及对厂商的考核标准。

厂商评估包括下列几个考查范围：

社会责任评估(Social Compliance Evaluation)

产品来源地评估(Legal Trans Shipment(C/O) Compliance Evaluation)

反恐安全管理评估(C TPAT Compliance Evaluation)

根据业务合作内容及进出口国的规定，厂商必须对全部三项或其中至少一项进行评估。其中，社会责任评估为每一家厂商都需要进行的评估，不在中国生产的厂商需要进行产品来源地评估，商品出口到美国的厂家则需要进行反恐安全管理评估。

针对上述考查范围，在进行厂商评估前，利丰要求厂商提供一套工厂评估前应提供的资料(Pre Factory Evaluation Documents)，并向厂商提供一份自我评估问卷(Self Assessment Form)，令厂家更清楚地理解利丰对供应商及厂商的期望。

一、社会责任评估

利丰对履行企业社会责任非常重视，它要求所有供应商和工厂均须遵照它所订立的社会责任遵章。每一家承接利丰订单的工厂都必须执行《工厂评估指引》内列出的要求。利丰会对它的供应商工厂定期进行评估以确定它们是否符合顾客对产品在承担社会责任方面的期望。以下是不符合社会责任的三个等级及处理方法。

1. “零容忍”

当一家新工厂评定值为“零容忍”时，利丰便不会发放订单给这家工厂。如该工厂已经是利丰现有的供应商，利丰会执行一项撤退策略，以后终止与该厂合作。以下是一些被评为“零容忍”的例子：

工厂正处于诉讼之中

工厂进行非法转运

工厂使用假文件(如：工作时间卡与生产记录不符)

工厂不允许利丰监察员检查相关记录、进入工厂或与工人接触

工厂使用童工，囚禁、强迫或强制劳动力

工厂对工人实施体罚或性骚扰

工厂的操作没有合法的许可证和出口许可证

2. 立即行动

当一家新的或现有的工厂评定值为“立即行动”时，利丰允许工厂予以纠正，但需要在某一时间内（一般为2～12个星期）达到利丰供应商监察部设立的指标。若当事工厂到指定时间仍然未达到协议规定的指标，供应商监察部可能将评定值升级到“零容忍”，并且实行撤退策略，以后终止与该厂的营业关系。如工厂有特别的困难，可向利丰的供应商监察部申请延长更正时间，供应商监察部可以就个别情况酌情考虑。被评定为“立即行动”的例子有：

工厂没有向工人支付不低于最低工资水平的工资

工厂没有给工人正确的超时补薪费

工厂对工人施行罚款制度

工厂每星期工作超过60小时

工厂没有提供健康与安全的工作环境

工厂没有提供健康与安全的宿舍环境

3. 持续改善

当一家新的或现有的工厂评定值为“持续改善”时，利丰允许工厂采取更正措施，但必须于指定的时间内（一般不超过24个星期）完成。如工厂不依从协商的时间表采取改善措施，利丰供应商监察部会将工厂的评定值升级为“立即行动”，并要求工厂在更紧的时限内作出更正。工厂若有特殊的困难，亦可向供应商监察部申请延长改善时间，利丰可以就个别情况酌情考虑。被评定为“持续改善”的例子有：

工厂需进一步改善工作地点的环境

工厂需进一步教育工人对健康与安全的意识

工厂需进一步教育工厂主管该如何对待工人

工厂需进一步改善工人宿舍的环境

二、产品来源地评估

这项评估是为确保供应商或厂商的纺织品和服装符合来源地的守则。供应商或厂商未能遵守来源地的守则，会触犯刑事及民事法律，受到严重的制裁并被列入黑名单。美国方面已把有如下行为的海外供应商或厂商列入黑名单：(1)被发现违反美国来源国法律；(2)在本国因违反来源国法律而承认接受或已接受行政惩处；(3)经美国海关考察后，被定为是非法转口、倒闭或没有生产记录；(4)被限制运送货物到美国。这些名单现已包含数以百家来自中国香港、中国澳门和中国台湾及其他司法地区的公司。本地的海关机构亦可能针对来源国的违规事项，采取不同的行政或司法的惩罚。

再者，美国海关可扣留、拒绝或要求重运产品来源地可疑的货物。这些措施将严重干扰利丰客户的业务，甚至给客户造成大量的金钱损失。

利丰不会容忍出现任何非法生产或运载的货物，并且不会跟已被列入上述任何名单

或被发现违反来源国守则的公司进行生意合作。

利丰会派员到每家新承接订单的厂房进行评估。任何厂房在进行生产工序之前，都要确定该厂房拥有足够的相关能力(包括机械、员工等)，并符合产品来源地的法规。利丰的评估人员将抽检供应商或厂商现在或以往的船运记录，从而判定供应商或厂商是否符合产品来源地守则。这些档案及记录包括但不限于：

(1) 原材料记录：包括购买订单、发票、存货记录及付款记录；

(2) 每个生产地点的生产记录：包括规格表，成本报告，剪裁、缝纫及编织卷标和记录，每位工人每天生产的详细表现记录，生产工序及数量，以及每日的生产记录簿；

(3) 员工在每个生产地点的记录：包括证明员工年龄、员工合约的记录，每位员工的薪酬计算方法(按量计算或按日计算)的详细报告、薪金总额、支薪记录及工时记录卡；

(4) 分包记录：包括分包合约、发票、存货记录及付款记录；

(5) 运输记录：包括付运收据、包装目录、装载的账单等，涵盖原材料、成衣部件及制成品在产地进出口的海关清关记录；

(6) 政府的表格及登记：包括认可的工厂牌照及登记、进出口牌照、通知书及船货清单、海外加工的申请，以及产地来源证的登记及申请；

(7) 机器及一般记录：包括公用服务账单、机器购买及维修记录；

(8) 利丰及客户要求索取的其他文件：包括生产摘要、信用证、证明或承诺书等。

工厂一经被发现从事非法转运，就会收到利丰给出的“零容忍”评级。利丰不会与该工厂继续业务合作。如工厂已是利丰的供应商，利丰将撤出与该工厂的所有合作。部分非法转运的例子有：

工厂已被列入美国非法转运者名单；

工厂已承认或被当地政府定为从事非法转运；

在利丰的评估过程中，供应商或厂商被发现正非法在其他国家进行主要的生产程序，而该生产工序原本应在来源国进行；

在利丰的评估过程中，厂房工人正进行主要的生产工序，但并没掌握所需的专门技巧，或者正在伴装工作；

伪造产品来源国证明(例如工时记录卡、薪酬记录、工作许可证，生产记录、运输文件或进出口许可证等)；

面对未来30年的发展，我相信将会是中国内地与中国香港两地在服务业的融合，亦即两地经济进行第二次、以服务业为核心的结构合理化。现在中国内地的相对优势，在于有大量的制造业产业集聚群，以及较强的科技实力。

经过30年的高速发展，中国政府深明若产品要创造更高的价值，务必得到先进的生产性服务业的支持。这种先进制造业与生产性服务业合作的模式，就是2003年中国内地与中国香港签订更紧密经贸关系安排(CEPA)背后的经济理念，也是中国政府在“十一五”规划中大力发展服务业的原因。

目前，中国内地服务业占经济份额只有四成左右，而中国香港服务业却占生产总值超过九成，其中，金融、物流、会计、法律、测量及旅游等生产性服务业更臻国际级水平。在此情况下，中国内地若要加快提升产品的价值，便需引入中国香港成熟的生产性服务业，在合作与竞争的过程中壮大并提升内地服务业及整体经济之水平。我相信，这个过程会为利丰、众多中国香港及中国内地企业带来很多商机，并会将中国经济的整体实力推向更高的台阶。

思考题：

1. 利丰贸易如何控制供应商？
2. 何为供应商守则？
3. 供应商的评估范围有哪些？

第 5 章　第三方物流项目管理

本章关键词

√ 第三方物流项目管理(TPL Project Management)

√ 第三方物流项目招标(Invittion to Bid for TPL Project)

√ 第三方物流项目投标(Bid for TPL Project)

√ 合同管理(Contract Management)

√ 第三方物流项目监控(TPL Project Monitor)

互联网资料

http://www.project.net.cn

http://info.jctrans.com

http://www.zhaobiao.gov.cn

5.1　第三方物流项目管理概述

5.1.1　第三方物流项目管理定义

第三方物流项目管理是指第三方物流项目管理者为了实现其目标，按照客观规律的要求，运用系统工程的观点、理论和方法，对第三方物流项目发展周期中的各阶段工作进行计划、组织、控制、沟通和激励，以取得良好效益的各项活动的总称。

第三方物流项目管理概念的要点主要表现在以下几个方面。

(1) 管理的客体

管理的客体是第三方物流项目发展周期中的全部工作。

(2) 管理的主体

管理的主体是第三方物流项目管理者，他负责对第三方物流项目发展周期全过程的管理。

(3) 管理的目的

管理的目的是实现第三方物流项目目标。管理的性质和功能决定了管理本身不是目的，而是实现一定目的的手段。第三方物流项目管理的目标是：在有限的资源条件下，保证第三方物流项目的时间、质量、成本达到最优化。

(4) 管理的职能

管理的职能是计划、组织、控制、沟通和激励。离开这些职能，项目的运转是不可能的，管理的目标亦无法实现。

(5) 管理的依据

管理的依据是项目的客观规律。管理是人的主观行为，而主观行为必然要受到客观规律的制约。要实现管理目标，达到预期效果，就必须尊重第三方物流项目运行的客观规律。第三方物流项目管理的操作规程如图 5.1 所示。

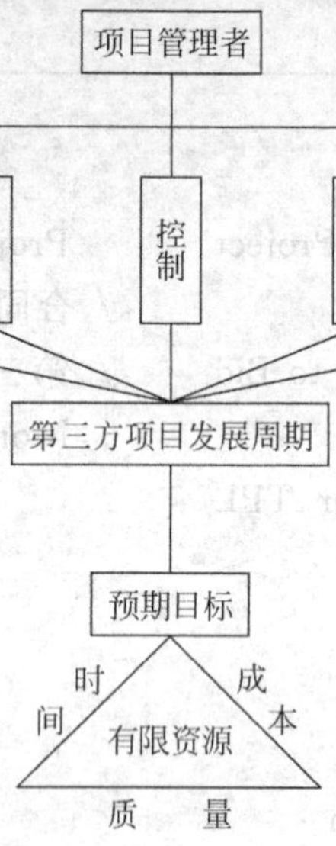

图 5.1 第三方物流项目管理

5.1.2 第三方物流项目管理工作过程

第三方物流项目的实现过程是由一系列项目阶段或工作过程构成的，工作过程是产生某种结果的活动序列。任何第三方物流项目都可以划分为多个不同的工作过程，它们都需要有一个相对应的项目管理过程。一般认为，第三方物流项目管理的过程由如下 5 个基本工作过程组成(如图 5.2 所示)。

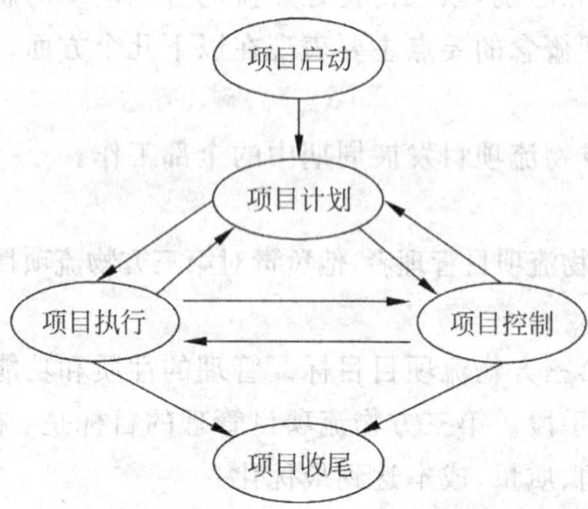

图 5.2 第三方物流项目管理过程

1. 启动工作过程

定义一个第三方物流项目或阶段的工作与活动，决策其起始与否，并决定是否有意向后推进的过程。这是由一系列决策性的第三方物流项目管理工作与活动所构成的项目管理工作过程。

2. 计划工作过程

拟定、编制并改进一个第三方物流项目或项目工作阶段的目标、工作计划方案、资源计划、成本预算等方面的工作，从各种备选方案中选择最好的方案，以实现所承担第三方物流项目目标的过程。这是由一系列计划性的第三方物流项目管理工作与活动所构成的项目管理工作过程。

3. 执行工作过程

组织和协调各项任务与工作、人员和其他资源，激励第三方物流项目团队完成既定的工作计划，形成第三方物流项目可交付成果的过程。这是由一系列组织性的项目管理工作与活动所构成的项目管理工作过程。

4. 控制工作过程

制定标准，定期监控和测量第三方物流项目进展，确定实际情况与计划存在的偏差，采取纠正措施等活动的过程。这是由一系列控制性的第三方物流项目管理工作与活动所构成的项目管理工作过程。

5. 收尾工作过程

制定一个第三方物流项目或项目阶段移交的文件，对第三方物流项目或项目阶段正式移交，进而使第三方物流项目顺利结束的过程。这是由一系列文档化和移交性的第三方物流项目管理工作与活动所构成的项目管理工作过程。

图 5.2 所示的第三方物流项目管理的工作过程之间是一种前后衔接的过程。但事实上，第三方物流项目管理的这 5 个工作过程是相互交叠的，有时还是“双向”的。如启动工作过程最先开始，启动工作过程还未完全结束时，第三方物流项目计划工作过程就已经开始了。计划工作过程先为项目执行工作过程提供项目工作计划，执行工作过程反过来又为计划工作过程提供更新的信息和情况。因为控制工作过程的很大一部分工作属于事前控制，所以控制工作过程则是在计划工作过程开始后、执行工作过程开始前就进行了。在第三方物流项目管理中，控制是无处不在的，它贯穿于第三方物流项目的整个生命周期，以确保第三方物流项目生命周期的各个阶段能按预定的计划进行。收尾工作过程在执行工作过程结束之前也已经开始，因为收尾工作的很多文档可以提前开始准备，执行工作过程之后的收尾工作实际只是一些移交性工作。

5.1.3　第三方物流项目种类

由于项目发起的主体、解决问题的范围、对象的性质等要素的不同，物流项目的管理内容也不尽相同。按照不同分类原则，第三方物流项目主要有以下几种分类形式。

1. 按照项目的主要内容分

按照项目的主要内容可以将物流项目分为仓储项目，配送项目，物流信息系统项目，流通加工项目。通常物流项目都是综合性项目，但每个项目都有其侧重点。

2. 按照客户的类型来分

按照客户的类型可分为企业物流项目和社会物流项目。企业物流项目是为一个或者几个企业服务的专门物流项目。目前大部分物流项目都是这类项目，其主动权在企业而不是物流供应商。社会物流是为社会公众提供服务的物流项目，主动权在物流供应商，如公共交通系统。

3. 按照涉及的区域来划分

经济全球化，物流也趋于全球化。按照所服务的企业可分为全球物流项目，国内物流项目，城际物流项目，市内物流项目。

4. 按照物流的对象来分

按照物流的对象可分为一般货物物流项目，特殊货物物流项目，液态货物物流项目和散货货物物流项目。

5. 按照物流实施主体和物流项目的关系分

按照物流实施主体和物流项目的关系可分为自营物流项目，第三方物流项目和咨询物流项目。

6. 按照物流项目是否具有项目群特征划分

按照物流项目是否具有项目群特征可分为综合性物流项目和单个物流项目。对于综合性的物流项目，常表现为项目群的特征，也即一个大物流项目中，由多个拓扑联系、互为作用的项目组成。这类项目一般实施时间长、投资规模大、实施难度也大。例如建设城市物流园区是一个巨型项目，往往占地数十公顷或上百公顷，投资数亿元至十多亿元；涉及地方政府、企业、社区、交通网络等各个方面。对于这类项目，必须将其分解成多个项目，分阶段、逐步地推进。图 5.3 是一个物流园区项目的概念图，项目管理分为以下三个阶段。

(1) 项目前期

① 园区总体规划(包括土地、道路、基础平台、管理机构、投资政策、运作政策等)，公布园区可开发的项目种类、数量；

② 建立招商引资机构，进行园区整体开发的推进。

(2) 开发与实施期

① 建立物流必要的平台，启动项目有：园区内外道路网络改善项目；信息与通信网络建立项目；必要的城市配套基础设施系统的改造项目和行政、金融、商务服务项目等；

② 通过各种融资方式，建设物流园区的功能区。比如，建设配送中心项目、海关监管仓库项目、物流展示项目和交易中心项目等。

这些项目都是物流园区建设的子项目。比如，项目 1 为园区内外道路网络改善项目。它也要进行前期的方案设计与比选工作。根据园区的大小，还需要将道路系统(项目 1)

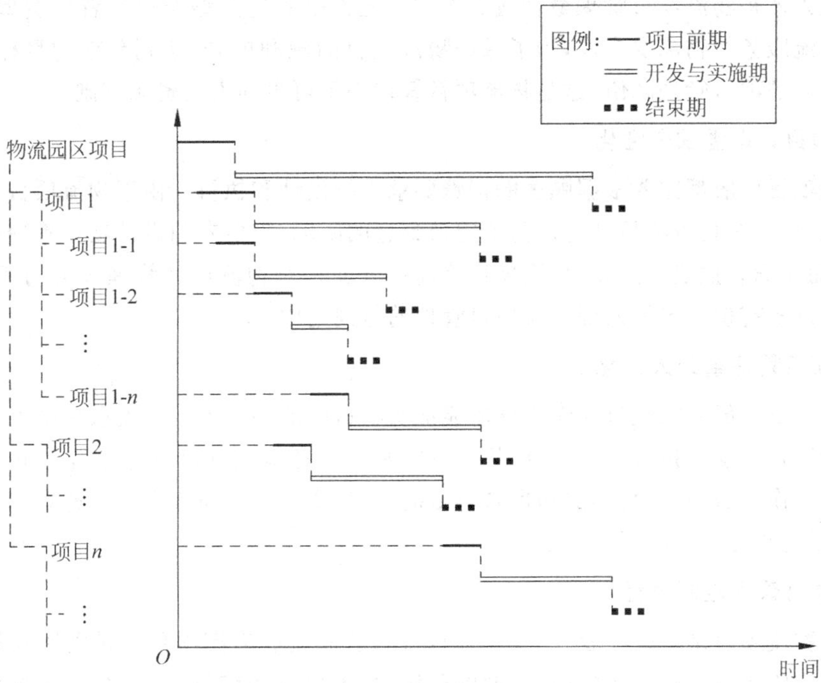

图 5.3　综合物流项目关系

分解成数个可以独立进行的子项目，如内外衔接主干道 A（项目 1-1）、园区内部交通支路（项目 1-2）等项目。又如建立一个物流配送中心（项目 2），也可以划分为仓库（项目 2-1）、信息平台（项目 2-2）和运输（项目 2-3）等子项目。

（3）结束期

当整个园区开发完毕，需要对园区的开发经验与效果进行全面的总结与评估，为其他投资项目提供借鉴。

实际上，在园区的开发过程中，一些子项目可能亦已完成，甚至部分已投入生产。因此，物流园区的综合项目是一个动态的管理过程。需要及时对一些结束的子项目进行评估、总结，建立规范的文档。到整个园区建成后，形成一个总体的评估报告，全面地反映物流园区建设的效果、经验和教训，真正达到项目优化管理的目标。

5.1.4　第三方物流项目管理的特性

由于第三方物流项目具有涉及面广（如运输、仓储、包装、流通加工甚至信息系统等）、不可再造性（即项目执行的时间、地点、人员常是变动的）、风险较大（物流系统建设成本较高）等特点，因此，第三方物流项目管理具有以下独特之处。

1. 项目管理队伍专业化

由于物流项目涉及范围广，除项目技术性内容外，在项目策划与设计中，还会用到经济、法律、商贸等多方面的专业知识。因此，项目团队中不仅需要有经验丰富的项目管理人员，还需要有熟悉业务的技术人员和具备相关财务与法律知识的专业人士。一专多能的复合型人才是物流项目管理最合适的人才。无论是对生产型企业或者商贸型企业，还是提供物流服务的物流供应商，为了保证物流项目的顺利展开，达到预期的目标，必须拥有一支专业的项目管理队伍，这是物流项目管理必不可少的人力资源基础。

2. 项目管理需求个性化

物流项目一般都需要根据顾客的特殊要求进行设计和执行。由于物流项目要素组成的多样性，每一个物流项目都是以前不曾遇到过的问题，需要专门设计项目管理的程序或方法，因而充满着挑战。因此，物流项目管理一方面是对物流项目管理人员的考验，同时也吸引了许多有识之士加入到物流项目管理的行列之中。

3. 项目管理结束人为化

物流项目一般必须经过操作实践才能证明项目的效果。界定物流项目结束有时较为困难。特别是当项目执行中，项目组的成员以及外界环境条件已发生了较大的变化或者项目组无论作何努力，项目的成功也希望渺茫时，需要项目参与各方人为地界定项目结束的标志，以防止无休止的项目出现。

4. 项目管理控制全程化

由于物流项目结果存在着较大的不确定性，从而造成物流项目的投资风险较高。特别是有固定资产投入的物流中心、大型停车场、物流信息系统等项目，在追求物流高收益的同时，也伴随着项目失败的高风险。因此，需要加强项目的进度计划控制和监督，实现项目管理过程的全程控制，以保证项目按预定的目标推进。建立风险预警机制，当项目出现偏差时，及时提醒项目管理者，进行调整或结束此项目，以减少项目带来的损失。

综上所述，物流项目管理的关键在于物流项目管理的各方本着友好合作的精神，从实际出发，从落实项目、完成项目的目标出发，结合具体物流项目的特点，认真落实项目管理的每一项要求，才能保证物流项目目标的顺利实现。

5.1.5 第三方物流项目管理的作用

实践已经证明，项目管理是一种行之有效的管理变化的方法。随着作业日趋项目化的特点，越来越多的企业引入项目管理的思想和方法。不但对传统的项目型任务实行项目管理，而且还将一些传统的作业型业务当作项目对待，进而实行项目管理。对于第三方物流企业，将企业的各种任务“按项目进行管理”的优点和作用有以下几点。

1. 提高了组织的灵活性

传统的职能部门组织机构，是按专业或业务活动相似性将工人和管理人员分别组合在各个职能部门（如运营、生产、财务等部门）之内，采取面向职能的管理模式。当面对不确定性高、跨部门的任务时，企业通常难以胜任，组织缺乏灵活性。

对于一般的物流公司，在董事会（总经理）下，设有运营部、企划部、商务部、财务部、人力资源部等职能部门。然而，面对某个顾客需要提供专业的物流服务项目时，既关系到运营部的载运工具、仓库等资源的使用调配，又涉及企划部和财务部项目投资可行性的评估。各职能部门的沟通不畅，使得顾客的服务项目需求总得不到百分之百的满足，极容易造成项目“搁浅”。若该公司采用面向对象(即项目)的管理模式,将顾客的项目作为一个组织单元,打破了传统的固定建制的组织形式,建立由运营部、企划部、财务部等人员组成项目团队,围绕项目来组织企业内部的各项资源,根据项目生命周期各个阶段的具体需要适时地配备来自不同职能部门的专业人员,共同工作,为项目目标的实现而共同努力。项目团队不仅使顾客具有项目固定的联系人,又可充分发挥出企业资源的最大优势。项目洽谈成功,则成为公司日常业务管理工作之一,转入作业阶段,该项目即告完成。该项目团队随即可解散,项目团队成员根据工作需要又可投入到另一个项目的工作或回原职能部门。此外,根据项目工作的需要及人员的限制,有的成员可以同时参加两个项目。组织具有较大的灵活性。

2. 实现了复杂问题的集中攻关

由于项目团队集中了与项目有关的来自不同职能部门的人员,他们具有不同的专业知识、专业经验。相同的使命,使他们能集中在一起共同为实现项目的整体目标而努力。比如某化工产品生产企业的产品配送运输,是一项复杂的物流项目。由于承运货物的特殊性,需要特种的运输工具、装卸作业程序和安全保障措施。常需要企业的生产经营部、质检部、运输部等部门的通力协作。其中生产经营部根据生产和市场的情况提出运输的时间、批量的要求,质检部对各类产品的运输安全提出具体原则与要求;运输部应对产品的装卸与运输提出可靠的运输方案。各部门有关人员间经常进行开放、坦诚而及时的沟通,彼此交流信息及想法,相互做出和接受彼此的反馈及建议性的批评。基于这样的合作,有利于该复杂问题的快速解决,保证项目的完成质量和进度。

3. 有利于提高顾客的满意度

列作项目管理的一般是指技术上比较复杂、工作量比较繁重、不确定性很多的任务或项目,比如某个第三方物流供应商为某厂商(即顾客)提供综合物流服务。如若通过传统的面向职能的管理模式来解决列作项目管理的问题,由于各职能部门间以各自利益为重,存在利益的冲突,难以形成企业的整体利益。客户服务中心所关注的是如何达到顾客提出的“5R”需求,即“在合适的时间和条件下,将合适的物品(或产品),以合适的成本送到合适的地点”;而运输作业部门则从如何降低运输成本考虑物品(或产品)的运输方案;财务部则以企业资产保值与增值的目标,约束各部门对企业资源的使用。一旦交流沟通不及时,十分不利于项目实施过程中所遇问题的解决,从而影响到企业的信誉和顾客的利益。若采用企业项目管理形式,独立的项目组织对企业设定一个总体目标,并且在项目的实施过程中,时刻关注客户对项目实现程度的满意度,团队成员都能以项目目标的实现为动力,相互之间充分交流和合作,从而保证了问题解决方案的质量和顾客的满意度。

4. 实现企业与个人的共同发展

对企业而言,把任务当作项目加以实施,使其成为推动企业发展的直接动力。在一个个项目完成中,渐进式实现企业的目标,促使企业不断上升到一个个新的作业平台,保持企业不断地前进与发展。

对项目团队的个人而言,由于打破了传统的职能式管理模式下部门间的“壁垒”,团队成员聚集在一起,相互交流不同方面、不同专业的知识,有利于个人获取综合性的知识。

此外，项目成员经历了项目管理的整个过程，对与项目管理有关的问题有一个整体的把握，为今后独立处理整体性管理问题积累了经验，有利于员工发展为综合性的管理人才。可见，企业项目管理同时也为员工个人的发展提供了良好的机会。

5.2 第三方物流项目招标投标

第三方物流项目招标投标是一种商品交易行为，它包括招标与投标两个方面的内容。招标投标是以货物、工程、服务为对象，在招标人与投标人之间进行的交易活动。

5.2.1 第三方物流项目招标投标的概念

1. 第三方物流项目招标

所谓"第三方物流项目招标"就是招标人（或第三方物流服务需求方）在购买第三方物流服务前，按照公布的招标条件，公开或书面邀请投标人（或第三方物流服务提供者）在接受招标文件要求的前提下前来投标，以便招标人从中择优选择的一种交易行为。

2. 第三方物流项目投标

所谓"第三方物流项目投标"就是投标人（或第三方物流服务提供者）在同意招标人拟订的招标文件的前提下，对招标项目提出自己的报价和相应的条件，通过竞争企图被招标人选中的一种交易方式。这种方式是投标人之间的直接竞争，而不通过中间人，在规定的期限内以比较合适的条件达到招标人所要达到的目的。

5.2.2 第三方物流项目招标文件编制

招标文件是明确招标工程数量、规格、要求和招标投标双方责权利关系的书面文件。项目招标先要有一份内容明确、考虑细致周密、兼顾招标投标双方权益的招标文件。首先，招标文件是向投标人提供招标信息，要求投标人根据招标文件提供相应的资料；其次，招标文件又是投标人投标和招标人评标的依据；最后，招标、投标成交后，招标文件是招标人和投标人签订合同的主要组成部分。因此，招标文件的编制是招标过程中非常重要的工作，它可以影响到物流项目的质量甚至成败，必须引起足够的重视。

1. 招标文件的内容

物流项目招标文件的内容和篇幅大小，与物流项目的规模和类型有关。一般而言，物流服务的招标文件简单些，物流工程建设招标的内容复杂些，特别是大型物流园区或中心综合性建设项目，其招标文件的篇幅可能长达数千页，不仅内容必须全面而且要求前后连贯。

（1）工程类物流项目

不同工程类物流项目的招标文件内容虽有繁简、详略之别，但招标文件一般都包括以下几个部分。

① 招标邀请书，投标人须知。

② 合同的通用条款、专用条款。

③ 招标人对货物、工程服务方面的要求一览表(格式)、技术规格(规范)、图纸。

④ 投标书格式。资格审查需要的报表、工程量清单、报价一览表、投标保证金格式。

⑤ 其他补充资料表。

⑥ 双方签署的协议书格式、履约保证金格式、预付款保函格式等。

(2) 非工程类物流项目

非工程类物流项目,其招标文件内容与工程类有所不同。如物流咨询项目,根据咨询任务具体要求,招标文件一般包括以下主要内容:

① 咨询任务简介;

② 咨询的工作大纲、合同草案、背景资料、有关当地法律规定等;

③ 物流项目的评选方法与程序;

④ 关于预期工作量按每人每月表示的说明;

⑤ 要求咨询公司提供费用估算的资料;

⑥ 投标书所使用的语言、提交份数和截止日期;

⑦ 合同谈判与工作开始日期;

⑧ 关于咨询投标人访问招标机构、实地考察的说明;

⑨ 招标人提供的支持、生活设施和服务等项说明。

2. 标底编制

(1) 标底概述

标底是物流项目造价的表现形式之一,是由招标单位或具有编制标底价格资格和能力的单位根据物流项目实施的特点并按有关规定计算,经项目造价管理部门核准审定的发包造价。它是招标物流项目的预期价格,是招标者对招标物流项目所需费用的自我测算和控制。

(2) 标底的作用:标底的作用主要表现在以下三个方面

① 是确定投标人能否中标的重要依据。根据有关规定,投标人的报价(评标价)最高不应超出标底的10%,最低不应低于标底的20%。按照这一规定,在评标过程中,一般要求投标人的报价在无特殊理由的情况下,均不能超出上述范围,否则招标方有权作为不合理报价处理。招标人一般应选择其评标价在上述范围内最低的投标方人为中标人。所以投标人是否能取得中标资格,其标价与标底的差距大小是重要的影响因素。

② 是防止盲目投价、抑制低价抢标现象的重要手段。低价抢标现象是市场不成熟、法律或法规不健全、招标管理不规范的产物,可以预见,这种现象会随着我国社会主义市场经济体制改革的深入和法律或法规的完善而逐渐消失。低价抢标者不顾客观实际,盲目压低标价,在承包合同实施过程中,则采取种种不正常手段来避免自己的损失:或偷工减料;或拖延施工进度;或无理索赔。所以,如不采取切实有效的措施来抑制这种现象,物流项目的质量和施工进度就无法得到保障,招标方的合法权益将受到损害。如何防止这种现象呢?一种有效的措施就是在评标的过程中以标底为武器,坚决剔除那些低价抢标的标书,使招标投标制真正达到既能降低投标报价,又能保证物流项目质量和施工进度,从而提高投资效益的目的。所以,标底在招标中具有防止不正当竞争的作用。

③ 是控制投资额、核实建设规模的文件。招标项目的标底,无论是由招标方自行编

制或委托设计单位、造价咨询公司代为编制，根据规定，在实际工作中，如果按规定的程序和方法编制的标底价格超过批准的概算或修正概算时，应首先进行详细复核并认真分析，对其中不合理部分应予剔除或调整。如果经过复核和分析，仍超过批准的概算或修正概算时，应会同设计单位一起寻找原因，必要时由设计机关审核批准后，才能进行招标工作。从这方面看，标底又是核实项目规模的文件。

标底的性质、地位和作用要求我们在实际工作中严肃认真地对待标底编制工作，科学合理地组织标底编制工作，最大限度地做好标底保密工作，从而保证招标工作的健康开展。

因此，标底必须以严肃认真的态度和科学的方法来编制，应体现国家、招标方和投标方三者的利益，应当实事求是，切合实际。没有合理的标底将导致招标的失败，达不到降低造价，缩短工期，择优选用承包商的目的。目前，有些承包商为了“抢饭吃”，不惜少提折旧，少取各种费用，不顾一切压低标价以争取中标，表面上看来是节省了投资，中标方也“有了饭吃”，但结果可能是工期一拖再拖，投资成倍增长，使招标承包制失去了本来意义。为此，编制切实可行的标底，严格衡量和审定投标报价，是招标工作的关键所在。

（3）标底的编制要求和原则

标底是项目产品在市场交易中的一种预期价格。标底编制的过程是对招标项目所需费用的自我测算过程。通过标底编制工作可以促进招标方事先加强项目的成本调查和成本预测，做到各项费用心中有数，为搞好评标工作进而搞好项目的造价工作打下基础。

在编制标底的过程中，应按以下要求进行。

① 标底的价格应反映项目产品的价值，即在标底编制过程中要遵循价值规律；

② 标底的价格应反映市场的供求状况对项目产品价格的影响，即标底编制应服从供求规律；

③ 标底的价格应反映出一种平均先进的社会生产力水平。

在编制标底的过程中，应遵循以下原则。

① 根据国家公布的统一项目划分、统一计量单位、统一计算规则以及项目图纸、招标文件，并参照国家制定的基础定额和国家、行业、地方规定的技术标准规范，以及市场价格要素确定物流土建项目的工程量、物流服务项目的物流量和编制标底价格。

② 按物流项目类别计价。

③ 标底价格作为承包商的期望计划价，应力求与市场的实际情况吻合，要有利于竞争和保证项目质量。

④ 标底价格应由成本、利润、税金等组成，一般应控制在批准的总概算（或修正概算）及投资包干的限额内。

⑤ 标底价格应考虑价格变化因素，还应包括不可预见费（特殊情况）、预算包干费、措施费（赶工措施费、施工技术措施费）、现场因素费用、保险以及采用固定价格的项目的风险金等。项目要求优良的还应增加相应的费用。

⑥ 一个物流项目只能编制一个标底价格。

（4）标底编制的依据和范围

① 物流土建项目标底编制的依据。物流土建项目编制标底的依据主要表现如下。

- 招标文件的商务条款。
- 工程图纸、工程量计算规则。
- 施工现场地质、水文、地上情况的有关资料。
- 施工方案或施工组织设计。
- 现行工程概预算定额、工期定额、工程项目计价类别及取费标准、价格调整文件规定等。
- 招标时建筑安装材料及设备的市场价格。

② 物流服务项目标底编制的依据。物流服务项目编制标底的依据主要表现如下。

- 招标文件的商务条款。
- 物流量的计算规则。
- 物流服务业现场的交通、线路、仓库面积及人们需求情况的有关资料。
- 物流运输、仓储、配送方案的制订。
- 物流项目计价类别及取费标准、国家或地方有关价格调整文件规定等。
- 招标时物流服务业的市场价格。

③ 标底编制的范围。

- 必须按招标文件所包含的工作内容及工程量或物流量清单的项目分析，确定分项单价、项目合价和标底总价。
- 按招标文件规定，列出开工、竣工日期及控制性工期等。
- 按招标项目计算出总用工数，平均用工数及高峰用工数。
- 要确定主要材料、人员的消耗量及仓库等的用地面积。
- 要确定主要施工机械的需用量和台班使用量（根据物流项目的复杂程度和招标需要而定）。

(5) 物流服务项目标底编制的方法

物流服务类项目标底的编制，主要采用以综合单价为基础的标底编制方法。综合单价应包括人工费、材料费、机械费、其他直接费、现场经费、间接费、有关文件规定的调价、利润、税金，以及采用固定价格的工程所测算的风险金等全部费用。综合单价确定后，与各分部分项物流量相乘汇总，即可得到标底价格。

(6) 编制标底需要考虑的因素

必须指出的是，招标项目的标底大多是在项目概算或施工图预算基础上做出的，但它不完全等同于项目概算或施工图预算。编制一个合理、可靠的标底还必须在此基础上考虑以下因素。

① 标底必须适应招标方的质量要求，对高于国家验收规范的质量因素有所反映。

② 标底必须适应市场价格的变化，考虑差价因素。

③ 标底必须正确处理间接费等取费标准。

④ 标底必须合理考虑本招标项目的自然地理条件和招标项目范围等因素。

此外，编制一个比较理想的标底，还要把物流项目的组织设计做得深入、透彻，有一个较为先进、切合实际的规划，包括合理的方案、进度安排、总平面布置和资源估算，从而合理地编制标底；还要分析市场的动态，比较切实地把握招标投标的形式，正确处理招标方与投标方的利益关系，坚持“一手托两家”客观统一的原则。

5.2.3 第三方物流项目招标方式

1. 公开招标

公开招标又叫竞争性招标，即由招标人在报刊、电子网络或其他媒体上刊登招标公告，吸引众多投标人参加投标竞争，招标人从中择优选择中标人的招标方式。按照竞争激烈程度，公开招标可分为国际竞争性招标和国内竞争性招标。

（1）国际竞争性招标

这是在世界范围内进行招标，国内外合格的投标商均可以投标。采用国际竞争性招标应采用完整的英文标书，在国际上通过各种宣传媒介刊登招标公告。

（2）国内竞争性招标

这是在国内范围内进行招标，在国内的各种媒体上登出广告，可用本国语言编写标书，公开出售标书，公开招标。

在国内竞争性招标中应允许外国公司按照国内竞争性招标标准参加投标，不应人为设置障碍，妨碍其公平参加竞争。

2. 邀请招标

邀请招标也称有限竞争性招标或选择性招标，即由招标单位选择一定数目的第三方物流服务提供者，向其发出投标邀请书，邀请他们参加招标竞争。一般以选择3～10个投标人参加较为适宜，当然要视具体的招标项目的规模大小而定。虽然邀请招标的组织工作比公开招标简单一些，但采用这种形式的前提是对投标人有充分了解，而且，由于邀请招标限制了充分的竞争，因此招标投标法规一般都规定，招标人应尽量采用公开招标。

邀请招标的特点是：

① 招标不使用公开的公告形式；

② 接受邀请的单位才是合格投标人；

③ 投标人的数量有限。

与公开招标相比，邀请招标具有如下优点：

① 缩短了招标有效期。由于不用在媒体上刊登公告，招标文件只送几家，减少了工作量；

② 节约了招标费用。例如减少了刊登公告的费用、招标文件的制作费用、投入的人力等；

③ 提高了投标人的中标机会；

④ 由于接受邀请的单位才是合格的投标人，所以有可能排除了许多更有竞争实力的单位。缺点是中标价格可能高于公开招标的价格。

5.2.4 第三方物流项目招标的程序

第三方物流项目招标的一般过程包括：公布招标公告、资格预审、编制和发放的招标文件、接受投标文件、开标、评标与定标、签订合同。

1. 公布招标公告

公开招标应当发布招标公告。招标公告应当通过报刊或者其他媒介发布。招标公告应当载明下列事项：

① 招标人的名称和地址；

② 招标项目的性质、数量；

③ 招标项目的地点和时间要求；

④ 获取招标文件的办法、地点和时间；

⑤ 对招标文件收取的费用；

⑥ 需要公告的其他事项。

对于公开的竞争性招标，一般要在投标开始前至少45天发布招标公告，即在国内外有影响的报刊上刊登招标广告或发布招标公告，邀请第三方物流服务提供者申请投标资格预审，或对不需资格预审的招标项目购买招标文件。

2. 资格预审

招标人或招标投标中介机构可以对有兴趣投标的法人或者其组织进行资格审查，此时应当通过报刊或者其他媒介发布资格预审通告。资格预审通告应当载明下列事项：

① 招标人的名称和地址；

② 招标项目的性质、数量；

③ 招标项目的地点和时间要求；

④ 获取资格预审文件的办法、地点和时间；

⑤ 对资格预审文件收取的费用；

⑥ 提交资格预审申请书的地点和截止日期；

⑦ 资格预审的日程安排；

⑧ 需要通告的其他事项。

资格预审的主要内容有：

① 投标人的基本情况，例如企业的性质、组织机构、法人地位、公司章程、主要领导成员等，若为联合投标，对合伙人也要审查；

② 项目经验及业绩，主要考核投标人是否承担过类似标的项目的经验，投标人以往取得的成绩、获得的荣誉等；

③ 财务状况，一般要求投标人提交近几年经审计过的财务报表，例如资产负债表、损益表、过去5年的营业额、往来银行以及由银行提供的信用状况资料、保险公司提供的保险证明信、上一财政年度的平均营运资金、向银行抵押贷款的能力、对未来两年财务情况的预测等；

④ 人员及设备能力，包括企业技术人员、高级专家和管理人员及其他人员，以及拟投入本项目的人员的基本情况，拥有的主要设备的类型、数量、能力等；

⑤ 企业的信誉，主要审查已经履行及正在履行的合同情况和所完成项目的质量评定、企业的资质等级等；

⑥ 其他方面，如招标人要求提供的其他方面的资料。

3. 编制和发放招标文件

招标人或者招标投标中介机构根据招标项目的要求编制招标文件。招标文件一般应当包括下列内容：

① 投标人须知；

② 招标项目的性质、数量；

③ 技术规格；

④ 投标价格的要求及其计算方式；

⑤ 评标的标准和方法；

⑥ 提供服务的时间；

⑦ 投标人应当提供的有关资格和资信证明文件；

⑧ 投标保证金的数额或其他形式的担保；

⑨ 投标文件的编制要求；

⑩ 提供投标文件的方式、地点和截止日期；

⑪ 开标、评标、定标的日程安排；

⑫ 合同格式及主要合同条款；

⑬ 需要载明的其他事项。

第一，招标文件中需注意以下几个要点，投标人须知（Instruction for Bidders）。其目的是使投标者了解在投标活动中应遵循的规定和注意事项，内容包括：

① 承包方式，指明是总价承包合同方式还是单价承包合同方式等，以及对联合承包、采购的有关要求等；

② 投标的要求条件，指明投标所必需的手续和证明，包括保函、支付方式、投标所发生的费用等；

③ 有关投标程序方面的说明，诸如现场勘察的组织、情况介绍或答疑的安排、投递标书和报价单、开标、评标与授标的日程及要求、撤换和修改投标文件的期限等；

④ 投标者应遵循的规则及报价要求，指出对投标者填写投标书的要求，投标书递送的要求，合同条款的补充与建议的规定，废标的处理以及其他方面的规定等；

⑤ 附加说明，主要包括投标书编制依据、各种文件（文件说明、设计方案说明、合同条款及报价表等）的相互关系及矛盾处理、招标单位的答询方式、文件解释权及期限等。

第二，招标文件规定的技术规格应当采用国际或者国内公认的法定标准。招标文件中规定的各项技术规格，不得要求或者标明某一特定的专利、商标、名称、设计、型号、原产地或生产厂家，不得有倾向于或排斥某一有兴趣投标的法人或者其他组织的内容。

第三，招标人或者招标投标中介机构应当按照招标公告或者投标邀请书规定的时间、地点出售招标文件。招标文件售出后不予退还。除不可抗力原因外，招标人或者招标投标中介机构在发布招标公告或者发出投标邀请书后不得终止招标。

第四，招标人或者招标投标中介机构需要对已售出的招标文件进行澄清或者非实质性修改的，一般应当在提交投标文件截止日期 15 天前以书面形式通知所有招标文件的购买者，该澄清或修改内容为招标文件的组成部分。

4. 接受投标文件

招标文件要明确规定投标文件的投送地点和期限，如从招标公告或投标邀请书发布之日到提交投标文件截止之日，一般不得少于 30 天。投标人送达投标文件的，招标单位应检验文件是否密封和送达时是否符合要求，合格者发给回执，否则拒绝或作为废标。投标书递交后，在投标截止期限前，仍允许投标者通过正式函件调整报价及作补充说明。

5. 开标

开标应当按照招标文件规定的时间、地点和程序以公开方式进行。开标由招标人或者招标投标中介机构主持，邀请评标委员会成员、投标人代表和有关单位代表参加。

投标人检查投标文件的密封情况，确认无误后，由有关工作人员当众拆封、验证投标资格，并宣读投标人名称、投标价格以及其他主要内容。

投标人可以对唱标作必要的解释，但所作的解释不是超过投标文件所记载的范围或改变投标文件的实质性内容。开标应作记录，存档备查。

6. 评标与定标

评标应当按照招标文件的规定进行。

招标人或者招标投标中介机构负责组建评标委员会。评标委员会由招标人的代表及其聘请的技术、经济、法律等方面的专家组成，总人数一般为 5 人以上的单数，其中受聘的专家不得少于 2/3。与投标人有利害关系的人员不得进入评标委员会。评标委员会负责评标。评标委员会对所有投标文件进行审查，对与招标文件规定有实质性不符的投标文件，应当决定其无效。

评标委员会可以要求投标人对投标文件中含义不明确的地方进行必要的澄清，但澄清部分不得超过投标文件记载的范围或改变投标文件的实质性内容。

评标委员会应当按照招标文件的规定对投标文件进行评审和比较，并向招标人推荐 1～3 个中标候选人。招标人应当从评标委员会推荐的中标候选人中确定中标人。

中选的投标者应当符合下列条件之一：①能够最大限度地满足招标文件中规定的各项综合评价标准；②能够最大限度地满足招标文件的实质要求，并且经评审的投标价格最低(但是投标价格低于成本的除外)。

7. 签订合同

招标人或者招标投标中介机构应当将中标结果书面通知所有投标人。招标人与中标人应当按照招标文件的规定和中标结果经谈判后签订书面合同。

5.2.5　第三方物流项目投标程序

第三方物流项目投标程序一般包括：

第一，获取信息；

第二，登记并购买招标文件；

第三，准备投标文件(分商务及技术两大部分)；

第四，开出保函和银行资信函；

第五，送交投标文件，并参加开标；

第六，对招标人提出的疑问进行澄清应答；

第七，若中标，则准备签约。

投标人在购买了标书之后，立即做标，即按标书中所列项目，填上分项价格和总价，一般称为报价。

报价是投标工作的中心环节，也是投标人中标的关键。无论哪一种项目的招标，报价时应共同注意的事项如下。

① 熟悉标书的内容，对各项具体规定都要弄清楚，对于不清楚、不理解的部分可以向招标单位询问，千万不要对招标文件感到烦琐、冗长而不认真研究，甚至违反规定自行其是。

② 标书的编制须严格按照文件规定进行，要建立在科学的分析和可靠计算的基础上，要能比较准确地反映项目的"标的"，高了不利于竞争，低了又难以取胜，力争做到恰如其分。

③ 标书的编制是一项政策性、技术性、专业性很强的工作，除了投标要及时、计算要准确之外，还要注意大多数项目的投标程序和背景，在办理各项烦琐的投标手续的同时，还要研究该项目的复杂性，要视具体情况制订竞争策略(包括适当调整报价)。

④ 组成一个投标报价的业务班子。在班子成员中，既要有驾驭全局的主要负责人，又要有懂技术、财务管理、商务以及法律的各方面人才。因为投标从资格预审直到签订合同是一个全过程。在这个过程中，保持各个阶段的连续性，全面周到地考虑各种问题，对维护投标人的切身利益具有相当重要的作用。对于企业承包的招标，这个班子也就是中标后的项目管理班子。

5.2.6 第三方物流项目投标中应注意的问题

1. 明确投标目的

若投标是为创造经济效益，投标前应详细计算成本、开支、利润等，对大的项目、时间拖长的项目，还应将风险计算进去；将不利的因素统统计算之后，看是否投这个标。

若投标是为打开市场、创牌子，则可不注意利润。

2. 投标操作中应注意的问题

(1) 商务方面

① 应从多渠道获得信息，包括概算、第三方物流项目的主要指标等。

② 与项目单位、招标单位进行必要的接触，了解他们的需要。

③ 要正式购买招标书，并以购到的招标书中的指标来准备投标。

④ 在开保函方面，开户行级别、金额、天数等应合格。

⑤ 投标人应严格按照标书规定，作出合格的投标书。

投标书由投标文件和资格文件组成。投标文件包括投标书格式函、投标保函、投标价格、技术响应书、正式样本及试验报告。资格文件包括关于投标人资格的声明函、证书和投标人银行出具的资信函。

⑥ 投标书正本一份,副本数份(如标书有规定)。投标书需要签字并盖章,每页都需要小签。

⑦ 提供最好的供应链解决方案。

(2) 技术方面

① 应达到招标书中各项指标的要求。

② 争取邀请用户进行考察。

③ 标书中的特殊要求应当得到满足。

5.3 第三方物流项目的合同管理

5.3.1 第三方物流项目合同管理的概念

合同是企业开展业务活动的基本保证,在证据法中是有效的法律证据。第三方物流企业合同管理是确保合同的严肃性和法律的权威性,应充分发挥合同在第三方物流企业管理中的作用。第三方物流企业的合同内容及其签订和实施必须符合合同法的要求。这里主要讨论物流项目合同的管理。

物流项目合同是物流项目招、投标双方在物流活动中通过自愿协商、明确相互权利与义务而签订的一种具有法律效力的契约。它建立在当事人双方相互承担一定经济责任的基础上,并同各自的物质利益相联系。

物流项目合同按不同的分类标准可分为不同类型。

① 按业务性质分类,有运输合同、采购合同、商品储存保管合同、配送合同、流通加工合同、装卸合同等。

② 按合同生效期分类,有长期合同和短期合同等。

物流项目合同的类型不同,其内容也不尽相同,一般应包括:物流项目招、投标双方的名称,物流项目的内容,项目的质量要求,质量标准执行要求和检测办法,交货时间,运输方式与工具、交接货地点与方式以及问题处理方法,收费方式和标准,货款结算方式和方法,违约罚则,合同的有效期起止点等。

5.3.2 第三方物流项目合同的签订

1. 第三方物流项目合同签订前准备

第三方物流项目投标方在通过招标方的资格预审后,即可购买招标文件,着手编制投标文件。在投标阶段,涉及第三方物流项目投标方的合同文件可分为两部分:一是招标文件中的投标者须知;二是将在项目执行中采用的合同条件、规范和图纸等。前者对第三方物流项目的投标行为产生影响,后者则是对第三方物流项目在中标后实施合同项目的履约行为产生影响。

(1) 投标者须知

投标者须知是约束招标者和投标者在招投标过程中的权利与义务关系的主要文件。因此,第三方物流企业在投标过程中应做好以下工作。

① 严格遵守招标文件中规定的各种时间。招标文件中涉及的各种时间有：招标文件澄清的日期；投标有效期的起止时间；现场考察和标前会议的日期、时间和地点；投标文件提交的截止日期；开标的日期、时间和地点；签订协议书和提交履约保证的时间等。

第三方物流企业均应遵守上述各种时间，以避免失去机会和造成违约。如递交投标书截止时间，第三方物流企业在递交投标文件时必须注意招标方的法定节假日和上下班时间，以免因迟到而遭拒绝，为安全起见，应提前3～5天提交标书。

② 编制的投标文件必须对招标文件做出实质性响应。投标人在编制投标文件时，必须对招标文件做出实质性的响应。

③ 熟悉投标文件的修改撤销规定。投标人应了解和熟悉招标文件中关于投标文件修改和撤销的相关规定。

④ 深入分析研究招标文件。分析研究招标文件，包括招标文件的质询，在投标过程中可能遇到的风险等。

⑤ 签订合理的第三方物流项目承包合同。在签订第三方物流项目承包合同之前，招标方可能选择少数几个承包商进行有条件的谈判，承包商在开标后，如意识到自己有可能中标，则应制订一套谈判对策，做到知己知彼。在满足投标策略的前提下，确保签订一个公平合理的施工承包合同。为此，在签订合同前应考虑以下几方面问题：

a. 符合企业的经营战略；

b. 认真审查合同和进行风险分析；

c. 积极合理地争取自己的正当权益；

d. 双方达成的一致意见，要形成书面文件；

e. 尽可能采用标准的合同范本。

有些大型第三方物流项目，由于某些原因，招标方可能先发给中标的第三方物流项目投标方一份签订合同的意向函，作为签订正式合同的序曲。第三方物流项目投标方应审查意向函中的内容，并严格按意向函规定的具体内容进行项目准备工作，不可超越其范围，以免因最终未能签订合同而导致损失。意向函一般应包括如下内容：

a. 接受投标文件的意向说明；

b. 指示进行哪些施工准备工作；

c. 在正式接受投标文件前，对已授权进行的各项工作进行支付的依据及所负财务责任的限度；

d. 如果未能签订合同，招标方应支付给中标的第三方物流项目投标方由此产生的合理费用的说明；

e. 签订正式合同后，意向函将作废；

在收到招标方的中标函和合同协议书时，应按招标文件规定的期限并派出全权代表与招标方协商签订合同。

(2) 合同文件

合同文件是投标方执行项目的主要依据，同样也是投标方投标报价的计算依据。因此，投标方应认真透彻地分析合同条件、规范和图纸等合同文件，这不仅关系到能否中标，而且关系到中标后，履行合同义务时能否赢利。为此，第三方物流企业应在投标阶段应做好下列工作。

① 确定物流项目的实施范围和合同工期。根据合同文件，确定物流项目的实施范围，确保全部完成合同规定的工作，而且也仅限于完成合同规定的工作。

② 全面分析所得到的各种合同文件，将全部疑问列成表，以便提交招标方要求给予澄清。

③ 分析合同中哪些条款的内容需要在报价中进行考虑。如投标方的预付款保函费用、办理各种保险的费用、施工现场采取安全保护措施和环境保护措施的费用，合同中规定的试验、检验费用等。

④ 根据招标文件中的工程量表，列出一份详细、可行的物流项目工程分项清单。内容包括自己承包实施的分项工程，拟分包出去的分项工程（并确定相应分包商）和暂定金额项目。招标方可能在其招标文件中对暂定金额项目已做出规定，要把它与主要分项工程区别对待。注意分析合同采用的计价和计量方法，合同价格所包括的范围和价格调整的方法、支付方式等。

⑤ 详细分析合同中潜在的各种风险，并提出具体的应对措施。如通过与招标方的谈判，设法降低或转移合同中的风险。

2. 第三方物流项目合同的签订步骤

第三方物流项目签订合同时，必须经由物流项目招、投标双方当事人就合同内容经过协商，在达成一致意见后，合同才能签订。签订合同的步骤如下。

① 签订合同的立约双方，就所订物流项目内容进行洽谈，并根据项目内容拟定合同的基本条款。

② 立约双方就所提出的合同基本条款，在平等、互利、合作的基础上进一步磋商，对某些条款内容进行修改，在取得一致后，形成双方认可的意向函。

③ 根据双方认可的意向函，填制正式合同，双方代表共同签署。

④ 双方业务主管部门对合同进行审查，在确认无误之后盖上合同专用章或部门章，此时合同开始生效，并具法律效力。双方主管部门对合同的审核盖章属于行政业务监督的范畴。如果有必要，还可以由司法部门的公证机构对合同的存在与合法性予以公证。公证完全由当事人双方自愿决定。未经公证的合同也是具有法律效力的。

合同内容要完备，条款要齐全，语言表达要准确，不应有引起异议的语句，提供服务的名称要规范，质量标准明确。还要对合同进行统一编号，以便管理。重要的合同或涉及金额数量巨大的合同要经有关负责人集体研究决定。

5.3.3 第三方物流项目合同的履行

物流项目合同的签订只是业务的开始。物流项目合同规定的内容和要求的兑现与履行才是业务活动的实际目的。物流项目合同的履行是指按合同中所作出的各种要约和承诺，按时、按质兑现，以满足用户的需求。

在第三方物流项目项目履行阶段，需要进行管理的合同包括：第三方物流项目承包合同、第三方物流项目施工分包合同、物资采购合同、租赁合同、保险合同、技术合同和货物运输合同等。因此，合同管理的内容也比较广，但重点应放在第三方物流项目投标方和招标方签订的第三方物流项目施工承包合同，它是合同管理的核心。该合同一般由下列几种文件组成：合同协议书、中标函、投标书、合同条件、规范、图纸、标价的工程量表等。物流项目实施阶段合同管理的内容包括以下几方面。

① 确定工作范围。监督各专业队伍，确保其在合同规定的工作范围内施工，对超出合同施工范围的工作，及时提出补偿要求。

② 进度控制。一是按照工程师已批准的进度计划组织好施工，保证按合同规定的日期完成工程。尤其注意控制各工种的衔接和分包商的进、出场时间。二是合理要求工期延长，更新进度计划。

③ 质量控制。应按照合同规定进行施工，严格进行质量检验和进行工序控制，保证工程质量符合设计标准。

④ 成本控制。施工中要采取切实可行的方法，严格控制施工成本，避免浪费，将施工成本控制在施工预算内。

⑤ 项目工程变更管理。严格执行项目咨询负责人下达的工程变更指示，完成变更工作并取得相应补偿，做好合同的变更管理。

⑥ 项目工程索赔管理。在索赔事件发生后，应及时向负责人发出索赔通知，编写和提交索赔报告，收集各种类型的证据资料，如文字资料、图片、录像带、实物证据等。在拥有索赔权的情况下，确保自己的利益不受损失。索赔管理应包括以下三个方面：第三方物流项目承包商与招标方之间的索赔和反索赔；第三方物流项目承包商与分包商之间的索赔和反索赔；第三方物流项目承包商与其他组织之间的索赔和反索赔。

⑦ 计量与支付管理。根据合同规定的时间，按时向负责人提交月支付报告，并按合同程序进行催款，以适时得到项目工程款。

⑧ 价格调整。及时收集国际市场的物价浮动资料，按照合同规定的价格调整方法，及时提出调整合同价款的要求。

⑨ 第三方物流项目分包管理。监督各分包商按分包合同规定实施和完成分包工作。

⑩ 合同文档管理。合同文档管理包括合同文件及来往信函的保管，现场记录、照相底片、录像带的保管，并建立施工档案管理体系。

⑪ 第三方物流项目竣工验收。按合同规定准备竣工验收资料，及时提出验收申请，组织好工程的初步验收和正式竣工验收，保证工程按时移交给招标方。

5.3.4 第三方物流项目合同变更与解除

合同签订后一般不能任意变更或解除。但是在履行过程中有时因社会经济活动和当事人本身条件的变化，需要对合同的条款进行修改、中止或解除。按照我国《经济合同法》规定，属于下列五种情形之一者，允许变更和解除合同。

① 当事人双方订立的合同，损害国家利益和影响国家计划的执行。

② 订立合同所依据的国家计划被修改或取消。

③ 当事人一方由于关闭、停产、转产而确实无法履行经济合同。

④ 由于不可抗力或由于一方当事人虽无过失但无法防止的外因，致使合同无法

履行。

⑤ 由于一方违约，使经济合同履行成为不必要。

变更和解除合同需由一方当事人将变更或解除合同的理由、建议和具体要求以书面形式在一定的期限内通知对方。

5.3.5 第三方物流项目合同的科学管理

随着管理的科学化、现代化，合同管理也应该实现科学化、现代化。运用计算机技术、网络技术、信息管理技术，实现合同的网上洽谈，合同文本的电子化、数字化传输、储存，合同签订中采用数字签名、认证等方式，提高合同的管理质量和速度。运用科学的方法，如全面质量管理，制定合同管理工作目标，针对合同执行中存在的问题，进行分析，拟订解决措施和计划，把合同管理提高到一个新水平。

1. 建立有效的第三方物流项目合同管理的组织机构

由于第三方物流项目本身的复杂性和施工周期较长的特点，第三方物流企业在项目实施过程中，会涉及多种类型的合同，如施工承包合同、施工分包合同、物资采购合同、运输合同、保险合同等。只要有争端发生，就会涉及规定双方权利和义务的合同。因此，合同的科学管理在第三方物流项目管理中具有举足轻重的地位。

一般第三方物流项目应配备专门的合同管理人员，大型第三方物流项目应设立合同管理组或合同管理部。

(1) 第三方物流项目公司总部的组织机构

公司总经理下设立财务部、经营销售部、工程部、合同管理部、行政管理部等职能部门。

合同管理部主要负责公司所有项目合同的管理工作，主要内容包括以下方面：

① 参与投标报价，对招标文件进行审查和分析；

② 收集市场和工程信息；

③ 参与合同谈判与合同签订，为报价、合同谈判和签约提出意见；

④ 向第三方物流项目派遣合同管理人员；

⑤ 对第三方物流项目的合同履行情况进行汇总、分析，对工程项目的进度、成本和质量进行总体计划和控制，协调各个项目的合同实施；

⑦ 处理与招标方和与其他组织的重大合同关系；

⑧ 具体地组织重大索赔；

⑨ 对合同实施进行总的指导、分析和诊断。

(2) 项目现场的组织机构

项目经理下设立经营核算部、合同部、采购部、行政管理部等部门，选择经验丰富的人员任各部门负责人、项目工程师及施工队长等。

对小型物流服务项目，合同部可并入经营核算部，或设合同管理员，直接受项目经理的领导。对一些特大型项目，第三方物流企业必要时可聘请合同管理专家。

2. 建立科学有效的第三方物流项目合同管理保证体系

建立合同实施的保证体系，以保证日常工作的顺利进行。合同实施的保证体系包括以下几个方面。

① 确定项目组人员的职责。在对合同进行详细分析的基础上，将合同责任落实到责任人和具体的工作上。在实施合同过程中，要定期进行检查，解释合同内容，同时以经济手段保证合同的完成。

② 建立合同管理的工作程序。如各级别文件的审批、签字程序。

③ 建立严格的质量检查验收制度。包括每道工序结束后的检查验收、各专业队之间的交接检查、材料进场和使用的检测措施等。

④ 建立报告和行文制度。如合同文件和往来函件的内部、外部运行程序。

⑤ 建立合同文档管理系统。如各种文件资料的标准化管理，包括规定的格式、准确性要求和便于查询等。

⑥ 建立项目实施的跟踪监督制度。收集合同实施的各种信息和资料，并进行整理和分析，将实际情况与合同计划资料进行对比分析。在出现偏差时，分析产生偏差的原因，提出纠偏建议，分析结果及时呈报项目经理审阅和决策。

5.4 第三方物流服务项目的监控

5.4.1 第三方物流服务项目监控的概念

物流服务项目的监控是以正确的成本与效益的衡量为基础的。对物流管理服务的提供者来说，监控的目标包括三个方面。

① 物流配送系统必须以精确的时间、精确的地点以及精确的服务方式满足客户的要求。客户服务是物流配送系统的关键，优质的客户服务有利于使被服务的企业获取竞争优势。

② 物流配送系统的运作必须以不断降低存货水平为前提。而计划、生产、物流的重新组合可以减少周转时间，从而降低存货水平，也就是说要用信息替代存货，同时要加快信息处理速度。

③ 迫于竞争的需要，必须以低成本和高效率运作完成物流配送。精确的运作已成为最佳物流配送系统的衡量标准。

因此，第三方物流服务提供者对物流配送系统的合理监控对被服务企业的物流管理非常重要。监控系统必须建立衡量客户服务满意度、存货可得性以及成本控制三方面的标准。

5.4.2 第三方物流服务项目监控的原则

1. 集中于重要的事实或数据

现代企业管理中最主要的问题是由繁多的数据引起的。现代信息与通信设备为收集大量数据提供了捷径，而电子计算机则能快速准确地处理这些数据。然而，如果没有监控与管理系统把重要信息从大量的信息中提取出来，管理与监控人员就很难有效地进行管理。

因此，物流配送系统管理的第一个概念是要把重点放在重要数据上，不要浪费时间整理那些琐碎无用的资料。监控的核心是集中，把精力集中于能说明系统是如何工作的以及问题源于何处的关键点。这样，有用的数据将有助于发现并纠正监控系统中尚未发现的问题。

例如在客户服务中，要衡量哪些是客户最易感受到的服务，比如订单完成量、客户实际的订单循环时间、完整订单完成率、电话不通的概率等。在仓储中，最值得关心的问题是人员和设备的配备及效率，如每工时的分拣量。

2. 确定合适的监控间隔或频率

物流配送系统监控的第二个重要概念是确定适当的报告周期。理想的情况是把时间间隔或报告周期建立在可控活动的基础上。如果系统要监管的是花费在公用仓库上的费用，适当的报告周期应当是30天，因为如果周期再短的话，就难以核算出实际费用支出。若第三方物流公司要监控物流配送中心劳动力的利用情况，就要以小时和天为单位时间报告结果，月度报告不能及时发现问题，因而不能及早提供提高整个系统效率的机会。

以下是有关时间间隔和频率方面的建议。

(1) 客户服务方面

① 客户满意度：以月度为单位，每年作一次满意度调查。

② 订单完成率：以周为单位，月度出报告。

③ 总的订单周转时间：以月为单位。

④ 电话接通率：以天为单位，月度出报告。

(2) 存货方面

① 库存单位(SKU)数、批量和存放位置必须实时控制。

② 对比预算情况的报告应按与补货系统同样的周期来编写，如按周或有时按日编写。

(3) 劳动力利用情况

① 仓库监控可以作为计算机仓库管理系统的一部分实时进行。报告应以日、周或月按设施或部门总结其结果。

② 在人工控制仓库方面，记录频率至少应是每天的，每周应出一份管理报告。

(4) 精确性

① 存货数量和准确的位置最好是连续循环地进行监控。货物的监控频率是由ABC分类来决定的，即对高价或快速周转的货物进行较高频率的监控。

② 订单准确性由采用扫描器与条形码的系统来把握。这样监控的频率是实时的，而报告则按日和周来作出，每月作一个总结。

很难用一个例子说明监控和报告的间隔频率，对每一个衡量要素的合适的报告间隔取决于要素本身和所使用的控制系统。对每一要素的监控的详细情况将在后面讨论。

总之，建立物流配送监控系统，应遵循以下两条基本原则：

① 集中于重要的事实或数据；

② 确定合适的监控间隔或频率。

5.4.3 第三方物流项目运作过程监控

1. 公共和合同仓库的监控

从概念上说，通过分包合同运作的第三方物流公司的监控与以资产为基础的公司自己运作的监控是非常相似的，它们以收入和通过量为基础监控合同方的成本，即销售量的成本百分比或重量的成本百分比。

监控还包括合同中规定的基本处理单位，通常以订单、箱、件或重量等表示。因此，第三方对仓库的监控系统包括如下方面。

① 每时期的成本：装卸、储存、附加服务、特殊服务、总计；

② 以订单、箱、件或重量表示的产出：进货、出货、存贮；

③ 投入产出比率。

通常，第三方合同也规定服务水平和生产率目标，这与公司自己运作类似。显然，日常和每时每刻的控制由第三方负责，对被服务的公司来说，不需进行短期成本控制。公司物流部的长期控制是由合同条款和竞争性招标来控制的。

2. 运输的监控

从生产地到消费者之间的运输成本一般是很大的，发达国家典型的物流配送系统中运输成本平均占销售收入的4%。因此，尽量减少运输开支并提供与费用相对应的服务水平是很重要的。

一般物流配送监控系统对运输的监控有两个层次。

第一，整车或大批量的原材料供应给大客户：这些货物可以是包装或托盘化的，也可以是干散货或液体散货；运输方式可以是铁路、公路、水运或航空。

第二，从物流配送系统中心向客户的小批量配送：可以采用所有的运输方式。

物流监控系统应记录所有发运的货物、客户服务水平、发生的成本等。监控是在两个相关但分开的系统中进行的(货物流与资金流)。

(1) 货物跟踪

现代的服务敏感性物流配送系统必须提供货物的实时信息，包括提供货物的位置与状态。这些信息提供给服务与销售人员和客户以确保有效率地运作。现代货物跟踪系统较为昂贵，但由于服务的改进，提供的竞争优势是显著的。

(2) 运费账单审计与以合同运价方式支付公共承运人的运费

运价考虑到了起始点的位置、货物类别、货物体积和重量、运输距离、包装形式和地域。运费账单必须审计后支付。运输账单处理系统通常包括接受、审计、支付账单和提供控制系统详细数据。该系统可以用手工操作，也可以计算机化。先进的系统一般由条码和其他扫描系统及高级处理软件组成。发达国家典型的物流配送部门把这些服务往往分包给一个或多个第三方，由它们负责运作。许多公司由三个独立的第三方公司运作：

① 一个或多个网络运输公司，在配送中心提货和发送产品给收货人。承运人制作运费账单，并送到运费支付服务公司；

② 由一个运输服务公司通过比较托送人的发货通知和商定的运价,审计运费账单。然后由服务公司代表托送人支付正确的账单,或把审计过的账单交给另一个应支付的公司;

③ 货物运动和交付的跟踪系统。以电子数据交换(EDl)为特点的网络,它可以由供应链中包括货主、收货人、承运人、配送中心运作者或外部网络提供者的任何一方来运作。

3. 存货的监控

存储和保持产品存货的成本是物流配送系统设计的一个重要的需要考虑的方面,这是因为:

① 存货在任何一个公司资本投资中都占很大的比例。例如,在美国的制造业,货物平均每年周转 4 次,而存货成本通常占销售额的 50%。因此,每 100 单位的销售中,有 12.5 单位是投资于存货;

② 保持存货的成本可以是很大的。它不但包括利率成本,还包括产品老化、损坏、保险等成本。

大部分的存货存在于物流配送系统中,通常,配送订单是根据制造厂和基于对销售量和配送要求而产生的。监控投资和保证货物的安全是配送系统的主要功能。

从功能上说,对物流配送监控系统的要求是方便获得有关存货的数据。因此,必须能精确地知道有多少库存单位存在和目前存放在何处。

在较小的和老式仓库中,汇总的存货记录一般集中在存货文件中,而在仓库中的有效位置的记录则在另一个文件中。现在的做法是使用较为复杂的仓库管理系统,把两者(数量和位置)结合起来。

存货信息是以实时形式(即与交易同时发生)或根据批量每小时或每天更新。最新的方法是通过条码和扫描系统准确地记录存货的产品和位置。

然而,出错也是难免的。为了尽量减少错误,最好的方法是定期盘点。这种监控方法,需要一个人或一个小组对产品及位置进行盘点,然后把结果输入计算机终端,计算机系统可以显示被盘点到的货物。在另外的系统中,存货盘点人员可以周期性地对所有地点的货物进行盘点。

通常,每月汇报存货的准确性被视为物流配送系统质量保证计划的一部分。典型的无条码化仓库的准确性是 95%~98%,即每次盘点有两个可能的错误(数量和位置),总的货物盘点正确率不应低于 95%。在条码系统中,准确性大于 99%是常事。如发生错误,一般是系统相关的错误而非仓库的错误,除非遭窃或货物损坏。

5.4.4 第三方物流项目成本和效率的监控

对物流配送系统成本的监控是第三方物流公司可以为客户进行的一项重要活动。对成本监控的讨论从两个方面展开。

① 按主要功能(运输、仓储等)设备成本来划分的总成本。

② 生产效率,即描述一次作业、一个人或一台机器效率的投入产出比。

1. 物流配送成本的监控

公司的成本管理体系一般是建立在每一成本发生的分类账户基础之上的。成本一般与产品、计算时期有关。一般情况下，劳动力或材料成本可分别计入一个特定的订单中，而有些成本，如租金或折旧，是与时间有关的，它们可计入同期所生产的产品中。

在成本计算系统中，这两大类费用被计入功能活动和设备之中，并在部门会计时期(一般为月度)中报告。

因此，物流配送系统的成本可以从每一设施的月度要素成本中得到。物流配送部门将知道以活动、设施和成本中心计算的物流配送成本。发生的每项成本通常在月末、年末进行分析，并与年度执行计划或预算及前一执行年度相比较。

物流配送中心的成本一般细分为以下方面：管理费用、劳动力成本、补贴、租金(建筑物折旧)、电、热、动力、电话、税、设备租金或折旧及其他。

成本可以计入下列项目之一：

① 进货物流费用；

② 出货物流费用；

③ 内部设施之间的物流费用。

由其他公司支付的运费可以减去，每家公司都有如何计入运输成本的不同习惯，然而，总成本是一致的。

虽然成本的细分可以给出一些供监控用的信息，但用于监控成本还需作进一步的分析。因为每日、每周和每季节的量是不同的，绝对值很难说明问题，所以一般物流项目经理对设备的控制要用一些成本的相对数。经常使用的是以下两个成本比率。

① 成本占收入的比例。大部分公司预算是按销售额做出的，这样，仓库功能将根据历年货运成本与销售额的比例来分配费用。仓库费用额是很大的，可能占销售额的2%。

② 成本占重量的比例。这一比例常用于由第三方或公共仓库来进行存储与发运的货物。类似地，比例也可以根据订单处理数、处理箱数等来确定。

其他方面，如订单的下达、客户服务和配送网络管理等也可用类似的方法。

运输成本是会计期间的累积成本除以运输的重量或周期销售收入。

这些有用的比率数字形成了最基本的物流配送成本监控系统，一般需要微机和有关软件来处理大量的数据。

2. 物流配送系统生产率的监控

以上介绍的成本监控方法已采用多年。这些技术具有灵活性，它可以监控许多设施和产品流。然而成本监控需要更详细的比率，并且更接近于成本发生时间，而利用这些比率与成本发生时间的比率进行监控，就称为生产率监控。从技术上说，任何生产率的监控都需要计算出一个比率，用于表明在给定的时间或给定的投入所产生的产出量。例如，在监控仓库时，成本对收益的比率，或成本与所发送货物重量的比率。生产率主要用来与历史的表现或竞争对手的表现作对比。在评估生产成本时，需要更详细的信息，以便能对每一个具体操作作出评估。

在仓储中常用的产出单位是订单、货物种类、箱、千克、单位容器、托盘等。

投入的单位是工时或时间(分钟)、工时费用等。

对比的对象可以通过换算来规范,以便使它们之间具有可比性。例如,在家具仓库,假设以 1 把椅子为单位,而 1 张沙发可换算成 3 把椅子。那么,2 把椅子加上 1 张沙发就应换算成 5 个单位的产出。

同样,劳动力的投入可以换算成工时费用,以便计算出不同的工资水平和加班费或不同班次的差别。

用以上的方法,我们来看一个例子。假定仓库本月发运 2 000 个订单,每一订单平均有 5 种产品。因此,仓库发运总共 10 000 个单位,这就是产出。

投入以工时来表示,假如仓库有 6 个雇员,如果都以正常月来衡量(即 168 小时),总共投入 2 688 小时。本月的生产率可以用几种方式来表示,如:0.74 订单/工时、3.72 单位/工时、1.34 小时/订单、0.26 小时/单位。

3. 生产率的测量

通过应用以上方法,对顾客服务可以计算出类似的数据。所有仓储设施,也可以对生产率进行测量,以便进行纵向或横向的比较。然而,作为一个有实际用处的工具,测量系统对每一个人和各个不同的工作组(如分拣、打包、装货)应分别报告其生产率。许多公司采用这种方法,如以个人、功能、总计的生产率分别测算,用于监控物流配送系统的效率。

类似的方法建立生产率测量系统的程序。

(1) 列出所有在仓库中所需进行的工作

需要列出的工作可以在管理人员会议上讨论确定,或通过研究决定。开始的工作类别可包括下列项目:接收、存储、补货、订单分拣、订单组合和打包、运输与装货、退货处理。

需要注意的是,因为每一类别下应有足够的工作,以提供一定时间或人员之间的平均统计数据,所以所列项目不可以太长或太详细。

(2) 分析每一项工作,确定基本工作内容,对其表现建立一个测量方法

这类分析可以通过一个详细的工程方法研究,也可以通过简单的管理人员讨论会对每一工作确立一系列的关键的、必须完成的事项以及最佳表现的衡量。例如,下列工作内容可以用于订单分拣。

① 工作内容:分拣订单、取托盘、取出贮货箱、挑拣在订单中规定的货物、在分拣区放置完整的订单。

② 衡量:挑拣货物的种类数,挑拣的订单数。

(3) 确定总时间、按每日或每周的生产和生产率

生产率控制人员应完成计算和工作表格表示的所有的本周工作功能。采用计算机工作表软件可以计算出每个人的生产率和所有劳动力的平均生产率。

(4) 确定工作标准

最后,需要说明一下有关工作标准的问题。这是在生产率量度以外的一个工作步骤,但这是控制人员成本的重要步骤。可以有很多方法制定标准,在此只作简单的讨论。

① 积累一段时间的数据,比较过去与当前的表现水平。计算进货卸货时所用的时间,计算收货的数量,然后对收货小组的个人和平均表现进行计算。一般情况下,标准是

按照去掉所有的平均表现差的数据，然后计算平均数，这就是历史标准。

② 在不同设施间进行生产率比较，每工时卸货的单位数，可以与所有设施的平均数相比较，它也可以作为标准，即比较标准。

③ 进行时间研究，以便对每一个活动分配合理的表现水平。用秒表记录最好的叉车司机的时间，用这个时间作为卸货标准，也就是工程标准。

最后一种方法为现在许多配送部门所采用。利用这种方法时分析人员需要做以下工作：

a. 对作为一项标准所需的任务进行细分，使其成为在内容上有一定通用性的一系列活动。

b. 在标准时间的数据库中，找出每一项基本活动的时间。

c. 对整个操作中的每一个要素或活动求出累积的时间。

d. 增加缓冲因素以考虑个人方便的时间、疲劳和无法预测的中断和延期时间(PF&D)。

现实中，对大部分仓储活动建立一套生产标准是可行的，它可以确定总的表现水平和工人的效率。如果计算出这些标准，它们可以被用于：

① 确定对每一业务量水平设施的合理人员水平；

② 把设施每天的效率和预定的目标进行比较，而不是与其他那些不同的设施相比；

③ 通过对每一操作人员提供足量的任务以改进生产率。

5.4.5 第三方物流项目客户服务的监控

1. 客户服务监控系统测量的对象

对综合(整合)的、管理型的物流服务提供者来说，它们对企业各要素(运输、仓储等)的协调负有基本责任，即应使物流配送系统有效地运作，达到以精确的时间、精确的地点把产品送给客户的目标。物流配送服务的目标是使客户满意，因此，客户服务监控系统需要测量两大类变量。

(1) 产品交货过程中的客户满意

这是一个“软”数据的领域，即并非很精确，且主观性较强的数据。然而这个变量是非常重要的。

(2) 内部统计数据

它们是对客户满意度最具影响的度量。这些数据的内容因时间与行业不同而有区别，客户最常关心的是：产品的可得性、交货周期、信息和通信系统的反应速度等。这些方面的表现水平都是可以测量的。但必须记住，不同时间、不同行业对不同的指标可以有不同的重视程度。

2. 设计客户服务监控系统的步骤

从前述可知，测量客户服务水平的监控系统是相当复杂的。以下五个步骤可以保证指标设计与应用的合理性。

(1) 进行客户调查

客户调查可以确定客户的需要、竞争对手的能力和表现水平以及由于当前服务水平的改变而引起的经济上的得失。

(2) 内部的审计

审计有助于确定当前的服务水平、取得当前服务水平的成本、需要改进的服务方面的问题及较好的(或较差的)服务的成本影响。

(3) 确定服务目标

每一个服务变量的目标都必须以客户需求、竞争对手的服务水平以及公司内部的能力和经济性为基础。

(4) 设计监控系统以衡量每一个服务变量

设计监控系统是为了衡量每一个服务变量,量度常以实时方式进行,它以交易行为过程系统中的统计数据积累为手段。在某些情况下,必须从分包协作者那里取得必要的信息,它可能是公路运输公司的送货时间和公共仓库的订单处理时间等。

(5) 设计报告系统

每一服务要素以定期的管理报告给出。通常报告按月制作并递交,而负责的部门应以天与周来检查详细的数据。

3. 客户服务调查

为确定客户对服务水平的满意度,进行客户服务调查是必要的。调查中要考虑三个关键的问题:

① 用什么方式与客户联系;

② 哪些客户服务要素需要调查;

③ 需要调查多少客户。

(1) 客户服务调查的方法

客户满意度调查是从市场研究的方法中派生出来的,对客户的调查有多种方法,但在物流配送系统中,常用的方法有四种。

① 小组会议。从市场销售部、订单或客户服务部、配送中心操作部及计算机支持系统部门选出4～5人组成代表小组,代表相应的部门,亲自到大客户的对应部门登门造访。一般只选4～5个大客户。调查前,需要做大量的准备,包括相应的演示材料、会议设施,小组组长准备一份书面的报告,接下来的议程是为保证能对客户需求作出最快速的反应。

② 个人采访。经过培训的采访人员可以从许多客户中选择其中的几个代表进行采访,就事先准备好的一些问题提问,部分目的是为了获得有关数据,但主要的目的是为了获知客户对主要服务方面的感受和关心之处。采访的一个重要副产品是对竞争对手能力与表现的认识。

③ 电话采访。许多顾客不愿接受个人采访(太浪费时间),电话采访正好弥补了这一点。电话采访获得的结果一般是定量的,背景信息却少之又少。但这种采访方式成本较低。

④ 问卷调查。提供物流配送的第三方也可以采取此法。这种方式都随函附上回寄的邮票和信封,然后寄到顾客手中。这种方法能获取的信息一般是定量的,顾客意见和想法的信息非常有限,比较竞争对手的资料也能找到,但是很难得到细节性资料。

(2) 客户服务调查表

调查表设计通常以概括性地提出要解决的问题展开。设计中要考虑两个主要问题。

① 服务的重要性；

② 影响顾客对供应商评定等级的因素。

问卷一般有1～5个由被调查者自由发挥的问题，诸如服务重要性、是否完全满意以及需要改进的地方，但问卷主体会包括一系列服务要素（订货周期时间、货损等）。

接下来，需要提出三个方面的问题：

① 服务要素的重要性；

② 对服务的满意程度；

③ 与同行竞争对手相比的好坏。

要求完成采访的顾客数或完成的问卷调查数（样本量）可以通过统计方法确定。根据采购量的大小，客户可以分为三大类（例如大客户、前100或200名的客户、其他）。大客户一般通过小组会议调查；前100名或200名的客户通过个人或电话调查，只要有50%的样本或更多一点就可以了。值得注意的是，问卷发出1 000份，大概只有20%～40%的回收率，因此，必须运用各种技巧以提高回收率。

另外，还需要用统计技术方法验证调查结果的可信度和准确度。一般来说，可信度只要达到90%，抽样调查结果就能反映大众化的问题，准确度允许有10%～20%的浮动。

(3) 顾客服务监控间隔问题

对顾客满意程度进行连续调查与监控是十分重要的，可以通过两种不同的方式来完成：

① 每隔一年或两年重复一次客户服务调查，精练样本和调查问卷并保留一些关键性及长期性的调查因子，以获取连续的调查记录；

② 遵循一些公司的做法，每一季度以信函或电话的方式对前100名顾客中的25个进行抽样调查。这样就为管理系统提供了一种每季度和内部统计测量数据相比较的方法。

5.5 第三方物流项目后评价

5.5.1 第三方物流项目后评价的概念

第三方物流项目后评价是指第三方物流项目完成并运营一段时间后对该项目的准备、立项决策、设计施工、生产运营、经济效益和社会效益等方面进行的全面而系统的分析和评价，从而判别该项目预期目标实现程度的一种评价方法。第三方物流项目后评价的目的主要是从已完成的第三方物流项目中总结出正反两方面的经验教训，提出建议，改进工作，不断提高投资第三方物流项目的决策水平和投资效果。

5.5.2 第三方物流项目后评价的特点

从第三方物流项目后评价的定义和第三方物流项目后评价所涉及的内容可以看出，第三方物流项目后评价与前期评价、中期评价相比具有以下特点。

(1) 现实性

第三方物流项目后评价是以实际情况为基础的，对第三方物流项目建设、运营现实存在的情况和产生的数据进行评价，具有现实性。

(2) 公正性

公正性是第三方物流项目后评价的重要原则之一，它表明在评价时应保持实事求是的态度，在发现问题、分析原因和做出结论时应保持客观的态度。

(3) 全面性

第三方物流项目后评价是对第三方物流项目实践的全面评价，它是对第三方物流项目立项决策、计划、实施运营全过程进行的系统评价。这种评价涉及第三方物流项目的经济效益、社会影响、环境影响以及第三方物流项目综合管理等方面。

(4) 反馈性

第三方物流项目后评价的结果需要反馈到决策部门，作为新第三方物流项目立项和评估的基础以及调整投资计划和政策的依据，这是第三方物流项目后评价的最终目标。第三方物流项目后评价结论的扩散和反馈机制、手段和方法成为后评价成败的关键环节之一。

5.5.3 第三方物流项目后评价的主要内容

与一般的项目后评价一样，第三方物流项目后评价应包括第三方物流项目目标评价、第三方物流项目实施过程评价、第三方物流项目效益评价和第三方物流项目影响评价四个方面的主要内容。

1. 第三方物流项目目标评价

第三方物流项目目标评价是对第三方物流项目目标的实现程度进行评价，对照原计划的主要指标，检查第三方物流项目的实际情况，找出变化，分析发生改变的原因，并对第三方物流项目决策的正确性、合理性和实践性进行分析评价。

2. 第三方物流项目实施过程评价

第三方物流项目实施过程评价是第三方物流项目后评价中重要的环节，包括第三方物流项目计划、实施、调试等阶段。它将可行性研究报告中所预计的情况和实际执行过程进行比较和分析，找出差别，分析原因。第三方物流项目实施过程评价一般包括第三方物流项目立项、第三方物流项目内容和规模、实施情况、第三方物流项目管理和机制、受益者范围及其反映、财务执行情况等几个方面。

3. 第三方物流项目效益评价

第三方物流项目效益评价就是根据完成第三方物流项目的情况，对比已完成的和预期之间的比例。第三方物流项目效益评价一般采用内部收益率、净现值和贷款偿还期来判别第三方物流项目赢利能力和清偿能力的指标。

应该注意的是：第一，第三方物流项目前评估采用的是预测值，第三方物流项目后评价则是对已经发生的财务现金流量和经济流量的实际值加以处理，同时对第三方物流项目后评价以后的流量进行预测；第二，当财务现金流来自财务报表时，对应收而实际未收到的债权和非货币资金不能记为现金流出，现金流入和流出应当按收付实现制来确认；第三，实际的财务会计数据通常含有物价通货膨胀的因素，而通常采用的赢利指标是不含通货膨胀因素的。因此，对第三方物流项目后评价所采用的财务数据要剔除物价上涨的因素，以实现前后的一致性和可比性。

4. 第三方物流项目影响评价

(1) 第三方物流项目的经济影响评价

经济影响评价主要分析评价第三方物流项目对所属行业、所在地区所产生的经济影响。经济影响评价与经济效益评价不同，其内容较为宏观，主要包括社会分配、就业、国内资源成本、技术进步等方面，通常只做定性分析。

(2) 第三方物流项目的环境影响评价

环境影响评价应该根据国家对相关环境保护的相关规定进行。第三方物流项目的环境影响评价一般包括第三方物流项目的污染控制、地区环境质量和管理等方面的内容。

(3) 第三方物流项目的社会影响评价

对第三方物流项目在社会发展方面的有形和无形的效益和影响进行分析，重点评价第三方物流项目在所在地区和社区的影响。

(4) 第三方物流项目持续性评价

这是第三方物流项目后评价中重要的内容。它是指第三方物流项目的建设资金投入完成后，第三方物流项目是否可以持续发展下去，是否还能继续去实现既定目标，是否可以在未来以同样的方式开展同类第三方物流项目。第三方物流项目的持续性的影响因素一般包括本国政府的政策、第三方物流项目的管理和组织、地方参与程度、财务因素、技术因素等。

5.5.4 第三方物流项目后评价的程序和方法

1. 程序

第三方物流(TPL)项目后评价的程序可用图 5.4 表示。

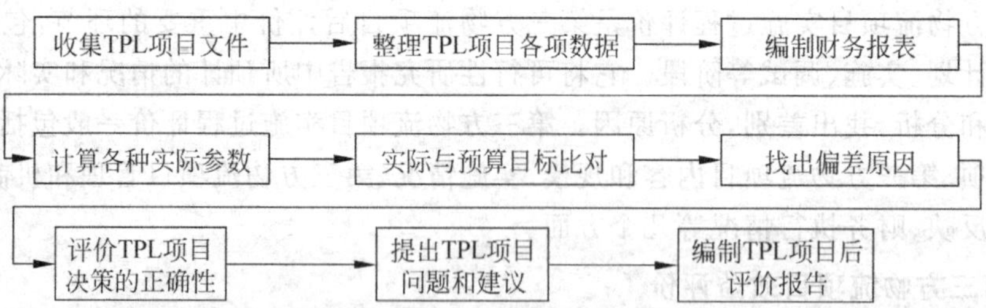

图 5.4 第三方物流项目后评价

2. 第三方物流项目后评价的常用方法

第三方物流项目后评价是对项目已发生事实的总结，同时对项目的未来发展做出预测。一方面，从评价对比和预测的意义上讲，只有具有统计意义的数据才是可用的；另一方面，项目后评价采取定性和定量相结合的方法，目的在于找出变化和差距及其原因。所以对比法是项目后评价的一条基本原则。另外，项目后评价不应机械地按程序进行，应当综合地、系统地分析问题。因此，我们介绍三种项目后评价的方法，即统计预测法、对比法、逻辑框架法。

(1) 统计预测法

作为一种项目后评价的普遍方法,统计预测法同样被用于第三方物流项目后评价当中。统计是一种从数量方面认识事物的方法,一般分为统计调查、资料整理、统计分析、预测四个阶段。其中,统计调查和资料整理是基础,统计分析是方法,而预测是获得评价结论的不可少的手段。

统计调查指对统计资料的收集,即根据研究目的和要求,运用科学的调查方法,有针对性、有组织地收集被研究对象的原始资料的过程。常采用的方法有直接观察法、报告法、采访法和被调查者自填法等。资料整理主要是对获得的资料进行归类,并检查其资料的正确性。通常,可以通过逻辑检查和计算检查两种方法来检查资料的准确性。统计分析是根据研究的目的和要求,运用各种统计学分析方法,对研究的方法进行分析、对比、归纳等研究,从而揭示事物的内在规律性。统计分析的方法很多,如分组法、综合指标法、抽样和回归分析、动态数列法、指数法、投入产出法等。预测是统计预测法的最后一步,我们在实际进行预测时,通常借助下列四大原则:惯性原则、类推原则、相关原则和概率推断原则。常用的预测方法有回归预测、趋势预测、相关性预测、概率调查预测等。

(2) 对比法

①前后对比,指将第三方物流项目实施前的情况与第三方物流项目实施后的情况进行对比,以确定第三方物流项目收益的一种方法。在第三方物流项目后评价中,它是指将第三方物流项目前期的可比性研究及评估的预测和实施后的实际运行效果进行对比,找出第三方物流项目决策和第三方物流项目实施中存在的问题和不足。

② 有无对比,指将第三方物流项目实际发生的情况与若无第三方物流项目发生的情况进行对比,以度量第三方物流项目的效益、影响和作用的一种方法。对比重点是要分清第三方物流项目作用的影响与第三方物流项目以外作用的影响。评价是通过第三方物流项目的实施所付出的资源代价和第三方物流项目所产生的效果进行对比,得出第三方物流项目的好坏。最关键是要求投入的代价与产出的效果口径一致。也就是,度量的效果要真正归功于第三方物流项目。通常第三方物流项目后评价的效益和影响评价要分析的数据包括第三方物流项目前的情况、第三方物流项目前预测的第三方物流项目实际实现的效果、无第三方物流项目可能效果、无第三方物流项目的实际效果等。图 5.5 为第三方面物流项目的有无对比示意图。

A_1——第三方物流项目开工;A_2——第三方物流项目完工;B——第三方物流项目实际效果;C——第三方物流项目前的预测效果;D——无第三方物流项目实际效果;E——无第三方物流项目,外部条件与开工时间相同;T_1——第三方物流项目开工时间;T_2——第三方物流项目完工时间;T_3——第三方物流项目后评价时间。

如图 5.5 所示:第三方物流项目的有无对比并非前后对比 (B/A_1 或 B/E),也不是第三方物流项目实际效果与第三方物流项目前预测效果之比(B/C),而是第三方物流项目实际效果与若无第三方物流项目实际效果或可能产生的效果对比(B/D)。有无对比需要大量可靠的数据,最好有系统的第三方物流项目监测资料,也可引用当地有效的统计资料。在进行对比时,先要确定评价内容和主要指标,选择可比较的对象,通过建立比较指

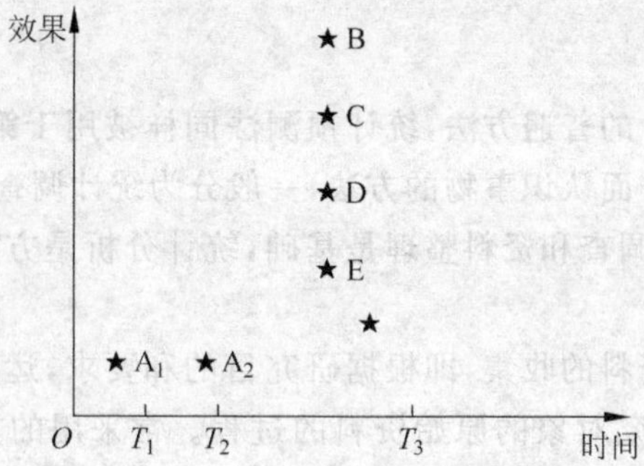

图 5.5　第三方物流项目的有无对比示意

标的对比表用科学的方法收集资料。

(3) 逻辑框架法(LFA)

逻辑框架法是一种概念化论述第三方物流项目的方法。即用一张简单的框图来清晰地分析一个复杂第三方物流项目的内涵和关系，将几个内容相关、必须同步考虑的动态因素结合起来，分析其中的关系，从设计、策划到目的、目标等角度来评价活动或者工作。

① 基本模式。LFA 的基本模式可以用一个 4×4 的矩阵来表示，如表 5.1 所示。

表 5.1　LFA 的基本模式

层次描述	客观验证指标	验 证 方 法	重要外部条件
目标	目标指标	检测和监督手段及方法	实现目标的主要条件
目的	目的指标	检测和监督手段及方法	实现目标的主要条件
产出	产出物定量目标	检测和监督手段及方法	实现产出的主要条件
投入	投入物定量目标	检测和监督手段及方法	实现投入的主要条件

② 逻辑框架法的层次和逻辑关系。根据目标及因果关系，LFA 可以分为四个层次，即目标、目的、产出和投入。目标通常是指高层次的目标，如宏观计划、规划、政策和方针等；目的是指"为什么"要实施这个第三方物流项目，即导致第三方物流项目实施的根本原因和第三方物流项目直接的效果和作用；产出是指第三方物流项目"干了些什么"，包括第三方物流项目的开展内容或投入的产出物，一般是用第三方物流项目可计量的直接结果来显示的；投入是指第三方物流项目的实施过程及内容，主要包括各种资源的投入量和时间等。

LFA 的逻辑关系主要包括垂直逻辑关系和水平逻辑关系。垂直逻辑关系中，第一级是投入和产出的关系，第二级是第三方物流项目的产出与社会或经济的变化之间的关系，第三级是第三方物流项目的目的对整个国家或地区更高目标层次的贡献关系。LFA 的垂直逻辑关系如图 5.6 所示。

LFA 的水平逻辑关系主要包括客观验证指标、验证方法和重要的假设条件。客观验证指标是指各个层次目标应该有尽可能客观的和可度量的验证指标，包括数量、质量、时间和人员。在第三方物流项目后评价时，一般每项指标应具有 3 个数据，即原有预测值、实际完成值、预测和实际间的变化和差距值。验证方法是指对第三方物流项目各种资料

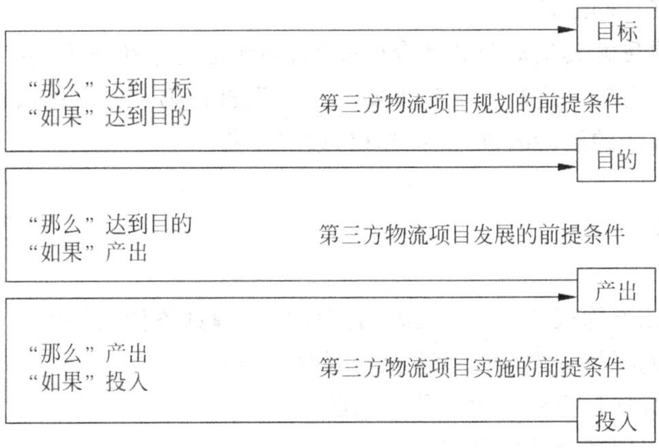

图 5.6 LFA 的垂直逻辑关系

的来源进行验证所用的方法。重要的假设条件主要是指第三方物流项目管理者无法控制的、但可能对第三方物流项目的进展或成果产生影响的外部条件,也就是第三方物流项目的风险,如政策法规、产业结构调整等方面的变化等。第三方物流项目的假设条件很多,一般应选用其中几个主要的因素作为假定的前提条件。

③ LFA 在第三方物流项目后评价中的应用。在第三方物流项目的后评价阶段,采用 LFA 逻辑框架法可以分析原定预期目标的层次、目标的实现程度和原因,用于评价第三方物流项目的效果、作用和影响,从而加强第三方物流项目的实施和监督管理。较好地应用 LFA 进行第三方物流项目后评价的前提是对第三方物流项目最初确定的目标必须做出清晰的定义。因此,在做逻辑框架时应对第三方物流项目的重要内容进行清楚的描述,包括可度量的目标、第三方物流项目的主要内容、第三方物流项目的资金投入、第三方物流项目实施的主要条件、落实第三方物流项目进度的数量指标、确定成功与否的各种指标等。

本章小结

第三方物流项目管理是指第三方物流项目管理者为了实现其目标,按照客观规律的要求,运用系统工程的观点、理论和方法,对第三方物流项目发展周期中的各阶段工作进行计划、组织、控制、沟通和激励,以取得良好效益的各项活动的总称。它具有项目管理队伍专业化、项目管理需求个性化、项目管理结束人为化和项目管理控制全程化等特性。

第三方物流项目招标投标是一种商品交易行为,它包括招标与投标两个方面的内容。招标投标是以货物、工程、服务为对象,在招标人与投标人之间进行的交易活动。本章讨论了第三方物流项目招标文件编制、招标方式、招标程序、投标程序和投标中应注意的问题。

第三方物流的一个重要特点就是以合同为导向,企业在实施物流外包过程中如何与第三方物流企业签订物流外包合同,并对其实施有效管理对于物流外包项目的成功至关重要。本章主要就第三方物流项目合同的签订、合同的履行、合同变更与解除以及如何进行科学合同管理进行阐述。

对物流服务项目尤其是对公共和合同仓库、物流配送系统成本、客户服务的监控是第三方物流公司可以为客户进行的一项重要活动。而进行第三方物流项目后评价则可以从中总结出正反两方面的经验教训，提出建议，改进工作。

复习与思考

1. 什么是第三方物流项目？第三方物流项目管理具备什么特性？
2. 第三方物流项目管理工作过程包括哪些环节？
3. 第三方物流项目投标应注意什么问题？
4. 第三方物流服务合同的特征是什么？
5. 第三方物流服务合同签订时要注意哪些问题？
6. 第三方物流服务项目监控的目标包括哪几个方面？
7. 针对第三方物流项目的特性，阐述采用项目管理的方法。
8. 试查阅有关资料，对某个物流项目的状态或结果，用项目管理理论分析项目成功（或失败）的原因、经验与教训。

案例分析

万罗物流公司外包物流项目的过程

位于伊利诺伊州的美国万罗物流公司（Menol Logistics）是一家第三方物流供应商，拥有自己的车队和仓库。在长期的物流实践中，针对企业物流外包项目特点，总结出了四个阶段和十个环节的企业物流外包项目管理过程。

1. 业务规划阶段

主要环节为项目洽谈。第三方物流供应商的项目来源于市场的需要。一个项目能否谈判成功，取决于项目营销专家知识、经验、技巧与沟通能力。作为项目经理 PM，其第一任务是“接单”。与产品销售不同，PM 在该阶段的任务除了接单，还要尽可能地搜集顾客关键人物的资料并能与顾客单位各个阶层的负责人建立良好的客户关系，为日后项目实施时的资源调动打好基础。

2. 项目设计阶段

（1）组建项目组织

为了做好项目系统分析和计划工作，万罗公司需要与顾客组建一个项目协调组织——项目组。在万罗公司总裁的授权下，项目组能支配足够的资源（包括车辆、仓库和人力），并设定工作目标，使组员同时承担明确的项目责任。

（2）制订操作流程计划

通过充分的沟通与调查，物流公司首先要了解顾客与其产品的生产流程、当前动态和操作要求。然后，制定出双方企业的物流操作流程图。针对万罗公司所经营的仓库和交通工具等资源，提出满足顾客物流服务反应时间要求的进度考核方法与指标。

(3) 系统的联合

万罗公司与顾客举行“联合—应用—发展”联席会议。来自两家公司的信息技术人员想办法衔接两家公司的信息系统。解决两家业务信息的互通问题，满足物流信息电子化的要求。

(4) 研制项目计划和活动时间表

项目利用前几个步骤所得出的信息，分解项目的结构，利用WBS法，研制出详细的工作计划和活动时间表。该活动计划，包括从宏观到微观层面的每一个步骤或活动。

3. 项目实施阶段

(1) 经常沟通

在项目推进过程中，每一活动的进展与完成，都需要明晰地反映或通报至双方公司，经常性的沟通对项目实施的成功非常关键。可以说，没有良好的沟通，就不会有成功的项目。

(2) 寻找合适地点

针对顾客的供应商、工厂和消费者的地点，需要分析与设计优化的配送业务网络。即可以由万罗公司和顾客共同确定合理的配送中心地点，也可以为本项目专门新建物流设施(如新的配送中心)。一切取决于整个物流系统日后的效率与效益。

(3) 生产准备

招募项目优秀的项目执行人员(可以是万罗公司内部人员，也可以从市场上招聘)，并对他们进行专业化的培训。在新设施启用前，万罗公司需要对新招聘员工，进行所有必要的考核和背景检查。具有必要的物流知识与技能、较强的责任心、一定的营销头脑是衡量人才优秀与否的主要标准。一般在新设施启用前两周，万罗公司开始训练新员工。培训的内容包括：员工如何使用仓库管理系统；实习货物的接收、储存、分拣和发运等工作；普及顾客的产品特性知识、应急事件的处理和危险物料处理方法等。

4. 项目交付阶段

(1) 项目试运转

这是项目管理的最后一个环节。在这一环节中，顾客会给万罗公司一些具体的指令和一些非正常的要求，考察万罗公司运用该项目能否完满地完成指定的任务。对于试运行中发生问题时，项目组及时组织有关人员加以解决，提高项目的可靠性。

(2) 项目移交

一旦项目正式启动，项目组将在起初的1～2周密切监视项目运行情况，以确保系统的所有环节都能顺利运转。对一些薄弱环节，再强化人员的培训和管理制定的调整。操作人员要求每天早上都开会重温他们从昨天的运作中所学到的东西。随着项目运作的顺利开展，并入企业的运行系统，项目组解散，项目管理周期宣告结束，由生产人员承担整个系统的控制工作。

思考题：

1. 针对企业物流外包项目特点，企业物流外包项目管理过程一般分为哪几个阶段？
2. 试分析万罗物流公司是如何成功取得客户企业的物流项目的？

第 6 章　第三方物流客户服务管理

本章关键词

√ 客户满意度(Customer Satisfaction)
√ 客户期望值(Customer Expectations)
√ 客户忠诚度(Customer Royalty)
√ 客户服务管理(Customer Service Management)
√ 绩效评估(Performance Evaluation)
√ 服务质量(Service Quality)
√ 需求特征(Characteristics of Demand)

互联网资料

http://www.08b.net

http://www.51paper.net

http://www.bizing.com

6.1　第三方物流客户服务

6.1.1　第三方物流客户服务的界定

1. 第三方物流客户服务的定义

物流活动从本质上说是一种服务，是对顾客的服务。现代物流管理的实质就是在顾客满意的前提下，在权衡服务成本的基础上，向物流需求方——顾客高效、迅速地提供物流服务。第三方物流作为物流专业化、社会化的重要形式，在与物流需求方的合作过程中，顾客服务的好坏直接影响到双方合作的效率和持久性。根据前文对顾客服务的讨论，第三方物流的顾客服务可定义为：第三方物流服务企业向客户提供的贯穿于双方合作过程中的各种活动。

2. 第三方物流客户服务的特点

第三方物流服务企业的顾客服务包括两个方面，即代替客户企业为客户企业作顾客服务和针对客户企业的顾客服务。同时，由于第三方物流服务企业在运作过程中，几乎都采用外包的方法，通过整合利用社会资源以及其他第三方物流服务企业来满足客户企业的多样化、个性化物流服务需求，所以，第三方物流服务企业的顾客服务又包括第三方物流服务分包商代替第三方物流服务企业所做的顾客服务。

第三方物流服务企业顾客服务的这种特殊性，导致第三方物流服务企业顾客服务具有以下两个特点：一是第三方物流服务企业及其第三方物流服务分包商需要深刻理解客户企业的顾客服务政策，在特殊情况下，甚至需要参与客户企业顾客服务政策的制定，以便能较好地代替客户企业为客户企业做好顾客服务；二是第三方物流服务企业顾客服务水平的高低，不仅取决于客户企业的评价，还取决于客户企业的客户评价；不仅取决于客户企业和其客户对第三方物流服务企业顾客服务水平的评价，还取决于客户企业和其客户对第三方物流服务企业利用的第三方物流服务分包商的顾客服务水平的评价，如表 6.1 所示。

表 6.1 生产或制造类企业的物流活动

<table>
<tr><th colspan="2">物流中的关键性活动</th><th colspan="2">物流中的支持性活动</th></tr>
<tr><td>1. 顾客服务</td><td>确定顾客需求
确定顾客对服务的反应
设定顾客服务水平</td><td>1. 仓储</td><td>库位确定
站台布置和设计
仓库装备</td></tr>
<tr><td rowspan="2">2. 运输</td><td rowspan="2">运输方式和服务的选择
拼货
运输路径
运输车辆调度
设备选择
索赔处理
运费审计</td><td>2. 物料搬移及处理</td><td>设备选择
设备更新
订单拣货
货物储存及补货</td></tr>
<tr><td>3. 采购</td><td>供应商选择
采购时间选择
采购量</td></tr>
<tr><td rowspan="2">3. 库存管理</td><td rowspan="2">原材料及成品的库存政策
短期销售预测
存货点的货物组合
存货点的数量、规模和位置
及时制、推动和拉动战略</td><td>4. 包装</td><td>搬移保护包装
存储保护包装
防盗包装</td></tr>
<tr><td>5. 生产和运作协同</td><td>确定生产批量
产品生产的次序和安排时间</td></tr>
<tr><td>4. 信息系统和订单处理</td><td>销售订单和库存交互过程
订单信息传递方法
订购规则</td><td>6. 信息维护</td><td>信息收集和存储
信息维护
数据分析
控制流程</td></tr>
</table>

例如，设定配送客户服务水平为 95%（外部指标）。实际达到的配送活动内部指标：配送数量准确率为 95%，配送质量准确率为 95%，配送时间准确率为 95%，配送单据准确率为 95%。则实际配送客户服务水平为 81.45%，比设定的配送客户服务水平低了 13.55%。

6.1.2 第三方物流客户服务特殊性

1. 第三方物流客户的特点

第三方物流企业在指定客户关系管理决策时，应对企业的客户群体进行分析，知道客户的特点，而第三方物流企业的客户与传统产业与服务企业的客户相比具有以下特点。

(1) 第三方物流客户的双重性

传统企业的客户关系管理一般是一维的，即一对一或者面对面地与单个客户交流，不涉及第三方的参与。第三方物流企业则不同，它是为供应方和需求方提供物料运输、仓库存储、产品配送等各项物流服务，是供应方和需求方直接的连接纽带，所以第三方物流企业进行一项服务要同时面对两个或两个以上的服务对象，也就是介于买者和卖者之间的"第三方"。在供应链条上，是介于供应商和制造商之间，或供应商与零售商之间的"第三方"，一方面要服务于供应商；另一方面还要服务于制造商或者零售商，因此可能出现两种情况。

① 合同客户。第三方物流企业同时面对两个或两个以上基于合同的客户，这时第三方物流企业就要通过自己优质的服务同时满足他们的需要。使客户满意，提高自身客户的忠诚度。

② 单合同客户。第三方物流企业拥有一个建立在合同基础上的客户，但还要面对一个即将建立合同的潜在客户。此时，企业一方面要满足这个现实客户；另一方面要考虑利用这个业务机会获得潜在客户的认同，使其成为现实客户。

由以上分析可以看出，任何一个客户(现实客户和潜在客户)的不满意都可能导致双倍客户的流失。因此，第三方物流企业存在"三角"客户关系。

(2) 第三方物流企业客户的变化性

第三方物流企业客户数量相对较少且变化率大。传统企业的客户多是分散的个人且量较多，然而第三方物流企业的客户是较大的生产企业或零售企业，其客户数量相对集中且较少。

第三方物流企业在服务过程中，一旦不能满足其双重客户的任何一方，通过客户间的彼此交流，将会失去网络上的其他客户。由于每个客户都有相关联的企业，于是通过客户信息的传递，第三方物流企业将会失去其他企业的忠诚，导致大量客户流失。反之，将会以较大速率获得客户的忠诚。

2. 第三方物流客户服务的特点

(1) 以客户满意为导向

第三方物流服务是以客户满意为导向。这里的客户满意有双重含义：一方面应遵循客户公司的目标，即一定服务水平下的成本最小原则，从客户公司的角度考虑，实现利润最大化；另一方面又要满足采购方客户，即客户的客户关于服务的要求，实现其客户满意。

第三方物流企业一定要从客户企业的角度考虑，所提供的服务必须使客户的客户达到满意，否则客户企业可能会因为第三方的物流服务失误而失去客户。如何在实现客户企业成本最小和实现客户的客户最大程度满意这两者之间达到一个平衡点，是第三方物流企业的基本服务标准。

(2) 服务产品的灵活性

基于第三方物流企业代理客户企业提供物流服务，客户服务对象面向社会，不同客户对服务水平内容的要求是不同的。这种差异性要求第三方物流企业的服务产品具有较高的柔性，能够为客户定制服务，服务项目和增值服务要有选择性。

(3) 管理服务专业化

第三方物流是专业化提供物流服务的形式，其管理水平和作业绩效都要高于企业自身的物流服务，第三方物流企业应低成本、高质量地为委托企业提供物流服务。

6.1.3　第三方物流客户服务的层次

1. 操作层面

把客户服务看作是一种具体的活动和作业。在这一层次上，把客户服务看成公司必须完成的职责和任务。

2. 衡量层面

在这一层次上，要以特定的绩效指标来衡量客户服务的表现。

3. 承诺层面

在这一层次上，将客户服务提升到公司对客户的一种承诺。它不仅包括前面层次的硬件操作，而且包括客户服务的心理态度和感性认知。

6.2　第三方物流客户服务管理

6.2.1　第三方物流客户服务管理的目的

以适当的成本来实现高质量的物流客户服务。具体来看，顾客服务于成本的关系有四种类型。

① 服务不变，成本下降。即在顾客服务水平一定的情况下，通过改变顾客系统来不断降低成本，进而追求顾客服务系统的改善。

② 服务提高，成本增加。即为了提高顾客服务水平，不得不牺牲低水平的成本，听任其上升，这是大多数企业所认为的服务与成本的关系，是企业在其特定顾客或特定商品面临竞争时所采取的具有战略意义的方针。

③ 成本不变，服务提高。即在服务成本一定的情况下，实现顾客服务水平的提高，这是一种灵活、有效地利用服务成本性能、追求成本绩效的做法。

④ 成本较低，服务较高。即在降低服务成本的同时，实现较高的顾客服务。

就上述顾客服务与成本的四种类型讲，第三方物流顾客服务管理的目的在于改变②中所反映的状况，经①和③，最终向④发展。要实现④中所表现出的理想状态，必须在加强成本管理的同时，明确相应的顾客服务水平，强化顾客服务管理，从而保持成本与顾客服务之间的一种均衡关系。

1. 明确客户服务的要求

和客户进行密切沟通，服务要求精确描述，尽可能全面和量化，同时保持一定的弹性。

2. 强化成本控制

在满足客户需求的前提下，首先确定物流服务流程，然后量化物流服务流程中的每个服务环节的成本，最后选择成本最低、控制力最强的服务流程，并使之标准化。

3. 在客户服务水平和物流成本之间保持平衡

在不断提高自身物流服务竞争力的前提下，与客户充分沟通，通过差异化服务策略，来追求客户服务水平和物流成本之间的平衡。

6.2.2 第三方物流客户服务管理的原则

1. 以市场和客户为导向

第三方物流顾客服务水平的确定，不能仅从物流服务供给方的角度出发，而应该充分考虑物流服务需求方的物流服务要求，即从产品导向型顾客服务向市场导向型顾客服务转变。产品导向型的顾客服务由于是根据供给方自身所决定的，一方面难以真正对应顾客的需求，容易出现服务水平设定失误；另一方面也无法根据市场环境的变化和竞争格局及时加以调整。而市场导向型的顾客服务正好相反。它是根据经营部门的信息和竞争企业的顾客服务水平相应制定的，既避免了过剩服务的出现，又能及时进行控制。在市场导向型的顾客服务中，通过与顾客面谈、顾客需求调查、第三方调查等方法寻求顾客最强烈的需求愿望，是决定顾客服务的基本方法。

2. 制定多种顾客服务组合

随着顾客业种和业态多样化的发展，顾客的需求不可能千篇一律，这就要求第三方物流企业在顾客服务活动中需要制定多种顾客服务组合。如今，对顾客提供统一服务的企业很多，这不利于顾客服务的效率化。顾客服务对于第三方物流企业来讲也要考虑有限经营资源的合理配置，也就是说，在决定顾客服务时，第三方物流企业应根据顾客的不同类型采取相应的顾客服务策略，如表 6.2 所示。

表 6.2 按客户类型开展客户服务

对本企业贡献度顾客类型		本企业营业额大	本企业营业额小
全国型企业	专业型	积极支援型策略	现状维持型策略
	综合型		
地域型企业	专业型	准积极支援型策略	受动型策略
	综合型		

一般来讲，根据顾客经营规模、类型和对本企业的贡献度来划分，可以采用支援型、维持型、受动型的顾客服务战略。对本企业贡献度大的企业，由于具有直接的利益相关性，应当采取支援型策略；而对本企业贡献度小的企业，要根据其规模、类型再加以区分。经营规模小但属专业型的顾客，由于存在进一步发展的潜力，可以采取维持型策略，以维持现有的交易关系，为将来可能开展的战略调整打下基础。相反，经营规模小且属综合型的顾客，将来进一步发展的可能性较小，所以在服务上可以采取受动型策略，即在顾客要求服务的条件下才开展顾客服务活动。

3. 制订差异化服务策略

第三方物流企业在制订顾客服务要素和服务水平的同时，应当保证服务的差别化，即与其他企业相比有鲜明的特色，这是保证高服务质量的基础，也是顾客服务战略的重要特征。要实现这一点，就必须具有对比性的顾客服务观念，即重视收集和分析竞争对手的顾客服务信息。

6.3 第三方物流服务与客户满意度

客户满意度是指客户对企业以及企业产品/服务的满意程度。也就是企业所提供的产品和服务能否达到客户的期望值。是属于市场营销和企业战略的一个基本概念。客户满意度也是客户对企业的一种感受状态，并且在这种感受状态下更容易激发交易行为的发生。一个常用的统计结果是：一个满意的客户，要 6 倍于一个不满意的客户更愿意继续购买那个企业的产品或服务。很多企业更进一步地通过服务的绩效表现超越客户的预期来取悦客户，而不仅仅是满足客户的需求。

在市场竞争中，企业要取得竞争优势，就要最大限度地满足客户的需求。而企业满足客户需求的能力取决于为客户创造和增加的价值的多少。

6.3.1 第三方物流服务客户满意度的界定

第三方物流客户满意度就是第三方物流服务提供商所提供的物流服务是否能够达到客户的期望值。客户有关物流服务的期望值具体表现在以下十个方面，它们包括：物流服务的可靠性、物流服务提供的速度、物流服务可得性，物流服务信息的可知性、物流服务的可信性、物流服务的安全性、物流服务的友善性、物流服务的竞争力、物流服务的有形性和物流服务的贴切性。在第三方物流过程中，对客户最有价值的方面就是物流配送服务的质量。因为这是物流过程中直接和客户接触的部分。

1. 物流服务表现及其量化指标绩效

物流服务表现也就是物流服务的质量。换句话说，高质量的物流服务也就是物流服务的表现导致客户的高满意度。对于物流的计划、实施和控制并取得优秀表现，可以使企业在市场竞争中脱颖而出，从而区别于其他供应商，替客户创造更多的价值并增进客户满意度。如何评价物流服务表现，就需要定量的绩效指标作为标杆来进行评估。最终对客户的满意度进行定量评价。

2. 客户满意度

物流服务是从以下三个方面来影响客户的满意程度的。

① 物流服务提供客户所要求的基本增值服务：时间效用和地点效用。

② 物流服务直接影响其他相关业务的满足客户的能力。

③ 配送和其他物流作业，因其经常同客户发生直接联系，从而影响到客户对于产品及其相关服务的感受。

3. 物流服务表现和客户满意度的关系

物流服务表现要从以下几个方面促进客户的满意程度。

① 加强定制服务的能力和提供更高的服务水准。

② 从一致性和可靠性两个方面来改进服务质量。

③ 缩短订单的前置时间。

④ 提高供应链的效率和价值。

⑤ 加强客户和企业之间的联系。

在通过物流服务表现来实现满足客户需求需要解决以下问题。

(1) 是否充分和真正理解客户需求

很多企业物流服务部门并不能真正或者完全理解客户的需求，他们不直接和客户沟通，而在很大程度上依赖第二手信息来判断客户的需求。有资料表明只有 1/3 的企业物流服务部门愿意直接和客户沟通，其中又只有 1/3 的企业物流服务部门能够真正完全理解客户需求。是否真正理解客户的需求需要把握好以下几个方面的客户和服务商之间认知差距。

① 客户真正需求和服务商认知的客户需求之间的差异。

② 服务商内部绩效标准和客户期盼的服务绩效标准之间的差异。

③ 服务商的服务能力和客户被告知的服务商的服务能力之间的差异。

④ 客户感受的物流服务商的服务能力和实际表现的差异。

(2) 识别和确定关键的物流服务增值因素

由于和客户沟通不充分，而且客户的需求也会随时有所变化，物流服务部门不能判定关键物流服务增值因素，从而和客户的期望值有落差。

(3) 建立实际的客户服务目标

大多数第三方物流服务提供商都倾向于以公司内部导向和竞争对手导向作为依据来确定他们客户服务标准，这些方法往往没有有效地反映客户的实际需求，不能有效地实现客户价值的最大化。

(4) 衡量和沟通客户服务的表现

第三方物流服务提供商和客户对物流服务要求的认定有差异。第三方物流服务提供商往往根据自己工作方式、思维惯性以及将自己要求作为出发点来实施对客户第三方物流服务，这样造成了第三方物流服务提供商和客户对同一件事情评价和认定有天壤之别。例如，一家电制造商曾经对它的订单实现的完整率引以为豪，每个部门都自夸为 95%，而当公司让它的客户来作评价时，却发现只有 40%。由于客户一次采购订单包括的各种家电来自十几个部门，这样每个部门 5%订单实现差率，造成客户采购订单完整实现率只有 40%。

6.3.2 客户服务和客户忠诚度

1. 客户服务

致力于使客户满意并继续购买公司产品或服务的一切活动统称为客户服务。客户服务不是售后服务，但实际上很多企业仅仅定义为售后服务，其实它应该包括售前、售中和售后三个部分，通过客户联系、收集客户信息，了解客户需求，提供解决方案，解决客户存在的问题，满足客户需求，将从公司获得所需业务并对业务满意的客户将继续忠诚地与公司合作，因此客户服务成了业务结构中的一个重要战略要点。客户服务的关键是理解与认识客户以及他们的期望。客户服务可以用定量和定性方法来衡量。

2. 客户忠诚度

客户忠诚度是从客户满意度中引出的概念，是指客户满意后而产生的对某种产品品牌或公司的信赖、维护和希望重复购买的一种心理倾向。客户忠诚度实际上是一种客户行为的持续性，客户忠诚度是指客户忠诚于企业的程度。客户忠诚表现为两种形式，一种是客户忠诚于企业的意愿；一种是客户忠诚于企业的行为。而一般的企业往往容易对此两种形式混淆起来，其实这两者具有本质的区别，前者对于企业来说本身并不产生直接的价值，而后者则对企业来说非常具有价值；道理很简单，客户只有意愿，却没有行动，对于企业来说没有意义。企业要做的是，一是推动客户从"意愿"向"行为"的转化程度；二是通过交叉销售和追加销售等途径进一步提升客户与企业的交易频度。

3. 影响客户忠诚度的因素

影响客户忠诚度的因素包括服务质量（有形性、可靠性、响应性、安全性、移情性），客户感知价值和服务补救。通过研究发现当出现服务失误时，如果对客户进行及时与适当的补偿，就更能引起客户满意度和忠诚度的提升。通过研究我们也知道，吸引一个新客户是保持一个老客户所要花费费用的6倍。所以，通过研究影响客户忠诚度的因素，对提升客户忠诚度有着非常积极的意义。

6.4 影响第三方物流客户服务的因素

6.4.1 订单前置时间

时间因素通常以订单周期表示，尤其是从卖方的角度。从买方的角度则是备货时间或补货时间，不管是从什么角度及采用什么术语，影响时间因素有几个基本变量。当今成功的物流作业具有对备货时间的基本变量高度控制的能力，包括订单处理、订单准备、货物发送，通过对这些活动的有效管理，保证合适的订单周期及一致性，实现了卖方公司对买方的客户服务水平的改进。订单前置时间（订单周期）包括以下几项内容。

1. 订单传送

订单传送包括订单从客户到卖方传递所花时间，少则用电话只需几秒钟，多则通过信函需几天。卖方若能提高订单传送速度就可减少备货时间，但可能会增加订单传送成本。

计算机与互联网使订单传送发生了革命，通过买卖双方的计算机联结，卖方可以登录到买方的计算机，在实时系统中，买方可以知道有关产品的供货的可能性以及可能的装运日期等信息。买方可以通过计算机来挑选所要的商品并通过电子信息交换（EDI）传送给卖方。EDI自动订货系统已广泛地用于买卖双方。

2. 订单处理

卖方需要时间来处理客户的订单、使订单准备就绪和发运。这一功能一般包括调查客户的信誉、把信息传送到销售部做记录、传送订单到存货区、准备发送的单证。这里的许多功能可以用电子数据处理同时进行。一般来说因为当今计算机硬件与软件的成本已大大下降了，卖方的作业成本节约比实施现代信息技术的资本投资要大。

3. 订单准备

订单准备时间包括订单的挑选和包装发运。物料搬运系统可以简单到靠人力操作的系统或复杂到高度自动化的系统，不同种类的物料搬运系统以不同方式影响订单准备工作，使得订单准备时间相差很大。物流经理要根据成本和效益选择不同的系统。

4. 订单发送

订单发送时间是卖方把指定货物装上运输工具开始计算至买方卸下货物为止的时间。当卖方雇用运输公司时，计算和控制订单发送时间是比较困难的。要减少订单发送时间，买方必须雇用一个能提供快速运输的运输公司，或利用快速的运输方式，这时运输成本会上升。

若对以上所有的四个组成部分进行改进来减少备货时间，其费用可能太高，公司可以在某一项目上进行改进而其他项目保持不变。如投资自动化物料搬运设备可能在财务上不合算，为弥补人工操作带来的较长的订单处理时间，公司可以采用电话订货代替信函订货，用公路运输代替铁路运输。这将使公司减少备货时间而不用在自动物料搬运设备上投资。

对备货时间的保证是物流管理的一大进步，我们可以发现备货时间对客户的存货成本及卖方物流系统和它在市场中的竞争地位的影响。但时间的概念本身如果没有可靠性将是没有多大意义的。

6.4.2 可靠性

对有些客户，可靠性比备货时间更重要。如果备货时间一定，客户可以使存货最小化。也就是说，若供应商给予客户百分之百地保证备货时间是10天，客户则可把存货水平在10天中调整到相应的平均需求，并不需要安全存货来防止由于备货时间引起的波动所造成的缺货(stock-out)。

1. 前置时间

因为备货时间的可靠性直接影响客户存货水平和缺货成本，提供可靠的备货时间可以减少客户面临的不确定性。卖方若能提供可靠的备货时间，可使买方尽量减少存货与缺货成本，以及订单处理时间，并优化生产计划。

2. 安全交货

可靠性不仅仅是备货时间上的一致性，还有以安全和质量的均一性等为条件，送达客户所订购的货物。安全交货是所有物流系统的最终目的。如前面所述，物流功能是销售功能的终点。如果货物到达时受损或丢失，客户就不能按期望使用，加重客户方面的成本负担：存货、生产和营销成本。收到受损的货物，就会破坏客户的销售或生产计划，这会产生缺货成本，导致利润或生产损失。因此，不安全的交货使买方发生较高的存货成本或利润和生产损失。这种状况对致力于实施一定程度的零库存计划以尽量减少存货的公司是不能接受的。

除了生产成本，非安全交货还可导致客户提出索赔的成本，或返回受损货物要求修理等的费用。

3. 订单准确性

可靠性还包括订单的正确性，它包括货物品名准确性，货物数量准确性以及单据准确性。正在焦急等待紧急货物的客户，可能发现卖方发错了货。没有收到想要的货物的客户可能面对潜在的销售或生产损失。不正确的送货使客户不得不重新订货，或客户会气愤地从此找另一供应商订货。

6.4.3 信息分享

物流企业的信息系统包括沟通系统、执行系统和规划系统。信息分享主要是指合作伙伴之间沟通系统的连接以便双方信息能够相互交流。

供应链上下游合作伙伴的信息的充分沟通使得供应链的透视度达到最佳状态，使得供应链中的合作伙伴能够及时采取措施来应对最终市场的变化，从而使得供应链的总成本降到最低程度。

具体来说，对订货供应活动极其重要的两个活动是客户订购信息与订单的库存供应与实际拣货过程的沟通。在订货信息阶段，用EDI能减少订单信息传递到仓库接受时的文字错误，卖方应简化产品标识，如使用条形码以减少订单挑拣人员的错误。EDI不仅可减少订单供应中的错误，也能增加存货周转率。EDI与条形码结合，可以改进卖方的服务和减少成本。事实上，EDI与条形码有助于卖方改进大部分的物流功能。然而，经常与客户保持接触和采用EDI同样重要。与客户和沟通对监控与可靠性相关的客户服务水平是非常关键的。与客户沟通和交流对物流服务水平的设计来说是基本的。交流渠道必须永远畅通，这是卖方对客户物流要求的主要外部制约。没有与客户的接触，物流经理就不能提供最有效和经济的服务。这就等于物流经理在打球时并不知道它的比赛规则。

然而，沟通是一个双向的过程，卖方必须能够传达客户重要的物流服务信息。例如，供应商应很好地通知采购方潜在的服务水平下降，使采购方做出必要的操作调整。

此外，许多客户要求得到货物的物流状态信息，例如有关发运时间、承运人或线路等是经常问及的问题。因为客户需要运输信息以便计划作业。

1. 信息分享的前提和条件

信息分享涉及合作伙伴的双方商业秘密和内部信息，一旦泄露会对企业造成很大损失和危害。这类案例不胜枚举。因此，合作伙伴建立互信和长期的合作关系就显得尤为重要。合作伙伴的有关工作人员应坚守职业道德，不以自己的私利来损害单位的利益。国家要制定相关法律和法规来惩处违法者。使得信息的传送和使用能够得到法律和法规保障，同时要培养遵守职业道德的社会氛围，让非法泄密者成为“过街老鼠，人人喊打”，一旦违规，使其在物流业无法立足，使其因违法违规成本过高而不敢轻易为之。

2. 信息分享的层级和保密

信息系统应重视安全性环节。从内部考虑，需要设置密码才能进入系统，应对不同级别的操作人员授以不同的访问权限，还要对系统管理员的操作进行记录等。从外部考虑，需要在病毒侵害、黑客攻击等事件发生前采取主动措施加以防范或在事后采取补救措施。

3. 信息分享的手段和工具

典型的信息分享的手段和工具包括：条形码、扫描仪、EDI 系统、卫星通信、RFID 系统和互联网。

4. 信息分享的要求和目标

（1）开放性

为实现企业物流管理的一体化以及资源的共享，物流管理信息系统应具备与企业内部其他系统如财务、人事等管理系统相连接的性能。系统不仅要在企业内部实现数据的整合，还应具备与企业外部的供应链的各个环节进行数据交换的能力，实现各方面的无缝链接。为此，系统还需考虑未来与相关标准接口的需要，如条码标准、射频编码标准、EDI 标准、ebXML 标准、RossettaNet 标准等。物流系统应具备可与这些标准衔接的开放性。

（2）可扩展性

物流管理信息系统应具备随着企业发展而发展的能力。在建设物流信息系统时，应充分考虑企业未来的管理及业务发展的需求，适应管理模式和业务流程的变化，以便在原有的系统基础上建立更高层次的管理模块。如企业进行了流程再造，采用了新的流程，原先的系统不能适应新的流程了，如果信息系统具有更新能力，就可以根据新流程灵活地升级和改进，以满足系统用户和客户两方面的需求。

（3）可得性

物流信息系统必须具有信息可得性，所需信息包括订货和存货状况。迅速的信息可得性对于客户做出反应以及改进管理决策是必要的，无论是管理者还是客户都需要频繁地更新和读取存货与订货方面的信息。

（4）精确性

物流管理信息系统应当精确地反映当前状况和定期活动，以衡量顾客订货和存货水平。精确性可以解释为物流信息系统的报告与实物计数或实际状况相比所达到的程度。例如，平稳的物流作业要求实际的存货与物流信息系统报告的存货相吻合的精确性最好在 99%以上。

（5）及时性

物流信息必须及时地提供快速的管理反馈。及时性是指一种活动发生时与该活动在信息系统内可见时之间的时间差距。即确保管理控制在有时间采取正确的行动或使损失减少到最低程度的时候提供信息。概括地说，及时的信息减少了不确定性并识别了种种问题，于是减少了存货需要量，增加了决策的精确性。

（6）完整性

功能的完整性，就是根据企业物流管理的实际需要，系统能完整覆盖物流管理的信息化要求。要保证系统开发的完整性，需要制订出相应的管理规范，例如开发文档的管理规范、数据格式规范、报表文件规范等，以保证系统开发和操作的完整性和可持续性。

（7）可靠性

系统在正常情况下运行可靠，实际就是要求系统具有准确性和稳定性。一个可靠的物流管理系统要能在正常情况下达到系统设计的预期精度要求，不管输入的数据多么复杂，只要是在系统设计要求的范围内，都能输出可靠结果。

非正常情况下的可靠性，就是指系统的灵活性也就是指系统在软、硬件环境发生故障的情况下仍能部分使用和运行，一个优秀的系统也是一个灵活的系统，在设计时就必须针对一些紧急情况做出应对措施。

(8) 安全性

系统应重视安全性环节。从内部考虑，需要设置密码才能进入系统、应对不同级别的操作人员授以不同的访问权限，还要对系统管理员的操作进行记录等。从外部考虑，需要在病毒侵害、黑客攻击等事件发生前采取主动措施加以防范或在发生后采用补救措施。

6.4.4 灵活性

方便是物流服务水平必须灵活的另一说法。从物流作业角度，仅有一个或少数几个对所有客户适用的标准服务水平最为理想，但这是基于客户服务需求是均一的假设。事实上，这并不现实，例如某一客户可能要求卖方托盘化并以铁路进行运输，而另一客户则只要求非托盘的公路运输，而第三个客户可能要求特殊的交货时间，物流服务要求与客户对包装、运输方式和承运人、线路、交货时间的要求等有关。

“方便”或灵活性认识到了客户的不同要求。卖方一般能根据客户大小、生产线等因素来划分客户，这种划分，使物流经理认识到客户的不同需求，并努力以最经济的方式来满足这些需求。

我们可以把对物流服务水平上的“方便”看成对不同客户给予不同的服务水平。更具体地说，丧失不同客户群订单的成本是不同的。例如，丧失订购30%公司产量的客户比丧失订购0.01%公司产量的客户损失更大。另外，市场的竞争性也有不同，竞争性强的市场比竞争性弱的市场需要更高的客户服务水平。公司中不同产品的利润率也影响与限制提供服务的水平，也就是说，对低价值的产品，公司可提供较低的服务水平。

1. 产品的需求特征

产品库存的需求特征包括以下几方面。

① 需求的波动性：需求是可预知还是不可预知。

② 需求的模式：需求的稳定性、趋势性和季节性。

③ 需求的频率：需求的规律性和非规律性。

④ 需求的水平：需求数量是大还是小。

⑤ 需求的来源：是自制还是采购。

产品的生命周期定位：初始阶段、发展阶段、顶峰阶段、下降阶段和消失阶段。所有这些特征都必须仔细的加以研究。尤其是当产品的生命周期定位发生变化时，产品的需求特征也会随之发生变化。这些都会影响到库存水平，从而对第三方物流客户服务水平产生重大影响。

2. 客户细分

第三方物流服务要提供有效的客户化定制方案，满足不同客户的特定需求，因而实现大规模定制物流首先要从物流角度进行市场细分，通过物流细分来识别客户的需求特征，并按照一定的标准划分客户群，从而为物流服务水平的设计打下基础。

物流细分所使用的工具与市场细分相似，主要是进行因素分析，不同之处在于决定分类的因素不同，市场细分主要以客户需求的产品特征为基础，物流细分则主要以客户的物流需求和产品的物流特征为基础，这些因素主要包括购买关系性质、订货和账单送交方式、运送和服务支持、订单内容、运送内容等。由于不同物流服务提供者对各因素重要性的理解有异，因此物流细分中所使用的主要因素也不尽一致，例如澳大利亚一家大型酿酒公司利用客户订货特征、物流运送要求和客户规模作为主要因素进行物流细分，而另外一家电子通信产品供应商则主要根据客户的订货方式（如紧急订货和正常订货）、运送要求等进行物流细分。

通过物流细分将具有相同需求特征的客户划为一个客户群，并界定不同客户群的需求，以识别物流服务的优先性。如果某种物流服务需求在市场中没有得到充分满足，则与已满足的物流服务需求相比，就具有一定的优先性，企业即可将此作为差异化的市场机会，并提供与需求相适应的物流服务，以创造差异化的竞争优势。对制造厂商来说，市场细分还存在一个从产品角度进行的市场细分与物流细分的平衡问题，这就要求营销部门与物流部门沟通、协调，使市场细分与物流细分的结果相差无几。

通过对物流需求的细分，企业将市场划分为不同的客户群，并根据每个客户群的需求特征确定物流服务水平，明确了各个客户群的物流需求以及各种物流需求的优先性，从而避免为单个客户定制物流服务水平的复杂性和低效率，从而可根据企业实力、竞争状况等因素确定目标市场，选择不同的目标市场战略。在具体实施时，首先根据客户具体的物流服务需求，将客户细分为某个客户群，然后以该客户群对应的物流服务水平为基础，综合考虑客户的需求特征，对物流服务内容进行适当的增减，确定客户化定制物流方案。从产品角度进行的市场细分可以从充分识别客户需求，进而确定目标市场，寻求差异化市场机会，为每个客户群提供所需要的产品。同样，从物流角度进行市场细分，可以明确各个客户群的物流需求，在此基础上实施差异化物流服务战略，提供客户所需要的物流服务。

3. 服务水平差异化

许多企业还在用同一水平的物流服务对待不同的顾客或不同的商品。企业应把服务当作是有限的经营资源，可按照对物流服务提供商的重要性，根据 ABC 分类法对客户进行细分。从而将有限的优质物流资源用在对物流服务提供商而言最关键的客户上。在决定资源分配时，要调查顾客的需求，根据对公司销售贡献的大小将顾客分成不同层次，按顾客的不同层次，决定不同的服务和不同的服务水平。

在细分市场之后，要针对每个客户群定制物流服务水平。为此，首先要了解企业的物流服务能力；在此基础上，根据物流细分的结果设计满足客户群物流需求的服务水平。由于明确了各客户群的物流服务需求，设计相应的物流服务水平是一件比较直接的事，但在很多情形下，如为了跟上竞争者的物流服务水平，或采取差异化战略而缺乏相应的物流能力，或缺乏满足重要客户物流需求的某些物流能力等，在物流服务水平的设计方案中需增加新的物流服务能力，才能满足客户的物流服务要求。这时，就应比较新增物流服务能力的总成本和收益机会，做出正确的决策。

进一步地，所设计的物流服务水平必须进行内外部的测试和检验，并根据测试反馈情况，进行适当的变更，最后确定物流服务水平。内部测试主要是针对市场营销部门和销售人员进行，当某些方面发生抵触时，要进行协调，确保总体效益最大，例如上面所提到的酿酒制造商，其物流部门决定取消固定运输费率，转为基于运输规模而收取运输费用的可变机制，但这与现行价格政策相抵触，而销售和物流服务必须保持一致性，于是双方必须进行协调。外部测试主要针对客户进行，要求确保新增的附加服务能为客户增加价值，并且客户愿意支付更多费用或同意增加购买量，来获得这些服务。

最后，在为具体客户提供物流服务的实际操作中，为客户提供的物流服务水平以该客户所在客户群的物流服务水平为基础，再根据客户特定需求对物流服务内容进行适当增减，从而提供定制化物流解决方案。

4. 物流服务策略差异化

我们可将第三方物流服务分为基本服务和附加服务。对第三方物流基本服务采取低价有效的服务策略，其物流服务水平能够满足客户的基本需求。而对第三方物流附加服务可采取高价高效服务策略，其物流服务水平能够满足客户的高要求。

同时物流服务水平也依据市场形势、竞争对手情况、商品特性和季节等时时刻刻都有变化。过去主要是提供交货日期、库存、再进货、到货日期、脱销等情况和运输中的商品信息与追踪信息，今后为适应特约商店、零售商店简化业务手续的需要，提供传票样式的统一商品接收总计表等信息服务将更为重要。物流部门应有掌握这种变化的情报系统。在美国，物流服务包括在对顾客的服务之中，负责这方面工作的部门和系统十分完备，日本现在也已具备条件建立提高物流服务质量、向顾客提供满意的物流服务的管理机构和负责体制。

5. 物流服务差异化案例

在美国，一家为全美零售商提供纸产品的大型纸品制造商面临利用物流获得竞争优势、提高潜在销售量、降低成本的挑战。为寻求有效提供定制物流服务的途径，该公司组建了专门项目小组。通过拜访不同规模的客户，发现所有的客户都认为订货准确率、供应比率和准时运送是非常重要的服务标准；与此相反，其他服务要求的重要性对不同的客户而言不尽一致，这些方面对公司而言是实行差异化策略的潜在发展方向。同时项目小组认识到，虽然公司在基本服务方面做得很好，但其他纸制品供应商也都能提供同样水平的基本服务。因此，在基本服务上不可能实行差异化策略。在其他服务方面，如EDI汇票、提前运送通知、EDI订货跟踪、直接换装、直接配送至商店等，市场提供的物流服务还需改进，这是企业赢得差异化优势的机会；另外还存在一些不重要的服务或微利服务，如零担运输、连续补货计划等，如果公司的重要客户认为其中的某些服务很重要，而且经济上可行，也可以将其作为一种差异化服务来发展。

综合考虑物流服务对客户的重要性与物流服务的相对复杂性，该项目小组将整个市场划分为四个客户群：传统型、跟随型、集中型与伙伴型。然后根据客户潜力及公司潜力对每个客户的战略重要性进行评价，确定客户成本—服务的均衡，将成本—服务分析和战略重要性分析相结合，制定出新的物流服务战略，从而有效地提供大规模定制物流服务。

(1) 跟随型

通过最大效率地提供大规模服务建立供应链领导地位，执行具有惩罚条款的价格战略，降低成本，将愿意承受高成本的客户转向伙伴型或集中型。

(2) 伙伴型

使用跨功能项目小组来发展伙伴关系，在一些能降低双方成本，集中于发展信息技术的增值服务方面达成一致。

(3) 传统型

为低成本顾客选择性地提供大规模服务，前置时间较长，供应比率和准时运送绩效标准较低。将愿意承受高成本的客户转向伙伴型或集中型。

(4) 集中型

提供具有以下特征的增值服务：顾客愿意支付费用、能降低成本、直接导致交易量增长的服务，告知顾客低效率服务的成本，改变双方合作关系，致力于建立战略合作伙伴关系。

6.5 以客户为中心开发第三方物流战略

以客户为中心的物流战略是竞争性优势的源泉，一个有效的以客户为中心的物流战略的开发，需要经过七个阶段。

6.5.1 理解客户需求

竞争的加剧，客户要求的不断变化和不断提高质量的压力意味着客户需求在不断地改变，供应商必须预期这些改变并对此做出积极反应，不断地改变业务目标。随着需求的改变，物流过程必须适应这种改变以保持客户满意。当制定一项客户导向的物流战略时，物流配送人员必须确切了解客户对于配送的需求和期望。不同的客户有不同的需求和期望。例如，客户对于配送的每个环节的要求可能包括适时和可靠的送货、良好的沟通、准时送货、高频率送货、订单状态信息的可得性、高效的反馈过程、紧急情况的即时处理、货物的完好率、礼貌地进行索赔、精确和适时的结账、对咨询的答复等。

定义客户需求的过程很复杂，许多公司对此均不熟悉，公司的管理层必须学会了解和着眼于客观的客户需求。下面的三个步骤可以确定顾客需求：

① 理解客户的业务、买方和用户；

② 鉴别客户的需求和期望；

③ 与客户进行充分的沟通。

下面，我们更细致地分析一下这三个步骤。

1. 理解客户的业务、买方和用户

提供价值就是提供产品和服务，供应商必须了解客户所代表的业务，这样，当把客户的需求转化成公司业务标准时就简单多了。了解订单的多样化就是一个很好的例子，应急原材料的补充、消费、促销、审单等，每个方面都有不同的要求。这种要求也会因产品类型不同而有所不同,必须区别对待。确认客户的要求并且提供相应的服务会增加客户的满意度,还有可能降低成本。

在多数较大的公司,购买部门不是最终用户,因此可能会存在不同的满意标准。购买部门如果作为生产产品公司的一部分(即采购部门),可能会受到别的部门的影响,像生产、质量控制、物流、产品开发和财务等。买方可能更关心价格和送货期限,而其他部门可能对质量更感兴趣。用户(产品线)可能觉得产品的效力和特性更为重要。了解购买部门和用户在购买过程中所扮演的不同角色有助于供给商确定需求和满足期望。

2. 鉴别客户的需求和期望

供应商必须同客户一起探讨哪种服务的特性更为关键。提出一些定性的、开放性的问题是很重要的,这类问题给客户很大的灵活性来表达他们真正的需求。从供应商的角度来看,给客户列一张需求清单可以是一个良好的开始,但还不很充分,它可以引起内部的关注,但不能揭露所有的重要问题,也不能探索需求的基本原理。

例如,在挪威,过去 TOYOTA 曾把汽车看作简单的商品,直到它开始注意全面的汽车销售经验,询问客户有关他们的期望时,才发现购买者对汽车的可靠性和汽车性能,还有购买汽车的便利度、保险和修理等感兴趣。针对这个新发现,TOYOTA 作出反应,提供竞争性融资、保险服务和免费的汽车检查服务,销售额上升 30%,利润几乎翻倍。TOYOTA 成为挪威销售量最好的外国汽车制造商,压倒了曾经 15 年占领先地位的 FORD。在创造价值和满意的过程中,评估商业惯例到底扮演什么角色也是很重要的,例如,是由销售代表根据客户的要求确定运送日期,还是根据公司何时能办理运送来确定?零部件销售商往往汇报有 99.9%的准时送货率,难道真是这样吗?衡量的标准应是送货期与客户要求是否一致。某一客户要求星期二送货,但经常到周四才能送到,协调的结果是客户同意周四送货,虽说他很不情愿。通过与客户讨论送货要求,物流配送员发现销售人员和配送系统并不是客户导向的,因此不能促进客户满意进程。

对最普遍的客户来说,确定什么才是最重要问题的方法是通过个人会谈(面谈)和小组的方式向买方和用户提出开放型的问题。当然,这些问题随行业不同而变化,大致包括以下几种。

① 什么对你最重要?

② 哪些服务会在你的购买过程中起作用?你如何优先考虑这些方面?

③ 什么构成明显的高级和低级行为?

④ 什么层次的行为能促使你增加购买力?有什么评价标准?什么层次的服务问题能减少你的购买力或排除某个供应商?

⑤ 当前的业务是什么?你如何来衡量?

⑥ 本公司能满足你的要求吗?本公司的竞争对手呢?

⑦ 本公司怎样才能简化当前的作业?

⑧ 本公司做了什么不该做的事情?又有什么该做的事情没做?

⑨ 本公司如何才能创造价值?

⑩ 本公司正在做什么你喜欢或重视的事情?本公司的竞争者呢?本公司如何更好地工作来满足你的需求?

通过下面四种途径可以决定哪种产品能为客户提供超值服务或作出贡献：

① 直接的客户投入；

② 客户陈述；

③ 客户的抱怨；

④ 与行业同行的比较。

每一种途径都有自己的优点，需要全面了解客户的需求和感受则要求将这四条途径整合起来作整体分析，尤其要注重和客户的直接交流。

(1) 直接的客户投入

直接询问客户何为价值是一种用来确定客户所想和所要求的服务的正确途径。直接收集客户反馈信息的有效技术包括面谈、集中小组会谈和调查。面谈是最全面的，因为供应商与客户直接接触，会让他们更好了解客户的业务和探索专门服务会增值的原因。某些公司要求管理人员一年要有几次拜访客户的活动，这对于真正了解什么对客户重要和为什么重要是很关键的。

集中小组会谈一般被用来发现购买方式的原因，对象通常是来自不同公司的 8～12 位客户，如果客户来自不同业务的交叉部分，那集中小组会谈尤其有用。

邮件和电话调查也是有效方式，围绕直接与客户的接触得来的反馈信息来设计的调查是精确的。

(2) 客户的陈述

许多客户向供应商讲述他们的最低需求。这些陈述通常是非常明确的，虽说这些信息对业务很有必要，但它可能仅仅提示了最基本的问题，即客户的最低期望。一旦理解了最低需求，与客户进一步的讨论应建立在这个基础上，并且帮助供应商理解客户对别的增值服务的期望。除了现存的客户陈述外，以往的业务报告也是客户反馈信息的潜在重要来源。

(3) 客户的抱怨

噪声水平可以被用来作为直接与客户接触的补充，虽说是反面途径，但它提供了客户较棘手的特殊的反馈信息。许多公司鼓励对雇员不满的调查以及失去客户的最后会谈来鉴定噪声水平。有些公司甚至还有正式的最后会谈，认为这种会谈是有价值的信息来源。因为如果一个客户对某一问题有抱怨，别的客户很有可能也会有同样的问题。

依靠噪声水平处理客户满意的缺陷在于，大约仅有 5%的客户的不满是真正有价值的，虽说这的确提供了一些信息，但却不能建立一个扎实的基础来努力达到客户满意。有人已经创造了一种方式使客户的不满或要求成为一个系统，并且自动地按规定程序适时地把客户的不满送到基层管理人员，以便答复。该系统还允许销售代表在他们先进的计算机上记录近期客户抱怨的数据。

(4) 与行业同行的比较

相对于竞争者的水准是补充直接与客户接触的另一条途径。它提供了有关竞争对手当前行动的反馈信息，但是它不能帮助确定客户需求和期望值。该方法的不足之处是它不能表示竞争对手满足客户的情况。因此，从竞争对手的服务目标出发可能会导致方向错误。

3. 与客户进行充分的沟通

一旦明确客户的最低需求初期望,供应商应探索每一项目的相对重要性。他们可以与客户讨论哪一行为标准是重要的、不变的及原因。该信息将帮助区分客户需求和增值服务。如果提供增值服务,而基本的需求却不被满足,则达不到客户满意。

另一个要讨论的是客户对当前服务水准的看法。它提供了哪种服务对竞争优势有利的评判标准。因为在客户情愿支付的价位上要满足所有的客户需求是不可行的,因此理解哪一种服务是最低需求,哪一种服务能超出期望值是很重要的。提供增值服务需花费金钱,并且客户情愿购买的仅是他们认为有价值的服务,供应商应该同客户讨论他们情愿为此所付出的代价。当他们意识到提供服务所支付的费用时,有些客户可能会重新评估这项服务的重要性。

6.5.2 目前服务水平和能力

一旦理解了客户的想法,供应商必须找出他们当前的服务能力和实际要求之间的差距,这包括采取什么步骤来满足专门的服务目标和鉴别当前由竞争对手提供的服务。这有助于决定哪种服务是每个厂商都能预期得到的。如果 EDI 是一项增值的客户服务,并且仅由一个供应商提供,该公司拥有一项竞争性优势。

1. 理解自身服务水平和能力

所谓对自身服务水平和能力的理解就是知己的能力。只有具备了知己的能力,了解自身物流服务能力的优势和不足,才能为客户提供合适的物流服务打下坚实的基础。

2. 理解竞争者服务水平和能力

所谓对竞争者服务水平和能力的理解就是知彼的能力。只有具备了知彼的能力,了解竞争对手物流服务能力的优势和不足,才能为击败竞争对手打下坚实的基础。

3. 分析其中的核心竞争力

只有了解了竞争对手物流服务能力的优势和不足,确定其核心竞争力之所在,才能理解其为什么能争取到客户,客户是看中其哪些独特的优势,才将物流服务外包给他,而自身是由于哪些不足而导致丧失了客户,从而为提升自身物流服务水平和能力打下坚实的基础。

6.5.3 确定第三方物流服务水平和客户要求之间的差距

一旦物流服务供应商明白客户的需要正好与其提供者相反,两者之间的差距便可以分析出来。许多公司都以为客户需求与他们提供的服务之间差距很小,调查之后,他们通常会发现自己曲解了客户需求。早在 30 多年前 Peter Drwker 写作《结果的管理》(*Managing for Results*)时就已明白客户满意这个概念。他说:“业务人员认为自己了解客户,而市场很有可能是相反的。只有一个人才能真正了解这一切——那就是客户。”一旦正确认识到差距,公司便可以认真检查以确定消除差距所能得到的利益(比如增加客户价值)。

当被问及需要和期望时，一个消费品公司的客户表示，及时送货及无货损送货是评价配送服务的两个最重要的标准。当公司检查其提供的服务与客户所需之间的对比情况时，它通常会在及时送货方面找到差距，但却不能发现在无货损送货方面的问题。公司还会注意到这些方面的竞争评价，它意识到客户已表明竞争会加速带来更高质量的及时和无货损送货服务。有了这个信息，消费品公司确定消除及时送货方面的差距对其成功尤为重要，而且当无货损送货的质量提高超过客户的期望时，就带来新的竞争优势。公司下一步是识别消除差距赢取优势的多种选择。为改善及时送货，公司可以继续与原来的承运人合作，提高服务质量或者可以启用新的承运人，监督送货日期的执行，提高跟踪货物的能力。改善无货损送货的步骤包括改变包装、改善装卸技术、加强在产品处理中的员工培训。

一旦改善的选择已确定，公司必须分析与消除差距有关的均衡点、利益、成本以及风险。消除差距的某些利益包括提高服务水准的利益，但有一种途径是在改进过程中定期进行调查以了解客户满意评价。另一些利益可能包括收入增加、客户忠诚、竞争优势。避免由于服务质量差而失去的业务也是利益之一。在这些分析的基础上，公司必须确定利益超过成本。当然，这些标准随着客户或市场划分的不同而不同，而且在每个特定情况下都需要详细的分析。

1. 确定第三方物流服务改善的目标和方向

物流服务供应商需要和客户进行充分详尽沟通，以明确物流服务改善的目标和方向。

2. 确定第三方物流服务改善的措施和步骤

在明确物流服务的改善目标和方向的前提下，制定第三方物流服务改善的措施和步骤。

3. 评估第三方物流服务改善的成本和效益以及风险

在实施第三方物流服务改善的措施之前，需要对其产生的影响进行评估，分析其所带来的效益和产生的成本，以及所引发的风险，再来决定是否实施第三方物流服务改善的措施。

6.5.4 提供个性化的第三方物流增值服务

当供应商询问客户，什么对他们最重要并且分析结果时，很显然，不同的客户群需要不同的服务及服务水准。为了让尽可能多的客户满意，公司应该把有相似要求和期望的客户分类。许多公司按产业、产品类型、销售量和利润来细分客户群，但现在通行的标准是需求的相近性。例如，以“隔夜或第二日送货”为标准划分比按“商业类型——零售或批发”划分更有意义。一些客户希望收到的产品以稻草包装，另一些却喜欢以薄纸夹衬，通过调查这些自然而分的客户群，供应商可以更好地提供针对性服务。

无论什么产业，不同的服务必须要与提供的费用相比较。如果一项服务对客户有足够的价值，客户可能愿意为此额外付费，除非其竞争对手以更低的价格提供同样的产品。区分愿意与不愿意为服务付出费用的客户很重要。提高价格，增加服务虽能满足一部分客户，但有可能会把一部分客户推向其竞争对手。

6.5.5 跟踪评估和持续改进

1. 作业流程

跟踪评估和持续改进的作业流程包括：

① 定期专人收集和分析客户反馈信息；

② 将客户对服务的满意度量化和标准化；

③ 据此修改物流服务计划，交由计划执行部门实施。

2. 案例分析

例如，实施客户导向的配送战略，下一步就是在客户要求和期望的基础上创造服务。以分析为基础，前面谈到的消费品公司接下来便要决定什么服务水准是其努力方向。相当水准的准时送货与无货损送货成为目标后，达到这些目标的方法、途径就要到位了。例如"按时"必须针对每一细分客户群制定相应目标。这样的细分有助于避免亏待部分客户以及过分善待部分客户。一整套服务系列给需要并且愿意支付费用的客户提供高水准服务。当AT&T电脑集团对Intel材料提出了99.8%的接受率要求时，原部件制造商不得不提高其当前97%接受率的质量标准。同样，Intel也对供应商提出更高的质量要求，并通过质量改进达到目的。这样，Intel就能得到其客户要求的服务水平。

为了满足客户需求，超出他们的期望值，供应商不仅必须满足客户的需要，而且应提供增值服务。当竞争者开始把客户满意作为竞争优势时，供应商正着眼于客户对价值的认识，他们致力于将满足客户最低的要求作为客户满意的开端，如果无法满足，则将得到客户的否定评价；如果满足了，也不会得到客户的称赞，因为这是客户所希望的。只有当供应商超出客户最低要求时才会让客户满足，达到增加价值的目的，这些增值的特征恰是创造竞争优势的区别因素，即"满足最低要求能保证公司处于竞争之中，但无法帮助它成功"。

评估满意过程对于激励员工相当重要。定量情况评估在改进工作中占重要地位，但是，客户的反馈是真正满意的唯一正确指标。因为这是公司在满足客户需求方面的成功。客户满意指数是定量评估整个满意水平的一种方式，衡量所有产品的贡献是很重要的，因为满意是以客户的整个经历为基础解释的。客户满意指数用以评估供应商在客户眼中的地位，客户满意指数变动范围从1～10。

当供应商使用客户满意指数时，必须全面理解客户的要求和希望。继而这些要求和期望会扩展成为一个标准。然后通过达到或者超过这个标准以满足需求和超出客户的期望。例如，邮购支持系统在很多商业中都是普遍的增值服务。提供邮购支持的标准因产业类型而异，但可以包括反应的时间期限、服务便利承诺、解决问题期限和员工的文明礼貌。

客户满意指数应该在监控之下用以评估供应商在有关满意标准方面的表现，也可评估一段时间内的执行和改进情况。它和直接接触一起，有助于识别问题和明确什么是客户价值，接着用这些信息来进行客户满意调查，客户满意指数及监控的频率因产业类型而异。

客户满意必须是一个不断进行的过程，因为客户要求随生产过程、产品和客户基础的变化而变化，为了保持客户满意的水准，供应商必须跟上这些变化的要求。一般认为频繁的接触是必要的，与客户接触的方式各有不同，但可以分为三类：原始信息收集、周期性调整、持续性接触。

① 原始信息收集是对客户需要和满意程度的第一次正式接触。这种接触可以分为面谈、集中小组会谈、信件或电话调查等。这些活动的目的是衡量客户对供应商在各种不同因素、不同细分客户群基础上的行动的评价，以及决定初步改进。

② 一旦供应商明白客户最初的要求和期望，就必须周期性检查满足客户要求的能力，以及初次接触后客户要求的变化，由于客户对服务的认识是客户满意的最重要因素，所以只有客户才能辨明服务是否改进。周期性接触为供应商提供了其在满足客户要求方面的表现信息，通常调查结果中的下降趋势表明客户需要正在变化，新的需要没有被满足。客户需要的变化由众多原因引起，包括新产品，新分销渠道，新竞争对手，新客户的需求。通过信件和电话调查，面谈甚至小组会议进行的周期性接触有助于供应商满足客户需要，避免在满足程度方面落后。如 XEROX 公司每年对每位客户至少接触两次，以测试满意水平，联邦快递则对其细分客户群实行季度调查。

③ 持续的、专门的客户交流对主要客户很重要，关于满意程度、客户拜访及其他交流方式的讨论为评估客户满意提供了迅速的反馈信息，使供应商在变化及发生问题前预先觉察，并通过对原来服务方案的改进，使得客户和供应商都能受益，例如，BOSE 的主要供应商把代理设置在 BOSE 公司里，以保证它的要求不断被调整和满足。

6.6 第三方物流客户服务评价指标

6.6.1 第三方物流客户服务评价原则

1. 3PL 企业绩效评价体系建立的原则

在建立 3PL 企业绩效评价指标体系时，一般应遵循以下原则。

(1) 系统性原则

3PL 企业须针对内外的各种情况都设立相应的指标，系统科学地反映 3PL 企业的全貌，达到对企业整体的科学评价。

(2) 层次性原则

指标应分出评价层次，在每一层次的指标选取中应突出重点，要对关键的绩效指标进行重点分析。

(3) 可比性原则

绩效评价指标体系所涉及的经济内容、时空范围、计算口径和方法都应具有可比性，所以在建立体系的时候要参照国际和国内同行业的物流管理基准。

(4) 通用性原则

绩效评价指标体系在 3PL 企业应该普遍适用，同时应在理论和实践的发展变化中具有相对的稳定性。

(5) 经济性原则

评价体系应当考虑到操作时的成本收益，选择具有较强代表性且能综合反映 3PL 企业整体水平的指标，以期既减少工作量，减少误差，又能降低成本，提高效率。

（6）完整性原则

由于涉及企业物流客户服务的因素很多，因此要尽可能地建立完备的绩效评价指标体系，特别是对于一些主要因素既不要遗漏也不要重复，应该全面地、综合地对其进行评价，保证评价结果的合理性和客观性。

（7）简洁性原则

指标体系既要完备又要突出主要影响因素，但是如果把影响因素都罗列在绩效评价指标体系中，不但会增加评价的难度，而且会降低评价的准确性，因此指标体系中的因素要简洁、明了。

（8）定量与定性结合的原则

由于3PL企业的绩效涉及的客户满意度等方面很难进行量化，所以绩效评价指标体系的建立除了要对物流管理的绩效进行量化外，还应当使用一些定性的指标对定量指标进行修正。

（9）动态长期原则

由于选择3PL企业后，货主方与物流供应商之间是战略伙伴的关系，所以对3PL企业的评价不应该只局限在目前的企业状况，而应考虑3PL企业的长远发展潜力和对企业的长期利益，要与企业的发展目标和战略规划相一致。

（10）灵活性和可扩展性原则

各企业所处行业不同，企业物流客户服务水平的评价指标及各指标的权重应有所不同，因此，其绩效评价指标体系应具有一定的灵活性和可扩展性，能根据实际情况的变化对绩效评价指标体系进行调整。

（11）定性指标和定量指标相结合的原则

影响企业物流客户服务水平的许多因素是无法用定量指标描述的，因此用定性和定量相结合的方法来建立绩效评价指标体系是非常必要的。

2. 客户服务水平绩效评价指标体系的建立

通过对企业物流客户服务水平影响因素的分析，结合绩效评价指标体系的建立原则，建立如表6.3所示的指标体系。

表6.3　物流客户服务水平综合绩效评价指标体系

业务发生前因素 U_1	企业关于客户服务的书面陈述	u_{11}
	应急服务计划	u_{12}
	客户服务机构组织	u_{13}
业务发生中因素 U_2	订货方便性	u_{21}
	送货时间	u_{22}
	订单履行的准确性	u_{23}
	收到货物的完好率	u_{24}
	存货的可得率	u_{25}
业务发生后因素 U_3	产品安装、维修、零件供应的方便性	u_{31}
	产品跟踪的实时性	u_{32}
	客户索赔和投诉前有效性	u_{33}

（1）准确性原则

① 需要评价服务要素是什么？

② 需要评价的对象是谁？

③ 评价的目的是什么？

这包括三个方面：一要明确哪些要素需要评价，许多企业喜欢评价那些最易测定的要素，而不是评价那些客户认为最重要的服务要素；如有的企业不评价整个订货和补充订货周期，而只评价订单处理和货物分拣时间，因为对企业来说这方面的考察较为容易。问题在于，这两个阶段的考察并不能完全表明企业订货周期其他阶段的情况，如订单传递和订单发送情况，而这方面的服务是最难评价、也是客户最为敏感的问题；二要明确评价的对象是什么，如是针对客户企业还是客户企业的客户、是针对内部客户还是外部客户、是客户企业或其客户对第三方物流企业的评价还是对第三方物流企业所利用的分供方的评价；三要明确评价的功能目标是什么，是检验改进方案的效果还是发现问题或者其他什么目标。评价的如果不是客户认为重要的服务要素、评价的对象及目标不明确，肯定达不到评价应有的效果。

（2）过程化评价原则

把第三方物流企业的客户服务放在供应链运行过程中考察，并且把客户服务本身作为一个过程来考察，从环节上、各要素上发现问题，评价考证。即使是某个环节、某个节点上的专项客户服务评价，也应如此。

（3）连续性原则

把第三方物流企业的客户服务评价作为一个连续性工作来做，每次评价虽各有侧重，但整个过程、各次评价都应该相互关联。即使对于某一过程的某一环节的客户服务进行评价时，也应该采用不同方式连续进行，避免结论失真。同时，还要将日常评价与专项评价结合起来，使评价连续地进行，减少随意性。

（4）内外评相结合原则

从方式上看，第三方物流企业客户服务可由企业内部评价，也可由专业服务机构评价，但最好是将两者结合起来。从角度上看，自评有利于不断自我提高，他评有利于发现自评不能发现的问题，因此应将二者结合起来进行。从众多优秀第三方物流企业的经验来看，现场办公会、协调办公会和专家共评会是将内部与外部评价结合起来的好方式。它不仅能使合作双方开诚布公地探讨问题，研究解决方案，还能把问题放在未来的发展中去评价，有利于双方合作的健康、高效运行。

6.6.2 第三方物流客户服务评价要素

1. 确定第三方物流客户服务评价要素的注意事项

第三方物流客户服务评价要素的制定要以客户为中心，以彻底全面了解客户要求为出发点，要站在客户的立场上思考问题，而不是想当然地从自身出发来确定第三方物流客户服务评价要素，其评价要素要首先得到客户的认可，而不是得到评价部门的认可。

2. 第三方物流客户服务关键评价要素

① 产品的可得性：缺货率。

② 前置时间。

③ 灵活性：对客户特殊要求的反应时间，对客户抱怨的反应时间。

④ 配送的差错率：质量，数量，时间和单据。

⑤ 服务态度。

6.6.3　第三方物流客户服务评价标准

客户服务评价标准是衡量客户服务工作的准绳。制定客户服务评价标准，历来是物流管理中难于处理的问题。因为这个问题涉及需要制定一套专用的、全面的服务目标体系。美国全国实物配送管理协会（NCPDM）的客户服务研究小组认为，并不存在有明显的方法可专门用来在总体意义上衡量客户服务工作成绩。因此，必须定义和衡量客户服务的各个组成要素。

根据前文分析，客户服务各组成要素存在于三个阶段，有些发生在交易前，有些发生在交易过程中，还有些发生在交易完成以后。图 6.1 从客户服务三个阶段的组成要素出发，将一些客户服务评价标准标示如下。

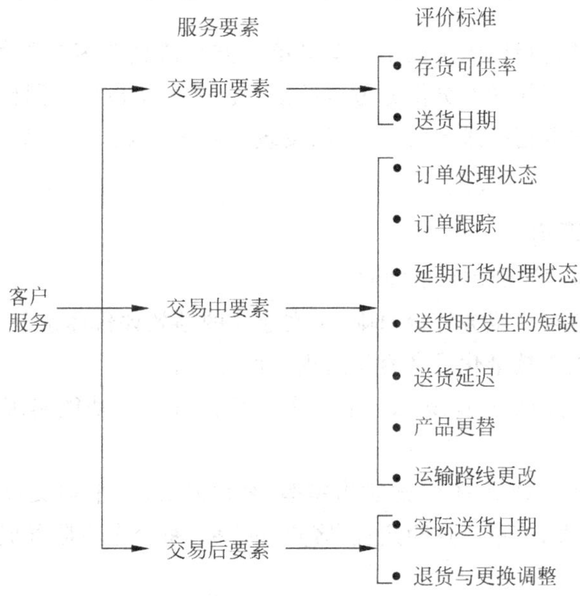

图 6.1　客户服务要素

需要指出的是，第三方物流企业所重视的服务要素同时也应当是其客户所认为的重要要素。诸如存货可供率、送货日期、订单处理状态、订单跟踪以及延期订货处理状态等要素，需要企业与客户之间良好的沟通。由于许多企业在订货处理过程方面的技术落后，提高客户服务水平在这一领域大有潜力可挖。通过与客户的计算机联网可以大大改进信息传递与交换的效率，客户可以获取即时动态的库存信息，在缺货时可自主安排产品替代组合，还可得知较为准确的送货时间与收货日期。

1. 评价指标分类标准

以时间为标准，可分为交易前，交易中，交易后。也可分为服务前，服务中，服务后。

2. 指标的构成体系

按照客户服务评价标准应反映客户的观点、能为服务业绩提供可操作和有针对性地评价方法及为管理层提供调整业务活动的线索的要求，结合第三方物流企业的主要业务运作，第三方物流企业的客户服务评价指标可作如下设计，如表 6.4 所示。

表 6.4 第三方物流企业客户评价指标

指标类型	指标名称
仓库管理和操作评价指标	库存准确率、入库准确率、出库准确率、仓库破损率
运输服务评价指标	发货及时率、到货及时率、返单及时率、客户投诉率、客户满意度、破损频率、破损率、订单完成率、急单完成率
数据录入工作评价指标	数据录入及时率、数据录入准确率
进出口业务评价指标	报关及时率、单证处理及时率、订单处理正确率
费用结算评价指标	费用结算及时率、费用结算准确率

这些客户服务评价指标既可以用来衡量第三方物流企业客户服务水平的高低，也可以用来作为内部绩效考核和对分供方考核的依据。通过将指标与同行业标杆企业或其他行业中领先企业的服务指标进行对比，可以发现自身的不足，并明确改善的方向，不断提高客户服务的水平。

3. 指标的描述方法

(1) 3PL 企业绩效评价体系的建立

根据第三方物流客户服务评价原则，本文建立的绩效评价体系分为三个大类，经过细化的底层指标都可以直接量化或者容易给出定性评价。

① 功能指标。功能指标反映 3PL 企业各个增值环节的功能实现情况。功能指标具体包括如下几项。

a. 客户服务水平：缺货频率、送货出错率、客户满意度、平均交货期、订单处理时间、准时送货率、交货柔性、订单完成稳定性、客户保持率、每个客户服务成本、信息沟通水平、事后客户满意率。

b. 配送功能：配送安全性、配送成功控制、产品可得性、检货准确率。

c. 运输功能：运输能力、正点运输率、运输经济性、运输车辆满载率、运力利用率、在途时间、运输准确率、商品损坏率。

d. 库存功能：库存能力、库存周转率、收发货物能力、库存结构合理性、库存准确率、预测准确率。

e. 采购功能：交付期、付款条件、订单处理、与供应商的关系。

f. 流通加工功能：工艺合理性、技术先进性、流通加工程度、对消费的促进作用。

② 经营指标。经营指标反映 3PL 企业当前的经营状况。经营指标具体包括如下几项。

a. 客户服务水平：缺货频率、送货出错率、客户满意度、平均交货期、订单处理时间、准时送货率、交货柔性、订单完成稳定性、客户保持率、每个客户服务成本、信息沟通、事后客户满意率。

b. 管理水平：产品的残损率、物流系统纠错处理时间、供应计划实现率、设备时间利用率、业务流程规范化、管理人员比重。

c. 企业实力：财务投资能力、信息技术能力、设备先进水平、同行业影响力及业务范围、市场占有率、市场增长率、新用户开发成功率。

d. 信息化水平：硬件配备水平、软件先进程度、信息活动主体的水平、信息共享率、信息利用价值率、实时信息传输量、信息化投资、客户变动提前期、客户变动完成率、网络覆盖率、平均传输延迟、传输错误率。

e. 成本水平：单位产品的物流成本、物流成本占制造成本的比重、物流成本控制水平、每个客户服务成本，订单反映成本、库存单位成本。

f. 赢利水平：净资产利润率、总资产利润率、资金周转率。

③ 稳定性指标。稳定性指标反映 3PL 企业的发展潜力，影响到 3PL 企业可长期经营，并且与企业长期合作的可能性。稳定性指标具体包括如下几项。

a. 客户服务水平：缺货频率、送货出错率、客户满意度、平均交货期、订单处理时间、准时送货率、交货柔性、订单完成稳定性、客户保持率、每个客户服务成本、信息沟通、事后客户满意率。

b. 技术实力：技术人员比重、技术开发经费比重、开发创新能力、技术改造资产比重、专利拥有比例、设备技术领先程度、硬件设施稳定性。

c. 赢利能力：净资产利润率、总资产利润率、资金周转率。

d. 应变力：信息化系统水平、预测能力、集成度、外部沟通、流程再造与延迟物流。

e. 企业聚合力：领导层的团结进取力、职工的凝聚力、员工满意度。

④ 经验指标。经验指标包括企业发展历史、企业文化传统、企业历史积淀。经验指标反映了企业的无形资产和企业的社会声誉。

a. 历史背景：行业服务时间、提供服务种类、成本节约比例、人才培养与培训、客户稳定性、供应商稳定性、历史合作情况、利益与风险共享性、核心能力、战略观念兼容性。

b. 企业形象：员工素质、经营理念、市场信誉、社会责任。

(2) 3PL 企业绩效评价方法和技术

目前国内学者提出的 3PL 企业绩效评价方法有以下几种：以功效系数法为主、综合分析法为辅的评价方法；用层次分析法进行系统综合评价；采用综合评价方法(模糊理论)对物流绩效进行评价；利用模糊综合评判法对 3PL 企业绩效进行综合评判；用数据包络分析法(DEA)对物流绩效进行评价；用模糊聚类方法来分析物流绩效；利用效用理论方法对物流绩效进行评价；采用两阶段的物流系统综合评价法(DEA/AHP)等，这些方法各有其优缺点及适用范围，在具体应用时要根据 3PL 企业具体情况采用。

本章小结

企业的任何业务，其产生和发展的基础都是向客户提供服务并尽力满足其需求。客户服务是任何物流服务管理系统中的最重要组成部分。事实上，所有其他物流管理活动都必须以支持客户服务的目标为基础和出发点，加以构建。

从第三方物流服务的角度看，客户服务水平是衡量第三方物流服务企业为客户创造的时间、地点等效用的尺度。客户服务水平决定了第三方物流服务企业能否留住现有客户及吸引新客户的能力，直接影响其市场份额和物流总成本，并最终影响其赢利能力。而且，在众多第三方物流服务企业都提供了在价格、特性和质量方面雷同的服务时，客户服务的差异性将为第三方物流服务企业提供超越竞争对手的竞争优势。因此，在第三方物流服务的设计和运作中，客户服务是至关重要的环节，是第三方物流服务管理的主要内容。

本章主要讨论了第三方物流服务和客户的互动关系，以及第三方物流客户服务和管理的含义，分析了影响第三方物流的客户服务的因素以及第三方物流的客户服务评价指标。并在此基础上，探讨建立第三方物流客户服务战略。

复习与思考

1. 简述客户满意度。
2. 物流服务如何满足客户服务需求？
3. 要满足客户服务需求，需要解决什么问题？
4. 简述客户忠诚度。
5. 简述影响客户忠诚度的因素。
6. 分析第三方物流客户服务的层次。
7. 分析影响第三方物流客户服务的因素。
8. 简述建立3PL企业绩效评价指标体系时，应遵循的原则。

案例分析

案例1：UPS，如何快速到达

“我们每年IT投入10亿美元。”听到这个数字，很多IT厂商都要瞠目结舌，这么大一个客户是多么吸引人啊！可是，如果这个客户是UPS，就不足为奇了。

作为国际上最大的快递企业，已有98年历史的UPS，2004年的营业额是366亿美元。每天，1 410万件包裹由UPS送到全世界各地，268架专用货运飞机让UPS成为全球第九大航空公司。

对于快递企业来说最重要的是什么？当然是速度、成本及到达率。“IT对于我们来说,是降低货运成本,提高货运速度的最佳武器。"UPS全球CIO Dave Barnes这样说。在UPS的整个IT投入比例中,包括建设IDC、购买服务器等硬件设施在内的投入约为60%,而扫描终端、蓝牙应用等新产品研发则要占到40%。现在,UPS在美国佐治亚州和新泽西州建有两个数据中心,在巴黎、新加坡、东京和诺伊斯建有运输转运站,15台主机、2 884台小型机以及超过26万台PC在全球为UPS服务。

1. 既是客户,又是厂商

与很多传统企业成为IT企业客户不同的是,UPS在全球与很多IT企业建立了互为客户的关系。IBM长城国际资深分销经理MAX WANG,是IBM换货服务中心、供应商管理库存、进出货管理的资深经理,他说:"IBM帮助UPS实施IT系统,而UPS帮助IBM送货。"

现在,IBM的深圳制造厂生产的产品需要送到全球近70个国家,MAX WANG只要将销售数据转入客户系统中就好。具体来说,制造厂生产出来的货物一出厂,客户系统就自动将数据传到UPS总部,UPS将任务分配后,UPS的快递人员就会在规定时间将产品送到指定地点。

反过来,UPS也是IBM全球签约的客户。UPS的IT系统以及IT规划大都由IBM负责提供实施或服务,更直白地说,UPS将IT维护外包给IBM。正因为将IT维护外包给更擅长IT的IBM,UPS才可以将自己的注意力放在与业务更相关的IT建设上,比如一些终端的研发、客户端应用系统的开发等。

对于IT企业来说,将快递等非主营业务外包也是上佳之选。尤其是在与UPS合作后,IBM在此基础上研发了供应链解决方案。按照Gartner亚太区研究总监Dion Wiggins的判断,两年以后,将会有50%的IT企业消失。要想生存下来,从传统行业用户中学习他们的业务并形成IT解决方案,当然是保持生命力的途径之一。

2. 自己开发软件

UPS有489套客户应用软件,听起来有点可怕。但Dave Barnes不以为然,他认为这些软件都是根据不同用户的不同需求构建的。尤其重要的是,UPS最近几年一直在致力于将自己的一些客户端软件整合到用户的应用中,比如用户用的是SAP或者Oracle的ERP系统,UPS就会将自己的系统整合到ERP中。

现在UPS主要给客户提供五种工具。第一种是最早的也是最简单的工具ups.com。这是一个针对非常规客户的查询系统,客户提出货运要求,快递一旦开始,客户就可以根据账单号输入到网站随时查询货物信息。而UPS Internet Shipping则更多地具备了交运、下订单以及网上付费的功能。不过,前两种软件大都以服务和查询为主。后三种工具则面向企业级、常规的客户。其中用户可以利用Tradebility查询国际送货的政策和法规。而UPS worldship则更具用户特性。它是一套自动付费系统,与客户目前的IT系统对接。也就是说,客户的货物只要一下线,UPS的工作人员就已经等在工厂门口,在第一时间将货物送到所需地点。现在全球已经有57万客户使用了这套系统。UPS Compus Ship则专为集团企业、跨国企业而设计,让集团总部可以随时掌握下属企业的交货情况,方便控制成本。

这五种工具全是UPS自有的免费产品,而且UPS有一套专业的实施队伍,根据客户的实际需求，帮助他们选择某一种工具，并将该工具与客户现有的系统很快进行融合。

Fossi 有限公司是一家专注于皮制品、手表、服饰等消费品设计和制造的企业。它最核心的竞争力是设计、资源调配以及分销。消费品的设计风潮变化非常快，如果不能在两周内将产品送到全球，就有过时的危险。在 UPS worldship 的帮助下，Fossi 将快递系统与 ERP 系统相融合，保证每批货物下生产线后可以直接进入 UPS 的集装箱中，快速送到指定地点。

不过，这 489 套客户软件也在逐渐整合。Dave Barnes 强调，UPS 的优势在于，它所提供的查询和监测系统是可视的、直接的。客户可以随时跟踪所快递包裹的实时状态，而不用中间转运，节约了客户时间和成本。同时，面对目前业界流行的 SOA 概念，Dave Barnes 认为，技术并不重要，完全可以与 SOA、Web Service 等多种形式并存。

3. 勇于尝试

“我们是全球第一家将蓝牙和 8011. b 共同使用的企业。”每年负责将 4 亿美元投入新产品、新技术开发的 Dave Barnes 这样说。

对于快递企业来说，最重要的是迅速识别货物——判断货主是谁，要送往什么地方。所以，UPS 全球的员工都在使用手持终端。UPS 不仅自己投入了大量的精力和资金进行手持设备的系统连接工作，还投资了一些终端生产厂，以保证自己的创意和需求能够完全得到落实。“总体来说，我们要经历实验、投资，然后再大规模使用的阶段。”Dave Barnes 这样描述自己对新产品、新技术的态度。

以 RFID 为例，早在 1999 年，UPS 就成立了由副总裁领导的技术小组。他们先获得了高层资金和“政策”上的支持，之后，进入 RFID 能否作为 UPS 大规模应用技术的实验和评估阶段。

整个实验和评估分为三个方面。一是拿到发言权。UPS 积极加入到全球 RFID 标准制定工作中，通过与相关机构及政府部门的积极沟通，获得技术上和政策上最大范围的支持。二是配合自己企业的商业应用。先小范围在实验室作实验，之后开始评定进行部分业务的推广和应用。三是和本地硬件供货商合作。如果供货商能提供灵感、提供专有技术，使得整个小组的工作时间缩短，当然是理想状态；反过来，如果前两个评估都已经合格，只是本地硬件供货商不过关，UPS 就会考虑注资控股，以解决后顾之忧。

当得出某些结论后，技术小组开始积极建立合适的商业模型。这种评估和商业模型的建立相辅相成、互为促进。2001 年，UPS 工程部决定进一步测试 RFID 的商业机会。测试重点在商业流程方面，如自动分拣技术的测试。测试后发现，由于质量问题，RFID 标签的识别成功率仅为 70%。这里面编码规则是一个大症结，于是重新设计编码规则；而读卡器质量不好，有可能导致死机是第二个症结，因此 UPS 开始关注读卡器生产企业，试图注资控股。按照 UPS 目前的测试结果，RFID 在单件级大规模应用为时过早，目前 UPS 只是将其应用到车队级别。

“按照我们的预估，RFID 在 2008 年奥运会将有大规模应用。”UPS 刚与北京奥组委签订合约，为 2008 奥运会提供全方位物流咨询服务，并协助北京奥组委策划和执行 2008 年北京奥运会的物流运作计划。RFID 会不会在 2008 年之后让 UPS 跑得更快？我们拭目以待。

每天数以百计的UPS快递飞机在机场的跑道起飞，它们快速、安全地将数以万计的包裹运送到世界的各个角落。

思考题：

1. UPS客户服务的核心竞争力是什么？
2. 提升UPS客户服务核心竞争力的主要手段是什么？
3. UPS和IT客户是什么样的关系？
4. UPS是如何利用信息技术提供客户服务的？

案例2：安泰达公司为小天鹅提供第三方物流服务

1. 安泰达公司产生的背景

随着经济全球化的发展，竞争越来越激烈，小天鹅和科龙面临着深刻的转变，尤其分工协作的现代家电产品生产中更为突出。不仅需要企业提供有竞争优势的产品，而且需要企业提供及时完善的服务。目前家电企业内部的制造成本越来越接近，而可靠有效的物流运作正是家电企业共同关注的热点。小天鹅和科龙这两家企业清楚地认识到，作为中国家电行业的大公司，既没时间也无专门技术去完成他们要做的每件事。要想在竞争中占优势的公司就必须对供应链一体化进行改造，就必须从物流链的创新与改造着手，物流外包是行之有效的和低成本的手段。

COSCO是中国运输行业的龙头企业，新型综合物流企业。它也在积极利用它们的物流强项寻求与物流资源丰富的企业结成战略联盟。这三家企业拓展物流的共同愿望经过认真的商谈，决定组建第三方物流公司。由中远集团属下的中远国际货运有限公司、香港远洋网络有限公司、广州经济技术开发区建设创业投资有限公司占有60%股权，科龙集团、小天鹅集团分别占有20%股权，而具体经营按照现代化的规范运作办法由董事会推荐总经理，具体人员和机构设置完全授权总经理。共同投资组建的广州安泰达物流有限公司在广州正式挂牌揭幕，宣告全国最大的家电物流平台正式启动。

安泰达公司实行第三方物流是在传统“物流”概念基础上的新突破。过去物流在很长一段时间里，工厂都是自己做自己的，有自己的储运系统，这种小而全的做法，效率低下。安泰达是独立于生产商、批发商、零售商的物流企业，利用它的专长整合客户的资源，为生产商、批发商、零售商提供专业化的物流服务，这就是“第三方物流”，这是一项长期的战略。科龙和小天鹅都有着良好顾客关系以及能为顾客营销做出努力的合作群体，是这两家企业继节约原材料的“第一利润源”，提高劳动生产率的“第二利润”转向高效物流系统的“第三利润源”，对从事第三方物流业的安泰达公司来讲，与顾客一起共命运是今后获利的重要保证。

2. 安泰达公司的定位

“第三方物流”的内涵是指由物流劳务的供方、需方之外的第三方去完成物流服务的物流运作方式。第三方就是指提供物流交易的部分或全部物流功能的外部服务提供者。在某种意义上可以说，将分散的功能要素集合成一个物流系统。它是物流专业化的一种形式。

安泰达公司以用户满意为目标，提供全过程、全方位的现代物流服务。它通过实物流动、实物存储，信息流动和管理协调，对供给链中的产品在各供给链参与者之间进行管理，以获得最大的运作效率和效益。安泰达公司的运作初期是先为小天鹅和科龙两家股东服务，然后再开始为社会服务。当然安泰达公司在股份的设置上也为今后的发展留下了很好的窗口。包括吸收新的股东入股，逐步地用良好的服务来发展自己。物流企业应提供整合区域仓储、运输企业的总和体现，总部必须掌握企业内涵的实质及客户资源；物流以连锁为基础提供区域范围内库存、仓储和运输等管理服务，用网络系统将客户信息集中于总部；物流整合连锁环境下的供应链，提供标准化的供应链管理。

3. 安泰达的业务方针

(1) 高起点。引进现代物流理念，使用先进的信息技术，建立专业化精英管理团队。

(2) 高速度。现代商业社会，“快鱼吃慢鱼”，如果其他公司抄袭我们的商业模式，安泰达就陷入被动地位。所以，应尽快将股东现有物流业务注入安泰达，让安泰达尽快成熟起来。

4. 安泰达的经营模式创新

(1) 安泰达公司脑力外包，借梯登高

尽管安泰达公司继承了COSCO的核心物流技术，但是这两家大股东分别分布在广东和江苏，同时分别在辽宁、吉林、湖北、浙江有自己的合作企业，产品的流向遍布全国。为了探索最佳的途径，公司决定借外脑，通过招标选定具有先进跨国物流重组经验的快步公司作为合作伙伴，与他们一起制定科学的操作物流速度提高，物流成本将下降10%。

(2) 安泰达公司的业务外包，潜力巨大

安泰达公司十分精明，根据目前国内运输能力过剩，运输手段逐步完善的趋势，果断决策，不进行固定资产的再投资，采用委托代理的形式，运用自己成熟的物流管理经验和技术，为客户提供高质量的服务。这也就是以综合物流代理为主的第三方物流运作模式。

(3) 模式创新

目前中国还没有一家纯粹意义上的第三方物流供应商，安泰达所做的业务模式在中国还没有先例，所以它的业务模式需要创新，应充分利用安泰达与科龙、小天鹅的资产纽带关系，使双方的业务达到无缝连接、利益一致。

安泰达公司从事综合物流代理业务的主要思路为：不进行大的固定资产投入，低成本经营和入市原则；将主要的成本部门及产品服务的生产部门的大部分工作委托他人处理，注重建立自己的销售队伍和管理网络；实行特许代理制，将协作单位纳入自己的经营轨道；公司经营的核心能力就是综合物流代理业务的销售、采购、协调管理和组织设计的方法与经验，并且注重业务流程创新和组织机制创新，使公司经营不断产生新的增长点。

安泰达公司为了提高管理效率，降低成本运作，不但要提出具有竞争力的服务价格，还必须采取以下措施：坚持品牌经营，产品(服务)经营和资本经营相结合系统经营；企业的发展和目标与员工、供应商、经营商的目标和发展充分结合；重视员工和外部协作经营商的培训，协助其实现经营目标；建立和完善物流网络，分级管理，操作和运销分开；

实行优先认股的内部管理机制，促进企业不断发展；组建客户俱乐部，为公司提供一个稳定的客户群。

由此可见，安泰达公司可使科龙、小天鹅和更多的委托者物流成本降低、公司业务扩大，从而集中精力强化主业。

5. 安泰达为小天鹅提供物流通服务的操作办法

安泰达的操作方法可以概括为：一个平台（物流信息平台），两个整合（仓储系统整合、运输系统整合），三个流动和四个监控。

1）物流信息平台

安泰达首先根据小天鹅和科龙的资源和信息进行认真的调研，选拔供应商、选用运输工具、确定运输路线、确定每次运货批量、跟踪在途货物、有效利用仓库、确定最佳库存量、确定库存时间、提高服务水平做好自动补货、订单管理等，有效的控制物流成本，在操作中做好物流信息传输、整理、统计、分析、控制的整合。

2）两个整合

（1）仓储系统整合

小天鹅和科龙原有的仓储系统管理比较凌乱，主要体现在租用仓库分散不均匀，租用面积利用率低、仓库信息化程度低、仓库存货不合理。安泰达和快步公司正在整合仓储系统，建立一套物流中心、物流基地选址模式，根据两家企业的实际情况，分析规划、优化物流中心的分布。同时利用仓库存储模型，对仓库的高效利用、最佳存量的确定、库存时间的确定、自动补货的设置等进行了科学规划，主要方面包括商品订货量的确定、盘点（循环盘点、总盘点），商品转库、调拨、脱销、断档商品分析，超过最大、小于最小库存预警、商品保质期预警等。

（2）运输系统整合

安泰达公司的运输管理并不是简单地将运输任务交给原企业自备车队或社会运输服务机构。而是经过认真的综合分析，确定设计运输批次、规模、确定不定期规划运输路径、确定选择运输单位和控制运输质量的标准以及提高装载率和实车率等。安泰达在为企业提供销存物流系统解决方案中做到物流、配送系统等在满足顾客需要的前提下达到物流成本（运输费和存储费）最小的目标。

3）有效控制和三个流动

安泰达公司认真做好供应商、制造商、分销商、终端用户的物资流、信息流和资金流，进而有效地控制和管理，实现产品供应链全过程的价值和经营行为的最优化。

4）安泰达公司四个方面的服务监控

安泰达公司努力做好到货率、经济性、信息性和安全性这四个方面对物流进行有效的监控，确保客户利益。

6. 安泰达公司自己的利润源

以品牌作为基础，向加盟者收取加盟费，这是加盟者为获取品牌经营权必须付出的费用。通过物流连锁网络向企业提供第三方物流服务，利润产生于提供全程物流价格与内部控制实际分项成本（仓储、运输、配送）的差额。迅速扩大企业的运作规模，使业绩与融资能力相应提高，逐步争取上市，进一步增加公司的竞争力。

7. 安泰达目前的运营服务

安泰达目前通过运输的招标开始实施储运的整合，已经为小天鹅节约了10%的运输成本。但这只是物流整合的进一步，物流与储运的区别在于，物流是与企业的整个供应链紧密结合的为实现客户的需求而采取的管理手段，而储运只是其中一个部分。就像发动机不能称作汽车一样，储运也不能与物流等同。物流的整合应该在全面的参与整个的销售、采购的决策与实施后，为企业量身定做其整个供应的优化方案。其中也包括了企业组织的调整和企业业务流程的重组。

安泰达目前所取得的成功是靠小天鹅各级领导的支持，如果没有这样的支持许多工作将无法开展。安泰达目前的工作重心是：在巩固和发展目前储运整合的成功基础上，进一步与小天鹅的销售和采购等部门沟通，努力融入小天鹅的供应链体系，并着手设计一个符合小天鹅企业实际情况和有价值、可操作的物流整合方案。在此基础上要进一步推动企业的组织机构的调整和整个供应链的优化组合。

安泰达在整合发展方向上有以下几个方面。

(1) 规范化的运作

马士基、中外运等世界级第三方物流企业的实践证明：业务流程不规范是造成配送延误的根本，延误通常是在货物的转运当中发生的。安泰达今后必须按照跟国际接轨的惯例，做到业务流程标准化、服务灵活化、降低成本、资源优化、改进现金流以及先进的信息平台。

(2) 配合供应链整合，物流空间更大

目前科龙和小天鹅正在进行供应链的整合，从采购开始经过生产、分配、销售最后到达用户，这不是孤立的行为，而是一定流量的环环相扣的“链”，当然安泰达的物流活动将受这一供应链决定的制约的，例如效益观和库存观，供应链上各环节都有不同的利益和观念，各功能之间存在天生的冲突也是难以避免的，但是由于现代管理和现代技术可以从总体的信息使各个链节共享，因此可大大扩大视野，使之能从总体上管理整个“链”而不是如同过去那样只管理各链节之间的“接口”，或只管其中一部分链节。安泰达公司在物流管理的基础上结合供应链管理实际上就是把物流和企业全部活动作为一个统一的过程来管理。因此，安泰达的业务空间将越来越大。

8. 效果评析

在不增加投入，也没扩大产出的条件下，小天鹅通过调整物流资源配置，2002年使企业采购的19.93亿元的成本减少上亿元。2003年小天鹅又与科龙联合采购招标，双双得益，在原材料涨价的前提下，小天鹅又降低了4 000万元成本。物流通过对接又降低了7%的物流成本。小天鹅公司物流整合追求的是“速度效益”。这对许多中国企业来说是一个新概念。速度效益的实现需要企业流程的全方位支撑，还有赖于与信息化、国际化市场竞争要求相适应的企业行为的全面创新。速度是一个综合指标，小天鹅近年来的各种重大决策以及调整履行的各项步骤都与速度有关。改善资金流的一个关键步骤就是第一次从银行获得承诺，使产品销售货款异地转账的最高时限控制在24小时。在2003年1月6日开始实施的小天鹅、安泰达与国内10家物流企业的运输合同中有一项条款：中标方自接到安泰达公司发货计划单之时起，须在6小时工作时间内派车到达指定仓库提货。

而且通过考核准点发车率(小天鹅公司的产品从走下生产线到发货的最长间隔时间是6小时)、准时到达率(每天物流速度保持500千米)和安全可靠率。不仅提高了物流的速度和质量,而且降低了隐性损失,目前小天鹅物流整合节省下来的巨额成本费用,可以看成是小天鹅集团追求的速度效益的一部分。尽管降低成本并不是物流整合最重要的目标,但是这个效益的取得也不是孤立的。没有以往的管理基础和企业制度基础,物流整合就无法操作。相对于整个企业的速度效益来说,资源优化配置是一个连续不断的过程。小天鹅过去10多年的管理创新和企业制度再造,为如今企业物流改造提供了一个必不可少的前提。

思考题:

1. 结合该案例说明,为什么物流外包是行之有效的和低成本的手段?

2. 公司经营的核心能力是什么?该公司的核心能力与以综合物流代理为主的第三方物流运作模式有什么关系?

3. 安泰达的操作方法中的两个整合(仓储系统整合、运输系统整合)的主要内容是什么?

4. 安泰达公司在物流管理的基础上结合供应链管理实际上就是把物流和企业全部活动作为一个统一的过程来管理。你认为这代表现代物流的发展方向吗?

第 7 章　物流成本管理

本章关键词

√ 物流成本(Logistics Cost)

√ 物流成本理论(Logistics Cost Theory)

√ 物流成本预测(Forecast of Logistics Cost)

√ 物流成本决策(Decision of Logistics Cost)

√ 物流成本核算(Accounting of Logistics Cost)

√ 物流成本控制(Control of Logistics Cost)

√ 作业成本法(Activity Based Costing)

互联网资料

http://info.jctrans.com

http://www.manaren.com

http://www.chengben.net/

7.1　物流成本管理概述

7.1.1　物流成本概念与重要理论学说

1. 物流成本的概念

在物流过程中,为了提供有关服务,要占用和耗费一定的活劳动和物化劳动。这些活劳动和物化劳动的货币表现,即为物流成本,也称物流费用。

物流成本包括物流各项活动的成本,是特殊的成本体系。现代物流泛指原材料、产成品从起点直至终点及相关有效的全过程。它将采购、生产、仓储、销售、运输、装卸搬运、分拣加工、配送、信息等方面有机结合,形成完整的供应链管理。对于物流成本问题,有必要建立一套完整的理论体系指导物流实践,把物流成本管理提升到企业会计管理的高度,这样才能纳入企业常规管理范畴之内。从企业组织结构来看,有必要从根本上改变企业部门和职能的结构,成立诸如物流部、物流中心等职能部门,如此才有可能对物流成本实行单独核算,并对物流成本进行系统分析与控制。

2. 物流成本的几种重要理论学说

(1)“黑大陆”学说

在财务会计中把营运生产费用大致划分为生产成本、管理费用、营业费用、财务费用和营业外费用，再把营业费用按各种支付形态进行分类。这样，在损益表中所能看到的物流成本在整个销售额中只占极少的比重，因此物流的重要性当然不会被认识到。由于物流成本管理存在的问题以及有效管理对企业赢利、发展的重要作用，1962 年，世界著名管理学家彼得·德鲁克在《财富》杂志上发表了题为《经济的黑色大陆》一文，他将物流比作“一块未开垦的处女地”，强调应高度重视流通以及流通过程中的物流管理。彼得·德鲁克曾经指出：“流通是经济领域里的黑暗大陆。”这里彼得·德鲁克虽然泛指的是流通，但是由于流通领域中物流活动的模糊性特别突出，是流通领域中人们认识不清的领域，所以“黑大陆”学说主要是针对物流而言的。

“黑大陆”说法主要是指尚未认识、尚未了解。在“黑大陆”中，如果理论研究和实践探索照亮了这块黑大陆，那么摆在人们面前的可能是一片不毛之地，也可能是一片宝藏之地。“黑大陆”学说是对 20 世纪中经济学界存在的愚昧认识的一种批驳和反对，指出在市场经济繁荣和发达的情况下，科学技术也好，经济发展也好，都没有止境。“黑大陆”学说也是对物流本身的正确评价：这个领域未知的东西还很多，理论与实践皆不成熟。

从某种意义上看，“黑大陆”学说是一种未来学的研究结论，是战略分析的结论，带有较强的哲学抽象性，这一学说对于研究这一领域起到了启迪和动员作用。

(2) 物流成本冰山理论

“物流冰山”学说是日本早稻田大学西泽修教授提出来的。他在研究物流成本时发现，现行的财务会计制度和会计核算方法都不能掌握物流费用的实际情况，因而人们对物流费用的了解是一片空白，甚至有很大的虚假性。他把这种情况比作“物流冰山”。冰山的特点是大部分沉在水面之下，而露在水面上的仅仅是冰山的一角。物流便是一座冰山，其中沉在水面以下的是我们看不到的黑色区域，而我们看到的不过是物流成本的一部分，如图 7.1 所示。

西泽修教授用物流成本具体分析了彼得·德鲁克的“黑大陆”学说。事实证明，物流领域的方方面面对我们而言还是不清楚的，在“黑大陆”中和“冰山”的水下部分正是物流尚待开发的领域，也正是物流的潜力所在。

如果把决算表中记载的物流费用只认为是公司外部支付的部分，把它误解为“冰山全貌”，忽略物流成本管理，企业就会面临险境。只有对物流成本进行全面计算，才能够解释清楚混在有关费用中的物流部分成本。

具体来讲，企业生产的产品从工厂运到分销商处乃至用户处的物流成本，是计算在成本中的；购买原材料所支付的物流费用是计算在原材料成本中的；自运运输费和自用保管费是计入营业费用中的；另外，与物流有关的利息和其他利息一起是计入财务费用之中的。如果把这些来自制造成本、原材料、营业费用和财务费用之中的有关物流部分费用划分出来，并单独加以汇总计算，就会对物流费用的全部有进一步的了解，并会为其巨大的金额而感到惊讶。

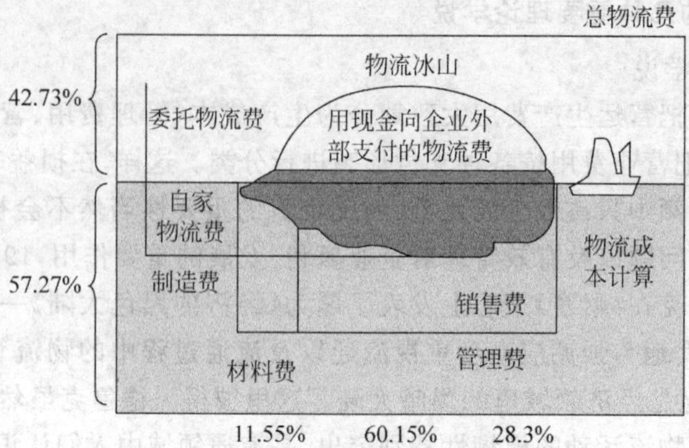

图 7.1　西泽修的物流成本冰山说

实际上，物流成本中有不少是承担物流的部门无法控制的。如保管费用中就包括了由于过多进货或过多生产而造成积压的库存费用，以及紧急运输等例外发货的费用。从销售方面看，物流成本没有对额外的服务和标准服务加以区别。比如，物流成本中往往包含促销费用。

根据物流冰山理论，要把隐藏在水面下的物流成本全部核算出来是不可能的。

传统的会计体系不仅不能提供足够的物流成本分摊数据，而且也没有这个必要。

理论研究与实际管理毕竟是有所区别的。在企业物流管理中，不可能为了建立物流独立核算体系而破坏其他若干成熟的财务会计核算体系，实际上真正需要纳入管理的是有影响的数据。

在现实工作中，仍然只是把“冰山浮出水面的一角”作为物流成本核算的对象。主要的核算范围是：运输成本、仓储成本、保管成本、搬运装卸成本、包装成本、流通加工成本、配送成本、物流信息管理成本等。在许多企业中，包装成本仍然单独核算，没有进入物流成本核算体系中。

（3）“第三个利润源”说

第三个利润源的说法也是日本早稻田大学教授、日本物流成本学说的权威学者西泽修先生在 1970 年提出的。

从历史发展来看，人类历史上曾经有过两个大量提供利润的领域。在生产力相对落后、社会产品处于供不应求的历史阶段，由于市场商品匮乏，制造企业无论生产多少产品都能销售出去，于是就大力进行设备更新改造、扩大生产能力、增加产品数量、降低生产成本，以此来创造企业剩余价值，即第一利润。当产品充斥市场，转为供大于求，销售产生困难时，也就是第一利润源达到一定极限，很难持续增长时，便采取扩大销售的办法寻求新的利润源泉。人力资源领域最初是廉价劳动，其后则是依靠科技进步提高劳动生产率，降低人力消耗或采用机械化、自动化来降低劳动耗费，从而降低人工成本，增加利润，被称为“第二个利润源”。然而，在前两个利润源潜力越来越小、利润开拓越来越困难的情况下，物流领域的潜力被人们所重视，于是出现了西泽修教授的“第三利润源”说。同样的解释还反映在日本另一位物流学者谷本谷一先生编著的《现代日本物流问题》一书和日本物流管理协会编著的《物流管理手册》中。

第三个利润源，是对物流潜力及效益的描述。经过半个世纪的探索，人们已肯定这"黑大陆"，虽不清，但绝不是不毛之地，而是一片富饶之源。尤其是经受了1973年石油危机考验，物流已牢牢树立了自己的发展地位。

这三个利润源着重开发生产力的三个不同要素：第一个利润源挖掘对象是生产力中的劳动对象；第二个利润源挖掘对象是生产力中的劳动者；第三个利润源主要挖掘对象则是生产力中劳动工具的潜力，同时注重劳动对象与劳动者的潜力，因而更具全面性。

第三个利润源的理论最初认识是基于以下几个方面。

① 物流是可以完全从流通中分化出来，自成体系，有目标，有管理，因而能进行独立的总体判断。

② 物流和其他独立的经济活动一样，它不是总体的成本构成因素，而是单独赢利因素，物流可以成为"利润中心"。

③ 从物流服务角度来说，通过有效的物流服务，可以给接受物流服务的生产企业创造更好的赢利机会，成为生产企业的"第三个利润源"。

④ 通过有效的物流活动，可以优化社会经济系统和整个国民经济的运行，降低整个社会的运行成本，提高国民经济的总效益。

经济界的一般理解，是从物流可以创造微观经济效益来看待"第三个利润源"的。

(4) 效益背反理论

效益背反是物流领域中很经常、很普遍的现象，是这一领域中内部矛盾的反映和表现。

效益背反是指物流的若干功能要素之间存在着损益的矛盾，即某一功能要素的优化和利益发生的同时，必然会存在另一个或几个功能要素的利益损失，反之也如此。这是一个此消彼长，此赢彼亏的现象，虽然在许多领域中这种现象都是存在的，但物流领域中这个问题似乎尤其严重。

物流系统的效益背反包括物流成本与服务水平的效益背反和物流各功能活动的效益背反。

① 物流成本与服务水平的效益背反。高水平的物流服务是由高水平的物流成本作保证的。在没有较大的技术进步情况下，物流企业很难做到既提高了物流服务水平，同时也降低了物流成本。一般来讲，提高物流服务，物流成本即上升，两者之间存在着效益背反。而且，物流服务水平与物流成本之间并非呈现线性关系，而是如图7.2所示。物流服务如处于低水平阶段，追加成本ΔX，物流服务上升到Y，服务水平提高了ΔY；如果处于高水平阶段，同样追加ΔX，则服务水平上升到Y'服务水平提高了$\Delta Y'$，但$\Delta Y'<\Delta Y$。

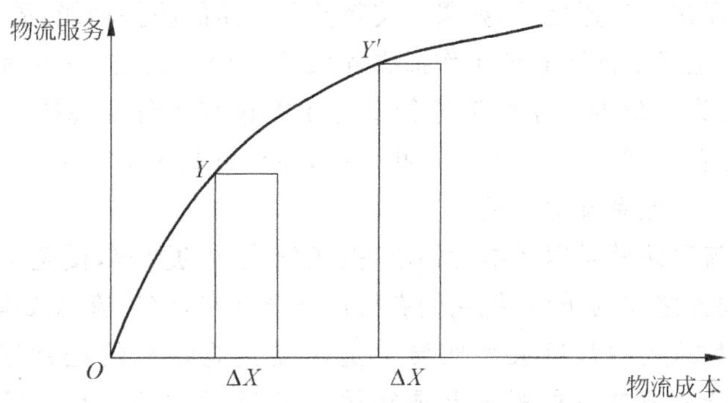

图7.2　物流服务与物流成本

从图 7.2 中我们可以看出，投入相同的物流成本并非可以得到相同的物流服务质量提高。

与处于竞争状态的其他企业相比，在处于相当高的服务水平的情况下，要想超过竞争对手、维持更高的服务水平，就需要有更多的投入。美国营销专家 P. 科特勒指出：“物流的目的必须引进投入与产出的系统效率概念，才能得出较好的定义。”即把物流看成是由多个效益背反的要素所构成的系统，避免为了片面达到某一单一目的，而损害企业整体利益。

一般在对物流服务和物流成本作决策时，以价值工程理论为指导，可以考虑以下四种方法。

a. 保持物流服务水平不变，尽量降低物流成本；在不改变物流服务水平的情况下，通过改进物流系统来降低物流成本，提高物流价值。这种通过优化系统结构、降低物流成本来维持一定物流服务水平的方法，称为追求效益法。

b. 提高物流服务水平，增加物流成本。这是许多企业提高物流服务水平的做法，是物流企业面对特定客户或其面临竞争对手时所采取的具有战略意义的做法。

c. 保持物流成本不变，提高服务水平。这是一种积极的物流成本对策，是一种追求效益的方法，也是一种有效的利用物流成本性能的方法。

d. 用较低的物流成本，实现较高的物流服务。这是一种增加效益、具有战略意义的方法。物流企业只有合理运用自身的资源，才能获得这样的成果。

企业采取哪种物流成本策略，要综合各个方面的因素。

② 物流各功能活动的效益背反。现代物流是由运输、包装、仓储、装卸及配送等物流活动组成的集合。物流的各项活动处于这样一个相互矛盾的系统中，要想较多地达到某个方面的目的，必然会使另一方面的目的受到一定的损失，这便是物流各功能活动的效益背反。

例如，减少物流网络中仓库的数目并减少库存，必然会使库存补充变得频繁而增加运输的次数，这样库存成本的降低，使得运输成本增加；将铁路运输改为航空运输，虽然增加了运费，却提高了运输速度，减少了库存，降低了库存费用。

再如，包装问题，在产品销售市场和销售价格皆不变的前提下，假定其他成本要素也不变，那么包装方面每少花一分钱，这一分钱就必然转到收益上来，包装越省，利润则越高。但是，一旦商品进入流通之后，如果包装降低了产品的防护功能，造成了大量损失，就会造成储存、装卸、运输功能要素的工作损失和效益减少。显然，包装活动的效益是以其他功能要素的损失为代价的。中国流通领域每年因包装不善出现的上百亿元的商品损失，就是这种“效益背反”的实证。所有这些表明，在设计物流系统时，要综合考虑各方面因素的影响，使整个物流系统达到最优。

由此可见，物流系统就是以成本为核心，按最低成本的要求，使整个物流系统化。它强调的是调整各要素之间的矛盾，把它们有机地结合起来，使物流总成本最低。

企业物流成本的效益背反关系实质上是研究企业物流的经营管理问题，即将管理目标定位于降低物流成本的投入并取得较大的经营效益。在物流成本管理中，作为管理对象的是物流活动本身，物流成本是作为一种管理手段而存在的。一方面，成本能真实地反映物流活动的实态；另一方面，物流成本可以成为评价所有活动的共同尺度。

企业物流管理肩负着“降低企业物流成本”和“提高服务水平”两大任务，这是一对相互矛盾的对立关系。整个物流合理化，需要用总成本评价，这反映出企业物流成本管理的效益背反特征及企业物流对整体概念的重要性。

7.1.2 物流成本的构成

1. 物流成本的构成

广义的物流成本包括客户服务成本与狭义的物流成本。

狭义物流成本涵盖了生产、流通、消费全过程的物品实体与价值变化而发生的全部费用。它包括了从生产企业内部原材料的采购、供应开始，经过生产制造中的半成品、产成品的仓储、搬运、装卸、包装、运输以及在消费领域发生的验收、分类、仓储、保管、配送、废品回收等过程发生的所有成本。具体来讲狭义物流成本由以下几部分构成：

① 物流活动中的物资消耗，主要包括：电力、燃料、包装耗材，固定资产的损耗等；

② 物资在物流活动中发生的合理耗损；

③ 企业为了开展物流活动的人力成本；

④ 物流活动中发生的其他费用，包括：与物流活动有关的办公、差旅支出；

⑤ 用于保证物流系统运作顺畅的资金成本；

⑥ 研究设计、重建与优化物流过程的费用。

2. 物流成本的分类

(1) 常见的分类方法

企业在进行物流成本管理时，通常只考虑狭义的物流成本，而对客户服务成本关注甚少。因此，目前企业对物流成本的分类主要是针对狭义物流成本的。具体来说，主要有：按经济内容分类；按经济用途分类；按作业类别分类；按狭义物流成本转化为费用的不同方式分类；根据狭义物流成本与业务量之间的关系分类；根据狭义物流成本计入营业成本的方式分类；根据狭义物流成本与决策的关系分类；根据狭义物流成本是否可以控制分类；根据决策方案变动时狭义物流成本是否可避免分类；根据狭义物流成本的发生是否需支付现金等流动资产分类等。

① 按经济内容分类

企业的生产经营过程，也是物化劳动，对象和劳动手段，活劳动的耗费过程，因而生产经营过程中发生的成本，按其经济内容分类，可划归为劳动对象方面的成本、劳动手段方面的成本和活劳动方面的成本三大类。狭义物流成本按照经济内容分类如下。

a. 固定资产折旧费。包括使用中的固定资产应计提的折旧和固定资产大修理费用。

b. 材料费。包括一切材料、包装物、修理用备件和低值易耗品等。

c. 燃料动力费。包括各种固体、液体、气体燃料，水费，电费等。

d. 工资。包括职工工资和企业根据规定按工资总额的一定比例计提的职工福利费、职工教育经费、工会经费等。

e. 利息支出。企业应计入财务费用的借入款项的利息支出减利息收入后的净额。

f. 税金。应计入企业管理费用的各种税金，如房产税、车船使用税、土地使用税、印花税等。

g. 其他支出。不属于以上各要素费用支出，如差旅费、保险费等。

此种分类方式的作用如下。

a. 可以反映企业一定时期内在生产经营中发生了哪些费用，数额各是多少，据以分析企业各个时期各种费用的构成和水平，还可以反映物质消耗和非物质消耗的结构和水平，有助于统计工业净产值和国民收入。

b. 这种分类反映了企业生产经营中材料和燃料动力以及职工工资的实际支出，因而可以为企业核定储备资金定额、考核储备资金的周转速度，以及编制材料采购资金计划和劳动工资计划提供资料。

但是，这种分类不能说明各项成本的用途，因而不便于分析各种成本的支出是否节约、合理。

② 按经济用途分类。狭义物流成本按其经济用途分为以下类别。

a. 运输成本。物流企业的运输成本主要包括以下几点：人工费用，如工资、福利费、奖金、津贴和补贴等；营运费用，如营运车辆的燃料费、轮胎费、折旧费、维修费、租赁费、车辆牌照检查费、车辆清理费、养路费、过路过桥费、保险费、公路运输管理费等；其他费用，如差旅费、事故损失、相关税金等。

b. 流通加工成本。流通加工成本构成内容主要有：流通加工设备费用、流通加工材料费用、流通加工劳务费用以及流通加工的其他费用。除上述费用外，在流通加工中耗用的电力、燃料、油料以及车间经费等费用，也应加到流通加工费用之中去。

c. 配送成本。配送成本是企业的配送中心在进行分货、配货、送货过程中所发生的各项费用的总和，其成本由以下费用构成：配送运输费用、分拣费用、配装费用。

d. 包装成本。包装成本构成一般包括以下几方面：包装材料费用、包装机械费用、包装技术费用、包装辅助费用、包装的人工费用。

e. 装卸与搬运成本。装卸搬运成本构成内容主要有以下几方面：人工费用、固定资产折旧费、维修费、能源消耗费、材料费、装卸搬运合理损耗费用以及其他费用如办公费、差旅费、保险费、相关税金等。

f. 仓储成本。仓储成本主要包括以下几个方面：仓储持有成本、订货或生产准备成本、缺货成本和在途库存持有成本。

成本按经济用途的分类，反映了企业不同职能的费用耗费，也叫成本按职能的分类。这种分类有利于成本的计划、控制和考核，便于对费用实行分部门管理和进行监督。

③ 按成本与业务量的关系分类。成本按其与业务量之间的依存关系，可以分为固定成本与变动成本两大类。

a. 固定成本。固定成本是指其总额在一定时期和一定业务量范围内，不受业务量增减变动影响而保持不变的成本。例如，按直线法计算的固定资产折旧、管理人员的工资、机器设备的租金等。

固定成本的概念是就其总额而言的。由于固定成本总额在一定时期和一定业务量范围内保持不变，那么随着业务量在一定范围内的增加或减少，单位业务量所分摊的固定成本，就会相应地减少或增加，即从单位固定成本看，它与业务量的增减成反比例变动。

为了更好地对固定成本进行规划和控制，对固定成本还可以进一步划分为："约束性固定成本"和"酌量性固定成本"。约束性固定成本也叫"经营能力成本"，它是指同企业的生产经营能力的形成及其正常维护相联系的固定成本，如厂房和机器设备的折旧费、保险费、企业管理人员的基本工资等。这类成本有很大的约束性，一般在短期很难有重大改变。酌量性固定成本也叫"随意性固定成本"，它是指由企业高层管理者按照经营方针的要求所确定的一定时期的预算固定成本，如广告费、研究开发费、职工培训费等。这类成本的发生及其数额的多少，服从于企业不同时期生产经营的实际需要，取决于管理当局对不同费用项目所做的具体预算。因此，它可随经营方针的改变而改变，只能在某个特定的预算期内存在。

应当指出的是，固定成本总额只是在一定时期和一定业务量范围内才是固定的。这里所说的一定范围，通常称为相关范围。如果业务量超过了相关范围，固定成本也会发生变动。所以，所谓固定成本，必须和一定时期、一定业务量相联系。

b. 变动成本。变动成本是指其总额随着业务量的变动而成正比例变动的成本。例如，直接材料、直接人工、包装材料等都属于变动成本。

变动成本的概念，也是就其总额而言的。若从单位业务量的变动成本看，它又是固定的，即它不受业务量增减变动的影响。

应当指出的是，变动成本也存在着相关范围问题。也就是说，在相关范围之内，变动成本总额与业务量之间保持着完全的线性关系，在相关范围之外，它们之间的关系，可能是非线性的。

变动成本还可以考察成本与业务量之间的依存关系，即所谓成本习性(亦称成本性态)。研究成本与业务量之间的依存性，考察不同类型成本与业务量之间的特定数量关系，把握业务量变动对各类成本变动的影响，有利于进行本量利分析和短期决策，加强成本控制和科学地进行成本分析，可以简化成本的计算，对于正确地进行经营决策，挖掘内部潜力，提高企业经济效益有着重要的意义。

④ 根据狭义物流成本计入营业成本的方式分类。狭义物流成本按其计入成本对象的方式分为直接成本和间接成本。成本对象是指需要对成本进行单独测定的一个对象。成本对象可以是一件产品、一项服务、一项设计、一个客户、一种商标、一项作业或者一个部门等。

这种分类的目的是为了经济合理地把成本归属于不同的成本对象。

狭义物流成本按其计入成本对象的方式分为直接成本和间接成本，这种分类的目的是为了经济合理地把成本归属于不同的成本对象。一项成本可能是直接成本，也可能是间接成本，要根据成本对象的选择而定。

a. 直接成本。直接成本也称为可追溯成本，指与某一特定的成本对象存在直接关系，它们之间存在明显的因果关系或受益关系，它是为某一特定的成本对象所消耗，故可直接计入该成本对象的成本。一种成本是否属于直接成本，取决于它与成本对象是否存在直接关系，并且是否便于直接计入。因此直接成本也可以说是与成本对象直接相关的成本中可以用经济合理的方式追溯到成本对象的那一部分成本。大部分的直接材料和直接人工成本属于直接成本。

b. 间接成本。同直接成本相反，间接成本是指与某一特定成本对象没有直接联系的成本，它为几种成本对象所共同消耗，不能直接计入某一特定成本对象的成本。例如厂房的折旧等大多属于间接成本。间接成本是与成本对象相关联的成本中不能用一种经济合理的方式追溯到成本对象的那一部分成本。所谓"不能用经济合理的方式追溯"，有两种情况：一种是不能合理地追溯到成本对象，另一种是不能经济地追溯到成本对象。例如，总经理的工资很难分辨出每种成本对象应分担的数额，不能合理地追溯到成本对象；又如，润滑油的成本可以通过单独计量追溯到个别成本对象，但是单独计量的成本较高，而其本身数额不大，更准确地分配实际意义不大，不如将其列入间接成本，统一进行分配更经济。间接成本应当先按地点或用途进行归集，然后按照适当合理的标准进行分配，计入各种成本对象。小部分的直接材料、直接人工成本、制造费用和期间费用通常属于间接成本。

⑤ 狭义物流成本按其转化为费用的不同方式分类。在实务中，按照现行财务会计制度规定，生产经营成本按其可盘存性质可划分为产品成本与期间成本。划分产品成本和期间成本，是为了贯彻配比原则。按照配比原则的要求，收入和为换取收入的费用要在同一会计期间确认。产品成本在产品出售前与当期收入不能配比，应按"存货"报告，是"可存储的成本"，只有产品出售时才能与当期收入配比，因此在出售时将其成本转为费用。特别要注意的是，"产品"在这里是广义的，不仅指企业的产成品，还可指企业提供的劳务，实际上是指企业的产出物，即最终的成本计算对象。

a. 产品成本。产品成本是指可计入存货价值的成本，包括按特定目的分配给一项产品的成本总和。对外财务报告使用的产品成本内容，由统一的会计制度规定。在实务中，产品成本包括以下四个成本项目：直接材料，指直接用于产品生产、构成产品实体的原料及主要材料、外购半成品、有助于产品形成的辅助材料以及其他直接材料；直接人工，指参加产品生产的工人工资以及按生产工人工资总额和规定的比例计算提取的职工福利费；燃料和动力，指直接用于产品生产的外购和自制的燃料及动力费；制造费用，指为生产产品和提供劳务所发生的各项间接费用。

为了使生产成本项目能够反映企业生产的特点，满足成本管理的要求，允许企业根据自己的特点和管理要求，对以上项目作适当的增减调整。如果直接用于产品生产的外购半成品成本比重较大，可以将"外购半成品"单独列为一个成本项目；外部加工费比较多的产品，可以将"外部加工费"单独列为一个成本项目；如果产品成本中燃料和动力费所占比重很小，也可以将其并入"制造费用"成本项目中。

b. 期间成本。期间成本指不计入产品成本的生产经营成本，包括除产品成本以外的一切生产经营成本。期间成本在发生当期立即转为费用，是"不可储存的成本"，正因为期间成本的这一特性，因此也称为"期间费用"。按照我国的企业会计制度的规定，企业的期间成本包括营业费用、管理费用和财务费用。

营业费用是指企业在销售商品过程中发生的费用，包括企业销售商品过程中发生的运输费、装卸费、包装费、保险费、展览费和广告费，以及为销售本企业商品而专设的销售机构（含销售网点、售后服务网点等）的职工工资及福利费，类似工资性质的费用、业务费等经营费用。商品流通企业在购买商品过程中所发生的进货费用，也包括在内。

管理费用是指企业组织和管理企业生产经营所发生的管理费用，包括企业的董事会和行政管理部门在企业的经营管理中发生的，或者应当由企业统一负担的公司经费（包括行政管理部门职工工资、修理费、物料消耗、低值易耗品摊销、办公费和差旅费等）、工会经费、失业保险费、劳动保险费、董事会费、聘请中介机构费、咨询费（含顾问费）、诉讼费、业务招待费、房产税、车船使用税、土地使用税、印花税、技术转让费、矿产资源补偿费、无形资产摊销、职工教育经费、研究与开发费、排污费、存货盘亏或盘盈（不包括应计入营业外支出的存货损失）、计提的坏账准备和存货跌价准备等。

财务费用是指企业为筹集生产经营所需资金等而发生的费用，包括应当作为期间费用的利息支出（减利息收入）和汇兑损失（减汇兑收益以及相关的手续费等）。

营业成本和期间成本都必须从营业收入中扣除，因为它们都是对生产经营的耗费。不同的是，产品成本要待产品销售时才能扣除，期间成本则从当期收入中直接扣除，两者的扣除时间是不同的。

产品成本和期间成本的划分是相对的，所有生产经营成本，如果不列入产品成本，就必须列入期间成本。计入产品的成本范围越大，期间成本的范围就越小；反之亦然。

(2) 物流成本的重新分类

以上的狭义物流成本分类方法，在一定程度上满足了企业统计计算物流成本的需要。但是值得注意的是：客户服务成本是企业在进行物流成本管理时必须要考虑的成本要素；各类物流成本之间具有此消彼长的关系，试图减少单个活动的成本也许会导致总成本增加，管理层必须考虑所有物流成本的总和，才能实现有效的管理和真正的成本节约。由于现有的物流成本分类方法不但忽略了客户服务成本，而且不能清楚地反映各类物流成本之间的背反关系，因此，为了提升企业物流成本的管理效率，必须将物流成本管理的视角扩展到广义物流成本的范畴，并进行重新分类。

① 客户服务水平。与不同客户服务水平相关的关键的成本权衡因素，是丧失销售的成本。丧失销售的成本不仅包括失去的现有销售所带来的贡献，还包括未来的潜在销售。企业可能由于以前顾客的反面的口头宣传而丧失未来的销售机会。某一项评估表明，每个不满意的顾客会将他或她对于产品或服务的不满向平均其他 9 个人诉说。毫无疑问，要衡量客户服务的真实成本是多么困难。

因此，最好的办法是根据客户需要决定希望达到的客户服务水平，并考虑哪些需求将会如何受营销组合其他方面的开支的影响。正如前面所说的，其思想是在给定客户服务目标的前提下，使总成本最小化。因为其他五个主要的物流成本因素共同作用来支持客户服务，物流经理需要得到有关每个成本类别的开支的正确数据。

② 运输成本。根据分析个体的不同，可以用多种不同的方法来考察支持运输的支出。运输成本可以按客户、生产线、渠道类型、运输商、方向（进货对发货）等分类。根据发运量、运输的重量、距离以及出发地和目的地不同，成本相应地变化很大。成本和服务还会随着所选择的运输方式的不同而发生大幅度的变动。

③ 仓储成本。仓储成本由仓储和储存活动以及工厂和仓库的选址过程所造成，包括由于仓库数量和位置的变化而引起的所有成本。

④ 订单处理和信息系统成本。订单处理和信息系统的成本与诸如处理客户订单、配送信息和需求预测等活动相关。

⑤ 批量成本。主要的物流批量成本是由于生产和采购活动所引起的。批量成本是和生产或采购相关的成本，随着生产批量、订单的大小或频率的改变而变化。

⑥ 库存持有成本。可能影响库存持有成本的物流活动包括库存控制、包装以及废品回收和废物处理。库存持有成本由许多因素组成，除销售的丧失成本之外，库存持有成本是最难确定的。

⑦ 包装成本。包装作为物流企业的构成要素之一，与运输、保管、搬运、流通加工均有十分密切的关系。包装是生产的终点，同时又是物流的起点，因而包装在物流中有非常重要的作用。

以上对广义物流成本的分类，将物流看成是一个完整的系统，并以给定企业的客户服务目标为前提。这种分类方法从各种物流活动和成本的关系出发，分析成本产生的原因，将总成本最小化，实现有效的物流管理和真正的成本节约。

7.1.3 物流成本管理

1. 物流成本管理的目的

企业在进行物流成本管理时，首先要有明确的目的。一般情况下，企业物流成本管理的出发点是：通过掌握物流成本现状，发现企业物流中存在的主要问题；对各个物流相关部门进行比较和评价；依据物流成本计算结果，制订物流计划，确定物流管理战略；通过物流成本管理发现降低物流成本的环节。但在降低物流成本的同时要注意不能因降低物流成本而影响对用户的物流服务质量。总之，物流成本管理的目的是在保证客户服务质量的前提下，强化总体物流管理，使物流系统的总成本保持最低水平。

2. 物流成本管理环节

物流成本管理的具体环节包括：物流成本预测、物流成本决策、物流成本计划、物流成本控制、物流成本核算、物流成本分析等。

(1) 物流成本预测

物流成本预测是指人们对未来一种未知或不确定的成本支出，在事先掌握历史资料，调查研究和分析当前的各种技术经济条件、外界环境变化及可能采取的管理措施的基础上，作出合乎客观发展规律的定量描述和逻辑推断。现代成本管理着眼于未来，它要求做好事前的成本预测工作，制定出目标成本，然后据此对成本加以控制，以促进目标成本的实现。可见，物流成本预测是企业物流成本管理工作的首要环节，也是正确进行物流成本决策和编制物流成本计划的前提条件。合理的物流成本预测可以提高物流成本管理的科学性和预见性。

在物流成本管理的许多环节都存在成本预测问题，如仓储环节的库存预测、流通环节的加工预测、运输环节的货物周转量预测等。

(2) 物流成本决策

物流成本决策是指为了实现目标物流成本，在现有已知资料的基础上，借助一定的手段、方法，进行计算和判断，比较各种可行方案在不同状态下的物流成本，或将预测的物流成本与收益进行比较，从中选定一个技术上先进、经济上合理的最佳方案的过程。

从物流整个流程来看，有配送中心新建、改建、扩建的决策，有装卸搬运设备、设施的决策，有流通加工合理下料的决策等。进行物流成本决策、确定目标物流成本是编制物流成本计划的前提，也是实现物流成本事前控制、提高经济效益的重要途径。

(3) 物流成本计划

企业进行物流成本决策之后，就要根据企业的经营目标编制物流成本计划。物流成本计划是以货币指标反映企业在计划期内物流活动情况的一项综合性计划。物流成本计划是根据成本决策所确定的方案、计划期的生产任务、降低成本的要求及有关资料，通过一定的程序，运用一定的方法，以货币形式规定计划期物流各环节耗费水平和成本水平，并提出保证成本计划顺利实现所采取的措施。物流成本计划是物流企业计划体系中的重要组成部分，是物流成本决策的具体化和数量化，同时也是企业组织物流成本管理工作的主要依据。

通过物流成本计划的管理，可以在降低物流各环节成本方面为企业提出明确的奋斗目标，推动企业加强成本管理责任制，增强企业的成本意识，控制物流环节的费用，挖掘降低成本的潜力，保证企业降低物流成本目标的实现。

(4) 物流成本控制

物流成本控制是指在物流企业整个经营过程中，按照既定的目标，对构成物流成本的一切耗费进行严格的计算、调节和监督，及时揭示偏差，并采取有效措施纠正不利的差异，发展有利的差异，使物流实际成本被控制在预定的目标范围之内。成本控制是现代企业管理的一个重要方面，因为成本偏高，会失去产品的市场竞争能力，同时也会削弱企业的竞争能力，导致企业赢利下降，甚至会威胁到企业的生存。

从整个经营过程来看，物流成本控制包括物流成本的事前控制、事中控制和事后控制。

物流成本事前控制是整个成本控制活动中最重要的环节，它直接影响到以后各作业流程成本的高低。成本的事前控制活动主要有物流配送中心的建设控制，物流设施、设备的配备控制，物流作业过程的改进控制等；成本的事中控制是对物流作业过程中实际劳动耗费的控制，包括设备耗费的控制、人工耗费的控制、劳动工具耗费和其他费用支出的控制等方面；成本的事后控制是通过定期对过去某个阶段物流成本控制的总结、反馈来控制物流成本。通过物流成本控制，可以及时发现存在的问题，采取纠正措施，保证成本目标的实现。

(5) 物流成本核算

物流成本核算是根据企业确定的成本计算对象，采用相应的成本计算方法，按规定的成本项目，将一系列的物流费用进行归集与分配，从而计算出各物流活动成本计算对象的实际总成本和单位成本。通过物流成本计算，可以如实地反映生产经营过程中的实际耗费；同时，它也是对各种活动费用实际支出的控制过程。

(6) 物流成本分析

物流成本分析是在成本核算及其他有关资料的基础上,运用一定的方法,揭示物流成本水平的变动,进一步查明影响物流成本变动的各种因素。通过物流成本分析,可以提出积极的建议,采取有效的措施,合理地控制物流成本。

上述各项成本管理活动的内容是相互配合、相互依存的一个有机整体。成本预测是成本决策的前提;成本计划是成本决策所确定目标的具体化;成本控制是对成本计划的实施进行监督,以保证目标的实现;成本核算与分析是对目标是否实现的检验。

3. 物流成本管理的综合方法

物流成本管理的基本方法

(1) 基准成本计算法(ABC 法)

通常的物流成本计算方法,是按运输、保管、装卸等不同职能的费用,或者按人工、场地、设备等不同要素的费用来进行计算的。

但是,如果想知道不同客户的物流成本,用通常的职能和投入要素法进行核算,是无法得到准确的成本数据的。即使可以计算出与客户交易的毛利(销售额减去成本),也只能单纯地按比例进行成本分摊。

目前,出现的能够计算不同客户或者不同商品的成本计算方式,引起了大家的关注,这就是活动基准成本计算法,通称 ABC(Activity Based Costing)法。它是将原来物流作业的成本,按照更小的、产生物流成本差异最小的活动单位计算成本费用。以此为基础,核算不同客户、不同商品等不同企业的单位成本。它是以实际的作业程序作为活动的基准来计算成本,所以能把握不同客户的物流成本。如果知道了不同客户和商品所消耗的实际数量,在明确活动单价的基础上就能了解不同客户和商品的物流成本,进而,就能分析出经营过程中的损益情况。

ABC 法的特点就是把实际作业程序中的“活动”作为成本计算的基本单位,算出不同“活动”的成本。实际作业程序中的活动有配货、产品检验、开收据、包装等。

例如,对于散装配货的活动,一个月要花 500 万元的成本。假设这个月散装配货总处理量为 25 万个,那么一个散装货的配货单价就是 20 元(500 万元÷25 万个)。

例:假设客户 A、B、C 分别订购了相同的商品 1 000 个,计算每个客户有关此项的配货成本,要求在一个箱子中放入 100 个商品。其中散装配货单价 20 元,整箱配货单价 50 元,配货移动单价 80 元(如表 7.1 所示,表中的移动是指往货架上移动,每订货一次移动一次)。

表 7.1 配货成本表

	客户 A	客户 B	客户 C
订货总数	1 000	1 000	1 000
订货次数	100	8	5
订货数(次)	10	125	200
	↓	↓	↓
散装数量	1 000	200	0

续表

	客户A	客户B	客户C
整箱数量	0	8	10
移动次数	100	8	5
	↓	↓	↓
散装	20 000	4 000	0
整箱	0	400	500
移动	8 000	640	400
合计	28 000	5 040	900

其中：不同活动的处理数量×不同活动的单价＝不同活动的成本

由上例可知：即使销售额相同，由于交货条件不同，其成本也会出现差异。同样，整箱配货单价多少，检验一次产品单价多少，包装一个纸板箱单价多少，都可以按具体活动分别计算出来。如果能确定这种单价的话，然后用“单价×数量”，就能够计算出想求的成本。

若想了解不同客户的成本，只需分别算出每个客户的各种活动的处理数量，乘以各自所需的单价并汇总，就可以知道。

根据实际作业的费用分摊是十分重要的。在ABC法的计算过程中，最重要的是计算每个活动的成本。具体来说，一个月所花的人工费、场地费、设备费、信息费等的成本，用各个活动所占的比例进行分摊，把通常以不同的投入要素进行的成本分摊，再进一步按不同的活动进行分解，这样就容易理解了。

这种按不同活动进行分摊的方法也很重要。若不以现场实况作为计算基础，那就不是ABC法的精神。人工费以作业时间为基准，场地费以占有空间的比例为基准，信息处理费则以处理次数为基准来计算。人工费的分摊是不能在计算机上分摊的，必须在实际现场做作业调查。

这样通过导入ABC法，就能正确地把握不同客户、这种方法已成为今后企业战略物流管理的重要手段。

(2) ABC分析法(帕累托分析法)

商品正在朝着多样化的方向发展，目前，有许多企业同时经营着多种商品，有畅销的，也有滞销的。如果对这些商品采用同样的方法进行管理，显然是不合理的。如果能对进库出库频繁的商品进行重点管理，把握库存的实际状况，那么管理就会变得有效。ABC分析法(又称帕累托分析法)就是实施这种重点管理的有效方法。

ABC分析法主要是用来研究在一定时期中的每种商品(项目)的发货量，如图7.3所示。

在横轴上是按发货量多少的顺序排列的项目，而纵轴上是用百分率表示发货量的累计数。我们把按这种方式所画出的曲线，称为ABC曲线，或者称为帕累托曲线。在此曲线中，把发货累计在75%和95%的地方分开，那么项目就被分为A、B、C三组。在图7.3中可以看到：排在最前面20%的A组，占总发货量的75%；接着的30%的B组，占总发货量的20%，剩下的50%的C组，仅占总发货量的5%。应该进行重点管理的当然是A

组，A组商品所占的销售额贡献大，它是进货快、发货快的项目。因此，必须进行相当细致的库存管理，不要出现因缺货、脱销而使销售额受损的现象。而与此形成鲜明对照的是占总项目一半的C组，在经营上几乎是最不重要的项目，这些商品可以采用订货点方式，进行简单的库存管理；同时，由于C组中包含着相当高的积压库存，因此，必须对这些项目进行分类研究。但是，在C组中，有时还包括面市不久的新商品，对新商品的出库情况要进行专门的观察。用这种项目分组的方法，就会重新认识管理的重点是什么，从而对每组商品进行不同的管理，因此，选择恰当的订货方式和仓库内的场地配置方式，是十分必要的。由于商品是变动的，因此ABC的分类要定期进行分析。

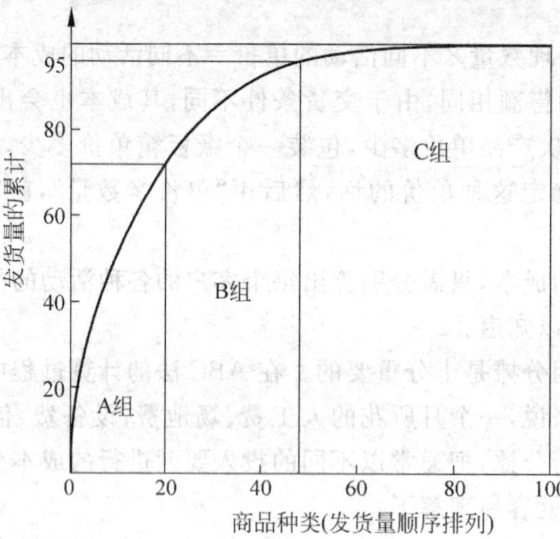

图 7.3 ABC分析法

（3）借鉴法

从其他公司的物流中借鉴最佳的实践方法，是改进本公司物流的有效途径。致力于改进自己公司的物流系统时，要研究其他公司物流实践中的最佳方法，并以别人的成功经验作为目标，完善自己的物流体系，我们将这种改进方法称为借鉴法。借鉴法的重要特点是采用具体数值为指标（基准点），进行客观的分析，设定改进目标。

借鉴法是美国企业首创的方法。在美国，有很多通过借鉴别人的物流业务而取得成功的企业。在具体实践中，首先要决定借鉴什么业务或方法，从配送、商品检验开始，到仓库内作业、配送系统或者整个物流系统的广大范围都可成为选定对象。然后，根据选定的业务或方法，寻找可供借鉴的成功企业。认真研究这些企业的实际运作方法和过程，找出本公司的差距，并进行分析和改进。例如，选择的业务对象若是仓库内作业的话，那么作业流量，各个作业单位的处理时间、作业人数、采用的机器、成本等就是比较与借鉴的内容。借鉴法的流程如图7.4所示。

图7.4中的2“选定借鉴对象”，要求能接受的对方应能提供必要的详细数据。但在现实的经济生活中，想寻找到能够收齐这些数据并能合作的对方企业，是相当困难的事情。因此，比较现实的方法，可以考虑“公司内借鉴法”。例如，在本公司拥有几个物流中心时，可根据需要选择在某些方面做得最好的企业，从它们的做法中得到启发。目前要实

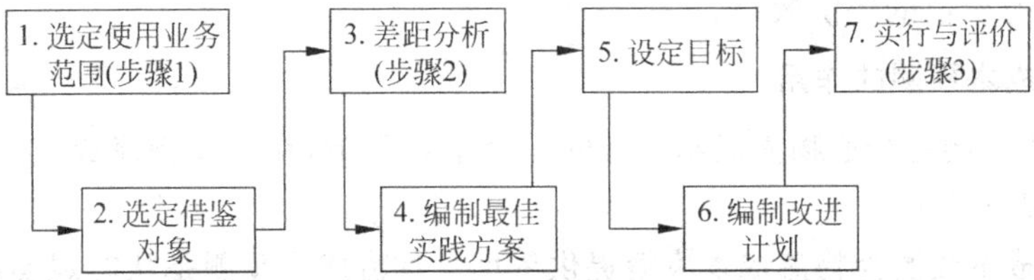

图 7.4　借鉴法的流程

行借鉴法，还存在着许多问题与障碍。但是，这种物流管理的方法是有效的，今后一定会得到普及。

7.2　物流成本的预测与决策

7.2.1　物流成本的预测

1. 物流成本预测概述

物流成本管理在完成了由简单的核算向企业内部管理的事中分析和管理的转化后，必然使成本管理向更高层次发展，进入高级应用阶段——物流成本预测、决策、控制、分析等环节。

通俗地讲，成本预测就是回答诸如“如果……将怎样?”这样一类的问题。如果事先计划安排得好，那么企业就能对自己拥有的资源从总体上实现平衡，从而避免被动式的“计划调度”。由于不同规模、行业以及不同管理水平的企业，管理的内容与要求，成本预测的方法和成本预测模型均有不同。同时，由于迄今为止，人类对经济学变量关系认识尚为浅显，往往热衷于寻找一些模型，而且这些模型常常过于简单或过于理想，或因约束条件太多，在实践中很难得到利用，形成了企业物流成本预测中的一个瓶颈。

事实上，不少企业都曾经尝试在不同的背景和环境下作成本预测，其结果却经常与实际大相径庭，久而久之，便容易将成本预测视为形式主义或干脆放弃。一个重要原因是成本管理及成本预测需要使用整个企业的大量数据，这就需要良好的数据基础，企业部门间良好的数据沟通和迅速的信息反馈机制。种种原因造成了成本管理及成本预测应用效果差。此外，我国目前的成本管理体系无论是理论还是实践都落后于企业管理发展的需要也是一个不容忽视的方面。

物流成本预测对被研究对象的发展趋势有指导意义。这种规律性，可以被人们所认识和掌握，并据此事先对它们的发展变化进行科学的估计。物流成本预测具有三个共同的特征：各种成本预测都以不同程度的历史资料为依据；各种成本预测都涉及未来；各种成本预测都存在不稳定性。

物流成本预测是经济成本预测的一种，是根据物流成本核算与各种技术经济因素的因果关系，用科学的方法，对未来的成本水平及其变动趋势作出科学的预计。物流成本预测就是依据现有的历史资料，对计划进行的物流活动未来可能发生的成本作出客观的判断，其目的就是为企业的物流决策提供可靠的依据；更充分地利用有限的资金进行物流活动，取得最有价值的经济效果。

2. 物流成本预测的作用

物流成本预测是企业物流成本管理的一个重要环节，在企业物流成本管理过程中的主要作用有以下几个。

① 物流成本预测为物流成本决策提供依据。物流成本预测是从客观实际出发，系统的研究物流过程的有关的信息资料，并对客观实际情况作出科学的论断，提出物流过程成本支出的若干可行性方案，供企业决策。

② 物流成本预测为确定目标成本打下基础。物流成本预测是物流成本管理的重要组成部分，是制定物流成本预算过程中必不可少的科学分析阶段。在物流过程之前必须作出科学的分析论证，物流成本预测出物流过程中的总支出额，以此作为计划成本目标考核的依据。对每一步物流过程都应当有精心的成本预测，以免造成不应有的失误。

③ 物流成本预测可确定最佳的物流成本投入方案。物流成本预测对物流各功能成本投入的多少、物流过程的设计等方面进行分析、考核、测算，并以此为依据，提供若干套方案，根据多方面的综合平衡，测算企业最终的物流成本。

3. 物流成本预测的程序

正确进行物流成本预测，需要首先建立一套科学的成本预测程序，其重要步骤可以概括为以下几步：

第一，根据企业总体目标提出初步物流成本目标；

第二，初步预测在目前情况下物流成本可能达到的水平，找出达到成本目标的差距。其中初步成本预测，就是不考虑任何特殊的降低成本措施，按目前主客观条件的变化情况，预计未来时期成本可能达到的水平；

第三，考虑各种降低物流成本的方案，预计实施各种方案后物流成本可能达到的水平；

第四，选取最优物流成本方案，预计实施后的物流成本水平，正式确定物流成本目标。

以上物流成本预测程序表示的只是单个物流成本预测过程，而要达到最终确定的正式成本目标，这种过程必须反复多次。也就是说，只有经过多次的成本预测、比较以及对初步成本目标的不断修改、完善，才能最终确定正式物流成本目标，并依据物流成本目标组织实施成本管理。

4. 物流成本预测的方法

目前，国内外物流成本预测的方法（包括经济成本预测）多达数十种，其中最常用的也有 20 余种，总体上可以概括为直观成本预测法、相关分析法、时间序列分析法三大类别。

(1) 直观成本预测法

直观成本预测法又称判断分析法，它是由物流成本预测者通过对市场及其他有关方面的调查而掌握比较全面的资料后，凭借其工作的经验和综合能力，预计未来物流成本的一种科学方法。这种方法多数是在缺乏准确数字资料的情况下应用的，常用的形式是访问、现场观测、召开座谈会等，这种方法的优点是成本预测费用投资少，成本预测所需的时间短，其缺点是成本预测效果的客观性较差。

(2) 相关分析法

相关分析法亦称因果分析法，就是通过对导致物流成本变化的原因的分析，揭示原因与结果之间的内在联系，并据此预测物流成本未来发展变化趋势的一种方法。例如投入产出法、回归分析法等，相关分析法成本预测结果的客观性和可靠性都相对较强，但其实际操作难度较大。

相关分析法可以用来预测物流功能成本，也可以预测物流总成本，其基本原理是根据历史的经验确定物流成本占某一指标的比重，然后根据影响物流成本的因素测算物流成本。

由于企业现有的会计核算制度是按照劳动力和产品来分摊企业成本的，所以在企业的损益表中并无物流成本的直接记录。物料运输成本常常包含在货物的购入成本或产品销售成本之中；厂内运输成本常常是计入生产成本的；订单处理成本可能包含在销售费用之中；部分存货持有成本又可能包含在财务费用之中，等等。因此，现有的成本核算体系不能为物流成本预测提供直接的依据。要想预测物流成本只能另想他途。

我们可用以下方法来预测物流的总成本和功能成本。

由于直接计算企业物流成本存在着现实的困难，同时企业的市场竞争又要求建立企业物流成本管理的参照系，以便对其进行控制，所以，通过对企业的抽样调查或问卷调查，应用统计学的分析方法来推断经验性的物流成本参考标准就成为业界目前普遍使用的方法。显然，建立分行业或分产品的物流成本参考标准，不仅在方法上可行，而且所给出的标杆数据会更接近企业的实际情况。通过分行业的物流成本占销售额比重之标杆值来预测物流成本，表 7.2、表 7.3 可以作为预测的参考依据。

表 7.2　企业物流成本占销售额比重　　单位：%

1	运输成本	3.34
2	仓储成本	2.02
3	订单处理/客户服务成本	0.43
4	行政管理成本	0.41
5	存货持有成本	1.72
合计	物流总成本	7.92

表 7.3　制造业企业物流成本占销售额比重　　单位：%

1	运输成本	3.15
2	仓储成本	1.19
3	订单处理/客户服务成本	0.39
4	行政管理成本	0.37
5	存货持有成本	1.74
合计	物流总成本	6.84

限于篇幅，此处不对时间序列分析法进行介绍。

7.2.2　物流成本的决策

成本管理是企业管理的重要组成部分，它是从管理体制到技术方法的角度来研究成本管理中出现的新课题，以促使成本管理水平的提高。物流成本决策正是在这种基础之上形成并不断丰富发展的。物流成本决策职能的广泛应用，已越来越体现出它对企业物流经营水平的重要作用，与此同时，人们也逐步认识到，在现代成本管理工作中，必须重视和加强物流成本决策理论与方法的研究。

一般说来，物流成本决策是指为了实现既定的目标，在充分占有必要的信息资料的基础上，借助于一定的手段和方法进行估算和判断，比较各种备选方案并从中选优的过程。物流成本决策首先要求成本尽可能低，在此基础上再进一步考虑净收益尽可能大。

物流成本决策不仅是成本管理的重要职能，也是企业生产经营决策体系中的重要组成部分。而且由于物流成本决策所考虑的是价值问题，更具体地讲是资金耗费的经济合理性问题，因而物流成本决策具有较大的综合性，对其他生产经营决策起着指导和约束作用。

对于大多数企业来说，物流成为经营的一项关键性成本因素；物流决策及管理水平的高低，对成本的影响越来越明显。特别是当今的市场，企业的经营视角已不再局限于某个地区，而转向全球贸易，原材料与零部件的供应、产品的分销以及设施选址问题都需要企业审时度势，一些细微的差错就可能导致无法挽回的损失。许多成功与失败的经验让企业懂得，把物流成本决策作为一种负担或回避物流成本决策绝非明智之举。

1. 物流成本决策的意义

伴随着市场经济的不断发展，物流成本决策对于企业的生存和发展有着越来越重要的作用。

(1) 物流成本决策是企业管理体制改革的客观要求

企业自主经营自负盈亏的性质决定了企业必须对经营结果负责，对企业自身与广大职工负责。在物流过程中势必要作出正确的决策，没有这一点，无须说发展，就是生存也要受到影响。

(2) 物流成本决策是提高经济效益的迫切需要

企业为了增强自身的竞争能力和适应能力，必须不断研究改进物流过程和降低物流成本方法，不断提高经济效益，并从中求得发展。严格地讲，这一切都有赖于科学的物流成本决策。

(3) 物流成本决策是企业内外部环境条件变化的必然结果

一方面，随着生产的社会性愈加强烈，企业外部环境条件处于急剧的变化之中，为了适应这种形势，必须从资金耗费得到巨大节约的角度来规划企业的经营行为；另一方面，生产的高技术与大规模越来越明显，生产投资额度不断升高，耗费也日显巨大，因此，企业应对自身的经营行为合理控制，而这又要维系于物流成本决策之上。

(4) 物流成本决策是现代化成本管理的重要特征

近年来，管理科学的进步已对成本管理产生了重大影响，人们已经认识到，单一的计划管理和行政手段远远不能满足现代化生产经营管理的需要。应用新理论，采取新方法，更新传统的成本管理方式也就顺理成章。

2. 物流成本决策过程中应注意的问题

企业为做好物流成本决策工作，使物流成本决策更好地为企业管理服务，应在决策中注意以下几点。

(1) 应全面考虑物流各种成本因素

对任何企业来讲，物流成本决策都是一项费时费力的工作，在物流的每个环节都可能出现意外情况，这就对物流管理提出了更高要求。企业物流成本管理人员必须谨慎考虑每一个潜在的障碍，如价格、质量、中转脱节以及物流成本管理其他物流相关问题，全面掌握企业物流背景资料。多数情况下，物流成本消耗的变动可能使采购者从一个供应商更换为另一个供应商。正因为如此，许多公司都将最具有物流管理经验的人员从事物流成本决策。

为提高物流成本决策的效率，物流成本管理人员必须尽早着手资源配置工作，他们应尽可能在满足服务和生产需求的前提下，以最低的成本实现企业物流的衔接和运营。物流人员必须有步骤地了解物流成本和服务需求，周密而详尽地进行物流成本决策。在此过程中，物流人员要通盘考虑从原料生产地到产品销售地的全部运输费用(公路和铁路以及水运和航空运输费用)、仓储费用、出口单证费用、装卸费用、物流管理费用等。

物流管理人员不仅要考虑上述物流成本，还应对物流成本作深度分析，对其中包含的隐性成本需要经过特别分析才能精确计算出来。这些隐性成本包括，由于供应链较长而引起的额外存货费用，额外包装费用和包装不良引起的货损、仓储不当引起的货损风险费用，货物不合格返退供应商而引起的额外时间支出，日益增加的信息、交通和人员费用支出，通货膨胀和汇率风险费用等。

(2) 注意决策成本

决策是企业管理中一项最为重要的工作。决策是有成本的，这一点容易被人忽视。例如一个正确的决策为企业赢利100万元：如果失去了机遇，没有作出及时的决策，这个决策成本就是100万元；如果作出了一个错误的决策，不仅没有赚到100万元，反而亏损了100万元，那么，这个错误的决策成本就是200万元。因此，决策也必须讲成本控制。

管理专家彼得·德鲁克曾经称物流为“经济领域里的黑暗大陆”，这不仅指产品在向消费者的转移过程中缺乏足够的可见性，而且市场经营者在分析规划其营销战略时，也往往疏忽了物流。以前，产品向顾客的移动被分割成一系列独立的活动进行管理，很少会想到把它们整合为一个系统，对原材料与零部件采购、库存控制、生产加工、储存运输直到最终顾客的整个实物流动过程，采取综合物流管理方法(如图7.5所示)。现在，无论生产企业还是流通企业，都同样面临着通过物流管理的一体化，对影响成本的要素加以权衡，降低供应链的总成本，并满足顾客对服务的需要。

(3) 站到综合物流的角度进行设计决策方案

由于现代物流的概念涵括了企业经营的全过程：需求预测、选址、采购、生产进度、运输、装卸搬运、库存控制、仓储、包装、配送、订单处理、客户服务、返还品管理、废弃物处理以及其他辅助活动。不少企业在降低这些局部成本的工作中，获得了不同程度的效果。但一些世界级企业的实践证明，整体观的综合物流能给企业带来实质性的成本节约。

过去，企业的经营管理虽然有一套总体目标，但每个部门往往仅围绕自己的职责相应开展，并力求减少费用支出，却无法从供应链中去跟踪成本的产生，所以经常使得经营活动的持续性差，甚至造成职能部门的冲突。另外，在企业的营销管理活动中，伴随着物流

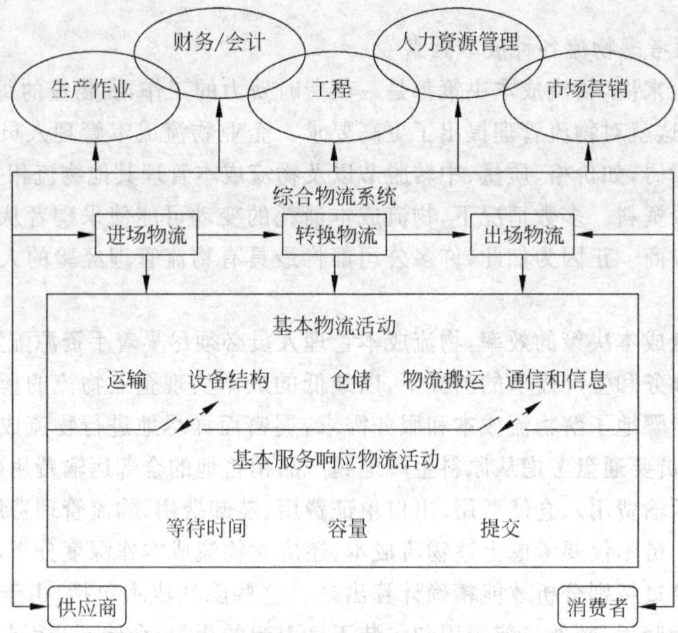

图 7.5　综合物流过程

系统的支持，也产生了诸多不同选择的物流成本要素权衡问题。一个营销物流系统包含运输、仓储、库存等成本要素，通常它们直接与顾客服务水平及顾客满意程度息息相关而彼此利益相背，如何平衡这些竞争性成本要素是对管理的挑战，由此引申出物流总成本的概念。简单地说，物流总成本是指通过实现所有个别的成本要素之间的最佳平衡，达到降低整个物流成本的目标。

企业在进行一项经营决策时要面对物流成本的抉择。当仓库数量增加时，运输成本下降而库存与订单处理成本上升。在这种情况下，从物流观点考虑，最终应做到总的分销成本下降。要达到总成本最低的目标不是一件容易事，有时在某项功能上的最优设计却招致其他功能的损害，我们可能会遇到：①通过减少库存，降低仓储成本，也许会降低顾客服务标准或增加缺货成本；②提高交货速度会增加顾客服务水平，但使运输成本上升以至需更高的总成本；③达到较低运输成本的考虑导致库存的增加与顾客服务的减少。因此企业在决策时必须综合考虑影响物流成本的因素，做出对企业最有利的决策。

（4）把好成本管理程序关，做到物流成本决策科学化与民主化

不同种类的物流成本都有自身的特点，从而有不同的管理程序，需经不同的部门来开支，因此在物流成本决策过程中应建立起科学的程序，避免决策无序化和随意化。

（5）注意决策相关成本和非相关成本的划分

物流成本决策，只能包含因进行或选择某种方案而发生的相关成本。相关成本指与特定决策、行动有关的、在分析评价时必须加以考虑的成本，包括差额成本、未来成本、重置成本、机会成本等。非相关成本则指在决策之前就已发生或不管采取什么方案都要发生的成本。它与特定决策无关，因而在分析评价和选择最优决策过程中不应纳入决策成本的范畴，如过去成本、账面成本等。

在实际工作中常常存在这样一些情况：一些审慎的决策者因为将一些不相关的成本纳入决策成本考虑而错失了本来可行的项目；另一些冒进的决策者则因为将相关成本错误排除在决策成本之外而对项目作出盲目乐观的估计。可见，在行动和决策时，建立决策成本的观念十分重要。

(6) 尽量避免决策失误导致的沉没成本

从决策的相关性看，沉没成本是决策非相关成本，若决策时计入沉没成本，将使项目成本高估，从而得到错误的结论。

(7) 考虑已投入资源的机会成本

沉没成本是决策非相关成本，但与其相伴随的机会成本却是决策相关成本，需要在决策时予以考虑。

3. 物流成本决策的基本程序与要求

(1) 确定决策目标

物流成本决策的目标就是要求在所处理的生产经营活动中，资金耗费水平达到最低，所取得的经济效益最大。这是物流成本决策的总体目标。在某一具体问题中，可采取各种不同的形式，但总的原则是必须兼顾企业目前和长远的利益，并且要通过自身努力能够实现。为了针对具体问题建立物流成本决策目标，应注意以下问题。

① 认真分析决策的性质；

② 以需要和可能为基础；

③ 选择适当的目标约束条件；

④ 目标必须具体明确等。

(2) 广泛搜集资料

搜集的资料是指与进行该项物流成本决策有关的所有成本资料以及其他资料。广泛地搜集资料是决策是否可靠的基础。一般来讲，全面、真实、具体是这种搜集工作的基本要求。若做不到，决策便很难保证正确可信。

(3) 拟定可行性方案

物流成本决策的可行性方案就是指保证成本目标实现、具备实施条件的措施。进行决策，必须拟定多个可行方案，才能从比较中择优。换言之，一个成功的决策应该有一定数量(当然应各自具备一定的质量)的可行性方案为保证。

拟定可行性方案时，一般应把握住两个基本原则：一是保持方案的全面完整性；二是满足方案之间的互斥性。当然，在实际工作中，这些原则可以根据具体情况，灵活掌握应用。

(4) 作出选优决策

对各种可行性方案，应在比较分析之后根据一定的标准，采取合理的方法进行筛选，作出成本最优化决策。

对可行性方案的选优决策主要应把握两点：一是确定合理的优劣评价标准，包括成本标准和效益标准；二是选取适宜的抉择方法，包括定量方法和定性方法。

企业组织物流成本决策的方法，因决策内容、类型及资料等的不同而体现出差异性和多样性，主要有差量分析法、决策表法、均衡分析法等。

7.3 物流成本的预算与核算

7.3.1 物流成本的预算

任何一个企业，不论规模大小，其所拥有的物流资源（物流人员、物流设备和工具、物流资金）是有一定限度的。对于企业的物流部门来说，其所追求的目标是如何使用有限的物流资源实现尽可能大的物流效果。为此，企业在进行物流活动时就必须做好物流预算工作。所谓的物流预算就是所有以货币形式及其他数量形式反映的有关企业未来一定期间内全部物流活动的行动计划与相应措施的数量说明。

从目前来看，在我国企业的预算体系中还没有物流预算的位置，但是物流预算是存在的，只不过没有以"物流预算"的名义存在于企业预算体系之中，而是被分解为若干部分分别属于销售预算、生产预算、采购预算、资金预算、设备预算、人员预算之中。因此，为了加强物流管理，有必要将上述分解的并分别从属于各项预算中的物流预算抽出、汇总，建立独立完整的物流预算体系。具体地说，就是要从销售预算中分离出销售物流预算；从生产预算中分离出生产物流预算；从采购预算中分离出供应物流预算；从资金预算、设备预算和人员预算中分别分离出物流资金预算、物流设备预算和物流人员预算。如果物流部门实行独立核算，则还可编制物流收益预算。这样，将所有物流预算汇集到一起便构成一个完整的物流预算体系（如图 7.6 所示）。

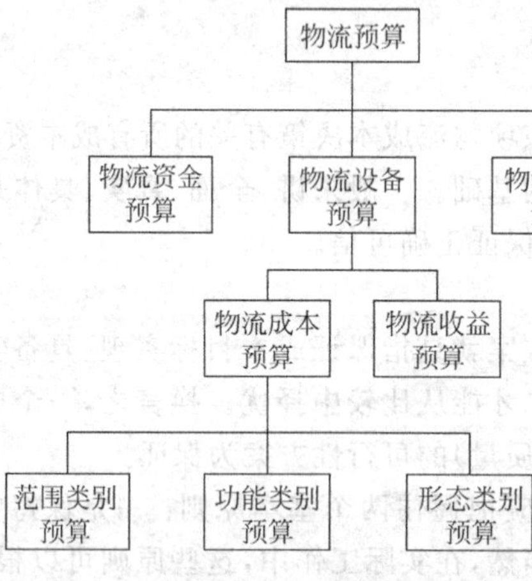

图 7.6 物流预算体系

1. 物流成本预算编制形式

其中，物流设备预算和物流人员预算是以物品和人员为中心作为 3～5 年的长期预算来编制的；物流损益预算和物流资金预算是以金额作为短期预算来编制的。物流成本预算的编制则存在下列三种形式。

① 按物流成本的形态编制的物流成本预算，它包括物流人员工资、物流设备折旧费、消耗品费、修缮费以及各种其他费用的预算。这种形式的物流成本预算有利于评价、分析

一定时期内企业物流的财务状况，但不利于企业的物流管理。

② 按物流成本的功能编制的物流成本预算，它包括包装成本预算、运输成本预算和仓储成本预算等。这种形式的物流成本预算能够将预算同物流部门及其工作人员有机地结合起来，提高物流部门及其工作人员降低物流成本的积极性。这时，只要将预算与实际作一比较，就能知道各物流部门的预算执行情况，便于明确责任，从而有利于物流成本的降低。

③ 按物流成本的发生对象编制的物流成本预算，该预算通常是按不同商品、不同地区或不同用户编制的。这种形式的物流成本预算包括主要商品的物流成本预算、主要采购或销售地区的物流成本预算和主要用户的物流成本预算。其中，主要商品的物流成本预算是按企业中若干主要商品编制物流成本预算，它便于企业有效控制这些主要商品的物流成本支出，进行重点管理，从而达到降低物流成本的目的；主要采购或销售地区的物流成本预算是指企业在采购和销售商品的主要地区所花费的物流成本的预算，它有利于控制企业在主要采购和销售地区的物流成本支出，便于在主要采购和销售地区采取措施完成预算进而降低物流成本；主要用户的物流成本预算是指企业在采购或销售商品时，向不同用户支付的物流成本的预算。这种形式的预算有利于调整企业与用户之间服务与成本的关系，经过努力可以实现既不影响对用户的服务质量也不至于因过高的服务水平而花费巨额的物流成本，从而有利于物流成本的降低。可见，第三种形式的物流成本预算，其主要作用是通过编制不同地区、不同商品、不同用户的物流成本预算来实现重点管理，加强企业物流成本支出的重点控制，从而提高对物流管理的有效性。

2. 物流成本预算的作用

物流成本预算包括预算编制和预算控制两项职能。作为计划本身与计划实施、控制的中间环节，物流成本预算具有重要作用。

(1) 物流成本预算可以使计划目标进一步明确化、具体化

企业的物流活动要有目标，它不仅要指明未来行动的方向，而且还要说明行动结果的数量要求，否则就无法实现对物流活动的有效控制。物流成本预算加强了计划目标的可比性，在计划执行过程中作为依据即时明确地提供偏差信息，以便管理层采取有效措施，扩大收益或减少损失。同时，物流成本预算使计划目标明确化，便于个人与组织理解和把握，帮助其了解自身在企业整体工作中的地位和作用，从而强化了计划目标的指导性和激励性。

(2) 物流成本预算可以协调企业的物流活动

企业物流的总体经营目标，如成本降低，必须层层分解为物流各部门、人员和经营环节上的具体目标才能够得到落实。而最重要的是各部门、个人和经营环节的具体目标在方向上必须与总体经营目标保持一致，总体经营目标才有可能最终实现。通过编制物流成本预算可以把各组织层次、部门、个人和环节的目标有机地结合起来，明确它们之间的数量关系，有助于各个部门和经营环节通过正式渠道加强内部沟通并互相协调其努力，从整个物流系统的角度紧密配合，取得最大的经济效益。

(3) 物流成本预算是控制日常物流活动的标准

在日常物流活动中，各项物流活动进展如何，是否符合预定进程，能否实现计划目标，

都需要根据一定的标准进行分析和判断，以便及时采取措施。有了物流成本预算，有关部门和单位就可以以预算为依据，通过计量、对比，及时提供实际执行结果与预算标准之间的差异数额，分析其原因，采取有效的措施，保证预算任务和目标的顺利实现。

（4）物流成本预算是评价物流工作业绩的依据

物流成本预算在确立组织内部各部门、环节、个人行动目标的同时，也进一步明确了他们所承担的经济责任，使之能够被客观评价并具有可考核性，即通过实际数与预算数的比较分析，可以检查评价各部门、个人和环节的经济责任和计划任务的完成情况。

3. 物流成本预算编制的组织工作

编制物流成本预算是物流成本预算管理的首要内容，是实施物流成本预算控制的基础，同时也是一项非常复杂和综合性的工作。因此，物流成本预算的编制有赖于最高管理部门的支持和物流组织内各部门的通力合作，在实际中往往要专门成立一个预算委员会，其成员有总经理、财务副总经理和各职能部门的负责人组成。它的主要职责是：提出企业一定期间的总体经营目标，指导各部门形成自己的工作目标；审查协调各部门编制的预算，经过综合平衡确立组织的预算体系；监督检查预算的执行情况；分析评价预算执行的结果，并提出改进意见。

根据目标管理的原则，物流成本预算作为计划和控制物流活动的工具，其编制过程必须有物流部门全体员工的参与。为此，在编制物流成本预算时，可以采取“自编预算”或“参与预算”的方法，广泛吸收预算执行者参加预算编制。其主要程序是：首先由企业最高管理部门会同预算委员会提出经营目标的总体内容和具体要求，然后由物流部门根据经营目标的总体要求，结合本部门具体工作目标，提出本部门的初步预算，预算委员会对其进行分析审查和调整，并在此基础上编制企业的总体预算，报送企业最高领导机构审核批准，最后作为正式预算下发给物流部门执行。通过这种方法编制的预算与上级单独编制好再交下级执行的“强制预算”相比，往往更加切合工作和经营业务的实际，同时容易得到广大预算执行者的理解和支持，增强了实现预算目标的积极性和自觉性，从而能使预算充分发挥其应有的作用。

7.3.2 物流成本的核算

物流成本核算制度是企业按物流管理目标对物流耗费进行确认、计量和报告的制度。建立企业物流成本核算制度，计算企业的物流成本，在企业物流管理中具有十分重要的意义。

（1）提高人们对物流重要性的认识，开辟降低成本增加利润的“第三利润源”

长期以来，人们未能意识到物流活动的合理化、科学化对企业经济效益的重大影响，其中有许多原因，但重要原因之一是在于未能树立物流成本观念，没有看到物流成本的全貌。因为按照国家现行会计制度规定进行的成本核算，物流成本被分散在许多成本费用项目之中。在商业企业和物资企业中，物流成本是和商流成本混在一起，被计入“商品流通费”或“物资流通费”项目中。在目前的流通费用中，人们无法知道耗用于企业物流的成本是多少，耗用于商流的成本又是多少。在工业企业中，情况同样如此。采购原材料的外地运杂费是计算在原材料成本之中，而市内运杂费则计入“管理费用”之中，自行运输费和保管费被计入“销售费用”、“制造费用”或“管理费用”之中，销售过程的物流费计入“销售费用”中；另外，与物流有关的利息、税金、租金和物资在运输、保管、装卸、包装、流通、加工过程中的损耗、物资储备过多的资金积压损失、物资供应不及时的停工待料损失等都被分散于许多成本费用项目中。因此，从现行的账户记录和会计报表中，我们很难或者说几乎不可能看清物流耗费的实际情况。然而，据有关专家测算，企业物流成本仅次于原材料本身的价值而在产品成本中占第二位，一般占产品成本的15%～30%，有的高达40%。所以，国外专家称为“黑暗大陆”。对于我国企业而言，认识物流成本、降低物流成本是企业降低成本、创造利润的新途径。通过物流成本核算，能够全面揭示物流活动的全部耗费，提高人们对物流成本重要性的认识。否则，就会陷入一种不核算、不知道、不重视、不管理的恶性循环之中，不利于人们创造利润、提高经济效益。

(2) 为企业物流管理决策提供信息

物流成本在企业物流管理决策中起着重要作用。但由于历史的原因，企业物流成本没有被纳入实际核算范围，使得企业物流管理决策受到一定的局限。如在评价自己购置运输工具还是委托专业运输部门两种方案时，由于没有考虑物流成本，容易出现决策失误，常常造成巨大损失。再如在决策是否购置更先进的装卸设备、扩大仓库规模时，由于物流成本难以确定，使得决策的科学性受到影响。显然，要使诸如上述的物流管理决策建立在科学的基础上，首先要掌握准确的各类物流成本信息，开展物流成本及效益的专门核算。

(3) 为制定物流服务价格提供资料

大家知道，成本是制定价格的主要依据。同理，物流成本则是物流部门和企业制定物流服务价格的主要依据。随着经济体制改革的不断深化，社会主义市场经济运行机制的建立和完善，在企业处理内外各种关系时，价格将发挥更大的作用。许多企业为开展内部核算，制定了内部价格。为了考核企业物流工作业绩，企业物流部门对外对内提供各种物流服务时，也要求按一定的价格进行结算，这使物流成本成为企业制定物流服务价格的重要依据。只有建立了物流成本核算制度，才能为发挥物流价格的杠杆作用提供准确的数据。

(4) 及时发现物流管理活动中存在的问题，促使物流管理水平的提高

企业物流成本是全面反映企业物流活动的综合性价值指标。企业物流组织管理水平的高低，物流设备利用率的好坏，燃料、动力消耗量的大小、企业的选址及厂区的规划布置是否合理等，都会在物流成本中反映出来。总之，企业物流成本的高低是企业物流工作实际状况好坏的综合反映。通过企业物流成本核算，可以揭示出企业物流成本的全貌，并为编制物流成本预算、制定标准物流成本提供资料；将实际物流成本与标准物流成本以及物流成本预算进行比较，找出差异，并对差异产生的原因进行深入的分析，就可以发现造成物流成本超支或节约的各项技术、组织与管理方面的原因，明确责任所在，并据此协调各方面的工作，从而达到改善物流管理、降低成本、提高效益的目的。

2. 物流成本核算的范围

企业在进行物流成本核算时，首先应确定计算的口径，即从哪个角度计算物流成本，

物流成本的核算范围包括哪些内容。从目前看，我国对物流成本的核算范围还没有形成统一的规范。参照日本运输省流通对策本部制定的《物流成本计算统一标准》，适应我国物流管理的需要，物流成本可以从以下三个方面来分类计算。

(1) 按物流范围分类

物流成本按照物流范围可以分为供应物流费、生产物流费、销售物流费、回收物流费和废弃物流费等五种。

- 供应物流费是指从商品(包括容器、包装材料)采购直到批发、零售业者进货为止的物流过程中所产生的费用。
- 生产物流费是指从购进的商品到货或由本企业提货时开始，直到最终确定销售对象的时刻为止的物流过程中所需要花费的费用，包括运输、包装、保管、配货等费用。
- 销售物流费是指从确定销售对象开始，直到商品送交客户为止的物流过程中所需要的费用，包括包装、商品出库、配送等方面的费用。
- 回收物流费是指材料、容器等由销售对象回收到本企业的物流过程中所需要的费用。
- 废弃物流费是指在商品、包装材料、运输容器的废弃过程中而产生的物流费用。

(2) 按物流支付形态分类

按支付形态的不同进行物流成本的分类，是以财务会计中发生的费用为基础，将物流成本分为本企业支付的物流费和其他企业支付的物流费；本企业支付的物流费又可以分为企业本身的物流费和委托物流费；其中企业本身的物流费又分为材料费、人工费、公益费、维护费、一般经费和特别经费等。

物流成本计算虽然属于管理会计的领域，但是要准确地掌握物流成本，就必须以企业财务会计为基础，从财务会计核算的全部相关项目中抽出其中所包含的物流费用。这虽然是物流成本核算中最困难的工作，却是最为重要的基础工作。如果没有从财务会计中抽出来的物流成本的费用资料，物流成本计算就只是一句空话。将从财务会计核算的项目中抽出来的物流成本分类为材料费、人工费、公益费、维护费、一般经费、特别经费和委托物流费以及其他企业支付的物流费，就是按支付形态不同对物流成本进行的分类。

- 材料费是指因物料的消耗而发生的费用。由物料材料费、燃料费、消耗性工具、低值易耗品摊销以及其他物料消耗等费用组成。
- 人工费是指因人力劳务的消耗而发生的费用。包括工资、奖金、福利费、医药费、劳动保护费及职工教育培训费和其他一切用于职工的费用。
- 公益费是指为公益事业所提供的公益服务而支付的费用。包括水费、电费、煤气费、冬季取暖费、绿化费及其他费用。
- 维护费是指土地、建筑物、机械设备、车辆、船舶、搬运工具、器具备件等固定资产的使用、运转和维修保养所产生的费用。包括维修保养费、折旧费、房产税、土地车船使用税、租赁费、保险费等。
- 一般经费是指差旅费、交通费、会议费、书报资料费、文具费、邮电费、零星购进费、城市维护建设税、能源建设税及其他税款，还包括物资及商品损耗费、物流事故处理及其他杂费等一般支出。

- 特别经费是指采用不同于财务会计的计算方法所计算出来的物流费用，包括按实际使用年限计算的折旧费和企业内利息等。
- 委托物流费是指将物流业务委托给第三方物流企业时向其支付的费用。包括支付的包装费、运费、保管费、出入库手续费、装卸费、特殊服务费等。
- 其他企业支付的物流费是指在物流成本中，还应当包括向其他企业支付的物流费。比如商品购进采用送货制时包含在购买价格中的运费和商品销售采用提货制时从销售价格中扣除的运费等。在这些情况下，虽然表面上看本企业并未发生物流活动，但却发生了物流费用，这些费用也应该计入物流成本之内。

(3) 按物流功能分类

按照物流功能的不同进行分类是为了考察物流费用是由哪种物流功能产生的而进行的分类。按照物流功能进行分类，大体可以分为物品流通费、信息流通费和物流管理费三大类。

① 物品流通费是指为完成商品、物资的物理性流通而发生的费用。该部分费用还可进一步细分为包装费、运输费、保管费、装卸搬运费、流通加工费和配送费等。

- 包装费是指商品运输、装卸、保管的需要而进行包装的费用，即运输包装费，不包括销售包装。
- 运输费是指把商品从某一场所转移到另一场所所需要的运输费用。除了委托运输费外还包括由本企业的自有运输工具进行运输的费用，但要将伴随运输的装卸搬运费除外。
- 保管费是指一定时期内因保管商品而需要的费用。除了包租或委托储存的仓储费外，还包括在本企业自有仓库储存时的保管费。
- 装卸搬运费是指伴随商品包装、运输、保管、流通加工等业务而发生的商品在一定范围内进行水平或垂直移动所需要的费用。可以分为包装装卸费、运输装卸费、保管装卸费和流通加工装卸费。如果在实际业务中单独计算装卸搬运费或进行这种分离很困难，也可以将装卸搬运费分别计算在相应的费用中。
- 流通加工费是指在商品流通过程中为提高物流的效率而进行的商品加工所需要的费用。物流中的流通加工费不包括流通交易及生产职能的加工费用。流通过程中的加工活动可以分为属于物流的流通加工、属于商流(交易)的流通加工和属于生产的流通加工。尽管从理论上讲应该把只属于物流加工的费用计入物流成本中，但在实际业务中难以将它与其他流通加工的费用分开时，或从管理上讲以不分离为更方便时，也可将这些费用计入物流成本中。
- 配送费是指按客户要求的商品品种和数量，在配送中心进行分拣、配装后将商品送交客户的过程中所产生的费用。包括包装、分拣、配货、装卸、短途运输等费用。

② 信息流通费是指因处理、传输有关的物流信息而产生的费用。包括与订货处理、储存管理、为客户服务等有关的费用。在企业中，要将传输、处理的信息分为与物流有关的信息和物流以外的信息是十分困难的，但是把信息的传输处理所需要的费用进行上述

分类，从物流成本的计算上来讲却是十分重要的。

③ 物流管理费是指进行物流的计划、调整、控制、监督、考核等活动所需要的费用。它既包括企业物流管理部门的管理费，也包括作业现场管理费。

3. 物流成本计算的对象

物流成本如何归集与计算，取决于对所评价和考核的成本计算对象的选取。成本计算对象的选取方法不同，得出的物流成本的结果也就不同，从而导致了不同的成本评价对象与评价结果。

在计算物流成本或收集物流成本数据时，明确成本计算对象是前提条件，否则物流成本的计算也就失去了存在的意义。在实际工作中，之所以计算出来的物流成本对物流成本管理以及通过成本来管理物流存在着无功而返的现象，其中一个主要因素就是不能正确地选取与确认物流成本的计算对象。因此，正确确定成本计算对象，是进行成本计算的基础。

成本计算对象是指企业或成本管理部门为归集和分配各项成本费用而确定的、以一定期间和空间范围为条件而存在的成本计算实体。

物流成本计算对象的选取，主要取决于物流范围、物流功能范围、物流成本费用范围与物流成本控制的重点。企业的物流活动都是在一定的时空范围内进行的，从各个物流活动经营过程来看，时间上具有连续性和继起性，空间上具有并存性。因此，各项物流成本费用的发生，需要从其发生期间、发生地点和承担实体三个方面进行合理划分，这就形成了成本计算对象的三个基本构成要素。

(1) 成本费用承担实体

成本费用承担实体是指其发生并应合理承担各项费用的特定经营成果的体现形式，包括有形的各种产品和无形的各种服务作业。例如，工业企业的某种、某批或某类产品；服务行业的某一经营项目；施工企业的某项工程；运输企业的运输劳务等。对于企业物流来讲，其成本费用承担实体，活动或物流作业。

(2) 成本计算期主要是各种不同类型的物流

成本计算期是指汇集生产经营费用、计算生产经营成本的时间范围。物流成本计算期从理论上应是某项物流经营活动从开始到完成这一周期，但在企业物流经营活动连续不断进行的情况下，难以对某一项物流经营活动确定经营期和单独计算成本。因此，往往根据权责发生制原则，一般以月份作为物流成本计算期，但对于一些特殊的物流活动，也可以经营周期作为成本计算期。

(3) 成本计算空间

成本计算空间是指成本费用发生并能组织企业成本计算的地点或区域（部门、单位、生产或劳务作业环节等）。如工业企业的成本计算空间可按全厂、车间、分厂、某个工段或某一生产步骤划分；服务性等企业可以按部门、分支机构或班组等单位来确定各个成本计算空间。

企业物流成本计算空间的划分一般是指对物流活动的范围、物流功能范围以及物流成本控制的重点进行的选取。

① 对物流活动范围的选取。成本计算对象对物流活动范围的选取，从物流成本计算

对象的角度看，是指对物流的起点与终点以及起点与终点间的物流活动过程的选取，也就是对物流活动过程的空间上的截取。

物流按其活动范围可分两大类：企业内部物流与社会物流。企业内部物流是企业内部的物品实体流动，主要是企业内部的生产经营活动中所发生的加工、检验、搬运、储存、包装、装卸等物流活动。社会物流是企业外部的物流活动总称。

在这些活动中，究竟从哪里开始到哪里为止，作为物流成本的计算对象。换句话说，对于每个物流成本计算对象，都存在着物流活动的起止点的选取问题。起止点选取不同，其成本计算结果也就不同。显然对于某一物流部门来讲，其物流成本计算对象的物流起止点在确定之后，不能任意改变以符合成本计算的可比性原则和一贯性原则。

② 对物流功能范围的选取。物流功能范围，是指在运输、搬运、储存、保管、包装、装卸、流通加工和物流信息处理等物流功能中，选取哪些功能作为物流成本计算对象。把所有的物流功能作为成本计算对象与只把运输、保管这两种功能作为成本计算对象，所反映的物流功能范围的成本显然是不同的。

③ 物流成本控制的重点。物流成本计算对象的选取，应当放在成本控制的重点上。就物流成本管理来讲，物流成本的计算并非越全越细越好，其成本计算对象也并非越全越好。过细过全的成本计算是不必要的，也是不经济的、不可能的。

物流成本控制的重点应包括：按成本责任划定的责任成本单位；当前成本费用开支比重较大、有必要分清并分别计算不同部门及不同作业活动成本的物流活动；新开发的物流作业项目。

(4) 物流成本计算对象的选取

根据对物流成本计算对象三个基本构成要素的分析，结合企业物流成本管理的基本要求，企业物流成本计算对象存在以下几种情况。

① 形态别物流成本核算

形态别物流成本核算，是指以物流费用的支付形态为成本计算对象所进行的物流成本核算。具体指：

a. 企业内部物流费计算，即汇总、归集企业自己进行各项物流活动所发生的物流费用，它是相对于委托物流费计算而言的。企业内部物流费计算又可分为材料费计算、人工费计算、水电气费计算、维护费计算、物流利息计算、其他费用计算等；

b. 委托物流费计算，即汇总和归集企业委托外单位进行运输、保管、装卸、包装、流通加工等物流活动所支付的各项费用；

c. 外企业支付物流费计算，包括供应外企业支付物流费计算和销售外企业支付物流费计算。

形态别物流成本的核算是企业物流成本核算的基础。通过形态别物流成本核算，可以为制定标准物流成本和编制物流成本预算提供资料，可以为企业进行有关的决策提供资料。例如，企业物流活动是否委托外单位进行，企业应该采用何种交货方式采购物料或销售产品等。

② 功能别物流成本核算。功能别物流成本核算是指以物流活动的功能为成本计算对象所进行的物流成本核算，即对企业一定时期的物流费用按其发生用途不同进行分类、归集，包括运输费计算、保管费计算、装卸费计算、包装费计算、流通加工费计算及物流管理费计算等。

通过功能别物流成本核算，可以了解物流成本的功能别构成，便于我们更好地协调物流各环节的关系。各功能成本的计算可通过各功能的成本计算表进行，并在此基础上可进一步汇总各功能成本计算表的资料，编制整个企业的物流成本汇总表。

③ 范围别物流成本核算。范围别物流成本核算是指以物流活动的范围为成本计算对象所进行的物流成本核算，即对企业一定时期的物流费用按发生于物流活动的不同过程所进行的汇总、归集，具体包括供应物流费计算、生产物流费计算、销售物流费计算、退货物流费计算和废弃物物流费计算等。

通过范围别物流成本核算，便于发现不同过程物流活动中所存在的问题，分清有关部门对此应负的责任，并为不同过程物流活动的协调、控制提供依据。在进行范围别物流成本核算时，凡是发生在某一物流过程的物流费用都必须计入该过程的物流成本中，以便据以考核其负责部门的工作业绩。例如，凡是在物料供应过程中发生的物流费用都应计入供应物流费中。范围别物流成本核算可通过各物流范围物流费用汇总表进行，并在此基础上可进一步编制企业物流成本汇总表。

④ 制品别物流成本核算。制品别物流成本核算，对供应部门是以各种原材料、包装材料为成本计算对象所进行的物流成本计算；对生产部门是以在产品、半成品、产成品为成本计算对象所进行的成本计算；对整个企业和销售部门是以销售产品为成本计算对象所进行的成本计算。制品别物流成本计算表的编制如表 7.4 所示。

表 7.4　制品别物流成本计算表

		运输费	保管费	装卸费	包装费	流通加工费	合　计
制品 A	直接费						
	间接费						
	小　计						
制品 B	直接费						
	间接费						
	小　计						
制品 C	直接费						
	间接费						
	小　计						
合　计	直接费						
	间接费						
	小　计						

⑤ 地域别物流成本核算。地域别物流成本核算，即按物料购入和产品销售地区不同所进行的核算。地域别物流成本计算表如表 7.5 所示。

表 7.5　地域别物流成本计算

	运输费	保管费	装卸费	包装费	流通加工费	合　计
甲地区	直接费					
	间接费					
	小　计					
乙地区	直接费					
	间接费					
	小　计					
丙地区	直接费					
	间接费					
	小　计					
合　计	直接费					
	间接费					
	小　计					

从上述制品别、地域别物流成本计算结果中，可以知道各地域、各制品的物流耗费状况，从而有利于企业物流管理抓住重点、合理组织购销活动。

⑥ 变动物流成本核算。变动物流成本核算，是根据企业物流费用的发生与物流业务量的关系不同所进行的核算，包括随物流业务量增加而增加的变动物流费的计算和不随物流业务量增减的固定物流费计算。具体方法有高低点法、散布图法、最小二乘法等。这种核算可以为企业进行各种物流决策提供资料。

⑦ 责任物流成本核算。责任物流成本核算，是按物流成本发生的责任归属不同对责任中心的物流成本所进行的计算。责任的划分应以可控原则为基础，即一定层次、一定部门和人员的责任物流成本必须是其权力活动范围内可以控制或影响其发生额大小的成本。在已经实行责任成本核算的企业，责任物流成本的核算可结合到现行责任成本核算之中，作为现行责任成本报告的附录资料反映出来。进行责任物流成本计算，有利于评价各责任单位的物流活动状况，加强其责任心，从而有利于控制和降低物流成本。

⑧ 特殊物流成本核算。特殊物流成本核算是指为满足物流管理进行某些物流决策的需要，对各物流活动方案的机会成本、差别成本、沉没成本等所进行的计算比较，它是一种临时性的计算。

综上所述，企业进行物流成本管理的目的不同，其所需要的物流成本资料也就有所不同，由此产生出上述不同的成本计算对象和方法，共同构成了企业物流成本核算的方法体系。

4. 物流成本核算的基本方法

上述物流成本核算体系中的各种物流成本信息可通过以下方案来取得。

(1) 会计方式的物流成本核算方法

所谓会计核算方法，就是通过凭证、账户、报表对物流耗费予以连续、系统、全面地记录、计算和报告的方法。会计方式的物流成本核算，具体包括两种形式：其一是双轨制，即把物流成本核算与其他成本核算截然分开，单独建立物流成本核算的凭证、账户、报表体系。在单独核算的形式下，物流成本的内容在传统成本核算和现代物流成本核算中得到双重反映；其二是单轨制，即物流成本核算与企业现行的其他成本核算如产品成本核算、责任成本核算、变动成本核算等结合进行，建立一套能提供多种成本信息的共同的凭证、账户、报表核算体系。在这种情况下，要对现有的凭证、账户、报表体系进行较大的改革，需要对某些凭证、账户、报表的内容进行调整，同时还需要增加一些凭证、账户和报表。这种结合无疑是比较困难的，但并不是不可能的，因为企业物流成本的大部分内容包括在产品成本中，责任物流成本是责任中心成本的一部分，变动物流成本则是企业变动成本的一部分。

运用会计方式进行物流成本核算时，提供的成本信息比较系统、全面、连续，且准确、真实，这是其优点。但这种方法比较复杂，或者需要重新设计新的凭证、账户、报表核算体系，或者需要对现有体系进行较大的甚至可以说是彻底的调整。

企业物流成本会计核算是采用“单轨制”还是采用“双轨制”，应根据每个企业的具体情况而定。不过，从发展的观点来看，最好是采用单轨制会计核算方式。当然，采用单轨制会计核算方式还必须具备一定的条件：①核算人员必须有较高的业务素质；②企业管理基础工作必须比较健全；③管理人员必须具备综合的现代成本管理意识；④企业的成本工作必须实现标准化和现代化，有基本的组织保证。

(2) 统计方式的物流成本核算方法

所谓统计方式，就是说它不要求设置完整的凭证、账户和报表体系，而主要是通过对企业现行成本核算资料的解剖分析，从中抽出物流耗费部分（即物流成本的主体部分），再加上一部分现行成本核算没有包括进去、但要归入物流成本的费用，如物流信息、外企业支付的物流费等，然后再按物流管理的要求对上述费用重新归类、分配、汇总，加工成物流管理所需要的成本信息。具体做法如下。

① 通过对材料采购、管理费用账户的分析，抽出供应物流成本部分，如材料采购账户中的外地运输费，管理费用账户中的材料市内运杂费，原材料仓库的折旧修理费，保管人员的工资等，并按功能类别、形态类别进行分类核算。

② 从生产成本、制造费用、辅助生产、管理费用等账户中抽出生产物流成本，并按功能类别和形态类别进行分类核算。例如，人工费部分按物流人员的人数比例或物流活动工时比例确定，折旧修理费用按物流固定资产占用资金比例确定。

③ 从销售费用中抽出销售物流成本部分，包括销售过程发生的运输、包装、装卸、保管、流通加工等费用，委托物流费按直接发生额计算。

④ 外企业支付物流费部分，现有成本核算资料没有反映。其中供应外企业支付的物流费可根据在本企业交货的采购数量，每次以估计单位物流费率进行计算；销售外企业支付的物流费根据在本企业交货的销售数量乘以估计单位物流费率进行计算；单位物流费率的估计可参考企业物资供应、销售给对方企业交货时的实际费用水平。

⑤ 物流利息的确定可按企业物流资产占用额乘以内部利率进行计算。

⑥ 从管理费用中抽出退货物流成本。

⑦ 废弃物物流成本对于企业来说，数额一般较小，可以不单独抽出，而是并入到其他物流费用中。

委托物流费的计算比较简单，它等于企业对外支付的物流费用。而企业内部物流耗费及外企业支付物流费用的计算比较复杂，总的原则是单独为物流活动所耗费的部分直接计入；间接为物流活动所耗费的部分，以及物流活动与其他非物流活动共同耗费的部分，则按一定标准或比例，如物流人员的比例、物流工时比例、物流资金数额等分配计算。

与会计方式的物流成本核算比较起来，由于统计方式的物流成本核算没有对物流耗费进行连续、全面、系统的跟踪，所以据此得来的信息，其精确程度受到很大的影响，但正由于它不需要对物流耗费作全面、系统、连续的反映，所以运用起来比较简单、方便。在会计人员素质较差、物流管理意识淡薄、会计电算化尚未普及的情况下，可运用此法，以简化物流成本核算，满足当前物流管理的需要。

(3) 统计方式与会计方式相结合的物流成本核算方法

所谓统计方式与会计方式相结合，即物流耗费的一部分内容通过统计方式予以核算，另一部分内容通过会计方式予以核算。运用这种方法，也需要设置一些物流成本账户，但不像第一种方法那么全面、系统，而且，这些物流成本账户不纳入现行成本核算的账户体系，对现行成本核算来说，它是一种账外核算，具有辅助账户记录的性质。具体做法如下。

① 辅助账户设置。一般来说，企业应设置物流成本总账，核算企业发生的全部物流成本；同时按物流范围设置供应、生产、销售、退货、废弃物流成本二级账；在各二级账下按物流功能设置运输费、保管费、装卸费、包装费、流通加工费、物流管理费三级账，并按费用支付形态设置专栏。

② 对于现行成本核算已经反映，但分散于各科目的物流费用，如计入管理费用中的对外支付的材料市内运杂费、物流固定资产折旧、本企业运输车队的费用、仓库保管人员的工资、产成品和原材料的盘亏损失、停工待料损失，计入制造费用的物流人员工资及福利费、物流固定资产的折旧修理费、运输费、保险费、在产品盘亏和毁损等，在按照会计制度的要求编制凭证、登记账簿、进行正常成本核算的同时，据此凭证登记相关的物流成本辅助账户，进行账外的物流成本核算。

③ 对于现行成本核算没有包括，但属于物流成本应该包括的费用，其计算方法与统计方式下的计算方法相同。

④ 月末根据各物流成本辅助账户所提供的资料编制范围类别、功能类别、形态类别等各种形态的物流成本报表。

这种方法的优缺点介于第一种方法和第二种方法之间，即它虽没有第一种方法复杂，但它也没有第一种方法准确、全面；与第二种方法比较，情形则恰恰相反。

5. 物流成本核算存在的难点问题

(1) 物流成本没有独立的会计科目

物流成本在企业财务会计制度中没有单独的项目，而是与其他成本一起列在费用一栏中，因此很难对企业发生的物流成本做出准确、全面的计算与分析，也无法同其他企业的物流成本进行比较。

(2) 物流成本计算不完整、不全面

一般情况下，企业会计科目中，只把支付给外部运输、仓储企业的费用列入物流成本，实际这些费用在整个物流费用中确实犹如冰山一角。因为，物流基础设施建设费和企业利用自己的车辆运输、利用自己的库房保管货物、由自己的工人进行包装、装卸等费用都没有列入物流费用科目内。一般来说，企业向外部支付的物流费用是很小的一部分，真正的大头是企业内部发生的物流费用。

“物流成本冰山说”之所以成立，有三个方面的原因，这也是物流成本难以确定的三个方面：①物流成本的计算范围太大。物流包括：原材料物流、工厂内部物流、从工厂到仓库和配送中心的物流、从配送中心到商店的物流等。这么大的范围，涉及的单位非常多，牵涉面也很广，很容易漏掉其中的一部分。计算哪部分、漏掉哪部分，物流费用的大小相距甚远；②物流成本的计算对象难以确定。运输、包装、保管、装卸及信息等各物流环节中，以哪些环节作为物流成本的计算对象呢？如果只计算运输和保管费用，不计其他费用，与将运输、保管、装卸、包装以及信息等费用全部进行计算，两者的费用计算结果差别相当大；③物流成本计算内容难以归集。选择哪几种费用列入物流成本中的问题，比如，向外部支付的运输费、保管费、装卸费等费用一般都很容易列入物流成本，但是本企业内部发生的物流费用，如与物流相关的人工费、物流设施建设费、设备购置费以及折旧费、维修费、电费、燃料费等是否也列入物流成本中？此类问题都与物流成本的大小直接相关。因而我们说物流成本确实犹如海里的一座冰山，露出水面的仅是冰山的一角。

解决此问题的根本方法是进行物流成本计算，将混入其他费用科目中的物流成本全部抽出来，使人们清晰地看到潜藏在海面下的物流成本的巨大部分，挖掘出降低成本的宝库和第三利润的源泉。

(3) 存在制度性缺陷，实际操作难度大

由于物流成本大部分发生在企业内部，而且范围大、流通环节多、涉及的单位较多，因此许多已经发生的物流费用在具体分解时存在很大的困难。现行会计制度通常将一些应计入物流成本的费用，如仓储保管费用、仓储办公费用、仓储物资的合理损耗等计入企业的经营管理费用。同时，将物资采购中发生的物资运输费用、保险费用、合理损耗、装卸费用、挑选整理费用等计入物资采购成本或经营费用。因此，在实际计算物流成本时，对上述费用的分解还同时存在一个制度规范的问题。而且，如果要分解这些隐藏的费用，在操作上也存在很大的难度，操作成本较高。

(4) 物流成本范围边缘不清、难以掌握和比较

对物流成本的计算和控制，各企业通常是分散进行的，各企业根据自己不同的理解和认识来把握物流成本。由于没有统一的计算标准，致使各企业物流成本包含的范围不同，因此企业无法进行物流成本的比较，也无法得出企业物流成本的平均值；又由于各企业的物流成本缺乏相互比较的基础，所以无法真正衡量企业相对的物流绩效，物流管理失去了依据。

(5) 无法掌握和控制的物流成本较多，增加了物流成本管理的难度

在企业中，物流部门无法掌握和控制的物流成本较多。比如，由于过量进货、过量生产而产生的保管费，紧急运输产生的费用和过量服务所产生的成本都包括在其中，从而增加了物流成本管理的难度。

物流成本核算和评价上所存在的问题，显然为利用物流成本进行物流管理增加了难度，也是我国物流管理面临的一个重要课题。

7.4 物流成本的控制

7.4.1 影响物流成本的因素

1. 物流合理化

物流合理化就是使物流设备配置和一切物流活动趋于合理，具体表现为以尽可能低的物流成本，获得尽可能高的服务水平。对于一个企业而言，物流合理化，是影响物流成本的关键因素，直接关系到企业的效益，它是物流管理追求的目标。

物流合理化包含的内容很多，不能简单地局限于运输、保管、装卸、搬运、包装、流通加工和信息处理等物流要素的合理化。应把物流设备和物流活动看作一个系统，各物流要素同处于该系统之中，发挥着各自的功能和作用。比如有时提高运输频率，运输成本增加了，相反仓储保管的成本下降了，总的物流成本也减少了，这就达到了目的。同样，过去生产企业的产品一般都送到经销单位为止，而现在出现了直销方式，产品直接送到消费者手中，这样感觉增加了配送费用，但节省了包装费和仓储费，实际总的物流成本降低了。由此可见，物流的合理化要根据实际物流流程来设计、规划，不能单纯地强调某环节的合理、有效、节省成本，要把物流合理化当作是整个物流系统的最优化的组合，达到物流成本总额最低。如何设计物流服务方案，将是实现物流合理化的关键，也是降低物流成本，获取最大"第三利润源"的有效途径。设计合理的物流服务方案，这里包括运输方式、运输路线的选择，还有仓库的选择、货物的堆码技术等。在这些方面加强调查研究，积累资料，会给我们设计合理的物流方案提供便利，使物流更合理化，使物流成本更小，使效益更高。

2. 物流质量

加强物流质量管理，是降低物流成本的有效途径，只有不断提高物流质量，才能不断减少和消灭各种差错事故，降低各种不必要的费用支出；只有不断提高物流质量，才能降低物流过程的消耗，增加物流企业的赢利；只有不断提高物流质量，保持良好的信誉，才能吸引更多的客户，形成规模化的集约经营，提高物流效率，从根本上降低物流成本。

在物流质量管理的过程中，物流服务质量更是物流企业所追求的目标，物流服务是物流成本的一项内容。物流服务质量的好坏，直接影响着物流企业在市场上的竞争。

一般情况下，提高物流服务质量，物流成本就会增加；降低物流服务质量，物流成本也相应会降低。由此可见，在降低物流成本与提高物流服务质量之间存在反比例关系。所以，在确定物流服务质量时，要以得到用户满意为前提，同时兼顾物流成本的合理，使两者的利益达到协调统一。

3. 物流效率

提高物流效率，可以减少资金占用，缩短物流周期，降低储存费用，从而节省物流成本。物流企业应注重对现有的资源和流程的不断改造，提高作业效率，同时，配置一些基础性的设施，如计算机、软件、系统联网等。电子商务已在各行各业兴起，电子商务也应成为物流业努力的方向。将电子商务应用于物流业的发展，可以节约大量的人力、物力、财力，从而可以提高整个物流效率，使得现代物流企业管理成本降到最低。

4. 物流人才

使物流合理化，提高物流服务质量及提高物流效率，这些都需要专业的人员去做，他们工作的方法、态度，将间接影响企业物流成本的大小。重视物流人才，可以节约机会成本。同时一个好建议或者合理优化的方案，都会给企业带来巨大的效益，所以物流人才是物流企业的宝贵资源，是一种潜在效益。好的物流企业，都由一批精明能干的物流人才支撑。因此，要想发展物流，实现现代化物流，就必须重视物流人才的培养与培训，同时，给他们创造一个良好的工作环境，制定培养人才、留住人才、使用人才的人才管理办法。通过优秀物流人才的努力工作，去实现物流成本的降低，实现物流企业的效益，实现物流企业的现代化。

影响物流成本的因素远不只这些。要想降低物流成本，就必须对整个物流流程进行分析，发现问题、分析问题、解决问题，对物流流程不断完善。只有这样，才能使物流合理化、物流成本最小化。所以，降低物流成本，提高物流服务质量是企业永久的课题。

7.4.2 物流成本控制的基本程序

物流成本控制应贯穿于企业生产经营的全过程。一般来说，物流成本控制应包括以下几项基本程序。

1. 制定成本标准

物流成本标准是物流成本控制的准绳，是对各项物流费用开支和资源耗费所规定的数量限度，是检查、衡量、评价实际物流成本水平的依据。物流成本标准应包括物流成本计划中规定的各项指标，但物流成本计划中的一些指标通常都比较综合，不能满足具体控制的要求，这就必须规定一系列具体的标准，确定这些标准可以采用计划指标分解法、预算法、定额法等。在采用这些方法确定物流成本控制标准时，一定要进行充分的调查研究和科学计算，同时还要正确处理物流成本指标与其他技术经济指标的关系（如和质量、生产效率等关系），从完成企业的总体目标出发，进行综合平衡，防止片面性，必要时还应进行多种方案的择优选用。

2. 监督物流成本的形成

这就是根据控制标准，对物流成本形成的各个项目，经常性地进行检查、评比和监督。不仅要检查指标本身的执行情况，而且要检查和监督影响指标的各项条件，如物流设施、设备、工具及工人技术水平和工作环境等。所以，物流成本日常控制要与企业整体作业控制等结合起来进行。物流成本日常控制的主要方面有：物流相关直接费用的日常控制、物流相关工资费用的日常控制和物流相关间接费用的日常控制。上述各种与物流相关联的费用的日常控制，不仅要有专人负责和监督，而且要使费用发生的执行者实行自我控制，还应当在责任制中加以规定。这样才能调动全体职工的积极性，使成本的日常控制有群众基础。

3. 及时揭示并纠正不利偏差

揭示物流成本差异即核算确定实际物流成本脱离标准的差异，分析差异的成因，明确责任的归属。针对物流成本差异发生的原因,分清情况,分清轻重缓急,提出改进措施并加以贯彻执行。

4. 评价和激励

评价物流成本目标的执行结果,根据物流成本控制的业绩实施奖惩。

7.4.3 物流成本控制必须遵循的原则

为了有效地进行物流成本控制,必须遵循以下原则。

1. 经济原则

这里所说的"经济"是指节约,即对人力、物力和财力的节省,高经济效益的核心,因而,经济原则是物流成本控制的最基本原则。

2. 全面原则

在物流成本控制中实行全面性原则,具体说来有如下几方面的含义。

① 全过程控制。物流成本控制不限于生产过程,而是从生产向前延伸到投资、设计,向后延伸到用户服务成本的全过程。

② 全方位控制。物流成本控制不仅对各项费用发生的数额进行控制,而且还对费用发生的时间和用途加以控制,讲究物流成本开支的经济性、合理性和合法性。

③ 全员控制。物流成本控制不仅要有专职物流成本管理机构和人员参与,而且还要发挥广大职工群众在物流成本控制中的重要作用,使物流成本控制更加深入和有效。

3. 责、权、利相结合原则

只有切实贯彻责、权、利相结合的原则,物流成本控制才能真正发挥其效益。显然,企业管理当局在要求企业内部各部门和单位完成物流成本控制职责的同时,必须赋予其在规定的范围内有决定某项费用是否可以开支的权力。如果没有这种权力,也就无法进行物流成本控制。此外,还必须定期对物流成本业绩进行评价,据此实行奖惩,以充分调动各单位和职工进行物流成本控制的积极性和主动性。

4. 目标控制原则

目标控制原则是指企业管理当局以既定的目标作为管理人力、物力、财力和完成各项重要经济指标的基础,即以目标物流成本为依据,对企业经济活动进行约束和指导,力求以最小的物流成本,获取最大的赢利。

5. 重点控制原则

所谓的重点控制,简言之,就是对超出常规的关键性差异进行控制,旨在保证管理人员将精力集中于偏离标准的一些重要事项上。企业日常出现的物流成本差异成千上万、头绪繁杂,管理人员对异常差异重点实行控制,有利于提高物流成本控制的工作效率。重点控制是企业进行日常控制所采用的一种专门方法,盛行于西方国家,特别是在对物流成本指标的日常控制方面应用地更为广泛。

7.4.4 物流成本控制的内容

物流成本控制按控制的时间来划分具体可分为物流成本事前控制、物流成本事中控制和物流成本事后控制三个环节。

1. 物流成本事前控制

物流成本事前控制是在物流活动或提供物流作业前对影响物流成本的经济活动进行事前的规划、审核，确定目标物流成本，它是物流成本的前馈控制。

2. 物流成本事中控制

物流成本事中控制是在物流成本形成过程中，随时对实际发生的物流成本与目标物流成本进行对比，及时发现差异并采取相应措施予以纠正，以保证物流成本目标的实现，它是物流成本的过程控制。物流成本事中控制应在物流成本目标的归口分级管理的基础上进行，严格按照物流成本目标对一切生产经营耗费进行随时随地的检查审核，把可能产生损失浪费的苗头消灭在萌芽状态，并且把各种成本偏差的信息，及时地反馈给有关的责任单位，以利于及时采取纠正措施。

3. 物流成本事后控制

物流成本事后控制是在物流成本形成之后，对实际物流成本的核算、分析和考核，它是物流成本的后馈控制。物流成本事后控制通过实际物流成本和一定标准的比较，确定物流成本的节约或浪费，并进行深入的分析，查明物流成本节约或超支的主客观原因，确定其责任归属，对物流成本责任单位进行相应的考核和奖惩。通过物流成本分析，为日后的物流成本控制提出积极改进意见和措施，进一步修订物流成本控制标准，改进各项物流成本控制制度，以达到降低物流成本的目的。

物流成本的事中控制主要是针对具体各个物流成本费用项目进行实时实地的分散控制。而物流成本的综合性分析控制，一般只能在事后才可能进行。物流成本事后控制的意义并非是消极的，大量的物流成本控制工作有赖于物流成本事后控制来实现。从某种意义上讲，控制的事前与事后是相对而言的，本期的事后控制，也就是下期的事前控制。

7.4.5 降低物流成本的途径

由于实际物流情况的复杂性和多变性，降低物流成本的方法也是多种多样、变化不定的。常用的降低物流成本的主要途径有以下几种。

1. 统进分销，连锁经营模式

采用统进分销，连锁经营模式，实现集约经营，是现代物流企业的理性选择。

(1) 统一进货

统一进货即全部物资统一由总公司资源部负责采购，以大批量进货来获取较多的进价折扣，并节约采购费用，延长付款期限，降低经营成本。

(2) 统一资金

统一资金是统一进货得以实现的前提条件。这样，既可实现资金在整个公司内部的合理使用，达到最佳使用效果，也可避免由于资金分散支配造成的财务风险。如拖欠、被骗以及内部违纪行为等。在资金管理上，严格资金使用审批制度，严格执行“四不准”，即各分公司不准另立户头，逃避监督；不准白条抵库，挪用资金；不准截留收入，私设小金库；不准搞“体外循环，化公为私”。总之，资金管理不能以放代管，而应放管结合，活而不乱，管而不死。

(3) 统一价格

公司可根据具体情况制定多个销售价格。统一定价避免公司内部的价格竞争，保证公司市场竞争战略的实现，防止某些营销人员利用定价权搞内外勾结，徇私舞弊，损害公司利益，有利于实现公司内部分配的公平性。

(4) 统一库存

由总公司统一设立库存点和配送中心，变分散库存为集中库存，并按照统一营销策略和各分公司对物资品种、规格、数量、包装的要求，实行内部配送。这样有利于优化库存结构，减少库存物资总量，节约资金占用，降低仓储费用。

(5) 强化销售

实行统一进货以后，各分公司在总公司经营方针的指导下，集中精力做好销售工作，包括开拓市场、上门推销、咨询服务以及向公司反馈需求信息等，不断提高整个公司市场占有率，增加销售收入和利润总额。

2. 加快物流速度，扩大物流量

全部物流成本可以划分为可变成本和固定成本两部分。前者如运输费、包装费、保管费等，它们与物流量的变动成正比例关系，即物流量增加时，物流成本的绝对总值也随之增加；反之则减少。但它们的物流成本水平，即占物流成本数量的百分比相对比较固定。后者如工资、固定资产折旧费、管理费等，它们在物流量变动时，其绝对总值通常保持不变或变化较小，即相对比较固定。但其费用水平随物流量的变化呈现反比例关系，即物流量增加时，物流量的费用水平下降。

根据这两种成本的特点，我们可以采取加快物流速度、扩大物流量的方法，来降低物流成本。当物流速度加快时，虽然可变成本增加，但单位物流量的变动成本不变；而固定成本部分则与物流量成反比，即物流速度越快，物流量越大，单位物流量的固定成本越小。从物流速度与流动资金需要量的关系来看，在其他条件不变的情况下，物流速度越快，则所需要的流动资金越少，从而节约资金占用，减少利息支出，使物流成本得到降低。

3. 减少物资周转环节

物资在从生产领域进入消费领域、到达消费者手中之前，需要经过许多相互区别而又相互衔接的中间环节。这些环节越多，物资的流通时间也就越长，物流成本就必然相应增加。因此，尽可能地减少流通环节和减少物流时间，尽可能地直达供货，尽可能地减少物资的集中和分散，会使企业物流速度加快，从而减少物流成本。

4. 采用先进、合理的物流技术

采用先进、合理的物流技术是减少物流成本的根本性措施。它不仅可以不断提高物流的速度，增加物流量，而且可以大大减少物流损失。例如，先进、合理的装卸，运输机械、集装箱、托盘技术的推广（硬技术），科学、合理的运输路线、库存量（软技术）等都对减少物流成本具有十分重要的影响。

5. 改善物流管理，加强经济核算

物流管理水平的高低是影响物流成本的最直接因素。虽然管理本身不直接产生效益，但它却能通过具体的物流执行部门对物流成本产生影响。因此，加强物流管理，实现物流管理的现代化，是降低物流成本的最直接有效的方法。在具体实施过程中，可采用岗位责任制方法，加强核算，对物流各个环节的支出进行层层分解，实行目标管理。

本章小结

物流成本是指在物流过程中，为了提供有关服务，要占用和耗费一定的活劳动和物化劳动。这些活劳动和物化劳动的货币表现，物流成本包括物流各项活动的成本，是特殊的成本体系。

“黑大陆”学说、物流成本冰山理论、“第三个利润源”说和效益背反理论是关于物流成本的几个重要理论学说。

物流成本管理的目的：是在保证客户服务质量的前提下，强化总体物流管理，使物流系统的总成本保持最低水平。物流成本管理的具体内容包括：物流成本预测、物流成本决策、物流成本计划、物流成本控制、物流成本核算、物流成本分析和物流成本检查等。

影响物流成本的主要因素有物流合理化、物流质量、物流效率和物流人才。通过统进分销，连锁经营模式；加快物流速度，扩大物流量；减少物资周转环节；采用先进、合理的物流技术；改善物流管理，加强经济核算的途径可以有效地降低物流成本。

复习与思考

1. 请简述有关物流成本的重要理论学说。
2. 物流成本由哪几部分组成？
3. 物流成本管理包括哪几个环节？
4. 简述物流成本预测的方法。
5. 物流成本预测的步骤是怎样的？
6. 请简述物流成本核算的意义。
7. 请阐述从综合物流角度进行物流成本决策的理由。
8. 影响物流成本控制的因素有哪些？
9. 物流成本控制的基本程序和应遵循的原则有哪些？
10. 请阐述降低物流成本的途径。

案例分析

如何从美国物流成本管理中受益？

我国如降低1%的物流成本，就等于增长了100亿美元的经济效益。

降低物流成本是提高效益的重要措施。据测算，美国每年的经济规模为10万亿美元，如果降低1%的成本，就相当多出1 000亿美元的效益。我国现在是1万亿美元的经济规模，如果降低1%的物流成本就等于增长了100亿美元的效益。美国的物流成本管理经验对我国物流业有重要启示。

美国物流成本约占GDP的10%，成本计算方法独到。

美国物流成本占GDP的比重在20世纪90年代保持在11.4%～11.7%范围内，而进入20世纪90年代最后10年，这一比重有了显著下降，由11%以上降到10%左右，甚至达到9.9%，但物流成本的绝对数量还在一直上升。

分析发现。美国的物流成本主要由三部分组成：一是库存费用；二是运输费用；三是管理费用。比较近20多年来的变化可以看出，运输成本在GDP中比例大体保持不变，而库存费用比重降低是导致美国物流总成本比例下降的最主要的原因。这一比例由过去接近5%下降到不足4%。由此可见，降低库存成本、加快周转速度是美国现代物流发展的突出成绩。也就是说利润的源泉更集中在降低库存、加速资金周转方面。

宏观上，美国物流成本包括三个部分，且各自有其测算的办法。

第一部分库存费用，是指花费在保存货物的费用，除了包括仓储、残损、人力费用及保险和税收费用外，还包括库存占压资金的利息。其中，利息是当年美国商业利率乘以全国商业库存总金额得到的。把库存占压的资金利息加入物流成本，这是现代物流与传统物流费用计算的最大区别，只有这样，降低物流成本和加速资金周转速度才从根本利益上统一起来。

第二部分运输成本，包括公路运输、其他运输方式与货主费用。公路运输包括城市内运送费用与区域间卡车运输费用。其他运输方式包括：铁路运输费用、国际国内空运费用、货物代理费用、油气管道运输费用。货主方面的费用包括运输部门运作及装卸费用。近十年来，美国的运输费用占国民生产总值的比重大体为6%，一直保持着这一比例，说明运输费用与经济的增长是同步的。

第三部分物流管理费用，是按照美国的历史情况由专家确定一个固定比例，乘以库存费用和运输费用的总和得出的。美国的物流管理费用在物流总成本中比例大体在4%左右。

另一个反映美国物流效率的指标是库存周期。美国平均库存的周期在1996—1998年间保持在1.38个月到1.40个月之间，但1999年发生了比较显著的变化，库存周期从1999年1月的1.38个月降低到年底的1.32个月，这是有史以来的最低周期。库存周期减少的原因是由于销售额的增长超过了库存量增长。

降低物流成本提高效益减少库存支出是降低物流费用的主要来源。

美国的物流成本管理对我们有三大启示：

第一，降低物流成本是提高效益的重要战略措施。美国每年10万亿美元的经济规模，如果降低1%的成本，就相当多出1 000亿美元的效益。我国现在是1万亿美元的经济规模，如果降低1%的物流成本就等于增长了100亿美元的效益。业界普遍认为我国物流成本下降的空间应该在10个百分点或更多，这是一笔巨大的利润源泉。

第二，美国的实践表明，物流成本中运输部分的比例大体不变，减少库存支出就成为降低物流费用的主要来源。减少库存支出就是要加快资金周转、压缩库存，这与同期美国库存平均周转期降低的现象是吻合的。因此，发展现代物流就是要把目标锁定在加速资金周转、降低库存水平上面。这是核心的考核指标。

第三，物流成本的概念必须拓展。库存支出不仅仅是仓储的保管费用，更重要的是要考虑它所占有的库存资金成本，即库存占压资金的利息。理论上还应该考虑因库存期过长造成的商品贬值、报废等代价，尤其是产品周期短、竞争激烈的行业，如PC机、电子、家电等。

思考题：

1. 美国的物流成本主要由哪几部分组成？各自的测算方法是怎样的？

2. 美国物流成本的管理方法对我国降低物流成本有何启示？结合根据我国国情，阐述降低物流成本的具体措施。

第 8 章　第三方物流增值服务

本章关键词

√ 物流增值服务(Value-Added Logistics Service)
√ 物流金融(Logistics Financing)
√ 货运代理(Freight Forwarders)
√ 物流系统规划与设计(Logistics System Planning and Design)

互联网资料

http://www.chinawuliu.com.cn/
http://www.56888.net/
http://cscmp.org/

8.1　第三方物流增值服务概述

8.1.1　增值服务的含义

物流服务包括基本服务和增值服务(value-added service)。物流增值服务是指在完成物流基本服务的基础上,根据客户需要提供的各种延伸业务活动,为客户提供其他服务性的项目。具体而言,就是指物流企业根据客户的个性化需求,为其提供的超出常规的服务,或者是采用超常规服务方法提供的服务。这样的服务超越了一般的体力劳动并融入了更多的精神劳动,能够创造出新的价值。创新、超常规、满足客户个性化需要是增值性物流服务的本质特征。

近些年来电子商务迅猛发展,第三方物流企业所提供的物流增值服务应该适应这个外部大环境。因此,电子商务下的物流增值服务的内容应包括以下四个方面。

1. 增加便利性的服务

一切能够简化手续、简化操作的服务都是增值性服务。在提供电子商务的物流服务时,推行一条龙、门到门服务、提供完备的操作或作业提示、免培训、免维护、省力化设计或安装、代办业务、一张面孔接待客户、24 小时营业、自动订货、传递信息和转账、物流全过程追踪等都是对电子商务销售有用的增值性服务。

2. 加快反应速度的服务

快速反应(Quick Response)已经成为物流发展的动力之一。传统观点和做法将加快反应速度变成单纯对快速运输的一种要求，但在需求方对速度的要求越来越高的情况下，它也变成了一种约束，因此必须想其他的办法来提高速度，所以第二种办法，也是具有重大推广价值的增值性物流服务方案，应该是优化电子商务系统的配送中心、物流中心网络，重新设计适合电子商务的流通渠道，以此来减少物流环节、简化物流过程，提高物流系统的快速反应速度。

3. 降低成本的服务

电子商务发展的前期，物流成本将会高居不下，有些企业可能会因为根本承受不了这种高成本而退出电子商务领域，或者是选择性地将电子商务的物流服务外包出去，这是很自然的事情，因此发展电子商务，一开始就应该寻找能够降低物流成本的物流方案。企业可以考虑的方案包括：采取物流共同化计划，同时，如果具有一定的商务规模，比如，亚马逊这样具有一定的销售量的电子商务企业，可以通过采用比较适用但投资比较少的物流技术和设施设备，或推行物流管理技术，如运筹学中的管理技术、单品管理技术、条形码技术和信息技术等，提高物流的效率和效益，降低物流成本。

4. 延伸服务

向上可以延伸到市场调查与预测、采购及订单处理；向下可以延伸到配送、物流咨询、物流方案的选择与规划、库存控制决策建议、货款回收与结算、教育与培训、物流系统设计与规划方案的制作等。关于结算功能，物流的结算不仅仅只是物流费用的结算，在从事代理、配送的情况下，物流服务商还要替货主向收货人结算货款等。关于需求预测功能，物流服务商应该负责根据物流中心商品进货、出货信息来预测未来一段时间内的商品进出库量，进而充当电子商务经营者的物流专家，因而必须为电子商务经营者设计物流系统，代替它选择和评价运输商、仓储商及其他物流服务供应商。国内有些专业物流公司正在进行这项尝试。关于物流教育与培训功能，物流系统的运作需要电子商务经营者的支持与理解，通过向电子商务经营者提供培训服务，可以培养它与物流中心经营管理者的认同感，可以提高电子商务经营者的物流管理水平，可以将物流中心经营管理者的要求传达给电子商务经营者，也便于确立物流作业标准。

以上这些延伸服务最具有增值性，但也是最难提供的服务，能否提供此类增值服务现在已成为衡量一个物流企业是否真正具有竞争力的标准。

8.1.2 增值服务的特征

1. 增值性

物流产业是创造商品价值的产业，从订单处理、仓库保管、运输配送、装卸、包装、流通加工和信息处理等一连串作业活动，都能创造商品的附加值。第三方物流企业传统的经营方法是通过开拓业务，增加新的客户，以增加赢利。但是这种传统的开源方法只是一种面的扩充。通过物流活动增加商品附加值则是打破原有的惯性，从深度与广度、立体的空间去思考，是运用一种新的经营策略思维，扩充物流服务的内容，从而使物流这个第三利润源具有更加丰富的内涵，这种物流服务，既使客户感到方便，又增加了商品的价值，增加了商流的利润，也使第三方物流企业增加了赢利。

当然，第三方物流企业开展增值服务必须要考虑提供该项服务的成本和可能获得收益，看看该项服务是否能为企业带来利润。如果有些增值服务利润较少，但是可以更好地为客户服务，第三方物流企业也可以考虑开展这些服务，以获得长远利益。

2. 差异性

第三方物流企业如果能够提供差异性服务，就会有更多的发展空间。由于客户的基础物流需求大体相同，第三方物流企业提供的这些基础物流服务也大体相同。因此第三方物流服务的差异性就主要体现在它们提供的增值服务上。例如，为生产商提供轻型装备检验产品质量、管理库存、执行分销商和零售商的订单、管理多家运输公司的分送等。为零售商提供商店陈列、售后退货管理、B2C(business to customer)电子商务的订单执行等。如今，在英国和德国还提出了店内(in store)物流的新概念，即商店从开门到关门，从清扫店堂、清理商品到补货上架等原来由商店店员负责的一系列服务工作都由第三方物流企业承担，使得第三方物流企业把服务延伸到店堂内。

3. 辅助性

第三方物流的增值服务是在企业能力允许和客户有需求的情况下来开展的。尽管它们可以给第三方物流企业带来新的收益，但是，如果不能对基础物流服务的实施起到辅助作用，反而影响并制约了基础物流服务作用的发挥，这种增值服务就是没有必要开展的。因为客户对基础物流服务的需求比对增值物流服务的需求要强烈、需求量也大，需要基础物流服务的客户范围广。如果基础物流服务质量得不到保证，客户对第三方物流服务的满意度就会大大降低。

4. 开发空间的广阔性

现在第三方物流企业可以为客户提供的增值服务种类繁多、范围广泛。而且随着市场竞争的加剧，工商企业更需要发挥自己的优势，对物流服务等专业化要求不断提高，使得第三方物流的不同客户对增值服务的需求也不一样。第三方物流企业就可以视不同客户企业的需求和企业运转流程，结合自身的优势和能力，为它们设计和开发不同的增值服务项目，实施个性化的增值服务。这就为第三方物流增值服务的开发提供广阔的空间。

8.1.3 增值服务与基础服务的比较

在市场经济环境下，以客户为核心的物流服务首先应当了解客户的需求，客户的需求有一定基本的要求，即基本的物流服务要求，基本服务是社会化物流企业能够向客户提供的最低限度和通常的服务物流的基础服务是为了满足客户的基本需求的一系列服务，它包括运输，存储，装卸，搬运，包装，配送，回收，信息处理等基本功能；而物流企业的增值服务是指在完成物流基本功能的基础上根据客户需求提供的各种延伸业务活动，它主要包括一些额外且为生产或消费企业提供便利性的服务。

在基础服务和增值服务的内容上来说，基础服务对于所有物流企业来说大体相同，所以并不具备实际的竞争性，而增值服务对于第三方物流企业来说就具备了一定的行业差异性及不可取代性，虽然不同的物流企业所提供的增值服务各不相同，然而这正是其可以吸引客户的关键所在，对于不同的客户需要和企业自身的优势所提供增值服务在很大程度上不易被其他企业所模仿,所以更可以起到稳定客户的作用,获得更多的市场份额和高于平均利润的超额利润。

对于第三方物流企业来说,增值服务的发展必然是其生存和发展的必争之地,因为增值服务相对于没有很大技术含量的基础服务来说有太多的市场优势和利益份额。为了更清晰地展示基础服务与增值服务之间的区别,本书采取建立对照的形式进行比较分析,如表 8.1 所示。

表 8.1 基础服务与增值服务各项因素比较分析

	基础服务	增值服务
服务内容	以仓储运输为主的基础类服务	以信息化,延伸服务为主一体化服务
服务导向	以自身企业的服务能力为导向	以满足客户的需求,帮助客户企业发展为导向
顾客满意度	一般	较高
经营模式	粗放型,标准化服务	个性化,混合经营
服务成本	一般	较高
服务收益	一般	较高
转换业务	难	容易
与客户的关系	一般	紧密
进入瓶颈	容易	难
行业饱和度	高	低

如表 8.1 所示,增值服务相对应基础服务无论是顾客满意度还是被需求程度以及收益等因素都具有很大的优势,对于第三方物流企业的发展来说增值服务是不可或缺的组成部分,对企业的核心竞争力的构建也具有很大的帮助作用。

8.1.4 增值服务的发展模式

第三方物流企业本身作为服务业的一部分就已经说明其没有自己的产品,只是通过生产企业与消费企业之间的衔接空间来谋取生存,所以只是凭借单一的服务方式很快会使服务水平以及顾客的认可度下降,造成客户流失的风险。根据世界营销学之父菲利普·科特勒大师所说,"企业营销大厦"的核心是"客户满意",只有切合实际的达到客户的满意度才会使得企业做到零流失的可能性。

根据分析我们得到,客户的满意度与客户的期望值之间存在一定关系,大体客户满意度是实际感知效果和期望值之间的变异函数。一般情况下,客户会把其对第三方物流企业的服务满意度与其对该物流企业的服务水平的期望值作比较,也就是说当某一物流企业所提供的服务水平及类别与客户的期望值相当时,客户就会满意;当物流企业所提供的服务水平及类别远远大过客户的期望值,此时客户的满意度就会相应大幅度上升;相反如果物流企业所能提供的服务水平及类别单一不能达到客户的期望水平此时客户的满意度就会下降,相应的忠诚度也会下降,就会造成客户的流失,使企业陷入危机。

目前根据客户的需求所开展的增值服务主要有以下几个方面。

1. 基础型增值服务

基础型增值服务主要是指配送型增值服务和仓储型增值服务,我们也可称为基础物流扩展服务，是指在现有物流服务的基础上，通过扩展其他物流功能，向客户提供更加完善和全面的物流服务，从而满足客户多种物流需求的经营模式。这些基础物流服务的增值服务大体体现在仓储和运输上，如仓储企业利用掌握的货源，通过购买部分车辆或者整合社会车辆从事配送服务；运输企业在完成货物的线路运输之后，根据客户的要求从事货物的仓储和配送。仓储性增值服务，主要包括原料质检、库存查询、库存补充及各种形式的流通加工服务等；运输性增值服务则主要包括选择国际、国内运输方式、运输路线、安排货运计划、为客户选择承运人、确定配载方法、货物运输过程中的监控跟踪、门到门综合运输、报关、代垫运费、运费谈判、货款回收与结算、集货、分拣包装、配套装配、条码生成、贴标签、自动补货等服务。这种模式对于从事单一功能物流服务的传统物流企业来说，不仅可以拓展物流服务的范围，而且可以提高物流服务的层次。

2. 信息型增值服务

在现今网络高度发达的时代，物流企业的信息服务也是客户十分需求的，为更好地做到资源共享和信息反馈就要求物流企业物流系统必须具有良好的信息处理和传输系统功能。信息技术在物流运作中的广泛应用已经得到了大范围的认同。首先，国际物流巨头在培育自身核心竞争力过程中将以信息技术和信息网络贯穿物流整个服务过程放在了重要的位置。其次，合理地利用信息系统对于物流企业的整体规划都具有重大的效果及时、准确、全面的物流信息在降低客户成本、获取利润、增强竞争力等方面扮演着重要的角色。第五次全国物流市场供需状况调查报告显示：工业企业所希望的物流服务中，属于信息服务的定做信息条码和开发物流信息系统比例就接近30%，而商贸企业这一比例更是接近50%，可见生产企业已经将物流信息的应用作为对第三方物流企业服务类别的基本需求，而且需求的比例正在逐年的上升。目前信息型增值服务主要分为两类：一是数据库增值服务，物流企业利用其信息网络采集多类信息，形成特定的数据库，并向客户有偿提供数据库信息服务；二是信息系统增值服务，物流企业利用自身的信息系统资源，为客户提供运行信息系统的平台和技术支持服务。

3. 金融型增值服务

如今随着经济的增长，带动经济发展的重要因素也不断增加，物流和金融就是其中的因素，物流我们称为"第三利润源泉"，而金融本身就是与货币和金钱紧紧相扣的行业，当前市场经济激烈的竞争环境为这两个行业的合作提供了千载难逢的良机，二者可以相辅相成，互供商机所以物流业与金融业的混营比比皆是，物流企业涉足金融业务更是已不鲜见。以世界知名物流巨头UPS为例，它并购了美国第一国际银行，将其改造成UPS金融部门（UPS Capital）。在国外市场上，其客户已从该部门提供的增值业务中获益，其中中小企业是UPS金融服务模式最大的受益者。这种物流业与金融业混合经营的方式可以把货物存储在第三方物流企业的仓库中，然后凭借仓单向银行申请贷款，银行根据质押品的价值并参考第三方物流企业的建议向客户企业提供一定比例的贷款，由第三方物流企业负责监管和储存质押品。这样不但增加了客户向银行贷款的容易度，又使得监管部门多出了除银行之外的物流企业，很大程度上加强了生产企业、物流企业还有银行之间的关系。生产企业通过对具体货物的实体进行质押，将货物置于第三方物流企业控制之下即可在相应银行获得贷款，由第三方物流企业代替银行对相应货物进行特别监管，生产企业提货时应有银行的允许，或还款证明。银行也可以根据第三方物流企业的规模、经营业绩、运营现状、资产负债比例及信用程度授予第三方物流企业一定的信贷配额，第三方物流企业又根据与其长期合作的中小企业的信用状况配置其信贷配额为生产经营企业提供信用担保，并以受保企业滞留在其融通仓内的货物作为质押品或反担保品，确保信用担保的安全。这种经营既降低了经营风险，又增加市场份额，吸引了客户。这种物流企业与金融业合作的机制在国内已经广为应用；目前物流和金融增值服务主要分为三类：售前有交易贷款或融资、国内信用证、顾客理财咨询、国际期货市场套期保值、金融担保。售中有交易款项清算、提供新型物流险种。售后有保税仓储物品质押融资。

4. 货代型增值服务

货代型增值服务也是现在第三方物流企业所提供的增值服务的主要方式之一，这种服务主要提供的是订舱租船、包机、包舱、托运、仓储、包装；货物的监装、装卸、集装箱拼装拆箱、分拨、中转及相关的短途运输服务；报关、报验、报检、保险；内向运输与外向运输的组合；多式联运、集运含集装箱拼箱。为客户提供电子商务平台在自身条件允许的情况下，提供网上电子合同、打印提单、网上订舱、网上支付运费、网上库存管理、网上供应链管理等增值服务。为托运人安排最经济、快捷、安全的运输路线和选择最佳的运输方式组合；为顾客进行货运代理咨询；为货运委托人提供情报信息；为客户提供在线追踪采购订单。这些服务可以最大限度地方便客户，也可以合理地利用资源，吸引更多的客户。

5. 第四方物流增值服务

第四方物流增值服务主要服务内容有库存管理与控制、采购与订单处理、市场调研与预测、产品回收、构建物流信息系统、物流系统的规划与设计、物流系统诊断与优化、物流咨询及教育培训等。这些服务为客户最大程度的挖掘数据，和发现潜在客户，有更大的创新性和增值性，是高技术、高素质的服务。

除以上介绍的五种增值服务模式，还有一些第三方物流企业针对个别企业具体问题具体分析制定的增值服务，如定制式物流服务模式，定制物流服务是指将物流服务具体到某个客户或某类客户群，并根据其需求特征确定物流服务水平。定制型物流主要是在充分识别客户的物流需求，并根据需求特征进行市场细分，寻求差异化的物流战略，这种增值服务模式具有不易被模仿和巩固客户的作用。另外还有项目物流服务模式，项目物流是指为具体的项目提供全程物流服务的模式。它以国家重点工程等大型项目为主要服务对象，利用现代物流企业的物流配送网络和社会资源，在全球范围内开展多式联运业务、货运代理业务、报关等业务。

我国的第三方物流企业增值服务的发展模式主要就是以上介绍的几种方式，主要都是根据客户需求，不断发展的综合服务、套餐型服务，对第三方物流企业的未来发展具有很大的作用，只有发展好第三方物流企业的增值服务才能使物流企业走出瓶颈，另辟蹊径发展壮大。

8.2　第三方物流的金融服务

8.2.1　物流金融的基本概念

物流金融的定义可以从广义与狭义两个方面来进行理解。

广义的物流金融是指在供应链的运作中,物流企业运用各种金融工具,高效地协调物流运作过程中资金的流动,这些对资金流的操作包括发生在供应链运作过程中的各种存款、贷款、质押、投资、信托、保险、证券交易等,以及涉及第三方物流企业的其他金融服务。

狭义的物流金融是指相关的物流企业在物流金融服务中,为供应链中各方,包括生产企业、零售企业、供应企业提供各种金融融资和结算服务,实现方式包括担保贷款、仓单质押等。

物流金融服务能有效发挥第三方物流企业的信息优势与管理优势,既解决了中小企业的融资困难,开拓了银行开展金融业务的渠道,也增加了自己的服务收益,形成共赢,供应链中物流、信息流、资金流运作更为协调,其运营也更加高效。在具体操作过程中,通常具有如下特征。

(1) 标准化

不仅出质产品的质量和包装有着规范的检验验收程序,出质债权也都有某种形式的规范性,监管过程也是由专业的物流公司提供,整个业务过程更加规范与标准。

(2) 信息化

对于质押物的监控,对市场的准确把握和预测,与投资方和融资方的信息交流等都要求物流金融运作过程中有着较高的信息化程度。

(3) 远程化

银行和物流公司在很大区域内的覆盖,使得物流金融业务可以为各地的融资方提供服务,使得物流金融业务具有明显的远程化特点。

(4) 广泛性

物流金融服务区域由于银行和物流企业业务覆盖范围很大,导致物流金融服务的开展区域很广,同时,可以用于质押的产品或债权从动产到不动产,从仓单到生产原料等也非常广泛,服务的客户不分行业,只要是能够提供出质的物品或债券都可以。这就使得物流金融服务具有鲜明的广泛性。

8.2.2　第三方物流金融服务的意义

第三方物流企业开展物流金融服务是有其现实意义的,这对于企业尤其是中小企业而言是迫切需要的。企业在发展的过程中面临的最大威胁是流动资金不足,这种资金不足的风险在中小企业的发展中更加明显,往往成为制约其发展的瓶颈。信贷资金的缺乏和在资本市场上融资能力的缺乏使得许多企业产生了对物流金融的需求。如果大多数制造企业和经销企业所面临的资金问题可以得到解决的话,第三方物流供应商的地位与利润也会迅速提高。物流金融对第三方物流企业的作用主要表现在以下几个方面。

1. 物流金融可以提高供应链的运行效率

供应链是指利用计算机网络技术全面规划供应链中的商流、物流、信息流、资金流等，并进行计划、组织、协调与控制。供应链中的"四流"是同步的，不能隔离地运行，任何一方面的不协调都会影响供应链的效率。我们知道供应链管理追求"零库存"，但这是不可能的，有的时候库存可能还会很大，从而占用了大量的资金，影响企业资金的周转，造成供应链效率低下。而物流金融可以将库存转化为资金，提高供应链资金周转率。

2. 物流金融可以提高第三方物流企业的竞争优势

"贷款难"一直是困扰我国中小企业的难题。第三方物流企业通过向中小企业提供物流金融服务，可以缓解中小企业资金缺乏的问题，因而受到中小企业的青睐。因此物流金融正成为第三方物流企业获取竞争优势的重要手段。在物流企业提供的金融服务中，仓单质押是典型的为中小企业提供融资的服务。

3. 物流金融可以成为第三方物流企业新的利润源泉

首先，提供物流金融服务的物流企业可以通过向中小企业收取手续费获取一笔不小的利润。其次，在提供物流金融服务中产生的货币的时间价值也为企业带来了利润。

4. 物流金融中的保险服务可以提高物流公司的防风险能力

物流活动中的风险存在于物流活动的各个环节，包括运输、装卸、包装等。因此可以利用物流金融中的保险服务为物流活动保驾护航，从而提高物流公司的防风险能力。

总的来说，开展物流金融服务对物流业、经济的发展有很强的支持作用，对第三方物流企业、金融机构、中小企业更是一种"多赢"的状态。

8.2.3 第三方物流金融服务的模式

1. 代客结算模式

代客结算模式又可以分为代收货款模式和垫付货款模式，如图 8.1 代收货款模式、图 8.2 第三方物流企业垫付货款模式、图 8.3 银行垫付货款模式所示。

(1) 代收货款模式

代收货款是指第三方物流企业在将货物送至收货方后，代发货方收取货款，并在一定时间内将货款返还发货方。在代收货款模式中，发货人与第三方物流供应商签订《委托配送和委托收款合同》，第三方物流供应商每日向用户送货上门同时根据合同代收货款，每周或者每月第三方物流供应商与发货人结清货款并从中收取一定比例的费用。具体业务流程如图 8.1 所示。

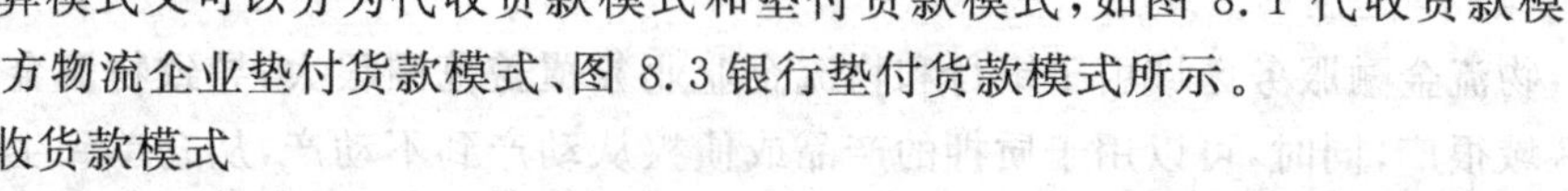

图 8.1 代收货款模式

出于方便或电子结算的要求，第一方与第二方可能委托第三方物流代为收取货物款项，以加快资金回笼速度。从第三方物流的角度来看，收的是现款，而由于时空、各种技术条件等限制，其不可能及时向供方返款，真正返款时往往已经是收款后的十天或更长时间后。这样，资金在交付前有一个沉淀期，在资金的这个沉淀期内，第三方物流供应商等于获得了一笔不用付息的资金，从而不仅能因为方便客户而提高其满意度，也大大改善了自己的现金流。代收货款模式常见于B2C业务，具有业务的附加值高、运营成本低、有区域性集中的特点，利于规模作业，直接投资小，见效快，需要追加的投资很少，业务前景广阔。因此已经在发达地区的邮政系统和很多中小型第三方物流供应商中广泛开展，在国内宅急送也在尝试开展代收货款业务。

(2) 第三方物流企业垫付货款模式

① 第三方物流企业垫付货款模式。这种垫付货款模式常用于B2B业务中，具体的操作流程如图8.2所示。

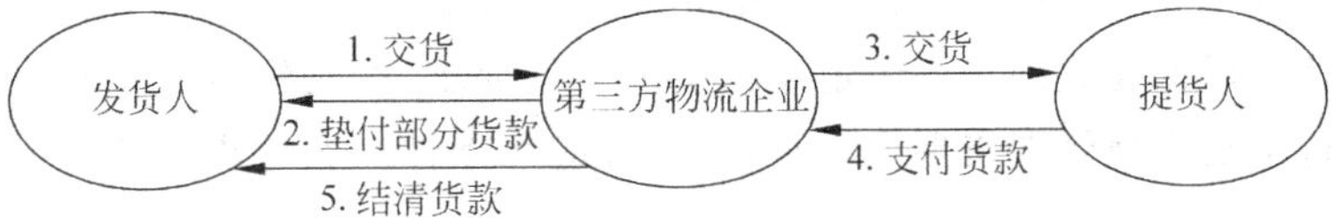

图8.2 第三方物流企业垫付货款模式

发货人委托第三方物流供应商送货，第三方物流供应商垫付扣除物流费用的部分或者全部货款，第三物流供应商向提货人交货，根据发货人的委托同时向提货人收取发货人的应收账款，最后第三方物流供应商与发货人结清货款。这样一来既可以消除发货人资金积压的困扰，又可以让两头放心。在这种垫付货款模式中，除了发货人与提货人签订的《购销合同》之外，第三方物流供应商还应该与发货人签订《物流服务合同》，在该合同中发货人应无条件承担回购义务。

联合包裹(UPS)的托收业务就是一种垫付货款方式，典型的情况是，纽约的时装公司向香港的服装供应商订购货物，UPS收到香港供应商交运的货物后，可以即时向其支付高达80%的货款。货物送交到纽约的收货人手中后，由UPS收取货款，再将余额向香港供应商付清。与代收货款有异曲同工之妙的是，UPS将剩下20%货款交付给发货人之前，产生了一个资金运动的时间差，即这部分资金在交付前有一个沉淀期，在资金的这个沉淀期内，UPS等于获得了一笔不用付息的资金。UPS用这一不用付息的资金从事贷款，而贷款对象仍为UPS的客户或者限于与快递业务相关的主体。在这里，这笔资金不仅充当交换的支付功能，而且具有了资本与资本运动的含义，而且这种资本的运动是紧密地服务于业务链的运动的。

② 银行垫付货款模式。当然如果第三方物流供应商没有雄厚的资金实力就需要引入银行作为第四方。具体的操作流程如图8.3所示。

在该垫付货款模式中：在货物运输过程中，发货人将货权转移给银行，银行根据市场情况按一定比例提供融资。当提货人向银行偿还货款后，银行向第三方物流供应商发出放货指示，将货权还给提货人。当然，如果提货人不能在规定的期间内向银行偿还货款，银行可以在国际、国内市场上拍卖掌握在银行手中的货物或者要求发货人承担回购义务。

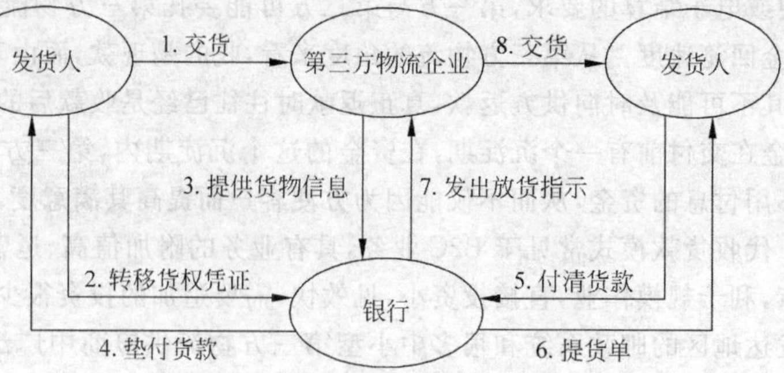

图 8.3 银行垫付货款模式

该模式在实施过程中，应该注意到由于是货物质押，货物的市场价值变动将直接影响到质押金额以及银行的利益，所以在协议中应规定当货物市值发生波动，下跌幅度到达贷款发放日市值的10%时，银行有权要求发货人在接到银行通知后三个工作日内，必须提前偿还部分货款以保证达到双方约定最高质押率的要求，否则银行有权自行处理质押的货物。当银行按规定须处理质押货物时，发货人应无条件向银行出具相应的增值税专用发票。

第三方物流供应商在该垫付货款模式中扮演的角色：第一，银行为了控制风险，就需要了解质押物的规格、型号、质量、原价和净值、销售区域、承销商等，要察看货权凭证原件，辨别真伪，这些工作超出了银行的日常业务范畴，这时候银行离不开第三方物流供应商的协助；第二，一般情况下，商品是处于流动变化当中的，作为银行不可能了解它每天变动的情况，安全库存水平也就是可以融资的底线，但是如果第三方物流供应商能够掌握商品分销环节，向银行提供商品流动的情况，则可以大大提高这一限额。商品销售的网点分布、单点销量、平均进货周期、结款信誉度，在信誉诚信体制尚未健全的情况下，这些资料的取得依赖于第一线第三方物流供应商的资料，如果第三方物流供应商有完善的信息系统，就可以使整个资金周转过程透明化，使银行、生产商随时得知商品的现有状况，更好地把握风险。

能够像 UPS 那样自己提供垫资服务的第三方物流供应商毕竟是少数，但是如果第三方物流供应商注重自身数据库的建立，给生产商、经销商、银行提供信息，一样可以提供物流金融服务。数据库应当包含：对所有商品的市场和库存变动预测；12 个月的物流计划；12 个月的订单以确定订单的大致情况及成本分析；确认产品特征；目前的设备和平面布置；场所计划及限制；目前的动作成本；目前的贮存、拣选和包装过程；对一年产品库存水平的每月回顾；企业整体的营销状况；经济的价值评估标准和因素等。通过各个终端，数据库的内容随时被更新，以准确反映物流、实际库存等情况。从作业流程的角度来看，数据库对物流具有实时监控的功能，并具备处理意外事件的能力以及能够满足多方面查询的要求，为企业的管理者作出适当的商务决策提供基本信息、资金安全提供保证。

"物流银行"质押贷款业务就是典型的垫付货款模式，是指企业以市场畅销、价格波动幅度小、处于正常贸易流转状态而且符合要求的产品（这一类产品一般包括原材料的钢材、有色金属、棉纱类、石油类等，而成品则包括家电产品、陶瓷产品、家具产品等）抵押作为授信条件，运用第三方物流企业的物流信息管理系统，将银行的资金流与企业的物流进行结合，向公司提供融资、结算等服务于一体的银行综合服务业务。

如国家发改委和广东发展银行在广州举行了“中小企业融资创新产品推介会”。在该推介会上，双方宣布以解决中小企业贷款难为宗旨的“物流银行”将在广州和杭州等全国10个城市试点。

2. 融通仓模式

融通仓是一个以质押物资仓管与监管、价值评估、公共仓储、物流配送、拍卖为核心的综合性第三方物流服务平台，它不仅为银行与企业间的合作构架新桥梁，也将良好地融入企业供应链体系之中，成为中小企业重要的第三方物流服务提供者。融通仓主要有仓单质押和保兑仓（买方信贷）两种操作模式，两者最大的区别在于仓单质押业务先有货再有票，保兑仓业务先有票再有货。

(1) 仓单质押模式

① 一般的仓单质押模式。一般来说，仓单质押是指货主（企业）把货物存储在第三方物流企业的仓库中，然后凭第三方物流企业开具的货物仓储凭证向银行申请贷款，银行根据货物的价格向货主（企业）提供一定比例的贷款，同时由第三方物流企业代理监管货物，这三者的关系中，第三方物流企业担当中间人和担保人的角色。具体流程如图8.4所示。

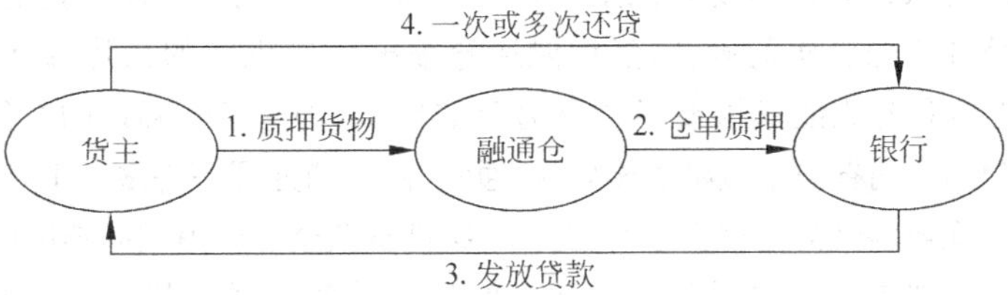

图8.4 一般的仓单质押模式

在中小企业的生产经营活动中，原材料采购与产成品销售普遍存在批量性和季节性特征，这类物资的库存往往占用了大量宝贵资金。融通仓借助其良好的仓储、配送和商贸条件，吸引辐射区域内的中小企业，作为其第三方仓储中心，并帮助企业以存放于融通仓的动产获得金融机构的质押贷款融资。融通仓不仅为金融机构提供了可信赖的质押物监管，还帮助质押贷款主体双方良好地解决质押物价值评估、拍卖等难题，并有效融入中小企业产销供应链当中，提供良好的第三方物流服务。在实际操作中货主一次或多次向银行还贷，银行根据货主还贷情况向货主提供提货单，融通仓根据银行的发货指令向货主交货。

中储股份南京分公司作为中储系统的先进企业之一，这些年来先后为几十余家客户企业提供此项服务，累计融资超过20亿元，受到了客户及银行的好评。该公司还成立了专门的部门——质押监管部，拟将此项业务推向深入，在业务模式上将从中储自有仓库存货的质押，扩展到中储以外仓库，即以现有存货质押贷款为主，异地仓库监管质押贷款为补充。异地仓库监管质押贷款是在仓单质押模式的基础上，对地理位置的一种拓展。第三方物流供应商根据客户不同，整合社会仓库资源甚至是客户自身的仓库，就近进行质押监管，极大地降低了客户的质押成本。

② 基于统一授信的仓单质押模式。基于统一授信的仓单质押模式是一般仓单质押模式的进化，之所以这么说，是因为它简化了原先仓单质押的流程、提高了运作效率。金融机构根据融通仓仓储中心的规模、经营业绩、运营现状、资产负债比例以及信用程度，授予融通仓仓储中心一定的信贷额度，融通仓仓储中心可以直接利用这些信贷额度向相关企业提供灵活的质押贷款业务，由融通仓直接监控质押贷款业务的全过程，金融机构则基本上不参与该质押贷款项目的具体运作，其业务流程见图 8.5。

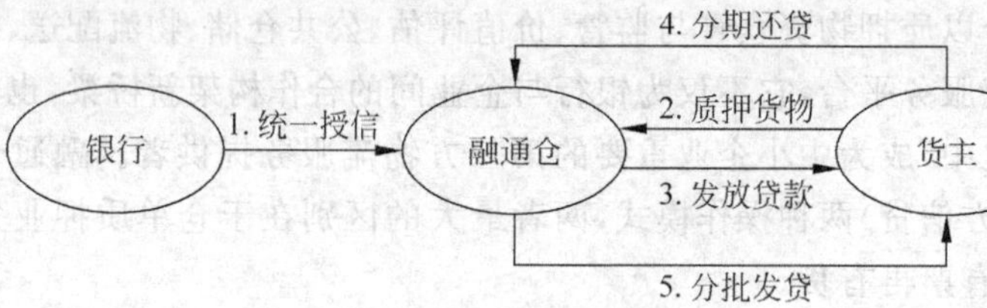

图 8.5 基于统一授信的仓单质押模式

融通仓直接同需要质押贷款的企业接触、沟通和谈判，代表金融机构同贷款企业签订质押借款合同和仓储管理服务协议，向企业提供质押融资的同时，为企业寄存的质物提供仓储管理服务和监管服务，从而将申请贷款和质物仓储两项任务整合操作，提高质押贷款业务运作效率。贷款企业在质物仓储期间需要不断进行补库和出库，企业出具的入库单或出库单需要经过金融机构的确认，然后融通仓根据金融机构的入库或出库通知进行审核；而现在这些相应的凭证只需要经过融通仓的确认，即融通仓确认的过程就是对这些凭证进行审核的过程，中间省去了金融机构确认、通知、协调和处理等许多环节，缩短补库和出库操作的周期，在保证金融机构信贷安全的前提下，提高贷款企业产销供应链运作效率。

比较基于统一授信的仓单质押模式和一般的仓单质押融资模式，可得出以下几个优点：第一，融资过程更加简洁，物流企业代表银行直接与融资企业谈判并签订质押贷款合同和仓储管理合同，大大减少了银行的交易费用及交易时间，同时也减少了融资企业的融资成本，在该种融资模式实施期间，为保证融资企业的正常生产需要会不断有质押物的出入库，此时，质押物的出入只需要物流企业的审核，无须银行的批准或确认，减少了烦琐的手续有利于融资企业对质押物的灵活应用；第二，对物流企业来说，开展该业务能较大地扩展其业务规模，具有获得银行授信额度的物流企业一般都是规模大信誉好的企业，有融资需求的企业大都愿意与这样的物流企业建立长期合作关系，这样既能解决融资企业的原材料及生产产品的物流问题，同时也能解决融资企业融资难的问题。

目前，许多第三方物流企业与各大商业银行都推出了仓单质押的融资业务。据了解，中储(集团)与银企合作，不断推动仓单质押业务的完善并努力扩大其规模，许多仓库现已成为多家银行的“定点融资仓库”。中储目前提供的仓单质押业务主要有：现有存货质押贷款、异地仓库监管质押贷款等。另外，中储还针对目前质押贷款手续复杂、所需时间长的问题，成功地运用了统一授信的方式，把仓单质押变成了一种简便、可控性好的融资模式，也间接再造了企业的信用。仅中信实业银行一家，一年给予中储的授信额度就达到 10 亿元。

(2) 保兑仓模式

保兑仓又称买方信贷，保兑仓业务进入物流领域是近年的事，它与物流业的顺利结合使得这项业务迅速得到国内众多金融机构和第三方物流企业的青睐，并在业务的开展过程中不断得到完善，保兑仓模式目前已经成为物流金融一项非常重要的服务模式。

保兑仓模式是仓单质押模式的一种延伸，具体的操作流程如图 8.6 所示：制造商、经销商、第三方物流供应商、银行四方签署《保兑仓协议书》，经销商根据与制造商签订的《购销合同》向银行缴纳一定比率的保证金（该款项应不少于经销商此次计划向制造商提货的价款），申请开立银行承兑汇票，专项用于向制造商支付货款，由第三方物流供应商提供承兑担保，经销商以货物对第三方物流供应商进行反担保。第三方物流供应商根据掌控货物的销售情况和库存情况按比例决定承保金额，并收取监管费用。银行给制造商开出承兑汇票后，制造商向保兑仓交货，此时转为仓单质押。这一过程中，制造商承担回购义务。通过保兑仓，原本 1 000 万元的交易可能只需 500 万元就能实现，大大缓解了交易双方的现金压力，提高了资金周转，真正实现了制造商、经销商、第三方物流和银行的多赢。

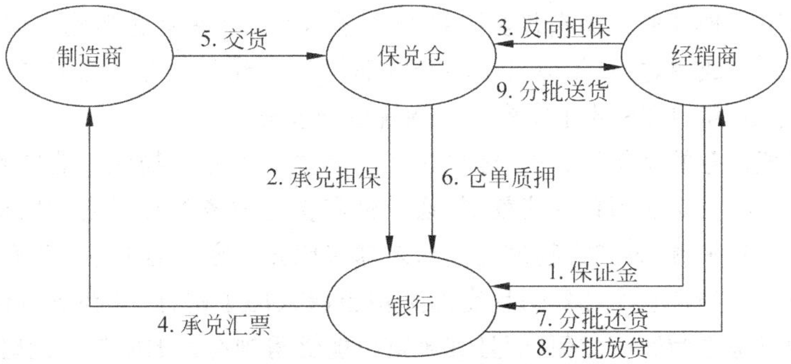

图 8.6 保兑仓模式

在保兑仓模式中，经销企业在采购某货物的时候不一定有足够的流动资金，或者不希望把企业有限的流动资金用于大笔采购，通过向银行申请承兑汇票，实际上是获得了间接融资，缓解企业流动资金的紧张状况。制造商在承兑汇票到期兑现即可获得银行的支付，不必等经销商是否向银行付款。银行为经销企业开出承兑汇票需收取一定金额的服务费。第三方物流企业的收益来自两个部分：一部分是存放与管理货物向买方企业收取费用，另一部分是为银行提供价值评估与质押监管中介服务收取一定比例的资费。作为第三方物流企业，在实际操作中应注意：一是必须对经销商的资信进行核查，了解经销商背景情况、财务状况及偿债能力等；二是要求货主进行反担保，其方式为抵押或质押。

3. 反担保模式

一些中小企业凭仓单质押向银行申请贷款仍然会有困难，主要因质押物的市场价值不稳定导致，融资企业可以通过物流企业提供的反担保服务得到贷款，物流企业从融资企业获得一定的担保费用，提供反担保服务后，融资企业的信用得到保障，银行的信用风险也会大大减少。该种模式只不过在操作上比仓单质押融资模式多了一道担保手续，其操作流程如图 8.7 所示。

4. 物流保理模式

保理又称保付代理，是指出口企业以赊销、承兑交单等方式销售货物时，保理商买进

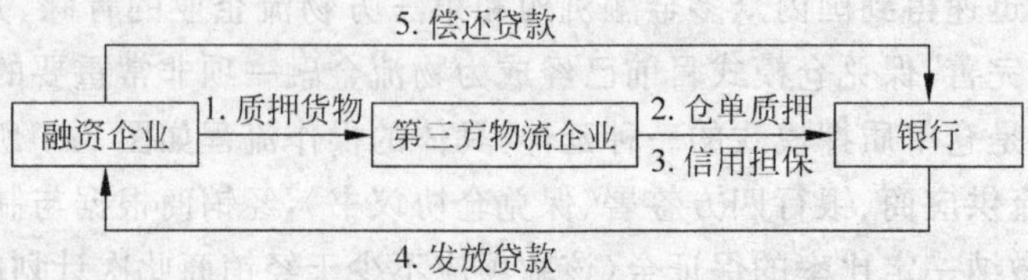

图 8.7 反担保模式

出口企业的应收账款，并向其提供资金融通、进口企业资信评价、销售账户管理、信用风险担保等一系列的综合金融服务。

物流保理业务的出现源于保理市场的迅速发展。2004 年全球保理业务营业额达到 700 亿欧元。在保理业务发展初期，物流企业并未真正介入其中，从中受益的主要是金融机构和保理公司。但是随着保理业务的迅速发展，物流企业开始认识到这一业务的巨大潜力和自身从事保理业务的潜在优势。UPS 早在 1993 年就有意朝此方向发展，只是由于当时大环境尚未成熟，并且组建自己的金融部门和招募金融专才都需要一个长期的过程，于是直到 2000 年，UPS 才正式推出了物流保理业务。

在物流保理业务的运作过程中，客户在其产品置于第三方物流企业监管之下的同时就能凭提单获得物流企业预付的货款，货物运输和保理业务的办理是同时进行的。从目前物流的发展趋势来看，第三方物流企业越来越多地介入客户的供应链管理当中，因而往往对于买卖双方的经营状况和资信程度都又相当深入的了解，因此在进行信用评估时不仅手续较金融机构更为简捷方便，而且其风险也能够得到有效的降低。同时，金融机构保理业务的主要风险来自于买卖双方对它的合谋性欺骗，一旦金融机构在信用评估时出现失误，就很可能财货两空。而在物流保理业务中，由于货物尚在第三方物流企业手中，这一风险显然已得到大大的降低。即使第三方物流企业因无法追讨货款而将货物滞留于手中，由于其对于所运输的货物市场又相当的了解，与该行业内部的供应商和销售商也往往有着千丝万缕的联系，因此在货物变现时能够享受到诸多的便利，使货物得到最大限度的保值。

目前在我国，由于政策的限制，第三方物流企业不能直接开展物流保理业务，仍需通过银行从事这一业务，具体流程如图 8.8 所示。

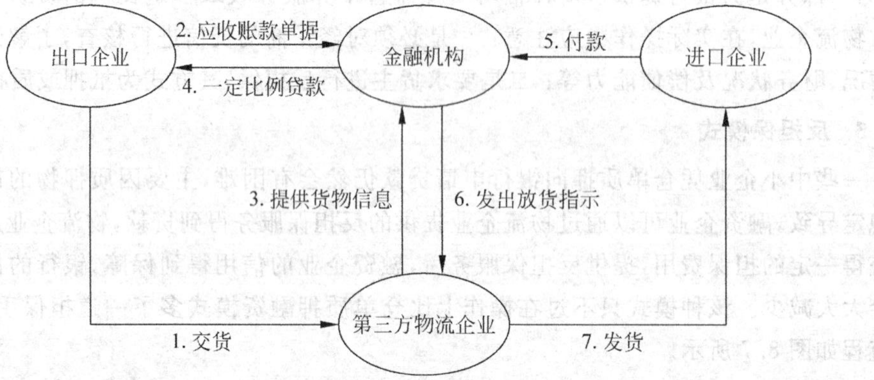

图 8.8 物流保理模式

8.2.4 第三方物流金融服务的风险控制

1. 第三方物流金融服务的风险类型

发展物流金融业务虽然能形成第三方物流企业、融资企业和银行三方共赢的效果，但同样存在各种各样的风险。有效地分析和控制这些风险是物流金融能否成功的关键之一。作为一种物流和金融创新，它所面临的风险主要有如下几种。

(1) 来自质押货物的风险

在物流金融业务中，质押货物的风险主要来自几个方面：一是质押货物品种的选择。并不是所有的货物都可以用来质押，质押物品选取得恰当与否直接关系到物流金融业务的风险大小。在确保质押物品是动产的大前提下，质押物品的选取主要以好卖、易放、投机小为原则。即物品的市场需求量大而稳定，物品市场流动性好、吞吐量大；物品的质量稳定，容易储藏保管；物品的市场价格涨跌不大，相对稳定；二是市场价格变动。由于市场价格的变动，尤其是质押物品价格的下跌，会造成质押物品价值缩水，形成一定的物流金融风险；三是质押物品价值评估。在对质押物品进行价值评估过程中，物流金融提供商因缺乏足够的技术支持，比如价值评估系统不完善，或评估技术不高，网络信息技术落后，造成信息不完整、业务不畅等，造成各种评估方法和标准的不统一，使得存货的价值也难以和信贷资金相一致，贷款回收的隐性风险非常大。

(2) 来自融资企业的风险

在物流金融业务中，来自于融资企业风险主要是融资企业的信用风险，包括货物的合法性、客户的诚信度等。物流金融业务能否顺利开展，最大的风险取决于合作企业是否具有诚信经营的素质和意识。在出质人进行货物质押时，第三方物流企业要严格考核该货物是否合法，是否为走私货物，或是否为合法渠道取得，避免风险。同时有的客户资信不好，在滚动提取时提好补坏和以次充好等动机，会形成一定的质量风险。

(3) 来自物流企业的风险

我国的物流企业多为中小物流企业，这些物流企业与大型物流企业相比，其本身仍有许多不利于融资的因素，具体表现在几方面：一是财务制度不健全，企业信息透明度差，导致其资信不高。据调查，中国中小物流企业50%以上的财务管理不健全，许多中小物流企业缺乏足够的经财务审计部门承认的财务报表和良好的连续经营记录；二是中小物流企业缺乏可用于担保抵押的财产。中小物流企业的资产负债率一般都较高，大部分财产都已抵押，导致申请新贷款抵押物不足；三是一些中小物流企业管理水平和经营者素质较低，信用意识淡薄，当经营出现困难时，不是在改变产品结构、加强经营管理、开辟市场上下工夫，而是设法拖欠贷款利息，这不仅给金融机构信贷资金安全造成很大的威胁，而且极大地降低了企业的信誉度，加剧了中小物流企业贷款难度。

(4) 来自金融机构的风险

由于我国银行开展物流金融信贷时间短，在风险管理方面经验不足，又受到各种制度、法律的瓶颈制约，操作疏漏和失误在所难免，主要问题有贷款资金渠道狭窄，筹资方式少；贷款工具缺乏灵活性；银行风险管理手段受到外部环境限制；内部监控系统还不完善等。因此在物流金融业务中，银行内部存在着操作风险。

2. 第三方物流金融服务的风险控制

（1）针对质押物品的风险控制

① 第三方物流企业在开展供应链金融服务时，必须要注意质押物品种的选择，并不是所有的货物都可以用来质押，可以说，质押物品种的选取是否恰当直接关系到供应链金融业务的风险大小。一般情况下，质押物品的选取主要以好卖、易放、投机小为原则。即质押物的市场需求量大而稳定，市场流动性好、吞吐量大；物品质量稳定、容易储藏保管；物品的市场价格涨跌不大，相对稳定。另外有时质押物是银行提供的第三方物流企业陌生的品种，这会加大第三方物流企业对其的监管风险。

② 关于质押物的计量方法、验收标准问题，在合作的合同签订后，第三方物流企业应与银行商议质押物的验收标准，按照确认的验收标准通知其监管人员盘点实物的计量方法，期初盘点记录与质物清单一同保存在物流企业相关部门；对于很难准确判定重量的质物，如铁矿砂、铜精粉、铝粉等，第三方物流企业可以在正常盘点的基础上打折和要求融资企业提供反担保来降低其风险。

（2）针对融资企业的风险控制

① 关于质押物的合法性，一般在监管协议中约定由融资企业承担，银行有责任对质物所有权进行确认，第三方物流企业一般不承担质物合法性检验的责任；如银行要求作为监管方的第三方物流企业协助其进行质物合法性检验，应在协议中明确双方的责任，银行应提供合法性检验的方法，第三方物流企业按照银行的要求进行，此时第三方物流企业应全面审核的质物的真实性、合法性，由融资企业提供合法的货权证明、质量证明和《承诺书》或者在发票上加盖货物质押印章。

② 融资企业资质评价及道德风险的防范及控制主要从以下几方面进行。

全面调查出质人在业内的口碑，例如出质人偿还债务的历史，如其负责人在信誉和道德上存在法律瑕疵的，第三方物流企业应不予以合作。

- 对于有违法记录的出质人不提供服务。
- 要求出质人的法定代表人签订承诺书，对由此发生的道德风险以其所有个人资产承担连带保证担保责任。
- 对融资企业地资产负债比率、经营历史及年利润总额进行考察并做出一定的要求，掌握出质人通过正常年检的营业执照、税务登记证、企业代码证、法定代表人身份证复印件、近三年财务报表以及银行要求的其他资料。
- 建立出质人资信档案，为对长期合作的中小融资企业的评估提供参考。
- 在业务运行过程中，若出质人未经第三方物流企业的监管人员同意强行提取质物，监管人员应立即同第三方物流企业的相关部门汇报，此部门应立即通知银行，然后在24小时内以书面形式通知银行，必要时报警。

（3）针对物流企业的风险控制

在供应链金融业务中，第三方物流企业作为联结银行和中小型融资企业的纽带，得到了二者的信任，第三方物流企业应加强业务运营管理和内部操作规范管理来防范供应链金融业务流程中可能出现的内部管理及操作风险。

① 第三方物流企业应根据供应链金融服务的不同模式，有针对性地制定严格的操作

规范和监管程序，并指定专门的负责供应链金融的工作人员，严格按照管理办法进行操作，做到管理的程序化、规范化，杜绝因内部管理漏洞和不规范而产生的风险。

② 第三方物流企业还可以通过业务流程优化、岗位职责规划、相关业务制度的完善等方法来控制风险，另外还应完善计算机管理信息系统辅助操作人员进行货物的管理，避免操作风险。

③ 对于库外监管质押物，第三方物流企业应建立巡视和监管员调换制度，另外还应制定各种抽查盘点制度，定期派人到监管库，检查账实是否相符，同时避免某监管员长期监管一个库，应定期调换库外监管员。

④ 第三方物流企业还要建立、健全质押物监管人员的选拔、培训制度，同时定期加强业务素质和职业道德培训，加强监管人员控货能力，并且建立有效的激励机制。

(4) 针对金融机构的风险控制

① 对金融机构而言，我国担保法等相关的法规与物流金融相关的业务的规定不够完全及完善，也没有比较实用的行业指导条款，所以在合同开始之前，应该仔细斟酌合同的条款，保证所有的要素都能齐备，格式合理规范，对于合同执行过程中可能发生的事情要能提前做好准备，在可能的条件下，制定各种领域的协议文本，方便业务开展，对于质押物在各方之间的流动要能清楚掌握。

② 要完善政策和协议各项内容，各个环节的规定都要面面俱到，贷款、质押及质押权的转让流动、担保等，目的是拓宽资金来源的渠道，提供对于债权的保护机制，尽力降低资方的运作风险，培育信贷风险的共担机制。

8.3 第三方物流的货运代理服务

8.3.1 代算代收代付服务

第三方物流企业可以为客户企业进行代算代收、代付服务，给客户企业带来便利、减轻其资金压力。

1. 代算代收

代算代收的费用主要是运费，即运费是通过物流企业转账结算的。

(1) 出口货物预付运费的代算代收程序出口货物预付运费是运费结算中的大项目

外轮代理公司在货物装船后，将应收运费额通知第三方物流企业，第三方物流企业按不同货主分类寄给每位货主，分别向他们收取100%的应付运费。然后将付给外轮代理公司的0.75%代理佣金和95%运费交外轮代理公司，后者由外代转给船公司作为运费收入，余下运费的4.25%由第三方物流企业提成佣金与货主分配。

(2) 进口货物运费的结算

如果是国内货主委托第三方物流企业办理进口订舱(FOB进口)，通常由船公司开出运费账单，交给第三方物流企业，第三方物流企业垫付95%运费，再向货主收取100%运费，其中95%冲抵垫款，5%再与货主分配。

进口货物的到付运费由外轮代理公司结算，只有其中的佣金部分与物流企业有关。

(3) 计算运费的时间

货主委托第三方物流企业向船公司订舱，运费通常由第三方物流企业按每个航次计算各货主的运费，并将提单正本审核后转给货主，然后通过银行向货主发付款通知。如果货主没有异议，则银行自动划账，将运费记入第三方物流企业账号。船公司或外轮代理公司退回的佣金，一般定期(如一个季度)结一次，第三方物流企业与船公司结算后再与货主分配。

如果货主在收到运费付款通知后，认为运费计算不合理，可以拒付。银行将拒付通知转给第三方物流企业，后者检查核实后再与银行或货主联系付款事项。

(4) 会计科目

运费的结算，可以分进口货物运费往来和出口货物运费往来。

发生应向货主收取的进口(或出口)货物运费时，借记"进口(或出口)货物运费往来"科目，贷记各有关科目，如各货主账户、付佣金、有关船公司账户等。收到款项时，借记"银行存款"或"现金"等科目，贷记"进口(或出口)货物运费往来"科目。

2. 代付

第三方物流企业由于涉及的关系方较多，在业务过程中常有需要替货主垫付费用的情况发生，即代付。在第三方物流企业的账上如果代付的费用作为支出科目，则对应的收入科目为包干费。因此，这里指的是实报实销情况下第三方物流企业代付的费用。代付费用，根据用途主要包括运杂费和港杂费。

(1) 运杂费

所谓运杂费，在货物出口情况下，指的是货主托运的货物从发货人所在地，通过陆上运输或水上运输到达港口的货物集中地之前整个过程中发生的费用。进口的情况下，则是货物从港区提出后经仓储、内陆运输送达收货人所在地的过程中发生的费用。根据内陆运输所采用的运输工具不同，运杂费所包括的内容也有所不同。

① 货物经由陆路运达港口的情况下，运杂费应包括铁路运费、汽车运费、仓储费、装卸起吊费等。

以出口为例，发货人在外地将货物装上车皮之后，即将铁路运单寄给货运代理，由第三方物流企业从车站接运到仓库储存，然后在船公司指定的时间里，将货物从仓库运到港区集中，或直送码头岸边。在此过程中发生的运输、堆存、保管和市内或港区的短途搬运费、装卸车费等，均由货运代理支付。

② 货物经由水路运达港口的情况下，运杂费应包括驳船运输费、起驳费。

如果货主自己派车将货物运到港口所在地的货主仓库(如外贸专业公司有自己的仓库)，则货运代理应组织车队将货物从货主仓库运到码头岸边。在此期间发生的手续费、市内运费等均由第三方物流企业代付。

运杂费在垫付后，原则上是向货主实报实销的。

(2) 港杂费

港杂费指的是货物从到达港口作业区的仓库(堆场)直至装船，或从卸船到离开港区的过程中所发生的费用。包括货物报关、检验、货物关税、装箱监管费、堆存、保管、装卸、搬运等各项费用。此外还有港口建设费、技术咨询等港务管理方面的费用。

① 货物进口的情况下，从货物卸离船舶到离开港区，在此期间所发生的超过协议规定天数(如10天或15天)的码头堆存费、海关手续费、滞报金、货物关税、仓储费、装卸搬运费均由第三方物流企业垫支，开出各项费用账单，加上代理手续费，向货主收取。原则上是以包干费的形式。

进口货物如须中转，则联系船舶、航空或内陆转运的工作。根据货主不同，对外商收取外币，国内收货人则以收人民币为主，只有空运的货物和交付大件汽车运输公司运输的货物向货主实报实销收取外汇。费率标准一般参照外运公司制定的“进出口货物定额包干费率表”。

联运中转的集装箱货，是以箱为单位收取港杂包干费。不同箱型(20英尺、40英尺)包干费有不同标准，市内运费则须另行计算。

② 货物出口情况下，从货物到达港口作业区到装上船舶，发生的一切与货主有关的费用均由第三方物流企业代为支付。

由于货物的种类不同，而费率本规定的是包括装箱劳务费在内的总费率，因此货主提供整箱货的情况下，货运公司应将装箱费退回货主，退币使用人民币或根据代理协议规定退回原币。装箱费的标准根据箱型不同在费率本中有规定。

总之，运杂费与港杂费的支付均属代付性质，过去通常由第三方物流企业预先向委托方(货主)收取一定数额的备用金，然后根据实际发生的费用多退少补。随着货代权的放开，物流企业之间的竞争日渐激烈；另外，第三方物流企业本身也具有相当的资金实力，因此，目前绝大多数第三方物流企业对代付费用都实行先垫后收的方法，即先将费用的实际发生支付给有关方，然后再以实报实销或定额包干的方式向货主结算。

(3) 索赔费

当发生货损货差时，货主有时找物流企业，由物流企业赔偿给货主。如果无法向实际应承担责任的有关方追讨，则此项费用计入其他业务支出中，实际上应属于营业外支出的范畴。

(4) 会计科目

运杂费和港杂费的结算，在会计科目中反映在支出和收入上。

支出包括中转业务支出、出口业务支出、货代业务支出和其他业务支出。其中前三项主要指包干费支出，最后一项则包括仓库费用支出、运输支出和索赔费支出。

收入包括中转业务收入、出口业务收入、货代业务收入、其他业务收入。其中前三项均包括包干费收入、佣金收入、代办费收入，而其他业务收入中则包括关税手续费收入、溢货费收入、内陆运输收入。对于代付的运杂费或港杂费(不进行包干时)，会计账上，借记“联运及代理往来”(内陆运输公司、港务局等)，贷记“银行存款”。当向货主收回代付费用时，会计账上借记“银行存款”，贷记“联运及代理往来”(内陆运输公司、港务局等对应科目)。

8.3.2 商品检验检疫服务

第三方物流的服务对象中，有些企业的商品要销往世界上其他国家或地区，有些企业需要从世界不同国家或地区进口货物，因而有不少进出口商品的商品检验检疫业务。第三方物流企业开展代理客户商品检验检疫服务，可以更好地安排各个环节的工作，提高整个物流过程的效率，并为自己带来新的收益。为了更好地为客户服务，第三方物流企业要熟悉出入境货物检验检疫的基本流程。

1. 出入境货物检验检疫的基本程序

检验检疫程序是指出入境货物、运输工具、集装箱、人员及其携带物从报检、抽样及制样、检验检疫、卫生除害处理、收费到签证与放行的全过程。检验检疫工作流程可概括为四个环节：受理报检—检验、检疫和鉴定—收费—签证、放行。这里主要以出入境货物的检验检疫的基本程序进行阐述。

（1）报检

进出口报检是指对外贸易关系人按照法律、法规或规章的规定向检验检疫机构申请检验检疫。报检单位是有进出口经营权的国内企业，入境货物收货人或其代理人，出境货物生产企业或代理人，中外合资、中外合作和外商独资企业，国外企业、商社常驻中国代表机构以及其他对外贸易关系人。报检单位分为自理报检和代理报检两类。国家对自理报检单位实行备案登记制，对代理报检单位实行注册登记制。报检人员须经检验检疫机构培训合格后领取报检员证，凭证办理手续。

① 报检范围。

a. 国家法律、行政法规或规章规定的应检对象。

b. 有关国际公约规定须经出入境检验检疫机构检验检疫的对象。

c. 输入国有规定或与我国有协议/协定，必须凭检验检疫机构出具有关证明书方准入境的对象。

d. 对外贸易合同、信用证规定由检验检疫机构出证的出入境对象。

e. 对外贸易关系人申请的鉴定业务。

f. 委托检验检疫的业务。

g. 申请签发原产地证明书及普惠制原产地证证明书的。

② 报检要求。

a. 报检人必须按规定认真填写报检单，按照同一合同、发票、提单填写同一份报检单。报检人做到书写工整，字迹清楚，不得随意涂改报检单；项目填写齐全，译文准确，中英文内容一致，并加盖报检单位公章。

b. 报检人对所需检验检疫证书的内容如有特殊要求的，应预先在报检单上申明。

c. 申请报检时应按规定预交检验检疫费。

d. 报检人应预先约定抽样检验检疫的时间，并提供进行抽样和检验检疫鉴定等必要的工作条件。

e. 报检人如因特殊原因需撤销报检时，经书面申明原因后，可办理撤销手续。

③ 证单的更改。

a. 检验检疫机构签发的各种证单，报检人有正当理由需要更改或者增减内容时，必须向原签证的检验检疫机构申请，并随附原签发的全部证单，经审核同意后，由原检验检疫机构予以更改或者换发有关证单。

b. 内地检验检疫机构签发的证明书，如发现问题属于检验检疫项目内容的更正和补充，应由报检人与原签证机构联系处理。

c. 已报检的出境货物，如国外开来信用证修改函时，凡涉及与检验检疫有关的条款，报检单位须及时将修改函送检验检疫机构，办理更改手续。

④ 重新报检。

凡具有下列情况之一的，应重新报检，并交还原签发的证明书或证单，并按规定缴纳检验检疫费。

a. 超过检验检疫有效期限或逾期报运出境的。

b. 更改不同输入国家或地区而有不同检疫要求的。

c. 出境改换包装或又重新拼装的货物需重新检验检疫的。

d. 报检后在30日内未联系检验检疫事宜或自动撤销报检的。

(2) 抽样及制样

① 抽样。

a. 凡需检验检疫并出具结果的出入境货物，均需检验检疫人员到现场抽取样品。

b. 样品必须按有关规定抽取，方法如下。

- 进出口合同中规定抽样方法的，按合同规定的标准或方法抽取
- 合同没规定抽样方法的，出入境货物按有关标准进行抽样。
- 所抽取的样品必须具有代表性、准确性、科学性。
- 抽取后的样品必须及时封识送检，以免发生意外并及时填写现场记录。

② 制样。

a. 凡需对所抽取样品经过加工方能进行检验的称为制样(样品制备)。

b. 样品制备的一般方法如下。

- 按部位制取的，如纸张、面料性能检测。
- 按几何形状制取的，如金属材料的拉力等性能检测。
- 按分析要求的化学成分制样，如粮谷、矿产品、铁合金等类的化学成分检验，需进行粉碎—缩分—再粉碎—再缩分，直至全部通过规定数目的筛下物用于检验检疫。

c. 制样场地有以下两种。

- 国检局实验室内制样。
- 无条件的可在社会认可的实验室制样。

③ 样品的封识及留存

样品及制备的小样经检验检疫后重新封识，超过样品保存期后销毁；需留中间样品的按规定定期保存。

(3) 检验检疫

检验检疫是对出入境应检对象，通过感官的、物理的、化学的、微生物的方法或隔离进行检验检疫，以判定所检对象的各项指标是否符合合同及买方所在国官方机构的有关规定。

① 感官方法检验检疫。检验检疫人员用人体的感觉器官，对货物的外观及内在品质进行检验。如眼看、耳听、鼻嗅、口尝、手摸等方法。

② 物理方法检验检疫。检验检疫人员利用力学、电学、光学、声学等仪器仪表进行物理方面的检验检疫。

③ 化学方法检验检疫。检验检疫人员利用化学分析方法对货物的化学成分、有害元素含量进行检验检疫。

④ 微生物方法检验检疫。检验检疫人员利用微生物学的方法对货物中的细菌、致病菌、微生物进行检验检疫。

⑤ 隔离检验检疫。对入境的动物必须在入境口岸进行隔离检验检疫。对需要隔离检验检疫的出境动物先确定隔离场，由检验检疫人员进行临诊检查和实验室检验检疫。对入境植物需隔离检验检疫的，应在口岸检验检疫机构指定的场所进行。入境的种子、种苗和其他繁殖材料，根据《引进种子、种苗检疫审批单》的审批意见，需要隔离检验检疫的，在口岸检验检疫机构指定的植物检验检疫隔离苗圃或隔离种植地种植。

(4) 卫生除害处理

按照《中华人民共和国国境卫生检疫法》及其实施细则、《中华人民共和国食品卫生法》、《中华人民共和国进出境动植物检疫法》及其实施条例的有关规定，检验检疫机构所涉及的卫生除害处理的范围和对象是非常广泛的，它包括：出入境的货物、动植物、运输工具、交通工具的卫生除害处理以及公共场所、病源地和疫源地的卫生除害处理等。

(5) 收费

出入境检验检疫收费是根据《中华人民共和国进出口商品检验法》及其实施条例、《中华人民共和国进出境动植物检疫法》及其实施条例、《中华人民共和国国境卫生检疫法》及其实施细则、《中华人民共和国食品卫生法》的有关规定实施的。收费办法及收费标准是国家计划委员会、财政部联合制定的。收费对象是向出入境检验检疫机构申请检验、检疫、鉴定等业务的货主及其代理人。

检验检疫收费包括：出入境检验检疫费，考核、注册、认可认证、签证、审批、查验费，出入境动植物实验室检疫项目费，鉴定业务费，检疫处理费等。

检验检疫收费基本上是以货物总值为基础，按费率计收或以重量、数量、检验检疫或鉴定项目为基础按定额计收。计费时根据不同的申请类别、不同的货物类别、不同的检验检疫内容、不同的检验检疫项目，采取不同的费率和定额。然后，再根据检验检疫、鉴定的结果、检验检疫方式、货物的性质、检验检疫鉴定费金额大小、贸易方式及签证要求，对照规定计算出最后的收费金额。

收费基本上采取预收费或月底结算两种方式。对预收费者，申请人取证(单)时，根据检验检疫结果，采取多退少补的补救措施。

检验检疫机构必须严格按照《出入境检验检疫收费管理办法》的规定执行，不得擅自变更收费项目、提高或降低收费标准。

(6) 签证与放行

签证与放行是检验检疫机构检验检疫工作的最后一个环节。

① 检验检疫的签证与放行。凡法律、行政法规、规章或国际公约规定须经检验检疫机构检验检疫的出境货物，经检验检疫合格的，签发“出境货物通关单”，作为海关核放货物的依据；同时，国外又要求签发有关检验检疫证书的，检验检疫机构根据对外贸易关系

人的申请，经检验检疫合格的，签发相应的检验检疫证书，不合格的签发“出境货物不合格通知单”。凡法律、行政法规、规章或国际公约规定须经检验检疫机构检验检疫的入境货物，检验检疫机构接受报检后，先签发“入境货物通关单”，据以验放货物。然后，经检验检疫机构检验检疫合格的，签发“入境货物检验检疫情况通知单”，不合格的对外签发检验检疫证书，供有关方面对外索赔。需异地实施检验检疫的，口岸检验检疫机构办理异地检验检疫手续。

② 出入境鉴定业务的检验检疫签证

a. 出境货物。检验检疫机构凭对外贸易关系人的委托，按照合同、信用证的要求，对外签发各种相应的检验检疫证书。对检验检疫鉴定不合格的出境货物，对内签发不合格通知单。其他鉴定业务按有关规定办理。

b. 入境货物。检验检疫机构根据有关合同和报检人的申请，对货物的品质、卫生、重量等项目进行检验检疫鉴定，对外签发相应的检验检疫证书。凭检验检疫机构的检验检疫结果进行结算的入境货物，检验检疫机构签发检验检疫证书。其他鉴定业务按照有关规定办理。

③ 国内外委托的检验检疫签证。货物经检验检疫签发委托检验检疫结果单。

④ 签证的领取。报检人领取证书时应如实签署姓名和领证时间，对证书应妥善保管。各类证书应按其特定的范围使用，不得混用。

2. 第三方物流企业商品检验检疫服务注意事项

① 第三方物流企业要有专门的、持有“代理报检员证”的报检人员负责办理代理报检手续，提高报检手续办理的有效性和准确性。

② 第三方物流企业要将相关文件和单证准备齐备，尽量一次报检成功。

③ 第三方物流企业要有专业人员全程跟踪商品检验过程，及时与客户企业沟通，对检验机构提供情况说明，协助检验机构完成抽样和检验检疫等工作。

④ 第三方物流企业报检员安排的报检时间要与货物物流环节相协调，充分考虑报检后商品检疫机构安排的等待检验时间，尽量使货物到达时能及时进行检验。

8.3.3 通关服务

国家相关法规规定进出境运输工具、货物、物品，必须通过设置海关的地点进境或出境。因此，货物通关是商贸企业进出口商品的必要环节。报关是指进出口货物收发货人、进出境工作负责人、进出境物品的所有人或者他们的代理人向海关办理货物、物品或者运输工具进出境手续及相关海关事务的过程。通关与报关既有联系又有区别。报关是站在申请者的立场，只包括向海关办理进出境手续及相关手续；而通关除了包括报关的业务外，还包括海关对进出境运输工具、货物、物品依法进行监督管理，核准其进出境的管理过程。第三方物流企业代理客户企业办理通关业务时，应了解海关对物流的监控体系，熟悉货物的通关流程，掌握报关单据的填制规范，并根据客户企业的货物贸易要求和国家相关政策做好货物通关各项工作。

1. 一般通关流程

一般进出口货物的国际物流通关程序主要包括申报、现场报单、缴纳税费、配合查检、提取或装运货物放行五个环节，如图 8.9 所示。

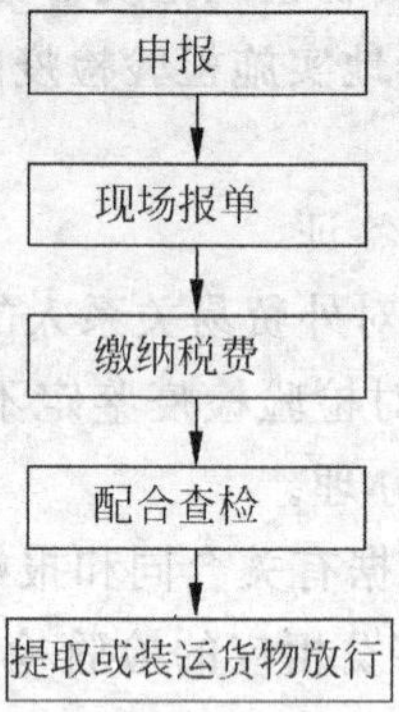

图 8.9　通关流程

(1) 申报

在办理通关业务时首先要做的便是申报。对于进出口业务来说，当企业收到提货通知单或者货物运抵海关监管区时，就要及时准备申报业务。

① 报关资料准备。报关资料是指申报单里货物、物品或者运输工具进出境手续及相关海关事证，除了进出口货物报关单以外，其余的又可分为基本单证、特殊单证和预备单证三个类别：

- 基本单证：指与进出口货物直接相关的商业和货运单证；
- 特殊单证：是指根据法律规定需要实施特殊管制的证件；
- 预备单证：指在货物通关过程中可能会被海关查阅的单证以及可能会被海关收取的单证，具体如表 8.2 所示。

表 8.2　申报单据的分类

单据分类	具体内容
主要单证	进出口报关单
基本单证	包裹单、装箱凭证、提(装)货凭证、发票、海关签发的进出口货物减税、免税证明等
特殊单证	进出货物许可证、出入境货物通关单、相关的出入境检验检疫证明等
预备单证	贸易合同、进出口企业的有关证明文件、非优惠的原产地证明等

② 申报的期限。《海关法》规定，进口货物的报关期限为申报进境之日起 14 日内（申报期限的最后一天为法定节假日或者休息日的，延至法定节假日或休息日后的第一个工作日）。超过申报期限而未申报的为超期申报，海关要按日征收滞报金。超过 3 个月仍未申报的为超期未报，货物将被海关依法提取变卖。出口货物的申报规定期限是在货物到达海关监管区后、装货前 24 小时内。

③ 申报地点选择。依据海关法的规定，进出口货物的申报地点一般应该遵循在进出境海关申报的原则，在特殊情况下，企业也可以向海关申请，经同意后在其他设立海关的

地点办理海关手续。当前海关的报关作业已经实现信息化和智能化，当企业自己或者委托代理向海关的保管系统提交报关数据后，海关的保管系统首先会进行智能审核操作，对于不合格的申请将予以退回，合格的申请将进入人工审核环节，通过所有审核的申请才能够现场报单和办理现场业务。

（2）现场报单

当企业的申报获得通过后就可以进行下一步的现场报单业务，现场报单主要是一个复审流程。海关将会对照审核企业申报的各个单证以及附加材料是否与事实相符，是否合法。对于不合格的则需要退回重申，甚至要进行惩罚，如果确认无误，则可以进入缴税环节。

（3）缴纳税费

依据《海关法》、《进出口关税条例》和《海关进出口税则》的规定，对于进出口货物应当依法征收相应的关税，对于进口物品还需要征收增值税，有些物品需要征收消费税。纳税人应当在海关填发关税缴款书之日起15日内凭缴款书到指定银行办理缴税业务，对于银行支持网上缴费的也可以按要求进行网上缴费。如果纳税人没有在规定的期限内缴纳税款，海关将会从到期后的第二天开始按日征缴滞纳金，直到缴纳所欠关税为止。

（4）配合查检

海关对进出口货物的查验是按照一定的比率有选择性的实施而并非对每批货物都进行查验。查验目的主要是为了确认企业申报的信息是否与实际的货物信息相符或者是否有其他的违法、违规问题。当海关下达查验通告后，企业应当积极配合海关进行查验操作，以免影响通关时间，造成额外的损失。查验一般是在海关监管区进行，如果由于货物品质等特殊原因需要区外查验的，企业应当向海关提出书面申请。

（5）提取或装运货物放行

一般进出口货物在办理完所有海关手续后就可以得到海关的放行，进口的货物可以提取，出口的货物就可以装运，而且也意味着海关监管的结束。对于转关的货物来说这意味着此地海关监管的结束和彼地海关监管的开始。

2. 第三方物流通关服务注意事项

① 第三方物流企业必须及时了解国内外相关政策及其变化，避免因失误而影响通关，或因没有了解最新的进出口制度而给客户企业带来损失。

② 第三方物流企业要安排具有资质的专业人员负责代理客户企业的报关手续，提高报关手续办理的有效性和准确性。

③ 第三方物流企业的报关员要在报关前将所有报关资料和单证准备好，尽量一次通关成功，节省时间。

④ 第三方物流企业的报关员安排的通关时间要与货物物流环节及商品检验进程相协调，充分考虑报关后海关的工作进程安排，尽量使货物能及时获得放行，不影响客户企业合同的履行。

⑤ 第三方物流企业要帮助客户企业做好通关货物的预归类工作。由于现实操作中有些企业因为与海关在货物的归类问题上产生分歧，导致海关对其通关货物实施货物查验或者送海关化验中心进行检验，从而导致通关延误。第三方物流企业可以在报关前向

海关提出通关货物的预归类申请，避免与海关在货物归类问题上可能产生的分歧。

8.4 第三方物流的企业物流系统规划与设计

由于竞争对手、供应商与技术的变化，工商企业的物流环境一直在发生改变。为了适应变化的环境，优化企业的战略，其物流系统必须系统性地进行规划和设计，以寻求最有利的物流系统。此时，工商企业可以寻求专业的第三方物流企业来为其服务。当然，第三方物流企业必须先对客户企业的运作情况有着充分的了解，才能为其提供物流系统的规划与设计服务。

8.4.1 企业物流系统规划与设计的影响因素

企业物流系统规划与设计是从企业战略出发，根据物流系统的功能要求，以提高系统服务水平、运行效率和经济效益为目的，制定物流系统各要素的配置方案。其原则是开放性、集成化、网络化、柔性化。要达到的目标是良好的客户服务水平、快速响应能力、强大的信息功能、充分利用物流资源。基本流程是从企业目标和战略出发，确定客户服务需求，制定整体物流规划、设计一体化的物流运行与管理系统。

第三方物流企业首先需要分析影响企业物流系统的内在和外在因素，才能做出合理的物流系统规划设计方案。影响物流系统规划与设计因素通常包括以下。

1. 物流服务需求

物流服务需求包括服务水平、服务地点、服务时间、产品特征等多项因素，这些因素是物流系统规划设计的基本依据。

2. 行业竞争力

为了成为有效的市场参与者，应对竞争对手的物流竞争力做详细分析，从而掌握行业基本服务水平，寻求自己的物流市场定位，发展自身的核心竞争力，构筑合理的物流体系。

3. 地区市场差异

物流系统中物流设施结构直接同顾客的特征相关。地区人口密度、顾客数量、交通状况、经济水平、地理位置都影响着物理设施的决策。

4. 物流技术发展

在物流技术领域中，信息、运输、包装、装卸搬运、管理技术等对物流系统有很大的影响，技术设备的选型是物流系统规划设计的重要影响因素。

5. 流通渠道结构

流通渠道结构是由买卖关系和商品本身的性质决定的，企业必须在流通渠道结构中建立企业间的商务关系。而物流活动是伴随着一定的商务关系而产生的，为了更好地支持商务活动，物流系统的构建必须考虑流通渠道的结构。

6. 经济发展

经济发展水平、居民消费水平、产业结构直接影响物流服务的内容和数量，物流系统要不断适应物流需求的变化，不断拓展其功能，满足经济发展的需要。

8.4.2　企业物流系统规划与设计的主要内容

企业物流系统规划与设计的主要内容如下。

1. 企业物流网络布局规划

物流网络是指物流系统（物流企业或组织）构造和组织的与经营有关的物流节点、物流线路的空间网络结构。物流网络布局规划是指在一定层次和地域范围内确定物流网络（物流节点、物流通道）合理的空间布局方案。第三方物流企业可以根据客户企业物流服务发展需要，确定其物流网络的线路组成、物流节点位置。当然，企业物流网络将随着企业经营发展进行不断地调整。

物流网络的主要构成要素是物流系统的节点、节点连接方式（线路）。

(1) 物流网络设计的主要内容

物流网络的设计以四个主要规划项目为基础，即顾客服务水平、选址决策、库存规划、运输管理。物流中顾客服务水平包括产品的可得性、产品的交货周期、收到产品的状况等。选址决策与供应和需求的分配有关。库存规划包括建立适当的库存水准和库存补充计划。运输管理涉及运输方式选择、运输路线选择、车辆时间安排、货物拼装等。所有这四个方面相互联系，为了获得最大效益必须对它们进行综合考虑。

物流网络规划的主要任务是确定货物从供应地到需求地整个流通渠道的结构。包括：

① 确定物流节点的类型；

② 确定物流节点的数量；

③ 确定物流节点的位置；

④ 分派各物流节点服务的客户群体；

⑤ 确定各物流节点间的运输方式等。

由于供应地和需求地顾客数量较大、物流节点可选地址太多、运输方式选择因素复杂，设计最优的物流网络结构是一项相当艰巨的任务。

(2) 影响物流网络规划与设计的因素

影响物流网络规划设计的因素很多，而且这些因素在具体设计中的重要性也不同。以下为物流网络规划设计中通常需要重点考虑的因素：

① 产品数量、种类；

② 供应地和需求地客户的地理分布；

③ 第一区域的顾客对每种产品的需求量；

④ 运输成本和费率；

⑤ 运输时间、订货周期、订单满足率；

⑥ 仓储成本和费率；

⑦ 采购或制造成本；

⑧ 产品的运输批量；

⑨ 物流节点的成本；

⑩ 订单的频率、批量、季节波动；

⑪ 订单处理成本与发生这些成本的物流环节；

⑫ 顾客服务水平；

⑬ 在服务能力限制范围内设备和设施的可用性。

2. 企业物流节点内部布局规划

物流节点的内部布局规划主要指根据物流节点的功能、作业流程和服务质量要求确定节点内各设施的布局方案，其规划设计重点是仓库货区布局。

仓库货区布局，是指根据仓库场地条件、仓库业务性质和规模、物资储存要求以及技术设备的性能和使用特点等因素，对仓库各组成部分，如存货区、理货区、配送备货区、通道以及辅助作业区等，在规定的范围内进行平面和立体的合理安排和布置，最大限度地提高仓库的储存能力和作业能力，并降低各项仓储作业费用。

仓库的货区布局和规划，是仓储业务和仓库管理的客观需要，其合理与否直接影响到各项工作的效率和储存物资的安全。因此，不但建设新仓库时要重视仓库货区的合理布置，随着技术的进步和作业情况的变化，也应重视对老仓库进行必要的改造。

(1) 货区布置的基本思路

① 根据物品特性分区分类储存，将特性相近的物品集中存放；

② 将单位体积大、单位质量大的物品存放在货架底层，并且靠近出库区和通道；

③ 将周转率高的物品存放在进出库装卸搬运最便捷的位置；

④ 将同一供应商或者同一客户的物品集中存放，以便于进行分拣配货作业。

(2) 货区布置的形式

仓库货区布置分为平面布置和空间布置。

① 平面布置。平面布置是指对货区内的货垛、通道、垛间距、收发货区等进行合理的规划，并正确处理它们的相对位置。平面布置的形式可以概括为垂直式和倾斜式。

a. 垂直式布局是指货垛或货架的排列与仓库的侧墙互相垂直或平行，具体包括横列式布局、纵列式布局和纵横式布局。

第一是横列式布局，是指货垛或货架的长度方向与仓库的侧墙互相垂直。这种布局的主要优点是：主通道长且宽，副通道短，整齐美观，便于存取查点，如果用于库房布局，还有利于通风和采光，如图 8.10 所示。

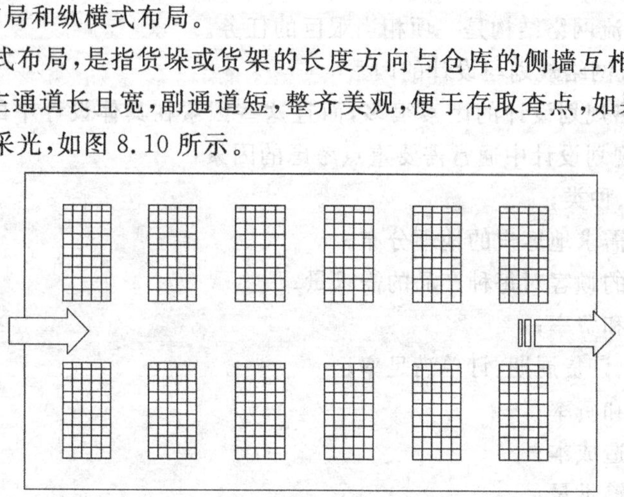

图 8.10 仓库横列式布局

第二是纵列式布局，是指货垛或货架的长度方向与仓库侧墙平行。这种布局的优点主要是可以根据库存物品在库时间的不同和进出频繁程度安排货位：在库时间短、进出频繁的物品放置在主通道两侧；在库时间长、进库不频繁的物品放置在里侧，如图 8.11 所示。

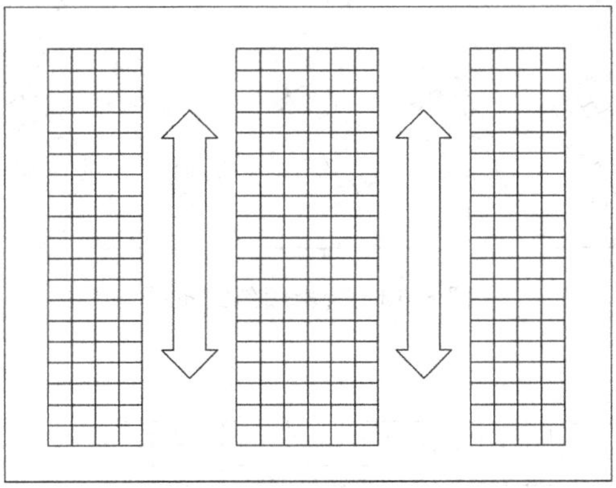

图 8.11 仓库纵列式布局

第三是纵横式布局，是指在同一保管场所内，横列式布局和纵列式布局兼而有之，可以综合利用两种布局的优点，如图 8.12 所示。

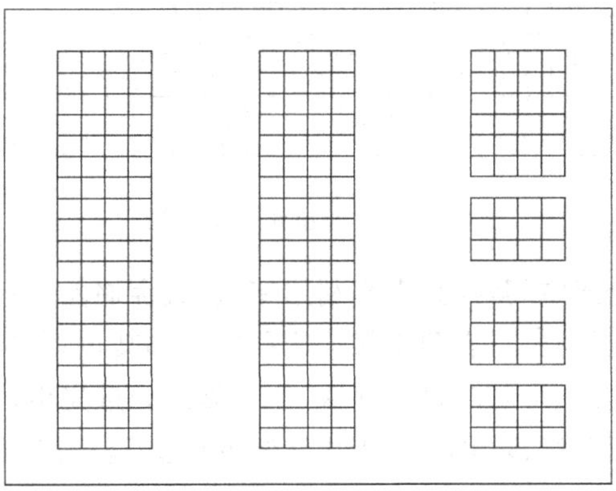

图 8.12 纵横式布局

b. 倾斜式布局是指货垛或货架与仓库侧墙或主通道成 60°、45°或 30°夹角。具体包括货垛倾斜式布局和通道倾斜式布局。

第一是货垛倾斜式布局，是横列式布局的变形，它是为了便于叉车作业、缩小叉车的回转角度、提高作业效率而采用的布局方式，如图 8.13 所示。

第二是通道倾斜式布局是指仓库的通道斜穿保管区，把仓库划分为具有不同作业特点，如大量存储和少量存储的保管区等，以便进行综合利用。这种布局形式，仓库内形式复杂，货位和进出库路径较多，如图 8.14 所示。

② 空间布局。空间布局是指库存物品在仓库立体空间上布局，其目的在于充分有效地利用仓库空间。空间布局的主要形式有：就地堆码、上货架存放、加上平台、空中悬挂等。

其中使用货架存放物品有很多优点，概括起来有以下几个方面：

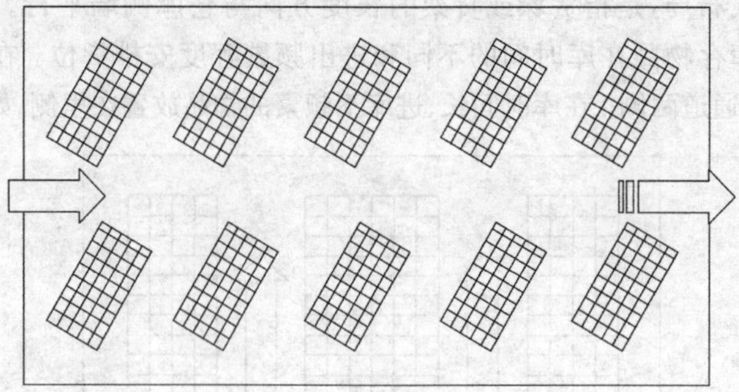

图 8.13　货垛倾斜式布局

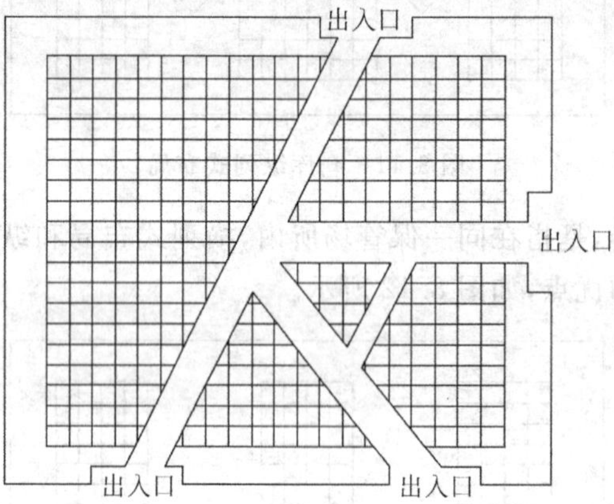

图 8.14　通道倾斜式布局

- 便于充分利用仓库空间，提高库容利用率，扩大存储能力；
- 物品在货架里互补挤压，有利于保证物品本身和其包装完整无损；
- 货架各层中的物品，可随时自由存取，便于做到先进先出；
- 物品存入货架，可防潮、防尘，某些专用货架还能起到防损伤、防盗、防破坏的作用。

3. 企业物流设备选择和平面布局设计

物流设备选择和平面布局设计是指根据物流系统的作业要求、作业特点，选择先进适用的物流设备和器具，以提高物流作业效率。其规划设计重点是仓库货架系统的设备选择和平面布局设计、装卸搬运设备的选择和平面布局设计、包装和流通加工设备及器具的选择和平面布局设计、分拣设备的选择和平面布局设计、运输工具的选择。

4. 企业物流信息系统规划与设计

第三方物流企业还可以提供物流信息系统的规划与设计服务。对于工商企业而言，其物流系统设计越有效，它对信息的准确性就越敏感。信息流反映了一个物流系统的动态形态，物流信息中最重要的有两类：一类是趋势预测信息；一类是有关订单处理的信息。这两类信息的质量问题直接影响物流的成本与效率。首先，预测是根据历史资料、当前的业务情况等预估未来的业务水平，由于大量的物流活动是根据未来需求发生的，不准确的判断或预测就会引起存货短缺或过剩；其次，不准确的订单会引发物流成本却可能无法完成最终销售。因此,物流信息的质量和及时性是物流运作的关键因素。特别是 20 世纪 90 年代以后,计算机网络技术得到广泛应用,企业使用IT 的能力与公司战略目标的实现形成正相关关系。通过第三方物流企业进行信息化建设,可以将工商企业的物料需求计划、生产情况、存货、仓储、订单、客户和供应商信息等物流信息通过管理信息系统软件整合起来,实现资源共享,达到企业内部物流和外部物流的均衡化,并形成高质量、低成本的良性循环。

8.4.3 企业物流系统规划与设计的一般程序

第三方物流企业在规划与设计客户企业的物流系统时,有许多要考虑的因素,包括仓库的数量及位置、仓库的最佳库存与服务水平、运输设备的类型与数量、运输路线、物流管理的技术等。这些问题所牵涉的数据以及相互之间的关联都非常复杂。一般可以有多个备选方案。不同的企业需要不同的物流系统,没有一个物流系统可以适应所有的企业,因此,第三方物流企业必须结合客户企业的实际情况来设计。

企业物流系统的规划和设计一般可以采用一定的程序。物流系统设计过程分为下面三个阶段,每一个阶段都有明确的目的,通常情况下都要按照这三个阶段有序地进行分析和设计,如图 8.15 所示。

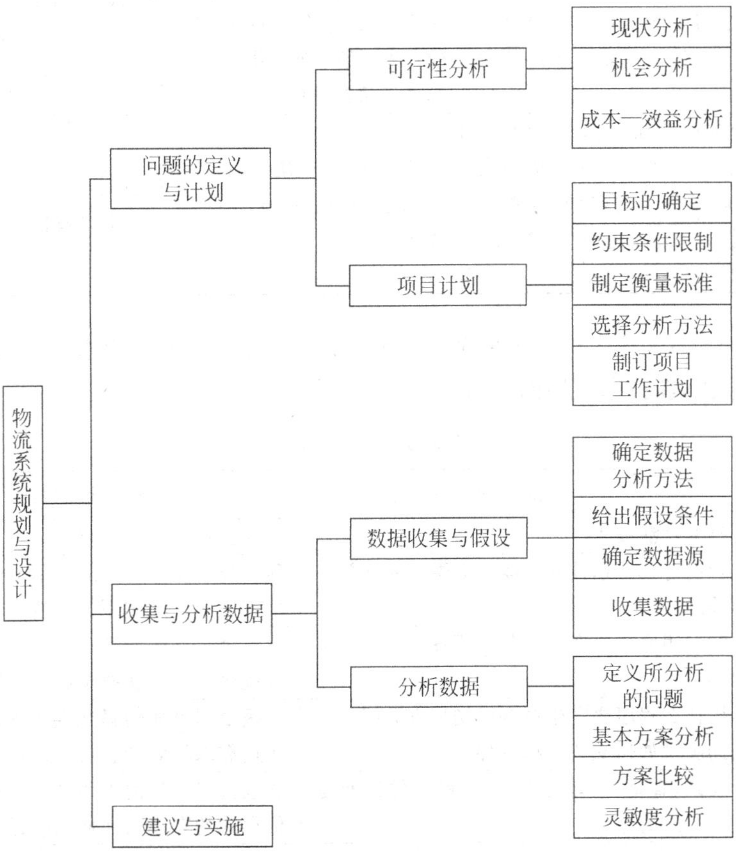

图 8.15 物流系统规划与设计程序

1. 问题的定义与计划

这一阶段包括两个方面的工作，即可行性分析与项目计划。它为整个计划提供了基础。

(1) 可行性分析

① 现状分析。现状分析包括内部、外部、竞争和技术的评估与分析。分析的目的是寻找改进的机会。

内部分析要检查所有的物流环节，尤其是对现在的系统存在的缺陷作出评价。

外部评价与分析是对供应商、客户和消费者的外在关系的分析。分析评价时应该考虑市场的趋势、企业现在的能力与竞争对手的能力，如表 8.3 所示。

表 8.3 外部分析

	市场趋势	企业能力	竞争能力
供应商	供应商提供的增值服务；供应商的主要瓶颈	内部化与外部增值服务的机会；如何改变程序以减少瓶颈	竞争对手采取什么行动来精制产品并与供应商交流信息；就供应商的数量、成本而言，什么是竞争基准点
客户	服务关键客户的主要约束条件，如何影响成本；客户订货的形式，如何改变；客户的主要标准	哪些功能或活动可转向客户以提高物流系统绩效；客户是如何根据关键标准评价绩效的	竞争对手向客户提供什么服务；竞争对手如何完成客户确认的关键绩效指标
消费者	客户的购买形式如何随着购买地点、时间与选择标准而变化；物流活动的趋向，如购买数量、包装、发送、产品质量、客户	如何随着客户购买形式和选择准则的变化而改变	竞争对手是如何随客户购买形式和选择准则的变化而变化

技术分析是对物流各个环节的关键技术与能力的评价，需要考虑现行的技术与最先进的技术的差距，新技术应用的潜力，如表 8.4 所示。

表 8.4 技术分析

	现行的技术	最先进的技术
预测	现行的预测技术	顶级公司是如何预测的
订单下达	现行的订单下达技术；客户所要求的订单下达技术	顶级公司是如何完成订单下达的；改进订单下达有效与实用的新技术
订单处理	分配可用库存给客户订货的程序；现行方法的局限	顶级公司是如何完成订货程序的；改进订货程序使用的新技术(软件与硬件)
需求计划	使用什么程序决定生产和配送库存；信息和辅助决策如何支持这些程序	顶级公司是如何做出生产和库存决策的；改进需求计划的新技术是什么
开发票和 EDI	开发票、查询、运输通知预告和支付目前是怎样传送的	顶级公司是如何 EDI 的，改进开发票和其他形式的客户沟通使用的通信技术

续表

	现行的技术	最先进的技术
仓库运作	仓库人事与生产进度决策的制定；仓库运作指示是如何下达的；仓库是如何追踪活动和工作的	顶级公司在仓库里使用了什么信息和物料装卸技术；有效、实用的新信息技术和物料装卸技术是什么
运输	运输集运、规划路线和生产进度决策、运输单证是怎样提供的；承运人和客户是如何沟通的；运输成本是如何决定、评价和控制的	顶级公司是如何使用包装、装卸和通信技术改进运输运作的
决策支持	战略决策是如何完成的；使用了什么信息技术，进行了什么分析	顶级公司是如何制定战略决策的；使用了什么信息评价技术

② 机会分析。通过前面的评估与分析，发现改进的机会。通过对当前的物流过程与实践进行评价，确定具有改进潜力的方面。

③ 成本—效益分析。效益包括服务的改进与成本的降低。服务改进包括货物的可得性、服务质量与服务能力的提高。服务的提高有利于增加现有客户的忠诚度及吸引新客户。

(2) 项目计划

由于物流系统的复杂性，需要有一个完整的计划。物流系统设计的一般程序中的第一阶段的第二个工作就是对项目进行计划。项目计划包括以下几个方面。

① 目标的确定。目标包括物流系统改进的成本与服务期望。目标必须以可度量的方式表示。例如，货物的可得性：A类产品99%、B类产品95%、C类产品90%、收到订单后98%的货物48小时内发运等。另外，也可以用总成本为约束条件，然后在物流总成本预算内设计达到客户服务水平最高的系统。

② 约束条件限制。在潜在机会分析的基础上，对允许的修正范围作出的限制。限制的性质取决于公司特定的环境。

③ 制定衡量标准。制定一定的衡量标准，用于评价项目的成功与否。

④ 选择分析方法。当确定了目标，明确了约束条件并制定衡量标准后，就要选择分析的技术。对分析技术的选择必须考虑评估项目的问题与所需的信息。

⑤ 制订项目工作计划。在以上工作的基础上，应当制订一个项目工作计划，并确认完成计划所需的时间和资源。

2. 收集与分析数据

(1) 数据收集与假设

① 确定数据分析方法。只有在确定了要采用什么样的数据分析方法以后，才可以有效地组织整理数据，避免无序地收集之后才发现数据杂乱无章，加重了后期分析的难度。基本的数据分析工具有数学规划法、计算机仿真法、统计分析法等。每一种具体的方法对数据量的要求以及对数据组织的要求都不一样。实际应用中，有些方法还要求先建立模型。

② 给出假设条件。任何物流系统的设计都必须考虑到企业未来发展的需要，企业发展的需要可以通过一些有根据的假设给出。这些假设包括市场、产品的变化，企业产品的

发展趋势，竞争对手的发展趋势，需购置的设备由于技术进步或其他原因被淘汰的可能性等。

③ 确定数据源。主要是指，确定各类数据发生在什么地方，可以通过哪些途径收集。一些数据可能还要确定哪些人去收集。对于企业自身的销售量，客户分布以及运输量之类的数据可以从企业的历史记录中获得；整个市场的分布，运输线路的分布，相关政策的技术要求之类的数据则要通过其他的途径去获得，有些情况下，可以通过专业咨询机构获得想要的数据；对于竞争对手的一些数据，有些可以在公布出来的材料中获得，有些则要通过交换的方式获得，还有一些可以通过购买或咨询的方式获得。

④ 收集数据。前期准备工作就绪以后，可以开始收集数据了。这一步花费的时间可能较长，而且往往容易出错。在很多情况下，出错是因为忽略了某些次要因素对综合物流的影响，采用在非代表性的时间段内的数据同样是一项错误。因此，收集的数据应该注意其有效性、代表性和适用性。

收集完数据以后，或者与收集数据同步，可以开始数据的分析工作。如果同步进行，必须考虑到数据的更新问题，这要根据具体的数据量和收集数据持续的时间长短来定。分析数据应该密切结合第一步中确定的问题，给出解答或备选方案。

（2）分析数据

在分析数据阶段，主要任务包括以下几个方面。

① 定义所分析的问题。确定了一些问题的可接受范围以后，可以减少数据分析的复杂性，缩短数据分析时间。因此，需先估计出某项决策对综合物流影响的大小，然后再制定可以接受的范围。

② 基本方案分析。利用各种手段分析数据，然后将结果和过去的数据相比较。对那些有较大变化的数据要特别注意，检查是否存在错误。不准确的数据，输入过程中出错，分析手段不合理都有可能产生错误。发现错误后必须检查错误来源，对分析程序加以调整。

③ 方案比较。对分析结果进行评价。其内容包括：检查第一步中的每一个问题是否得到了合理的解释，如果没有，是什么原因造成的？分析方法是否还有改进的余地？提出建议并对各方案作一些调整。

④ 灵敏度分析。完成前面的分析后，设计人员对提出的几个备选最佳方案进行灵敏度分析，即假设某些数据发生改变，最佳方案是否还是最佳？如果要做出调整，调整的幅度与这些发生了改变的数据之间的关系是怎样的？

3. 建议与实施

在第二步结束以后，第三方物流公司可以向工商企业提交物流系统设计方案并提出相关建议。

① 在可行性最大的几个方案中向管理层推荐两到三个最佳方案。简要介绍这些方案优于其他方案的地方，对这几个方案也做出一些比较，说明各自侧重点的不同，优劣分别在什么地方。

② 对推荐的几个方案进行成本评估，这时要考虑到企业中长期的发展。可能某方案要求的前期投资比较大，但是在对企业发展一定的估计前提下，该方案可以使企业的物流

系统在同行中保持较长时间的技术优势，这一点对一个正在发展中的企业来说是十分重要的。

③ 进行风险分析，判断市场可能产生哪些变动，这些变动对所推荐的方案影响有多大。

本章小结

物流增值服务是指在完成物流基本服务的基础上，根据客户需要提供的各种延伸业务活动，为客户提供其他服务性的项目。对于第三方物流企业来说，增值服务的发展必然是其生存和发展的必争之地，因为增值服务相对于没有很大技术含量的基础服务来说有太多的市场优势和利益份额。第三方物流开展的增值服务主要包括基础型增值服务，信息型增值服务，金融型增值服务，货代型增值服务和第四方物流增值服务。

第三方物流企业开展物流金融服务是有其现实意义的，这对于企业尤其是中小企业而言是迫切需要的，因为中小企业在发展过程中面临的最大威胁就是流动资金不足。第三方物流金融服务的模式主要有代客结算模式，融通仓模式，反担保模式和物流保理模式。

第三方物流企业提供的货代型增值服务也服务于大量客户企业，这些服务主要有货物的监装、装卸、集装箱拼装拆箱、分拨、中转及相关的短途运输服务；报关、报验、报检、保险；内向运输与外向运输的组合；网上电子合同、打印提单、网上订舱、网上支付运费、网上库存管理、网上供应链管理等增值服务。这些服务可以最大限度的方便客户，也可以合理的利用资源，吸引更多的客户。

第三方物流企业可以为客户企业规划和设计其物流系统。企业物流系统规划与设计是从企业战略出发，根据物流系统的功能要求，以提高系统服务水平、运行效率和经济效益为目的，制定物流系统各要素的配置方案。要达到的目标是良好的客户服务水平、快速响应能力、强大的信息功能、充分利用物流资源。基本流程是从企业目标和战略出发，确定客户服务需求，制定整体物流规划，设计一体化的物流运行与管理系统。

复习与思考

1. 什么是物流增值服务？
2. 增值服务与基础服务的区别有哪些？
3. 增值服务的发展模式有哪几种？
4. 什么是狭义的物流金融？
5. 简述第三方物流金融服务的意义。
6. 试分析融通仓模式。
7. 相比一般的仓单质押融资模式，基于统一授信的仓单质押模式有什么优点？
8. 第三方物流金融服务有哪些风险？
9. 出入境货物检验检疫的基本程序是什么？

10. 企业物流系统规划与设计的影响因素有哪些？

案例分析

一达通的一站式供应链管理金融服务

2001年，深圳市一达通公司成立，全名为深圳市一达通企业服务有限公司，专门针对中小企业提供进出口服务，通过互联网信息技术为中小企业提供全程一站式通关，退税、外汇结算、融资以及传统的物流服务在内等所有贸易环节的各项服务，并提供各种创新服务，帮助广大中小型外贸企业改变经营模式，减少交易成本，化解融资难题，提高竞争力。2011年11月加入阿里巴巴以后，完善了包括信息服务和外贸交易一站式供应链服务平台，为广大从事外贸交易的中小型企业提供有针对性的全面的外贸服务。

1. 一达通发展历程

一达通公司提供一体化平台服务，以发达的信息技术为依托提供全程的物流和资金流服务，包括通关、报关、运输、仓储、代客结算、会计、退税、融资、金融衍生品等各项服务，在国内发展迅猛。2001年开始开发相应的信息化系统，对进出口的各个环节提供标准化服务，2003年联合中国银行开发物流金融信息处理系统，涵盖各项金融服务职能，包括外汇结算等，2008年联合中国银行开发出口退税融资服务。2009年进出口贸易总额达到两亿美元，2010年贸易总额达到3.5亿美元，之后联合中国银行推出针对中小企业的外汇保值，订单融资，贷款赊销等服务，并与2010年8月与张家港政府合作成立一达通江苏分公司，成为国内唯一个企业与政府共同开办的中小企业一体化进出口贸易服务平台。2012年12月阿里巴巴控股一达通，网罗包括物流，金融和外贸各领域的精英人才，至2011年7月拥有客户2 500家，其中一半从事国际贸易。预计将于2013年突破200亿美元实现成为中国最大的外贸服务企业的目标。

2. 一达通的金融服务创新

一达通在行业内的一个创新之举在于与中国银行深圳分行和民生银行合作为中小型企业进出口贸易提供融资服务。在这样的模式中，一达通凭借其对于企业运营信息及状况，对货物数据的了解以及对于货物物流过程的掌控，大大减小资方的风险，为物流金融服务的开展提供有效的保障，同时帮助银行开拓了服务规模，提高其商业效益。这样的三方物流金融服务，转移了风险，降低了业务门槛，使得服务的可行性大大增加，大大加强了服务的便利，能够为银行和中小企业提高了效益。

最近的业务中，中行对一达通进行了5亿元的授信信贷额度。一达通对外贸企业提供物流金融服务，由于其准确的信息优势及有效的风险管理体制，此项业务并不需要各中小企业提供担保或者质押，风险由一达通和中行共单，根据以往的数据来看，不良贷款很少，业务较为成功。

一达通拥有完备先进的财务管理系统，其对于风险管理非常高效，一达通对于海关在外贸中反馈回来的多项数据的处理以及其提供的一体化服务的各个流程的管理非常高效，一达通能有效准确评估客户企业的贷款风险。

一达通主导的物流金融服务，很受银行的欢迎，银行免去了对于中小企业信用评估的烦琐过程以及承担的巨大风险，一达通主动承担了这些耗费较大成本与精力的工作。另外银行也能有效扩大业务范围，对于银行来说，是有着很大的吸引力的。

一达通将自己定位为外包商，并且专门为进行进出口贸易的中小企业提供全程的一体化服务。不同于单纯提供买卖咨询，扩展订单的传统服务，也区别于普遍存在的货代企业，其依托了强大的信息处理平台以及高效的外贸管理系统，为中小型外贸企业提供全程一条龙外贸方案和融资服务。

一达通通过两个渠道来获得利润，首先是服务代理费，包括基本的贸易处理费用，延伸到包括通关，物流和金融服务三大类十二小项的服务。另一项主要的利润来自于规模化的物流各环节服务费用，由于其高效管理，大规模为中小型企业开展服务，议价能力很强。

至于运营成本，相对于小额贷款3.5%左右的月息，一达通主导的物流金融服务的贷款利率低很多，中国银行提供的贷款月息为5‰，一达通对于月息再收取1%的手续费，客户贷款的实际利率为1.5%，各方取得了多赢，事实上，对于中国银行来说，其月息率与传统有担保和质押的贷款利率相差不多，风险却大大降低，除了贷款风险由一达通承担一半以外，客户信用评估由专业的一达通来做，风险已经大大降低，更不用说减少了评估其信用的成本，一达通也赚取了手续费。

一达通打造了一体化标准化的服务系统，这是企业运营的重要保证。一达通基于对客户企业和行业信息的高效管理，形成的数字认证有效提高了企业信誉。其数据库也能为海关，工商税务等各外贸监督部门提供重要数据，同时针对中小型企业量身打造的一体化解决方案，对于增加客户黏性非常有效。

思考题：

1. 一达通有哪些创新的物流金融服务？
2. 试评价一达通的一站式供应链管理金融服务。

第9章 第三方物流与电子商务

本章关键词

√ 电子商务(Electronic Commerce)
√ 网上营销(Online Marketing)
√ 互联网(Internet)
√ 配送中心(Distribution Center)
√ 网上采购(Online Procurement)

互联网资料

http://www.ebrun.com/
http://www.paidai.com/
http://www.56ec.org.cn/

9.1 电子商务概述

9.1.1 电子商务的概念

电子商务(Electronic Commerce 或 Electronic Business,EC 或 EB)是指利用网络环境和信息技术对企业内部的资源和业务进行合理化的调配,直至达到最优配置的资源管理方式。对于一个企业来说,电子商务引入的成功与否主要取决于网络环境和企业内部业务的整合情况。对于客户来说,电子商务意味着利用高速网络环境任意检索联网机构的产品或服务,在选中适当的产品或服务后直接向提供方购买,并在测试满意后由网络经银行直接转账付款;也可以在未选中合适产品时通过网络与自己认为合适的提供方进行交流,将自己的需求告诉提供方,并由提供方在要求的时间内加工生产后经网络直接转账付款。

简单地讲,电子商务是指利用电子网络进行的商务活动,它利用一种前所未有的网络通信方式将客户、销售商、供货商、运输服务和雇员联系在一起。

电子商务发展大概经历了四个阶段。

① 通过互联网以互发电子邮件的方式传递商业信息阶段。

② 公司或企业在互联网上发布 Web 主页,把企业的内部信息发布到互联网阶段。

③ 互联网上的交互式信息交换阶段。

④ 不受时间和空间限制的在线商务活动阶段。

从最初的利用电子邮件传递商业信息到现在的在线商务活动,电子商务的发展已经日趋完善，它对参与贸易的企业内部管理信息系统的要求也越来越高。企业的网上贸易活动不再只局限于定时更新主页数据或信息，也不是简单地在企业进行电子数据传输，它要求企业建立一个集成内、外部信息的大系统，尽可能实现信息的实时控制和交换，最大限度地突破商务活动的时间和空间的限制，实现电子商务优势。

9.1.2　电子商务的特征

电子商务相对于传统的商务活动，具有以下特点。

(1) 全球性。以互联网作为其交易载体，没有明显的地域和国家界线，面对的是全球性大市场，能扩大交易范围，提高交易速度，并超越时空。

(2) 高效性。电子商务将传统的商务流程电子化、数字化，突破了时间和空间的限制，使得交易活动可以在任何时间、任何地点进行，从而大大提高了效率。

(3) 低成本。没有店面租金成本、没有专门的销售人员、没有商品库存压力、很低的行销成本。

(4) 服务性。万维网的应用使得企业能自动处理商务过程，能为客户提供完整服务。

(5) 协调性。商务活动本身是一种协调过程，它需要客户与公司内部、生产商、批发商、零售商之间的协调。在电子商务环境中，它更要求银行、配送中心、通信部门、技术服务等多个部门的通力协作，往往电子商务的全过程是一气呵成的。

(6) 集成性。电子商务能够规范事务处理的工作流程，将人工操作和电子信息处理集成为一个不可分割的整体，这样不仅能提高人力和物力的利用率，也可以提高系统运行的严密性，真正实现资源共享。

(7) 可扩展性。网民数量的增多要求电子商务系统能够有与其相适应的可扩展性。

(8) 安全性。在电子商务中，安全性是一个至关重要的核心问题，它要求网络能提供一种端到端的安全解决方案，如加密机制、签名机制、安全管理、存取控制、防火墙、防病毒保护等，这与传统的商务活动有着很大的不同。

9.1.3　电子商务的分类

(1) 按商业活动运作方式分类

分为完全电子商务和不完全电子商务两类。完全电子商务即可以完全通过电子商务方式实现和完成整个交易过程的交易。不完全电子商务即无法完全依靠电子商务方式来实现整个交易过程的交易，它需要依靠一些外部要素，例如运输系统、配送系统等来完成交易过程。

(2) 按电子商务应用服务领域范围分类

为企业对消费者、企业对企业、企业对政府机构、消费者对政府机构的四类电子商务形式。企业对消费者(B2C)即商家对个人客户的电子商务。目前，互联网上已经有很多这种类型的电子商务网站，它能提供各种商品和服务，主要有书籍、计算机、音像制品、汽车等。企业对企业(B2B)即商家对商家的电子商务。这种电子商务利用互联网或其他商务网络向供应商、销售商发布需求信息、订货、签订合同和付款等。企业对政府的电子商务是政府机构为方便企业经营活动的开展而设立的，例如企业纳税等。目前我国有些地方政府和企业已经开展了这种电子商务。消费者对政府机构的电子商务是政府机构为了方便与消费者的沟通而设立的，例如个人缴纳养老基金等。

（3）按采用的网络类型分类

分为基于专用网的电子商务和基于互联网的电子商务两类。20 世纪 90 年代以前的电子商务主要是基于专业网的电子商务，也就是基于 EDI 的电子商务，主要实现企业单位之间的电子数据的传递和简单的商务活动。基于互联网的电子商务主要是直接通过互联网开展商务活动，例如网上广告、网上销售、网上银行等相继出现。它的出现实现了商品网上的流通，企业和消费者都是最终受益者。

9.1.4 电子商务的优势

互联网本身具有开放性、全球性、低成本、高效率的特点，这也成为电子商务的内在特征，并使得电子商务大大超越了作为一种新的贸易形式所具有的价值，它不仅会改变企业本身的生产、经营、管理方式，而且将影响到整个社会的经济运行。

电子商务在提高企业运作效率的同时，也降低了自身的运营成本。正是由于电子商务带来的这些直接的经济效益，驱动着世界各国的公司正逐渐从传统商务向电子商务转移，实现电子商务也是增强公司竞争力的有力手段。特别是随着计算机和互联网的迅速普及，电子商务已经被越来越多的企业关注和重视，现在世界上大的跨国公司和企业都在积极开展对电子商务系统的开发和应用。

与传统的商务活动相比较，电子商务的内涵发生了很大的变化，它的市场作用和优势也逐渐体现出来。具体表现在以下几个方面。

① 无须店铺租金，能使企业运作成本大大低于传统商务活动，同时采用“零库存”管理方式，可大大缩短资金的周转周期。

② 为企业提供了虚拟的全球性贸易环境，大大提高了商务活动的水平，加快了商务通信速度，节省了大量的开支。因为与传统商务活动相比，互联网通信费用最低廉。

③ 增加企业与客户和供应商之间的直接联系，通过电子商务系统，客户和供应商可以及时了解到有关商品的最新数据，如价格、新品种、性能等。

④ 其交互性使单向的通信变成了双向的通信，扩大了通道的功能，不仅能传递信息，还能用于支付和传递其他个性化服务。

⑤ 免去了许多中间环节，加快了服务反应速度，大大提高了服务质量，能以更加快捷的形式为客户提供优质全天候服务，实现 24 小时不间断营业，有利于提高营业额。

⑥ 其直观性和透明性增强了企业客户的信任度，同时也提高了企业的合理化运作，帮助企业获得更强的市场竞争力。

9.1.5 电子商务的影响

电子商务以前所未有的速度创造着新的商务环境，将成为各国经济发展新的增长点，并对人类的生活产生了极大的影响。电子商务充分利用了信息网络技术的高科技手段，向所有交易主体提供了先进的交易模式和平等的交易机会，大大减少了交易的中间环节，缩短了交易时间，打破了资源局限，提高了经济效率和效益。从以下几个方面探讨电子商务对经济、生活等诸领域带来的影响。

1. 电子商务对消费方式的影响

过去一提到购物消费，人们只能到商场寻找自己想要的商品。如今，电子商务已经使在家购物成为现实。网上消费可以在任何地点、任何时间每天24小时不间断地与商店、银行、证券和保险公司等进行购物、储存、转账、投资、保险等各种业务联系。

在计算机屏幕上不仅能浏览、购买实体产品，还能试听、试用、购买数字产品，还可以获得在线服务，如咨询、安排旅游行程、远程医疗诊断等。

网上的搜索功能可方便地带顾客货比多家，能够最大范围比较和挑选，从而提高了购买效率、降低了购买成本。同时，消费者将能以十分轻松自由的自我服务的方式完成交易，从而使用户对服务的满意程度大为提高。

可以预见，在不远的将来，网上购物、网上支付等新型消费方式，将是消费者的最佳选择。

2. 电子商务对生产型企业的影响

电子商务不仅对流通领域的企业产生重大影响，对生产型企业的影响也是革命性的。企业的采购、生产、销售、组织等一系列活动，都可以借助电子商务，以降低生产成本，提高生产效率和经营效益。

(1) 网络采购

原材料采购是生产企业经营运作的主要组成部分，在保证质量的前提下，能够以最低价格采购原材料，是实现企业经营目标、提高经济效益的重要保证。

运用网络采购，企业可以实现以下目标：

① 企业容易接触更多的供应商，降低采购材料成本；

② 缩短采购周期，降低库存；

③ 采购集中管理，规范企业采购行为，掌握企业内部总成本构成；

④ 采购流程自动化，节约人力资源耗费，降低采购管理成本。

(2) 实现零库存与准时生产

库存管理是企业管理的重要组成部分。库存的主要功能是在供给和需求之间建立缓冲，减少供需矛盾。在企业经营过程中，库存物料所占用的资金数量很大。因此，企业要降低成本，库存是一个重要因素。最理想的状态就是零库存。

通过实施电子商务，企业可以形成上下游企业之间最有效的供应链管理，实现准时生产(JIT)，在需要的时间和地点生产出客户需求的产品。从而达到原材料无库存、产品无库存，消除无效劳动和浪费，以最少的投入实现最大的产出。

(3) 改变厂家的生产组织和生产过程的管理

受到电子商务的深刻影响，企业输出端与输入端的巨大变化，必然带来中间端的巨大变化。事实上，虚拟企业的出现，就把生产过程的组织改变到了极致。

（4）影响人才的选拔与聘用方式

除了资本和技术，企业“人口”端第三个极为重要的要素是人力资源。基于网络的人才交易、测试、聘用、培训和求职等对人力资源管理方式产生了极大的影响和冲击。

（5）企业技术来源与研发改变

企业生产所需要的技术，部分来源于企业自身的研发，部分来源于企业外部。两个来源的比例，对于不同的企业而言，可以相差很大。从外部来源的视角看：电子商务也改变着技术交易的形态，大大拓宽了企业搜索所需技术的视野，拓宽了企业委托开发的视野，改变了企业从外部获取所需技术的管理方式。从内部来源的视角看：企业生产所需技术的两个来源是一个有机的体系，外部来源的改变，必然导致企业自身研发任务和开发投入与开发组织的变化。

（6）改变经营方式

客户在网上与生产商联系，客户有权利对制造商说需要什么产品，如何设计，企业从过去的面向库存生产转向面向订单生产，实现定制化生产，如 Dell 计算机公司可以通过互联网按照客户提出的要求制造计算机，GAP 服装公司可以通过互联网按照客户提出的要求设计和生产服装。客户可以随时跟踪订货，从过去慢得难以忍受的订货交付，又不知道供货商内部究竟发生了什么，转向更快更开放的交货过程，客户有了更大的控制权，如美国联邦快递公司 FedEx 的客户可以在网上查询其包裹的状态。

（7）企业竞争方式的转变

电子商务以信息化为基础，企业信息化程度的高低决定了企业竞争力的高低。电子商务改变了企业的生产、交易成本，使得产品的价格竞争异常激烈。电子商务消除了时空限制，企业必须随时做好准备，为客户提供即时服务。电子商务使企业规模的影响力发生了变化，任何企业，无论大小，在虚拟空间中都是一个网站，面对相同的市场，都处于平等的竞争条件下。虚拟空间中企业的规模很难再成为一个直接的竞争基础。同时，电子商务为企业提供了一种全新的展示自己产品和服务的渠道。

（8）改变组织结构和职能

电子商务对企业的经营环境和经营手段产生影响，促使企业在组织和管理方面必须作出相应的战略调整，以适应电子商务时代的要求。在网络化的企业组织结构里，信息传递的方式是“多对多式”，信息无须经过中间环节就可以到达沟通的各方，大大地提高了工作效率。

由“职能分工”到“并行工程”的变化。以互联网为基础的电子商务给传统的企业组织形式带来了很大的冲击，打破了传统职能部门依赖分工与协作完成整个工作的过程，形成了“并行工程”的思想。在电子商务的架构里，除了市场部和销售部可以与客户打交道外，企业其他的职能部门也能够通过电子商务网络与客户直接接触，从而改变了过去间接接触的状况。

（9）出现虚拟企业

在电子商务模式下，原来的供应链将形成一个端到端的关系式的管理模式，又称作集成的或扩展的供应链管理，管理着连接客户、生产商、供应商、销售商和竞争对手的网络。企业的经营活动打破了时间和空间的限制，出现了一种新型企业组织形式——虚拟企业。

这种虚拟打破了企业之间、产业之间、地域之间的一切界限，把现有的资源整合成为一种超越时空的有机经营实体。

3. 电子商务对金融证券业的影响

金融证券业是对信息技术依赖性很强的行业，其服务也非常适合在网上推出。另外，全社会电子商务的发展，对金融服务业也提出了更高要求：在任何时间、任何地点提供任何方式的金融服务。这种服务需求迫使传统金融业推进大规模的调整和变革，其主要表现在更大范围内、更高程度上运用和依托互联网拓展金融业务，提供包括银行、证券、保险、理财等各个领域的全方位的金融服务。

(1) 网络金融业务极大地降低交易成本

为满足客户需求，现代商业银行不断推出新的服务手段，如：电话银行、自助银行、ATM、客户终端等。与这几种服务手段相比，网络银行可以以最低的费用为用户提供最超值的服务。通过网络银行，人们可以在任何时间、任何地点直接以更生动、灵活多样的方式实现支付、转账、汇款等银行服务。

与普通营业方式相比，网上银行提供的服务更加标准化和规范化，避免了由于个人情绪及业务水平不同而带来服务质量的差别，可以更好地提高银行的服务质量。同时，网上银行的服务费用最低，甚至只有普通营业费用的1/10。

在全球化的背景下，网络可以十分容易地进行不同语言之间的转换，这就为网上银行拓展跨国业务提供了条件，使得网络金融服务能够接触的客户群更大，打破了传统金融业的分支机构的地域限制，能够在更大范围内实现规模经济。

(2) 网上证券发展迅速

网上证券交易是电子商务应用最成功的领域之一。证券电子商务把电子手段渗透到证券业务的各个环节，如信息收集、发布，交易，清算，交割等，降低了证券交易成本，为交易所、券商、投资者等交易各方带来实实在在的收益。

4. 电子商务对物流业的影响

由于电子商务与物流间密切的关系，电子商务这场革命必然对物流产生极大的影响。这个影响是全方位的，从物流业的地位到物流组织模式，再到物流各作业、功能环节，都将在电子商务的影响下发生巨大的变化。

(1) 物流业的地位大大提高

电子商务是一次高科技和信息化的革命，这必然导致产业大重组，原有的一些行业、企业将逐渐压缩乃至消亡，与此同时将扩大和新增一些行业、企业。产业重组的结果，使得物流企业在电子商务环境里必须承担更重要的任务：既要把虚拟商店的货物送到用户手中，而且还要从生产企业及时进货入库。物流公司既是生产企业的仓库，又是用户的实物供应者。物流企业成了代表所有生产企业及供应商对用户的唯一最集中、最广泛的实物供应者。物流业成为社会生产链条的领导者和协调者，为社会提供全方位的物流服务。可见电子商务把物流业提升到了前所未有的高度，为其提供了空前发展的机遇。

(2) 供应链管理的变化

① 供应链短路化。在传统的供应链渠道中，产品从生产企业流到消费者手里要经过

多层分销商，流程很长，由此造成了很多问题。现在电子商务缩短了生产厂家与最终用户之间供应链上的距离，改变了传统市场的结构。企业可以通过自己的网站绕过传统的经销商与客户直接沟通。不需要设置多层实体分销网络（包括人员与店铺设施），也不需要存货，因此降低了流通成本，缩短了流通时间，使物流路径短路化。

② 供应链中货物流动方向由“推动式”变成“拉动式”。传统的供应链由于供销之间的脱节，供应商难以得到及时而准确的销售信息，因此只能对存货管理采用计划方法，存货的流动是“推动式”的。在电子商务环境下，供应链实现了一体化，供应商与零售商、消费者通过 Internet 连在了一起，通过 POS、EOS 等供应商可以及时且准确地掌握产品销售信息与顾客信息。此时存货管理采用反应方法（即拉动式存货方式），按所获信息组织产品生产和对零售商供货、存货的流动变成“拉动式”，实现销售方面的“零库存”。

(3) 第三方物流成为物流业的主要组织形式

第三方物流将在电子商务环境下得到极大发展，因为：

① 跨区域物流。电子商务的跨时域性与跨区域性，要求其物流活动也具有跨区域或国际化特征。如在 B2C 形式下，A 国的消费者在 B 国的网上商店用国际通用的信用卡购买了商品，若要将商品送到消费者手里，对于小件商品，可以通过邮购；对于大件商品，则是速递公司完成交货。目前，这些流通费用一般均由消费者承担，对于零散用户而言流通费用显然过高。如在各国成立境外分公司和配送中心，利用第三方物流，由用户所在国配送中心将货物送到用户手里，可大大降低流通费用，提高流通速度。在 B2B 形式下，大宗物品的跨国运输是极为繁复的，如果有第三方物流公司提供一票到底、门到门的服务，则可大大简化交易，减少货物周转环节，降低物流费用。并且，网上商店一般都是新建的企业，不可能投资建设自己的全球配送网络，甚至全国配送网络都无法建成，所以它们对第三方物流的迫切需求是很容易理解的；

② 电子商务时代的物流重组需要第三方物流的发展。电子商务时代，物流业的地位将大大提高，而未来物流企业的形式就是以现在的第三方物流公司为雏形，第三方物流将发展成为将来整个社会生产企业和消费者的“第三方”。

9.2 第三方物流与电子商务的关系

电子商务的本质是商务，商务的核心内容是商品的交易，而商品交易涉及四个方面：商品所有权的转移、货币的支付、有关信息的获取与应用、商品本身的转交，即商流、资金流、信息流、物流。前三种流即信息流、商流、资金流，都可以通过计算机和网络通信设备实现，而物流在四流中是最为特殊的一种，除少数数字化产品和服务可直接通过网络传输的方式配送外，对于大多数产品和服务来说，还要靠实体的物流系统来完成。物流与电子商务存在着特殊的关系。

9.2.1 物流与电子商务的关系

(1) 电子商务的兴起提高了流通领域的效率和效益

① 电子商务带来流通领域的变革。通过现代信息技术手段的广泛运用，增强了流通

的直接性,促进了现代商品流通中以适应顾客需求为中心的产销之间的有机结合,使传统的供应链管理提升到一个新的水平。这些新的变化尤其是以供应链为基础的产销一体化整合,大大扩展了流通活动的范围,强化了流通在现代经济生活中的主导作用,使真正意义上的流通主导型经济开始形成。与此同时,传统商业在长期发展过程中形成的规模、成本、技术与服务优势正在受到越来越迫近的严峻挑战,因为流通格局正在悄悄发生着深刻的变化。

电子商务可以在很短时间内,将商品销售至全国甚至全球任何地方,为扩大贸易创造了条件。在网络技术和信息技术不断发展的今天,电子商务为生产者与消费者提供了及时、经济而又高效的交互式沟通环境和手段。流通的直接性增强已是不可阻挡的客观趋势,它的直接后果集中表现为生产者对商品流通全过程的介入和控制程度的增强,这种流通的直接性使传统商业的中介地位被部分地取代,新的流通格局正在逐步形成。

电子商务的出现使越来越多的生产制造商直接参与流通活动,成为流通的主体。互联网使生产者、批发商、零售商和网上销售商都可以建立自己的网站并推销商品,一部分商品的流通不再按照原来的产业和行业分工进行,网络技术的应用使"产销合一"、"批零一体"的销售模式大量出现,传统的批发零售商的流通主体地位受到挑战。

② 电子商务进一步强化了现代物流功能。电子商务使商品流通要素发生重组,流通产业的内涵与外延都发生了重大变化。从商品流通内部结构关系看,在电子商务环境里,物流功能需要进一步强化。这主要是由于电子商务出现后扩大了市场的范围,增加了交换的频率和复杂程度,同时也使一部分物流出现了小型化、非标准化等一系列特点。

进行电子商务改造及与电子商务技术环境相兼容的物流企业将在生产高度专业化、生产制造柔性化、企业虚拟化的社会经济环境中,承担着供应链高效运转的任务。物流企业成为代表所有生产企业及供应商向用户进行实物供应的最集中、最广泛的承担者,是进行商品流通实物运作的最主要的载体。电子商务把物流提升到了前所未有的重要程度,从而使物流的发展状况在极大程度上制约着流通及整个社会经济的发展。

(2) 电子商务发展需要现代化物流配送服务的发展与支持

改革开放 30 多年来,我国买方市场全面形成,经济学家预测,今后几年我国 GDP 每增长 1%,其中的 58%是由消费拉动的,22%是出口做的贡献。而另外 20%则归功于投资。"生产围着消费转,消费随着市场转,市场随着消费者转"的买方市场全面形成。没有可持续消费,就没有经济的可持续增长,消费成为拉动经济增长的主力杠杆。大多数企业家都把企业生产经营管理的重心由生产领域转向流通领域。因此,物流作为沟通生产与消费的纽带而备受企业的重视。

① 商流是电子商务的核心。商流,简单来说就是商品所有权在购、销双方之间的转移,它是电子商务的最终目的。所有商务活动中发生的信息流、资金流、物流,它们都是以商流为主导的。无论是买卖双方的信息交换、资金结算,还是卖方将商品送至买方手中的物流过程,所有流动过程的根本目的就是实现最终的商流、服务于商流。

无论是传统的商务活动还是现代的电子商务,尽管两者之间存在差异,但是都需要有商品的实物流动作为商品实货交割的具体内容，否则电子商务就不能成为真正的商务活动。尽管物流在电子商务活动中有着举足轻重的地位，但是它最终还是要为商流服务的。

② 物流是实现电子商务的保证。在商流活动中，商品所有权从购销合同签订的那时起，便由供方转移到需方，而商品实体并没有因此而移动。在传统的交易过程中，除了非实物交割的期货交易，一般的商流都必须伴随着相应的物流活动，即按照需方的需求将商品实体由供方以适当的方式、途径，按时、按质、按量、整齐、完备地向需方转移。而消费者通过上网点击购物，表面上完成了商品所有权的交割过程，即商流过程。但商务的活动并未实现，只有商品和服务真正转移到消费者手中，购买方结清货款，商务活动才告以终结。

物流是电子商务中实现“以顾客为中心”理念的最终保证，缺少了现代化的物流技术，电子商务给消费者带来的购物便捷等于零，消费者必然会转向他们认为更为安全的传统购物方式。如当顾客进行网上货物选择并完成网上支付时，整个交易过程并未就此结束。只有当货物真正地送到消费者手中时我们才可以说完成了交易，而货物的送达是整个流程中最重要的一环。现在很多生产商尤其是大型的生产厂商为了适应市场的需求，都纷纷开展电子商务，它们可以按照网上的订单进行直接生产，然后组织第三方物流企业提供从生产末端的包装开始，直至送到消费者家中的售后服务，物流成为电子商务中最后一个也是最重要的一个环节。没有物流做基础，电子商务活动将是不完整的。

③ 物流是电子商务实现高效率低成本优势的力量所在。高效率低成本是物流活动的核心内容。一是建立快速反应机制，能够做到按时、按地点、按商品数量、质量，安全、准确、快捷地将商品送到用户手中。二是及时掌握购、销、调、存信息。因此能够做到加速资金周转，减少银行利息，缩短库存周期，实现“零库存”。三是降低运输成本。选择合理的运输路线和运输工具，缩短供应链上下游的距离，提高运输容器标重和容积利用率，提高运力，节约运杂费用。通过这些措施实现高效率低成本的要求。

④ 物流服务水平制约着电子商务的发展。从电子商务的发展对物流业的需求来看，电子商务不仅可以进行无形的商务活动，还可以进行有形的商品的商务活动。互联网的快速查询功能和交易活动必须以商品实体流动为支撑；否则，这种交易活动就成为完全虚拟化的毫无价值的信息交互活动。作为支持有形商品网上商务活动的物流，已成为网上商务活动能否顺利进行和发展的关键因素。物流服务水平制约着电子商务的发展，现代物流业社会化、信息化进程的加速被各行各业推到前所未有的显著位置。

电子商务本身既有电子订购过程，又有实物流动过程，谁更能节省流通时间和流通成本，就看物流运作成本速度和效益。物流选择最佳的服务方式和路径，节省直接和间接开支，以最快速度、最低费用、最小损失，保质保量准时将商品从供方送到需方，使电子商务在市场竞争中处于领先地位。

由此可见，物流是电子商务的重要环节，网上下单和支付只是完成了商品所有权的转移，商品实物能否顺利、及时地到达用户手中还要看是否有高度发达的物流。电子商务下的物流操作流程如图 9.1 所示。

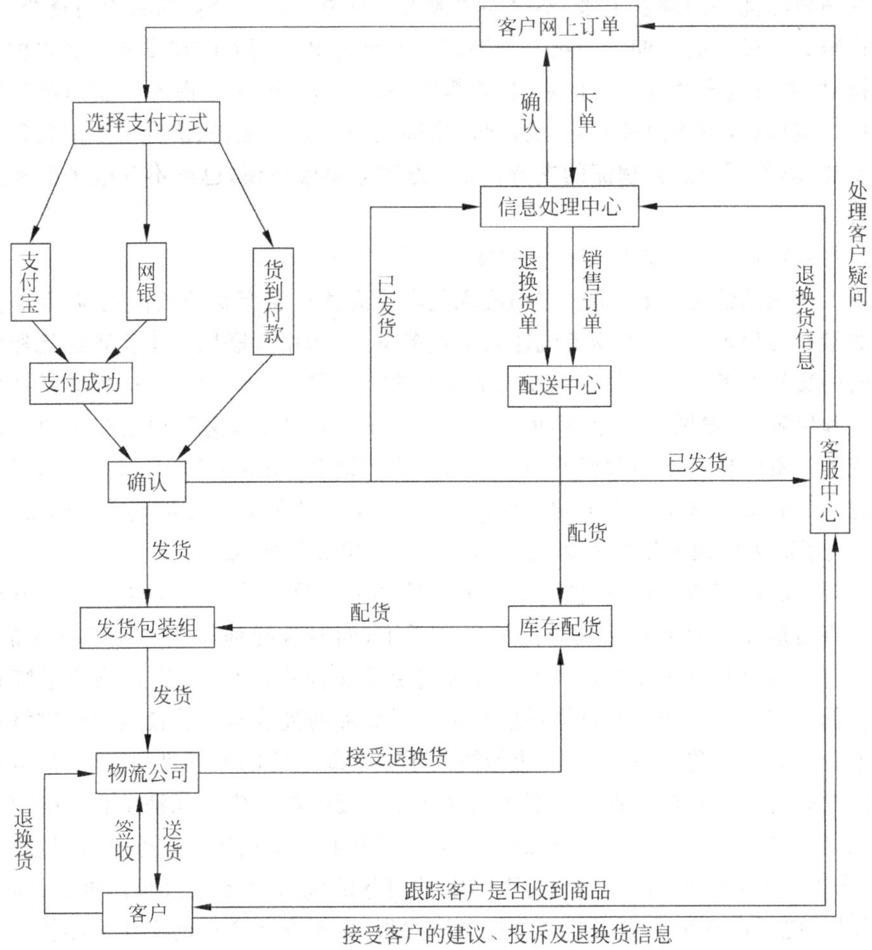

图 9.1　电子商务物流操作流程

9.2.2 第三方物流与电子商务的关系

(1) 第三方物流是电子商务现实交易的最佳载体

基于互联网的电子商务，是在互联网开放的网络环境下，实现消费者的网上购物商户之间的网上交易和在线电子支付。电子商务互联网爆炸式发展的直接产物，就是全球性、低成本和高效率的物资流动，其最大价值是进一步提高了现代物流速度。也可以说，物流速度是决定第三方物流业成败的关键。所以，从根本上来说，物流电子化是电子商务概念的组成部分，缺少了现代物流的过程，电子商务过程就不完整。可见，第三方物流是电子商务现实交易的最佳载体。

(2) 第三方物流是电子商务的基础

随着电子商务业务的广泛开展，运输成本成为制约业务成功的关键环节。假如伴随着一件小商品的是一笔高额的送货成本，这是任何一个电子商务企业和网上消费者都不能接受的。如果存在一个完善的第三方物流体系，电子商务企业可以将更多的精力投入到自身网站核心优势的确立上来，不仅能够大大节省电子商务企业的精力与资金，而且未来业务也得到了极大的延伸。当第三方物流业能够为电子商务的建设和发展提供足够的物流支持时，随着电子商务企业的数量、规模的不断扩大，第三方物流企业的业务量也会与日俱增。应该说，电子商务与第三方物流之间是一个共同促进、协同发展的关系。电子商务的发展，离不开第三方物流的支持；第三方物流要成规模，也离不开电子商务这个理想的平台。

(3) 电子商务是第三方物流产业的发展方向

从以上所谈的情况来看，第三方物流既是电子商务现实交易的最佳载体，又是实现电子商务的最有力保证，落实到物流流通渠道业务本身，运用互联网技术实现物流经营人与顾客之间的交易业务也是现代物流发展的必然方向。要实现电子商务，必须要有物流系统的支持和保障，要发展物流业务，也必须有电子商务的支持，这种相互融合的关系的本质是传统的物资流通技术和现代的信息技术的完美结合，缺少了其中任何一个，另外一个都不会有完美完整的真正意义上的发展。可见，电子商务是第三方物流产业的发展方向。

(4) 电子商务的快速发展对第三方物流提出了更高的要求

随着现实的商店虚拟化，相应的第三方物流的业务则被大大的强化。第三方物流企业不仅要将虚拟商店的货物送到分散的用户手上，同时也扮演了生产企业仓库的角色。如果第三方物流企业不能够尽快地通过加强自身的物流系统设计、完善物流系统管理来建立一条低成本、高效率的物流供应链，那么电子商务的高成本也将使大量的网络投资者和商品消费者失去兴趣，也就必然严重地阻碍了整个新经济的发展进程。同时，电子商务能够得以发展的核心就在于它能够很大程度地缩短商品的供应者和消费者在时间上和空间上的距离，这也客观上要求现代化的第三方物流企业在实现传统的仓储、配送等功能的基础上，成为一个高科技的信息企业，否则电子商务的优势就无从谈起。再者，随着电子商务的发展，电子商务企业之间的竞争将愈演愈烈，电子商务企业的工作重心将放在如何健全与壮大自己的核心业务上来，而将商品的采购、包装、加工等业务以外包的形式交由第三方物流企业来管理，业务范围的快速扩展将使得现有的一些功能性的物流企业不得不加速提高自身的专业素养，才能在物流企业之间的竞争中立于不败之地。应该说，电子商务的出现将第三方物流业提升到了一种前所未有的高度，也就客观上对第三方物流业提出了更高的要求，网络时代的第三方物流业将主要呈现出以下几个方面的特征。

① 信息化。随着商品与生产要素在全球范围内以空前的速度自由流动以及国际互联网的普遍应用，物流效率的提高更多地取决于信息管理技术的提高。通过企业内部大量信息技术的应用，第三方物流企业才能够真正做到运输网络合理化、销售网络系统化和物流中心管理电子化，也才能够真正建立一个有效的客户信息反馈系统，从而大大提高物流企业的服务水平并有效降低企业的营运成本。可以说，没有现代化的信息管理，就没有现代化的第三方物流。

② 多功能化。电子商务时代的第三方物流是一种集约化的物流，它为生产企业提供的是一种一体化的服务，它除了原有的仓储、运输等功能外，还必将承担起为生产企业配货、确定最佳库存、选择最优进货和销货方式等各种具有高附加值的服务，第三方物流将成为集多种功能于一身的企业。也只有做到这一点，生产企业和电子商务企业才能从传

统的物流业务中完全脱离出来，第三方物流企业也才能真正确立自身的竞争优势。

③ 全球化。全球经济一体化的趋势使世界范围内的商品销售成为发展潮流，电子商务的出现加速了商品信息的传递速度，而要使物流能够真正跟上信息流的步伐，对于具有先进产品的非跨国公司来说，第三方物流企业的物流支持则变得至关重要。在新经济的冲击下，那些具有一个全球销售网络的第三方物流企业相对于业务范围仅仅局限于某一地域的物流企业来说具有更大的竞争力，既然网络缩短了全球信息传递的距离，那么通过全球化的第三方物流来缩短全球物资流通的距离也属必然。

9.2.3　第三方物流从事电子商务物流的必要性

电子商务物流系统的组建一般依靠物流公司的组建，其模式有自建和外包两种。自己组建物流系统的往往是拥有完善、广阔流通渠道的传统、大型企业。物流系统，尤其是适应电子商务发展要求的物流系统，不仅投资大，而且专业化要求高。对于大多数企业而言，没有能力自己组建一套物流系统，即使有能力，也要面临巨大的风险，而且由于精力的分散及组建完善的物流系统需要较长的周期，不利于企业业务的迅速扩展，尤其是新兴的电子商务企业，仅依靠自身力量很难在短期内打通物流渠道，迅速扩大市场份额。相比之下，电子商务下的物流运作采用能够提供综合物流服务的第三方物流外包模式，不仅节省了大量人力、财力和物力，规避部分风险，争取到时间，而且有助于企业自身事业发展，迅速顺畅的流通渠道，同时也是基于第三方物流企业如下自身的优势与作用。

(1) 拥有市场和网络

通过专业化的发展，第三方物流公司可以开发信息网络并且积累了针对不同物流市场的专业知识，包括运输、仓储和其他增值服务。许多关键信息，比如，可得上车动量、国际清关文件、空运报价和其他信息通常是由第三方物流公司搜集和处理。对于第三方物流公司来说，获得这些信息更为经济，因为它们的投资可以分摊到很多的客户头上。对于非物流专业公司来讲，获得这些专长的费用就会非常昂贵和不合算。第三方物流为适应电子商务没有地域限制的特点，在全国各大城市，甚至全球必要的地区，建立物流配送网点，电子商务交易到哪里，商品就配送到哪里，为电子商务扩大了商机，赢得了市场。

(2) 拥有规模经济效益

由于拥有强大的购买力和货物配载能力，一家第三方物流公司可以从运输公司或者其他物流服务商那里得到比它的客户更为低廉的运输报价，可以从运输商那里大批量购买运输能力，然后集中配载很多客户的货物，大幅度地降低单位运输成本。

(3) 拥有第三方灵活性

通常，把物流配送业务外包给第三方物流公司可以使公司的固定成本转化为可变成本。公司通常向第三方支付服务费用，而不需要自己内部维持物流基础设施来满足这些需求。尤其对于那些业务量呈现季节性变化的公司来讲，外包物流对公司赢利的影响就更为明显。例如，对于一家季节性很强的大零售商来说，若要年复一年地在旺季聘用更多的物流和运输管理人员，到淡季再开除他们是很困难和低效的。若和第三方物流公司结成伙伴关系，这家零售商就不必担心业务的季节性变化。

(4) 拥有信息技术

许多第三方物流公司与独立的软件供应商结盟或者开发了内部的信息系统，这使得它们能够最大限度地利用运输和分销网络，有效地进行跨运输方式的货物追踪，进行电子交易，生成提高供应链管理效率所必需的报表和进行其他相关的增值服务。因为第三方物流公司可在信息技术方面进行大量投入，能帮助它们的客户搞清楚哪种技术最有用处，如何实施，如何跟得上日新月异的物流管理技术发展。与合适的第三方物流公司合作可以使得企业以最低的投入充分享用更好的信息技术。

因此，第三方物流从事电子商务配送具有物流设备力量比较雄厚，地理位置比较好，有一定管理人才和管理经验，有遍布各地的物流渠道和物流网络，适应性强，能根据客户需要转变思想，提高物流技术水平，完成物流各项任务等优势和作用。特别是区域性和全球性的第三方物流具有物流网络上的优势，它被人们认为是电子商务配送的黄金搭档。专业化、多功能、全方位的第三方物流能够最大限度地满足电子商务配送的要求，提高企业在电子商务环境下的整体物流水平。第三方物流发展到一定规模后，其业务沿着主营业务向供应链的上游或下流延伸，向上延伸到制造业，向下延伸到销售业。如美国的联邦快递公司(FedEx)与 Intershop 公司合作开展 B2B、B2C 服务就是第三方物流公司进军电子商务的典型案例。FedEx 认为，它们进入电子商务领域有三个条件：一是它们是全球领先的物流企业；二是该公司已经有覆盖全球 211 个国家或地区的物流网络；三是公司内部已经成功地运用了信息网络，可以使消费者在全球通过互联网浏览服务器跟踪货物发运状况。这样的物流公司开展电子商务，可充分利用现有的物流和信息网络资源，使两个领域的业务经营都做到了专业化，实现公司资源的最大利用。我国物流业如何适应电子商务的发展，正是物流业在 21 世纪的基本定位与挑战。电子商务网站经营者和电子商务经营商都不愿意自己承担物流、配送业务，他们迫切希望物流企业能为其承担“专业化服务”。电子商务已为物流业指示了光明出路，第三方物流综合服务是电子商务的必由之路，问题只是物流业如何能满足供应商和顾客的需求，且物流费用又能让他们接受而已。

9.2.4 电子商务环境下第三方物流的服务内容

电子商务与非电子商务就实现商品销售的本质来讲并无区别，但其运作方式和运作效率却存在着很大的差异。产生这些差异的因素很多，物流服务的差异就是其中重要的一个方面。

物流是实现销售过程的最终环节，由于采用的形式不同，使得一部分特殊服务变得格外重要，因此，设计电子商务的物流服务内容应该反映这一特点。除了传统的仓储、运输、配送、流通加工、物流信息等方面的物流服务外，还应当提供以下几个方面的物流服务。

(1) 增值性服务

现代商务活动的最终目的就是要实现商品和服务的价值增值，可以说，商务活动的过程就是价值增值的过程。物流作为商务活动的重要环节之一，也应当关注价值的增值。第三方物流企业可以通过为物流业务的委托者提供各种及时有效的服务，为这些企业降低成本、加快商品周转，从而提升其经济效益。在为物流业务委托者增加效益的同时，第三方物流企业也可以通过提供的这些附加服务来获取相应的经济回报。

（2）便利性服务

现代商务活动讲究快捷高效。因此，第三方物流企业在提供电子商务的物流服务时，应当尽可能地为委托者提供各种方便，如推行一条龙的“门到门”服务，提供完备的操作或作业指示、免培训、免维护、省力化的设计或安装、代办业务、24 小时营业，自动订货，传递信息和转账（利用 EOS、EDI、EFT），物流全过程追踪等都能够给服务对象提供方便。

（3）快捷性服务

快速反应已经成为现代物流发展的特征之一。提到加快物流业务的速度，人们往往想到的是加快运输工具的速度，尽管这个说法也没有错，但却是远远不够的。现代物流活动的速度快慢、效率高低，不是取决于某一个方面的因素，而是由整个物流系统的运作方式决定的。尤其是在电子商务的背景之下，系统的效率对于业务运作的结果至关重要。要提高整个物流系统的运作效率，一方面，要尽可能利用现代信息技术发展的各种成果，将信息技术运用到业务活动的各个环节中；另一方面，要处理好各种信息技术之间的配套和协调，以便使这些技术成果能够发挥最大的功效。应该重视优化电子商务系统的配送中心、物流中心网络，设计出适合电子商务发展需要的流通渠道，以此来减少物流环节，简化物流过程，提高物流系统的快速反应性。

（4）延伸性服务

第三方物流企业不仅要完成自身的各项业务活动，还可以向物流业务委托者提供各种延伸性的物流服务。如向上可以延伸到市场调查与预测、采购及订单处理；向下可以延伸到配送、物流咨询、物流方案的选择与规划、库存控制决策建议、货款回收与结算、教育与培训、物流系统设计与规划方案的制作等。这些延伸服务最具有增值性，但也是最难提供的服务，能否提供此类增值服务已成为衡量一个第三方物流企业是否真正具有竞争力的标准。

9.3　电子商务环境下第三方物流模式的选择

9.3.1　电子商务环境特点

电子商务环境下的第三方物流企业虽已有很大程度的发展，但仍存在着许多不足。要更好地发展第三方物流业，需要内外两方面力量的整合，要重构物流体系，对物流企业实行战略性重组，实现投资主体多元化，对物流体制进行重大改革，完善物流环节，加强区域性配送中心的建设。要完全依靠物流企业自身力量去完成这些任务显然是有困难的，必须借助电子商务这个外力。电子商务的发展为物流业的发展提供了新的契机和新的发展空间，不但极大地拓展了物流空间，也缩短了物流企业变革与重构的时间。

总的来说，电子商务环境可分为：社会环境、技术环境、管理环境等，详细如图 9.2 所示。其特点具体如下。

1. 高度发达的信息技术

电子商务环境，首先是一个高度发达的信息技术环境。建立在互联网和内联网基础上的计算机网络以及基于电话通信、光纤通信、宽带通信等的通信基础设施，为人们提供

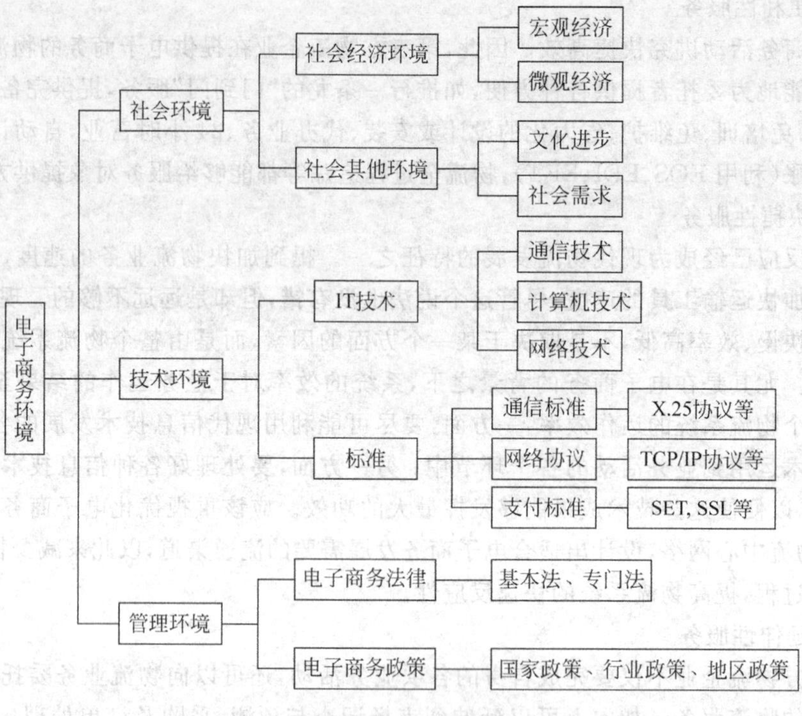

图 9.2 电子商务环境

了一个快速通畅的信息通信环境。人们利用电子邮件等各种网上信息传输方式，可以快速进行信息沟通，数据传输、处理和保存，不但大大提高了工作效率，而且也大大降低了运行成本，使以前用人工处理所办不到的事情，现在可以很容易地办到。

2. 自由宽松的社会环境

电子商务环境也是一个相对自由宽松的社会环境。在网下的现实社会，企业和个人都被分成了各个不同的国家、省市、地区以及各个行业部门、等级层次，这些等级和层次的分割和限制，给我们的业务造成了不少的约束。人们办理业务为了满足这些重重的约束条件需要花费大量的时间、成本和精力。但是网上社会是一个无界的环境，地区、行业和层次的约束条件相对来说要少得多。网上各个企业的网站都是平等的，毫无地区、行业和层次的限制，只要你不违反法律，你就可以比较自由地开展各种业务活动。现在各国政府也在网上实行了比较宽松自由的政策。所以网上的业务运作应当比网下的现实社会的业务运作要方便得多、效率高得多。

3. 遥远而又很近的客户市场和供应商市场

电子商务环境，因为是一个无界的环境，所以无论多么遥远的客户或者供应商，无论他是哪一个国家、哪一个地区、哪一个行业、哪一个层次，也无论双方认识不认识、有没有直接关系，都可以通过互联网进行紧密接触。所有这些客户就形成了企业的客户市场，所有这些供应商就形成了供应商市场。所以企业和它的客户市场及供应商市场，都可以毫无障碍地直接接触。从这个意义上说，网上社会环境是一个纯粹基于需求关系的环境。在网下办事，除了需求关系，还非常讲究复杂的社会关系，包括地区关系、行业关系、上下级关系、尊卑关系、里外关系等，只有把所有这些里里外外、上上下下的关系疏通了，才能够办成事。而网上办事则单纯多了，企业和客户是一种纯粹的需求供应关系。需要办什么事就办什么事，不需要为打点关系操心，办事的公正性、客观性非常明显，效率高。

4. 完备方便的业务处理

电子商务环境，一般依托电子商务网站进行工作，各个企业都建立起自己的电子商务网站，它们共同构成了一个网上社会。

一般的电子商务网站，功能都比较齐全完备。例如包括：

① 企业介绍和宣传，包括企业各个部门，甚至一些典型的个人资料介绍，企业的发展战略、服务宗旨、承诺等；

② 企业服务和产品介绍、宣传、展示和广告；

③ 企业的业务范围、流程；

④ 客户关系窗口；

⑤ 销售窗口；

⑥ 采购窗口；

⑦ 企业管理窗口；

⑧ 电子支付窗口；

⑨ 友情链接窗口等。

只要赋予一定的权限，就可以进入其中任意的窗口，处理自己需要处理的业务。任何人坐在一台计算机前，通过鼠标，就可以方便快捷地办理相关的各项业务。

5. 方便迅速的客户沟通和供应商管理

在电子商务环境下，由于网上社会有一个遥远而又很近的客户市场和供应商市场，所以企业利用自己的电子商务网站，可以很方便地联系客户，客户也可以很方便地登录网站，联系企业。企业和客户能够很方便迅速地进行信息交流沟通，加强业务往来，提高工作效率。企业可以利用电子商务网站，收集客户信息，建立客户档案，进行客户管理。

企业利用自己的网站，除了加强客户沟通之外，还可以方便迅速地与供应商联系。一旦需要订货，寻找资源，很快可以在网上找到响应的供应商，并且在网上进行业务洽谈，很快就可以达成合作意向，开展合作行动。企业同样可以利用电子商务网站，收集各个供应商的信息，进行供应商管理和供应链管理。

6. 网上和网下相结合的工作环境

在电子商务环境下，客观上为企业创造了两个工作环境，一个网上工作环境，一个在网下工作环境。这两个工作环境的关系，网下是基础，网上是网下环境的扩充和延伸。企业就像长了翅膀，可以更好地发挥自己的能力，更好地提高效率，更多地降低成本，可以获得更大的市场。聪明的企业家，都会巧妙地利用这两个工作环境，把它们巧妙地结合起来，发挥各自的特长，获得企业的最大效益。

从以上分析可以看出，电子商务环境为企业创造了一个高效方便的运作环境，为企业的发展创造了非常有利的条件。在电子商务环境下，物流企业应当充分利用电子商务环境所带来的有利条件，建立起一套适合于电子商务环境的工作模式，使企业获得最大的发展。适合于电子商务环境的工作模式包括了很多方面，在此仅就电子商务环境下第三方物流企业的客户服务模式进行讨论。

9.3.2 电子商务环境下第三方物流企业业务模式

业务模式，就是指企业业务处理的模式。第三方物流企业的业务处理模式，主要包括从客户企业承接物流业务合同，根据合同完成指定的物流业务，并且获得业务收入。具体的物流业务活动，包括获取业务订单，组织物资的进货、入库、储存保管、出库、运输配送、资金结算等。在电子商务环境下，这些内容应当充分利用电子商务环境的特点和优势，进行科学的组织和策划。企业在电子商务环境下进行运作的目的，就是要充分利用电子商务环境的特点，充分利用网络资源，扩大市场与经营规模，提高工作效率及企业的核心竞争力，从而达到提高经济效益的目的。

通过前面对电子商务环境特点的分析可以看出，第三方物流企业的业务模式应当从以下几个方面考虑。

(1) 开发现代信息技术，建立基于互联网/内联网的电子商务网站

首先，第三方物流企业要适应电子商务环境，要能够进入“网上社会”中。要充分利用互联网资源，建立自己的企业内部网内联网，开发企业管理信息系统，建立企业自己的电子商务网站，并连接到互联网上。这样企业就可以利用互联网资源，进入网上社会，充分利用电子商务环境的有利条件进行网上运作，为企业自身的发展服务。

其次，应建立企业内部网，开发企业管理信息系统，建立网站。企业发展的关键在于开发市场，只有开发了市场，增加了客户，企业才有后劲。而开发信息技术，就是开发市场的必要手段，也是积聚企业后劲的必要手段。例如，物流企业宝供集团，真正的大发展，就是从开发了企业管理信息系统以后才开始的。深圳海福公司也是因为开发了管理信息系统以后才大大扩大了市场、扩大了业务、增强了竞争力。

当然，如果企业资金实在困难，可以分步实施。先开发一个小系统，再开发一个大一点的系统，最后完成整个企业的管理信息系统、建立网站、连接互联网。

(2) 企业的电子商务网站应当具有强有力的客户服务功能

开发企业管理信息系统、建立电子商务网站、连上互联网，这就做到了适应电子商务环境。为了充分利用电子商务环境的有利条件，还要增强电子商务网站的功能，充分利用电子商务网站，为企业做更多的事情，获得最大的效益。

就第三方物流企业的电子商务网站的客户服务功能来说最起码应当具有以下的功能。

① 客户登录功能。电子商务网站首先应当具有客户登录功能。登录网站的基本方式有以下两种。

- 任何一个客户可以单击企业的网站地址，进入网站进行一般浏览和输入信息。这种登录不能够打开业务系统页面，不能获取业务信息。这种方式适用于一般客户和新客户。
- 为用户设立权限和密码认证，他们登录网站后输入用户名和密码，获得系统认可后可以直接进入企业业务系统的某些功能模块，获取有关的业务信息。这种登录

只适用于那些企业认可的老客户和有业务关系的客户。企业通常用会员制来管理他们。会员制就是那些已经列入企业的客户名册、具有详细可靠信息、已经进入企业客户管理范围，因而享有一定的权利和义务的客户集合。一般客户要想成为会员客户，就得在作为一般客户登录网站后，填写客户信息调查表、输入真实详细的信息后，企业认可就可以成为会员客户。一般客户如果要与企业发生业务关系（例如，想委托物流配送中心为自己仓储、运输和配送），就必然要填写详细真实的客户信息表，因而很自然地就成为企业的会员客户。

对于企业来说，客观上总是存在一般客户和会员客户，因此企业网站上这两种登录方式都是必要的。

② 客户信息调查和客户留言功能。客户信息调查和客户留言功能，主要是为新客户和一般客户设置的。这些客户可以登录网站，但是不能够进入业务系统。如果他们想获取业务信息，可能的途径只有两条：一是填写客户信息表，说明自己的意向；二是填写客户留言，说明自己的情况和意向，等待企业的答复。这两个功能是企业收集新客户和一般客户信息的重要途径，对于企业增加会员客户、了解市场信息、扩大客户市场，都有重要的意义。因此这两个功能也是必需的。

③ 客户呼叫和客户沟通功能。这是一个内容更广泛、更实用、更复杂的功能。客户呼叫和客户沟通，除了包括登录网站、填写信息的单向文字操作功能外，还包括电话、传真、E-mail 等双向交互语音和文字操作功能，由于电话、传真的普遍使用，所以这种功能更加具有普遍性和实用性。

客户呼叫包括客户呼叫企业和企业呼叫客户两个方向，从呼叫形式上包括电话、传真、E-mail 和信件等基本形式。客户沟通，也叫信息交互，包括信息往来和当面交谈两种形式。信息往来可以通过信件、传真、E-mail、客户留言和答复等形式，这些形式的信息交互在时间上不连续，可以相互错开，交互双方不需要同时在场；当面交谈则可以通过电话、聊天室等形式进行，它们在时间上是连续的，交互双方同时在场。

这两个功能有的需要进入业务系统，留下记录或者执行业务系统的某些功能。例如，客户通过传真、信件、E-mail 等传来的订货合同与汇款信息等，以及通过电话等传来的客户信息等都要在业务系统中留下记录，企业呼叫客户转送有关的业务信息，需要执行业务系统的有关功能，提取信息发给用户。因此，企业的网站应当具有多媒体转换功能，把语音信息转换成文字信息，把非格式化信息转换为格式化信息，这样才能够留下记录。

在有的比较高级的客户沟通功能中，还具有会员俱乐部的功能。即为所有会员客户设立了一个专门页面，让他们自由发表意见，相互交流经验和意见，有的还提供一些在线娱乐方式。

④ 宣传广告功能。网站的广告宣传功能，主要是为宣传企业、宣传产品、扩大影响、扩大吸引力、招揽一般客户、开发新客户而设置的。宣传广告功能的核心，就是要增大注意力和吸引力。这可以采取多种措施。

- 网站名字设计得有特色，容易引起人们的兴趣，简洁易记。
- 页面设计得新颖别致，精美漂亮，单击方便迅速。

- 采用醒目与简洁的文字说明、动画、艺术字体、旗帜广告等。
- 配合音乐、颜色、多媒体等建立一个协调的工作氛围。
- 设计一些趣味娱乐项目、新闻、小说阅读、科普知识和技术咨询、培训项目等，增大网站的吸引力。

⑤ 客户信息储存和处理分析功能。网站的客户服务模式中，一个最重要的功能就是客户管理。客户管理的基本内容，一是要开发新客户，二是要管理好会员客户。管理好会员客户，首先要管理好会员注册信息。要妥善收集、储存、维护好客户信息，包括客户基本信息和客户业务往来信息。管理好客户基本信息，就是要维护好客户基本信息表。管理好客户业务往来信息，就是要维护好业务往来表。要按客户顺序对业务往来表进行统计，求出各个客户的业务量、业务信誉程度。如果客户太多而管理不过来，要根据客户的业务量和业务的信誉程度将客户分成A、B、C三类，进行分类管理，引入奖励竞争机制，防范客户风险。要根据客户的地区分布情况统计，制定企业的客户市场的开发策略，开发新客户，开发新市场。

⑥ 客户业务处理和信息反馈功能。企业的电子商务网站一个重要功能就是企业的业务处理信息系统。物流配送中心最基本的业务就是为客户储运配送客户的物资。储运配送的效果如何，是客户最关心的事情。要根据企业的业务处理流程，追踪每一笔业务，留下记录，这些记录可以提供客户查询。客户看到自己的业务处理的进度和处理质量就能够放心。如果质量处理得好，就可以提高客户满意程度，培养忠诚客户。忠诚客户的宣传，最容易吸引新客户，扩大客户市场，形成良性循环，当然如果质量处理不好，也会形成恶性循环，丧失客户。这就要求既要做好网上的运作，也要做好网下的业务运作。

(3) 网上企业业务处理功能

企业的网上业务处理，就是企业的物流管理信息处理系统，包括企业物资的进货、储存、出库发运业务的信息处理。企业不同，具体的业务有可能不同。对一般的第三方物流企业来说，应当具备以下一些基本功能：物资编码管理；仓库货位管理；车队与司机管理；物资出入库管理；运输调度与运输业务管理；客户管理；供应商管理；结算与成本管理；经济效益管理；系统维护等。

企业物流管理信息系统的好处，不但可以做到信息共享，提高处理速度和处理效率，而且能够及时在网上进行数据更新，及时反馈给各个业务部门及客户，为前面的客户服务功能提供支持。因此，物流管理信息系统是企业运作的基础工作。网上业务处理的结果能够随时提供客户查询，对于增强客户的信心、培养忠诚客户、扩大客户市场都是至关重要的。

(4) 企业要把网上运作和网下运作结合起来，全方位地加强客户服务功能

电子商务环境为我们提供了有利的环境条件，充分利用网上资源，做好网上运作是非常必要的，但是千万不要偏废，只重视网上运作而忽视网下运作，而要把网上运作和网下运作结合起来，充分发挥各自的优势，互相补充地共同实现企业的运作，获取最大的效益。

9.4　电子商务环境下第三方物流企业的前景和发展策略

9.4.1　电子商务环境下第三方物流发展前景广阔

随着现代信息技术及国际互联网的飞速发展，以网上商品购销为核心的电子商务迅速发展起来。网上采购、网上营销在全新的电子交易市场进行运作，极大地改变了企业的营销观念、购销模式，进而影响企业营运的全过程。在电子商务方式下，商贸活动尽管实现了商流、信息流、资金流的有机统一，但作为购销活动的重要内容——物流不同步，已成为电子商务发展的严重障碍。作为一个完整的商贸活动，商品实体与服务的传输必须同步于商流形式的发展，也就是说，虚拟网络的运作必须有强有力的实体网络来支撑，否则发展电子商务网上交易将失去其意义。在电子商务虚拟环境下如何完成交易后商品实体交割过程，物流配送体系的完善又是关键。目前，物流配送已被各商家提高到企业战略高度来重新认识。电子商务下的物流配送前景广阔，在某种程度上为第三方物流发展提供了良好的发展机会与广阔的发展空间。

9.4.2　电子商务环境下第三方物流企业的发展策略

电子商务的开展对企业新的物流网络提出新的要求，这种新的物流网络必须能够处理小规模并且异常频繁的订单，必须能够及时地实现商品配送，必须能够及时地与客户交换有关的信息，必须能够提供在线的订单处理，必须能够与分销渠道中的其他环节分享相关的信息。这就要求企业利用外部的服务商来承担企业部分或者全部物流的职能。我国从事第三方物流服务的企业应针对目前第三方物流的机遇与挑战，为适应电子商务发展的需要，适应市场化、网络化、全球化的经济发展趋势，积极探索，勇于创新，建立适应于我国市场状况的现代物流。

1. 构建企业核心能力

企业核心能力指企业开发独特产品、发展独特技术和发明独特营销手段的能力。第三方物流企业要在竞争中立于不败之地，必须要有自己的核心竞争能力，才能在与国际、国内竞争同行的争夺战中保持优势。构建核心能力主要应从如下几个方面入手：知识技能的积累，技术体系的完善，组织管理体系的建设，信息体系的培育，企业文化的建设等。

2. 进行资产重组，建立区域联盟

我国第三方物流系统总体水平薄弱，主要表现为社会化、组织化、专业化程度低，缺乏覆盖面广的物流配送服务网络体系。实现资产重组可以使企业成为真正的市场主体，增强其活力；建立区域联盟可以将各自独特的企业资源整合为一体，实现互补和共享，同时还能使优势企业形成规模化经营，降低其运作成本。

3. 瞄准目标市场，充分运用信息化手段，为客户提供立体式服务

电子商务环境下的第三方物流企业要以信息技术应用为核心，从顾客需求出发，综合应用电子信息技术，在提供基本物流服务的同时，应根据市场需求，不断细分市场，拓展业务范围，发展增值物流服务，广泛开展加工、配送、货代等业务，甚至包括提供物流策略和解决方案、搭建信息服务平台等服务，用专业化服务满足个性化需求。通过互联网、管理信息系统、电子数据交换技术等，实现物流企业和客户企业的资源共享，对物流各环节进行实时跟踪、有效控制与全程管理，实现物流畅通。为供应商、消费者提供灵活高效的物流服务；在物流服务项目、组织结构、运行机制、服务规范质量等方面进行技术创新，突出有吸引力的新物流服务项目。第三方物流企业通过提供全方位服务的方式，与客户企业加强业务联系，增强相互依赖性，发展战略伙伴关系，消除客户企业的疑虑。

4. 建立快速反应机制，满足客户需求的变化性和多样性

电子商务环境下，第三方物流企业面临的压力很多来源于客户变化多样的需求。面对客户需求的变化性和多样性，第三方物流企业必须具备快速的反应能力。如果在满足客户、技术升级或同业竞争等方面的速度反应能力不够强，第三方物流企业将很难取得竞争优势，甚至会被淘汰。建立快速反应机制的目的主要在于将买方与供应商联结在一起，以达到在生产与销售之间商品与信息的快速移动，迅速满足客户的需求。

5. 加快第三方物流的关键环节的建设与改造

第三方物流的关键环节——物流（配送）中心，集商流、物流、信息流于一体，第三方物流企业应将分散的商品实体变为系统的物流活动，并依照实体运动的规律实施系统化管理，以提高实体分配的效率和综合经济效益。在物流配送过程中，应将生产者或批发者供应的商品，根据用户或消费者的要求，进行一系列分类、编配、整理，然后定品种、定数量、定时间上门送达各服务对象，其配送商品的标准化、产品化程度与需求者密切相关，是连接供应商与需求者的桥梁与纽带，在电子商务中发挥着十分重要的作用。因此，加快第三方物流（配送）中心的建设与改造步伐是发展第三方物流策略的关键步骤和重点环节。

本章小结

电子商务是指利用网络环境和信息技术对企业内部的资源和业务进行合理化的调配，直至达到最优配置的资源管理方式。电子商务中任何一笔交易都包含着信息流、商流、资金流和物流。前三种流都可以通过计算机和网络通信设备实现，而物流在四流中是最为特殊的一种，除少数数字化产品和服务可直接通过网络传输的方式配送外，对于大多数产品和服务来说，还要靠实体的物流系统来完成。物流与电子商务存在着密切的关系。电子商务的发展给全球物流也带来新的变化，使现代第三方物流具备了一系列新的特点：信息化、多功能化、全球化。

第三方物流企业的业务处理模式，主要包括从客户企业承接物流业务合同，根据合同完成指定的物流业务，并且获得业务收入。具体的物流业务活动，包括获取业务订单，组织物资的进货、入库、储存保管、出库、运输配送、资金结算等。在电子商务环境下，这些内容应当充分利用电子商务环境的特点和优势，进行科学的组织和策划。

现代物流配送是电子商务全过程的核心环节，也是电子商务的瓶颈，解决配送瓶颈问题的最佳办法是选择第三方物流。采用第三方物流能给企业带来集中主业、节省费用、减少资本积压、减少库存、提升企业形象等许多自营配送无法比拟的优势。因此，电子商务在某种程度上为第三方物流发展提供了良好的发展机会与广阔的发展空间。

我国从事第三方物流服务的企业应针对目前第三方物流的机遇与挑战，为适应电子商务发展的需要，适应市场化、网络化、全球化的经济发展趋势，积极探索，勇于创新，建立适应于我国市场状况的现代物流。

复习与思考

1. 电子商务与物流的关系是什么？
2. 简述电子商务物流的一般流程。
3. 简述第三方物流与电子商务的关系。
4. 为什么说第三方物流是电子商务成败的关键？
5. 电子商务企业应如何充分利用第三方物流企业的服务？
6. 电子商务环境下第三方物流企业的业务模式是怎样的？
7. 电子商务环境下第三方物流企业的发展策略是什么？

案例分析

利用电子商务赢利的联邦快递公司

联邦快递是全球最具规模的快递运输公司，为全球超过220多个国家或地区提供快捷、可靠的快递服务。联邦快递设有环球航空及陆运网络，通常只需一至两个工作日，就能迅速运送时限紧迫的货件，而且确保准时送达。联邦快递是一家国际性快递集团，提供隔夜快递、地面快递、重型货物运送、文件复印及物流服务。

联邦快递集团为遍及全球的顾客和企业提供涵盖运输、电子商务和商业运作等一系列的全面服务。作为一个久负盛名的企业品牌，联邦快递集团通过相互竞争和协调管理的运营模式，提供了一套综合的商务应用解决方案，使其年收入高达320亿美元。

联邦快递依靠科技进步，采用最先进的网站硬件和网络技术，应用互联网、现代通信技术、快速输送技术和实物物流网络，将物流服务和网络技术结合起来，效率、效益由此而得到大幅度的提高。多年来，电子商务一直在联邦快递的业务中发挥着核心作用。

1994年联邦快递建立了自己的主页——FedEx.com；1995年，开发了一套免费的联邦快递船(FedEx Ship)软件，任何人只要拥有一台计算机和一个调制解调器就可以使用该软件订购商品，通过该软件，他们可以随时掌握供货时间以及产品预计抵达的时间；随后，联邦快递为满足频繁和有多个寄件人的公司处理托运工作设计了FedEx Ship Manager(即FSM)软件；为了提供邮件包裹百分之百的跟踪和每站单据查询服务设计了3套电子商务系统邮件跟踪、查询系统和地面运行系统。

联邦快递电子商务网站真正的核心力来自于深刻理解用户的需求。联邦快递网站注重的是它与客户，尤其是企业客户间的亲和力和吸引力，这对其发挥其智能化运输控制作用是至关重要的。对于企业用户。联邦快递的智能网上系统能与用户企业网无缝连接，或通过Web页面直接介入到用户物资运输中去。其成功杰作之一就是其向Dell公司提供的“全球一体化运输解决方案”。它将Dell在马来西亚和美国本土总部分为两大整机及零部件制造与供应中心，对于世界任何一地、任何单位数量的零件或整机需求，均由Internet Ship系统排出总体成本最低、最快捷的优化递送方案，以展示Dell对顾客的“成功、质量和服务”承诺。

联邦快递每天向全世界200多个国家递送250万个包裹，其中99%属于限时递送，2009年，联邦快递正式成为淘宝的“推荐物流商”。它全面应用了客户关系管理、商业智能、计算机电话集成、无线互联技术等先进的信息技术手段，以及配送优化调度、动态监控、智能交通、仓储优化配置等物流管理技术和物流模式，联邦快递为客户提供了一套先进的、集成化的物流管理系统，从而为企业建立敏捷的供应链系统提供了强大的技术支持。

FedEx的竞争力还体现在它在互联网上构建的智能化运输管理系统，其核心威力是对企业用户和对个体用户的吸引力上。任何公司在逻辑上都可直接将FedEx庞大的空运阵容和陆地车队当作自己的运输资源；而且FedEx的智能系统还告诉它们，一切最快并非一切最佳，明智的运输方案应是各种待运物资在送抵目的地总体等待时间最短或最实时的解决方案。

联邦快递公司内部的专用网络联邦快递COSMOS每天可以处理5 400万宗交易。通过网络提供的信息，公司可以对商品交易的全过程（从客户订购一直到货物抵达终点）了如指掌。当客户输入“提货”指令时，管理员将会从系统中得到客户指定的提货时间和地点。管理员将商品上的条形码扫入手持系统中，记录下该商品已经被提走。联邦快递的其他工作人员将以系统记录为依据，追踪货品装运，直到运抵客户的全过程。

联邦快递的专用网络为该公司如今的电子商务奠定了基础。互联网进一步扩展了专用网络的应用，联邦快递通过电话和纸与客户沟通的联系方式已经成为历史，随着越来越多的公司通过互联网销售产品，联邦快递提供的快速运抵服务使该公司不断从增长的网络交易机会中获利。

(1) 减少手工业务成本。如果没有联邦快递船，联邦快递则不得不多雇用两万名雇员来分拣包裹、回答电话咨询和输入货单。有了动力船，大量的简单劳动就可以自动完成。管理员可以花更少的时间记录产品信息，电话服务代表可以花更短的时间回答客户的问题并随时联机追踪商品的运送情况。

(2) 降低日常运营成本。客户每个月使用互联网船追踪100万个包裹的行踪，现在大约一半的追踪电话是联邦快递的免费电话。

(3) 更好的客户服务方式。客户当然也可以选择与公司互动的方式，不过将近95万名客户发现，通过联邦快递的Web网站联系更加方便和简单。

思考题：

1. 联邦快递是如何利用电子商务开展全球快递业务的？
2. 联邦快递的电子商务有何特色？
3. 为什么说电子商务使联邦快递获得较大收益？

第10章　第三方物流信息系统

本章关键词

√ 物流信息(Logistics Information)
√ 物流信息系统(Logistics Information System,LIS)
√ 物料资源计划(Material Resource Planning,MRP)
√ 分销资源计划(Distribution Resource Planning,DRP)
√ 电子数据交换(Electronic Data Interehange,EDI)
√ 电子自动订货系统(Electronic Ordering System,EOS)
√ 销售时点信息系统(Piont of Sale,POS)
√ 智能运输系统(Intelligent Transportation System,ITS)

互联网资料

http://www.chinawuliu.com.cn/
http://www.56888.net/
http://shanghai56.com/

10.1　第三方物流信息系统概述

10.1.1　第三方物流信息系统的基本概念

1. 物流信息与物流信息管理

物流信息(Logistics Information)是指反映物流各种活动内容的知识、资料、图像、数据文件的总称。在物流活动中,按照所起的作用不同,可将物流信息分为物流系统内信息和物流系统外信息。

① 物流系统内信息是伴随物流活动而发生的信息,包括:订货信息、库存信息、生产指示信息(采购指示信息)、发货信息、物流管理信息等。一般来说,在企业的物流活动中,按照顾客的订货要求进行订货处理是物流活动的第一步,订货信息是全部物流活动的基本信息。接着,制造厂将订货信息和现有商品的库存信息进行对照,当商品库存充足时,则根据订货信息将货物移出仓库准备发货;当商品库存不足时,应先根据生产指示信息安排生产(零售业中为根据采购指示信息安排采购)。物流管理部门收集交货完毕的通

知、物流成本费用、仓库车辆等物流设施的使用工作率等信息作为物流管理信息，从而进行物流管理和控制活动。

② 物流系统外信息是在物流活动以外发生，但提供给物流活动使用的信息，包括供货人信息、顾客信息、交通运输信息、市场信息、政策信息，还有来自企业内生产、财务等部门与物流有关的信息。

一般来说，信息只有传递、交流和应用才能产生价值。物流信息的搜集、传递、整理、分析和应用，是物流信息管理的基本内容。现代物流发展要求对物流作业对象管理即商品管理实现信息化(编码和建立数据库)，所用设备必须具有信息处理功能，同时还要有先进的信息管理系统，包括信息的生成、加工及处理，利用快速、准确的信息流来指挥物流系统的各种活动。现代企业随着经营发展，不仅为自身提供财务结算服务，还要为顾客提供货款结算服务。企业每天要完成大量的财务结算服务，只有采用计算机信息处理系统才能有效地完善经营结算功能。通过构建现代企业信息处理中心，提供准确和及时的物流信息服务，才能有效地促进商流、物流和信息流在物流信息系统支持下的一体化发展。

此外，还需要对物流信息的经营管理建立起有效的信息交流、共享机制，不断形成信息资源的累积和优势转化，在企业物流发展中获取更多信息价值。为此，要求积极培养物流信息管理专门人才，采用现代科学技术，提高物流信息的交流处理能力，创新物流信息的价值实现途径。

2. 物流信息系统

物流信息系统(Logistics Information System，LIS)是物流企业按照现代理论思想、理念，以信息技术为支撑所开发的信息系统。可以将物流信息系统理解为用系统的观念、思想和方法，以电子计算机为基本信息处理手段，以现代通信设备为基本传输工具，通过对与物流相关信息的加工处理达到对物流、资金流的有效控制和管理，并为企业提供信息服务和决策支持的人机系统。物流信息系统以物流信息传递的标准化和实时化、存储的数字化、物流信息处理的计算机化等为基本内容。

物流信息系统的概念可以从不同的角度去理解：

① 从构成上看，物流信息系统是由物流信息系统的软件及硬件两大部分组成。软件主要指物流企业完成物流活动的运输、仓储、搬运等各环节的各种信息系统软件；硬件主要指支撑相应软件的载体(如通信设施与计算机硬件)。

② 从技术层面上看，物流信息系统是利用计算机技术、通信技术等现代高新技术对传统的货物流通管理过程进行全面的改造，用以提升物流活动的整体效益与客户服务水平而形成的信息系统。如利用条形码技术、EDI 技术、GPS 技术等实货物的跟踪查询功能。

③ 从政府行业管理部门的角度上看，物流信息系统在于构筑一个与政府部门协同作业的环境，实现行业及市场管理的规范化，并为宏观部门提供决策需求信息。

④ 从企业管理角度上看，水平方向的物流信息系统贯穿于物流活动的各基本功能的实现；垂直方向上物流信息系统具有作业层、控制层与管理层三个不同层面。

作为辅助物流企业进行事务处理，为管理决策提供信息支持的物流信息系统有以下一些基本特征。

① 管理性和服务性。物流信息系统通过其所拥有的各种管理工程模型，辅助管理者进行物流运作的管理和决策，为客户提供良好的服务和信息支持。

② 适应性和易用性。物流信息系统应尽量做到当环境发生变化时，系统无须太大的变化就能适应新环境，且模块化的系统结构应相对易于操作和修改。

③ 开放性和异构性。物流信息系统必须满足不同职能部门使用不同操作平台以及异构数据库的实际要求，同时还必须在符合相关标准的前提下提供数据共享的应用平台。

④ 可扩展性和灵活性。物流信息系统必须具备随企业发展而发展的能力，能够提供物流企业进行二次开发的功能，满足企业业务重组、流程再造的需求。

⑤ 动态性和实时性。物流信息系统必须满足数据库的实时更新，保证用户实时地掌握和控制系统中各环节的运作数据，使经营者进行及时准确的决策。

⑥ 协同性和安全性。物流信息系统必须提供完善的接口，实现与客户，与业内各部门之间，供应链其他环节及社会各方的协同，并保证系统的安全。

⑦ 集成化和模块化。物流信息系统将业务逻辑上相互关联的部分连接在一起，为企业物流活动中的集成化信息处理工作提供基础，并将其划分为各个功能块的子系统，满足物流企业不同管理部门的需要。

⑧ 网络化和智能化。物流信息系统使物流企业通过物流信息网络实时地了解各地业务的运作情况。智能化是物流信息化和网络化的高层次应用，目前正在朝这个方向发展，旨在解决物流作用过程中大量的运筹和决策问题。

3. 第三方物流的信息共享

信息技术的进步、激烈的市场竞争和消费者需求的不断更新提高，使企业间的竞争发展已成为供应链间的竞争。供应链中原来处于竞争对手的企业意识到只有全面合作，努力提高对消费者的整体服务水平，才能增强企业自身的竞争力，使彼此都获得最大的利益。而要达到这一目的，实现高度合作，就必须共享信息。

(1) 第三方物流的信息共享需求

供应链是从原材料采购开始，经过生产、储存、分配、运输、销售、配送等环节，并最终送达用户的过程，涉及了供应商、制造商、仓库、配送中心、批发商、零售商以及在各节点单位之间流动的原材料、在制品库和产成品，是具有一定流量，环环相扣的"链"，由第三方物流企业衔接了这条"链"，如图10.1所示。

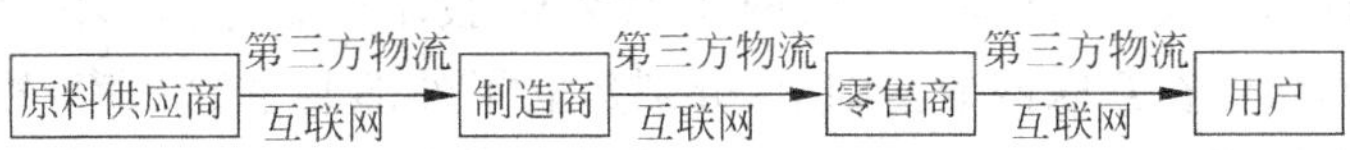

图10.1　供应链上的第三方物流

在第三方物流企业负责衔接的供应链中，共享信息占相当大比重。可以将之分为三类：上下游企业间的共享信息；物流企业和供应链节点企业间的共享信息；第三方物流企业、需方和供方三方共享的信息。

- 两个相邻的上下游企业，它们的共享信息（包括上下游企业各自合作伙伴提供的需要同对方同享的信息）多来源于共享双方的内部信息系统，内部涉及商流、资金流、人才流、技术研发、市场营销等多个方面，直接影响企业采购、生产、制造、销售策略和方案决策。这部分信息重要级别很高，多涉及企业的战略和核心优势，要求保密性强，可扩散范围小，一旦泄密将对信息提供方的经营活动产生极大的破坏作用，因此它的共享对企业信用等级，信息的可信性、完整性、安全性要求严格，全面信息共享实施难度大。

• 供应链节点企业（称其为A）和第三方物流企业之间的共享信息，它包括A企业及物流企业内部及A企业的上下游合作伙伴的基本信息。这些信息和物流活动有关，如地理分布信息、产品信息、采购信息、发货信息等。信息涉及企业不仅限于合作的物流企业和A企业这两个企业，而应是整个物流网络中以A企业为核心的某一个企业群体，信息提供方主要是A企业。

• 相邻的上、下游企业和第三方物流企业三者的公开信息，包括与物流相关的商流信息，物流状态信息、行业及社会共享资源信息等。该区域信息的特点是透明度高、综合性强、安全性要求不高，同时涉及共享三方，信息来源包括企业内部信息系统，也包括外部其他数据库。

（2）第三方物流的信息共享方式

第三方物流企业负责衔接的供应链中信息共享方式有四种：EDI方式、外部数据库方式、第三方企业方式及信息平台方式。

• EDI方式，即商业贸易伙伴的信息系统之间直接用EDI或增值网方式进行连接。EDI是指对各种商业单证，通过电子方式进行交换，如订单、回执、发货通知、运单、装箱单、收据发票、保险单、进出口申报单、报税单、缴款单等。EDI方式主要用于传递遵守同一标准的贸易信息，其信息处理由计算机自动完成。在EDI方式中，各企业需遵守统一的商业操作模式，企业内部数据库直接和合作伙伴的内部数据库进行数据交换，共享的主要是商业单证和凭证信息。这种模式能保证数据的完整性、一致性、可靠性；系统安全性好，有一定的容错和扩充能力，但需要一套专用设备和线路，使用成本很高，中小企业难以承受。基于互联网的EDI，则因为费用低廉的互联网替代了昂贵的VAN，使费用大大降低，从而在中小型企业的应用方面开设了新的局面。这种模式的大范围使用将大幅度地减少数据重复录入和处理费用，缩短交易时间，实现供应链中贸易信息的实时共享。在下文中会对EDI进行详细的介绍。

• 外部数据库方式，则是基于互联网和WWW技术的企业内部信息系统的对外延伸。合作伙伴在互联网的基础上，分别建立了外部共享数据库，然后将从企业信息系统数据库中抽取和加工出的部分信息存放其中，外部企业只能从共享数据库中获取到加工处理过的信息。这种模式下，共享信息从企业内部数据库通过互联网发送到位于企业防火墙外的共享数据库中，然后传递给合作伙伴的外部共享数据库或内部信息数据库。当供应链中合作企业较多时，进行共享数据的访问和查找是一件很烦琐而耗时的工作。此外，虽然外部数据库方式于互联网技术和WWW技术，成本低廉，易于实现，但需要额外建设一个外部共享数据库，并进行相应的数据处理，必然影响信息在合理范围内的扩散速度。企业如采用单向数据流方式直接从对方的外部数据库中获得信息，则可减少数据传输、转换时间，但这要求共享双方有明确的信息需求，相应的数据标准，数据共享合作周期长，关系稳定，变动性不大。

- 第三方企业方式，是由第三方信息企业提供一个公共数据库。第三方企业通过向供应链企业提供数据库服务和信息服务，与各信息共享企业之间根据合作关系传送信息，存储、处理信息。另外，第三方企业可主动地从外部其他信息来源去收集、加工与供应链相关的信息以向供应链单位提供额外的信息服务。这要注意的是，第三方企业方式对第三方信息企业的硬件设备、技术水平要求很高，不仅只是通过接口建设进行数据交换，还能对不同信息来源的数据进行集合。如按业务主题构建供应链的主题数据库，并对相应的信息系统进行整合或重新建设。这种模型又因为第三方和供应链企业之间只是合作关系，一旦合作关系中止，信息的安全性难以得到保证。而和第三方企业服务包括额外的信息服务，从而可以人为地介入信息处理过程。因此该模式对第三方企业的信用要求高，企业外部共享数据库仍需存在。
- 信息平台方式，该方式借助信息技术，由信息平台取代了第三方信息企业，企业内部信息数据库和信息平台数据库间的数据传输和处理由计算机自动完成，人工难以对其进行干预。信息平台服务商只对平台运行进行维护或根据用户的需要开发新功能模块，不提供具体的信息服务，保证了数据的安全性和完整性。信息平台方式对供应链合作伙伴企业的信息系统限制不大，可通过信息平台的一系列接口规范及多种数据接收方式对其进行数据集成，从而适用于不同信息化水平的企业。但对信息平台服务商的信息技术、硬件设备要求很高，能对现在的各种信息系统按一定的标准进行整合，信息集成实施难度大，是供应链运作到较高水平的信息模式。

10.1.2 第三方物流信息系统的目标

第三方物流企业需要通过物流信息系统将整个物流过程整合起来。第三方物流信息系统是最具代表性的物流信息系统。

第三方物流企业作为一种服务性企业所提供的服务必须满足社会经济发展的需要。所以，既能适应激烈的市场竞争环境和物流产业的进步，又能满足全球经济一体化和电子商务发展对企业的要求，还具有整合物流信息资源和社会物流资源的能力，是第三方物流企业实施管理信息系统设计的长期战略目标。同时物流信息系统还应该本着“以客户为中心”的思想，与客户进行良好的交互活动，提高客户服务质量。第三方物流信息系统设计的目标应根据长远规划，分步建设的原则，一方面，在突出某一主要业务的基础上整合运输、仓储、货运代理等各项业务；另一方面，为系统规划充足的扩展空间，保证物流信息系统满足未来更强大的功能和应用要求。在系统分析的基础上设计的第三方综合物流信息系统应实现如下的预期目标：

(1) 大幅度提升公司形象，建立物流的现代化信息管理体制；

(2) 促进各部门间的协同作业，规范并优化企业内部各办事机构的业务流程，实现无纸办公；

(3) 明确各物流与作业环节负责人的责任和义务，达到公司内部各部门、员工使用权限明了，杜绝互相推诿现象；

(4) 有效管理各业务流程，提供各物流管理与作业的信息与数据，实现库存最小化并保证实物配送等物流环节之间的协调一致，全面降低企业运作成本，提高物流的整体经济效益，大幅度拓展物流业务，争取企业利润最大化，进一步提高企业的竞争力；

(5) 实现对物流全过程的监控，方便地提供货物跟踪信息，及时掌握物流运营状况，提高自身对异常物流业务的应变能力；

(6) 开发决策支持系统，为企业决策层提供图形化、报表化的业务分析数据，能够对未来的公司业务发展、客户需求发展、市场发展作出预测；

(7) 建设企业互联网/内联网网络平台，通过互联网实现全天候实时服务，实现各用户之间信息的共享和高速传递，充分满足客户的各种需求，使客户能够方便及时地通过互联网在线查询业务状态，大大加强与客户的紧密度，全面提升客户服务水平；

(8) 预留标准的EDI数据接口和其他各种接口，实现与海关、货主等关系部门的数据共享和交换以及物流系统和GPS系统、专业的企业财务管理系统等的对接。

10.1.3 第三方物流信息系统的功能

第三方物流信息系统的主要功能涉及物流中所有的物流管理和作业环上，其具体内容主要有：

① 订单管理功能：通过使用通信技术对邮件、电话、传真以及EDI或互联网订单进行修改及维护；

② 运输配送功能：包括运输单证的生成、车辆调度、制定配送线路、货物签收等环节；

③ 仓储管理功能：包括货物的入库管理、出库管理、在库管理三部分。该功能可以通过对出入库货物数量的计算，准确得出货物结存量，对库存量少于存下限的商品和接近保质期的商品进行预警显示，还可以根据物流订单信息进行库存的预测管理等，其主要目的在于降低仓库管理成本；

④ 包装管理功能：在物流过程中换装、分装、再包装等活动。包装管理还要根据全物流过程的经济效果，具体决定包装材料、强度、尺寸及包装方式；

⑤ 装卸管理功能：主要是确定最恰当的装卸方式和装卸机具，力求减少装卸次数；

⑥ 流通加工功能：在物流过程中进行的辅助加工活动；

⑦ 集中控制功能：提供对物流全过程的监控，并通过对各环节数据的统计与分析，得出指导企业运营的依据；

⑧ 统计报表功能：它是物流信息系统中最主要的信息输出手段，是企业领导和客户了解业务状况的依据。系统应能够提供动态的统计报表，也可以提供多种固定的统计报表；

⑨ 查询管理功能：通过信息查询为公司各个部门及客户提供实时的物流营运信息(包括仓库库位信息、运输配送信息、各种报表信息等)，使客户可以共享物流企业的信息资源，用以控制和支持物流计划工作；

⑩ 客户管理功能：收集、分析客户信息，并对客户的业务、信用、投诉实现在线管理。一般由托运人管理、收贷人管理和中间承运人管理三部分组成；

⑪ 财务管理功能：涉及成本核算、运费计算、未收金管理、银行结算等部分，它是管理物流业务中和费用相关的各种数据，是建立物流系统和专业财务系统的数据接口；

⑫ 辅助决策功能：收集与物流活动相关的各种信息，进行物流计划，预测动态情报分析，为物流服务决策提供数据依据。

第三方物流信息系统的模块数和功能数并不必一一对应，它可根据企业信息系统的实际需要进行相应的选择、变动及修改。比如说，装卸管理便可以放入仓储管理和运输管理中，同样，每个部分中都可有查询功能。一个功能完善、强大的物流信息系统，还应该建立在简单的物流信息管理之上，加上管理控制、信息决策以及制订战略计划等功能模块。总之，物流企业应该立足于本企业的特点，建立集可靠性、及时性、灵活性、适应性于一身的现代物流信息系统。

10.1.4　第三方物流信息系统功能层次结构

物流信息系统是把各种物流活动与某个一体化的过程联结在一起的通道。第三方物流一体化过程建立在四个层次上：数据库管理层、管理控制层、决策分析层以及战略管理层，如图 10.2 所示。

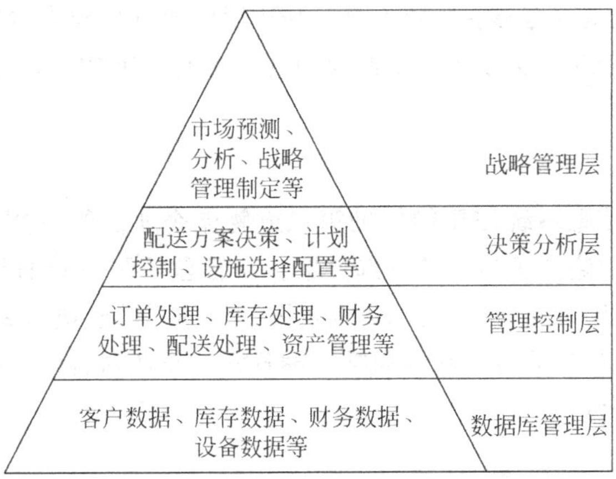

图 10.2　第三方物流信息系统的功能层次

1. 数据库管理层

对于第三方物流企业，其数据库系统是第三方物流信息系统启动物流活动的最基本的层次。第三方物流信息系统每天要产生和处理大量的数据，在数据的使用过程中，有的数据使用后仍有价值，特别是经过处理的数据，如需再次使用则需要存储。数据库的功能是将收集加工的物流信息以数据库的形式加以存储。

数据库是计算机中用于存储、处理大量数据的软件。所谓数据处理，并不是指文字的编辑或单纯的数字运算，而是还包含数据的搜索与筛选等工作。将数据利用数据库存储后，这些数据便不再是死的数据了，可以灵活地操作这些数据，从现存的数据中统计出任何想要的数据。

数据库的核心是数据库管理系统。数据库管理系统（Data Base Management System，DBMS）是用来建立数据库、使用数据库、提供数据库操作语言、对数据的合法性、安全性等进行管理的软件系统。一个数据库是建立在它的概念模式即全局逻辑结构的基础上的，各用户对数据的存取与控制统一由 DBMS 管理。DBMS 承担着数据库和用户之间的接口作用。用户通过数据库管理系统，可以用子模式对自己的数据库进行管理，例如创建数据库文件，修改数据库文件，进行查询、更新等。

2. 管理控制层

管理控制，要求把主要精力集中在功能衡量报告上。功能衡量对于提高物流服务水平和资源利用等管理信息反馈来说是必要的。因此，管理控制以可估价的、策略的、中期的焦点问题为特征，它涉及评价过去的功能和鉴别各种可选择方案。

普通的功能衡量包括财务成本分析、顾客服务评价、作业衡量、质量指标等。功能衡量对第三方物流服务是非常重要的，一般客户都希望通过第三方物流服务，能对物流系统作综合性分析，提供更多的物流信息与客户共享，客户可以利用这些信息与自身的信息系统集成，为企业决策提供市场及物流信息。

某些管理控制的衡量方法，诸如成本有非常明确的定义，有些衡量方法，诸如顾客服务则缺乏明确的定义，需要采用一些分析方法建立评价指标。

第三方物流系统是否能够在物流系统运作中随时鉴别出异常情况也是很重要的。有超前活力的物流系统还应该有能力根据预测的需求与预期的入库数预测未来存货短缺情况。

3. 决策分析层

决策分析，是指信息系统需要能辅助第三方物流企业决策应用，以协助管理人员鉴别、评估和比较物流战略或策略上的可选方案。与管理控制不同的是决策分析的主要精力集中在评估未来策略的可选方案上，因此需要相对的零散模块和灵活性，以便于在较广的范围内选择。典型的决策分析功能包括车辆日常工作计划、存货管理、设施选址以及作业比较和成本效益评价。

4. 战略管理层

战略管理层，主要精力集中在信息支持上，一起开发和提炼物流战略，这也是决策分析的延伸。物流信息系统制定战略层次，必须把较低层次数据结合进范围很广的交易计划中，便于评估各种战略的概率和损益的决策模型。

10.1.5 第三方物流信息系统的特征

第三方物流信息系统应该具有以下几个特征。

1. 开放性

为实现物流企业管理的一体化和资源的共享，物流管理信息系统应具备可与公司内部其他系统如财务、人事等管理系统相连接的性能。此外，系统不仅要在企业内部实现数据的整合和顺畅流通，还应具备与企业外部供应链各个环节进行数据交换的能力，实现各方面连接的无缝。另外，系统还需考虑与国际通行的标准接轨，比如目前国际上在运输领域中已推行一系列 EDI 标准，物流系统应具备与这些标准接入的开放性特征。

2. 可扩展性和灵活性

物流信息系统应具备随着企业发展而发展的能力。在建设物流信息系统时，应充分考虑企业未来的管理及业务发展的需求，以便在原有的系统基础上建立更高层次的管理模块。现在整个社会经济发展非常快，企业的管理及业务的变化也很快，这就要求系统能跟着企业的变革而变革。如物流企业进行了流程再造，采用了新的流程，原先的系统不能适应新的流程了，企业还需要再进行投资，重新对新的流程进行管理信息系统的建设，从而造成资源的极大浪费。这就要求建设物流管理信息系统时应考虑系统的灵活性，必须有能力提供能迎合特定顾客需要的数据。

3. 安全性

内联网（Intranet）的建立、互联网的接入使物流企业触角延伸更远、数据更集中，但安全性的问题也随之而来。在系统开发的初期，这个问题往往被人们所忽略。随着系统开发的深入，特别是网上支付的实现、电子单证的使用，安全性成为物流管理信息系统的首要问题。

- 内部安全性问题。资料的输入、修改、查询等功能应根据实际需要赋予不同部门的人适当的权限，如资料被超越权限的人看到或修改容易造成企业商业机密的泄露或数据的不稳定；公司的客户资料被内部非业务人员看到并泄露给企业的竞争对手；运费等费用被别有用心的员工篡改，都会对企业造成极大的损失。内部安全性问题可通过对不同的用户授以不同的权限、设置操作人员进入系统的密码、对操作人员的操作进行记录等方法加以控制。
- 外部安全性问题。系统在接入互联网后，将面临遭受病毒、黑客或未经授权的非法用户等攻击而导致系统瘫痪的威胁，也可能遭受外来非法用户的入侵并窃取公司的机密，甚至数据在打包通信时在通信链路上遭受截获等，因此系统应具备足够的安全性以防这些外来的侵入。外部安全性问题可通过对数据通信链路进行加密、监听，设置互联网与内联网之间的防火墙等措施实现。

4. 协同性

第三方物流信息系统应具备一定的协同能力。

（1）与客户的协同

如系统应能与客户的 ERP 系统、库存管理系统实现连接，系统可定期给客户发送各种物流信息如库存信息、货物到达信息、催款提示等。

（2）与企业内部各部门之间的协同

如业务人员可将客户、货物的数据输入系统，并实时供商务制作发票、报表；财务人员可根据业务人员输入的数据进行记账、控制等处理。

（3）与供应链上的其他环节的协同

如第三方物流应与船公司、仓储、铁路、公路等企业通过网络实现信息传输。

（4）与社会各部门的协同

即通过网络与银行、海关、税务机关等实现信息即时传输。与银行联网，可以实现网上支付和网上结算，还可查询企业的资金信息；与海关联网，可实现网上报关、报税。

5. 动态性

系统反映的数据应是动态的，可随着物流的变化而变化，能实时地反映货物流的各种状况，支持客户、公司员工等用户的在线动态查询。这就需要公司内部与外部数据通信的及时、顺畅。

6. 快速反应

系统应能对用户、客户的在线查询、修改、输入等操作做出快速和及时的反应。在市场瞬息万变的今天，企业需要跟上市场的变化才可在激烈的市场竞争中生存。物流管理信息系统是物流企业的数字神经系统，系统的每一神经元渗入到供应链的每一末梢，每一末梢受到的刺激都能引起系统的快速、适当的反应。

7. 信息的集成性

物流过程涉及的环节多、分布广，信息随着物流在供应链上的流动而流动，信息在地理上往往具有分散性、范围广、量大等特点。信息的管理应高度集成，同样的信息只需一次输入，以实现资源共享，减少重复操作，减少差错。目前大型的关系数据库通过建立数据之间的关联可帮助实现这一点。

8. 支持远程处理

物流过程往往包括的范围广，涉及不同的部门并跨越不同的地区。在网络时代，企业间、企业同客户间的物理距离都将变成鼠标距离。物流管理信息系统应支持远程的业务查询、输入、人机对话等事务处理。

9. 检测、预警、纠错能力

为保证数据的准确性和稳定性，系统应在各模块中设置一些检测小模块，对输入的数据进行检测，以便把一些无效的数据排斥在外。如集装箱箱号在编制时有一定的编码规则（如前四位是字母，最后一位是检测码等），在输入集装箱箱号时，系统可根据这些规则设置检测模块，提醒并避免操作人员输入错误信息。又如许多公司提单号不允许重复，系统可在操作人员输入重复提单号时发出警示并锁定进一步的操作。

10.2 第三方物流信息系统的模块设计

10.2.1 第三方物流信息系统的主要模块

这里列举第三方物流信息系统的主要的功能模块的设计，如图 10.3 所示。

1. 客户管理模块

客户管理模块需要具有较强的客户信息管理能力，包括客户信息的搜集、整理和分析

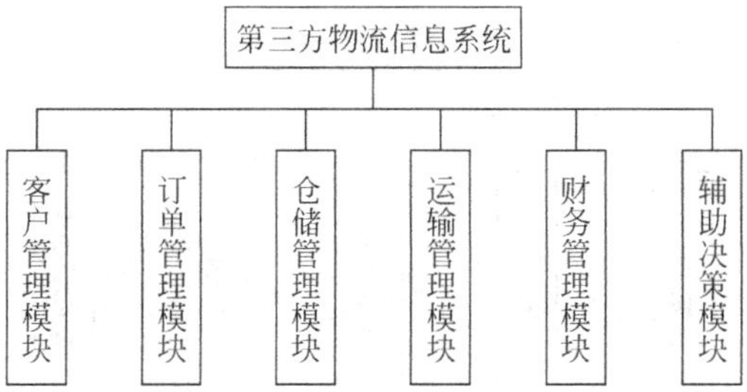

图 10.3　第三方物流信息系统模块划分

等。通过对客户资料的全方位、多层次的管理，使物流企业实现对客户资源的整合，使得客户对产品和服务的选择范围越来越广，选择能力不断提高，同时选择欲望也日益加强，使客户的需求呈现出个性化回归。另外，客户管理模块可以增进物流企业与客户的联系，记录客户提交的电子文件以及收款情况与交货情况等，提供相应的客户查询功能，并对客户的投诉以及售后服务进行管理。客户管理模块功能模块如图 10.4 所示。

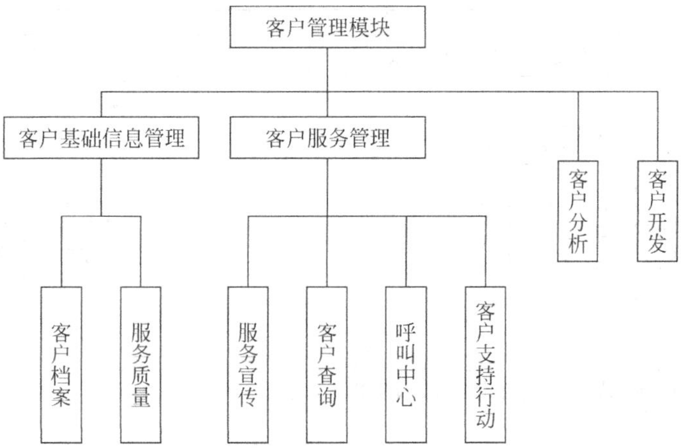

图 10.4　客户管理模块

2. 订单管理模块

第三方物流公司在服务于客户的整个过程中，订单处理既是业务的开始，也是服务质量得以保障的根本，高效的订单管理是整个信息系统高效运作和使客户满意的关键。订单业务的处理演变为各个环节的单证处理贯穿于整个物流供应链的各个环节，成为一条主线将各个环节有机地联系在一起。第三方物流公司接到客户订单后，进行以下工作：检查订单要求是否全部有效，确认订单信息是否完全；提请信用部门审查客户的资信情况；提请会计人员记录有关往来账目；根据货物描述及客户要求，进行服务的合理策划与设计；货物托运信息与各个分包商联系，委派任务等。订单管理模块功能模块如图 10.5 所示。

3. 仓储管理模块

仓储管理模块是对库存商品进行全面的管理，包括商品管理、入库管理、出库管理、库

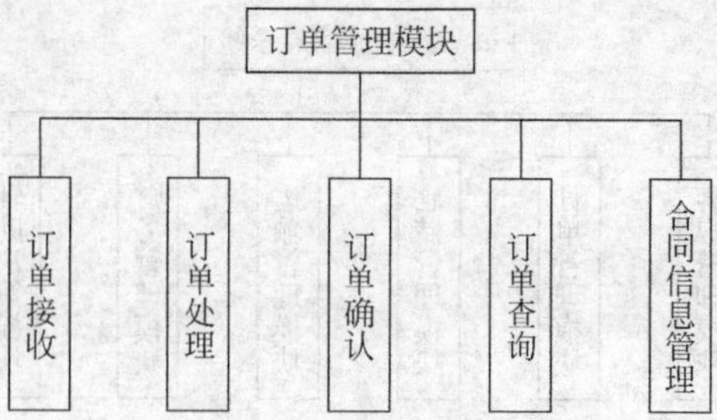

图 10.5　订单管理模块

存盘点等部分。它帮助企业的仓储管理人员对库存物品的入库、出库、调拨、报损和盘点等操作进行全面的控制和管理，以达到降低库存、减少资金占用，提高客户服务水平，保证物流活动顺利进行的目的。仓储管理模块功能模块如图 10.6 所示。

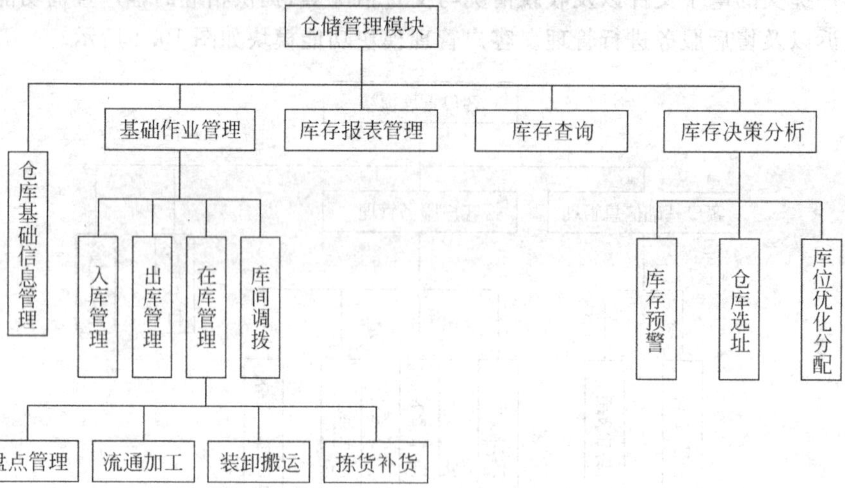

图 10.6　仓储管理模块

4. 运输管理模块

运输管理模块主要完成运输方案设计，不同方案比较、选择，运输服务商的选择，建立运输路线选择的模型，有关运输路线数据的收集，编制运输计划，运输市场预运价走势分析，运输调度，运输报表设计，成本分析等。运输管理模块包括运输资源（运输工具、运输方式、人员等）的管理和运输任务（计划、运输中、完成）的管理和货物运输的跟踪管理等。运输管理模块功能模块如图 10.7 所示。

5. 财务管理模块

财务管理模块被用来分析库存增长、生产计划、订单数量等，确定订单的大致情况，以及财务处理和统计，提供客户财务结算功能，进行日报、周报、季报、年报的处理，并对企业的收入和成本进行统计分析，为企业的经营决策提供可靠的数据。财务管理模块功能模块如图 10.8 所示。

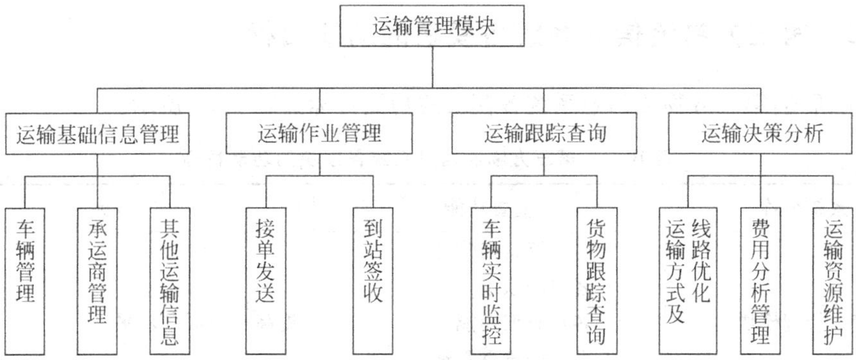

图 10.7 运输管理模块

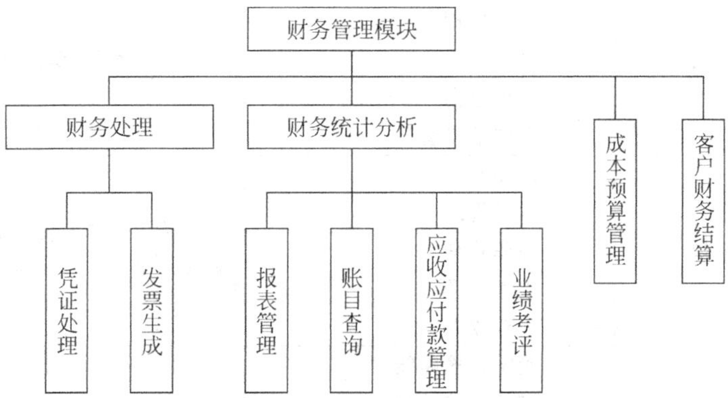

图 10.8 财务管理模块

6. 辅助决策模块

辅助决策模块具备一定的数据挖掘能力，如利用 OLAP 技术，进行数据采集和分析，并透过数据，反映企业运营存在的问题。它能够辅助管理者进行决策，以达到提高物流企业管理水平的目的。辅助决策模块功能如图 10.9 所示。

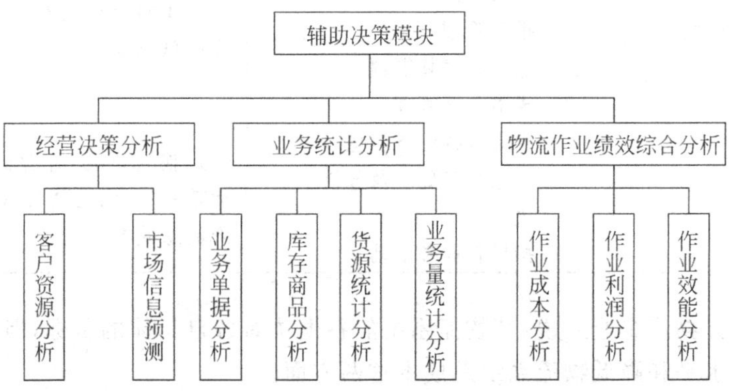

图 10.9 辅助决策模块

10.2.2 第三方物流信息系统各模块的功能目标

如前所述，第三方物流信息系统各模块的功能目标如表10.1所示。

表10.1 第三方物流信息系统各模块的功能目标

系统名称	主要功能	目标
客户管理模块	客户资料的管理 客户的联系 客户查询功能 客户的投诉管理 售后服务管理	提高客户服务水平
订单管理模块	订单接收 订单处理 订单确认 订单查询 合同信息管理	提高服务水平，满足客户需求
仓储管理模块	商品管理 入库管理 在库管理 出库管理 库存盘点	降低库存、减少资金占用，提高客户服务水平
运输管理模块	确定运输路线 制订运输计划 车辆装货安排 车辆调度 承运人管理 发货跟踪 运输方式选择	减少运输环节，节约运输费用，减少运输时间，提高运输质量，保证服务水平
财务管理模块	凭证处理 账目查询 报表管理 应收应付款管理 成本预算管理	为企业的经营决策提供可靠的数据，降低总成本
辅助决策模块	收集各种业务信息 信息加工处理及分析 决策 指导各业务活动	使运输合理化，库存适当化，装卸搬运效率化，配送及时，提高作业效率，降低总成本

对于第三方物流企业来说，其物流系统的各模块有各自具体的目标，但总目标无非是提高客户服务水平和降低物流系统总成本这两方面。

10.3 第三方物流信息系统的开发

第三方物流信息系统的开发有两种方法：生命周期法和快速原型法。用这两种方法来开发第三方物流信息系统的流程如图 10.10 所示。

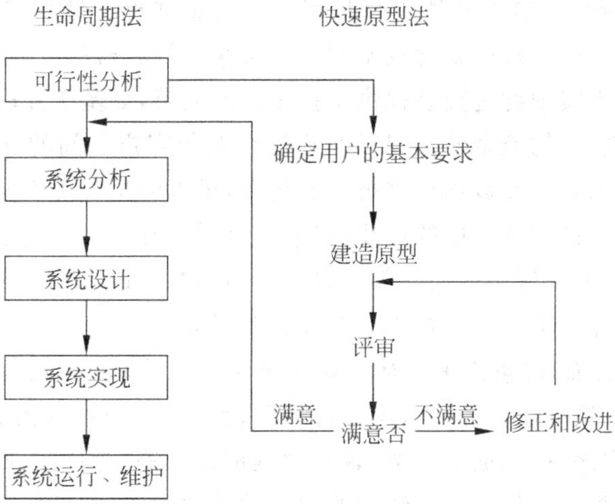

图 10.10 第三方物流系统开发流程

由图 10.10 所示，第三方物流信息系统开发首先要进行的是可行性分析。

10.3.1 第三方物流信息系统开发的可行性分析

可行性分析是根据系统的环境、资源等条件，判断所提出的项目是否有必要、有可能开展。可行性研究的目的是实事求是地分析建立新系统的必要性和可能性，减少工作中的盲目性，避免不必要的损失。在物流信息系统开发设计过程中进行可行性研究，对于保证资源的合理利用，避免浪费和失败，都是十分重要的。可行性分析的任务是根据确定的问题，通过分析新系统需要的信息技术、可能发生的投资与费用、产生的效益，确定将要开发的管理信息系统成功的可能性。判断第三方物流信息系统的设计是否可以开始进行的可行性研究包括如下几方面。

1. 目标和方案的可行性

目标和方案的可行性是指目标是否明确，方案是否切实可行，是否满足组织进一步发展的要求等。

2. 技术上的可行性

技术方面的可行性是指在现有的技术条件下能否实现所提出的要求。考察技术上的可行性，主要根据现有的技术设备条件以及准备投入的技术力量分析系统在技术上实现的可能性。

(1) 在设备条件方面，应考虑计算机的内外存容量、运算速度以及输入/输出设备等是否能够满足信息系统在数据处理方面的需要，尤其是计算机网络技术、通信技术等的快速发展，为系统的实现提供了技术上的可行性。在我国绝大多数的物流企业都有一定水平的计算机运用和管理，计算机的广泛使用为建立第三方物流信息系统提供了坚实的物质基础和条件；计算机技术的发展保证了速度、容量和可靠性等方面的可行性。目前计算机的 CPU 运算速度已达到几 GHz 以上、内存容量也达到几百 M 甚至几 GB、硬盘有几百 GB，甚至几 TB 的，保证了数据处理的及时完成和大量数据存储的要求，另外多 CPU 技术、磁盘阵列技术和各种软硬件备份技术的使用提高了计算机的可靠性；计算机软件技术的发展，为在互联网中实现物流交易提供了技术上的支持，如基于互联网的电子商务技术可以实现物流企业内部、物流企业之间以及物流企业与客户之间的商务交易。数据库技术的发展，特别是数据仓库和数据挖掘技术的出现，可以满足各种不同类型的大容量数据的存储和使用，以及决策支持分析的需要；局域网、广域网技术，特别是互联网和互联网宽带技术的应用使第三方物流企业的各部门以及分布在各个地方的物流企业之间能快速及时地进行信息传递，保证了第三方物流企业业务及时处理。

② 在技术力量方面，应重点考察从事系统设计以及系统投入运行之后的维护管理人员的技术水平。信息系统设计和运行维护的各阶段需要各类技术人员的参与，如系统分析员、系统设计员、程序员、数据录入员、软硬件维护人员等。如果能投入的人员数量不够或技术水平不高，或投入人员缺乏系统中要用到的某些知识，则可认为此系统的设计方案在技术力量方面是不可行的。

3. 经济上的可行性

经济可行性分析是根据技术可行性分析的结果，分析、研究新系统的经济性，包括成本分析和效益分析。成本分析是对系统设计、运行整个过程的总费用（包括设备费用、软件的开发成本、系统运行维护费用等）进行估算和预测，研究开发和维护新系统所需要的费用能否得到保证，有多少资源可以利用，有多少资金可以投入，应该建立什么样规模的系统，资金分几批投入时投资效果最好等。效益分析就是要研究系统开发后可能带来的经济效益。信息系统的经济效益有两个方面：一是直接效益，它是整个经济效益中很小的一部分；二是间接效益，它主要是从系统运行的技术指标等方面来考虑，信息系统的间接效益常常是巨大的。收益的估计是决策者最关心的问题，但是通常建立一个信息系统之后的收益是很难量化，很难用金钱来直接衡量的。

4. 管理上的可行性

管理可行性分析是在企业文化的基础上，根据所确定问题及技术和经济可行性的内容，对相关的运作、管理问题进行分析和研究，确定新系统的开发设计是否可管理，其目的是要确定所设计的新系统在管理中存在的潜在风险。主要包括管理人员对系统设计的态度和管理方面的基础工作等。管理人员对系统设计的态度指企业领导及员工对新系统的认识、信息技术的使用能力等，如物流企业信息系统的开发设计受到企业管理人员和领导的支持，将使物流管理信息系统在开发设计的过程中有充足的资金和组织保证。管理的基础工作包括分析基础数据是否完整、正确，流程是否需要调整，信息载体是否规范；分析新系统开发设计的资源问题等。

5. 社会方面的可行性

由于第三方物流信息系统是在社会大环境中工作的，除了技术因素、经济因素、管理因素之外，还有许多社会因素对信息系统的设计开发起着制约作用。社会方面的可行性主要指一些社会的或者人的因素对系统的影响。如某些特殊的原因(如体制问题、安全保密问题、制度问题等)不能向系统提供运行所必需的条件，管理模式的变化以及人的权利、作用、职责、工作范围的变化等，都会对信息系统的开发和开发后的运行造成极大的影响。所以社会方面的可行性也是必须研究和考虑的因素。

在进行了可行性分析过后，需要进行第三方物流信息系统的开发。第三方物流系统的关键在于为客户提供全方位、一体化的服务。第三方物流企业的业务包括货物运输和配送、仓库保管、装卸、工业包装、库存管理、工厂及仓库选址、订货处理、市场预测、顾客服务等。从接受并处理订单开始，一直到集货和送货，使货物完成一次有目的的流动过程。

10.3.2 用快速原型法开发第三方物流信息系统

快速原型法开发物流管理信息系统的思想是在知道用户的基本需求以后，先建造一个原始模型系统，而后根据用户的需求在一定时间内不断地进行原始模型的运行、修改，直到用户满意为止。然而，快速地构造模型、修改原型的关键是必须有高性能的支持原型的构造工具，没有构造工具，原型法的所有优点都不可能实现。

用快速原型法开发管理信息系统大致可以分成以下3个阶段。

1. 确定用户的基本要求

可以根据用户的基本需求来确定哪些要求是现实的，哪些要求是做不到的，用户需要的数据是否能够得到，同时还要估算开发原型的成本。

2. 利用原型来进一步认识用户的需求，明确哪些方面还没有满足自己的需求

一方面要记录系统存在的不足；另一方面要借助系统进行诱导，进一步弄清用户对系统的最终要求。

3. 修正和改进原型

10.3.3 用生命周期法开发第三方物流信息系统

生命周期法是一种应用普遍，在技术上较为成熟的、应遵循的物流管理信息系统设计方法。其主要特点为：

① 先明确用户需求，根据需求设计系统。结构化生命周期法完全从用户的角度考虑，严格按阶段进行，可以保证系统的开发质量，减少系统开发的盲目性；

② 运用系统的分解和综合技术将复杂的系统简化。自上向下的分解方法将物流管理信息系统分解为相互独立而又相互联系的子系统，直至分解到只完成极少许功能的模块为止。其目的是使功能简单化，便于分散设计和实施；已调试过的模块可以合并成子系统，已实施的各个子系统又可以合并成一个完整的信息系统，达到完成总体功能的目标；

③ 强调阶段成果的审定和检验制度。

生命周期法各开发阶段的划分十分明确。只有得到用户、管理人员和专家认可的阶段成果才能作为下一阶段工作的依据，否则不能开始下一阶段的开发。这里详细介绍如何采用生命周期法进行第三方物流系统的设计。

1. 系统规划

系统规划是在对现行系统和管理方法以及信息流程等有关情况进行现场调查的基础上，根据用户的需求、业务过程、现实环境（包括技术、经济、资源、基础条件等方面），分析物流管理信息系统的基本功能、层次结构，确定要开发的系统总目标，给出有关的调研图表及系统的功能、性能、可靠性以及所需接口等方面的设想，提出达到目标的可能性，探讨解决问题的方案，进行概念设计和最高层次的逻辑设计，并且对可供使用的资源（如计算机硬、软件，人力等）、成本、可取得的效益和开发的进度等作出估计，制订完成开发任务的实施计划方案，达到系统规划之目的。

物流系统规划是建立第三方物流信息系统的基本步骤。建立物流信息系统，不是单项数据处理的简单组合，必须要有系统规划。这是一项范围广、协调性强、人机紧密结合的系统工程。物流信息系统规划是系统开发的最重要环节，一旦有了好的系统规划，就可以按照数据处理系统的分析和设计，持续进行工作，直到系统的实现。

2. 系统分析

（1）物流管理信息系统分析的主要任务

系统分析是系统开发的基础，在整个开发过程中起到承上启下的作用。如果说系统规划阶段确定了“做什么”的目标，则系统分析为后续的系统设计提供“怎么做”的依据。

系统分析的主要任务是对开发的软件进行认真的调查和分析，详细了解原有系统的业务处理状况，充分理解用户的需求，进行功能、需求和限制的分析，确定哪些需求是可以满足的，明确这些需求的逻辑结构，从整体上构造出物流信息系统的逻辑模型，并加以确切地描述；综合各种因素，提出一个切实可行的系统建设方案；明确系统目标，写出软件需求说明书或功能说明书及初步的系统用户手册，提出初步设计模型和完成系统分析报告。

系统分析的关键是建立系统的逻辑模型。所以，应注意保持逻辑模型与物理模型的相互独立。系统的逻辑模型是从抽象的信息角度出发来看待系统，而不问这些功能是用什么技术手段来实现的。把逻辑模型与物理模型分开考虑是从大量的软件工程实践中得出的一条基本原则。如果过早地急于编写程序，反而会多次返工，结果是欲速则不达。因此，在系统分析阶段，应该只考虑系统的逻辑模型，而把具体的实现方法和技术手段留给系统设计阶段再加以考虑。

第三方物流管理信息系统分析的工作流程如图 10.11 所示。

（2）物流信息系统业务状况分析

在此步骤中，需要确定的任务如下。

- 系统环境及实现新系统条件的分析。如现代企业现行系统的物流管理水平、物流信息的精确程度、有关领导对实现新系统是否有比较清楚的认识；设备条件方面

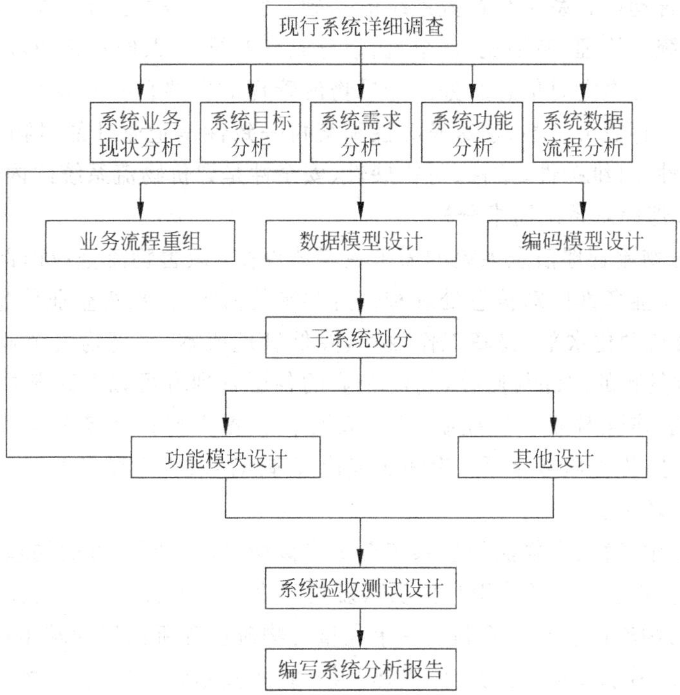

图 10.11　物流信息系统分析工作流程

应着重分析外围设备的可靠性；外围设备的种类和水平是否适合大量数据处理的需要；内外存储器容量以及所配置系统软件的质量等。

- 系统结构和用户结构调查分析。用户结构分析要求弄清与完成系统任务有关的部门、个人及相互层次关系，画出用户结构图。分析用户结构的依据是任务关系，分层的标准也是对任务的关系，不应把用户结构图理解为组织机构图。
- 物流信息流程调查。主要分析物流信息载体的种类、格式、用途及流程；弄清各个环节需要的信息、信息来源、流向、处理方法、计算方法、提供信息的时间和信息形态。

(3) 物流信息系统目标分析

首先，物流信息系统是物流系统的中枢神经，起到支持保障作用。它的任务是实时掌握物流动态，从物流网上订单托运，到第三方物流企业所控制的一系列环节的协调，再到将货物交到收货人手中，使得物流供应链尽量做到透明化。第三方物流要赢得货主的信任，完善的物流供应链和先进的信息系统是必不可少的。

假如在分析现状的基础上，设定物流信息系统的总目标为：适应基于互联网/内联网的网络信息结构，以电子商务为发展方向，根据现代物流的发展特点，借鉴发达国家同类企业的经验，开发广度上与客户相连，深度上具有决策支持功能的信息系统。在这个总目标下，可设定具体分目标为：①实现对物流全过程的监控；②库存统一控制；③有效地支持门到门物流服务；④有效地支持配送、包装、加工等物流增值服务；⑤反映如延期签收、残损、退货等所有非正常业务中的问题，以便为动态定位找到原因等。

其次，物流管理信息系统是物流系统的基础。它利用信息技术对物流中的各种信息进行实时集中，统一管理，使物流、资金流、信息流三者同步，及时反馈市场、客户和物品的动态信息，为客户提供实时信息服务。如果物流管理的主要目标是减少物流完成周期的不确定性。因此，存货可得性、递送及时性和交付一致性是企业外部对物流企业的要求，而经济性、可靠性、可维护性、柔性、可扩展性、安全性是评价物流系统的内部指标。

(4) 物流管理信息系统需求分析

物流企业对物流管理信息系统的需求主要体现在：改善物流企业内部业务流程和信息交流方式，满足业务部门对信息处理和信息共享的需求，使物流企业信息更有效地发挥效力；提高办公自动化水平，提高工作效率，降低管理成本，提高物流企业在市场上的竞争能力；通过对货物的跟踪与监控，物流企业的各层管理者可以及时掌握业务进展情况及经营业务数据，增强对业务的控制，为决策提供数据支持；为客户提供实时的货物跟踪，提供个性服务，提高服务水平；为按照现代管理思想和理念要求的运作企业提供可靠的信息处理支撑环境。

上面的需求中，第三方物流信息系统至少应该满足以下两个方面的基本需求。

① 物流信息共享。为了给用户提供从发货到收货为止的整个物流过程的信息服务，必须提供全面的物流信息共享机制。一个完整的物流过程所包括的基本动态信息有：货物入库通知、客户需求安排、货物实际出运日期、货物实际到达日期、货物提货记录等。供应链上的每个公司都要及时向第三方物流信息系统汇报有关的上述动态信息。通常是每日定时定量把这些动态信息上传到中央服务器，然后由中央服务器将这些数据汇总并存入数据库。

② 动态货物跟踪。要求全球各地的客户都能通过互联网查询货物的价格、货物的流动、货物的库存量等数据，从而迅速、及时、有效地掌握货物的动态信息。

- 单票货物查询。输入货物提单号、业务编码，就可查询该货物的基本情况及动态。
- 批量货物查询。输入托运人代码、时间，就能列出货物清单，点击某货物后便可以查询货物的明细动态。
- 运价查询。客户可以随时了解各种货物的运价。
- 船期表查询。客户可以掌握有关船期方面的信息。
- 安全管理。实现对客户及货物的安全管理。

(5) 物流管理信息系统功能分析

经过现行系统分析，归纳整理已有的资料，进行功能分析。功能分析包括两个内容：功能层次分析和层次之间的信息关联分析。首先是把功能逐层次地分解为多个子功能，然后，根据各个子功能确定各个模块，如物品管理模块、配送管理模块、运输与调度模块、客户服务模块、财务管理模块、质量管理模块、人力资源管理模块等。

(6) 物流信息管理系统数据流程分析

第三方物流信息系统就是对供应链上各环节中的数据和信息进行收集、传输、分析、处理、存储和整合，以及时提供给客户、员工及合作伙伴使用。

- 信息源。第三方物流信息系统的信息源来自企业内部及外部。内部信息源主要指第三方物流企业内部相互协调运作的各部门，外部信息源主要指第三方物流系统供应链上的各节点，例如客户、汽车运输公司、船舶运输公司、铁路运输公司、航空运输公司、仓库等。以客户为例，系统输入信息分为三类：一是物流信息，例如货物信息、运输信息等；二是客户信息，例如客户名称、地址、电话、负责人名称等；三是其他信息，如报关、商检、卫检、单证要求信息等。输出信息包括接收货物、货物动态、送货信息、费用信息、单证信息等。

- 信息通道。信息通道是指第三方物流环节上各种信息相互连接的渠道。根据互联互通的程度和通信范围，这些通道大体上可以分为三层，即基于内联网(Intranet)的通道、基于外联网(Extranet)的通道和互联网(Internet)通道。出于业务需要和安全考虑，这三层通道之间需要必要的安全保护和分隔过滤措施，例如防火墙等。

现代企业物流管理信息系统应用电子计算机，必须通过分析进一步舍去实物流，抽象出信息流，绘制出数据流程图，并对各种数据的属性和各项处理功能进行详细的数据分析。目的就是要弄清这些流动数据的属性、数据的存储情况和对数据查询的要求并给予定量的描述和分析。

- 绘制数据流程图。数据流程图是分析阶段所提供的重要技术文件之一，反映了系统内部的数据传递关系，是对系统的一种抽象和概念化，只表示数据、功能之间的关系，不涉及如何实现的问题。
- 数据分析和分类。数据分析的目的是彻底弄清数据流程图中出现的各种数据的属性，数据的存储情况和对数据查询的要求，对数据予以定量的描述和分析。数据分类指的是对数据项予以定义，并根据总的属性将数据项归纳到其应有的类别中去。
- 数据属性分析。根据数据的属性可以正确地确定数据与文件的关系，通常是具有固定属性的数据存放在主文件中，把具有变动属性的数据存放在周转文件或处理文件中。

(7) 业务流程重组

在详细调查和用户需求分析之后，对物流企业现行业务运作情况、用户需求有了较为全面的理解，对存在问题有了认识的基础上，为使新系统能高于原系统，应根据可操作的现代化管理方法、企业发展的要求、信息技术的支撑能力，提出业务流程重组方案。

(8) 数据模型和编码模型设计

管理信息系统的逻辑模型包括数据模型、编码模型以及系统功能模型。数据模型、编码模型构成系统的结构，一般具有较高的稳定性。在系统分析阶段，要完成数据模型和编码模型的设计。数据模型设计要在现行信息载体调查、信息需求分析的基础上完成；编码模型设计要在满足企业管理的需要、物流管理信息系统需要的基础上，对相关的实体、属性等进行编码设计。

(9) 子系统划分

由于物流企业是一个复杂的大系统，而相应的管理信息系统也是一个复杂的大系统，其开发并非一个时期、一个人能完成，需要多人协同工作，经过一定周期的开发，因此必须将这个系统划分为多个便于开发的子系统。

(10) 系统功能模型设计

在数据模型、编码模型的基础上，设计满足企业现行业务的系统功能。与数据模型、编码模型相比，功能模型具有很大的易变性。这是因为用户的信息需求是变化的，而良好的系统结构要通过满足用户要求的系统功能来表现，因此系统功能设计主要以现行的用户要求为依据。

(11) 其他设计

该项工作视具体情况而定，它包括前面有关设计外，还需要在系统分析阶段完成的设计，如安全设计等。

(12) 系统验收测试设计

根据所设计的新系统逻辑模型，对新系统的验收测试进行设计，其主要内容包括验收测试的方案、项目、数据等。

(13) 编写系统分析报告

编写系统分析报告是系统分析阶段的最后一项工作。系统分析报告是向企业决策者提供审批的正式书面报告，它为领导审批新系统的逻辑模型提供依据，为用户了解新系统、参与系统开发提供资料，又为系统设计提供了设计依据、设计要求。

3. 系统设计

此阶段的基本任务是将用户要求转换成一个具体的软件系统的设计方案。该阶段包括概要设计（或称总体设计）、详细设计等步骤，每一步骤考虑的详细程度有所不同。概要设计是在系统分析阶段获得的软件需求说明书的基础上建立软件的系统结构，包括数据结构和模块结构。模块结构中的每个模块意义明确且和某些用户需求相对应，进而进行详细设计，对每个模块进行具体的描述，确定模块的功能、接口和实现方法，以便为程序编写打下基础。所有设计中的考虑都应以设计说明书的形式加以详细描述。

在模块设计中，需要依据系统分析阶段建立的功能模块，按照软件工程，对实现功能的模块进行设计，包括模块的分解和调用关系，并对每一模块进行详细设计。

(1) 数据库设计

数据库设计是物流管理信息系统设计很重要的部分，将影响到系统以后数据的质量、数据库的可扩展性、数据运行的效率等。数据库设计又分为逻辑结构和物理结构两部分设计：①逻辑结构是系统处理的事件数据之间的关系、分类、结构。这种结构是从用户的角度来看待数据，是面向用户的。逻辑结构的设计影响到数据库的冗余程度及可扩展性。②物理结构是数据在存储设备（如磁带机、硬盘等硬件设施）上的分布，是面向机器的。物理结构的设计将对数据的存储速度、效率，数据的可恢复性产生影响。

关系型数据库是目前广泛应用于管理信息系统开发的一种数据库。关系型数据库是由许多表作为基础，每一个表代表某一组独立的可以描述某一事务的不重复的信息，数据库的设计将各表描述出来，然后定义各表之间的关联。数据库的设计还需符合低冗余度、结构清晰、易于管理的原则。冗余度是指同样的信息在不同的表中重复存储或存储不必要信息的程度。在数据库设计过程中，通过建立数据之间的关系，将物流过程各环节的数据整合起来，以减少数据的冗余，减少对数据的操作，从而减少错误操作，提高效率。

(2) 窗体与报表设计

窗体与报表是系统与用户进行信息输入与输出的界面。窗体与报表的设计是以强大的数据库作为支持的。对窗体与报表进行设计时可根据用户部门的功能划分和归类,窗体与报表应尽量包含用户所需的内容和功能,界面设计要做到简洁明了和美观,菜单的提示问答要直观并可提供帮助功能。

(3) 运算过程及逻辑功能设计

运算过程及逻辑功能是为减少人工运算和实施数据进出的控制而进行设计的模块。模块化的设计和可重用的构件技术的应用使程序设计更为方便。

(4) 网络及通信设计

网络的结构和通信方式的使用关系着网络通信的速度、效率和成本。局域网将企业本地的数据库、打印机、传真等资源连接起来;广域网将企业跨地区的子公司以及供应链上的各环节连接起来,以便共享资源,节约成本。网络的设计通过对硬件的配置、布局的规划、数据传输方式的设置,将对网络的安装、维护、成本、数据安全性、传输数据的质量产生影响。

4. 系统编程

系统编程是在系统设计的基础上编写程序。把软件设计转换成计算机可以接受的程序,即写成以某一程序设计语言表示的"源程序清单"。这步工作也称为编码。自然,写出来的程序应该是结构良好、清晰易读的,且与设计相一致的。

5. 系统测试

根据系统分析阶段建立的测试设计,对新系统进行测试。测试是保证软件质量的重要手段,其任务是发现并排除错误。系统测试通常又可分为单元测试(或称模块测试)、组装测试、确认测试等步骤。经过测试修改就得到了可运行的软件系统,交付用户使用。

6. 系统运行与维护

已交付的软件投入正式使用便进入运行阶段。在运行阶段,需要对软件系统进行修改,其原因可能有:运行中发现了错误需要修正;在信息系统试运行一段时间以后,根据市场要求和变化,对系统做一些必要的修改;为增强软件功能需进一步完善系统。每一项维护活动都应该准确记录下来,作为正式的文档资料加以保存。

10.4 典型的第三方物流管理信息系统

10.4.1 资源计划系统

资源计划系统包括物料资源计划、分销资源计划及物流资源计划。

1. 物料资源计划(Material Resource Planning,MRP)

物料资源计划包括物料需求计划(Material Require Planning,MRP)和制造资源计划(Manu-facturing Resource Planning,MRPⅡ)。以下文中的 MRP 特指物料需求计划。

① MRP 的基本原理是根据企业主生产计划,确定每一种或者主要物料的需求时间、

需求数量、需求品种、需求节奏，形成一个精细的计划系统。

一般情况下，产品是由许多零部件组成的，每个零部件都需要采购或加工。零部件的加工过程一般由原材料开始，经过数道工序完成。当构成某产品的所有零部件准备好后，开始进行装配，最后交付客户。在生产活动中，关键的问题是按照客户的需求日期生产出所需的产品。在企业内部，则根据产品需求日期决定其装配日期，由装配日期决定各个零部件的加工完成日期，由零部件加工完成日期决定其开始生产日期，这就是企业内部的生产计划活动。如果产品的种类很多，而且构成产品的零部件也很多，要对每一个产品和零部件都进行上述计划，并且要将相同零件按一定批量安排生产，其工作量是可以想象的。对于庞大而复杂的生产系统，MRP 计划的制订与执行具有很高的难度，必须有强有力的计算机软、硬件系统实行集中控制，才能达到预期的效果。MRP 产生分时间段的采购计划和制造计划，它的主要功能是回答：采购或制造什么，采购或制造多少；何时开始采购或制造；何时完成采购或制造。MRP 的逻辑原理如图 10.12 所示。

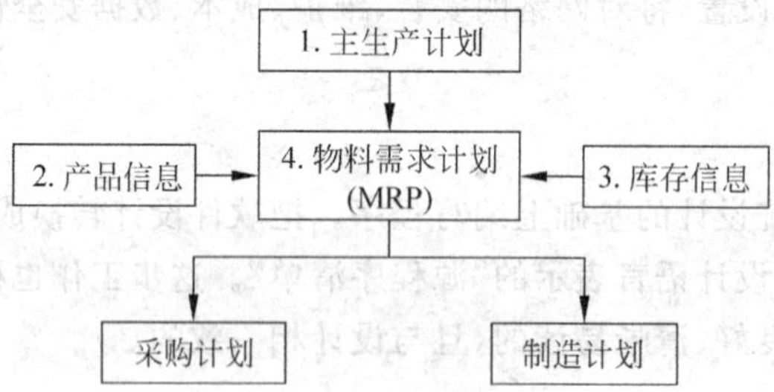

图 10.12 MRP 原理逻辑

由 MRP 逻辑原理图可见，物料需求计划产生制造计划和采购计划，再据此组织产品的生产和物资的采购。

主生产计划(Master Production Schedule, MPS)，根据营销计划、BOM 和工艺流程决定成品出厂时间和各种零部件的制造进度，主生产计划说明一个企业在一定时期内计划生产的产品名称、数量和日期。主生产计划为 MRP 提供基本的数据，它决定了产成品与零部件在各个时间段内的生产量，包括产出时间、数量或装配时间和数量等。

物料清单(Bill of Material, BOM)是为装配或生产一种产品所需要的零部件或原材料的清单，它反映产品的所有零部件的结构关系和数量组成的层次结构，根据 BOM 可以确定该新产品所有零部件的需要数量、需要时间以及相互关系。

库存信息说明物料清单中列出的每个项目的可用数据和编制订单数据，包含原材料、零部件和产成品的库存量、已订未到量和已分配但未提取量。根据物料需求计算结果查看所需的物料量，首先考虑库存量，不足部分再进行采购。

② MRPⅡ可以规划全部资源或主要资源按照最恰当的数量、最恰当的品种规格和最恰当的时间到达计划所指定的位置。

MRPⅡ系统一般分为生产控制（计划、制造）、物流管理（分销、采购、库存管理）、财务管理（账务、成本、资金）三大子系统。生产控制子系统将按照预测的销售前景，并考虑销售单的实际情况来编制生产大纲；再按主生产计划的排程，编制物料需求计划，据此采购原材料和零件，并安排部件生产，以期在制品、原材料及成品控制在最优水平上。此外，根据物料需求计划的结果来核算能力，调整主生产计划，尽量维持生产平衡。生产线（车间管理或重复生产）的信息反馈也可以与财务系统、物流管理系统集成。物流管理系统将向供销部门和库房管理部门提供灵活的日常业务处理功能，并能自动将信息转达到财务部门和其他有关部门。财务管理系统除对各往来账目和日常发生的货币支付账目进行处理外，根据销售部门的销售单或发票、采购单加以分析，进行相应的预测、管理和控制活动。其原理逻辑图如图 10.13 所示。

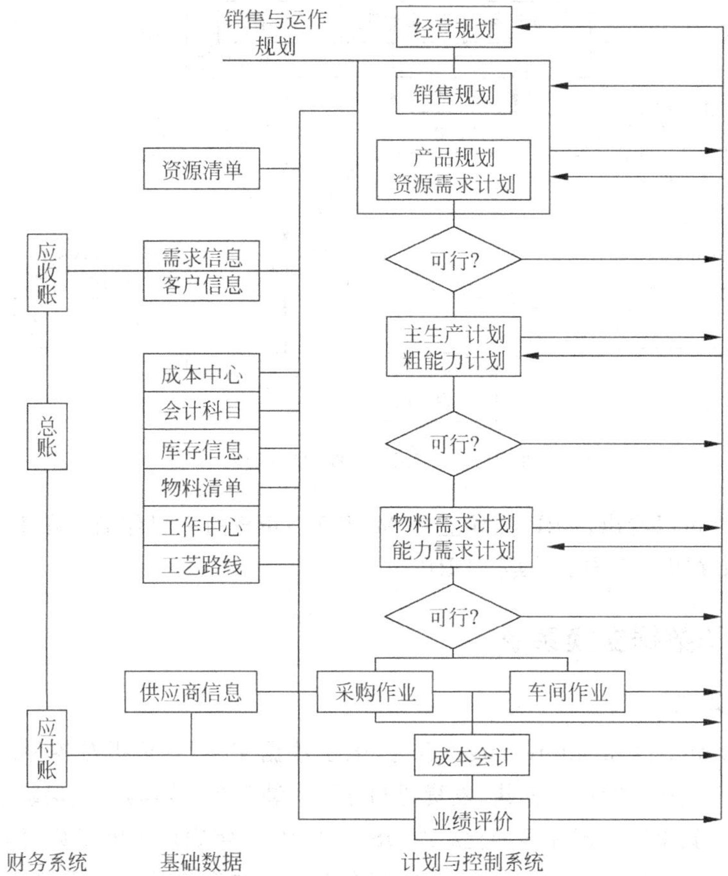

图 10.13 MRPⅡ原理逻辑

MRPⅡ是主要运用于制造业企业的先进的管理思想与信息系统，是根据企业管理的需要而生产发展起来的，其管理模式适合于制造业企业的一般管理要求，同样也适合于中国企业的普遍管理模式和要求。为了成功实施 MRPⅡ，企业必须把重点放在基础信息的健全和管理业务的规范化上，而不仅仅是引进现成的软件。

2. 分销资源计划（Distribution Resource Planning，DRP）

分销资源计划适用于流通企业，可以根据企业的需求计划，制订配送中心的进货计划和送货计划。

3. 物流资源计划(Logistics Resource Planning,LRP)

物流资源计划是将MRP和DRP进行有机结合,使之成为贯穿整个企业生产经营系统的资源配置技术,成为支持供应链的技术手段。物流资源计划(LRP)的处理逻辑原理如图10.14所示。

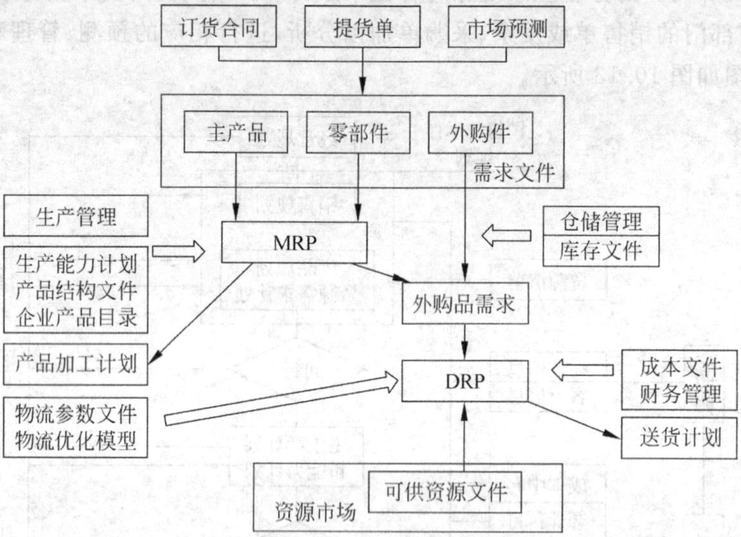

图10.14　LRP处理逻辑原理

由图10.14可以看出,LRP实际上是MRP和DRP的有机结合:在生产厂系统内部,实行MRP;在生产厂外部,实行DRP。

10.4.2　电子数据交换系统

1. EDI的定义

EDI(Electronic Data Interehange)意为"电子数据交换"。是指对各种商业单证,通过电子方式进行交换,如订单、回执、发货通知、运单、装箱单、收据发票、保险单、进出口申报单、报税单、缴款单等。国际标准化组织(ISO)于1994年确认了电子数据交换的定义:"根据商定的交易或电文数据的结构标准实施商业或行政交易从计算机到计算机的电子传输。"

EDI按照一定的数据格式,将经济信息通过通信网络传输,在贸易伙伴的计算机系统之间进行数据交换和自动处理。由于使用EDI能有效地减少直到最终消除贸易过程中的纸张单证,因而EDI也被俗称为"无纸贸易"。以往世界每年花在制作文件的费用达3 000亿美元,所以"无纸贸易"被誉为一场"结构性的商业革命"。

EDI强调计算机系统之间穿越组织界限的数据传送,例如公司之间传送电子化订单、运单、发票等信息。它降低了费用,提高了精确度,取消了数据输入时的文字工作,通过即刻传送减少信息传递的延误。企业利用基于EDI的信息管理系统可以打开企业对外联系的窗口,提高企业效率,而与企业内部业务流程的结合将使企业从本质上提升企业的层次和竞争实力。

2. EDI的应用

现代物流中所用的电子数据交换主要是应用于单证的传递、货物送达的确认等，应用电子数据交换传输的单证种类有托单、运单、对账单、采购订单、发票、到货通知单、交货确认单等。EDI接受从客户EDI系统传送来的托单、合同等信息，从银行EDI系统传送来的信用证信息，向海关EDI系统发送报关单信息，向供应商EDI系统发送采购订单信息等，从而实现贸易伙伴之间的信息传输。系统中EDI模块应用结构如图10.15所示。

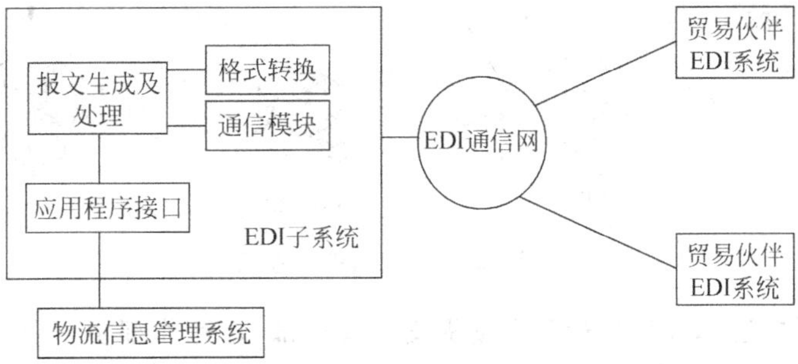

图10.15 EDI系统应用结构

其中，最主要的报文生成及处理模块要完成两个功能。

① 接受来自用户接口模块和内部接口模块的命令和信息，按照EDI标准生成订单、发票等各种EDI报文和单证，经格式转换模块处理之后，由通信模块经EDI网络发给其他EDI用户。

② 自动处理由其他EDI系统发来的报文，将处理后的信息传送给本信息系统，获取必要信息并给其他EDI系统答复。在格式转换过程中要进行语法检查，对于语法出错的EDI报文给出警告信息并通知对方重发。所有的EDI单证都必须转换成标准的交换格式，EDI标准格式文件即所谓的EDI电子单证，是EDI用户之间进行贸易和业务往来的依据。EDI标准格式文件是一种供计算机阅读的ASCⅡ码文件，它是按照EDI数据交换标准的要求，将单证文件中的数据项，加上特定的分割符、控制符和其他信息，生成的一种包括控制符、代码和单证信息在内的ASCⅡ码文件。

目前，系统中EDI标准仅限于区域范围内各个物流企业以及客户、供应商之间协商制定的标准。随着以后国家关于物流信息标准强制性标准的出台，系统只要将格式转化模块进行修改，就能够生成符合标准的EDI电子单证。物流系统内部的信息交换示意图，如图10.16所示。

托单是客户委托物流公司进行运输的单证，包括目的地、收货人、时间、货物明细等信息。通常，客户是通过发送包含托单的邮件或传真来发送托单的，在本系统，客户可以直接按EDI标准格式模板填写托单信息，然后将文件通过E-mail发送给公司，或者，在互联网上登录公司网站，直接填写托单即可。公司收到托单后，不需要重新进行输入，未处理托单会自动或手工导入系统中。

业务单是客户部将托单经过初步处理后自动提交给业务部的单证。业务部对业务单

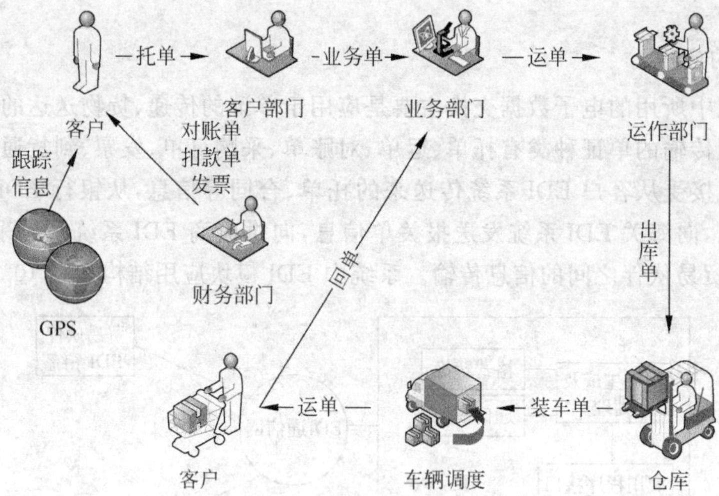

图 10.16 系统内部信息流

进行业务调度形成运单，同样，运单自动提交给运作部，由运作部负责货品的出库和形成装车单，然后对自有车队或雇用车队进行车辆调度，包括车辆选择、路线选择和中途带货以及返程带货。当货物顺利到达收货人手中后，返回回单给业务部，财务部和客户进行财务核算，包括对账单进行对账，扣款单进行扣款，发票进行付款。以上各种单据在系统中均可以转换成 Execl 格式的文件，方便与客户间的交流。

10.4.3 电子自动订货系统

电子自动订货系统（Electronic Ordering System，EOS）是指企业间利用通信网络（如 Value Added Network，VAN 或互联网）和终端设备以在线联结方式进行订货作业和订单信息交换的系统。电子自动订货系统按应用范围可分为企业内的 EOS（如连锁经营企业各连锁分店与总部之间建立的 EOS 系统），零售商与批发商之间的 EOS 系统以及零售商、批发商和生产商之间的 EOS 系统。

与传统的订货方式，如上门订货、邮寄订货、电话、传真订货等相比，电子自动订货系统可以缩短从接到订单到发货的时间，缩短订货商品的交货期，减少商品订单的出错率，节省人工费；有利于减少企业的库存水平，提高企业的库存管理效率，防止商品缺货现象的出现；对于生产厂家和批发商来说，通过分析零售商的商品订货信息，能准确地判断畅销商品和滞销商品，有利于企业调整商品生产和销售计划；有利于提高企业物流信息系统的效率，使各个业务信息子系统之间的数据交换更加便利和迅速，丰富企业的经营信息，提高企业的经营效益。

但应用电子自动订货系统，订货业务作业必须标准化，这是有效利用电子自动订货系统的前提条件；商品代码的设计是应用电子自动订货系统的基础条件；订货商品目录账册的设计运用是电子自动订货系统成功的重要保证；需要添置计算机以及订货信息输入和输出终端设备，制定电子自动订货系统应用手册并协调部门间、企业间的经营活动。电子订货系统的结构如图 10.17 所示。

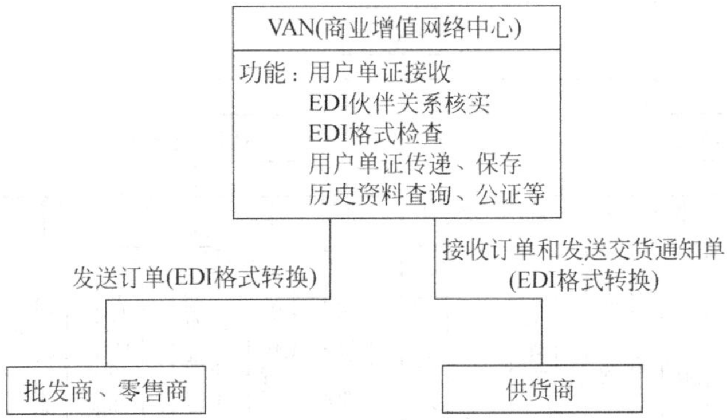

图 10.17 EOS系统结构

10.4.4 销售时点信息系统

销售时点信息系统(Piont of Sale,POS)是指通过自动读取设备在销售商品时直接读取商品销售信息如商品名、单价、销售数量、销售时间、购买顾客等,并通过通信网络和计算机系统传送至有关部门进行分析以提高经营效率的系统。POS系统最早应用于零售业,以后逐渐扩展至其他如金融、旅馆等服务性行业,利用POS信息的范围也从企业内部扩展到整个供应链。

销售时点信息系统是对单人、单品管理,即具体每个员工和顾客的管理、具体每个商品的管理;它自动读取销售时点的信息,将信息集中管理,是连接供应链的有力工具。

销售时点信息系统的运行是在门店销售商品都贴有表示该商品信息的条形码,在顾客购买商品结算时,收银员使用扫描读数仪自动读取商品的条形码标签上的信息,通过店铺内的微型计算机确认商品的单价,计算顾客购买总金额等,同时返回给收银机,打印出顾客购买清单和付款总金额;各点的销售时点信息通过增值网(Value Added Netvoork,VAN)以在线连接方式即时传送给总部或物流中心;在总部、物流中心和店铺利用销售时点来进行库存调整、配送管理、商品订货等作业,通过对销售时点信息进行加工分析来掌握消费者购买动向,找出销售商品和滞销商品;在零售商与供应链的上游企业结成协作伙伴关系的条件下,零售商利用VAN以在线连接的方式把销售时点信息即时传送给上游企业。这样上游企业可以利用销售现场的最及时准确的销售信息制订经营计划,进行决策。销售时点信息系统的结构如图10.18所示。

10.4.5 智能运输系统

智能运输系统(Intelligent Transportation System,ITS)是针对地面运输管理的信息系统。智能运输系统将先进的信息技术(如全球定位技术和地理信息技术)贯穿于交通运输全过程,形成了集成的地面运输管理体系。该系统可以自动询问和接受各种交通信息,进行合理调度,提供在物流过程中需要了解的特殊公路信息,对运送危险品之类的特种车辆进行跟踪,对车辆和驾驶员的状况进行全程监视并在出现事故情况下自动报警,其直接

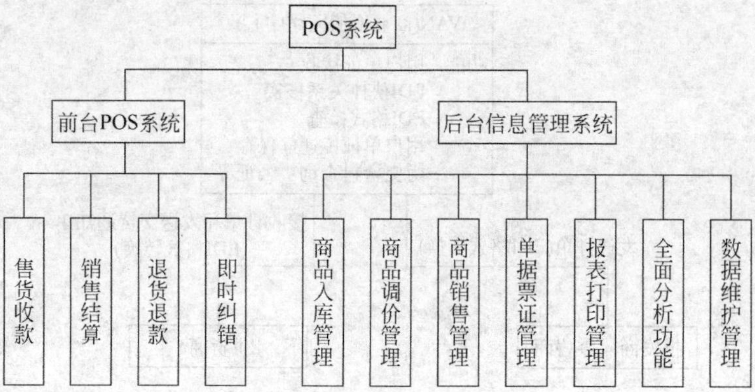

图 10.18　POS 系统结构

功能是提高道路利用率，实现安全舒适的交通运输；其间接功能在于使道路环境改善，减少汽车的燃料消费和有毒气体的排放，有利于环境保护，并能避免因交通阻塞所带来的经济损失。其功能构成如图 10.19 所示。

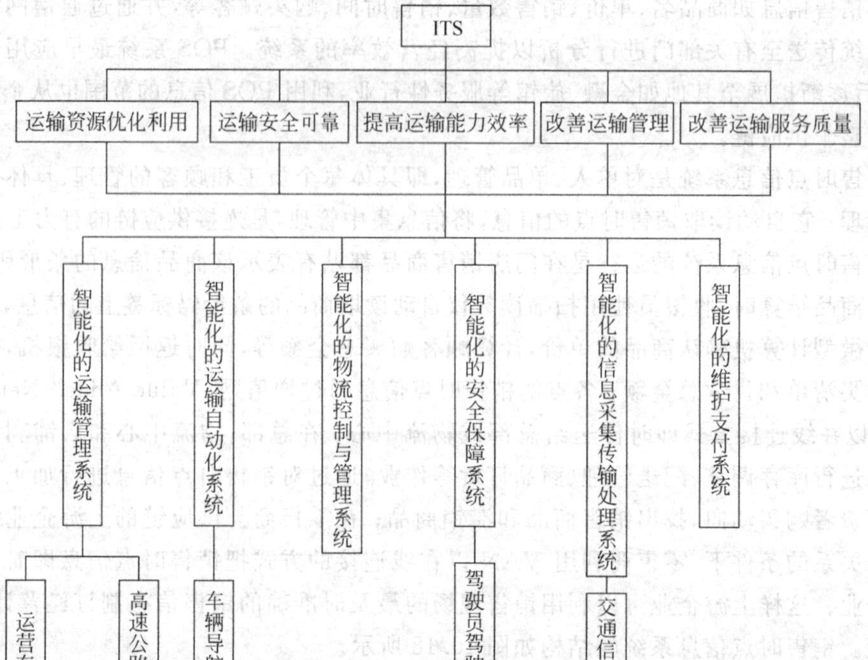

图 10.19　智能运输系统

全球定位技术是利用通信卫星、地面控制系统和信号接收机对跟踪对象进行动态定位的系统，它能对静态、动态对象进行动态空间信息的获取。在物流服务的实际运作中，全球定位系统在对运输车辆的实时监控上起着重要作用。通过安装在车辆上的全球定位技术定位仪，可以实时获取车辆的位置信息，包括经纬度、速度、方向等，这些信息通过无线通信系统传送到物流企业总部,并显示在电子地图上。企业总部可以利用这些信息掌握整体物流运作情况并对车辆运用进行优化配置,提高运用效率,节约物流成本。同时客户经授权也可以通过互联网监控运送自己货物车辆的位置,如果货物运输需要临时变化线路,可以随时指挥调动。

地理信息技术用于对地理数据的集成、存储、检索、模拟、分析和表达地理空间数据。地理信息技术运用于第三方物流服务,可以通过电子地图进行客户地址定位、经营网点选址、运输排序及线路优化等工作。

全球定位技术和地理信息技术共同应用于智能运输系统,对于运输车辆的运行管理具有重要作用。例如物流企业的调度中心通过全球定位技术系统掌握运输车辆的位置和运用状况,通过通信卫星向距离客户最近的空载车辆发出装货运送指令,运行车辆通过地理信息技术系统确定车辆自身的准确位置,利用地理信息技术系统功能找出到达客户地址的最佳运输线路,并将接收和执行情况反馈回企业总部。

本章小结

物流信息系统是物流企业按照现代理论思想、理念,以信息技术为支撑所开发的信息系统。可以将物流信息系统理解为用系统的观念、思想和方法,以电子计算机为基本信息处理手段,以现代通信设备为基本传输工具,通过对与物流相关信息的加工处理达到对物流、资金流的有效控制和管理,并为企业提供信息服务和决策支持的人机系统。第三方物流企业的信息系统即第三方物流信息系统。

第三方物流信息系统的开发首先要进行可行性分析。可行性分析是根据系统的环境、资源等条件,判断所提出的项目是否有必要、有可能开展。第三方物流信息系统的开发方法有两种:生命周期法和快速原型法。快速原型法开发物流管理信息系统的思想是在知道用户的基本需求以后,先建造一个原始模型系统,而后根据用户的需求在一定时间内不断地进行原始模型的运行、修改,直到用户满意为止。生命周期法的各开发阶段的划分十分明确,只有得到用户、管理人员和专家认可的阶段成果才能作为下一阶段工作的依据,否则不能开始下一阶段的开发。

第三方物流信息系统的主要的功能模块包含六部分:客户管理模块、订单管理模块、仓储管理模块、运输管理模块、财务管理模块和辅助决策模块。本章介绍的典型第三方管理信息系统有资源计划系统、电子数据交换系统、电子自动订货系统、销售时点信息系统和智能运输系统。

复习与思考

1. 第三方物流企业负责衔接的供应链中有哪几种信息共享方式?
2. 第三方物流信息系统的目标是什么?
3. 第三方物流信息系统的功能有哪些?
4. 简述第三方物流信息系统功能层次结构。

5. 第三方物流信息系统有哪些模块设计？
6. 第三方物流信息系统的开发方法有哪些？
7. 什么是物料资源计划？它包含哪些组成部分？
8. 什么是电子数据交换系统？它有哪些应用？

案例分析

华联超市信息化管理系统

一、企业背景及开发需求

每个商场、配送中心，以及每种业务均可自成一套不同规模的计算机管理系统。在“华联超市股份有限公司计算机管理系统”投入实施之前，华联超市曾开发了众多的管理系统。最成功的有原配送系统、配送仓库管理系统与物价管理系统等。这些单一功能的管理系统在一定程度上提高了管理效率，促进了企业发展。但是，由于各系统相对独立，系统间信息传递困难，信息一致性难以保证。如基本的商品分类，在原系统中存在着两套差异很大的分类规则：配送有配送分类法，物价有物价分类法。这给企业管理和发展带来了障碍。

随着企业的发展，超市企业的决策者们越来越强烈地意识到，如果仍然采用原先的一套管理方法，已很难适应企业的发展。要在激烈的竞争之中立于不败之地，必须采用先进的手段与方法。华联超市正是在此环境下与上海时运高新技术有限公司共同合作开发了“华联超市股份有限公司计算机管理系统”，对连锁超市的信息管理、配送管理、门店管理、财务管理等方面进行了规范，提高了市场竞争力。

“华联超市股份有限公司计算机管理系统”一期工程是围绕着连锁超市企业的各项业务而设计的，它主要包括了“总部信息管理系统”、“配送中心管理系统”、“门店（商场）管理系统”和“财务信息管理系统”四个方面；它以基本信息为基础，以物流、信息流及资金流为主线，并将这三者有机地结合起来，真正实现构架在广域网与局域网之上的联机事务处理。

二、系统构成

（一）企业级的信息管理系统模型

“华联超市股份有限公司计算机管理系统”吸取了以往开发的经验、教训，站在整个企业的高度，统一规划、统一设计，建立一个企业级的管理信息系统。着重做了以下一些工作。

1. 统一管理商品信息、供应商信息、物价信息。
2. 统一分类方法、信息含义。
3. 统一算法、统计口径。
4. 实时联机事务处理，加速信息流转。
5. 网络化计算方法。
6. 电子信息交换，电子订货处理。

（二）网络拓扑

“华联超市股份有限公司计算机管理系统”是一套构架在广域网与局域网之上的企业型联机事务处理系统。网络成为系统运作的命脉。本系统以 TCP/IP 协议为主，构建成华联内部的互联网——内联网，互联总部所有部门、五个配送中心(桃浦新老配送中心、南京配送中心、冷链配送中心、物料配送中心，另外还有刚落成的北京配送中心)，所有自营商场、部分加盟商场，并逐步覆盖所有加盟商场。网络系统既要建立高速信息通道、高可靠性，又要性能价格比最高。采用了以 100M 交换式以太网为主干的交换、共享，100M/10M 混合式以太网。广域网采用 DDN 专线、ISDN 拨号线与普通模拟拨号线相结合。

三、系统功能和性能

（一）业务综述

“华联超市股份有限公司计算机管理系统”围绕着连锁超市的各项业务而建立。它以基本信息为基础，以商品流、信息流及资金流为主线，并将这三条主线有机结合起来；融进了现代商业的管理理念、长期积累的业务经验，以及当前最先进的计算机技术。

1. 系统的管理对象——商品流

商品流由供应商供货开始至客户销售结束或反之可退货。中间接点为配送中心与商场。

配送中心由供应商进货(中心进货)，进货入库后成为配送中心的库存。配送中心库存可配送给自营商场、加盟商场或批发销售，也可在不同的配送中心之间调拨。

2. 系统的实施手段——信息流

① 信息采集：信息流伴随商品流产生。信息的最佳采集点是业务的发生点。本系统采用实时信息处理方法与远程批量信息交换方法相结合的方式。在业务处理时采集数据，生成所有需要的单据。

② 信息加工：均由系统自动处理。统一定义、管理，确保信息一致，并为二期工程辅助决策、成本分析奠定基础。

③ 信息传输：均由系统经内部互联网传输。

④ 信息共享：信息一旦发生，立即采集；一经采集，便为整个网络共享。克服重复劳动，提高效率。

3. 系统的目标——资金流

商品流产生了信息流，最终导致了资金流。对资金的管理与控制是所有经营的主要目的之一。企业的效益来自于资金流。怎样快速反应资金的流动，有效管理、控制资金流是“华联超市股份有限公司计算机管理系统”主要目标。

（二）系统功能结构

1. 基本信息模块

基本信息是系统正确运作的基础。必须统一管理，精确定义，网络传输，同步控制，全局共享。主要的基本信息包括：商品信息、供应商信息、价格信息、系统信息。商品信息包括商品名称、规格、类别、包装、价格、条形码、税率和证书等信息。

2. 物价管理模块

物价管理是商家制胜的手段之一。系统既要统一物价，又要灵活变价。系统采用事先制订变价方案，定时自动执行。支持调价，促销调价，竞争调价。制订物价本，记录物价变化过程，有效管理物价。

3. 采购业务模块

采购业务模块主要由订货管理与供应商付款两大功能组成。订货管理是物流的起点，它将管理和控制配送中心的进货。加快进货速度，提高配送中心商品周转率。最大限度地降低疑难仓卡，甚至消灭疑难仓卡。进货预报在订货时自动完成并与配送中心共享，订货信息可通过传真服务器传送给供应商。

4. 配送管理模块

配送是连锁超市物流调度的一个重要环节，"华联超市股份有限公司计算机管理系统"支持自营商场配销、加盟商场配销、批发配销及前置配送中心配销。可以采用择选法与播种法。

5. 总部财务管理模块

对资金的管理与控制是经营的主要目标之一。系统的效益来自于资金流，怎样快速地反映资金的流动、有效管理控制资金流是本系统的主要目标。

本系统自带的财务管理模块，它将在业务发生的同时自动产生记账凭证，进行账务处理，编制各类会计报表。

6. 商场管理模块

商场是商品流转的最后一个环节。它直接与客户联系，也是商品流转过程中最终的一个重要环节。从前台POS机得到的商品销售信息，通过数据网络传送到后台，形成销售信息。根据销售基本信息可完成销售信息的查询与分析。并且可根据商品的销售情况，向总部提出调价申请，经复核后，对商品进行调价；对部分商品进行促销，对商品进行优惠或折扣销售。总部的基本信息可经过网络传到POS机。

四、系统技术要点

1. 基于服务的应用模式的实现

由于"华联超市股份有限公司计算机管理系统"规模大、业务覆盖范围广、数据量大，必须研究应用模式，以便能实现该系统。"华联超市股份有限公司计算机管理系统"选用了基于服务的应用模式。

2. 基于角色的安全管理

对于"华联超市股份有限公司计算机管理系统"这样一个庞大的企业网络应用系统，安全也是一个关键问题。在系统中，主要考虑了三个方面的安全，即系统安全、数据安全及应用安全。

3. 大型数据库的优化策略

1）解决数据库在存储设备上的合理分布，能更好地发挥系统的并发处理。

2）让不同的应用读取不同的高速缓存，尽可能地利用缓存中的逻辑I/O，尽量减少使用物理I/O。

3）充分发挥客户机/服务器结构计算的特点，利用存储过程及触发功能，从而尽可能地降低网络通信量，减少网络传输的负担，提高网络的响应速度。

4）对于多CPU系统，根据业务对CPU的需求作一个精确的分析，将特殊业务绑定在特定的 CPU 上面，减少应用混合负载上的相互干扰。

这些优化策略保持了系统的高速响应，如在 50 万条记录的库存中，直接查询百事公司在华联多个配送中心中的库存明细，只需要 2 秒钟时间。又如在 3 万种商品中，3 000 万条出货记录中查询某商品在 6 个月中配送到所有门店的明细，只需 6 秒钟时间。

4. 系统的稳定性的措施

1）系统稳定：供电、通信、环境。

2）设备稳定：高可用性双机系统。

3）网络稳定：本地网、广域网、网络备份。

4）数据稳定：镜像、备份。

5）应用稳定：事物控制、资源分配。

5. 系统的可维护措施

1）简化操作：将繁杂的业务，通过软件，简化成对按钮的操作、事务的选择、参数的提供，由系统提供参数合法性校验，参数核算，将系统维护工作也软件化。

2）自动事务：将时间确定性、业务确定性事务，让系统自动触发执行，降低人工干预。如，日结、信息传递、系统备份等。

3）模块化设计：清楚的模块，使维护人员可方便地找到系统需进一步发展更新的模块或更改、修正错误。

4）多层结构：将一个事务分成几个层次，各层次完成不同的功能，也同模块化设计一样，缩小维护单元的尺寸。

5）培训：让更多的人懂得怎样维护，怎样保障系统稳定运行、可维护的人力资源也越多。

思考题：

1. 华联超市原信息管理系统存在什么问题？
2. 华联超市的信息管理系统包含哪几种流？
3. 试评价华联超市的信息管理系统。

第 11 章　第三方物流企业发展战略

本章关键词

√ 发展战略(Developing Strategy)
√ 行业环境(Business Enviroment)
√ 整合策略(Integrating Strategy)
√ 战略联盟(Strategy Alliance)
√ 企业并购(Merge)
√ 第四方物流 (The Forth Logistics)

互联网资料

http://www.amteam.org
http://www.cla.gov.cn/
http://web.cenet.org.cn
http://china.56en.com

11.1　第三方物流企业环境分析

11.1.1　第三方物流企业外部经营环境分析

1. 经营环境分析的重要性

经营环境分析对物流企业的经营决策有着非常重要的影响,具体表现在如下三个方面。

(1) 经营环境分析有助于提高第三方物流企业决策的正确性

第三方物流企业的任何决策都离不开信息,外部经营环境及其变化趋势的信息是企业经营决策过程中所需要的重要信息。通过对第三方物流企业外部环境的分析研究,了解企业环境的已有与可能变化及其对企业的影响,企业才可以根据自身资源和能力的优势和劣势,制订既符合环境要求又能为企业所接受的正确决策。

(2) 经营环境分析可以提高物流企业决策的及时性

外部经营环境在变化中对第三方物流企业的发展既可能提供有利条件、带来机会,也可能产生不利影响、带来威胁。外部的机会只有及时地被企业管理者认识并加以利用,才能真正成为企业的发展机遇;同样,对于经营环境在变化中造成的威胁,企业应该及时避开或采取相应措施减小可能的不利影响。对第三方物流企业来说,为了能及时利用机会、避开威胁，最好应该在机会刚出现或威胁尚未到来之时就及时发现，这样才能使企业及时作出有利的决策，对可能的不利影响采取积极措施。

(3) 经营环境分析可以提高物流企业决策的稳定性

任何决策的制定和执行都是一个过程，一般都包括了许多工作，这些工作的完成都需要一定的时间，都有一定的周期，因此企业的决策必须保持一定的稳定性。另外，第三方物流企业活动必须根据环境的要求来进行，而环境又是在不断变化的，甚至每时每刻都在发生着变化，企业的经营决策要适应外部环境的变化。

对于决策的稳定性和活动的适应性之间的矛盾，我们可以通过经营环境分析来解决。对经营环境的深入分析研究，可以帮助企业认识环境变化的规律，预测环境发展的前景，从而使企业今天的决策不仅适应今天的环境特点的要求，而且能符合明天发生变化后的环境特点的要求，这样决策就可以保持相对的稳定性了。

2. 第三方物流企业宏观环境分析

从概念上说，企业的外部经营环境有一般环境与特殊环境之分。这里，我们首先介绍企业外部的一般经营环境。企业外部的一般经营环境，或称总体经营环境，也称宏观经营环境，是指在一定时空内，社会中的各类企业均会面对的环境，其内容庞杂，大致上可以归纳为政治法律、经济、社会文化、技术、自然五个方面。

(1) 政治法律环境

物流企业的政治法律环境，泛指物流企业所在国家或地区的社会制度、体制、执政党的性质、政府的方针和政策以及国家制定的有关法令和法规等。政治法律环境对企业的影响有如下三个特点：一是直接性，是指国家政治环境直接影响着企业的经营状况；二是难以预测性，是指企业一般很难预测国家政治环境因素的变化趋势；三是不可逆转性，是指政治环境因素一旦影响企业，会使企业迅速发生明显变化，并且这一变化是企业很难逆转的。

通常，影响企业经营行为的政治环境包括如下几个因素。

① 国家政治体制。国家政治体制是指国家的基本制度以及国家为有效运行而设立的一系列制度，如国家的政治和行政管理体制、政府部门结构及选举制度、公民行使政治权利的制度、经济管理体制等。国家的政治体制决定着政府行为和效率。市场经济也是法制经济，国家对经济的干预主要通过法律手段和各种经济政策来进行。这些往往是物流企业必须遵循的准则。

② 政治的稳定性。政治的稳定性包括政局的稳定性和政策的稳定性两方面。如果一国政局稳定性较差，国内各类的政治冲突(如政局动荡、政府更迭等)、骚乱、内战和暴力等时有发生，就会对经济贸易活动的发展带来恶劣影响，进而对为贸易服务的物流业造成不利的后果。一些国际政治事件的发生也会给物流业造成冲击，如2002年10月份全美港口码头工人的大罢工，迫使大量船舶滞留港口或等待进港，给包括中远集团在内的许多物流企业造成了巨大损失。又如发生在美国的“9·11”事件，就直接给航空业造成了巨大的冲击。

③ 国际关系。国际关系是指一个国家与其他国家之间的关系。一个国家与其他国家之间的政治关系会影响到它们之间的经济关系，从而又会影响企业的经营。国际惯例、

行业惯例也对物流企业的活动影响巨大。

④ 法制体系。法制体系是由国家制定并以国家强制力保证实施的各种行为规范的总和。在法制体系中，一方面，要有完善的法律制度，如《宪法》、《民事诉讼法》、《刑法》、《公司法》、《破产法》、《劳动法》、《环境保护法》、《专利法》、《合同法》、《消费者权益保护法》等；另一方面，要严格执法。企业只有在一个完善的法律体系中，各方面利益才能得到保证，否则企业的经营活动将变得复杂和低效。世界各国都颁布了相应的经济法律和法规来制约、维护、调整企业的活动。我国目前主要的经济法律、法规有：《合同法》、《海商法》、《商标法》、《专利法》、《反不正当竞争法》、《消费者权益保护法》、《环境保护法》、《广告法》、《公司法》、《破产法》等。与物流企业运作直接相关的法律、法规很多，如：《中华人民共和国水路运输服务业管理规定》、《汽车货物运输规则》、《国内水路货物运输规则》、《港口货物作业规则》、《中华人民共和国水上安全监督行政处罚规定》、《道路零担货物运输管理办法》、《上海航运交易所管理规定》等。作为 WTO 的成员国，我国的物流企业还必须遵循相关的国际规则和行业惯例，如与服务贸易有关的 GATS（服务贸易总协定）、ISO 9000（国际标准化组织发布的系列质量管理论证国际标准）以及 ISM CODE（国际安全管理规则）等。物流企业要奉公守法，既要学会用法律来保护自己的合法权益，同时也要有社会责任，注重全社会的整体利益和长远利益，防止对环境的污染和破坏。

⑤ 政治团体和公众团体。政治团体和公众团体是指国家法律许可成立的各种政治性组织和社会公众性组织。政治团体如工会、共青团、妇联组织，公众团体如中国消费者协会、行业协会等，这些团体通过影响国家立法、方针、政策、社会舆论等，对物流企业的活动施加影响。

（2）经济环境

物流企业的经济环境是指物流企业所在国家经济的总体状况，主要指国民收入、国民生产总值及其变化情况以及通过这些指标能够反映的国民经济发展水平和发展速度。一般来说，经济环境主要包括如下几个方面的内容。

① 国民生产总值及其增长速度，是衡量整个国民经济的发展状况和发展速度的重要指标。国民生产总值及其增长速度反映一个国家的经济发展总水平和国家的富裕程度及经济发展的情况。国民经济持续稳定增长与繁荣肯定会为物流企业的生存和发展提供有利机会；反之，就会带来困难和威胁。另外，世界经济和国际贸易的发展变化对物流企业特别是从事国际经营活动的物流企业也会产生巨大影响。一般来说，世界经济的高速增长会导致国际贸易的相应增长，从而使得物流频繁，物流市场繁荣；反之，就会使物流业出现萧条和不景气。

② 市场规模，是指一个国家的市场总容量，或者说对商品的需求总水平。一个国家市场大小，有无市场潜力，这对企业的影响非常大。衡量市场规模的主要指标有人均国民收入、消费者的消费倾向和消费结构等。

③ 要素市场的完善程度，取决于是否有一个健全的市场体系和一个健全的市场运行机制。对企业来说，是否有一个健全的市场体系决定着企业经营所需要的生产要素能否通过市场交易而获得。

④ 经济政策，是各级政府为发展经济制定的各项政策。经济政策和产业政策给企业

经营带来巨大影响。例如,当国家产业政策鼓励某些产业发展时,这些产业中的企业可以顺利并快速发展;反之,受产业政策抑制的企业其发展就会受到很大制约。目前,针对物流行业对经济发展的重要作用,各地方政府正积极制定各项政策,促进物流业的发展。对第三方物流企业来说,国家经济政策主要表现为产业政策、能源政策、价格政策、环保政策以及财政与货币政策等。就产业政策而言,《国民经济和社会发展"九五"规划和 2010 年远景目标》中明确提出了要进一步加速物流发展,加强物流理论和技术研究,提高物流管理水平,尽快改变物流落后状况,以适应经济持续、稳定、较快发展需要的战略目标。《关于国民经济和社会发展第十个五年计划纲要的报告》指出,要"积极引进新型业态和技术,推行连锁经营、物流配送代理制、多式联运,改造提升传统流通业、运输业和邮政服务业",从而进一步确立了现代物流在国民经济运行中的重要地位和作用。2001 年 3 月,国家经贸委、交通部、信息产业部、铁道部、外经贸部及民航总局六部委联合下发了《关于加快我国现代物流发展的若干意见》的通知,为我国现代物流的发展提供了指导性的意见。交通部也发布了《关于促进运输企业发展综合物流服务的若干意见》,确定了交通运输企业发展物流服务的指导思想和发展目标。国家的产业政策表明,我国发展物流业前景广阔。而能源政策、价格政策、环保政策以及财政、税收、金融、货币政策都会在不同方面、不同程度地影响物流业的发展。例如,全面削减关税,开放农产品市场,开放批发、零售、运输市场等既会导致物流量的急剧增长,又会给国内物流企业带来更加激烈的竞争。

⑤ 国家的货币和物价总水平,是对当前国家的货币和物价水平的总体衡量。国家的货币和物价总水平的稳定情况很显然对企业经营有较大的影响。

(3) 社会文化环境

第三方物流企业的社会文化环境,是指第三方物流企业所在国家或地区社会发展现状和文化发达程度。社会文化环境包括一个国家或地区的人口数量和质量及其增长趋势、居民教育程度和文化水平、宗教信仰、风俗习惯、价值观念、审美观点等。文化水平会影响居民的需求层次;宗教信仰和风俗习惯会限制或禁止某些活动的进行;价值观念会影响居民对企业目标、组织活动以及组织存在本身的认可与否;审美观点则会影响人们对组织活动内容、活动方式以及活动成果的态度。第三方物流企业不能忽视社会文化环境影响的分析,这对开辟新的目标市场非常重要。如价值观念不仅影响社会成员对第三方物流企业存在理由和目标的认识,而且会影响到顾客的兴趣与偏好,导致需求差异的形成,使得特色物流服务产生。又如宗教信仰和风俗习惯则会禁止或抵制某些行为和活动的进行,从而对物流营销活动产生影响。

(4) 技术环境

第三方物流企业的技术环境,是指第三方物流企业所在国家或地区的物质设施基础、科技发展水平以及政府对科技开发的投资和支持状况。任何企业的活动都需要利用一定的物质条件,这些物质条件反映着一定的技术水平。社会的技术进步会影响这些物质条件的技术水平的先进程度,从而影响利用这些条件的企业活动的效率。因此,企业必须关注技术环境的变化,以及时采取应对措施。

随着科学技术的发展,各种现代化交通工具和高科技产品层出不穷,它们既为第三方物流企业提高服务水平和质量提供了技术支持,也为第三方物流企业的创新提供更先进的物质技术基础。以信息技术为例，基础应用层次上有 Internet（互联网）、GIS（地理信息系统）、GPS（全球卫星定位系统）、BAR Code（条形码技术）、RF（射频技术）；环境体系层次上有 EDI（电子数据交换，涉及物流企业事务、商务、税务的电子化契约、支付和信用标准）；作业管理层次上有 JIT（准时制工作法）、POS（销售时点信息管理系统）、ECR（有效客户信息反馈）、ACEP（自动连续补货计划）、QR（快速响应）；企业信息系统上有 MIS（管理信息系统）、ERP（企业资源计划）、DRP（分销资源计划）、CRM（客户关系管理）、SCM（供应链管理）等。在实际工作中，以电子技术、信息技术、网络技术为一体的电子商务平台，实现数据的快速、准确传递，提高了仓库管理、装卸运输、采购、订货、配送发运、订单处理的自动化水平，使包装、保管、运输、流通加工实现一体化，以及提高结算、需求预测、物流系统设计咨询、物流教育与培训方面的服务能力。在海运方面，船舶的大型化，装卸机械的高速化、自动化，运输方式的集装箱化，大宗货物的散装化，前所未有地提高了远洋运输能力。

总之，科学技术为第三方物流企业从事市场营销活动提供了强力支持，也大大提高了第三方物流企业面向客户提供全面、准确、高效、经济的综合物流服务能力。

(5) 自然环境

物流企业的自然环境是指物流企业所在国家或地区的客观环境因素。主要有：自然资源；气候；地质、地形；地理位置等。

- 自然资源包括地表资源、地下资源等。自然资源决定着企业生产供应和生产成本等。自然资源通常具有相对稳定性，但随着时间的推移，它也会不断发生变化。例如，树木采伐导致森林资源减少；环境污染和水资源浪费导致工业用水紧张；矿物质的开采致使矿业资源短缺等。
- 恶劣的气候会给企业经营带来不利的影响，例如，潮湿、多雨的气候容易导致设备、工具生锈，有形磨损增加；气温过低、过高都会导致生产效率低下。地形状况影响交通运输，一般来说，山区交通运输比较困难，河流有利于交通运输等。沿海有利于发展外向性经济；内地可充分利用资源，城市基础设施好、市场容量大，乡村工业基础设施差、市场小，离交通干线近有利于原材料、产品运输等。
- 地理位置是制约物流企业营销活动的一个重要因素。像天然的深水港口往往成为航运类物流企业必选的物流基地，如上海作为东部沿海的最大港口，地理位置优越、经济腹地广阔、交通发达、海陆空联系便捷，再加上正在建设成为国际经济、金融、贸易以及航运中心，众多的国内外物流企业纷纷进驻上海，从事物流活动。气候条件及其变化也会影响到物流企业的活动，如很多物品季节性强、对气候的变化非常敏感，这都会影响到物流企业（如运输工具、运输线路等）。

以中远集团中标的三峡工程运输项目为例，三峡工程是全国首屈一指的超巨型工程，参加当时三峡工程进口设备运输招标的有 9 家国内外著名的国际运输企业。为了确保万无一失，中远搜集了上千份的长江水文、气象、航道等资料，在此基础上分析了各环节的难点、重点，独家运用了自编的计算机决策系统进行反复仿真模拟，在国内独家运用 CPS，使客户 24 小时全天候主动掌握设备动态。由此可见，自然环境及其发展变化会影响到物流企业资源获取的难易和交通运输成本的大小等，所以第三方物流企业从事的活动万万不可忽视自然环境的影响。

3. 第三方物流企业行业环境分析

第三方物流企业的行业环境又称为运营环境，有时也称中观环境，是指直接影响第三方物流企业实现其目标的行业内的外部力量。与前面介绍的第三方物流企业宏观环境相比，行业环境对于第三方物流企业的影响更为直接、更为现实。所谓行业环境分析，就是对企业所在行业整体的发展状况和竞争态势进行详细分析，并确定第三方物流企业在行业中的地位。通常，对第三方物流企业行业环境的分析一般包括如下一些内容。

(1) 行业在社会经济中的地位分析

行业在社会经济中的地位，主要表现在如下三个方面。

① 行业的产值、利税额及吸收劳动力的数量，在国民生产总值、财政收入和就业总量中所占的比重。

② 行业的现状与未来对整个社会经济及其他行业发展的影响程度。

③ 行业在国际市场上的竞争、创汇能力。

20世纪90年代以后，世界物流业持续十年保持了每年20%～30%的高速成长，一举上升为与高科技、金融业并驾齐驱的三大朝阳产业之一。全球物流业的发展水平首推发达国家。美国物流产业规模为9 000亿美元，占美国国内生产总值的10%以上，并以年平均20%以上的速度增长。物流业在我国社会经济中的地位日益增高，据摩根-史丹利亚太投资研究组的《中国物流报告》，我国每年的物流费用超过2 000亿美元。一体化的物流服务业是一个新兴的发展迅速的产业，在向“经济大国”迈进的同时，我国正在成为“物流大国”。我国许多城市和地区都将物流业确定为未来的重点支柱产业。

(2) 目标市场对企业包容性或接纳程度分析

在当今社会，权力营销已被看作是一种重要的营销手段。所以，目标市场的权力主体对企业的包容性或接纳程度就显得很重要。由于不同地区的消费群体一般会受到不同文化传统、风俗习惯和价值观念的影响，并且影响面很广，有的进入法律体系，甚至成为政府的政策，有的则是以社会的习惯出现。因此，第三方物流企业在准备进入目标市场时，必须首先分析和了解目标市场对第三方物流企业的包容性或接纳程度；否则，就有可能受到政府、行业协会、工会、消费群体的排斥。

(3) 行业生命周期分析

一个行业也有其生命周期。行业生命周期反映了一个行业的发展变化趋势。行业发展处于其生命周期的哪个阶段，反映行业发展所处的总体环境，是需求状况及其自身发展内在轨迹的综合反映。与产品的生命周期类似，行业生命周期一般也包括开发期、成长期、成熟期、衰落期四个阶段。行业生命周期反映了行业销售的变化规律，一般可以通过对行业中一些关键性因素的分析评价来判别行业生命周期的不同阶段。对物流行业生命周期的分析，可以有助于第三方物流企业正确把握物流业的发展变化趋势。在不同地区或国家，物流业的发展成熟度可能有很大差别，欧美、日本的物流业已比较发达。我国物流业近年来虽有较快的发展，但从总体上看，仍处于初级发展阶段，未来五年将是中国物流业的高速成长时期。

（4）行业竞争状况分析

企业在考虑竞争战略时对行业的竞争状况的分析至关重要。通过行业竞争分析，企业可以了解企业所处的竞争环境如何，从而有助于制定正确的竞争战略。行业的竞争状况，主要包括目标市场大小、垄断情况、竞争企业数目和实力以及可能的新进入者。企业目标市场的大小常常比较难以确定，一般需要根据企业所处行业过去几年内的市场容量进行估算。对目标市场的估算，不仅要考虑目标市场中人口结构与经济状况等因素，还要考虑产品生命周期、产品升级换代等因素的影响。垄断情况，一般是指企业目标市场中是否存在行业垄断、垄断的程度如何、打破现有垄断状况的机会以及如何打破垄断等一系列问题。企业的竞争首先是行业内部企业之间的竞争，第三方物流企业竞争对手分析不仅要考虑竞争企业的数目和实力及其所采取的竞争战略等，还要考虑可能的新进入企业。为防止新竞争对手的加入，可以通过与其他同业者结成某种程度的联盟，来提高行业进入壁垒，达到避免行业竞争的目的。所以，在行业内部企业之间就可能出现既竞争又合作的"局面"。目前，参与我国物流市场竞争的企业主要有如下几种类型的企业。

① 以传统运输系统为支撑的物流企业，如：铁路系统、公路系统、航运系统、中国对外贸易运输（集团）总公司、华宇物流集团、中铁联合物流等。

② 以传统仓储系统为支撑的物流企业，如：商业系统、粮食储备系统、中国物资储运总公司等。

③ 以邮政系统为代表的、从包裹递送转向一般物流服务的物流企业。

④ 发源于制造业企业的物流行业的生力军，如：海尔物流、联想物流等。

⑤ 发源于商业系统的新生物流企业，如：华运通物流、宝供物流企业集团、中野的全球数码仓库等。

⑥ 国际物流公司，如：美国的快递业巨头 UPS 和 FedEx，荷兰的天地物流（TNT），丹麦的运输物流公司马士基（Maersk），英国的英运物流（Exel），日本的佐川急便和伊藤忠物流，法国的丹砂物流（Denez）等。

美国学者迈克尔·波特认为，影响行业内竞争结构及其强度的主要因素有现有竞争者、潜在竞争者、替代品、供应商以及购买者五种环境因素，如图 11.1 所示。

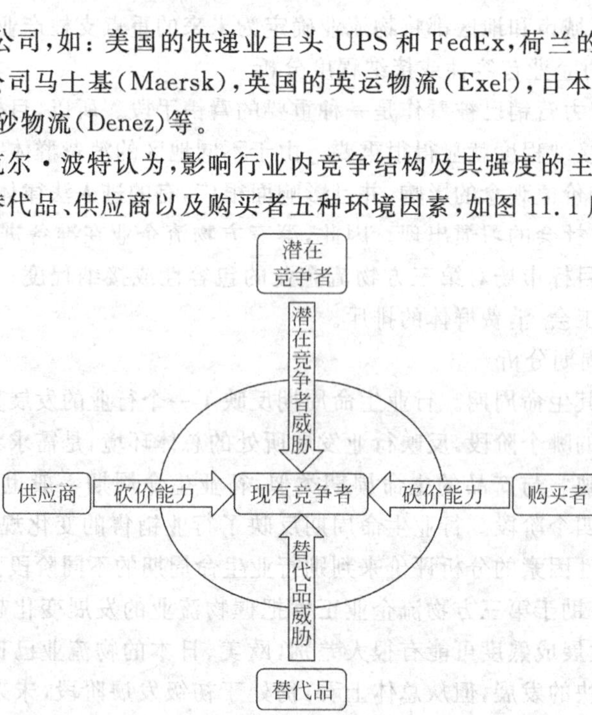

图 11.1 影响行业竞争的五种因素

(1) 现有竞争者分析

如今,第三方物流企业面对的市场是一个竞争性市场。通常有许多家第三方物流企业提供相同的服务,必然会采取各种措施争夺用户,从而形成市场竞争。“知己知彼,百战不殆。”对行业内现有竞争对手的分析包括:竞争的基本情况、主要竞争对手、竞争对手的发展动向等。

① 竞争的基本情况。第三方物流企业自身竞争的基本情况一般包括如下几点:竞争对手有多少;竞争对手分布在何方;竞争对手在哪些市场上活动;各自的规模、资金、技术力量如何;其中哪些对自己的威胁特别大。企业竞争基本情况研究的主要目的是要找到企业的主要竞争对手。

为了在众多物流服务企业中找出主要竞争对手,必须对它的竞争实力及其变化情况进行分析和判断。用于反映企业竞争实力的指标主要有以下三类。

a. 销售增长率,指企业当年销售额与上年相比的增长幅度。

b. 市场占有率,是指市场总容量中企业所占的份额,或指在已被满足的市场需求中,有多大比例是由本企业提供的。

c. 产品或服务的获利能力,这是反映企业竞争能力能否持续的支持性指标,可用销售利润率表示。

在物流服务市场上,一般存在三种层次的竞争对手:第一种是品牌竞争者,它们与本企业以相近的价格向同样的顾客群提供相同的物流服务,比如中远集装箱公司会将马士基(Maersk)等国际集装箱班轮公司视为主要竞争者;第二种是行业竞争者,指的是从事航运的所有公司,它们都提供航运服务,中远集装箱公司会把经营干散货和油轮业务的航运公司归入此类竞争者;第三种是形式竞争者,航运企业会把所有从事运输服务的企业归入形式竞争者,如中远集装箱公司也会将铁路运输企业、公路运输企业、航空运输企业甚至管道运输企业视为自己的竞争者。分析竞争对手,就是要扬长避短,争取竞争优势。

② 主要竞争对手的分析。通过比较不同企业的竞争实力,找出了主要竞争对手后,还要进一步研究主要竞争对手企业之所以能对本企业构成威胁的主要原因,包括技术力量、资金、规模的状况。对主要竞争对手研究的目的是找出主要竞争对手的竞争实力的决定因素,充分了解竞争对手,以帮助企业制定相应的竞争策略。

③ 竞争对手的发展动向分析。在与竞争对手进行实力较量的同时,还需要对竞争格局变化和竞争对手的发展动向作出正确的分析和判断。为此,必须搜集有关资料,密切注视竞争对手的发展方向,分析竞争对手可能开辟的新产品或服务、新市场,从而帮助企业先走一步,争取时间优势,使企业在竞争中争取主动地位。竞争对手的发展动向包括市场发展或转移动向与产品或服务发展动向。

(2) 潜在竞争者分析

当一种产品或服务的开发成功后,由于利润的诱惑,不可避免地会引来许多竞争企业的加入。这些新进入者有两个作用:既会给行业注入新的活力,促进市场竞争;也会给原有物流企业造成压力,威胁它们的市场地位。新企业进入行业的可能性大小,既取决于现有企业可能作出的反应,又取决于由行业特点决定的进入难易程度。

新企业进入某个行业的难易程度,也称进入壁垒。分析潜在进入者,主要是分析进入壁垒的高低。通常受到下列三种因素的影响。

① 规模经济。企业经营只有达到一定规模，才能收回经营过程中的各种耗费。低于此种规模，企业经营不仅不能赢利，反而会出现亏损。生产规模越大，企业就越具有成本优势。原有企业的规模经济具有很大的低成本优势。

② 产品或服务差异化。不同物流企业提供的产品或服务并不是完全均质的，必然存在某种程度的差异。这种差异或是由服务的本身特性决定的，或是由广告等宣传因素形成的，如果原物流企业的服务品牌已经获得了顾客的广泛认同，甚至产生了一定感情，形成了品牌忠诚度，新进入者要想把他们吸引过去，则需付出很大的代价。

③ 综合优势。一般是指市场上的老企业相对于新进入者而言所具有的综合优势。

(3) 替代品生产企业分析

所谓替代品是指一些外观形状、内部结构以及物理性能差异很大，但在实现功能上相近的产品，它们能满足消费者的同种需要，而在市场上相互形成竞争。

替代品生产企业分析包括两个主要内容：第一，确定哪些产品或服务可以替代本企业提供的产品或服务；这实际上是确认具有同类功能产品或服务的过程。第二，判断哪些类型的替代品可能对本企业经营造成威胁。这些工作较为复杂，通常需要根据性能价格比来进行判断。

例如，就航空货运业务而言，一般把航空货运业务分为五类：紧急货运、日常性的易腐性货运、日常性的非易腐性货运、特快专递和邮件。在很多市场中，由于空运费用较昂贵(往往高出地面运输价格的10倍)，发货人更愿意采用轮船、火车、卡车等地面运输方式托运货物。至于快递业务(或急件业务)，传真机就是一个替代型的竞争对手；互联网也是一个替代型的竞争对手，因为很多邮件通过互联网就能安全快速传递了。

替代产品设置了行业中物流企业可谋取利润的定价上限，从而限制了一个行业的潜在收益。替代产品所提供的价格、性能选择机会越有吸引力，行业利润的"上盖"压得就越紧。

(4) 客户或购买者分析

客户或购买者对企业的影响主要体现在两个方面：客户的需求水平影响企业的市场状况；客户的价格谈判能力影响企业的获利能力。所以，客户分析研究主要包括两个方面的内容：需求研究与客户的价格谈判能力研究。

① 需求研究。需求研究又包括如下几个方面。

a. 总需求研究。需要分析市场容量有多大？暂时没有支付能力的潜在需求有多少？

b. 需求结构研究。需要分析需求的类别和构成情况如何？用户属于何种类型，是机关团体，还是个人？主要分布在哪些地区？各地区比重如何？

c. 客户购买能力分析研究。需要分析客户的购买力水平如何？购买力是怎样变化的？有哪些因素影响购买力的变化？通过分析影响因素的变化，可以预测购买力，从而预测市场需求的变化。

② 客户的价格谈判能力。研究客户的价格谈判能力是众多因素综合作用的结果。这些因素主要有：

a. 购买量的大小。若是企业的主要顾客，则具有较强的价格谈判能力。

b. 企业产品或服务的性质。如果企业提供的是一种无差异产品或标准产品，则用户坚信可以很方便地找到其他供货渠道，因此也会在购买中要求尽可能优惠的价格。

c. 客户后向一体化的可能性。如果客户是生产性企业，又具备运输能力、存储能力和配送能力，因此它具有自己成立物流部的能力，所以它会经常以此为手段迫使供应者降价。

d. 企业产品或服务在客户产品形成中的重要性。如果企业产品或服务在客户的产品中占很重要的地位，或对自己产品的质量或功能形成有重大影响，则可能对价格不甚敏感，相反如企业产品或服务在客户产品形成中没有重要影响，用户在采购时则会努力寻求价格优惠。

第三方物流企业服务的对象是客户，是第三方物流企业一切活动的出发点和最终归属。客户既可与物流企业同在一个国家，也可以在其他国家和地区。第三方物流企业必须坚持以客户为中心，识别当今物流市场上客户的特征，以便为客户提供优质、高效、便捷的物流服务。

客户与第三方物流企业竞争的手段主要是三种：压低价格、要求较高的产品质量、索取更多的服务项目。第三方物流企业的每一个主要顾客的上述能力的强弱取决于众多市场情况的特点和这种购买对它整个业务的重要性。

(5) 供应商分析

第三方物流企业的供应者是指第三方物流企业从事物流活动所需各类资源和服务的供应者。它包括为第三方物流企业提供设备、工具、能源及土地和房产的各类供应商；提供信贷资金的各类金融机构以及在各类人才市场上为企业提供人力资源的中介机构等。另外，为第三方物流企业生产经营过程提供各种劳务和服务的机构，如货物运输、设备修理、员工培训、环卫清洁及保安等服务机构也都构成第三方物流企业的供应商。

供应商对第三方物流企业经营活动的影响主要有两个方面：一方面是供应商是否根据第三方物流企业要求按时、按量、按质地提供所需的生产要素，这些决定了第三方物流企业是否能够正常运行；另一方面是供应商的价格谈判能力在很大程度上决定第三方物流企业生产成本的高低，从而影响第三方物流企业的获利水平。

① 供应商分析。

a. 是否存在其他货源。第三方物流企业如果长期仅从单一渠道选择供应商，则其发展必然在很大程度上受制于后者。因此，应分析与其他供应商建立关系的可能性，这样便可在一定程度上遏制供应商提高价格的倾向。

b. 供应商所处行业的集中程度。如果该行业集中度较高，由一家或少数几家集中控制，而与此对应，购买此种货物的客户数量众多、力量分散，则该行业供应商将有较强的价格谈判能力。

c. 寻找替代品的可能性。如果行业集中程度较高，分散选择供应商的可能性也较小，则应寻找替代品。如果替代品不易找到，那么供应商无疑是价格谈判的强者。

d. 企业后向一体化的可能性。如果供应商垄断控制了供货渠道，替代品又不存在，而企业对这种货物的需求量又很大，则应考虑自己掌握或自己加工制作的可能性。

② 供应商对第三方物流企业活动的影响。

a. 供应的可靠性，即资源供应的保证程度，这将直接影响第三方物流企业的服务能力和交货期。

b. 资源供应的价格及其变动趋势，这将影响到第三方物流企业服务的成本。

c. 供应资源的质量水平，这将直接影响到物流企业提供的服务质量。因此，第三方物流企业应加强与供应商建立互惠互利（如第三方物流企业必须与相关的运输工具制造商、燃料供应商建立良好的合作关系）、彼此信任的关系，降低营销成本，实现营销目标。若供应商选择不当或出现问题，将给第三方物流企业的经营带来不可估量的损失。

(6) 技术经济支持情况分析

在决定一个企业在目标市场是投资还是撤资退出时，一般需要分析与企业相关的技术经济支持情况。这不仅要看企业经营的产品是否有销路，还必须考虑市场内的配套设施是否完善。首先，企业不能简单地考虑市场前景，而要考虑整个供应链是否具有竞争优势。其次，任何企业发展，都离不开人才、资金、技术等要素，企业应充分考虑目标市场中各种人才、资金、技术等要素的提供能力，如某种要素不能满足企业的需要，应考虑相应的解决方案。

(7) 行业机会威胁分析

对企业外部经营环境分析研究的根本目的是要明确企业面临的和将要面临的机会和威胁。企业面临的最主要的环境是行业状况。所以，分析行业的机会和威胁能使企业在更宽广的背景下理解外部环境带给企业的机会和威胁。

从第三方物流企业发展的机会分析，目前我国企业的物流环节的费用很高，对物流服务的潜在需求很大，为第三方物流企业的发展留下了巨大的潜在空间。据中国仓储协会的调查，在未来两年内，我国将有 45%的企业选择新的物流商，其中 75%的企业将选择新型的第三方物流企业。

从第三方物流企业面临的威胁分析，中国加入 WTO 后，国外物流服务商大批进入中国，对我国物流市场形成较大冲击。我国第三方物流企业无论在规模上还是在提供全面一体化解决方案上与国外第三方物流企业相比都有不小的差距。我国物流企业将面临更激烈的市场竞争，通过进一步提高专业化的综合物流服务水平，提供更专业、更精细、更特色的物流服务，在市场竞争中求得生存和发展。

11.1.2 第三方物流企业内部资源与能力分析

为了能正确地制定物流企业的经营战略，不仅要分析第三方物流企业的外部经营环境，而且还要分析第三方物流企业的内部资源和能力。通过物流企业的内部资源和能力的分析，了解企业内部资源的优势和劣势以及企业的战略性资源和核心竞争能力，从而正确地选择合适的战略。

1. 第三方物流企业内部资源分析

所谓企业资源是企业在向社会提供产品或服务的过程中能够实现公司战略目标的各种要素组合。不同的企业拥有的资源可能有所不同。企业可以看作是各种资源的不同组合，由于每个企业的资源组合不同，因此不存在完全一模一样的企业。只有企业拥有了预期业务和战略最相匹配的资源，该资源才最具价值。企业的竞争优势取决于其拥有的有价值的资源。

(1) 企业资源的性质分类

① 有形资源是能看见和量化的资产，容易识别并加以评估。有形资源一般包括：企业所拥有的土地、房产、原材料、机器设备、加工工具、仓储系统与设施、交通路线与运输工具、办公系统与设施、IT 基础设施与其他服务设施等实物资产以及企业拥有的各种金融资产。

② 无形资源是根植于企业的历史，随时间而积累起来的资产，一般比较难以识别和评估。无形资源一般包括：技术、专利、组织知识、商标、品牌、营销网络与渠道、客户关系、公共关系、商誉与企业文化等。

③ 人力资源是人们通过他们的技能、知识、推理和决策能力为企业提供的服务，人力资源一般包括：员工的素质、适应性、团队精神、专业技能和知识，员工的投入和忠诚以及企业对员工的培训情况等方面。

(2) 企业的战略资源

为了精心设计以资源为基础的战略，企业必须首先识别和评价它所拥有的资源，以找出那些可以作为未来发展或竞争优势的资源。这一过程包括确定公司所拥有的资源，然后检验确定哪些资源(如果有的话)真正有价值。在企业拥有的众多资源中，那些具有稀缺性的或不可模仿性的资源，通常会给企业带来基于资源的优势，是企业发展和竞争的战略基础，我们称此为战略性资源。战略性资源由于其具有长期的稀缺性，不会轻易地被竞争对手模仿，因而是企业可持续竞争的源泉。一般来说，企业战略性资源所具有的特征至少与如下四类资源中一类相一致。

① 物理上独特。这种资源是不可复制的资源。一个极佳的房地产位置或仓库的选址或受法律保护的专利权等不可能被模仿。

② 难以复制。由于“路径依赖”，这些资源不可能立刻获得，必须通过长期积累才能获得。如：一个服务或产品品牌的认知不是只要做广告就能建立和复制的，有一个需要较长时间的积累和形成过程。

③ 因果含糊。这里“因果含糊”的含义是指潜在复制者不可能弄清楚这项有价资源的价值究竟何在，或者不可能找出准确的复制方法。如企业的某种文化是怎样的，是如何产生的，一般很难明确识别。

④ 经济制约。这种情况通常是竞争对手拥有复制资源的能力，但由于市场空间有限只好作罢，因为市场太小而不足以支撑两个竞争者的赢利，所以潜在的模仿者只好放弃复制这种资源。

企业的战略资源一般难以绝对杜绝模仿，但可以设法增加模仿的难度和不确定性。如果同时存在着多种模仿壁垒，资源就更富战略价值。相对于有形资源，无形资源是竞争对手更加难以了解、购买和模仿的。企业更有可能以无形资源作为竞争优势的基础。此外，无形资源不会因使用而消耗，反而会因使用而增加价值。因此，无形资源的重要性越来越受到重视。另外，企业总是由人经营的，企业的运作离不开训练有素的员工，企业战略的制定和经营活动的决策与执行都离不开人的因素。因此，人力资源通常是企业最有战略价值的资源。

2. 第三方物流企业的能力分析

(1) 组织能力

组织能力不同于有形资源与无形资源，它们是有形资源、无形资源和人力资源的复杂整合。组织能力包括一组反映企业运行效率和效果的能力，这些能力可以体现在企业的任何活动中。对于第三方物流企业，可考虑对企业如下几方面的能力加以分析。

① 内部与外部融资能力。

② 人力资源开发能力。

③ 组织学习与创新能力。

④ 物流方案与技术开发能力。

⑤ 运输与仓储等物流运作能力。

⑥ 市场营销与客户服务能力。

⑦ 物流成本控制与企业赢利能力。

(2) 核心竞争能力

企业在经营过程中形成的不易被竞争对手效仿的，并能给企业带来长期稳定竞争优势的独特能力，我们称为企业的核心竞争能力或核心专长。核心竞争能力是企业最重要、最关键、最根本的能力。核心竞争能力的强弱决定企业在市场竞争中的地位和命运。

企业的核心竞争能力可以理解为一个企业在能力上与竞争对手的区别。企业核心竞争能力是在限定的战略空间中使企业比竞争对手的经营行为更为有效的能力。企业核心竞争能力的外部特征可归纳为以下三个方面。

① 实现客户价值。只有能为客户提供核心价值的能力，才能称为企业的核心竞争能力。比如：中国物资储运总公司基于在全国拥有的仓库网点的配送服务能力、中国邮政基于在全国投递服务网点的投递服务能力、中国远洋运输集团公司的远洋运输能力可分别称为上述三个物流企业的核心竞争能力。物流企业的客户是决定物流企业的核心竞争能力的最终裁判。物流企业的核心竞争能力必须对物流企业所重视的价值有关键性的贡献。

② 竞争差异化。企业的某项能力必须独树一帜，不会轻易地被竞争对手仿冒，才能成为企业的核心竞争能力。如果某项能力已经很普及但仍有大力开发改进的余地，而且客户也很看重这种改进。比如：新加坡航空公司努力提供最优质的服务，其价格比其他航空公司高很多。显然，除物流企业的客户外，物流企业的竞争对手也是决定物流企业的核心竞争能力的最终裁判。

③ 业务延展性。企业的某项能力只有具有业务发展的延展性，能够成为开拓新市场的基础，才能称为核心竞争能力。比如：中国物资储运总公司最显著的优势是在于拥有遍布全国各主要城市、布局合理的仓库网点，利用这一巨大的网络资源优势，以全国各仓储中心为节点，可逐步发展成现代化的配送中心，形成全国性的物流配送网络，使企业在物流配送领域显现出巨大的竞争优势。

第三方物流企业的核心竞争能力并不是一成不变的。第三方物流企业现阶段的核心竞争能力若干年后有可能变为一般能力。比如：在 20 世纪七八十年代，以每辆车的运输快递准确率来衡量物流运输服务的质量，无疑是日本第三方物流企业的核心竞争能力，但到了20世纪90年代，以每辆车的运输快递准确率来衡量物流运输服务的质量，已经是各个第三方物流企业提供运输配送服务的基本条件。

分析第三方物流企业的核心竞争能力可由外向内。首先，要看第三方物流企业是否有明确的主营领域，是否有稳定的市场前景，在行业中的地位如何。没有明确的主营领域，经营内容过于分散，一般很难形成核心竞争能力。其次，要对第三方物流企业在本领域中的主要业务项目进行分析，如果一个第三方物流企业根本没有过硬的核心物流服务项目，则很难说明该企业具有较强的核心竞争能力。再次，第三方物流企业核心竞争能力分析。主要内容包括：支持第三方物流企业主营业务的优势技术和专长是什么；这种技术和专长的难度、先进性和独特性如何；企业是否能够巩固和发展自身的专长；它能够为企业带来何种竞争优势、强度如何等。第三方物流企业核心竞争能力的独特性和持久性在很大程度上由它赖以存在的基础条件所决定。最后，成长能力分析。第三方物流企业要具有长久的竞争优势，必须不断保护和发展自己的核心竞争能力，包括对现有核心竞争能力的关注和新核心竞争能力的培育与保持。

11.2　第三方物流企业发展战略制定

11.2.1　第三方物流企业战略管理的一般过程

第三方物流企业战略是指在对第三方物流企业外部环境和内部条件分析的基础上，为求得企业生存和发展而作出的长远的谋划。通过对第三方物流企业外部环境和内部资源条件的分析，选择合适的战略并将其付诸实施，才能确保企业在竞争中立于不败之地，并取得很好的业绩。

第三方物流企业战略管理的一般过程

“战略”原是军事术语，源自希腊 strategos，含义是“将军”，原意为指挥军队的艺术和科学。将战略思想运用于企业经营管理中，便产生企业战略的概念。第三方物流企业的经营和发展离不开具体战略的运用。第三方物流企业战略是第三方物流企业对自身总体和长远发展以及相应经营活动的分析和规划，而战略管理则是第三方物流企业管理中的重要组成部分，它对第三方物流企业的生存和发展起着决定性的作用。第三方物流企业要认真地研究和分析各种内外部影响因素，既不能盲目随波逐流，也不能错过发展时机。第三方物流企业的发展必须有明确的经营战略，并且应该不断地随着外部环境和内部条件的变化调整企业的经营战略。

第三方物流企业战略管理一般描述为：为达到某个目标，第三方物流企业（或部门）在特定时期，在特定市场范围内，根据某种组织结构，利用某种方式，向某个方向发展的全过程的管理。战略本身无好坏，只是第三方物流企业是否选择了最佳的战略，才表现出战略的好坏之分。

第三方物流企业的战略管理不是随意规定一项任务或目标，而是由经营的战略观念和思想、企业使命、战略目标、战略分析、战略决策、战略实施以及战略评价所构成的一个系统。在这些工作中，还需根据变化不断进行修正。

战略与计划的区别在于：战略是对企业（或部门）总体发展的设想，而计划是用于战略实施工作的具体细节表现。第三方物流企业战略管理是一个正在迅速发展的研究领域，它从总体上把握物流企业，在不断变化的环境中考察第三方物流企业总体发展的情况，探明为什么面对同样的环境有些第三方物流企业繁荣发展而有些第三方物流企业却停滞不前的深层次原因。

第三方物流企业战略管理通常又可分为战略决策、战略实施和战略评价三个部分，即把战略观念、战略目标的确定、战略分析以及战略方案的选择过程统统划为战略决策的内容。这里的战略决策是指广义的战略决策。

第三方物流企业的战略目标需要与物流企业内在层次相对应分解为各相对独立部分的分目标。为此，通常需要根据第三方物流企业的具体情况，把第三方物流企业的总体战略分解成若干个战略（通常称为子战略）。这就涉及建立战略管理的层次问题。一般来说，一个企业的战略可分为公司（总体）战略、业务（竞争）战略以及运作战略和职能战略等几个层次。

在不同的具体企业中，分权程度可能不同，因而在上级单位与下级单位的关系上出现了不同的情况。在集权型的第三方物流企业里，上级单位密切地控制着下级单位，左右着下级单位的基本战略方向。下级单位的主要作用是充当上级战略的执行者。在分权型的第三方物流企业里，上级单位对下级单位的控制较松，允许下级单位根据自身的实际情况，制定出各单位的战略。然后，上级单位对这些战略加以汇总，便形成了公司战略。可以看出，上述两类关系是第三方物流企业内部关系的两个极端。多数第三方物流企业处于这两种情况之间。不论采取分权制，还是集权制，上下级单位之间都会相互作用，相互影响，只是程度不同。

第三方物流企业在同一时期内应有统一的战略观念和思想。如果低层结构中有了新的思想和观念，可以通过本级的战略分析过程向上级逐层进行反馈，直至公司级战略管理层。新的战略思想和观念被公司级战略管理层接受并作出战略修正决定后，再逐层向下级战略输出，从而形成第三方物流企业新的战略。

战略实施在战略管理过程中是一个极其重要的阶段。战略实施就是将战略转化为行动。一个良好的战略仅仅是战略成功的一部分，战略被有效实施，战略目标才能够顺利实现。战略实施主要涉及如下一些问题：如何在企业各部门和各层次分配和使用现有资源；为了实现企业目标，还需要从外部获取哪些资源并加以利用；为实现企业既定的战略目标，需要对组织结构作哪些调整；如何处理可能出现的利益冲突问题和如何进行利益再分配；如何处理可能出现的企业文化的适应问题和进行企业文化管理。第三方物流企业在战略管理过程中，必须认真考虑上述几方面的问题，以保证第三方物流企业战略的成功实施。

11.2.2 第三方物流企业战略的目标

第三方物流企业使命是对第三方物流企业的经营范围、市场目标等的概括描述，它表明了第三方物流企业的性质和发展方向。第三方物流企业战略目标是第三方物流企业使命的具体化，第三方物流企业经营目标是战略目标的具体化，是对战略目标从数量上进行界定。第三方物流企业战略目标是第三方物流企业在一定的时期内，为实现其使命所要达到的长期结果。第三方物流企业战略目标分为长期战略目标与短期战术目标两大类。前者的实现期限超出一个现行的会计年度，通常为5年以上；后者是执行目标，是为实现长期战略目标而设计的，它的时限通常在一个会计年度内。战略目标是第三方物流企业战略的核心，它反映了企业的经营思想，明确了企业的努力方向，体现了第三方物流企业的具体期望，表明了第三方物流企业的行动纲领。战略目标具有可接受性、可检验性、可实现性、可挑战性等特征。

第三方物流企业战略目标是多元化的，既包括经济性目标，也包括非经济性目标。具体来说，包括利润目标、产品目标、市场目标、竞争目标、发展目标、职工福利目标、社会责任目标等。制定战略目标的有效方法是构造战略目标体系，第三方物流企业战略目标体系一般由第三方物流企业总体战略目标和主要的职能目标所组成。

第三方物流企业战略目标的制定应遵循关键性、平衡性、权变性等原则。一般来说，第三方物流企业的战略目标制定过程包括如下几个步骤：①企业最高管理层宣布企业使命，开始战略目标制定过程；②确定达到企业使命的长期战略目标；③把长期战略目标分解，建立整个企业的短期执行性战术目标；④不同战略业务单位、事业部或经营单位建立自己的长期或短期目标；⑤每个战略业务单位或主要事业部内的职能部门（如营销、财务、仓储、运输、配送等）制定自己的长期和短期目标；⑥战略目标的制定过程是通过组织结构层次由上至下层层进行的，由企业整体直至个人。

11.2.3 第三方物流企业战略的构成要素

第三方物流企业战略一般由四种要素构成，即产品与市场范围、增长向量、竞争优势和协同效应。安索夫（H. I. Ansoff）认为这四种要素可以产生合力，成为企业的共同经营主线。有了这条经营主线，企业内外的人员都可以充分了解企业经营的方向和产生作用的力量，从而扬长避短，发挥优势。

1. 服务与市场范围

它说明第三方物流企业属于什么特定的服务领域，因为对于第三方物流企业而言，其产品就是物流服务。按照第三方物流企业服务的功能领域可以划分为：国际物流服务、区域物流服务和市域物流服务。按照其核心业务能力大致可以分为：综合物流管理服务、商品配送服务、区域性时效性运输、快递服务、现代仓储、传统物流服务以及其他物流服务。

2. 增长向量

增长向量又可称为成长方向，它说明第三方物流企业从现有服务与市场相结合向未来服务与市场组合移动的方向，即企业经营运行的方向，而不涉及企业目前产品与市场的态势。通过表11.1来说明增长向量。

表 11.1 增长向量

使命＼服务	现有服务	新服务
现有使命	市场渗透	服务创新
新使命	市场开发	多种经营

- 市场渗透是通过目前的物流服务与市场的市场份额增长达到企业成长的目的。
- 市场开发是为企业物流服务寻找新的消费群，使物流服务承担新的使命，以此作为企业成长的方向。
- 服务创新是创造新的物流服务项目，包括一些物流增值服务等，以逐步提升或替代现有的物流服务，从而保持企业成长的态势。
- 多种经营则独具特色，对于第三方物流企业来讲，它的服务与使命都是新的，换言之，企业步入了一个新的经营领域。

在前三种选择中，其共同经营主线是明晰的和清楚的，或是开发新的市场营销技能，或是开发新产品和新技术，或者两者同时进行。但是在多种经营中，共同经营主线就显得不够清楚了。应当看到，增长向量指出了物流企业在一个行业里的方向，而且指出了企业计划跨越行业界限的方向，以这种方式描述共同的经营主线是对以服务与市场范围来描述主线的一种补充。

3. 竞争优势

竞争优势说明了企业所寻求的、表明企业某一服务类型与市场组合的特殊属性，凭借这种属性可以给物流企业带来强有力的竞争地位。一个企业要获得竞争优势，可以：或寻求兼并，谋求在新的服务领域或原服务领域中获得重要地位；或设置防止竞争对手进入的障碍与壁垒；或进行新技术开发，产生具有突破性的增值服务，以替代旧服务。

4. 协同效应

协同效应指明了一种联合作用的效果。安索夫指出，协同效应涉及企业与其新产品和市场项目相配合所需要的特征。对于第三方物流企业而言，协同效应意味着物流链各环节的协同一致和整体性，也就是追求整体的最优性。这种协同效应通常又被描述为“1＋1＞2”的效果，也就是说企业内各经营单位联合起来所产生的效益要大于各个经营单位各自努力所创造的效益总和，这也是现代物流业发展的共同化趋势的根本原因之所在。

协同效应是衡量第三方物流企业新服务与市场项目的一种变量。如果企业的共同经营主线是进攻型的，该项目则应运用于企业最重要的要素，如物流服务网络、物流技术等；如果经营主线是防御型的，该新项目则要提供企业所缺少的关键要素。同时，协同效应在选择多种经营战略上也是一个关键的变量，它可以使各种经营形成一种内在的凝聚力。

以上四个要素是相辅相成、互不排斥的，共同构成了第三方物流企业战略的内核。服务与市场范围指出寻求获利能力的范围，增长向量指出这种范围扩展的方向，竞争优势指出企业最佳机会的特征，而协同效应则挖掘第三方物流企业总体获利能力的潜力，从而提高企业获得成功的能力。

11.2.4 第三方物流企业发展战略设计构思及实施要点

1. 第三方物流企业发展战略设计构思

在上一节，我们介绍了第三方物流企业战略的基本内涵，那么第三方物流企业该如何构思其发展战略呢？

(1) 战略总体设计构思要突出第三方物流的战略优势

第三方物流战略对制造商而言，是利用外部资源，此举可以变用户的固定费用为可变费用，可以得到并享用物流专家的经验与物流技术革新成果、物流管理职业化的服务水平，也可为用户提供各类满意的增值服务。

(2) 第三方物流经营要贯彻准时(JIT)和有效客户响应(ECR)的准则

所谓ECR，是指物流经营者对用户需求变化能进行迅速、有效的响应，以满足用户需要。贯彻JIT和ECR需要从全面的、以用户为导向的角度审视有关的物流过程，包括所有加工范围和中间流通过程。

(3) 信息技术支持第三方物流战略的重点

信息技术支持第三方物流战略的重点在于JIT和ECR工作区域，移动通信、电子数据交换(EDI)、货物、车辆跟踪与供应链专家指导。充分发挥市场机制的作用，科学地设计第三方物流战略运行的组织体系。

2. 第三方物流企业发展战略的实施要点

(1) 第三方物流流程重新设计

第三方物流要真正做到有效响应用户的各种需求。无论是网络或系统物流服务者，一定要改变传统供应链中各个成员不愿与他人分享自己信息的思想弊端。缺乏准确的信息，意味着供应链网络必须保持大量的存货，以应付快速反应的市场变化，也无法将永久性的库存场地和安全库存量减少或减至最少，这样就造成了难以改变物流成本居高不下的现状。

(2) 重视顾客需求是流程重新设计的出发点

流程重新设计理论认为，最有效的组织设计是按流程流动进行组织设置，并围绕着流程，实现集中相关方面人员及活动的过程。第三方物流管理流程重组，强调以企业供应链管理过程为基本线索，按物流流程、流向进行组织设计和技术设计。

(3) 注重综合集成管理

第三方物流战略与SCM思想的共性，是将关注焦点从物流流程某一职能扩展到跨职能、跨行业的物流流程，以信息技术和组织调整作为整个流程变化的推动器，努力追求物流管理流程绩效获得巨大改善。

(4) 重视电子信息技术的综合应用

结合计算机、信息网络和数据库等的综合应用，企业流程和功能应当展现物流各个活动之间的关系，实现分工基础上的集成化管理。明确任务、时间和阶段，界定活动的执行者与接受者的相互关系。采取根本性的改革措施以产生效果，并巩固新流程。

(5) 重视联运代理的组织功能

第三方物流经营者打破传统的部门运输、物流管理的界限，利用联运代理或第三方物流服务中的代理功能，能够按供应链管理要求组织联运，包括多式联运。那种不同运输方式分别建站、分别运营的方式急需改变。改善的途径是商谈改变传统流程，实施双赢策略。

11.3 第三方物流企业经营发展战略

11.3.1 第三方物流企业发展战略选择

第三方物流企业发展战略从不同角度可以有不同的划分方式，其中，从发展方向上可以划分为增长（发展）战略、维持（稳定）战略和收缩（撤退）战略三大类；按业务相关性可分为集中经营发展战略和多样化经营发展战略两种。而多样化经营发展战略又可分为相关多元化战略和非相关多样化战略。由于中国的物流市场尚处于快速成长阶段，因此，企业增长战略将是主流的战略选择。

第三方物流企业集中经营发展战略是指物流企业将全部资源使用在某一特定的市场、服务或技术上。多样化经营又称多角化经营或多元化经营，它的理性动因是主导业务所在行业的生命周期已处于成熟期或衰退期，物流企业长期稳定发展潜力有限，主导业务已发展到规模经济，并占有较大的市场份额，市场竞争已处于均衡状态，不易消灭对手，即投资的边际效益递减效应已初步形成，再继续扩大业务规模反而会不经济。这显然与中国现阶段物流发展的状态不符。因此，第三方物流应采用集中经营发展战略，基于以下几点综合分析。

① 第三方物流企业在现阶段规模小，技术落后，多样化经营只会分散企业提高竞争优势所急需的有限资源，虽然遍地开花，结果却是到处亏损。第三方物流企业不要单纯为扩大企业规模而采取多样化经营发展战略，更不要随波逐流，不要做其他物流企业已经在做的业务，而要做其他企业不肯做或没有能力做的事业，因为这时潜在的市场就已经属于本物流企业。

② 第三方物流企业现阶段融资能力弱、管理经验不足以及营销渠道少等原因，应采取区域市场内的集中经营战略。在此期间，企业可以通过增加业务量、扩大市场份额以及建立信誉等措施来改变实力弱小、竞争地位低下的局面。

③ 集中经营发展战略可使第三方物流企业有明确的发展目标，组织结构简明，易于管理。只要有技术和市场优势，就能集中力量，并随着品牌形象的形成而迅速成长。因此，只要第三方物流企业能及时捕捉到市场的有利时机，就有可能通过集中经营在短期内获取较大的发展。

④ 集中经营发展战略的具体实施可以通过物流企业自身扩大再生产的形式，又可通过资本集中（兼并或联合）的形式实现横向一体化来减少竞争对手、降低成本。兼并和联合，是物流市场整合的主要形式。鉴于中国第三方物流市场目前的小、散、弱的状况，在激烈的市场竞争中，整合将成为第三方物流未来几年内最重要的战略发展思路。

当然,第三方物流企业的集中经营发展战略也存在一定的风险,最主要的就是第三方物流企业完全被行业兴衰所左右。当某一行业由于需求变化等原因出现衰退时,集中经营的第三方物流企业必然受到相当大的冲击。因此,集中经营发展战略适合于在未完全饱和市场中占相对竞争优势的第三方物流企业。只有具有优势的第三方物流企业才能以最高的经济效益和最经济的价格提供高质量的管理和服务。而且,优势第三方物流企业的资金、技术、渠道、管理及品牌优势容易通过资本运作实现同业内的低成本扩张,迅速占领市场。整体市场竞争型行业里,在市场全球化的趋势下,选择此战略的企业愈发趋向于在行业内领先的国际公司;对于那些属于区域市场竞争型的物流行业(竞争只在不同局部市场中进行,如市内运输),则可针对众多不同地域的细分市场来实施集中经营发展战略。对于中小型第三方物流企业来说,由于整体实力弱小,其集中经营绝对不能与大物流企业直接对抗,而应该找出大物流企业所未涉及的市场,包括地域市场和产品市场。

任何商品的市场容量都是有限的。当市场已趋饱和,占有相对竞争优势的第三方物流企业的增长速度肯定会放慢,这会影响第三方物流企业的长期稳定发展。如果这时发现了新的商机,集中经营的第三方物流企业就应向多样化经营的方向作战略转移。

11.3.2 第三方物流企业经营发展定位

根据前面的分析,目前,我国第三方物流企业宜选择集中经营的扩张战略。针对这一选择,第三方物流企业可以建立更具体的经营发展战略。

1. 经营层面定位

在品牌树立阶段,第三方物流企业应该明确定位自己核心的经营层面。物流领域包含的市场机会非常大,涉及的经营层面很多,如果没有核心的经营层面定位,就可能无法形成核心优势,树立品牌形象。

经营层面的定位,实际上是第三方物流企业的"产品"定位。

核心经营层面定位,并不代表企业不可以开展其他层面的业务,而是市场拓展的重点在核心经营层面,自身核心竞争能力的培养在核心经营层面。

在品牌创立初期,企业的经营层面不宜过宽,这也是集中战略的具体表现。

根据提供服务集成度的高低,第三方物流企业可以选择以下几个经营层面。

(1) 运作层

运作层整合是比较初级的物流管理服务,第三方物流企业本身不涉及客户企业内部的物流管理和控制,只是根据客户的要求,整合社会物流资源,完成特定的物流服务。

运作层整合要求有比较规范的运作机制、快速反应的能力和大量的可供选择和调度的底层资源,如车队、空运代理、海运代理、仓库、报关公司、进出口代理商等。

运作层整合由于可以做到资源的共享,如仓库、车队、报关代理等,企业可以同时为比较多的客户服务,并实现经营的规模效益。

从物流市场发展的现状看,运作层的外包将是企业最重要的物流外协形式,可以说,运作层整合将是最重要的物流服务形式。因此,第三方物流企业应关注此类业务的开发。同时,在发展过程中,要特别注意发展自己整合资源的能力,在资源选择的范围和资源整合的效率上下功夫。另外，在市场推广的过程中，要注意推荐自己在组织社会物流资源完成物流操作方面的能力。

(2) 管理层

管理层面的服务包括销售预测、库存管理和控制等专业的物流环节，对物流企业的管理水平要求很高，因此能够提供专业化物流管理的物流企业，往往可以得到比较大的利润空间。但由于管理层面的物流服务需要物流企业直接介入客户内部的管理，甚至将深入到企业的销售、市场、生产、财务等环节，因此，市场对此类服务的接受尚有一定的障碍。目前，国外已经存在这样的市场，但还比较小。在我国，由于现代物流的发展比较晚，客户企业对物流管理层面的外包还有诸多顾忌，因此，还没有出现完全的在管理层面上进行协作的物流服务。但某些第三方物流的服务项目，初步具备了在管理层面上提供物流服务的特性。

(3) 规划层

现代物流能够成为一个行业，源于其技术含量和专业性越来越强。物流设施、物流体系和物流网络的规划，成为物流领域里独特的服务内容。在此类服务中，第三方物流企业不仅提供管理和运作层面的服务，还参与或涉及物流体系的规划。这也是物流服务中最高端和最富技术含量的一块领域。

(4) 混合型

客户企业的物流需求是千差万别的，第三方物流企业有时候要适应不同的客户需求，就必须不断完善和拓展自己的物流服务能力，否则就可能流失客户。混合型的经营模式就是企业不断拓展自己的经营层面，在核心能力得到加强的基础上，向其他经营层面延伸。如以运作为主的物流企业，在遇到新的客户或老客户的新需求的时候，就可能不得不延伸自己的服务范围。

2. 核心竞争力定位

企业核心竞争力定位其实是和企业的经营层面的定位相联系的。企业确立什么样的经营层面，就要致力于培养什么样的核心竞争力。

竞争力自然是越大越好，但中国物流市场现状是人才匮乏，行业成功经验少，一切都在摸索中，想建立核心竞争能力，有时候是有钱也无能为力。因此，核心竞争能力的选择，还是坚持宜精不宜泛、宜实不宜空的原则。

在现代物流服务中，最核心的竞争能力有物流运作能力、物流管理能力和物流体系的规划能力。同以上能力相联系的是企业的运作层面、管理层面和规划层面。

(1) 物流运作能力

物流运作能力具体体现为：

① 订单完成率高；
② 运作成本低；
③ 运作时效性好；
④ 服务柔性化强；
⑤ 意外处理能力强；
⑥ 适应新业务快。

要建立以上的运作能力，必须在操作的规范性、员工的培训、供方的选择和评估、运作过程的协调和优化等方面不断强化。

（2）物流管理能力

物流管理主要涉及以下内容：

① 订单管理；

② 库存管理；

③ 运输优化；

④ 信息服务；

⑤ 客户关系管理等。

物流管理能力关注的不只是第三方物流本身的管理和运作能力，更重要的是对客户的采购、生产、销售等过程有深入的了解，精通客户的产品特点和产品的市场特点，熟悉客户的客户服务政策和财务目标，熟知客户的产品生产和物流过程。因此，物流管理能力，是建立在对客户的物流需求深入了解的基础之上。有些第三方物流企业在物流人员的培训中关注的是第三方物流如何运作和管理，对企业物流的运作和管理关注太少，这是非常错误的。可以说，不了解客户的物流运作和管理，就不可能提供管理层面的物流服务。在管理层面的物流合作中，经常出现物流服务商因对客户产品和物流运作过程的不了解造成服务失败的案例。如因为不了解客户产品的细微差别导致发货错误，更有甚者，因为不熟悉客户产品的原材料，造成输送生产线上的原材料错误，造成延误生产时间或生产产品不合格。可见，在管理层面上开展物流服务，了解客户的生产及物流过程是非常重要的。

（3）物流体系的规划能力

物流体系的规划能力主要体现在：

① 物流网络规划能力；

② 物流设施的设计能力；

③ 物流体系的构建能力等。

规划能力是专业性很强的领域，需要专家参与。但由于物流是实践性很强的领域，专家队伍最好能有物流管理和运作的实践经验。

核心竞争能力是企业确立自己的品牌和竞争优势的关键。第三方物流企业必须在运作能力、管理能力或规划能力上突出自身的优势，才不至于在资产型物流企业的冲击下消亡。

3. 主导区域定位

第三方物流企业，非常关键的战略规划。自身的投入能力非常有限，选择主导区域是非常关键的战略规划。主导区域的定位是设定自己核心业务的覆盖范围，在主导区域内，企业依靠自身的物流网络能够完成相关的物流服务。

由于经济的全球化，跨国公司的物流和供应链可能分布在全球范围内，作为物流服务商，不可能在全球任何一个区域都有自己的网络，因此确定自己的主导区域是非常重要的决策。主导区域可以是一个城市、一个地区、一个省、一个大区或全国。确定主导区域要考虑以下几个因素。

（1）自身的投入能力

主导区域覆盖的区域大，投入的资金就相应增加，物流企业必须考虑自身的投入能力。

(2) 管理水平

主导区域覆盖面广，则管理的难度上升。如果管理的能力不强，过快地拓展自己的网络覆盖范围可能造成管理的失控和客户服务质量的降低。

(3) 客户的需求分析

根据对现有客户群的需求分析，将业务比较多的区域设为主导区域。

(4) 营运成本分析

通常来讲，主导区域覆盖的面广，表明提供服务的能力比较强，同时有利于企业品牌的宣传，但在建立主导区域的过程中，不可贪大求全，而要有成本核算的意识。

就目前存在的第三方物流企业而言，大多数还存在管理不健全、投入能力不足的问题，因此在确定主导区域时，要注意多角度分析，不可一味跟着客户的需求走。对于主导区域不能覆盖的地方业务，可以通过联盟等协作方法解决。

主导区域设定得恰当与否，对第三方物流企业的业绩影响很大。上海虹鑫物流公司在主导区域的定位方面就有一些成功的经验。虹鑫物流曾经将业务的范围定位在全国，但由于公司的投入能力有限，在外地设立办事处很困难，同时，运作全国性业务，也经常造成流动资金的压力。在对经营现状深入分析的基础上，虹鑫物流果断地将主导区域定位在上海，力争将上海本地物流做精做细，为此，虹鑫物流在上海建立了配送中心，已经具备了在上海市区 2 000 多个网点配送的能力。主导区域收缩的结果，大大改善了虹鑫物流的资金状况，企业的赢利能力也有了显著的提高。

4. 主导行业定位

中国的物流市场还处于发展的初期，第三方物流企业对客户还没有行业的倾向性。但对成熟的物流市场而言，第三方物流企业为了建立自己的竞争优势，一般将主营业务定位在特定的一个或几个行业。行业区分实际上属于市场细分的范畴。因为不同的行业，其物流的运作模式是不相同的。专注于特定行业可以形成行业优势，增强自身的竞争能力。如新加坡傅长春物流的主营业务就是定位在化工物流。

管理型第三方物流企业应主要选择附加值较高、对物流要求较高，且相对成熟的行业。在我国现阶段，可以作为重点考虑的行业有：计算机、家电、通信、电子、汽车、化工、食品、服装、医药、家具等。

5. 客户关系定位

第三方物流企业在同客户的关系上，统一定义为合作伙伴关系，但根据伙伴关系的重要程度和合作的深入程度，可分为普通合作伙伴关系和战略合作伙伴关系。普通合作伙伴关系的存在，是由中国第三方物流发展的阶段性决定的。

(1) 普通合作伙伴关系

普通合作伙伴关系对应于目前存在的较单纯的服务买卖关系，合作双方根据双方签订的合作文件进行业务往来，在合作过程中双方的职责有比较明确的界限。对于这一类客户，第三方物流企业应通过运用先进的客户关系管理系统，提高服务的质量和客户满意度，变目前的一般性交易关系为合作伙伴关系。

（2）战略合作伙伴关系

在西方，不论在理论上还是在实践中，第三方物流企业都是作为客户企业的战略合作伙伴提出来的。第三方物流企业只有作为其客户的战略合作伙伴，才可能为客户提供量体定制的高效的物流服务。从目前我国的物流服务市场看，第三方物流企业同客户建立起战略合作伙伴关系的还非常少。第三方物流企业应明确地将合作定位在合作伙伴关系上，同客户进行深入持久的合作。

同普通合作伙伴关系不同，战略合作伙伴关系双方职责不再有明确的边界，合作双方为了共同的利益，将在很大程度上参与对方的经营决策。如第三方物流企业可以协助客户规划物流网络和建立客户关系网络，可以代替客户进行市场预测和库存控制决策，甚至可以协同客户共同制订生产计划。只有进行这种深度的合作，双方才能成为战略合作伙伴，反过来，也只有建立了这种相互信任的战略合作伙伴关系，双方才能进行这种深度的合作。

6. 资产拥有程度

第三方物流企业可以不拥有资产，但这只是相对而言，并不表示第三方物流企业一点资产都不拥有。有些第三方物流企业为了体现自己在某些方面的优势或者为了树立品牌，往往拥有部分运作资源，但大多数的运作资源依赖社会资源。如宝供物流，一开始基本上是采取无资产的运作模式，但发展到一定程度后，开始购置部分车辆，并且在广州和苏州等主导区域，建立物流中心，形成基地。上海招新物流在发展的初期，也采用典型的无资产经营模式，随着业务的发展，经常会出现零星的市区取货或配送部分物品，为了解决这些问题，公司购置了部分面包车，专门处理这些业务，但大部分的业务，还是通过整合社会资源完成。

一般称拥有部分运作资源的第三方物流企业为资产优化型物流企业。企业在确定拥有何种资产和资产的数量时，必须考虑诸多因素，以下因素是确定购置资产时经常要考虑的。

（1）投入能力

购置资产实际上是固定资产的投资，第三方物流企业在运作过程中对流动资金的需求较大，如果企业资金紧张，投入能力不足，就不应该考虑固定资产的投资。因此，固定资产的投入要考虑企业的财务状况，尤其是现金流量的状况，且不可为了投资而投资，造成资金短缺，影响业务的正常运作。

（2）社会资源的可得性

是否购置资产，还取决于社会资源的可得性，对于市场上已经过剩的资源，非常容易获取，一般没有必要重复投资。对于不易得到的社会资源，如果是业务所必须使用的，一般考虑购置，如特种车辆、特种要求的仓库等。马士基物流在中国基本上采取无资产的经营思路，但当客户提出使用立体仓库时，马士基物流在无法得到满意的立体仓库时，则投资建设立体货架仓库。

（3）自由资产和采用社会资产的经济性分析

是否购置资产，还取决于拥有资产和使用社会资产的经济性分析。如果自有资产可以获得比较好的经济效益，一般在资金充裕的情况下，可以选择购置部分自有资产。否则，还是以整合社会资产为宜。

（4）品牌推广等其他效益的考虑

一般来讲，固定资产可以展示一个企业的实力。在我国，大多数第三方物流企业还没有建立起自己的品牌和信用体系。拥有部分资产，可以展示自己的实力，有利于同客户建立信任关系，对品牌推广和市场拓展有重要意义。因此，许多第三方物流企业选择建立自己的物流中心或拥有部分高标准的货运车辆。

由于目前第三方物流企业大多数资金实力不强，而物流行业的利润空间有限，故普遍面临投入能力不足的问题，在选择投资物流运作资源时，必须量力而行，切不可为投资而投资，造成财务状况恶化。

7. 网络拓展方式

网络化是现代物流的一个重要特征，但网络化可能网住客户，也可能网住自己。在第三方物流企业铺设网络的过程中，有一点必须记住，网络再大，也不可能运作企业所有的业务。在网络化的决策中，比建立自己的网络更重要的，是如何同别人的网接合起来。构建网络一般有两种方法，一是自建网络，自建网络的节点可能是公司、也可能是办事处；另一种方法是使用其他物流网络的联盟策略。

关于如何拓展网络，是自建还是联盟，与确定的主导区域有关。一般在主导区域内，都是自建网络；在非主导区域内，采用联盟的形式。自建网络和联盟网络各有优缺点，见表 11.2。

表 11.2 自建网络和联盟网络比较

序　号	比较项目	自建网络	联盟网络
1	控制力	强	弱
2	运营成本	一般较高	一般较低
3	柔性化能力	强	弱
4	品牌印象	好	一般
5	经营风险	大	小
6	资金压力	大	小
7	服务质量	高	低

以上比较结果不是绝对的，在实际中也经常出现相反的情况，如有些物流企业的网络节点，由于管理不善，其控制力、柔性化能力和服务质量可能还不如联盟网络。

8. 服务水平

服务水平分为基本服务、标准服务和增值服务三种。服务水平提高可能带来运营成本的升高。因此，服务水平的确定，是企业重要的战略决策。企业在确定服务水平时，一般要根据业务类型和客户属性进行，同时还要考虑竞争对手的服务水平及行业的最优服务水平。确定服务水平的一般性原则如下。

（1）对于重点客户，一般要提供增值服务

第三方物流的客户都是重点客户，但不意味着第三方物流企业的客户都是重点客户，这是因为，很多第三方物流企业的业务，根本就没有达到第三方物流的层面，因此，在物流企业中,事实上还存在客户的划分问题。

重点客户的划分可以采用加权综合评估法,评估指标一般包括客户带来的利润空间、客户潜在利润空间、客户的行业影响力、合作关系定位等。经过综合评分后,可以采用80/20定律,将得分最高的20%的客户列为重点客户,提供比较高级别的服务。

(2) 对于可替代性强的业务,也要提供增值服务

一般的长途运输、仓储等业务,可替代性强,如果只是提供基本的服务,往往很难将自己同竞争对手区分开来。在此情况下,可以开发增值服务项目。如长途运输业务,可以开展分拨和配送等延伸服务,也可以通过提供客户调查和客户关系管理提供增值服务,在有些情况下,还可以开展代收货款的服务。目前,长途运输过程中,车辆的跟踪体系一般不健全,如果能够通过GPS/GIS等手段为客户提供实时的跟踪信息,也是一种增值服务。在仓储业务中,货物的保管和进出操作一般是标准服务,以此很难取得竞争的优势,如果能根据客户产品的特点,定期提供原材料和成品的库存分析报告,就是一种很好的有吸引力的增值服务。

对于新开发的业务,一般还没有竞争对手提供,单凭基本服务可能对客户就有很大吸引力,因而一般不需要提供增值服务。

(3) 服务水平的确定是动态的过程,必须适时调整

服务水平确定的动态性表现在以下两点:一是客户是动态的,重点客户也是不断变化的,有些非重点客户可能发展成为重点客户,而有些客户可能退出重点客户名单,因此,对重点客户的服务水平的确定,本身是动态的过程;二是增值服务是一个相对的概念,当该服务还没有推广普及时,可能还算增值服务,但当该服务成为行业的普遍行为时,就成为标准服务甚至是基本服务了。如宝供物流在1997年率先在物流企业中使用基于内联网的物流信息管理系统,为客户提供库存信息和订单跟踪等增值服务。该服务的推出,为宝供赢得了大批的新客户,在推出该项服务的一年中,客户数目由十余个猛增到五十多个,可见增值服务的吸引力。但发展到后来,通过网络为客户提供库存和订单跟踪已经是比较普通的服务,该服务也就成为标准服务了。因此,第三方物流企业必须不断开发新的增值服务项目,以保持持续的领先优势。对于宝供而言,其提供的最新的增值服务项目,是可以将自己的系统同客户对接,实现业务的无纸化,宝供已经为Philips提供此项增值服务。

9. 核心客户

每一个第三方物流企业都有自己比较理想的客户标准,在市场定位中,客户定位是一个重要的内容。核心客户的选择其实同经营层面定位、行业定位、主导区域定位等密切相关,一般是在这些定位都明确后,才在企业这个层面定义自己的核心客户。

核心客户的定位有以下几种方式。

(1) 根据客户的所有制性质划分

根据所有制性质,一般将企业分为:

① 三资企业;

② 国营企业;

③ 民营企业;

④ 其他企业或组织。

所有制性质对市场开发的成本、合作的难易程度、客户维护成本、合作层面的定位和利润空间等有比较直接的影响。具体比较见表 11.3。

表 11.3 三资企业、国营企业和民营企业客户特性比较

序号	比较项目	三资企业	国营企业	民营企业
1	对市场的认识	有认识	一般	一般
2	市场开发成本	较低	高	一般
3	合作的难易	容易	难	一般
4	客户维护成本	较低	高	较高
5	合作层面	较高	低	低
6	利润空间	较高	不确定	低
7	营销手段	品牌为主	品牌与关系营销	品牌与关系营销

就现阶段而言，三资企业对第三方物流企业有明确的认同，因此，一般应该将市场定位在以三资企业为主。国营企业和民营企业对实体型的物流公司或传统的运输或仓储企业比较认同，对第三方物流企业还没有明确的认识，因此市场开发的难度较大。

(2) 根据客户的物流业务规模划分

根据客户物流业务的规模，可以将客户分为：

① 大客户；

② 中等客户；

③ 小客户。

表 11.4 为与不同规模的客户合作的特点比较。

表 11.4 与不同规模的客户合作的特点比较

序号	比较项目	大客户	中等客户	小客户
1	利润空间	较低	较高	高
2	对资金的要求	很高	一般	低
3	对品牌的影响	很强	一般	弱
4	管理的难度	难	一般	容易
5	合作的风险	大	一般	小

由表 11.4 不难看出，在客户定位时并非客户越大越好，大客户一般对建立市场形象和品牌有利，但在充分竞争的环境下，大客户往往是物流企业争相合作的对象，因而，物流服务商谈判能力低，服务价格偏低。但服务大客户的管理和运作难度很高，对资金的需求较大，合作风险较大。因此，对于大多数第三方物流企业而言，将目标定位在大客户未必是明智的。相反，有些中等规模的客户，操作起来比较容易，而服务的利润空间却比较高，应该值得充分重视。

11.4 第三方物流企业整合策略

11.4.1 资源整合概述

1. 整合的概念

(1) 企业资源

企业资源有两类：一是内部资源；二是外部资源。所谓企业内部资源是指企业生产或服务过程中的投入，如资本、设备、个体员工的技能、专利等。企业内部资源又可分为有形资源、无形资源、人力资源，这三类资源的拥有量决定着一个企业的成长潜力，它们在成长过程中是不断积蓄、不断创造的。资源不仅仅指企业所拥有的内部资源，也包括企业可以控制并为己所用的外部资源。企业通过与外部资源的协同共享，可以实现资源的优势互补，达到降低成本、提高整体效能的目的。外部资源包括供应商、客户、社区、政府，甚至是竞争对手也构成了企业的外部资源。

(2) 资源整合

"整合"一词由英文 integration 译来，整合资源的基本思路就是将资源视为一个系统，通过对系统各要素的加工与重组，使之相互联系、相互渗透，形成合理的结构，实现整体优化，协调发展，发挥整体最大功能，实现整体最大效益。

在战略思维的层面上，资源整合是系统论的思维方式。就是要通过组织和协调，把企业内部彼此分离的职能，把企业外部既参与共同的使命又拥有独立经济利益的合作伙伴整合成一个为客户服务的系统，取得"1+1>2"的效果。

在战术选择的层面上，资源整合就是优化配置的决策。就是根据企业的发展战略和市场需求对有关的资源进行重新配置，以突显企业的核心竞争力，并寻求资源配置与客户需求的最佳结合点。目的就是要通过组织制度安排和管理运作协调来增强企业的竞争优势，提高客户服务水平。无论是在战略层面上还是在战术层面上，资源的整合都既包括了内部资源的整合，又包括了外部资源的整合。

2. 资源整合的理论基础

(1) 交易费用理论

20 世纪 30 年代，美国著名经济学家科斯(Ronald H. Coase)在其经典论著《企业的性质》中提出了"交易费用"理论。他认为市场当事人每完成一笔交易，都要承担相应的交易费用，正是因为交易费用恒不为零的特性，作为市场替代物的企业由此产生并发展起来。同理，由企业配置生产要素也对应着行政成本、管理成本等形式的交易费用，所以产业中的许多企业倾向于整合集中发展。钱德勒(Alfred Chandler)于 1977 年在其著作《看得见的手：美国企业的管理革命》中提道，"当管理上的协调比市场机构的协调能带来更大的生产力、较低的生产成本和较高的利润时，多单位合并而成的企业就会取代传统的小公司"。也就是说，由于交易成本的降低，或按照协同效应理论来说，由于存在规模效应、市场整合效应等协同作用，企业的本性趋向于不断膨胀，而以并购为主的产业整合就是企业增长和扩张的模式之一。

(2) 退出壁垒理论

从产业结构变化的角度来看，哈佛商学院著名教授迈克尔·简森(Michael Jensen)认为，一个行业产生伊始，由于技术创新等带来的高额回报率会吸引大量的资金和企业进入，推动行业迅速发展并走向成熟，最终行业内会形成过剩的生产能力。解决行业过剩生产能力需要有一个企业退出机制，但在这里面又存在一个退出壁垒的问题。退出壁垒即某个企业退出行业时所要付出的代价，它包括未用资产；退出费用，包括人员安置、库存物品的处理等费用；策略性影响，如企业形象的变化及其形成的影响；心理影响，如经理人员不愿意退出该行业的心理负担等。由于以上退出壁垒的存在，企业不会自行退出。更多的退出是通过兼并收购来实现的，其中包括立足于行业内的企业进行的整合性并购和行业外企业的进入性并购。

(3) 核心竞争力理论

核心竞争力理论是当代战略管理学最前沿的主流学派，也是企业界普遍认可的战略思想，有着重要的实践意义，大多数企业把培育和提升自身的核心竞争力作为企业成功的法宝。核心竞争力是美国密执安大学商业管理研究院的管理学教授 C. K. 普拉哈拉德(C. K. Prahalad)和英国伦敦商学院的战略管理学教授 C. 哈默(C. Hamel)于 1990 年在《哈佛商业评论》上发表的一篇题为《公司的核心竞争力》(*The Core Competence of the Corporation*)的论文中率先提出的一种管理理论。他们认为，核心竞争力是在一组织内部经过整合了的知识和技术，尤其是关于怎样协调多种生产技术和整合不同技术的知识和技能，它使公司在某一特定领域内成为领先者。核心竞争力是高价值的竞争能力，是稀有的竞争能力，是难以模仿和学习的竞争能力，是难以被替代的竞争能力。为了更加形象地解释核心竞争力理论，普拉哈拉德和哈默打了个比方，他们说："企业好比一棵大树，核心能力就像树根，核心技术就像树干，产品就像树枝，果实和叶子才是树上的最终产品，没有根部的营养和水分，树干就会枯萎，果实和叶子就荡然无存，正因为有了根部提供水分，维系生命，稳固树身，才确保了树干的体魄不断的强壮，叶子和果实才能生长或成熟丰润。""树型理论"生动形象而且深刻地揭示了什么是企业的核心竞争力。

依据核心竞争力理论，企业应该持续地在具有核心竞争力的业务上进行投资，而将不具备核心竞争力的业务进行外包，充分利用外部力量，增强自身的核心竞争力。在业务外包过程中，需要企业整合外部资源，同上下游企业之间形成密切的合作关系，这种关系可以通过各种虚拟组织形式得以实现。

3. 整合的基本原则

资源整合一般依据如下基本原则。

(1) 经济性原则

整合必须考虑成本，必须评估其经济性指标，实现低成本、高效益。在进行整合的思维时，为提供更多的决策选择，相关的资源和信息当然越多越好，但在解决问题时，只要能够达到目的，则资源利用的成本越经济越好。

(2) 效率性原则

整合的目的是追求最大的资源综合效益，其中资源的利用率是重要指标之一，整合应使利用率得以提高。

(3) 协调性原则

通过整合,使各种资源具有良好的配合关系,达到综合平衡,包括供需均衡,调度有序,流通顺畅。

(4) 适用性原则

整合资源应杜绝不切实际的扩张,避免盲目追求大而全,而应以满足需要为度,可靠适用为好。

4. 资源整合的类型

资源整合按不同的划分方法可有如下几种类型。

(1) 按范围划分为局部整合与总体整合

局部整合是在局部范围内小规模地加以调整和重新配置。而总体整合(又称全方位整合)是从系统的角度对资源进行全面分析、总体规划和调配。

(2) 按程度划分为初步整合与完全整合

初步整合是在某种程度上使资源基本趋于合理,提高使用效率,以满足需要为原则。而完全整合则是高度的整合,欲使各种资源结构合理、衔接紧密协调,达到使用方便、高效的目标。

(3) 按方向划分为横向整合与纵向整合

举例来说,生产过程由许多生产阶段所组成,如铁矿石加工成钢锭、钢锭加工成钢板、钢板再加工成汽车车体。横向整合是指将处于同一生产阶段的不同单位结合在单个企业当中,或者说是将同一隶属关系内部的资源进行整合。纵向整合是指将生产过程的两个或更多的阶段结合在单个企业当中(如铁矿石和钢锭),或者说是对上下隶属关系的资源进行整合。横向与纵向整合均是从外部资源的角度进行的。

(4) 内部整合与外部整合

所谓内部资源整合,就是要通过组织和协调,把企业内部彼此相关但却彼此分离,既参与共同的使命又行使不同职能的职能部门以及资源整合起来,取得“1+1>2”的效果。简单地说,就是企业以尽可能少的资源,调动一切可以利用的内部资源,通过市场化经营,实现其经营目标的发展过程。

应该说,内部整合是资源整合的基础,是支撑。然而,企业的供应链管理工作往往受到来自组织内部的抵制,这些抵制行为无论出于何种原因,其结果是内部资源无法有效整合,往往成为供应链驱动的第一个阻力。我国的很多企业有着比较齐全的职能部门,但各职能部门之间无法实现相互配合,没有整体运营观念,从而影响了企业整体的运营效率。比如有的企业虽然独立设置了一个供应链管理部,该部门的职能也覆盖到了仓储、采购、配送工作,但供应链管理部与生产部、销售部、市场部之间缺乏必要的流程联系,且独立制订计划,导致了生产、采购、库存、销售等计划之间缺乏同步性。由于内部资源整合的缺乏,库存上升、服务水平下降也就不可避免。事实上,只有站在整体运营的高度,跨越职能地去整合组织的内部资源,才能够帮助决策者发现一些过去被忽略的事实和机会。

外部资源的整合包括对政府的公关和互动、对客户的资料综合利用和开发等,对上下游企业甚至是对竞争对手的资源进行整合,协同利用,以此提升企业的核心竞争力。

过去，企业强调“眼睛向内”，主要精力放在整合内部资源上，企业依靠自身拥有的资源来获得发展，其理念是“既非我所有，就非我所用”，一味强调自力发展，追求“大而全，小而全”；现在，企业强调“眼睛向外”，将主要精力放在整合外部资源上，企业依靠整个供应链上其他企业的资源获得发展，其理念是“不求我所有，但求我所用”，以求借力发展。毕竟，一个企业的成功与否，不在于其拥有多少资源，而在于其利用了多少资源。而在所有资源中，相较内部资源来看，外部资源才是无限的。过去，企业是有边界的，不仅企业之间需要“修墙”，而且企业内部部门之间也要“修墙”。现在，企业既无边际又无边界，企业需要“拆墙”。不仅要拆除内部的墙，更要拆除外部的墙，使得企业之间、企业与外部社会能够有机整合。因此，现代企业亟须适应由整合内部资源到内外整合齐抓共管的转变。

本书重点从横向和纵向角度来描述外部资源整合。

5. 横向整合

(1) 横向整合的概念

横向整合是指企业通过购买与自己有竞争关系的企业或者与之联合及兼并来扩大营业，获得更大利润的一种方法。这种整合模式主要有以下两种目的：其一，提升企业规模竞争优势。规模优势一直都是企业竞争的主要手段之一。在加入 WTO 之后，我国企业面临着来自跨国公司的激烈竞争，企业急需扩大自己的规模，提升竞争优势。因此，对行业内现有企业进行整合并购，就成为一些有实力的企业迅速做大的首选方式，最典型的如一汽与天汽的合并。其二，扩大市场占有份额，避免行业内的散乱竞争。我国各行业的一个共同特点就是企业众多、规模较小，并且由于存在退出壁垒的限制，企业不愿自行退出，一些企业为了生存就会进行恶性竞争，最终损害了整个行业的利益。为避免这样的后果，一些有实力的企业就会通过收购兼并来整合整个行业，扩大市场占有份额，如啤酒行业的青岛啤酒、燕京啤酒就是这样做的。互联网时代的网络公司的联盟与合作，更加层出不穷，如三九健康网牵手搜狐、搜狐并购 CHINAREN. COM、新浪与恒基伟业合作、炎黄在线整合数百家地方网站等同属于横向整合。

(2) 横向整合的意义

横向整合的战略意义主要包括规模经济、减少竞争对手，较容易的生产能力扩张。

① 规模经济。横向整合通过收购同类企业达到规模扩张，这在规模经济明显的产业中，可以使企业获得充分的规模经济，从而大大降低成本，取得竞争优势。同时，收购往往可以获取被收购企业的技术专利、品牌名称等无形资产。

② 减少竞争对手。横向整合可以通过兼并收购减少竞争对手的数量，降低产业内企业相互竞争的程度，为企业的进一步发展创造一个良好的产业环境。

③ 较容易的生产能力扩张。横向整合是企业生产能力扩张的一种形式，这种扩张形式相对较为简单和迅速。

(3) 横向整合的方法

① 横向并购。并购是兼并与收购的简称。兼并一般指两家或两家以上公司的合并，组成一个新的企业，原来公司的权利与义务由新的公司承担。收购是指一家企业购买另一家企业的资产、股票等，从而使自己居于控制地位的交易行为。按照收购的标的，可以进一步分为资产收购和股份收购。兼并和收购之间的主要区别在于，兼并是企业之间合

为一体，而收购仅仅取得对方控制权，两个企业仍以独立法人的身份继续存在。由于在实践中，兼并和收购往往很难严格区分开，所以习惯上都将二者合在一起使用，简称并购。

横向并购是指处于相同行业，生产同类产品或生产工艺相近的企业之间的并购。这种并购实质上是资本在同一产业和部门内集中，迅速扩大生产规模，提高市场份额，增强企业的竞争能力和赢利能力。横向并购可以缩短投入产出时间，降低投资成本，减少重新投资带来的不确定性因素；提高行业集中程度和企业的市场地位，增强对外的市场主导能力；产生规模经济和企业协同效应，这是横向并购最主要的效应体现。

② 横向战略联盟。企业进行资源整合，一种有效的方法就是企业在产品的开发、生产、销售的某一环节的虚拟经营。所谓虚拟经营，通俗一点说，就是指将自己不擅长、实力不够或没有优势的职能分化出去，外包给别人，通过和别人联盟达到借助外力、弥补自身劣势的目的。它的实质就是向外部借力，通过整合外部资源，使其为我所用，从而拓展自身的疆域。具体地说，就是指在组织上突破有形的界限，虽有生产、营销、设计、财务等职能，但企业体内却没有完整地执行这些职能的部门。企业仅保留其最关键的职能，而将其他的职能虚拟化——通过各种方式借助外力进行整合弥补，以求在竞争中最大效率地发挥企业有限的资源的作用。

虚拟经营一般由虚拟人员、虚拟职能和虚拟工厂三种形式组成。所谓虚拟人员，就是借助外部的人力资源，以弥补自身智力资源的不足，比如一些公司依靠大中专院校进行研发；虚拟职能，是一种借用外部力量，来改善企业劣势部门的职能，使其与企业其他的优势职能相配合，避免因局部职能弱化而影响和阻碍企业的快速发展，比如现在房地产公司的规划、设计、营销推广等就委托专业公司专业部门；虚拟工厂就是企业集中公司资源，专攻附加值最高的设计和营销，生产则选择或委托人工成本较低的地区的企业代为加工生产。如耐克运动鞋虽然没有自己的工厂，却将其生产工厂通过虚拟的方式遍布全球。

虚拟经营的一种典型方式就是形成战略联盟。

战略联盟是指两个或两个以上的企业，为了实现共同的预期目标而采取的资源共有、风险共担、利益共享、共创竞争优势的联合行动。实行战略联盟的基本条件，是联盟各方的企业一般都具有某个方面的比较优势，彼此具有可以相互利用之处，能够优势互补，实现协同效应，实现一个企业所不能单独从事的事业和工作；同时联盟各方都具有独立平等的法人资格，其经营行为只受所订协议、契约的管制，一旦联合任务完成，战略联盟的使命即告结束。战略联盟的概念首先由美国的DEC公司的总裁简·霍普罗德和管理学家罗杰·内格尔提出，随即得到实业界和理论界的普遍赞同。从20世纪80年代以来，战略联盟在西方和日本企业界得到迅速发展。战略联盟分为横向战略联盟和纵向战略联盟。

横向战略联盟，其主要特点是联盟双方可能是同一市场上的合作企业，或潜在竞争者，此类联盟最为重视的是研究与开发，同时它允许公司改善经济规模，降低或共担风险，加速新技术的扩散，减少进入市场的障碍，甚至在某些情况下进入对方的市场范围，增加选择机会，提高产品竞争力，改进质量，以更为迅速地适应消费者需求。例如，美国福特汽车公司在推出新车Fesdva时，就是采取新车在美国设计，在日本的马自达生产发动机，由韩国的制造厂生产其他零件和装配，最后再运往美国和世界市场上销售。

对于企业建立战略联盟的动因这一问题，不同学派也形成了不同的理论观点。但无论是哪种理论，都反映了企业在不同环境下依靠与其他伙伴的合作，共同进行扩张，增强核心能力或应对未来不确定性的需要。从静态来看，企业建立战略联盟的目的无非是为了提高自己的生存能力和竞争力，将不同企业的优势整合在一起，利用各自的资源组成一个互惠互利并协同作战的企业联合体或企业集团；从动态来看，战略联盟就是企业之间为了自身的战略目标而达到一定时间内互相合作的战略安排。总的来看，战略联盟的形成主要有这样两点原因：一是企业间资源的相互依赖和经济活动的互补，企业间的资源和经济活动要在联盟中进行新的组合和延伸，从而形成一种能更多地获取潜在利润的组合；二是企业在联盟中可以相互学习，形成新的知识和技能。战略联盟往往可以降低交易成本和增加利润。

6. 纵向整合

纵向整合与横向整合有着显著的区别。美国竞争战略专家迈克尔·波特教授指出："纵向整合是指在某一企业范围内把技术上不同的生产、分销或其他经济过程结合起来。它表示了企业决定用内部的或行政管理上的交易来代替市场交易去实现其经济目的。"纵向整合可分为前向整合与后向整合两种，前向整合是由产业链中的下游环节向上游环节渗透的过程；后向整合与前向整合的性质相同，而方向却正好相反。

（1）纵向整合的意义

纵向整合的意义主要体现在以下几个方面。

① 联合经营的经济。通过将技术相区别的生产运作放在一起，企业有可能实现高效率。如在制造业，这一做法能够减少生产过程的步骤数目，降低成本，减少运费。

② 内部控制和协调经济。如果企业是纵向整合的，则安排、协调生产活动以及对紧急事件的反应成本都可能较低。

③ 信息经济。纵向整合经营可以减少对收集某类市场信息的总成本。监控市场以及预测供给、需求与价格的固定成本可以由整合企业的各部分分摊，而在非整合企业中将由各个实体承担。

④ 节约交易成本的经济。通过纵向整合，企业可以节约市场交易的销售、谈判和交易成本。尽管内部交易过程中也常常要进行某些讨价还价，但其成本绝不会接近市场交易成本。

⑤ 稳定关系经济。由于上游与下游生产阶段都知道它们的采购和销售关系是稳定的，因而能够建立起彼此交往的更有效的专业化程式，而这在供应商或客户是独立实体的情况下是行不通的。

（2）纵向整合的方法

纵向整合可以通过纵向并购和组建纵向战略联盟两种方式来实现。

① 纵向并购。纵向并购是指与企业的供应厂商或客户的合并，即优势企业将同本企业生产紧密相关的生产、营销企业并购过来，以形成纵向生产一体化。纵向并购将行业的上下游企业置于同一组织内可以稳定供需渠道和关系，确保生产经营的有序性和一定的可控性；较低交易费用；获得相对信息优势和价格优势，增强产品的差异化能力，提高企业的综合竞争能力和抵御风险的能力。

第三方物流整合是将原本相互联系却被分割开来进行管理的各种物流活动，重新整合为一个整体。物流本身即是一个包含整体观念的概念，是物质从原材料供应商到生产者直至到消费者这一过程的“结构”，物流是这些相关活动的集成。包装、保管、运输、仓储等都只是该“结构”的构成要素，这些要素原本是相互联系紧密的。

② 纵向战略联盟。纵向战略联盟是由处于生产、分配过程不同阶段的企业所建立的。多少年来出于管理和控制上的目的，对为其提供原材料、半成品或零部件的其他企业一直采取投资自建、投资控股或兼并的纵向整合管理模式，即某核心企业与其他企业是一种所有权关系。例如，美国福特汽车公司拥有一个牧羊场，出产的羊毛用于生产本公司的汽车坐垫。推行纵向并购整合的目的，是为加强核心企业对原材料供应、产品制造、分销的全过程的控制，使企业能在市场竞争中掌握主动，从而达到增加各个业务活动阶段的利润。在市场环境相对稳定的条件下，采用此种战略是有效的。但是，在高科技迅速发展、市场竞争日益激烈、顾客需求不断变化的今天，纵向并购整合战略已逐渐显示出其无法快速敏捷地响应市场机会的薄弱之处。

现在人们认识到，任何一个企业都不可能在所有业务上成为世界上最杰出的企业，现有优势互补，才能共同增强竞争实力。因此，国际上一些先驱企业摒弃了过去那种从原材料获得、设计、制造直到销售都自己负责的经营模式，转而在全球范围内与供应商、销售商建立最佳合作伙伴关系，在组织上尝试进行彻底的纵向解构(业务外包)，与他们形成一种长期的战略联盟，结成利益共同体。这使得纵向并购整合的内部组织被供应商和客户之间的紧密合作与联盟的虚拟网络所取代。从某种意义上讲，这种替代意味着网络经济代替了规模经济，并直接导致大量的有形资产被无形资产(主要是组织资本)所代替。如默克制药与100家企业建立的研发联盟、沃尔玛与其供应商建立的顾客定制供应链等，都是这种组织形式的典型表现。

11.4.2 第三方物流整合的必然性

1. 整合是第三方物流发展到一定阶段的必然产物

第三方物流产业正经历着高速发展的阶段，但是不久他们将面临一场大规模整合浪潮的冲击。第三方物流的整合趋势是其发展到一定阶段的必然产物，是由第三方物流企业所处的市场环境所决定的。高增长率、低集中度是目前第三方物流产业的主要特点。

(1) 高增长率

在经历了20世纪80年代运输业的反常规发展后，现代第三方物流提供商在近期出现了，20世纪90年代企业对核心竞争力的强调、职能整合与流程管理的开发促使物流外包快速发展起来。随着经济全球化的发展，企业不仅面临着更大范围更激烈的竞争，还遇到物流网络由于涉及不同地区而日益复杂化的问题，出于节约成本、集中核心业务的考虑，它们将更多地将自身的物流业务外包给专业的第三方物流供应商。而且那些业务已经外包的公司会继续扩大与提高生产能力，这将使他们需要更多的供应商，并为他们的顾客提供更好的服务。要做到这一切，需要第三方供应商。物流外包的需求扩大，会刺激更多的公司加入这一行业，希望在迅速发展的第三方物流市场上有所作为。

根据投资银行家Lazard Freres和BG战略顾问的调查显示，在20世纪世纪最后十年里，第三方物流提供商的数量以每年超过20%的速度增长。如雨后春笋般涌现的众多

3PL供应商中，不仅有像UPS，Excel，Schneider等大型物流企业，还出现许多中小型物流提供商，从而组成一个多层次的完整的第三方物流产业。

（2）低集中度

第三方物流产业的高增长率在一定程度上也导致了其低集中度的特点。由于各种类型、各种规模的物流企业竞相进入高速发展的第三方物流市场，在形成目前多层次的第三方物流产业的同时，也造成了它的高度分散性。从图11.2我们可以清楚看到这一点。

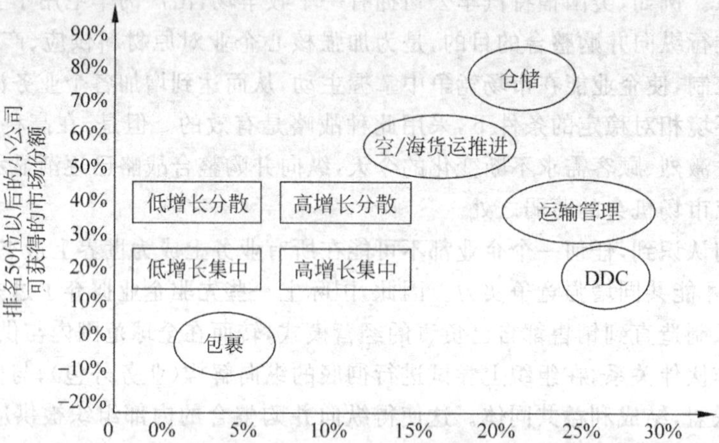

图11.2 目前物流市场的情况：高增长、高分散

图11.2显示：四大物流核心领域——仓储、运输管理、空/海货运推进和指定车型及司机的合同车队（DDC）——以每年15%～25%的速度增长。然而伴随着如此高的增长率，小公司（界定其为排名50位之后的小公司）可获得的市场份额却大致达到30%～80%的范围。也就是说，小公司在市场中也具备一定的占有额，市场力量不是集中而是高度分散。

事实上，第三方物流行业之所以具有高度分散性的特点，除了上述原因，还有一点也很关键，就是由于物流产业各领域之间相对独立，没有哪家能主导整个物流市场。比如，Danzas/AEI控制了空/海货运推进领域中排名前7位公司收入的60%。然而，如果将统计范围扩展至所有全球货运推进公司在美国的收入的话，Danzas/AEI的市场份额将不足25%。此外，以整个物流市场为标准计算市场份额，该公司的真实市场份额将下降至6%。只有2个公司在他们自己的部门中获得了超过2%的相对市场份额——仓储部门的Exel和货运推进部门的Danzas/AEI。即使是那两个公司在整个外包物流市场中所占的合计份额不足10%。

从目前的情况看，物流产业各领域内部都存在一些市场领先者。如Danza/AEI主导货运推进领域，Schneider和Penske在基于资产的运输领域中领先，Exel在仓储领域中领先。但目前，尚无公司能在两个以上领域内均位居第一或第二位。

高度增长的市场会吸引更多的企业进入，导致竞争更加激烈，而竞争的结果必然是整个行业加速整合，那么高增长市场所吸引的众多物流企业便为行业进一步整合奠定了良好的基础；而高度分散性使那些较大的、资金实力雄厚的公司兼并小型物流公司提供了更多的机会，同时也使实力相当的大型物流公司间增加了结盟的可能性。高增长性和高分散性决定了第三方物流产业整合的必然性。

2. 整合是中国第三方物流企业的必然选择

20世纪90年代以来，越来越多的企业开始重视物流，认识到建立高效的物流体系是节约资源、降低成本和提高市场运行效率，实现持续发展的重要课题，并开始探索借用第三方物流的力量，实现其低成本、高效率、资源优化配置的目标。随着国家"十五"规划把物流配送列为着重发展的服务业，我国的物流产业将进入一个快速增长的时期。但目前我国第三方物流业尚存在着许多问题，与发达国家还有很大的差距。随着中国加入WTO，将会有更多的国外大型物流供应商进军中国第三方物流市场，对中国实力尚不够强大的第三方物流企业造成极大的威胁。如何应对这种实力悬殊的挑战呢？对于处于弱势的中国第三方物流企业来说，整合将是一条行之有效的途径。

从中国第三方物流企业本身来说，普遍存在着经营规模小；市场份额少、服务功能少、高素质人才少；竞争力和财务能力弱；计划经济体制下成立的"大而全，小而全"企业，普遍存在可利用资源分散，资源重复浪费严重，经营秩序混乱，缺乏全国性物流网络平台等问题。从市场需求来看，市场需要服务功能健全、技术含量高、网络覆盖面广的物流企业。需求与供给的脱节是促使我国第三方物流企业整合的内在原因。只有将分散的物流资源通过各种形式进行有效的整合，才能使国内物流企业摆脱目前的窘境，发挥其应有的作用。

从中国物流市场面临的外来冲击来看，当国家依据开放进程表，对物流业的保护不复存在时，国外第三方物流企业利用其固有的优势，将会向国内的市场发动全面的攻势：依靠雄厚的资金兼并和收购国内物流企业，迅速在全国范围拓展服务网络；依靠完善的管理、先进的设施、健全的网络、雄厚的财力，以优质的综合物流服务向国内物流企业争夺市场份额；与几家激烈的市场竞争中存活下来的大型物流企业建立联盟瓜分国内物流市场。此时，国内物流企业大多数已经破产，被收购或沦为低附加值服务的提供商。面对来自国外物流巨头如此强劲的冲击，中国第三方物流企业依靠现有的实力根本不可能与之相抗衡，唯一的选择是通过兼并、联盟等整合手段尽快壮大自身的实力，才有可能在国外物流企业猛烈进攻时有招架之力。

第三方物流企业实施整合战略可以：

① 发挥"综合效果"。这包括经济规模的扩张、技术的获取以及服务种类和市场范围的扩大。企业寻求整合的原因，或是为了获得稳定仓储、运输供应来源、稳固或抢夺市场，或是为了获得规模经济；

② 扩大产品市场规模。通过整合，除了可取得目标公司的现成物流设备及物流技术，其品牌及行销渠道往往更是整合者关注的焦点。大众物流公司利用整合战略，与上海煤气制气公司合作，组建了两个专业运输公司，成功进入危险品和冷藏品物流领域便是例证；

③ 增强市场竞争力。整合是市场占有率扩张及提高竞争能力的最快速的方法。为提高竞争能力，世界航运界的龙头企业马士基轮船公司(MASEK)，与海陆轮船公司在几年前便成功实现了联合，不但削减了相互的恶性竞争，而且成功扩张了市场。联合后的轮

船公司(马士基—海陆)成为世界上当之无愧的巨无霸,业务领域实现了快速扩张,占据了世界货运市场的主动;

④ 加强企业内部管理。通过整合,企业可发挥双方企业的优势,提高内部管理水平,使企业的优势资源得到充分利用;

⑤ 增加对市场的控制能力。横向整合可减少竞争,增加市场份额,纵向整合可从某种程度上提高物流企业限制客户的讨价还价能力,形成对仓储、运输和配送的垄断等,提高企业的市场垄断能力。

面对机遇与挑战,一些有眼光的企业为避免陷入孤军奋战、分散经营的局面,从货源、资金、网络的规模化入手,整合企业内部和企业间的业务流程,通过兼并、合资、代理等方式走规模经营之路。今年年初,青岛交运陆海公司,借助以色列以星轮船有限公司和香港东亚公司在国际航运业的地位,以及丰富的专业国际物流服务经验,成立了联合物流企业,实现了资源整合,优势互补,走上了共同发展的道路。类似的强强联合、强优联手、共同发展的成功案例举不胜举。

3. 我国第三方物流企业整合的可行性

事实上,在我国第三方物流业也存在整合的可能性,或者说是存在可整合的资源和条件。目前国内的第三方物流企业主要有以下三类,下面分析一下它们各自具备的优势,也正是这些优势可以成为整合中的重要资源。

(1) 传统的运输与仓储公司

这些公司以传统的业务为基础,介入更大范围的物流活动,提供更为综合性的物流服务。它们大多来自商业系统、物资系统、交运系统、外贸系统或港口等部门,具有很强的政府背景和政府优势。如中外运、中远洋、中铁快运等传统运输类企业及中国邮政等纷纷入主物流行业。其优势主要体现在:

① 拥有比较成规模的物流网络和许多运输及仓储资产;

② 与中央和地方政府关系良好;

③ 市场垄断地位所形成的一定品牌和客户优势。

(2) 新兴的物流公司

这类公司大都是民营和合资企业,有比较鲜明的第三方物流的定位,致力于提供全方位物流服务。它们通常具有快速反应的物流系统,电子网络化的物流运作,培养引进人才的完善机制以及鲜明独特的企业文化。应该说,这些都给国内的第三方物流业注入了新鲜的血液,而且这类公司还处在不断的改进和发展中。它们的优势主要有:

① 业务覆盖地域、服务和客户都相对集中;

② 效率相对较高、增长极快;

③ 具备良好的服务意识、经营灵活。

(3) 系统剥离而成功转型的物流公司

一些实力雄厚的生产和流通企业,把原有的物流部门剥离成一个利润中心,鼓励他们承接第三方物流业务。最初,由母公司为他们提供基本业务,以后则使他们越来越多地依靠第三方业务,其优势体现在:

① 向母公司提供服务的过程中积累了物流专业知识和运作经验;

② 以往的成绩对于客户具有有效的说服能力；

③ 资产虽有限，但网络覆盖性良好。

从以上的分析，我们可以看到：与国外的大型物流公司相比较，国内的公司也具备一些优势，而这些优势正是我国第三方物流业整合的基础所在。如由传统储运企业转型的物流公司掌握着比较成规模的物流网络资源，若加以整合将为国内第三方物流企业建立起全国性的综合物流网络平台，提升其服务质量和水平；新兴物流公司的良好服务意识、灵活经营体制若通过整合的方式注入尚处于转制阶段的传统物流公司，可以极大地加快其转制成功的步伐；系统剥离而成功转型的物流公司若通过整合的方式将其积累的经验在不同物流企业间共享，也将大大地促进国内第三方物流市场的成熟。

面对来自国外物流企业的威胁，国内的第三方物流公司在分散的状态下，很难发挥所具备的优势达到应有的效果。在这种背景下，国外物流巨头凭借其雄厚的财力、良好的服务、先进的网络及丰富的经验，很容易将分散的国内物流企业分别展开战略进攻，把他们一个个排挤出市场后垄断中国的第三方物流市场。但如果通过兼并、联盟等手段将分散的资源加以集中，资源得到有效的整合，某种程度上形成一种合力，这不仅对第三方物流企业本身的发展有良好的促进作用，使整个市场在企业间的整合中不断成长并趋于完善，而且是应对外来有力竞争的最佳或者说是唯一的选择。

11.4.3　第三方物流并购整合

兼并和收购已经成为很多大型第三方物流企业实现利润增加的主要途径。例如，2004年，全球知名的第三方物流公司Exel至少完成了五项收购业务，其中最有影响力的是收购了全球第三大合同物流公司Tibbett & Britten (T&B)，这次并购使Exel在欧洲、加拿大、墨西哥、沙特等地的业务覆盖范围进一步扩大。

同样，第三方物流企业并购是优化我国第三方物流组织的重要途径，它对扩大第三方物流企业规模、增强企业发展潜力、提高企业核心竞争力和国际竞争力具有重要意义。

第三方物流企业并购整合的方式大致分为两种，即横向并购整合和纵向并购整合。

1. 横向并购整合

我国第三方物流行业高增长和企业的高分散性给物流企业的横向并购整合提供了机遇。横向并购是指第三方物流企业为了取得规模效应、扩大自身物流服务的地域或者流程的覆盖面，而跨越一定的地域或者领域并购配套或互补的第三方物流企业。可以说，横向并购是外延式的发展战略。

在此类整合中，整合主体通常由实力雄厚的大型物流企业担当。这类企业既拥有进行并购所需的雄厚资金实力，又拥有全国性的网络资源及许多运输和仓储资产，其有能力借助资金及资产优势通过横向并购扩展服务功能。

被整合企业通常是实力不强的中小型物流企业。这类企业之所以成为被并购的对象，可能是因为其经营不善，缺乏核心竞争力或准备转行经营，也可能是经营情况尚可，但缺乏持续投入资本的能力，因而寄希望于被大型物流公司并购从而获得未来的发展。

2. 纵向并购整合

第三方物流的横向并购追求的是规模的扩张，而纵向并购则追求的是服务向纵深方向深入拓展。随着供应链管理思想的推广，第三方物流企业为其客户除了提供传统的物流服务之外，还要提供管理、咨询和技术支持服务，如复杂精密的物流全流程的集中管理、领先的技术支持系统、进行有效的管理和分析大量的数据流、为客户提供咨询、识别物流外包的增值机会、提供全方位的物流服务解决方案。这些都需要第三方物流相关企业的支持。第三方物流企业纵向并购产业内相关企业，将有利于企业提高整体实力，为将来成为第三方物流企业的“领头人”铺路。纵向的并购又分为前向并购和后向并购（也有人将其称为上行并购和下行并购）。

3. 并购整合的负面效应

通过并购方式进行第三方物流资源的整合虽然能扩大整合主体企业的业务范围，提高其市场份额，但其负面效应也不容忽视。首先，若整合主体不能对被整合对象进行有效的管理，不能将整合前两企业的文化差异及经营目的差异进行较好的融合，将会对企业自身造成很大的损失，甚至使整合走向失败。这也是大多数纵向并购失败的一个主要原因。其次，第三方物流企业的纵向并购整合有可能造成并购主体企业丧失其核心竞争力。这是因为业务领域的拓展必将分散企业的资金投入方向，同时分散企业的管理重点，这极有可能导致企业最终忽略了其原本的核心优势。

并购以失败而告终的例子不在少数，在波士顿咨询公司的研究中，20 世纪 90 年代初期的兼并失败率是 50%，自 1995 年后 5 年的失败率为 61%。研究结果显示，在 150 组失败买家中，两年之后 4/5 的企业利润率仍为负数，2/3 根本没有任何改善。因此，并购的负面效应不可小觑。

11.4.4 第三方物流战略联盟

企业通过并购有可能获得迅速发展，但是其中也存在很多问题。例如由于信息不对称导致收购失误，并购后文化整合十分困难等，因此失败率很高。目前，西方企业并购的步伐逐步趋缓，而战略联盟这一新的形式获得了迅速发展。战略联盟已成为现代企业加强竞争能力的又一方式。如欧洲的一些大型邮递公司，为了成为大型的国际邮件、快递和物流服务的供应商，近年来在进行大规模的并购之外，也在努力通过与其他公司或邮政管理机构结成战略结盟的方式，抓紧实施其计划。例如，法国邮政的包裹与物流集团公司与美国的联邦快递公司（FedEx）签署了一项已于 2001 年 1 月生效的新的战略合作协议，法国邮政的客户根据该协议可以享受联邦快递公司的航空网络服务。

建立第三方物流战略联盟就是物流企业以自身为核心，联合上下游其他企业以及第三方物流机构，将众多的企业以契约方式形成相互信任、共担风险、共享收益的集约化物流伙伴关系。联盟的目的是实现资源共享、开辟新市场。物流服务由于运作的复杂性，加之一个企业的物流资源的有限性，某一单一的物流公司往往难以满足物流服务的全球化与综合化发展需要，难以实现物流动作整体的有效控制与管理，难以实现物流全过程的价值和经营行为的最优化，难以实现低成本、高质量的物流服务，也无法给客户带来较高的满意度。而如果通过与相关物流企业间结成战略结盟，可以使物流企业在未进行大规模的资本投资的情况下，利用伙伴企业的物流服务资源，增加物流服务品种，扩大物流服务的地理覆盖面，为客户提供集海运、河运、公路运输、铁路运输于一体，货架到货架的"一站式"服务，提升市场份额和竞争能力。通过战略联盟相互进入对方市场不乏其例，如日本伊藤忠商社与美国的 GATX 物流公司就是通过战略联盟，在北美和亚洲之间展开物流服务合作，以此作为进入对方物流市场的切入点。

第三方物流战略联盟可以分为横向战略联盟和纵向战略联盟。

1. 横向战略联盟

第三方物流的横向战略联盟包括了大型物流企业之间结成联盟伙伴关系，以共享资源，应付更强大的竞争对手。但在我国未来几年里，横向战略联盟的主体主要是实力不强，在激烈的市场竞争中处于劣势地位的中小型物流企业，包括物流机能比较单一的专业型物流企业以及在特定区域提供物流服务的区域性物流企业。这些企业由于企业规模、资金实力、服务范围和地域的局限性，难以提供全程"一站式"的物流服务，因而服务的深度不够，且服务质量上也有所欠缺，难以应付激烈的竞争。尤其是强悍的外资第三方物流企业的进入，更使其市场份额逐渐缩减。为求生存，与同质企业联盟，整合外部资源成为较好的选择。

横向整合的物流战略联盟可使同一行业中多个企业在物流方面合作，使分散物流获得规模经济和物流效率。从企业经济效益上看，由于通过物流战略联盟使众多企业实现集约化运作，降低了企业物流成本。从社会效益来看，由于采用第三方物流机构作为同盟，统筹规划、统一实施，减少了社会物流过程的重复劳动。而且，联盟成员共担风险，降低了风险与不确定性，还可以从第三方物流机构得到过剩的物流能力与较强的物流管理能力。

2. 纵向战略联盟

同纵向并购相似，纵向战略联盟也可以分为前向战略联盟合与后向战略联盟。

前向战略联盟是指第三方物流企业与上端物流企业，如咨询公司或供应链规划公司之间，以市场和业务为纽带组成战略联盟关系。此种模式下，联盟企业共同合作开发市场，并提供一系列的服务，包括技术、供应链管理技巧等，无论是联盟哪一方，都可以根据客户的需要，将对方的业务作为自身整体的一部分推出。这就突破了联盟一方业务范围的局限性，增加了赢得客户的机会。如第三方物流企业在进行服务方案推广时，可以同时强调自己在构造物流体系、规划物流网络等方面也同样具有优势。而上端物流企业则可以在向客户展示其物流咨询、供应链规划的能力的同时，向客户展示其具体的物流运作能力。

后向战略联盟指的是第三方物流企业向后同服务功能较为单一的运输、仓储、货代等功能型物流企业结成战略联盟。此种类型的整合具有与前向战略联盟同样的效应，即联盟企业可以相互借对方之力共同合作开发市场。

3. 第三方物流战略联盟的意义

组建战略联盟对于提高我国物流企业竞争力有着极其重要的意义。

(1) 提高第三方物流企业的专业化水平

第三方物流企业通过缔结联盟，可促使企业有效地实现规模重组和相互间的分工协作，通过深化企业在联盟中的分工，从而提高企业的专业化水平。

(2) 提高我国第三方物流企业的竞争力

目前，我国第三方物流市场的竞争是一种无序的近似无差别的低水平的竞争，竞争范围狭窄，竞争形式单一，企业不是在服务质量、服务功能、服务形式和服务效率上下工夫，而是仍停留在价格竞争的初级竞争阶段，造成了效率低、行业利润率较低的竞争结果。而通过第三方物流企业间缔结联盟，可充分发挥物流服务的网络优势，以竞合替代低水平的价格战。通过合作创建的网络，可以以较低的费用扩大市场，使各企业有机会在全球范围内更有效地利用联盟资源，从而提高自身竞争力。

(3) 达到资源的互补与聚合效应

第三方物流企业通过缔结联盟，能连接互补的技术与市场，有效地聚合国内外物流资源，进入单方难以渗透的市场。一旦战略联盟管理有方，合作双方将比单方自行发展具有更广阔的战略灵活性，最终可以达到双赢。

(4) 建立战略联盟是打破传统物流管理体制的重要途径

我国物流管理体制比较落后，横向分散、纵向集中、条块分割、互为堡垒，造成了资源的极大浪费。在这种情况下，第三方物流企业很难冲破传统体制的束缚而仅依靠内部扩张来实现发展。而建立战略联盟，通过不同区域企业间的合作，可以有效降低各地区物流市场的进入门槛，加快全国物流资源的整合，促进我国物流管理体制的市场化。

4. 第三方物流战略联盟存在的风险

战略联盟并非无懈可击，相反，对联盟双方来说，其存在着很大的风险。早在1991年，Bleek和Brist调查了9个联盟，发现约有一半联盟中至少有一个联盟成员认为其联盟是失败的。第三方物流战略联盟的风险主要体现在以下几方面。

(1)“失核”风险

一般来讲，联盟企业必须具备自身的核心优势，只有这样才能与其他组织成员达到优势互补的目的。当企业加入联盟组织后，为了达到联盟共同的目的，企业有可能无意中将自身的核心技术或市场知识转移给联盟另一方。此种核心技术或市场知识的外泄，会导致企业的竞争优势逐渐弱化甚至消失。可以说，丧失核心优势的风险是战略联盟双方面临的最大风险。

(2) 并购风险

虽然联盟双方处于平等地位，但随着合作的深入，很有可能起初的平等逐渐被一方的绝对强势地位所取代。联盟带来的市场利益吸引着强势一方对弱势一方采取并购策略，从而独享市场资源及市场利润。这种并购则绝不是被并购一方联盟的初衷。

(3) 文化差异导致联盟失败的风险

当两个或两个以上具有不同文化背景的企业进行联盟时，便会产生一定程度的文化交会。如果彼此之间文化差异较大，便容易在日常沟通过程中产生文化摩擦现象。这种文化摩擦常常表现为企业组织和员工行为相互之间的冲突。而且当这种文化冲突无法协调时，一些企业很有可能将退出联盟，使得联盟分裂，导致联盟企业蒙受损失。

11.5　第三方物流集成策略

11.5.1　第四方物流

1. 第四方物流概述

(1) 第四方物流的产生背景

在第三方物流的运作过程中，客户希望从物流服务商那里得到包括电子采购、订单处理、充分的供应链可见性、虚拟库存管理以及必不可少的集成技术在内的、实质性增加的服务。然而一些客户经常发现自己的物流服务商缺乏当前所需的综合技能、集成技术、战略和全球扩展能力，难以满足他们的要求，使得第三方物流在实际运作中，存在诸多不尽如人意的地方。主要表现就是第三方物流在供应链管理中的地位提升很慢，在供应链管理中所体现出的作用与理想情况相比有较大差距。为改变此窘境，某些第三方物流提供商正采取步骤，通过与出色的服务提供商联盟，来提高他们的技能。其中最佳的模式是和领先的咨询公司、技术提供商结盟。随着联盟与团队关系不断发展壮大，一种新的外包选择开始出现。第三方物流企业正向单一的组织外包其整个供应链流程，由他们评估、设计、制定及运作全面的供应链集成方案。所以，一种管理第三方物流服务的新模式正初显端倪，这就是第四方物流(Forth PartyLogistic，4PL)。

(2) 第四方物流的概念

第四方物流的概念，是1998年美国安盛咨询公司率先提出的。他们对“第四方物流”是这样定义的：“第四方物流(4PL)供应商是一个供应链的集成商，它对公司内部和具有互补性的服务供应商所拥有的不同资源、能力和技术进行整合和管理，提供一套供应链解决方案。”这一概念强调第四方物流是一个供应链的集成商，其使命就是提供一整套供应链解决方案。第四方物流的主要作用在于，对制造企业或分销企业的供应链进行监控，在客户和第三方物流供应商之间充当“联系人”的角色。

图11.3回顾了物流概念的演进历程，可以看出，第四方物流的出现也有其必然性。从1915年阿奇·萧在《市场流通中的若干问题》一书中首先提出“实物配送”(Physical Distribution)的概念至今，物流的内涵在深度和广度上有了很大发展。从工业经济时代定位于单个企业内部的实物配送，到知识经济时代物流运作跨越企业边界，在整个供应链上系统地进行集成化管理，体现了管理思想同科技发展和整个市场环境的相互作用、相互影响关系。第四方物流在解决企业物流的基础上，整合社会资源，解决物流信息充分共享、社会物流资源充分利用等问题。John Gattoma在《战略供应链》中指出，随着企业从自营物流到第三方物流再到第四方物流的逐步转变，供应链革命的时代已经到来了。

(3) 第四方物流的模式

第四方物流存在三种可能的运作模式，即协同运作模式、方案集成商模式以及行业创新者模式。

① 协同运作模式。在协同运作模式下，第四方物流和第三方物流共同开发市场，第四方物流向第三方物流提供一系列的服务，包括技术、供应链策略、进入市场的能力和项

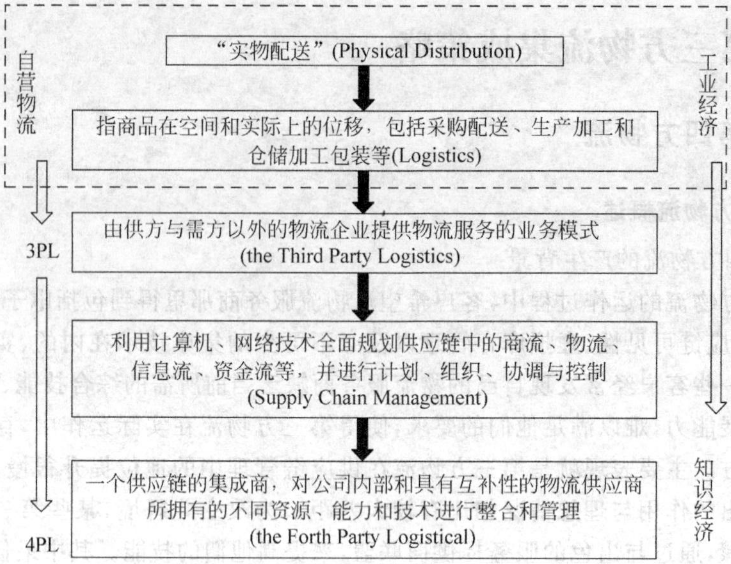

图 11.3　物流概念的演进

目管理的专业能力。第四方物流往往会在第三方物流公司内部工作，其思想和策略通过第三方物流这样一个具体实施者来实现，以达到为客户服务的目的。第四方物流和第三方物流一般会采用商业合同的方式或二者结成纵向战略联盟的方式进行合作。

② 方案集成商模式。在这种模式中，第四方物流为客户提供运作和管理整个供应链的解决方案。第四方物流对本身和第三方物流的资源、能力和技术进行综合管理，借助第三方物流为客户提供全面的、集成的供应链方案。第三方物流通过第四方物流的方案为客户提供服务，第四方物流作为一个枢纽，可以集成多个服务供应商的能力和客户的能力。

③ 行业创新者模式。在行业创新者模式下，第四方物流为多个行业的客户开发和提供供应链解决方案，以整合整个供应链的职能为重点，第四方物流将第三方物流加以集成，向上下游的客户提供解决方案，为整个行业带来最大的利益。在这里，第四方物流的责任非常重要，因为它是第三方物流的集群和客户集群的纽带。第四方物流会通过卓越的运作策略、技术和供应链运作实施来提高整个行业的效率。

第四方物流无论采取哪一种模式，都突破了单纯发展第三方物流的局限性，能真正低成本运作，实现最大范围的资源整合。因为第三方物流缺乏跨越整个供应链运作以及真正整合供应链流程所需的战略专业技术，第四方物流则可以不受约束地将每一个领域的最佳物流提供商组合起来，为客户提供最佳物流服务，进而形成最优物流方案或供应链管理方案。而第三方物流要么独自，要么通过与自己有密切关系的转包商来为客户提供服务，它不太可能提供技术、仓储与运输服务的最佳结合。

在美国，物流服务商 Ryder Integrated Logistics 和信息技术巨头 IBM 和第四方物流概念提出者安盛公司结为战略联盟，使得 Ryder 拥有了技术和供应链管理方面的特长，而如果没有"第四方物流"的加盟，这些特长要花掉 Ryder 公司自身几十年的工夫才能够积聚起来。

在欧洲，安盛公司和菲亚特公司的子公司 New Holland 成立了一个合资物流公司 New Holland Logistics S. P. A.，专门经营服务零配件物流。该公司由 New Holland 拥有 80%的股份，安盛占 20%的股份。New Holland 为合资企业投入了 6 个国家的仓库，775 个雇员，资本投资和运作管理能力。安盛方面投入了管理人员、信息技术、运作管理和流程再造的专长。零配件管理运作业务涵盖了计划、采购、库存、分销、运输和客户支持。在过去 7 年的总投资回报有 6 700 万美元。大约 2/3 的节省来自运作成本降低，20%来自库存管理，其他 15%来自运费节省。同时，New Holland Logistics S. P. A 实现了大于 90%的订单完成准确率。

2. 第四方物流的主体

第四方物流的主体是一个供应链整合者，调查和分析企业的需求，负责为客户规划整个物流网络。具有连接客户和物流服务商的功能。关键问题是，谁适合提供第四方物流？是客户、第三方物流还是其他中介机构？

(1) 第四方物流主体需满足的条件

要实现整合社会物流资源，并非所有企业都可以作为第四方物流的主体。美国和欧洲的经验表明，要想进入第四方物流领域，企业必须在某一个或几个方面已经具备很强的核心能力，并且有能力通过战略合作伙伴关系很容易地进入其他领域。以下是成为第四方物流服务商所应具备的前提条件。

① 不是生产方和购货方。这一点是比较明显的，不作为生产方和购货方，第四方物流主体应该把自己从纷繁的物流中解放出来，不断增强其核心能力，在自己的领域内提高竞争力。

② 有良好的信息共享平台，在物流参与者之间实现信息共享。物流的运作中会不断产生大量信息，作为第四方物流的主体，要整合社会物流资源，需要有各参与者都可以共享的信息平台，才能高效利用各参与者的物流资源。

③ 有足够的供应链管理能力。作为第四方物流的主体，肩负整合所有物流资源的重任，需要有足够的供应链管理能力，以整合所有物流资源。也就是要有集成供应链技术、外包能力、多供应商管理能力、多客户管理能力，且有大批供应链管理的专业人员。

④ 有区域化甚至全球化的地域覆盖能力和支持能力。地域覆盖和支持能力是体现第四方物流主体核心竞争力的重要方面，物流的竞争很大程度上体现在覆盖的网点及其支持力度上。

(2) 第四方物流的可能主体

尽管进入第四方物流的门槛非常的高，但当前很多人认为，第三方物流服务商、物流咨询公司、物流信息技术公司作为第四方物流的主体是很有潜力的。

① 第三方物流公司。作为专业化的物流企业，第三方物流的优势在于物流网点覆盖和支持能力、物流实际运作能力、信息技术应用能力、多客户管理能力。但是，第三方物流在管理创新能力、组织能力方面处于劣势。

② 管理咨询公司。咨询公司的优势主要在于管理理念创新、组织创新、物流管理、控制协调能力以及有大批高素质专业人才。其劣势在于缺乏实际物流运作经验和信息技术

应用能力较差。

③ 信息技术公司。信息技术公司专业优势非常明显，主要体现在建立和应用“B2B”物流交易平台、提供及实施物流信息技术解决方案方面。但是其劣势也是很显见的，即缺乏物流运作实战经验、物流管理和变革管理能力。

11.5.2 第三方物流集成策略

在第四方物流理论基础上，可为第三方物流提出如下几方面集成策略思路。

1. 供应链集成物流服务策略

网络技术与经济的发展使集成物流功能实现成为可能，通过国际互联网网络平台可以达到信息充分共享。网络平台在信息传递方面具有及时性、高效性、广泛性等特点，通过互联网很容易达成信息共享的目的。通过国际互联网网络平台减少了交易成本，实现最大物流资源的整合。由于网络平台信息共享的优势，减少了信息不对称，使中小物流企业也能够获益。网络平台是一个虚拟的空间，不受物理空间的限制，也没有企业自身的利益面，容易组成第三方物流企业和其他物流企业都认可的形式，比如联盟形式，最终实现物流产业整合。显然第四方物流企业要能实现物流整合，必须满足这些条件：第四方物流必须不是物流的利益方，必须能实现信息共享，必须有能力整合所有物流资源。从理论角度分析，第四方物流发展能满足整个社会物流系统的要求，最大程度整合了社会资源，减少了物流时间，节约了资源，提高了物流效率，也减少了环境污染。新兴技术也会使第四方物流有能力为服务供应商、客户及其供应链伙伴，提供一整套集成的解决方案。但在实际运作中，还缺少可靠的组织、运行和利益运行机制。所以，以第三方物流公司、咨询公司、信息技术公司等结盟，为制造企业提供供应链物流服务，可以看作是物流运作、管理咨询和信息技术经营者形成的第三方集成物流供应商的综合功能。

2. 第三方物流功能集成策略

从事供应链集成物流业务的主要思路为：不进行大的固定资产投入，低成本经营；将主要的成本部门及产品服务的生产部门的大部分工作委托他人处理，注重建立自己的销售队伍和管理网络；实行特许代理制，将协作单位纳入自己的经营模式和网络；公司经营的核心能力就是集成物流代理业务的销售、采购、协调管理和组织设计的方法与经验，并且注重业务流程创新和组织机制创新，使公司经营不断产生新的增长点。

美国的联邦快递、日本的佐川急便是国际著名的从事第三方物流的企业，国内专业化的物流企业主要是一些原来的国家大型仓储运输企业和中外合资、独资企业，如中国储运公司、中外储运公司、大通、敦豪、天地快运、EMS、宝隆洋行等，营业范围涉及全国配送、国际物流服务、多式联运和邮件快递等。其实，上述公司都已经在不同程度上进行了综合物流代理运作模式的探索实践。尤其是一些与外方合资或合作的物流企业充分发挥国外公司在物流管理经验、人才、技术、观念和理论上的优势，率先进行集成物流代理运作。

传统的储运企业提升为第三方物流企业才能够实现物流高级化。在美国，生产企业应用第三方物流的趋势逐年提高。为了提高管理效率、降低运作成本，第三方物流不但要提出具有竞争力的服务价格，还必须采取以下措施：坚持品牌经营，产品（服务）经营和资本经营相结合的系统经营；企业的发展目标与员工、供应商、经营商的发展目标充分结合；重视员工和外部协作经营商的培训，协助其实现经营目标；建立和完善物流网络，分级管理，操作和行销分开；开发建设物流管理信息系统，应用 EDI、GPS、RF、EOS、Internet、Code Bar 等新技术，对货物进行实时动态跟踪和信息自动处理；实行优先认股的内部管理机制，促进企业不断发展；组建客户俱乐部，为公司提供一个稳定的客户群。

一定要建立客户的服务窗口和拓展增值服务。因为货物不是靠计算机和信息，而是要通过配送中心送到客户手中，因此配送中心与客户离得最近，顾客提出的所有需求最终体现在配送中心的服务水平和作业水平上。只有给客户提供满意的服务，制造商才可能与第三方物流紧密地连在一起，形成一个策略联盟。拓展增值服务范围，诸如油漆调色配送、贴条形码、促销包装等。油漆有很多种颜色，其中几种是基色，这几种基色到了配送中心仓库以后，第三方物流按照它所需要的配方进行调色，然后再按照需要送到各个需求点。配送中心进行调色，然后再按照需要送到各个需求点的过程就是一个增值服务。

3. 应用公共物流平台策略

物流平台一般包括基础设施平台、信息系统平台等多种形式，共用物流平台可以为不同物流服务提供者或客户提供物流功能支持服务，便于利用平台整合社会物流资源，减少物流基础设施总投入，提高物流基础设施、信息设施的应用规模效益。供应链中的第三方物流商在整合上、中、下游企业物流资源并提供所需物流服务的过程中，需要快速制定合适的供应链物流策略和流程，并对供应链物流进行集成管理。在此过程中可以应用公共物流设施平台、物流信息平台，从而降低自有物流资源投入和运行成本。

目前，我国不少大中城市已经在规划建设物流（基地）园区、物流中心、物流设施等。物流基地是指建设和发展物流事业基础的一种城市压力，顺应物流业发展趋势，一般将物流园区规划于大城市周边，从而形成多种物流线路交汇、多种物流设施集中和多个物流商经营的区域，是能够起到理顺城市功能等基础和综合作用的大型或特大型物流基地。

物流中心（Logistics Center）是指从事物流活动的场所或组织，一般应基本符合以下要求：

① 主要面向社会服务；

② 物流功能健全；

③ 完善的信息网络；

④ 辐射范围大；

⑤ 少品种、大批量；

⑥ 存储、吞吐能力强。

而配送中心（Distribution Center）是从事配送业务的物流场所或组织，一般应基本符合下列要求：

① 主要为特定的用户服务；

② 配送功能健全；

③ 完善的信息网络；

④ 辐射范围小；

⑤ 多品种、小批量；

⑥ 以配送为主，储存为辅。

配送中心与物流中心都属于典型的物流作业场所或组织，所不同的是主要服务对象不同，辐射范围和规模大小也有一定差别。因为物流系统是分为若干层次的，从国际物流系统、区域物流系统、城市物流系统到单一企业物流系统以及专项物流系统等，依物流系统化的对象、范围、要求和动力主体不同，第三方物流运作的侧重点也就有所不同。诸如，第三方物流商经营的物流中心一般是处于枢纽或重要地位的、具有较完整物流要素，并能将集散、信息和控制等功能实现一体化运作的物流据点，从而能对供应链物流运作过程进行全程监控，提高物流服务水准并降低物流运作总成本。

图 11.4 画出了物流行业的分层经营模式，该图有利于我们了解第三方物流的前向和后向并购整合以及第三方物流的集成策略。

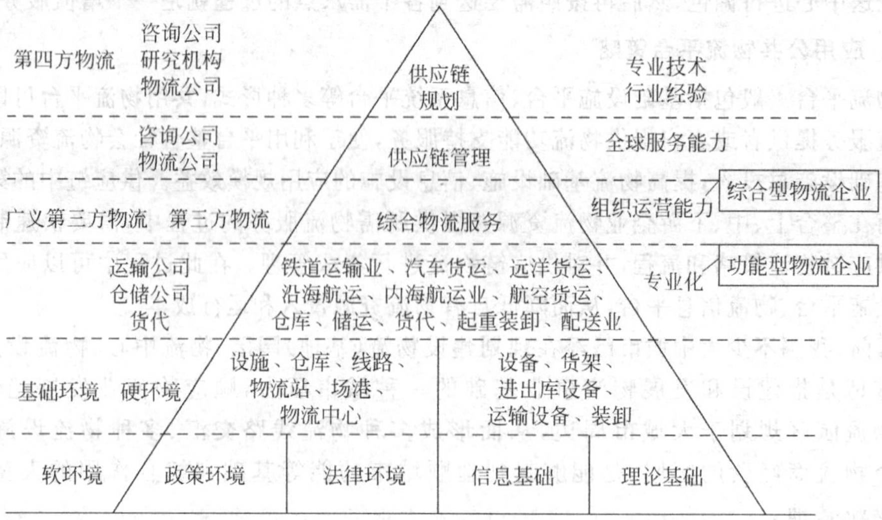

图 11.4　物流行业的分层经营模式

资料来源：郝聚民. 第三方物流. 成都：四川人民出版社，2002.

从图 11.4 可以看出，整个物流行业呈现金字塔的形状，在金字塔结构中，从最底层到塔尖，涉及的经营层面有：基础环境、软环境、硬环境、广义第三方物流、功能型物流企业、综合型物流企业、第四方物流、供应链管理公司、供应链规划咨询。第三方物流属于综合物流服务商，其上端是第四方物流涉及的供应链管理、供应链规划等，其下端是以运输、仓储为主营业务的专业化功能型物流企业。

由此，前面提到的前向并购是指第三方物流企业并购第四方物流企业或类似第四方物流企业的组织如供应链规划公司、咨询公司等，将其供应链规划及供应链管理功能整合进来，目的是为客户提供更深层次、更多的增值服务，拓展服务领域；而后向并购则是指第三方物流企业并购功能型物流企业，整合其基础的运输及仓储设施等资源。

本章小结

第三方物流企业环境包括外部经营环境和内部资源与能力，外部经营环境分析包括宏观环境分析、竞争环境分析和行业环境分析。第三方物流企业环境分析对第三方物流企业的经营决策有着非常重要的影响，具体表现在经营环境分析有助于提高第三方物流企业决策的正确性、提高第三方物流企业决策的及时性和提高物流企业决策的稳定性。

第三方物流企业战略是指在对企业外部环境和内部条件分析的基础上，为求得企业生存和发展而作出的长远的谋划。第三方物流企业战略管理一般描述为：为达到某个目标，物流企业（或部门）在特定时期，在特定市场范围内，根据某种组织结构，利用某种方式，向某个方向发展的全过程的管理。它是由产品与市场范围、增长向量、竞争优势和协同作用四种要素构成。设计第三方物流企业发展战略时应考虑突出第三方物流企业的战略优势、贯彻准时（JIT）和有效客户响应（ECR）的准则和突出信息技术的支持。

第三方物流企业发展战略从现阶段来看应采用集中经营战略，其经营战略定位包括经营层面定位、核心竞争力定位、主导区域定位、主导行业定位、客户关系定位、资产、有程度、网络拓展方式、服务水平和核心客户等方面的定位。

面对中国第三方物流发展尚处于初级阶段以及国外物流巨头纷纷登陆中国，中国的第三方物流企业除了通过整合提高服务能力、增强竞争力之外别无选择。第三方物流公司在发展过程中，可以根据自身的特点和需求选择符合自己的整合模式。但这些模式之间并不是绝对的对立关系，可以组合使用。如企业可以同时采用纵向整合和横向整合。

第四方物流（4PL）供应商是一个供应链的集成商，第四方物流存在三种可能的运作模式，即协同运作模式、方案集成商模式以及行业创新者模式。在第四方物流理论基础上，第三方物流企业的集成策略思路可以为供应链集成物流服务策略、第三方物流功能集成策略和应用公共物流平台策略。

复习与思考

1. 简要回答环境研究对第三方物流企业决策的重要影响。
2. 你认为第三方物流企业的核心竞争力主要体现在哪几个方面？
3. 影响物流企业战略定位的基本因素有哪些？
4. 第三方物流企业战略设计构思的要点是什么？
5. 为什么目前我国第三方物流企业应采取集中经营的扩张战略？针对这一战略原则，第三方物流企业应采取哪些战略措施？
6. 谈谈你是如何理解供需战略联盟的。
7. 第三方物流企业有哪些整合思路？各种整合思路的条件和方式是什么？
8. 什么是第四方物流？它对第三方物流企业的发展有何启示？
9. 试述第三方物流企业应如何根据自身特点进行经营发展定位？

案例分析

从顺丰速运到顺丰综合物流

顺丰速运(以下简称顺丰)于1993年3月在广东顺德成立。初期的业务为顺德与香港之间的即日速递业务。随着客户需求的增加,顺丰的服务网络延伸至中山、番禺、江门和佛山等地。在1996年,随着客户数量的增加和国内经济的蓬勃发展,顺丰将网点进一步扩大到广东省以外的城市。

顺丰自1993年成立以来,每年都投入巨资完善由公司统一管理的自有服务网络:从蜗隅中山,到立足珠三角,到布局长三角;从华南先后扩展至华东、华中、华北;从中国内地延展到中国香港、台湾地区,直至海外。

顺丰将经营理念定位于“成就客户,推动经济,发展民族速递业”。顺丰积极探索客户需求,不断推出新的服务项目,为客户产品提供快速、安全的流通渠道,帮助客户更快、更好地对市场做出反应,推出新的产品和调整策略,缩短贸易周期,降低经营成本,促进客户竞争力的提高。

顺丰是一家依靠自身缓慢扩张完成成长的企业,而在扩张步伐中,却很少看到加盟商的身影。其把网络重点放在一些大中型城市之间的快件运输,这些来自干线的订单也为顺丰贡献了大部分收入。而对于GDP在全国排后5名的省份,顺丰快递布局很少甚至放弃。

顺丰是目前国内唯一一家拥有快件全生命周期管理系统的企业,也是唯一一家收派人员全员配备手持终端设备的企业,保有量超过11万只。顺丰将快件全生命周期划分为客户、收派、仓储、运输、报关这五大环节,截至目前,各个环节的信息化应用都已经取得了成效。

顺丰的信息化建设成绩,不仅令同行侧目,即便是在信息化水平较高的制造业中,也处于领先行列。

(1) 力推“快件全生命周期管理”

多年来,顺丰一直保持着行业龙头的地位,并以年均40%以上的速度快速增长。2011年,顺丰收入超过151亿元,在民营快递企业中继续排名第一。此外,其自建航空公司,拥有飞机近30架、基层营业网点4 000余个、员工超15万人,服务网络对中国版图全覆盖,并拓展至海外市场。顺丰俨然已经成为了物流快递行业的航母级企业。

(2) 打造高度集成信息化系统

早在2001年之前,基于市场需要,顺丰就引入了物流行业所需的简单系统,开始了信息化建设,并逐渐形成了适合自己的建设思路,那就是以物流运营全部环节为主体逐步推进信息化。顺丰一直把信息化建设作为企业发展的基础,并将信息化建设提升到企业战略高度,制定了企业信息化发展规划,从而为信息化建设的成功提供了坚实的保障。顺丰共有信息系统160多套,而这些系统都是高度集成的,实现了物流全部环节与配套环节的信息化管理。

(3) 未来信息化要支持企业决策

在物流业务量呈几何指数快速增长的情况下,顺丰的信息化系统不仅降低了运营成本,保证每一票件在每一环节的安全,还使得客户对公司的服务和快件安全都充满信心,同时也为上下游工业、服务业等企业的转型升级提供了强有力的支持与支撑。由此可见,信息化真正成为了顺丰打造核心竞争力的秘密武器。

2012 年国家邮政局 9 月 7 日公告,联邦快递和 UPS 获得国内快递牌照,这将对处于中高端市场的 EMS 和顺丰受到冲击。

2012 年 5 月,顺丰推出自己的中高端电子商务平台——顺丰优选,以进口食品为主,优质国产食品为辅,涵盖母婴食品、营养保健品、粮油副食、酒水饮料、冲调茶饮、休闲零食、饼干点心、生鲜日配及美食用品九大品类、五千多款。9 月,顺丰又宣布推出一款慢速快递产品"四日件",该产品价格较传统的顺丰产品更优惠。

近年来,从国内物流业的需求来看,快递业虽处于井喷状态,利润回报较高,但物流业的主要需求仍集中在制造业和资源型产业相关的领域。今天,快递业正在发生着复杂的格局演变。除了跨界进入的电商,在物流圈内,快递与传统物流的界限也在模糊,顺丰抓住机会,发展综合物流,成为了行业巨头。

思考:

1. 顺丰是如何一直保持行业龙头地位的?
2. 结合案例,分析顺丰的扩张策略。

参考文献

[1] 刘彦平，王述英．西方第三方物流理论述评．中国流通经济，2003，(8)：8-11．

[2] 王佐．美国第三方物流产业发展研究．中国物流与采购，2004，(4)：18-23．

[3] 朱传杰．核心能力理论研究述评．合作经济与科技，2006，(9x)：14-16．

[4] 中国物流学会，中国物流与采购联合会．中国物流学术前沿报告(2006—2007)．北京：中国物资出版社，2006．

[5] 李日保．现代物流信息化．北京：经济管理出版社，2005．

[6] 贺盛瑜，胡云涛．第三方物流理论与实务．西安：电子科技大学出版社，2005．

[7] 杨小凯，张永生．新兴古典经济学和超边际分析．北京：中国人民大学出版社，1998．

[8] 周昌林．第三方物流组织——理论与应用．北京：经济管理出版社，2005．

[9] 李松庆．第三方物流论——理论比较与实证分析．北京：中国物资出版社，2005．

[10] 田宇．第三方物流服务分包管理．广州：中山大学出版社，2006．

[11] 杜文，任民．第三方物流．北京：机械工业出版社，2004．

[12] 张海花．第三方物流．北京：中国轻工业出版社，2005．

[13] 郝聚民．第三方物流．成都：四川人民出版社，2002．

[14] 林慧丹．第三方物流．上海：上海财经大学出版社，2005．

[15] 骆温平，谷中华．第三方物流教程．上海：复旦大学出版社，2007．

[16] 刘胜春，李严锋．第三方物流．大连：东北财经大学出版社，2006．

[17] 牛鱼龙．第三方物流：模式与运作．深圳：海天出版社，2003．

[18] 赵检．中国与发达国家第三方物流产业发展比较研究．上海海事大学硕士学位论文，2003．

[19] 阮和兴．基于核心竞争力的物流外包决策研究．暨南大学硕士学位论文，2006．

[20] 白淑娇．我国第三方物流业的发展．江西财经大学硕士学位论文，2006．

[21] 王君．第三方物流信息系统设计及应用研究．长安大学硕士学位论文，2006．

[22] 陈立新．物流市场营销．北京：人民交通出版社，2005．

[23] 许晓东，张显萍．第三方物流运作．北京：经济管理出版社，2006．

[24] 施建年．第三方物流运作实务．北京：人民交通出版社，2005．

[25] 田宇．第三方物流项目管理．广州：中山大学出版社，2006．

[26] 刘中，李明顺，柳伍生．物流项目招投标管理．北京：电子工业出版社，2006．

[27] 傅锡原，高凤琴．物流企业成本核算．北京：中国物资出版社，2006．

[28] 傅桂林．物流成本管理．北京：中国物资出版社，2004．

[29] 陈文若．第三方物流．北京：对外经济贸易大学出版社，2004．

[30] 兰洪杰．物流战略管理．北京：清华大学出版社，2006．

[31] 刘明，邵军义．第三方物流．北京：中国铁道出版社，2007．

[32] 李晓龙，李锦瑾，孙慧．现代物流企业管理．北京：北京大学出版社，2004．

[33] 吴清烈．物流企业管理．苏州：苏州大学出版社，2005．

[34] 周立新．物流项目管理．上海：同济大学出版社，2004．

[35] 秦立公，王兴中，丁庆．物流项目管理．北京：中国时代经济出版社，2006．

[36] 杰弗里·K．宾图．项目管理．北京：机械工业出版社，2007．

[37] 李万秋．仓储管理．北京：高等教育出版社，2005．

[38] 邬星根. 仓储与配送管理. 上海：复旦大学出版社，2005.
[39] 田源. 仓储管理. 北京：机械工业出版社，2006.
[40] 李素彩. 物流信息技术. 北京：高等教育出版社，2005.
[41] 张余华. 欧美日第三方物流的发展与我国的借鉴. 国际经贸探索，2004，(6).
[42] 欧阳勇华. 我国第三方物流发展述评. 中国物流与采购，2002，(17).
[43] 靳娜，陈东宁. 我国第三方物流发展现状和发展模式. 物流科技，2005，(10).
[44] 黄世秀. 我国第三方物流发展策略研究. 中国市场，2007，(5).
[45] 李航. 我国第三方物流企业横向并购动因研究. 物流技术，2006，(12).
[46] 全球第三方物流的发展趋势：企业并购和整合趋势增强. 科技情报，2006，(6).
[47] 任登魁. 第四方物流. 郑州：黄河水利出版社，2004.
[48] 鲍新中. 物流成本管理与控制. 北京：电子工业出版社，2006.
[49] 李伊松，易华. 物流成本管理. 北京：机械工业出版社，2007.
[50] 李建丽. 物流成本管理. 北京：人民交通出版社，2005.
[51] 邓凤祥. 现代物流成本管理. 北京：经济管理出版社，2003.
[52] 杜晓荣，陆庆春. 成本控制与管理. 北京：清华大学出版社，2007.
[53] 孙茂竹，姚岳. 成本管理学. 北京：中国人民大学出版社，2003.
[54] 冯耕中. 企业物流成本计算与评价：国家标准 GB/T20523—2006. 北京：机械工业出版社，2007.
[55] 中国注册会计师协会. 财务成本管理. 北京：中国财政经济出版社，2007.
[56] 孙朝苑. 企业物流成本与服务. 北京：科学出版社，2005.
[57] 连桂兰. 如何进行物流成本管理. 北京：北京大学出版社，2004.
[58] 夏文汇. 物流战略管理. 成都：西南财经大学出版社，2006.
[59] 刘寅斌. 物流战略规划与实施. 北京：电子工业出版社，2008.
[60] 周启蕾，周志华，胡金环. 企业物流成本控制初探. 价值工程，2005，(6)：124-127.
[61] 李散绵. 浅议物流成本管理的模式与方法. 商业流通，2007，(20)：14-15.
[62] 赵鸣凤. 论企业物流成本管理模式. 事业财会，2006，(6)：56-57.
[63] 张德新. 基于作业成本法的企业物流成本控制. 财会月刊(综合)，2007，(2)：72-73.
[64] 向宏亮. 我国企业物流成本管理问题初探. 交通财会，2006，(11)：30-32.
[65] Martin Christopher. Logistics and Supply Chain Management: Strategies for Reducting Cost and Improving Services(2e). Beijing: Publishing House of Electronics Industry, 2003, (1): 85-92.
[66] Md. Mostaque Hussain, A. Gunasekaran. Activity-based cost management in financial serives industry. Managing Sevice Quality, 2001, 11(3): 213-226.
[67] James R. Stoek and Douglas M. Lambert. Strategie Logistics Management. MeGrawee-Hill Irwin, 2001.
[68] 高洁，周鑫，王伟. 第三方物流项目管理. 上海：上海交通大学出版社，2009.
[69] 周晓晔. 物流项目管理. 北京：北京大学出版社，2011.
[70] 邵瑞庆. 第三方物流企业成本核算与控制论. 上海：立信会计出版社，2011.
[71] 云虹. 物流成本管理与控制. 北京：人民交通出版社，2010.
[72] 周慧，罗小琼. 物流电子商务. 北京：清华大学出版社，北京交通大学出版社，2011.
[73] 肖玲. 论电子商务环境下第三方物流的发展瓶颈及对策. 企业家天地(下旬刊)，2012，(4)：55-56.
[74] 梁雪荣，张茉. 电子商务环境下我国第三方物流企业发展研究. 内蒙古统计，2010，(3)：7-9.
[75] 李方敏. 电子商务与现代物流. 北京：北京师范大学出版社，2011.
[76] 刘龙政. 电子商务时代的第三方物流发展策略. 中国经济问题，2010，(3)：53-58.
[77] Amir Manzoor. E-Commerce. LAP Lambert Academic Publishing AG & Co KG, 2010.
[78] Shawn P. Daly, Lindsay X. Cui. E-logistics in China: basic problems, manageable concerns and

intractable solutions. Industrial Marketing Management, 2003:235-242.
[79] 邵文.我国第三方物流企业发展战略研究.华北电力大学硕士论文,2010.
[80] 吴畅. 我国第三方物流企业发展战略分析. 企业家天地(下旬刊),2011,(3):9-10.
[81] Stuart Emmett. Warehouse Management. John Wiley & Sons.
[82] Institute of Logistics & Transport. Warehouse Management. Logistics Training International.
[83] George Swartz. Warehouse Safety. Government Institute.
[84] George Swartz. Forklift Safety. Government Institute.
[85] Dileep R. Sule. Logistics of Facility Location and Allocation. Marcel Dekker.
[86] Martin Christopher. Logistics & Supply Chain. Publishing House of Electronics Industry.
[87] Donald J. Bowersox. Supply Chain Logistics Mgt. China Machine Press.
[88] Michaelten Hompel. Warehouse Management. Springer.
[89] Tong Wild. Best Practice in Inventory Management. Elsevier Science.
[90] Kees Jan Roodbergen. Layout and Routing Methods for Warehouses. Netherlands TRAIL Research School.
[91] G. Don Taylor. Logistics Engineering Handbook. CRC Press.
[92] Bob Donath. IOMA Handbook of Logistics and Inventory Management. John Wiley & Sons.
[93] Jeffrey Liker. The Toyota Way. McGraw-Hill.
[94] Donald Waters. Inventory Control and Management. John Wiley & Sons.
[95] Ronald H. Ballou. Business Logistics and Supply Chain Management. China Renmin University Press.
[96] Sven Axsater. Inventory Control. Springer.
[97] Jay Heizer. Principles of Operations Management. Peking University Press.
[98] Roger G. Schroeder. Operations Management—Contemporary Concepts and Cases. McGraw-Hill.
[99] John J. Bartholdi. Warehouse & Distribution Science.
[100] Charles D. Reese. Material Handling Systems. Taylor & Francis.
[101] Dileep R. Sule. Location of Facility Location and Allocation. Marcel Dekker.
[102] 利丰研究中心. 供应链管理——香港利丰集团的实践(第二版). 北京：中国人民大学出版社,2009.
[103] 刘彦平,王述英. 西方第三方物流理论述评. 中国流通经济,2003,(8)：8-11.
[104] 方晓艳.一般进出口货物的国际物流通关流程技巧分析.物流技术,2011,(6)：39-42.
[105] 刘小卉.国际货运代理.上海：上海财经大学出版社,2011.
[106] 李盾.国际货运代理.北京：对外经济贸易大学出版社,2008.
[107] 宋丹.黑龙江省第三方物流增值服务发展的策略研究.东北林业大学硕士论文,2010.
[108] 张振洋.物流公司增值服务价格策略的研究.东北财经大学硕士论文,2011.
[109] 廖素娟.第三方物流管理.北京：科学出版社,2009.
[110] 张旭辉,杨勇攀.第三方物流.北京：北京大学出版社,2010.
[111] 齐严.后危机时代美国第三方物流企业市场策略分析.商业时代,2011,(35)：36-38.
[112] 中投顾问.2012—2016年中国物流行业投资分析及前景预测报告.www.ocn.com.cn.2012.9.

运筹学（第 4 版）

本书特色

经典教材，课件完备，多次重印，广受好评。

教辅材料

课件

书号：9787302288794
作者：《运筹学》教材编写组
定价：58.00 元
出版日期：2012.8

任课教师免费申请

运筹学（第 4 版）本科版

本书特色

经典教材，课件完备，多次重印，广受好评。

教辅材料

课件

书号：9787302306412
作者：《运筹学》教材编写组
定价：48.00 元
出版日期：2012.11

任课教师免费申请

运筹学习题集（第 5 版）

本书特色

名师大作。习题、解答、案例、案例分析，丰富的学习辅助资源，配套《运筹学教程》。

获奖信息

“十二五”普通高等教育本科国家级规划教材

书号：9787302523987
作者：胡运权 主编
定价：58.00 元
出版日期：2019.3

任课教师免费申请

运筹学教程（第 5 版）

本书特色

“互联网 +”教材。名师大作，经典运筹学教材，课件、习题等教辅资源完备，难度适中，配套《运筹学习题集》。

教辅材料

教学大纲、课件、习题答案、试题库

获奖信息

“十二五”普通高等教育本科国家级规划教材

书号：9787302481256
作者：胡运权 主编，郭耀煌 副主编
定价：59.00 元
出版日期：2018.7

任课教师免费申请

管理信息系统（第 6 版）

本书特色

名师大作，经典管理信息系统教材，发行百万多册，即将改版。

教辅材料

课件

获奖信息

“十二五”普通高等教育本科国家级规划教材

书号：9787302268574
作者：薛华成
定价：49.80 元
出版日期：2011.12

任课教师免费申请

管理信息系统（第 6 版）简明版

本书特色

名师大作，经典管理信息系统教材，简明版更适合非信息管理专业学生。

教辅材料

课件

获奖信息

“十二五”普通高等教育本科国家级规划教材

书号：9787302330950
作者：薛华成
定价：45.00 元
出版日期：2013.7

任课教师免费申请

质量管理学（第三版）

本书特色

畅销教材的最新修订版，内容丰富，课件完备。

教辅材料

课件

书号：9787302499206
作者：刘广弟
定价：49.00 元
出版日期：2018.5

任课教师免费申请

国际认证认可——质量管理与认证实践

本书特色

专门的质量认证认可方面的高校课程和培训教材。全面介绍认证认可、质量管理体系认证、产品认证、服务认证的相关知识。作者多年从业经验，教材紧密结合实践，辅助资源齐全。

教辅材料

课件

书号：9787302513896
作者：刘建辉
定价：49.00 元
出版日期：2018.10

任课教师免费申请

项目管理（第 3 版）

本书特色

“十二五”国家规划教材，根据最新 PMBOK 更新改版，理论结合应用。

教辅材料

课件

获奖信息

“十二五”普通高等教育本科国家级规划教材

书号：9787302481287
作者：毕星
定价：29.00 元
出版日期：2017.11

任课教师免费申请

项目管理

本书特色

实用性强，深入浅出，课件完备。

教辅材料

课件

书号：9787302548737
作者：许鑫 姚占雷
定价：48.00 元
出版日期：2020.3

任课教师免费申请

建设工程招投标与合同管理

本书特色

创新型“互联网＋”教材，章末增设在线测试习题，课件资源丰富。

教辅材料

课件

书号：9787302528289
作者：赵振宇
定价：45.00 元
出版日期：2019.6

任课教师免费申请

ERP 原理与实施

本书特色

原理与实施相结合，内容全面实用。

教辅材料

课件

书号：9787302470526
作者：金镭 沈庆宁
定价：42.00 元
出版日期：2017.6

任课教师免费申请

管理决策模型与方法

本书特色

“互联网+”教材，结构合理，形式丰富，课件齐全，便于教学。

教辅材料

教学大纲、课件

书号：9787302508502
作者：金玉兰 沈元蕊
定价：45.00 元
出版日期：2019.6

任课教师免费申请

软件项目管理（第二版）

本书特色

“互联网+”创新型立体化教材，增设在线测试题，配套资源完备，附赠课件。

教辅材料

课件、习题答案、案例解析

书号：9787302556831
作者：夏辉 徐朋 王晓丹 屈巍 杨伟吉 刘澍
定价：49.00 元
出版日期：2020.7

任课教师免费申请

生产计划与管控

本书特色

“互联网+”教材、内容全面，深入浅出，注重实践，教辅丰富。

教辅材料

教学大纲、课件、习题答案、案例解析

书号：9787302571643
作者：孔繁森
定价：79.00 元
出版日期：2021.8

任课教师免费申请

运筹学导论（英文版・第 11 版）

本书特色

运筹学经典教材，在国外高校中有很高的采用率，原汁原味英文版，配有中文翻译版，原书配套网站提供丰富资源。

教辅材料

课件、习题答案、习题库、数据集

书号：9787302580904
作者：[美]弗雷德里克・希利尔 杰拉尔德・利伯曼
定价：99.00 元
出版日期：2021.5

任课教师免费申请